中国战略性新兴产业发展报告

徐匡迪

2019

中国战略性新兴产业发展报告

中国工程科技发展战略研究院

科学出版社
北京

内 容 简 介

本书在前六个年度的《中国战略性新兴产业发展报告》的基础上，对"十三五"中期我国战略性新兴产业的发展情况进行总结，对2018年战略性新兴产业的最新进展进行介绍。本书分为综合篇、产业篇、政策篇、投融资篇四大部分，共计15章。综合篇分析我国当前战略性新兴产业的发展形式，介绍战略性新兴产业的重点任务及重大工程落地情况和知识服务情况。产业篇围绕战略性新兴产业六个领域若干重点方向，对产业发展现状、战略布局、潜在障碍及应对措施进行介绍。政策篇对"十三五"上半期我国战略性新兴产业发展政策进行分析，并对"贸易摩擦"下，我国战略性新兴产业的未来发展进行应对分析，同时介绍了我国智能制造的发展情况，并以浙江省为例进行案例分析。投融资篇对"十三五"时期战略性新兴产业的投融资情况进行回顾，并对上市公司融资发展趋势进行系统分析。

本书有助于社会公众了解中国战略性新兴产业发展的总体情况及各领域的发展态势和改革走向，可供各级领导干部、有关决策部门和产业界及社会公众参考。

图书在版编目（CIP）数据

中国战略性新兴产业发展报告．2019 / 中国工程科技发展战略研究院编．—北京：科学出版社，2018.11

ISBN 978-7-03-059287-3

Ⅰ.①中… Ⅱ.①中… Ⅲ.①新兴产业 – 产业发展 – 研究报告 – 中国 –2019 Ⅳ.① F279. 244. 4

中国版本图书馆 CIP 数据核字（2018）第 244231 号

责任编辑：马 跃 / 责任校对：郑金红
责任印制：霍 兵 / 封面设计：蓝正设计

科学出版社 出版

北京东黄城根北街16号
邮政编码：100717
http://www.sciencep.com

北京通州皇家印刷厂 印刷

科学出版社发行 各地新华书店经销

*

2018年11月第 一 版 开本：787×1092 1/16
2018年11月第一次印刷 印张：26
字数：617 000

定价：198.00元

（如有印装质量问题，我社负责调换）

中国工程科技发展战略研究院简介

2008 年 6 月，胡锦涛同志在两院院士大会上指出，中国工程院是国家在科学技术和工程方面的最高咨询机构，是国家的科学技术思想库，要继续团结带领全国科技界更加积极主动地参与决策咨询，努力为解决经济社会发展中的战略问题提供咨询建议，为国家宏观决策提供科学依据（人民网，scitech.people.com.cn/GB/25509/7420995.htm）。2011 年 4 月，胡锦涛同志在庆祝清华大学百年校庆大会上讲话指出，要深入开展政策研究，积极发挥思想库和智囊团作用（www.gov.cn/ldhd/2011-04/24/content_1851436.htm）。为贯彻落实胡锦涛同志的指示精神，中国工程院与清华大学强强联合，创新体制机制，整合优势资源，于 2011 年 4 月联合成立了中国工程科技发展战略研究院。

中国工程科技发展战略研究院坚持高层次、开放式、前瞻性的发展导向，围绕工程科技发展中的全局性、综合性、战略性重大课题开展理论研究、应用研究与政策咨询。中国工程科技发展战略研究院积极推动自然科学与社会科学相结合，发挥中国工程院的院士和清华大学中青年学者的智力优势，努力建成全球一流的战略决策思想库，为我国工程科技发展提供战略咨询。

编 委 会

序　言

中国特色社会主义进入了新时代，贯彻新发展理念，建设现代化经济体系成为重要的战略任务。战略性新兴产业是以重大技术突破和重大发展需求为基础，培育经济发展新动能，建设现代化经济体系的关键领域，对于经济社会全局和长远发展具有重大带动作用。

党中央、国务院高度重视发展战略性新兴产业。十九大报告指出，我国经济已由高速增长阶段转向高质量发展阶段，正处在转变发展方式、优化经济结构、转换增长动力的攻关期，建设现代化经济体系是跨越关口的迫切要求和我国发展的战略目标①。习近平总书记参加十三届全国人大一次会议广东代表团审议时指出，要更加重视发展实体经济，把新一代信息技术、高端装备制造、绿色低碳、生物医药、数字经济、新材料、海洋经济等战略性新兴产业发展作为重中之重，构筑产业体系新支柱。科技创新是建设现代化产业体系的战略支撑②。

我国战略性新兴产业在推动新旧动能转换，构建现代化经济体系中，正发挥着越来越大的引领作用。在《"十三五"国家战略性新兴产业发展规划》加快落实的大背景下，我国战略性新兴产业继续保持了较快增长态势，新业态、新模式不断涌现，创新能力稳定提升，国际合作研发、产品和商业模式"引进来"和"走出去"路线取得了实质进展。与此同时，战略性新兴产业对于推动地区经济结构优化转型，提高全要素生产率，实现经济高质量发展正发挥着实质性的影响。

战略性新兴产业的发展需要专家智库部门为政府的科学决策提供支撑。受国家发展和改革委员会委托，在国家开发银行的大力支持下，中国工程院和清华大学联合成立的中国工程科技发展战略研究院承担了一系列咨询研究工作，连续发布了2013～2018年六个年度的《中国战略性新兴产业发展报告》，并受到了社会各方人士的高度认可。

2019年是全面贯彻落实十九大精神的深化之年，是实施"十三五"规划的攻坚之年。中国工程科技发展战略研究院组织各领域近百位院士、专家编纂形成了《2019中国战略性新兴产业发展报告》，重点归纳了现阶段战略性新兴产业发展所取得的主要成绩，对产业发展中面临的主要问题提出了政策建议。衷心希望《2019中

① 《决胜全面建成小康社会 夺取新时代中国特色社会主义伟大胜利——在中国共产党第十九次全国代表大会上的报告》。

② www.gov.cn/xinwen/2018-03/07content_5272037.htm。

国战略性新兴产业发展报告》能够继续为广大关心、支持和参与战略性新兴产业发展的读者提供高质量、有价值的信息参考。

加快培育和发展战略性新兴产业，必须以习近平新时代中国特色社会主义思想为指引，坚持质量第一、效益优先，以供给侧结构性改革为主线，推动经济发展质量变革、效率变革、动力变革，提高全要素生产率，着力加快建设实体经济、科技创新、现代金融、人力资源协同发展的现代产业体系，不断增强我国经济创新力和竞争力。

我们相信，在以习近平同志为核心的党中央坚强领导下，在社会各方的共同努力下，中国战略性新兴产业的发展一定能够攻坚克难、开拓进取，为促进中国经济社会持续健康发展，实现中国特色社会主义伟大胜利做出更大贡献！

中国工程院　李晓红
清华大学　邱　勇

目　　录

综合篇

产业篇

政策篇

投融资篇

综合篇

第 1 章

“十三五”以来战略性新兴产业发展形势分析

国家信息中心

【内容提要】“十三五”以来，在我国经济增速放缓的大背景下，战略性新兴产业仍实现了持续快速增长，围绕“创新、壮大、引领”三大核心，取得众多亮眼的发展成就，为稳增长、调结构、促转型发挥了重要作用。与此同时，我国战略性新兴产业发展环境更加完善，重大政策措施陆续出台，创新体系日渐成型，开放发展迈入新阶段。但是，在当前错综复杂的国内外形势下，我国战略性新兴产业的发展面临着一些瓶颈制约和突出问题，需要采取果断措施予以妥善解决，从而进一步提升发展质量，更好地发挥经济社会发展新引擎作用。

《“十三五”国家战略性新兴产业发展规划》发布实施以来，受到高度重视，各地区各有关部门深入落实党中央、国务院战略部署，扎实推进《“十三五”国家战略性新兴产业发展规划》部署的各项任务，促进战略性新兴产业不断取得新进展。“十三五”开局两年多来，战略性新兴产业规模不断壮大，其创新能力和竞争实力持续提升，产业结构优化成效突出。但同时也存在诸如关键核心技术缺乏、金融人才支撑体系不完善等问题，下一步需继续加大改革力度，加强各部门协同合作，全力提升我国战略性新兴产业自主创新能力、强化金融及人才支持，推动全面完成《“十三五”国家战略性新兴产业发展规划》提出的目标任务。

1.1 “十三五”以来战略性新兴产业保持蓬勃发展的良好态势

当前战略性新兴产业呈现推进措施有力、发展势头强劲、创新体系强化、开放发展升级的局面，其高质量发展特征突出、发展成绩优异。

1.1.1 重大措施有序出台

1. 细分支撑全面有力

一是重点领域战略全面出台。“十三五”以来，国务院和相关部门先后出台近20个与战略性新兴产业细分领域密切相关的顶层政策文件，为战略性新兴产业重点行业的发展提供了强有力的政策支撑。具体来看，新一代信息技术领域出台《“十三五”国家信息化规划》《新一代人工智能发展规划》等6个专项规划，高端装备制造领域出台《智能制造发展规划（2016-2020年）》《中国民用航空发展第十三个五年规划》《新材料产业发展指南》等6个细分领域规划，绿色低碳领域出台《“十三五”节能环保产业发展规划》等3个专项规划，生物领域出台《“十三五”生物产业发展规划》，数字创意领域出台《文化部关于推动数字文化产业创新发展的指导意见》等。

二是区域规划全面覆盖。截至2017年底，全国共有30个省（区、市）和5个计划单列市发布了“十三五”战略性新兴产业发展相关政策。其中，24个省（区、市）已正式颁布省域“十三五”战略性新兴产业发展规划或指导意见，6个省（区、市）颁布了省域“十三五”战略性新兴产业发展规划的相近政策，如省域“十三五”科技发展规划、省域“十三五”现代产业发展规划等。在已出台的省区市“十三五”战略性新兴产业发展规划和政策文件中，有30个省（区、市）提出发展信息技术产业和生物产业，29个省（区、市）提出发展高端装备制造业和新材料产业，28个省（区、市）提出发展节能环保产业，27个省（区、市）提出发展新能源汽车产业，26个省（区、市）提出发展能源新技术产业，15个省（区、市）提出发展数字创意产业。此外，还有部分省（区、市）将具有本省（区、市）特点的相关产业划为重点发展的战略性新兴产业。例如，山东省将发展现代海洋产业列入战略性新兴产业，山西省将现代煤化工产业及煤层气产业作为战略性新兴产业。

2. 改革优化监管制度

一是重大改革剑指突出问题。针对产业领域长期存在的瓶颈问题，出台了一批改革措施，有效改善了企业发展环境，破除了有碍创新的体制机制壁垒。根据《国务院办公厅关于进一步改革完善药品生产流通使用政策的若干意见》和原国务院医改办联合七部门的《印发关于在公立医疗机构药品采购中推行“两票制”的实施意见（试行）的通知》，通过推行“两票制”减少药品流通环节，推动中间加价透明化，整顿药品流通秩序，防止垄断和地方保护。针对当前药品医疗器械（in vitro diagnostic products，IVD）创新面临的突出问题，中共中央办公厅、国务院办公厅印发《关于深化审评审批制度改革鼓励药品医疗器械创新的意见》，通过改革临床试验管理、优化审评审批、实施上市许可持有人制度等激发医药研发活力，提高医药产业的创新发展水平，解决临床急需药品和医疗器械短缺难题。

二是包容审慎监管新兴领域。针对产业领域出现的新现象、新问题，坚守底线，积极探索，推动产业实现健康发展。在新一代信息技术领域，根据《国务院关于进一步扩大和升级信息消费持续释放内需潜力的指导意见》对信息消费坚持包容审慎监管，积极应用大数据、云计算等新技术创新行业服务和管理方式，放宽新业态、新模式市场准入。在新能源汽车领域，国家能源局支持创新充电商业模式，支持发展众筹建桩，充分利用社会资源参与充电基础设施建设，探索特许经营模式，吸引专业充电运营商负责运行维护，推动充电基础设施专业化、规模化发展。

3. 大力引导资源投向

一是试点示范推动重大工程。针对《“十三五”国家战略性新兴产业发展规划》提出的21个重大工程，相关部门按照分工方案抓紧推进。初步统计，国家发展和改革委员会（以下简称国家发展改革委）、科学技术部（以下简称科技部）、工业和信息化部、财政部等近30个相关部门相继发布了《新材料关键技术产业化实施方案（2018-2020年）》《“十三五”现代服务业科技创新专项规划》《增材制造产业发展行动计划（2017-2020年）》《关于推进新能源微电网示范项目建设的指导意见》等40余项支持重大工程的政策性文件。同时，围绕重大工程，相关部门积极实施了“百兆乡村”示范工程、农村宽带覆盖新技术应用示范工程、人工智能（artificial intelligence，AI）创新发展工程、农业物联网区域试验试点工程、“十三五”海洋经济创新发展示范、水泥窑协同处置固体废物试点示范、文化创意产品开发试点工作等一批相关（试点）工程与重点项目。

二是推动金融支持产业发展。国务院办公厅转发证监会《关于开展创新企业境内发行股票或存托凭证试点若干意见的通知》，开辟了互联网、大数据、云计算、人工智能、软件和集成电路、高端装备制造、生物医药等战略性新兴产业重点领域独角兽企业优先上市通道。国家发展改革委分别与国家开发银行和中国进出口银行签署合作协议，两家银行将分别向战略性新兴产业提供不低于1.5万亿元和8 000亿元的融资支持，国家发展改革委还与建设银行共同发起设立目标规模约3 000亿元的战略性新兴产业发展基金。同时，各地在设立专项资金扶持战略性新兴产业发展方面也做了大量工作。

4. 精准把握产业动态

产业边界动态调整，统计制度初步建立。在新技术、新产品、新业态、新模式不断涌现的背景下，国家发展改革委会同科技部、工业和信息化部、财政部等有关部门制定并发布《战略性新兴产业重点产品和服务指导目录》（2016版），进一步明晰产业内涵边界，引导社会资源投向战略性新兴产业重点发展领域。该指导目录涉及战略性新兴产业5大领域8个产业（相关服务业单独列出）、40个重点方向下的174个子方向，近4 000项细分产品和服务。国家统计局开展了《战略性新兴产业分类（2012）（试行)》修订工作，进一步更新完善产业统计目录；通过开展2016年工业战略性新兴产业年度调查和服务业战略性新兴产业增加值核算工作，推动战略性新兴产业相关统计指标首次进入国家统计局统计公报，为社会各界了解战略性新兴产业发展情况提供数据支撑；组织开展季度战略性新兴产业统计监测工作，测算并发布的工业战略性新兴产业增加值增长速度成为反映战略性新兴产业发展的重要指标。

1.1.2 产业发展成绩亮眼

1. 总体发展势头强劲

一是发展速度快。“十三五”以来，战略性新兴产业增速持续快于总体经济增速水平。2016年及2017年，全国战略性新兴产业工业增加值同比分别增长10.5%和11.0%[1]，高于同期规模以上全国工业增加值增速40%以上。2016年及2017年，全国战略性新兴产业服务业营业收入同比分别增长15.1%和17.3%，比同期全国服务业整体增速高出一倍左右。2018年上半年，战略性新兴产业延续快速增长态势，其工业增加值同比增长8.7%，比同期规模以上工业快2.0个百分点。战略性新兴产业上市公司同样实现了快速增长，2016～2017年其营收年均增速高达17.8%，高于上市公司总体增速4.3个百分点。2017年战略性新兴产业上市公司营收占上市公司总体比重达10%，较“十二五”末提升1.0个百分点。

二是盈利状况好。2016～2017年，战略性新兴产业上市公司利润年均增速达到19.8%，比上市公司（剔除金融类）11.3%的整体增速高出近一倍。同期战略性新兴产业上市公司利润率达10.6%，比上市公司总体高出50%。2018年上半年战略性新兴产业上市公司盈利表现依然良好，利润率为9.3%，高于同期上市公司总体（剔除金融类）1.0个百分点。

三是投资活力高。“十三五”以来，战略性新兴产业企业成为全社会资金关注及投入重点。2017年，战略性新兴产业重点行业① 完成固定资产投资4.34万亿元，2016～2017年，投资额年均增速为8.9%，高于同期全社会完成固定资产投资年均增速1.9个百分点。此外，2016～2017年共有203家战略性新兴产业企业在A股融资上市，共募资1 273亿元，占同期A股IPO（initial public offerings，即首次公开募股）募资总额的33.6%。同期，超过4 000家战略性新兴产业企业获得风险资本投资，投资额超过8 000亿元，占风险资本总投资额约90%。

四是企业信心足。国家信息中心战略性新兴产业千家企业景气调查显示，2017年末企业家信心指数达到154.9，处于“十二五”末以来的最高值区间，而同期国家统计局调查的工业企业整体企业家信心指数仅为123.9。2018年上半年，在复杂严峻的国内外环境下，战略性新兴产业企业家信心指数保持高位运行，2017年以来连续五个季度保持在150以上，处于较强景气区间（图1.1）。

① 重点行业主要包括医药制造业、信息传输业、软件和信息技术服务业、风电业、核电业、铁路运输业、废弃资源综合利用业、生态保护和环境治理业等。

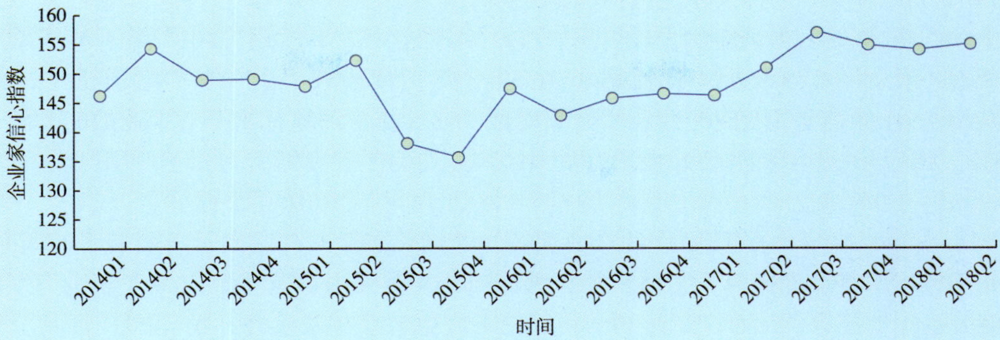

图 1.1 2014 年以来战略性新兴产业企业家信心指数（剔除季节因子）
QX 表示 X 季度，X=1，2，3，4，下同

2. 重点产业全面发展

1）新一代信息技术和生物产业领头羊地位进一步巩固

“十三五”以来，新一代信息技术和生物产业作为战略性新兴产业中规模最大、创新最密集的两个产业领域，实现了较快增长，持续发挥了支柱作用。一方面，信息消费带动电子信息产业延续快速发展态势。2016 ～ 2017 年，规模以上电子信息制造业增加值年均增长 11.9%，增速快于同期全部规模以上工业 5.6 个百分点，2017 年电子信息制造业增加值占规模以上工业增加值的比重达到 7.7%。2017 年，全国软件和信息技术服务业完成业务收入 5.5 万亿元，同比增长 13.9%，收入规模较“十二五”末增长了近 3 成。2017 年，网民及手机网民规模分别为 7.72 亿人和 7.53 亿人，手机网民占比达 97.5%，较“十二五”末提升 7.4 个百分点。此外，信息技术与经济社会各领域跨界融合不断加深，数字经济、平台经济和共享经济广泛渗透，移动支付、网络购物和共享单车的应用处于全球引领地位。信息消费从生活消费加速向产业消费渗透，成为创新最活跃、增长最迅猛、辐射最广泛的经济领域之一。

另一方面，随着我国经济的发展、生活环境的变化、人们健康观念的转变，以及人口老龄化进程的加快，与居民生活质量密切相关的生物产业近年来保持了持续快速增长的态势。2017 年医药制造业主营业务收入达 2.8 万亿元，该指标 2016 ～ 2017 年年均增速达 11.1%，2018 年上半年增速继续升至 13.5%，分别高于同期工业企业整体 3.1 个百分点和 3.6 个百分点。2017 年，我国医疗器械市场规模达 4 176 亿元，同比增长 13.0%，规模较“十二五”末增长 35.6%；同时，在分级诊疗制度落地、鼓励国产器械发展，以及设立特别审批通道等诸多政策红利带动下，我国医疗器械产业规模快速增长，一批优秀国产医疗器械企业不断壮大，在国内市场的份额逐年提升。

2）绿色低碳和数字创意产业增长新引擎作用突出

伴随着节能环保政策的加快推进落实，绿色低碳产业继续实现快速增长。2016 ～

2017 年节能环保产业上市公司营收总额年均增速达 32.1%，高于同期战略性新兴产业上市公司整体营收增速 15.1 个百分点，增速连续 2 年领跑。2017 年，节能服务产业总产值达 4 148 亿元，同比增长 16.3%，产值规模较“十二五”末增长 32.7%。2017 年，合同能源管理项目形成年节能能力 3 812.3 万吨标准煤，较 2016 年增长 6.5%，相应形成年减排 CO_2 能力超过 1 亿吨。2017 年废旧资源综合利用业主营业务收入达 4 061.3 亿元，同比增长 16.9%，比 2016 年提升 10.4 个百分点。

“十三五”以来，我国新能源产业保持快速增长态势，在装机量不断攀升的同时，产业化技术水平逐渐提高，正从新能源大国向新能源强国快速转型。2017 年电力发电新增装机中新能源占比首次超过 50%，新能源发电替代成效显著。截至 2017 年底，风电、光伏发电及生物质发电累计装机量分别为 1.64 亿千瓦、1.30 亿千瓦和 1 476 万千瓦，装机量较“十二五”末分别提升 27.1%、201.1% 和 43.2%；2017 年三者发电总量占比达 7.8%，较“十二五”末提升 2.9 个百分点。截至 2017 年底，我国投入商业运行的核电机组达 37 台，较“十二五”末增加 7 台，规模位列世界第四，在建核电机组规模位列世界第一。大规模消纳新能源是世界性难题，与国外相比，我国资源禀赋、能源结构、市场条件等有很大不同，新能源消纳问题更为突出。不过随着一系列促进新能源消纳政策的出台和支撑新能源大规模友好并网技术的攻克，新能源消纳难题得到明显缓解。2017 年，弃风电量 419 亿千瓦时，同比减少 78 亿千瓦时，弃风率 12%，同比下降 5.2 个百分点；弃光电量 73 亿千瓦时，弃光率 6%，同比下降 4.3 个百分点。

新能源汽车由示范阶段进入快速普及阶段，行业景气度持续保持高位。2017 年我国新能源汽车全年总销量 77.7 万辆，同比增长 53.3%，销量较“十二五”末增长 134.7%，连续三年位居世界首位。2017 年，纯电动车和插电式混动车年销量分别达 65.2 万辆和 12.5 万辆，分别较“十二五”末增长 163.5% 和 49.5%。虽然增速快，但目前我国新能源汽车渗透率仍不足 3%，未来渗透率提升空间仍然巨大，预计“十三五”末国内新能源汽车销量将超过 200 万辆，年均增速将超过 40%。

移动互联网与数字技术的快速发展驱动数字创意产业爆发式增长。一方面，以数字音乐、网络文学、动漫、影视、游戏、直播等为代表的一大批新兴数字文化行业快速崛起，出现了一批极具爆发力的产业发展热点，这些典型行业在 2012 ～ 2017 年年均增长速度超过了 20%。2017 年我国数字音乐市场规模达到 180 亿元，2016 ～ 2017 年年均增长 32.3%；截至 2017 年底，中国网络文学用户规模已达到 3.68 亿人，占网民总体的 45.6%，规模较“十二五”末增长 23.9%；2017 年国内游戏市场规模达到 2 036.1 亿元，2016 ～ 2017 年年均增长 20.3%；2017 年我国网络表演（直播）市场整体营收规模达到 304.5 亿元，2016 ～ 2017 年年均增长 83.9%。另一方面，消费需求升级和创新发展驱动数字创意装备和创意设计产业实现高速增长。智能手机、智能电视市场渗透率超过 80%，智能可穿戴设备、智能家居产品、虚拟现实（virtual reality，VR）设备等新兴数字创意装备产品种类不断丰富。2017 年，中国智能可穿戴设备规模达 264.2 亿元，2016 ～ 2017 年年均增长 56.5%；2017 年我国 VR 产业市场规模达到 160 亿元，规模约为“十二五”末的 10 倍。

3）高端装备制造产业继续保持平稳较快增长

在产业升级需求和技术创新的引领下，高端装备制造业在“十三五”以来实现平稳较快增长。2017 年高端装备制造（含高端装备制造及新材料产业）上市公司营收总额达 6 555.7 亿元，2016 ～ 2017 年年均增长 6.8%。高端装备制造领域，航空装备、卫星及其应用、智能制造等重点子行业均表现良好，2016 ～ 2017 年上述行业上市公司营收规模年均分别增长 10.6%、18.6% 和 23.3%。新材料领域，随着上游原材料需求的快速增长，产业实现较快发展，“十三五”以来新材料上市公司营收规模年均增长 23.7%。

3. 区域发展各具特色

1）东部地区领航发展

从上市公司营收数据看，东部地区战略性新兴产业体量占总营收规模的八成左右，是绝对的主体（图 1.2）。2016 ～ 2017 年，东部地区战略性新兴产业上市企业营收年均增速达 16.7%，高于同期上市公司总体 3.1 个百分点，对同期整个战略性新兴产业增长贡献度达到 78.5%。国家信息中心景气调查数据显示，“十三五”以来战略性新兴产业行业景气指数持续回升，2017 年第四季度东部地区行业景气指数达到调查以来最高点 160.9，较“十二五”末提升 19.2 个单位（图 1.3）。

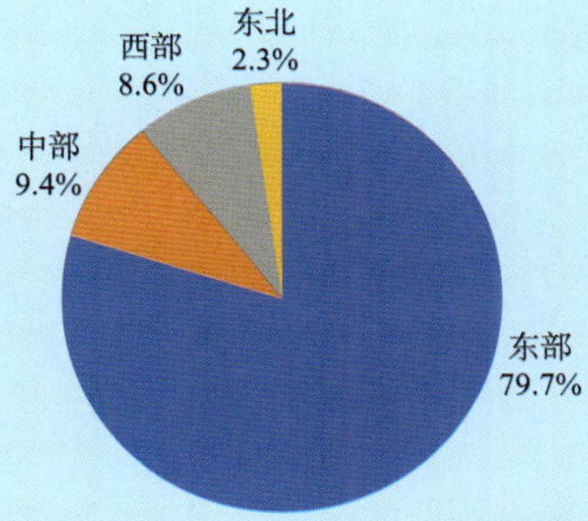

图 1.2　2017 年战略性新兴产业上市公司四大区域营收规模占比

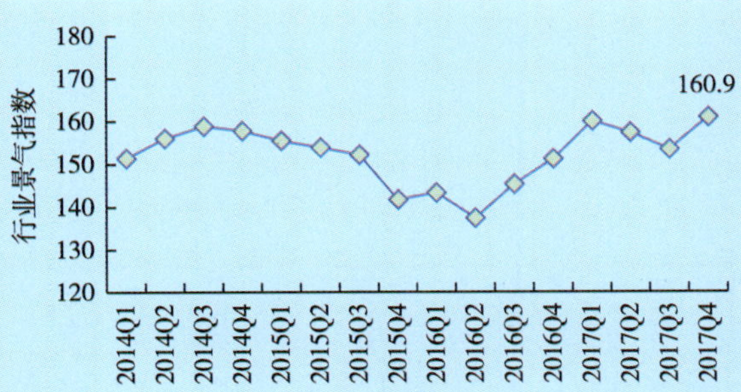

图 1.3　东部地区战略性新兴产业行业景气指数变化

东部地区战略性新兴产业规模不断壮大、创新能级快速提升，不但引领了地区产业、经济向高质量迈进，也对全国战略性新兴产业发展起到了重要的辐射带动作用[2]。在深圳，创新生态已经初步建立，源头创新能力不断提升。据统计，2017 年深圳创新载体总数累计已达 1 688 家，年内新增国家级高新技术企业 3 193 家，当年全社会研发投入超 900 亿元，较“十二五”末提升 30.7%。2018 年的 CES（International Consumer Electronics Show，即国际消费类电子产品展览会）上，来自深圳的参展企业有近 500 家，占所有参展商的 10%，参展企业数遥遥领先于其他地区。在北京，新技术产业化持续加速，新动能培育源源不绝。以人工智能为例，中关村地区集聚了旷视科技、商汤科技、寒武纪、地平线等一大批具备颠覆性原创核心技术的创业企业，形成覆盖全产业链的产业集群，独角兽企业超 25 家，并迅速崛起为人工智能领域的全国性创新策源地。

2）中部地区异军突起

2016 ～ 2017 年中部地区战略性新兴产业上市公司营收年均增速达到 27.5%，比同期上市公司总体营收年均增速高出一倍，增长速度遥遥领先于其他区域（图 1.4）。从自身变化来看，“十三五”以来中部地区的战略性新兴产业行业景气指数总体实现了快速攀升，2017 年第四季度指数达到 148.3，较“十二五”末提升 19.8 个单位（图 1.5）。

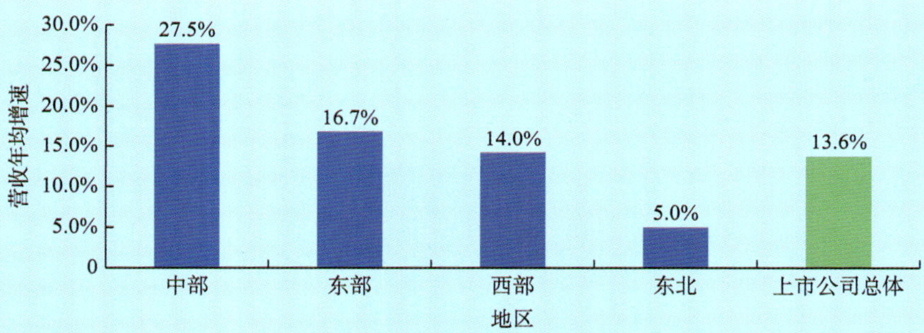

图 1.4　2016 ～ 2017 年战略性新兴产业上市公司营收年均增速（分地区）

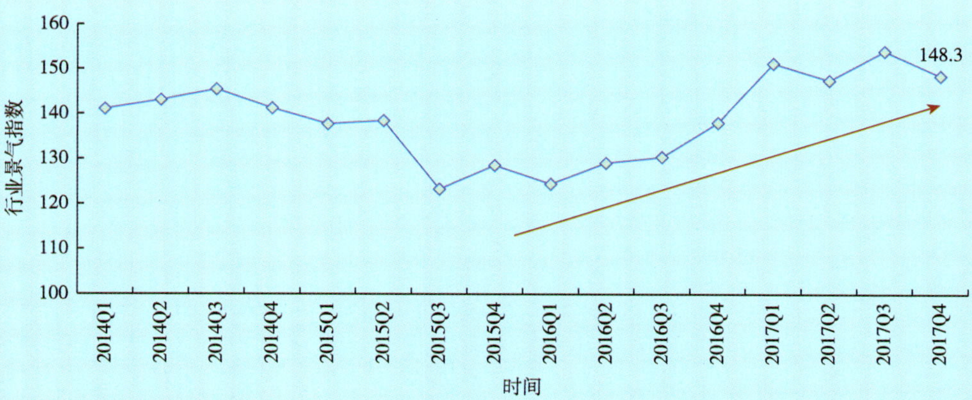

图 1.5　中部地区战略性新兴产业行业景气指数变化

中部地区特色产业集聚区影响力辐射全国。安徽的平板显示产业和人工智能产业集群，江西的通用航空产业和中药制造产业集群，湖南的智能装备产业和数字创意产业集群都已经成为在全国具有相当比较优势的产业集聚发展区，而且发展非常迅速。以安徽的人工智能为例，目前合肥“中国声谷”已集聚科大讯飞、华米科技、科大国盾、赛为智能等人工智能相关企业 170 余家，2017 年完成主营业务收入约 500 亿元，同比增长 53%；预计到 2020 年，“中国声谷”企业营业收入将达到 1 000 亿元，年均增长 40%。目前，讯飞人工智能开放平台已拥有 46 万个创业团队，累计接入终端数 14.7 亿个，并已在全国开始布局，与超过 20 000 家智能硬件客户建立合作关系，初步形成以科大讯飞为核心的人工智能生态圈 [3]。

3）西部地区稳健前行

“十三五”以来，在新兴产业特色优势集群快速发展带动下，西部地区战略性新兴产业实现平稳较快增长，2016 ～ 2017 年西部地区战略性新兴产业上市公司营收年均增速达到 14.0%，略高于同期上市公司总体（图 1.4）。贵州的大数据、重庆的电子信息制造业等产业集群迅速发展，在全国范围内确立较强的竞争优势，也成为地区经济发展的重要名片。2017 年第四季度西部地区行业景气指数达到 142.8 的最高点，较“十二五”末提升 24.1 个单位（图 1.6）。

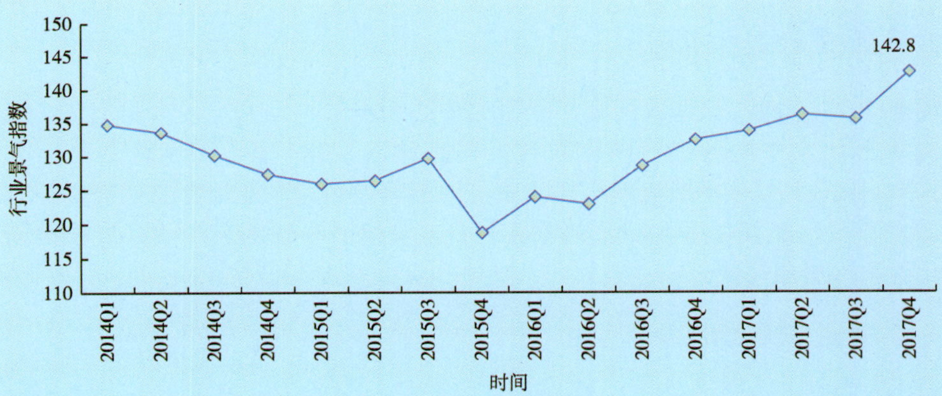

图 1.6　西部地区战略性新兴产业行业景气指数变化

4）东北地区蓄力待发

“十三五”以来，东北整体经济增长乏力，区域内战略性新兴产业发展速度仍在底部徘徊。2016 ～ 2017 年东北地区战略性新兴产业上市公司营收年均增速为 5.0%，低于同期上市公司总体营收年均增速 8.6 个百分点。此外，2017 年第四季度东北地区行业景气指数为 141.9，处于四大区域末位，景气状况相对较差。但在《东北地区培育和发展战略性新兴产业三年行动计划》等政策支持下，东北地区一些省份加大了对战略性新兴产业的支持力度，产业实现了较快增长。例如，吉林省表现突出，战略性新兴产业上市公司营收增速连续两年达到两位数以上，年均增速达 19.9%，超过同期上市公司 6.3 个百分点。可以看到，东北地区正在蓄力走出发展困境，产业结构、区域结构将进一步向好。

1.1.3 创新体系强化升级

1. 激活创新发展源头

大力支持开展技术研发成果转化。以科技重大专项、重点研发计划和“科技创新 2030—重大项目”为主体，推进与战略性新兴产业发展紧密相关的重大技术研发。中国科学院（以下简称中科院）也部署实施了“高比能量锂硫电池”等 41 项科技服务网络计划项目，为战略性新兴产业发展提供新技术支撑。《国务院关于印发〈国家技术转移体系建设方案〉的通知》《国务院关于印发实施〈中华人民共和国促进科技成果转化法〉若干规定的通知》加强了技术转移和成果转化工作的系统设计，形成了体系化推进格局，进一步推动了科技成果加快转化，为战略性新兴产业发展提供了现实动力。《财政部、科技部关于研究开发机构和高等院校报送科技成果转化年度报告工作有关事项的通知》建立了年度报告制度，加强了对科技成果转化执行情况的监督检查。

2. 完善创新平台布局

截至 2017 年底，已建成国家工程研究中心 131 家，国家工程实验室 217 家，国地联合工程研究中心（包括国地联合工程实验室）896 家，国家级企业技术中心 1 276 家，国家工程技术研究中心 346 家，为战略性新兴产业培育发展提供了有效的技术研发平台、工程化平台和公共服务平台，支撑战略性新兴产业开展技术创新与产业化的条件更加完善。

3. 创新成果持续涌现

2017 年全国（含港澳台）战略性新兴产业发明专利申请量达到 36.8 万件，比“十二五”末增加 10.3 万件，相较于 2012 年的水平提高了近两倍。其中，来自海外的专利申请比重进一步降低，仅为 13.3%，比“十二五”末降低了 4.3 个百分点。在新一代信息技术领域，量子通信技术取得突破，在国际上首次成功实现了白天远距离（53 千米）自由空间量子密钥分发；京东方开发的 ADSDS（advanced super dimension switch，即高级超维场转换技术）是世界领先的超硬屏技术之一，提升了我国显示产业在全球高端显示领域的竞争力。生物医药领域，我国独立研发的具有完全知识产权的“重组埃博拉病毒病疫苗”在全球首家获批，该疫苗还突破了病毒载体疫苗冻干制剂的技术瓶颈。高端装备领域，国产大飞机 C919 和我国制造的全球最大水陆两栖飞机 AG600 首飞成功，实现了航空领域重要突破。新能源领域，我国在南海北部神狐海域进行的可燃冰试采获得成功，创造了天然气水合物试采产气时长和总量的世界纪录。

4. 创新氛围浓厚活跃

广泛深入推进大众创业、万众创新。国务院制定出台《国务院关于强化实施创新驱动发展战略进一步推进大众创业万众创新深入发展的意见》，形成了推动双创工作的顶层设计，为战略性新兴产业发展注入创新创业动力。截至 2017 年底，全国批复建设双创示范基地共计 120 家，国家新兴产业创业投资引导基金成功参股上百只创业投资子基金，为推动战略性新兴产业创新创业提供了有力支持。“十三五”期间成功举办全国双创活动周和“创响中国”等系列活动，在全国营造有利于创新创业的良好氛围。

1.1.4 开放发展水平提升

1. 国际竞争实力增强

一是部分产业处于世界领先水平。中国新能源发电装机量、新能源汽车产销量、智能手机产量、智能电视产量、工业机器人产量、海洋工程装备接单量等均位居全球第一；在新一代移动通信、核电、光伏、高铁、互联网应用、基因测序、纳米技术等领域也具备世界领先的研发水平和应用能力。二是领军企业具备国际影响。2017 年，华为、阿里巴巴、腾讯等创新引领型巨头企业均入围世界 500 强，中国战略性新兴产业企业在世界 500 强榜单中占有 25 个席位，数量较“十二五”末增加 7 个。2018 年上半年，华为智能手机发货量超过 9 500 万台，仅次于三星手机成为全球第二大智能手机厂商。根据科学技术部火炬高技术产业开发中心统计，2017 年中国独角兽企业达到了 164 家，较“十二五”末增加 94 家，形成了一批具有较强国际竞争优势的企业。三是成为出口贸易主要支撑。2017 年，战略性新兴产业 26 个重点工业行业累计出口交货值达 4.2 万亿元，同比增长 14.5%，对中国整体规模以上工业出口增长的贡献率达 131.5%。其中，新一代信息技术产业累计出口交货值 3.7 万亿元，同比增长 15.3%，对战略性新兴产业工业出口增长的贡献率达 93.4%。四是积极制定和推广国际技术标准。中国主导制定手机（移动终端）动漫全球标准。地面数字电视广播传输（digital television terrestrial multimedia broadcasting，DTMB）标准在巴基斯坦和东帝汶落地，逐步走向世界。

2. 开展多层次国际合作

一是积极开展多边国际合作。例如，在二十国集团（G20）、金砖国家、APEC（Asia-Pacific Economic Cooperation，即亚太经济合作组织）等多边框架下，有关部门持续倡导“新工业革命”“数字经济”相关发展理念和主张，初步建立了合作创新的国际框架。各部门着力构建区域技术转移协作网络，科技部、国家发展改革委、外交部、商务部会同有关部门编制《推进“一带一路”建设科技创新合作专项规划》，围绕科技人文交流、共建联合实验室、科技园区合作、技术转移四项行动制定具体实施方案。二是积极开展与发达国家间的国际合作。国家发展改革委按照中英新兴产业合作协议建立中英创新中心，推动项目联合孵化；通过举办第八届中德经济技术论坛，围绕新兴产业领域达成96项相关合作。三是积极开展与发展中国家的国际合作。例如，国家发展改革委落实与智利政府签署的《关于开展信息通信领域合作谅解备忘录》，推进“中智电信合作及跨境海缆项目”；原国家海洋局组织对发展中国家科技援助项目“适用热带海岛的高浓缩反渗透海水淡化技术研究与应用”立项实施，推动与佛得角、文莱等国在海水淡化设备方面的合作交流。四是积极开展与跨国公司的国际合作。例如，国家发展改革委与IBM（International Business Machines Corporation，即国际商业机器公司）签订合作谅解备忘录；深圳市政府与美国思科公司围绕研究开发、人才培养、信息交流、采购等内容签署合作谅解备忘录。各地积极引导外商投资战略性新兴产业，一批战略性新兴产业外资企业落户中国，波音737完工和交付中心落户浙江舟山，空客天津A330宽体机完成和交付中心启动建设。五是积极开展人才领域国际合作。更加重视以人才开发体制机制改革促进人才引进，国务院办公厅印发《国务院办公厅关于推广支持创新相关改革举措的通知》，逐步形成高层次外籍人才申请永久居留的政策渠道，为外国留学生在华就业、创业提供更大便利。

1.2 战略性新兴产业在发展中仍面临一些瓶颈制约和突出问题

“十三五”以来，我国战略性新兴产业实现高质量发展，取得了显著成效。但是也应清醒地看到，产业发展过程中还存在不少长期难以解决的问题，尤其是随着产业升级步伐的加快，部分问题造成的限制愈加突出，需要高度重视，争取妥善解决。

1.2.1 关键核心环节受制于人

关键核心技术受制于人的局面没有得到根本性改变，基础创新能力同国际先进水平相比仍存在较大差距。突出表现在：一是产业尚有大量核心瓶颈环节有待突破，高性能航空发动机、高端芯片等重点产品长期依赖进口，尚不具备自主生产能力。二是核心基础零部件、先进基础工艺、关键基础材料等产业基础能力薄弱，产业升级发展能力距离自主可控尚有较大差距。三是自主创新能力有待进一步提高，在基础科学研究投入、科学基础设施建设、研究成果高效转化等方面均存在较多不足，距离形成以自主创新为引领的产业发展格局尚有较大差距。

1.2.2 金融支持体系急需完善

战略性新兴产业企业长期面临融资难、融资贵的问题，金融体系支持力度不足已成“老大难”，主要体现在：一是资本市场成熟度不高，现行上市公司发行条件和审核标准难以跟上战略性新兴产业类企业发展的现实需要，大量优秀战略性新兴产业企业只能在境外实现上市。二是资本市场层次不够丰富，“新三板”企业转板机制始终未能理顺，独角兽企业上市公司虽获得了绿色通道，但也挤压了大量新兴产业中小企业国内上市机会，直接冲击前端风险投资（venture capital，VC）市场。三是成熟的信贷支撑体系尚未建立。战略性新兴产业专业性较强，开展信贷风险相对较高，需要引入专业的担保公司、知识产权评估公司、行业信息共享平台等一系列机构共同构建一整套信息共享、风险分担机制。四是缺少差别化的金融监管手段。现有监管体系并未出台有效激励政策，这使得金融机构难以针对战略性新兴产业领域有所作为。

1.2.3 人才培育引进问题突出

战略性新兴产业发展的核心问题是创新发展，而人才是创新发展的根本。当前战略性新兴产业在人才培育引进方面存在较为突出的问题。人才引进方面，一是尚未形成全球人才吸纳体系，现有科研与产业化机会对海外人才开放程度不高，人才招揽计划偏重华裔，国际化程度不足；二是海外人才回归便利性不足，在出入境、工作居留、医疗教育配套等方面仍存障碍。人才培育方面，一是现有教育与培训体系更新速度远远赶不上产业发展的需要，与产业发展相匹配的人才培育体系亟待建立；二是复合型人才培育力度不足，如数字创意产业现在普遍面临缺乏既懂创意又懂数字技术的复合型人才，并已日渐成为制约产业发展的瓶颈；三是培养宏观战略决策专家的环境亟待形成，战略专家的独立工作机制、意见采纳机制较为缺乏。

1.2.4 国际化发展能力有待增强

我国战略性新兴产业总体上仍是国际市场上的“新兵”，在发展经验、自身能力、公共服务等方面均存在明显欠缺，能力亟待增强。一是对国际市场准入的技术壁垒和政治干扰因素准备不足。我国战略性新兴产业企业多是根据国内需求开展研发和生产的，对于国际标准参考不足，参与国际标准制定的企业更是稀少，这导致企业产品或服务难以符合国际标准认证，频繁遭遇国际技术壁垒。二是对国际知识产权保护和竞争的应对能力不足。战略性新兴产业企业知识产权运营体系不健全，核心专利积累不足，特别是国际专利布局不完善等问题日趋严重，企业在国际化过程中面临知识产权诉讼风险。三是国际化公共服务急需加强。一方面，境外商业环境适应难，海外法律、税制、财务等制度环境不熟悉已成为制约战略性新兴产业企业开拓海外市场的重要因素。另一方面，海外政治与政策信息获取难，特别是在发展中国家，政治和政策风险成为企业国际化发展的重要障碍。

1.3 当前和今后一个时期战略性新兴产业发展既有机遇也有挑战

当前，全球新一轮科技革命及我国居民日益增长的对于美好生活的向往，为我国战略性新兴产业发展提供了新的发展机遇，但是，国际环境复杂多变及创新发展模式调整对产业发展也形成了一定挑战。

1.3.1 新一轮科技革命带来发展新动力

当前全球新一轮科技革命和产业变革正处于从蓄势待发到群体迸发的关键时期，伴随着信息革命进程的快速演进，基因组学及其关联技术迅猛发展，新制造技术与新型材料研发的持续突破，以人工智能、量子计算、合成生物学、石墨烯等为代表的新兴技术纷纷步入加速成长期，不断发展成熟，数字化、智能化、绿色化和跨领域融合等成为新兴技术发展新趋势，并给世界经济发展带来新希望和新契机。预计到2020年全球人工智能市场规模将会超过千亿美元，而大数据和云计算的市场规模将会分别超过2 000亿美元和4 000亿美元。

1.3.2 国际环境变化形成发展新挑战

近年来，全球化发展出现回潮，贸易保护主义行为频频出现，战略性新兴产业发展的国际环境有所恶化。当前中美关系进入竞争合作阶段，两国间产业体系的竞争性越来越强，竞争范围向新兴产业领域等中高端产业领域扩散，中美贸易争端的爆发对我国新兴产业国际化发展带来了较大的不确定性。此外，日本于2016年11月宣布经调整的“特惠关税”标准和国家名单，依据该标准，中国、墨西哥等五国自2019财年开始，将不再享受相关关税减免。新规定实行后，预计有1 000～2 000个品目的产品关税将上涨，涉及新材料等新兴产业品类。

1.3.3 美好生活向往催生产业发展新需求

随着我国经济水平的高速发展，人民群众对美好生活环境的向往愈加强烈，这也为战略性新兴产业的发展提供了巨大机会。例如，在资源和环境承载力不断下降的同时，提高资源利用效率、保护和改善生态环境，成为我国发展面临的紧迫任务，绿色低碳产业必将长期成为我国重要的支柱产业；同时，为了更好地满足人民群众日益增长、不断升级和个性化的需求，供给侧质量与效率提升的需求也在相应增加，并推动信息化与工业化、互联网、大数据、人工智能与实体经济深度融合，对于新一代信息技术、高端制造及数字创意产业具有明显带动作用；随着健康中国战略的实施，居民对于更好的生活环境和医疗卫生服务能力的诉求不断增强，这对于生物产业发展也具有积极意义。

1.3.4 创新发展模式调整呼唤发展新思路

随着我国新兴产业发展实力和创新能力的不断提升，创新发展模式也在逐渐调整，对应的管理方式也亟待创新。近年来，我国战略性新兴产业领域的创新明显越来越多地正在从模仿创新向自主创新转变，这就对我国的管理体系提出了三方面的挑战：一是需要形成宽容失败的社会评价体系。自主创新的失败率远高于模仿创新，原有基于高成功率形成的科研、产业化体系需要较大范围的调整。二是需要形成审慎的监管管理体系。面对全新的技术、业态和发展模式，将不再有成熟的监管体系可以借鉴，如何做到既不限制创新，又避免监管缺位，仍需要较多探索。三是需要进一步加强知识产权保护，这是促进自主创新的核心要素。没有良好的知识产权保护体系，就很难诞生有价值的创新成果。

1.4 以改革创新为引领大力推动《“十三五”国家战略性新兴产业发展规划》举措落地见效

针对当前战略性新兴产业发展面临的问题及挑战，围绕构建实体经济、科技创新、现代金融、人力资源协同发展的产业新体系要求，要进一步加大工作力度，提升自主创新能力、深化体制机制改革，强化金融和人才支撑，促进产业集聚集群发展，确保《“十三五”国家战略性新兴产业发展规划》发展目标任务顺利完成。

1.4.1 持续加强自主创新能力

创新是战略性新兴产业发展的第一原动力，提升自主创新能力是从根本上提升战略性新兴产业发展能力的首要条件。一是做好重大科技项目和重大工程实施工作。聚焦前沿、颠覆性技术研发和产业化，在国家重大科技专项、重大科技项目及国家科技计划中，前瞻性部署有望催生未来变革性技术的基础及应用研究。二是大力培育创新型领军企业。加大对创新型、引领型新兴产业企业的支持和引导，鼓励企业加大研发投入，支持有条件的企业开展基础研究和前沿技术攻关，并在企业布局建设一批国家科研基地。三是建设产业技术创新战略联盟。围绕新兴产业发展重点领域，引导建设一批产业技术创新战略联盟，同时建立企业技术创新对话机制，吸收更多企业参与研究制定国家技术创新规划、计划、政策和标准。四是深入开展大众创业万众创新。大力弘扬创新精神、企业家精神和工匠精神，形成鼓励创造、追求卓越的创新创业文化及包容失败的商业文化。构建低成本高效率的创新创业服务网络，加快建设专业化众创空间，依托互联网打造开放共享创新平台，降低创业创新成本，推动各类创新主体协同创新。五是构建普惠性创新支持政策体系，加大研发费用加计扣除、高新技术企业认定、固定资产加速折旧等重点政策落实力度。六是强化知识产权保护和运用。进一步完善知识产权保护相关法律法规，加大知识产权执法保护力度，培育一批专业化知识产权服务机构。

1.4.2 纵深推进体制机制改革

破除体制机制瓶颈是释放战略性新兴产业发展活力的重要手段，下一步需进一步深化改革，营造良好的发展环境。一是全面厘清政府与市场的关系，营造支持开放创新、健康发展的生态环境。消除阻碍创新要素流动的制度因素，利用和整合国内外创新资源，提高创新能力和水平。搭建促进开放创新的公共平台，建立鼓励创新、包容的市场监管体系，更加注重以环境、安全、质量等社会标准引导研发和投资，减少行政审批项目和政府选择技术路线，制定环境、节能、质量、安全等标准，进一步激发市场创新活力。二是进一步深化行政审批制度改革，重在事中事后行业监管。进一步简政放权，改革行政审批管理制度，规范管理、提高效率，减少政府对资源的直接干预。在产业与科技资源配置中，进一步释放市场活力、企业活力和科研机构活力。完善市场准入和退出机制，由政府机构、专家库、其他第三方机构联合组成多方监管体系，提升中央与地方政府沟通效率，合理发挥各级政府的约束作用，促进政策的持续优化，推进产业有序发展。

1.4.3 加强产业统筹协调管理

战略性新兴产业管理涉及部门较多，应避免出现政策碎片化现象，集中力量突破发展瓶颈。一是进一步深化战略性新兴产业统筹协调机制。充分发挥战略性新兴产业发展部际联席会议制度作用，加强政策协调、工作沟通，推动改革措施落地，避免相关政策碎片化。二是理顺各部门产业管理职责和任务定位。根据战略性新兴产业“十三五”规划重点任务分工安排，进一步明确各部门的职责和任务目标。三是建立政企对话咨询机制。赋予行业企业更多话语权，在研究制定相关政策措施时积极听取企业意见，鼓励企业发挥对政策实施的评估、监督的作用。通过对政策实施效果实地调研及评估，了解行业内各类企业的政策反馈，及时发现问题并做相应的改进工作。四是打造统一的政策信息交流平台。集合各部门力量，建立公开、统一的政策信息交流平台，提升政策协调效率，通过平台加强新兴产业有关政策、工作部署，以及发展成果等宣传。

1.4.4 多措并举强化金融支持

金融是引导社会资源流向的重要手段，提升资源配置效率，加强战略性新兴产业支持力度离不开金融体系的调整。一是加强专业化指导。帮助金融机构准确把握和支持战略性新兴产业的有效金融需求。联合行业协会等部门，加强行业指导和信息互通，搭建业务支持平台，组建重点客户名单、重点项目库及行业专家库，及时传递行业、企业、项目相关信息。组织发布对相关政策、行业、技术的解读，帮助了解发展趋势及风险特征。加大金融机构面向战略性新兴产业的人才培养力度，定期开展新兴产业相关培训交流。二是推动实施差异化监管。适当提高不良容忍度，通过定向降准、纳入宏观审慎评估体系等手段激励商业银行加大对战略性新兴产业的支持。给予新一批投贷联动试点资质，允许银行设立专门负责新兴产业股权投资的子机构，并相应调整监管尺度和标准。三是加强多元化支持。通过建立多层次、多样化、多渠道的金融体系，包括资本市场、货币市场、保险市场等，为处在不同生命周期的战略性新兴企业提供多元化融资支持。大力引导创投基金加强对处于种子期和创业期的战略性新兴产业企业的资金支持。四是推进制度化改革。健全风险分摊和风险补偿机制，建议建立战略性新兴产业信贷风险补偿基金，规范战略性新兴产业补贴资金制度执行。进一步完善知识产权登记、评估、交易机制，加强知识产权流通平台建设，促进知识产权交易流通，鼓励银行接受拥有自主知识产权的轻资产企业采用知识产权质押进行融资。以优化分层为抓手，完备“新三板”支持战略性新兴产业企业的市场功能与服务，如在现有分层基础上增设精选层，定位于承载符合国家创新战略发展的少数新兴产业挂牌公司，并对不同市场层次设置不同的投资者适当性标准，吸引优质资本投入精选层和创新层公司。加快修改完善上海证券交易所现有发行制度中不适应战略性新兴产业发展的相关条件和安排，在条件成熟的情况下，在A股市场建设支持战略性新兴产业发展的专门层次。

1.4.5 着力提升人才体系配套

人才是实现创新驱动引领战略性新兴产业发展的根本要素，要推进产业发展水平的持续提升，建立人才配套体系刻不容缓。一是加大国际人才引进力度。实行更加积极、更加有效的对外开放人才政策，充分开发利用国际新兴产业人才资源。针对我国新兴产业发展关键、薄弱环节，适当降低国外相应高端人才引进门槛，解决与国际人才在境内工作相关的困难，系统修改制约国际人才引进的有关管理规定，解决其入籍难问题。搭建国际高端人才引进平台，实施符合国际人才竞争趋势的特别政策、特色机制，增强对海外高端人才的吸引力。二是加快建立人才培育与产业发展联动机制。加强人才供求预测预警，建立学科专业设置、职工培训项目与产业发展需求变化联动调整机制，适时调整优化高校学科专业结构，加大教育资源投入，深化产教融合，优化人才培养培训结构。三是大力推进职工技能提升、岗位转型工作。把握新兴产业发展促进新旧动能转换趋势，推动发展数字职业培训，积极拓展人工智能、信息技术等新兴产业教育和培训，引导更多劳动者有序向新兴产业领域转岗就业。完善传统动能改造提升过程中转岗就业制度，引导企业转产发展和延伸链条，加大职工技能提升培训和新技能开发培训，促进职工转岗提质就业。

1.4.6 全面提升国际合作水平

提升国际化发展水平是提高战略性新兴产业发展质量的必由之路，需要主动作为，积极开拓，推动产业全球化发展。一是鼓励参与有关国际标准的制定。鼓励支持企业、高校、科研院所参与战略性新兴产业及其细分领域国际标准的制定，充分发挥企业在参与国际标准化活动中的作用，强化国际市场话语权和新兴产业发展引导力。广泛开展国际标准跟踪研究，加强国际和国内标准制定、修订工作的衔接，以及国际与国内标准之间的协调。加强主要贸易国家和地区的标准信息收集与研究，深化技术性贸易措施研究和体系建设，推进国家标准互认。加快推广我国优势产业标准，保持产业标准领域领先地位。二是重点推动自主知识产权国际布局。大力发展重点产业知识产权联盟，鼓励研发具有自主知识产权的技术和装备，鼓励布局和申报 PCT（Patent Cooperation Treaty，即专利合作协定）国际专利。建立关键技术评估遴选机制，确保高价值专利海外充分布局。积极探索完善与国内产业和行业协会的信息沟通交流机制，利用多种信息渠道，及时掌握“走出去”过程中遇到的知识产权问题，鼓励知识产权联盟成立联合专利诉讼应对基金。三是大力发展国际化服务机构。借鉴创新券模式，通过政府补贴服务费用等方式，发展一批高水平国际化中介服务机构，推动国际化的金融、人力、知识产权、会计、管理和咨询等服务发展，为战略性新兴产业企业走出去提供高质量服务。

1.4.7 推动产业高效集聚发展

集聚发展是提升战略性新兴产业发展效率的有效路径，以打造一批具备较强竞争力的战略性新兴产业集群为目标，加快产业集聚发展。一是强化宏观政策引导集聚发展。在总结前期集聚试点政策经验的基础上，继续深化集群集聚试点工作，推动形成一批要素高效集聚、产业链完备、引领示范作用突出、协同创新发展的国家级新兴产业集群。鼓励因地制宜，基于本地产业发展阶段、要素禀赋和产业基础有针对性地选择集聚发展模式，分类施策。二是合理合规有效加大财政金融支持力度。统筹资源持续支持战略性新兴产业集群发展，推动金融资源加大向集群试点区域倾斜。三是深化改革完善营商环境。鼓励集聚区开展各类体制机制改革创新和先行先试落地，积极改进新技术、新产品、新模式准入管理，打破地方保护主义。四是鼓励地方积极对接国际国内要素资源。鼓励各地申请各类集聚发展有关政策支持。搭建中央和地方集聚产业政策互通平台，实现开放沟通、优势互补、合作共赢。

审稿：程晓波

参 考 文 献

[1] 黄路明，张振翼，王光磊，等 . 战略性新兴产业发展情况及展望 [M]. 北京 ：中国计划出版社，2018.

[2] 杜壮 . 集群的意义在于产出 1+1>2 的效果——独家专访国家信息中心信息化和产业发展部副主任黄路明 [J]. 中国战略新兴产业，2018，(25)：44-46.

[3] 国家发展改革委政策研究室 . 国家发展改革委举行专题新闻发布会 介绍培育壮大新动能有关工作情况 [EB/OL]. http://zys.ndrc.gov.cn，2018-08-24.

第 2 章

战略性新兴产业重大行动计划研究

王礼恒　屠海令　王崑声　王海南　唐　铭　崔　剑

【内容提要】中国工程院在重大咨询研究项目“战略性新兴产业培育与发展战略研究”“‘十三五’战略性新兴产业培育与发展规划研究”等研究基础上，2016 年启动开展了“战略性新兴产业发展重大行动计划研究”。项目紧密结合国家经济社会发展新的战略需要和科技突破方向，充分关注国际战略性新兴产业的新趋势、新苗头，针对《“十三五”国家战略性新兴产业发展规划》提出的重大工程，考虑主要方向、完成目标、资金规模、支持方式、产业布局、区域布局、重点企业等因素，从技术的成长性和成熟度、产业的战略性地位、与国际先进水平的差距、主要瓶颈、推行重大行动之后能达到的技术水平、作为重大项目组织的可行性、与国家已有项目的关联度、需要国家作为重大行动来安排的理由、资金需求及筹措渠道、政策需求等十个方面去选择和分析，提出“十三五”战略性新兴产业发展重大行动计划及实施路径，推动重点任务及重大工程真正落地实施。

2.1 全球战略性新兴产业格局变化及未来发展趋势

2.1.1 全球战略性新兴产业格局变化

1）发达国家依然占据产业链高端，发展中国家正在加快赶超步伐

从全球市场竞争格局来看，欧美等发达国家依然占据战略性新兴产业的高端市场主导地位。美国、日本、德国、加拿大、法国等发达国家约占全球节能环保产业2/3的市场份额，欧盟、日本等国家和地区再生资源产业的发展也一直处于世界领先水平，以中国、印度为代表的发展中国家的节能环保市场保持着高速增长，占全球市场的份额不断增加。从卫星及卫星应用市场主体来看，除美国、欧洲等传统航天强国依然占据主导地位之外，近期发生的量子通信首星、北斗导航系统的区域稳定服务、“高分”等遥感卫星系统建设持续推进、印度“一箭104星”等一系列重点事件，标志着以中国、印度为代表的发展中国家正在加快赶超步伐。目前北美、欧洲和日本等发达国家和地区的轨道车辆制造商占据国际业务的高端市场，在制造车辆和设备方面，制造商不仅开发车辆系统和软件，设备技术含量高，还承担了轨道交通项目系统集成的角色。欧美等垄断高端海洋装备及配套设备研发、设计、生产、供货、总包的企业处于第一阵营，其产品因技术含量及利润率高在国际海洋工程装备产业具有很强的竞争力；世界著名企业集团凭借其技术研发、资金和人才等优势不断向新材料领域拓展，在高附加值新材料产品中占据主导地位。

2）全球制造业竞争格局发生重大调整，多领域交叉融合趋势愈发明显

国际金融危机发生后，美国、欧盟、日本等发达国家和地区纷纷实施“再工业化”战略，重塑制造业竞争新优势，加速推进新一轮全球贸易投资新格局。各国都在加大科技创新力度，美国推出了工业互联网、德国推出了工业4.0，这推动3D打印、移动互联网、云计算、大数据、生物工程、新能源、新材料等领域取得了新突破。俄罗斯、巴西、印度、南非等新兴经济体也在加快谋划和布局新技术开发和新兴产业发展，积极参与全球产业再分工，承接产业及资本转移，拓展国际市场空间，中国提出了“中国制造2025”，推动中国制造业加快迈向全球价值链中高端。新一代信息技术与各学科、各领域的深度融合和广泛渗透，正在引发影响深远的产业变革，形成新的生产方式、产业形态、商业模式和经济增长点。大数据技术与其他领域在广度和深度上不断扩张，在公共安全、城市管理、交通运输等多领域被广泛应用，前景无限；信息安全技术，从监测到理解、从数据收集到行为异常分析的转变，将大幅提升信息系统防护水平和产业发展。云计算、移动互联网等面向服务的商业模式创新，不断开辟新的产业增长点，促进技术创新在教育、医疗等传统领域的应用，推动传统信息技术产业向其他领域渗透，实现产业升级换代并重塑产业格局。

3）数字经济正在高速增长，并将深入推进战略性新兴产业的发展

随着信息技术的快速发展，数字经济发展迅猛，在经济发展中的引领和主导作用不断增强。美国、欧盟、英国、德国、日本等国家和地区纷纷出台数字经济相关发展战略，推动经济社会的数字化转型[1]。2016年杭州G20峰会发布的《二十国集团数字经济发展与合作倡议》[2]指出，数字经济正在经历高速增长、快速创新，并被广泛应用到其他经济领域中。数字经济是全球经济增长日益重要的驱动力，在加速经济发展、提高现有产业劳动生产率、培育新市场和产业新增长点、实现包容性增长和可持续增长中正发挥着重要作用。2017年12月3日，在第四届世界互联网大会上，中国、老挝、沙特阿拉伯、塞尔维亚、泰国、土耳其、阿拉伯联合酋长国（简称阿联酋）等国家相关部门共同发起《"一带一路"数字经济国际合作倡议》，提出加强政策沟通、设施联通、贸易畅通、资金融通和民心相通，致力于实现互联互通的"数字丝绸之路"，打造互利共赢的"利益共同体"和共同发展繁荣的"命运共同体"。

4）"一带一路"倡议为战略性新兴产业发展带来新的机遇，国际合作不断加强

进入21世纪，在以和平、发展、合作、共赢为主题的新时代，面对复苏乏力的全球经济形势及纷繁复杂的国际和地区局面，2013年9月和10月，中国国家主席习近平在出访中亚和东南亚国家期间，先后提出共建"丝绸之路经济带"和"21世纪海上丝绸之路"的重大倡议，得到国际社会高度关注。2015年3月，中国政府特制定并发布《推动共建丝绸之路经济带和21世纪海上丝绸之路的愿景与行动》[3]。"推动新兴产业合作，按照优势互补、互利共赢的原则，促进沿线国家加强在新一代信息技术、生物、新能源、新材料等新兴产业领域的深入合作，推动建立创业投资合作机制"是一带一路的合作重点之一。"一带一路"倡议提出5年以来，已经有80多个国家和国际组织同中国签署了合作协议[4]。2016年"一带一路"沿线64个国家GDP（gross domestic product，即国内生产总值）之和预测为12.0万亿美元，占全球GDP 16.0%；人口总数为32.1亿人，占全球人口的43.4%；对外贸易总额为71 885.5亿美元，占全球贸易总额的21.7%[5]。

2017年5月14日至15日，"一带一路"国际合作高峰论坛在北京召开，论坛圆桌峰会联合公报提出[6]，支持电子商务、数字经济、智慧城市、科技园区等领域的创新行动计划，加强新兴产业、贸易、工业园区、跨境经济园区等领域合作等。2018年9月3日至4日，中非合作论坛北京峰会圆桌会议在北京召开，中国国家主席习近平出席开幕式并发表题为"携手共命运 同心促发展"的主旨讲话[7]，提出"携手打造合作共赢的中非命运共同体""用好共建'一带一路'带来的重大机遇""开拓新的合作空间，发掘新的合作潜力"。中非合作论坛北京峰会圆桌会议通过了《关于构建更加紧密的中非命运共同体的北京宣言》和《中非合作论坛—北京行动计划（2019—2021年）》，宣言指出非洲是"一带一路"的历史和自然延伸，中非共建"一带一路"将为非洲发展提供更多资源和手段，拓展更广阔的市场和空间，推动经济全球化朝着更加开放、包容、普惠、平衡、共赢的方向发展[8]。

2.1.2 战略性新兴产业未来发展趋势

（1）新一代信息技术产业迈入“全产业链”竞争时代，泛在化、融合化、智能化趋势愈发明显。

随着“全产业链”时代的开启，整合能力较强的产业链逐渐代替单一产品或技术优势，谁最先进行产业链整合与重构，发展形成基于“软件＋终端＋内容”的整合能力，谁就将率先确立竞争优势。在产业融合的背景下，企业能否向产业链的上下游环节有效拓展，成为其在激烈的国际竞争市场中保持竞争力的基本要求。同时，产业链整合模式也在不断催生新的产业形态，并向传统产业领域全面加速渗透。未来整体的价值链将会发生变化，终端、平台及服务的价值将超越硬件的价值成为增值主体。新一代信息技术持续向泛在、融合、智能和绿色方向发展，多样性、开放性及跨领域的技术创新将不断涌现。

近年来，随着计算机网络和通信两大领域的融合深化，新一代信息技术产业软硬件融合趋势将进一步加深，集成硬件和软件的解决方案、以服务定制需求、重视用户体验将成为创新和业务开展的方向。同时，全球电子信息产业结构由信息技术硬件向信息服务应用倾斜，“软化”趋势更加明显。目前，全球信息产品制造业的比重进一步下降，包括数字内容在内的信息服务业比重不断上升。

伴随计算机网络和通信两大领域的融合深化，电子信息产业软硬件融合趋势进一步加深。目前，全球信息技术支出的主要增长动力来自软件及信息服务市场的增长，而软件产业呈现“服务化”趋势——软件即服务（software as a service，SaaS）成为硬件、软件、互联网等行业的重要趋势。商业模式创新正在以层出不穷的新业态的方式，促进技术创新在教育、医疗等传统领域的应用，推动传统信息技术产业向其他领域渗透，实现产业升级换代并重塑产业格局。

（2）制造业网络化、数字化、智能化、绿色化发展水平持续提升，革新材料研发模式成为关注的重点。

进入21世纪以来，在经济全球化和社会信息化的背景下，云计算、大数据、移动互联网、物联网、人工智能等新兴信息技术正在全球范围内引发一场新的科技革命和产业革命，以智能机器、3D打印制造和数字化制造技术为核心的智能制造技术使制造企业的产品设计、工艺制造、经营管理、制造服务等业务已经开始变革，制造业发展迎来前所未有的深刻变化。美国先后提出实施《先进制造伙伴关系计划》《先进制造业国家战略计划》等以发展先进制造业及技术；德国提出了工业4.0的发展蓝图，致力于以CPS（cyber-physical systems，即信息物理系统）为核心、智慧工厂为载体，发展德国工业4.0，并将其定位为新一轮工业革命的技术平台；日本公布了产业结构蓝图，确定10个尖端技术领域，并以此为依托来强化国内制造业；近年来，美国、日本、德国等工业发达国家已经将机器人产业的发展重心转移到实现机器人的“智能化”。

绿色、低碳的新材料技术及产业化将成为未来发展的主要方向，在追求经济目标的同时也更加注重资源节约、环境保护、公共健康等社会目标。欧美等发达国家已经通过立法促进节能建筑和光伏发电建筑的发展，目前欧洲 80% 的中空玻璃使用 LOW-E 玻璃；太阳能电池转换效率不断提高，这极大地推动了新能源产业发展。欧洲首倡的材料全寿命周期技术，对新材料产业绿色低碳发展起到促进作用，也使钢铁、有色、水泥等大宗基础材料的单产能耗、环境载荷降低了 20% 以上。进入 21 世纪以来，革新材料研发方法、加速材料从研发到应用的进程被提上各国政府的议事日程。美国政府在“先进制造伙伴计划”（Advanced Manufacturing Partnership，AMP）中提出了“材料基因组计划”（Materials Genome Initiative，MGI），其目的是将材料从发现到应用的速度至少提高一倍，成本至少降低一半。

（3）生物医药、生物农业日趋成熟，生物制造、生物能源、生物环保快速兴起。

随着化学新药创制难度增大，生物技术药物逐步成为创新药物的重要来源。在全球药物市场中，生物技术药物的市场份额在逐年上升，预计 2020 年生物技术药物占总体药物市场销售额将达到 27%。生物技术药物在国内外的重点发展领域包括抗体药、疫苗、蛋白 / 多肽治疗药物干细胞治疗与组织工程，基因工程与基因治疗等。从技术发展趋势来看，基因工程技术为研发生物大分子药物提供了新途径。合成生物学技术将合成基因、细菌、mRNA、免疫器件等应用与疾病研究和治疗；干细胞技术将重点发展研究模型、细胞治疗、器官再生；生命科学与新材料技术结合所衍生出的生物 3D 打印技术将发展迅速。

生物技术和信息技术的交叉融合创新将会对生命科学产业产生重大的影响。无线传感器、基因组学、成像技术和健康信息等技术的融合带来的变革使得个体化医疗及生命健康服务产业成为新的生长点，这将推动基因测序服务、生物芯片检测服务干细胞医疗等领域的快速发展。康复方面，重点实现传统康复辅具与新兴技术（如移动信息、先进制造等）的融合。预计 2020 年，全球医疗器械市场规模将达到 716 亿美元，我国体外诊断产业具有巨大发展潜力。

目前全球生物制造处于加速发展的阶段，生物基产品市场已在美国占据显著位置，麦肯锡全球研究所的一个广泛研究表明，合成生物学和生物产业化将提供一套颠覆性的技术，到 2025 年至少产生 1 000 亿美元以上的经济影响。

（4）低碳、清洁、高效、智能的能源新技术产业成为能源发展的未来趋势，节能环保技术与多领域交叉融合。

基于全球能源发展规律、各国能源现状和能源新技术发展趋势，可以发现世界能源生产与消费格局正在向绿色低碳转型，全球新能源的生产和消费比例逐年迅速提高，更高效率、更低成本的能源新技术不断推广应用，能源电气化、智能化已逐渐成为能源发展主流，随着能源清洁高效开发、大规模可再生能源利用、智能电网、自主核能发电等技术的进步，构建低碳、清洁、高效、智能的能源新技术战略性新兴产业成为推动全球各国能源发展、培育经济增长新动能的重要力量。

节能环保技术向“零能源建筑”“零废水排放”方向发展，与多领域交叉融合，向智能化、高端化、纵深化、综合化发展。在节能产业中，建筑领域的新技术发展趋势是建设“零能源建筑”，工业领域的新技术发展重点将集中在工业余热的循环利用方面。在环保产业中，“零废水排放”、智慧水务、应对极端天气的新型水资源管理技术是水处理/污水处理领域新技术的发展趋势，其发展理念由末端治理转向清洁生产、生态文明，市场重点由制造业转向综合服务业。发达国家的环保产业已进入平稳发展期，其具有以下特点：一是环保产业倾向于源流控制和全过程管理，逐步由污染治理向资源管理转变；二是未来发展的焦点将继续集中在综合环境服务业。

动力电池技术突破及燃料电池技术研发成为关注重点，分时租赁等共享商业模式成为未来汽车出行发展趋势。动力电池作为新能源汽车的能量储存装置，其性能的优劣直接影响新能源汽车的市场应用和普通消费者的接受度。世界主要汽车生产国均在持续支持开展动力电池技术创新研究和扩大产业规模，进一步提高动力电池的安全性、比能量、比功率及使用寿命，进一步降低制造和使用成本，以推动动力电池技术突破和市场推广应用[9]。

（5）数字创意产业以科技力、制造力和想象力的深度融合，转变经济发展方式、促进消费增长。

数字文化创意技术装备创新提升。以企业为主体、产学研用相结合，构建数字文化创意产业创新平台；加强基础技术研发，大力发展VR、增强现实（augmented reality，AR）、互动影视等新型软硬件产品，促进相关内容开发；完善数字文化创意产业技术与服务标准体系，推动手机（移动终端）动漫、影视传媒等领域标准体系广泛应用；建立文物数字化保护和传承利用、智慧博物馆、超高清内容制作传输等标准；完善数字创意“双创”服务体系。

数字内容创新发展。依托先进的数字创意技术，推动实施文化创意产品扶持计划和“互联网+”中华文明行动计划，支持推广一批数字文化遗产精品，打造一批优秀数字文化创意产品，建设数字文化资源平台，实现文化创意资源的智能检索、开发利用和推广普及，拓展传播渠道，引导形成产业链。

创新设计发展。制定实施制造业创新设计行动纲要，建设一批国家级工业设计中心，建设一批具有国际影响力的工业设计集聚区。建设增材制造等领域设计大数据平台与知识库，促进数据共享和供需对接。通过发展创业投资、政府购买服务、众筹试点等多种模式促进创新设计成果转化。

2.2 中美贸易战对中国战略性新兴产业发展的影响及启示

中国是世界上最大的发展中国家，美国是世界上最大的发达国家。中美两国由于经济发展阶段、经济制度等方面存在不同，存在经贸摩擦是正常的，关键是如何增进互信、促进合作、管控分歧。2017年新一届美国总统上任以来，在“美国优先”的口号下，抛弃相互尊重、平等协商等国际交往基本原则，实行单边主义、保护主义和经济霸权主义，对许多国家和地区特别是中国做出一系列不实指责，利用不断加征关税等手段进行经济恫吓，试图采取极限施压方法将自身利益诉求强加于中国。

美国借解决“中美贸易失衡”之名挑起对中国的贸易战，妄图通过霸权主义遏制中国发展，尤其是遏制“中国制造2025”计划中战略性新兴产业领域的发展[10]。

中国目前正处在发展的关键阶段，面对外部的挑战和打压，需要对内加强创新能力和对核心技术的把控能力，对外坚持构建新型国家关系，加强与全球市场的紧密融合，尝试采用和平、对等的方式与美国进行对话和沟通，保障中国经济健康有序的发展。

2.2.1 中美贸易战进展及影响

1）中美贸易战最新进展

2018年3月8日，美国总统特朗普宣布对从中国进口的钢铁、铝产品征收关税，自宣布之日起15天后生效，即“232措施”。2018年3月23日，特朗普正式签署对华贸易备忘录，启动“301调查”，直指“中国制造2025”计划，正式打响中美贸易战的第一枪，“中美贸易战”开始引起广泛关注[11]。随着美国不断增加对中国加征关税的条目，中国只能通过对美国加征关税的反击措施来保障本国的利益，中美贸易战争持续升温。截至2018年8月底，中国始终秉承不主动挑起战争的原则，在世界贸易组织（World Trade Organization，WTO）争端解决机制项下，与美方就经贸问题进行了两轮磋商。

从已公布的商品清单[12]看，美国以知识产权问题发难，后期经过调整，在2018年8月23日征税的160亿美元清单基础上删除了航运集装箱、浮动船坞及锯木用的机械产品等五项商品，中国反击新清单则由114项增加至333项。在剔除原油的基础上，新增加了小轿车、摩托车等多项汽车产品及金属产品。至此，美国第一轮商品征税500亿美元已经凑齐，中美贸易战第一阶段接近尾声，转战第二阶段。2018年9月，美国宣布于当月24日起，对约2 000亿美元的中国产品加征关税，税率为10%，并将在2019年1月1日起上升至25%。2018年10月，美国领导人提出如果中国继续采取反制措施，美国将再向2 670亿美元的中国输美产品加征关税。

本次中美贸易摩擦过程中，美国与世界其他国家也在进行交涉。2018年5月31日，美国商务部部长罗斯表示，美国将从2018年6月1日起，对欧盟、加拿大和墨西哥的进口钢铁和铝产品分别征收25%和10%的关税。随后，美国白宫就此事正式发表声明称，美国将持续关注钢铝产品进口变化，并根据国家安全的需要调整征税措施。声明正式发表几小时后，加拿大快速宣布对美国的钢铝征收128亿美元的报复性关税。2018年6月28日，作为对美国对欧盟钢铝产品分别征收25%和10%附加关税的反制举措，欧盟日前对美国输欧的价值约33亿美元的产品加征附加关税，并计划未来对约43亿美元的美国商品征收10%～50%的关税。2018年7月25日，美国总统特朗普和欧盟委员会主席容克在共同会见记者时宣布，美国和欧盟就缓和当前紧张的贸易关系达成协议，双方表示，将致力于消除关税和贸易壁垒，避免当前一触即发的贸易战。美国同意不向欧盟汽车加征关税，欧盟同意进口更多美国大豆和天然气。

2）中兴事件及其影响

信息技术是全球开放程度最高的产业，产业链遍布全球，是各国发展的重点领域之一。美国对中兴通讯的制裁是从 2016 年 3 月 8 日开始，以涉嫌违反美国对伊朗的出口管制政策为由，对中兴通讯实行禁运，禁止美国公司向中兴通讯销售产品。2018 年 6 月 7 日，美国商务部宣布与中兴通讯公司达成新和解协议，中兴通讯及其关联公司已同意支付罚款和采取合规措施来替代美国商务部此前针对该公司向美国供应商采购零部件执行的禁令[13]。中兴成为本次中美贸易战受到波及的第一家大型科技公司。与此同时，中国通过一系列措施支持芯片业发展。在中兴事件中，中兴上游的美国公司也受到影响。具不完全统计，包括 Oclaro 等公司在内的中兴采购量占自身出货量比重较大的美国公司截至 2018 年 4 月 16 日收盘股价受到严重影响。

通过本次中兴事件可以看出，技术方面中兴通讯的主营业务有基站、光通信及手机。其中，基站中部分射频器件，如腔体滤波器（武汉凡谷、大富科技）、光模块厂商（光迅科技，旭创科技）、手机内的结构件模组等均可基本满足自给需求。但芯片在三大应用领域均存在一定程度的自给率不足，这导致在受到美国限制后，发展受到了严重影响。因此，包括中兴在内的大型公司需要重视自身关键技术的自主可控替代化的发展进程，把握关键技术的知识产权。同时秉承开放包容的心态，在自主创新的同时增加与其他国家的交流合作、互通有无、优势互补，通过国际合作，更快地加入更高的梯队。

2.2.2 对战略性新兴产业发展的启示与建议

从目前美国的态度及中美双方的情况看，中美贸易战由美国主动挑起争端，贸易战是否继续显然不以中国意志为转移。本次贸易战争，不限于贸易，已经由战略性新兴产业等贸易领域上升至国家之间的战略博弈，对包括中国在内的国家发展及国际社会的格局必将产生重要影响。其间，中国通过一系列措施支持芯片业发展，同时加大对大豆类农产品生产力度的支持，后续更应当加强对战略性新兴产业领域的发展，以应对更加严峻的国际环境新挑战。

1）坚持科技强国，构建坚实的产业创新体系

科技兴则民族兴，科技强则国家强，从美国针对中国发动贸易战的具体内容可以看出，美国不希望中国推进“中国制造 2025”计划，企图阻碍中国产业升级和现代化建设，遏制中华民族复兴。目前，中国经济、军事、科技等领域虽处于上升趋势，且经济总量直追美国，但经济社会发展程度及综合实力与美国仍存在较大差距，大而不强使中国在某些领域依旧受到美国等西方国家的限制。本次贸易战中美国针对中国的一系列高技术领域征税，说明了中国经济社会想要持续稳定发展、国家安全有所保障，就必须建立独立自主的国家创新体系。严峻的国际形势需要中国不断加强创新，加强对关键组部件和核心元器件研制产业集团的建设，逐步完善工业体

系，发展先进制造业，构建现代化工业体系，不断强化内需市场，降低国际贸易制裁对中国经济的破坏性影响，只有打造坚实的科研基础设施创新体系，优化配置创新资源，拓展新的技术领域和产业方向，才能促进在科技发展前沿、原始创新和系统集成创新领域取得大批创新成果，保障战略性新兴产业的不断发展和经济社会的不断进步。

2）深化体制机制改革，推动经济由高速向高质量方向发展

中国庞大的内需市场和近乎全链条的产业体系是其在本次贸易战中的重要优势，但是在这样的优势下，产业处于中低端、经济大而不强的特征较为明显。因此需要进一步发挥优势，积极应对贸易战，实现经济持续健康发展，促进产业向价值链中高端迈进，实现由经济大国向经济强国的转变。坚决破除机制弊端，充分发挥政府作用和市场作用，围绕高质量发展，构建市场机制有效、微观主体有活力、宏观调控有度的经济体制，推动经济发展质量变革、效率变革、动力变革，不断增强中国企业、产业的抗风险能力，不断增强中国经济创新力和竞争力。

3）进一步提升原始创新能力，牢牢把握核心技术，确保产业安全

在贸易战的冲击下，我国经济可能进入外部环境趋紧的特殊时期，经济增长、股票市场、债券市场、汇率市场，以及房屋市场等波动压力加大。战略性新兴产业的发展关系国家安全和未来发展，是表征国家竞争力的重要力量，这决定了其具有维护各国自身利益的特性。面对国际发展局势变化，战略性新兴产业发展需要牢牢把握主动权，保障战略性新兴产业发展产业安全、自主、可控，如何提高基础研究投入强度是进一步提升原始创造能力急需解决的关键性问题。各企业在参与国内和国际竞争时应贯彻落实创新驱动战略，加大向基础研究投入倾斜，重视和加强对战略性新兴产业领域的企业应用基础研究项目的资金支持和政策扶持，保障基础研究投入比例持续提高，鼓励多领域的研究发展，为经济社会建设提供力量源泉。通过全面深化改革不断弥补体制短板，发挥市场带动作用和政府牵引作用，高效率配置资源，实现经济由高速向高质量发展转变。

4）加强知识产权保护力度，构建完备的知识产权保护法律体系

党的十八大以来，以习近平为核心的党中央对知识产权的保障做出一系列重大策略部署，将知识产权保护上升为国家战略，知识驱动逐步主导经济发展方式。从中美贸易战尤其是中兴事件中可以看出，只有切实保护好属于中国的知识产权，构建完备的知识产权保护法律体系，才能切实激发企业的创新创业积极性，完成“中国制造2025”计划的目标，提高中国的经济竞争力和政治自主权。在参与国际交流合作时，既能够保障“引进来”的投资者、企业和技术转移者的利益，也能够使“走出去”的中国企业具有更坚实的后盾，保障中国在国际合作中正当权益不受侵犯。

5）加大与世界各国的深入交流与合作，优化国际布局，提升产业竞争力

改革开放是中国发展的一条正确道路，从长远看，世界大环境将不断趋于融合，

未来中国经济也需要在更加开放的环境条件下实现由高速向高质量发展。面对国际化发展的大局势，需要进一步优化战略性新兴产业的国际布局，提升产业竞争力。保障中国产业在国内和国际市场的平稳、全面、协调、健康、有序发展，保证中国在国际的经济地位和政治地位稳定不动摇。

在应对美国挑起的贸易战争的过程中，欧盟与日本加强相关合作，签订免税条约，是应对美国贸易战的一项有力举措。因此，想要在新国际形势下获得更多的发展机遇，中国可以借鉴欧盟与日本的应对措施，发挥“一带一路”等优势，加快扩大开放的步伐，维护多边主义和自由贸易，与国际其他国家一同应对美国发起的贸易战争，推动形成更加全面开放的国际市场，进一步形成更加开放的国际新格局，与更多国家开展深入交流合作，促进经济全球化朝更加包容开放的方向共同发展。

2.3 战略性新兴产业高质量发展面临的新要求

2.3.1 经济高质量发展的内涵和基本要求

十九大报告指出，“贯彻新发展理念，建设现代化经济体系”“必须坚持质量第一、效益优先，以供给侧结构性改革为主线，推动经济发展质量变革、效率变革、动力变革，提高全要素生产率，着力加快建设实体经济、科技创新、现代金融、人力资源协同发展的产业体系，着力构建市场机制有效、微观主体有活力、宏观调控有度的经济体制，不断增强我国经济创新力和竞争力”①。

（1）着力发展实体经济、提高供给体系质量是高质量发展的主攻方向。

2018 年 3 月 5 日，习近平总书记参加第十三届全国人民代表大会第一次会议内蒙古代表团审议时指出，“推动经济高质量发展，要把重点放在推动产业结构转型升级上，把实体经济做强做优”②。深化供给侧结构性改革，增强我国经济质量优势，需要加快建设制造强国，加快发展先进制造业，推动互联网、大数据、人工智能同实体经济深度融合，支持传统产业优化升级，促进我国产业迈向全球价值链中高端，加强基础设施网络建设，坚持去产能、去库存、去杠杆、降成本、补短板，优化存量资源配置，扩大优质增量供给。

（2）坚持创新为引领、加快提升产业创新能力是高质量发展的根本动力。

党的十八大报告提出实施创新驱动发展战略，强调科技创新是提高社会生产力和综合国力的战略支撑，必须摆在国家发展全局的核心位置。党的十九大报告指出，“创新是引领发展的第一动力，是建设现代化经济体系的战略支撑”“强化

① 《决胜全面建成小康社会 夺取新时代中国特色社会主义伟大胜利——在中国共产党第十九次全国代表大会上的报告》。

② 习近平在参加内蒙古代表团审议时强调：扎实推动经济高质量发展 扎实推进脱贫攻坚，cpc.people.com.cn/n1/2018/0306/c64094-29849635.html。

基础研究，实现前瞻性基础研究、引领性原创成果重大突破。加强应用基础研究，拓展实施国家重大科技项目，突出关键共性技术、前沿引领技术、现代工程技术、颠覆性技术创新”[①]。实施创新驱动发展战略，是加快转变经济发展方式、破解经济发展深层次矛盾和问题、增强经济发展内生动力和活力的根本措施。面对全球新一轮科技革命与产业变革的重大机遇和挑战，要实现高质量发展，必须加强国家创新体系建设，深化科技体制改革，建立以企业为主体、市场为导向、产学研深度融合的技术创新体系。

（3）坚持关键核心技术自主可控，确保战略性新兴产业安全及竞争力。

国际贸易保护主义抬头，中美贸易战及中兴事件反映出当前我国自主创新能力还不足，关键领域核心技术短板问题突出，亟待建立符合新时代特点和高质量发展要求的科技创新体系和产业生态体系。习近平总书记多次强调“关键核心技术是国之重器，对推动我国经济高质量发展、保障国家安全都具有十分重要的意义”[②]“关键核心技术是要不来、买不来、讨不来的”“努力实现关键核心技术自主可控，把创新主动权、发展权牢牢掌握在自己手中”[③]。面对复杂的国际形势，实现战略性新兴产业高质量发展必须进一步提高我国关键领域核心技术的自主创新能力，发挥科学家和企业家的创新主体作用，发挥市场作用，做好创新链和产业链的优化布局，确保产业发展安全和竞争力。

2.3.2　战略性新兴产业发展存在的问题

1）统筹协调和产业布局的优化还不够

“十二五”期间，某些领域出现过度重复建设的问题，以光伏为代表的部分战略性新兴产业出现产能相对过剩，我国风电装机容量已占世界首位，相对并网发电容量已经呈现产能过剩的现象。新一代信息技术产业涉及材料、能源、交通、信息等多个产业的交叉领域，各政府主管部门往往只围绕各自的领域来部署发展方向和支持重点，这导致新一代信息技术产业发展缺乏顶层设计和整体布局。相关的政策和规划也未能从全产业链协同发展的层面进行统筹考虑，这造成投入相对分散、规划协调性不强、交叉领域投入不足等问题。从国内各地区发布的新材料产业规划来看，相关产业的区域布局还没有立足于各地区自身的条件和优势，还没有做到科学合理定位，实现差异化分工，存在着严重的趋同现象。一些产业已经出现了因产业链上游的产品无法在下游使用，而呈现上游产能过剩、下游市场有效供应不足的现象。节能环保产业在空间布局上呈现集聚发展态势，形成了京津冀、长三角、珠三角、长株潭等集聚发展区。但是节能环保产业发展水平与区域经济发展水平呈现一致性，

① 《决胜全面建成小康社会 夺取新时代中国特色社会主义伟大胜利——在中国共产党第十九次全国代表大会上的报告》。

② 习近平主持召开中央财经委员会第二次会议，www.gov.cn/xinwen/2018-07/13/content_5306291.htm。

③ 习近平在中国科学院第十九次院士大会、中国工程院第十四次院士大会上的讲话，cpc.people.com.cn/n1/2018/0529/c64094-30019426.html。

区域发展不平衡。卫星发展统筹规划不够，缺乏顶层决策管理的实化机构；军民协调不足，共享机制不完善，卫星与地面应用系统天地一体化衔接不紧密不配套。

2）技术创新与应用基础研究能力亟待加强

尽管“十二五”期间战略性新兴产业在部分领域的技术得到了显著突破，但企业的整体科研实力特别是基础研究领域长期滞后，核心技术掌握仍然不足，部分关键设备、高端产品依赖进口的现象仍旧存在。我国已建立了一定数量的共性研发机构和跨领域研发平台，但仍存在资源整合利用能力差、协同创新动力不足、资金投入有限、共性研发平台数量和范围有限、规划体系不完善、保障机制不足等问题，整体上尚未形成良好的共性技术创新发展环境。节能环保技术创新体系不完善，技术研发投入严重不足，缺乏自主知识产权技术支撑。涉及信息化、智能化、高效化等的共性技术，依然存在差距，信息共享平台的建设也有待完善。在国家政策大力扶持下，北斗导航飞速发展，但仍面临核心技术缺失的问题，自主知识产权市场占有率低，我国卫星定位关键芯片市场95%被美国占领。我国新能源汽车领域的锂离子动力电池、燃料电池、深度混合动力等核心技术，整体还处于追赶期。目前我国新材料没有形成大批具有自主知识产权的材料牌号与体系，通用基础原材料的国家及行业标准、统一的设计规范和材料工艺质量控制规范尚不完善，缺乏符合行业标准的新材料结构设计 / 制造 / 评价共享数据库，基础支撑体系缺位。

3）人才培养不能满足产业快速发展要求

战略性新兴产业作为技术高度密集、创新异常活跃的产业领域，人才和技术是其核心竞争力。我国在网络空间安全领域的人才结构不完善、规模不足，无法满足日益严峻的安全形势和网络空间安全产业发展的需求。我国机器人产业要追赶并超越发达国家，但领军人才、技术研发人才、操作及维修人员等人才缺口问题已经开始显现，所以急需大量创新型、复合型机器人高端国际化人才和技术研发人才。工业机器人是自动化、智能化设备，若操作及维护不当，将严重影响企业生产甚至造成恶性生产事故，从目前我国现有的劳动力结构来看，应加快人才培养来满足大批企业进行“机器换人”所带来的技术人员缺口。节能环保产业行业内的科技人员比重远低于其他行业，我国环保产业获得认可的技术及相关职称评定人员数量较低，总体人才结构层次偏低，节能环保产业从业人员的数量、结构无法满足产业快速发展的需求。

4）政策机制等产业发展环境需持续完善

“十二五”以来，我国陆续出台了一系列法律法规和政策，极大地推动了战略性新兴产业的发展，但是随着市场化的加速，市场逐步放开，相应配套的政策和机制还不健全。节能环保法规和标准体系不健全，相关立法空缺，机动车污染防治条例等法规迟迟未出台，相关细分领域的行业准入制度尚未建立，相关节能环保技术、产品标准缺失，重点用能产品能效标准、重点行业能耗限额标准和污染物排放标准等滞后。政府在信贷、税收、技术创新、市场培育等方面没有一套对节能环保有力的鼓励扶持政策，现有财政和税收政策零散、不系统，优惠范围和力度还远远不够。在卫星通信方面，目前国内具有卫星通信资质的企业只有中国卫通、中国电信、中国联通三家，但中国卫通只有空间段运营资质，中国联通缺乏空间段运营资质，牌照齐全的中国电信对卫星通信的定位主要在应急通信和新业务方面，属于边缘化产业。因此，固定的通信业务领域阻碍了卫星通信的进一步发展。我国在商业遥感卫星产业规范管理、卫星数据政策等方面尚存在一定的空缺，我国已有的应用卫星存在标准、软件、平台接口不一致，难以集成的问题。北斗导航亦在标准法规、发展规划、市场准入等政策方面存在滞后现象。

2.3.3 战略性新兴产业面临的重大经济社会发展需求

1）创新型国家建设要求把科技创新摆在战略性新兴产业发展的核心位置

建设创新型国家是党中央、国务院做出的重大战略决策，到2020年我国将基本建成适应社会主义市场经济体制、符合科技发展规律的中国特色国家创新体系，进入创新型国家行列。党的十八大报告提出了实施创新驱动发展战略。“十三五”时期培育和发展战略性新兴产业，要把科技创新摆在核心位置，把增强自主创新能力作为调整产业结构、转变增长方式的中心环节，攻克一批关键核心技术，提高自主创新能力，加快向产业链高端迈进，推动我国产业转型升级，在新一轮产业革命中抢占制高点。

“十三五”时期是我国实施制造强国、网络强国、海洋强国、航天强国等强国战略的关键时期，新一代信息技术产业、高端制造装备亟待加速发展，大型民用飞机市场需求强劲，经济社会发展对空间基础设施建设及卫星应用产业发展提出了更高要求，我国在海洋开发装备的自主研发设计上仍面临着大量的技术问题和专利壁垒，这些需要在“十三五”期间加快发展。高端数控机床及智能制造是制造业国际竞争力的交会点，是中国制造由大变强的标志和关键，其技术综合性强，需要国家、企业、市场共同努力使其在“十三五”加速发展。

2）供给侧结构性改革为战略性新兴产业的发展提供了新的机遇

十八大以来，我国提出了以新发展理念为指导、以推进供给侧结构性改革为主线的政策框架。供给侧结构性改革最终目的是满足需求，主攻方向是提高供给质量，根本途径是深化改革。通过简政减税、放宽准入、鼓励创新，持续激发微观主体活力，减少无效供给、扩大有效供给，更好地适应和引导需求。同时，依靠创新推动新旧动能转换和结构优化升级。要坚持以改革开放为动力、以人力人才资源为支撑，加快创新发展，培育壮大新动能、改造提升传统动能，推动经济保持中高速增长、产业迈向中高端水平。

3）传统产业转型升级对战略性新兴产业提出了新的需求

传统产业的转型升级，要积极利用“互联网+”对传统产业进行改造。“互联网+”

是利用信息通信技术及互联网平台，使互联网与传统行业深度融合，创造出新的发展生态，使传统产业转变成为战略性新兴产业。“互联网＋”已经改造和影响了多个行业，如“互联网＋金融”促成了互联网金融的出现、“互联网＋卖场”带来了电子商务业态。其中值得注意的是，“互联网＋创新”使“大众创业、万众创新”成为可能，“互联网＋工业”即传统制造业企业采用移动互联网、云计算、大数据、物联网等信息通信技术，改造了原有产品及研发生产方式，使智能制造成为可能，成为中国制造的主要发展方向。“中国制造 2025”计划提出要以加快新一代信息技术与制造业的深度融合为主线，通过信息化的融合与渗透，对传统制造业产生重要影响，将智能制造作为主攻方向，推进制造过程智能化。

传统产业转型升级，不仅是我国调整经济结构的关键，也为战略性新型产业的发展提供了重要的历史机遇。传统产业转型升级，主要有以下三个方面的主要任务。第一，促进工业绿色低碳发展，淘汰一批落后企业或者产业；第二，对于我国一些已经走在世界技术前沿的传统产业，仍要继续引领全球技术发展；第三，促进信息化和传统产业的融合，用信息化改造和提升传统产业。

4）生态文明建设为战略性新兴产业的发展提出了新的理念

生态文明在“十三五”期间的总体格局是：不少污染排放种类将因为经济结构的变化，而出现强度的拐点；有些污染物的总量可能将接近峰值。即使如此，中国的污染总量仍然很大，需要努力使峰值更早到来，使峰值的水平尽可能降低。十九大报告更是将“壮大节能环保产业、清洁生产产业、清洁能源产业。推进能源生产和消费革命，构建清洁低碳、安全高效的能源体系。推进资源全面节约和循环利用”① 作为加快生态文明体制改革建设美丽中国的重要任务。为此，需要做到以下几点：一是发展资源节约和环境保护的产业与技术；二是走可持续的城市化道路；三是加快农业现代化进程；四是优化能源结构；五是推进生态文明制度建设。

5）国家发展和安全要求构建了军民融合的战略性新兴产业体系

党的十八大以来，以习近平同志为核心的党中央高度重视军民融合发展，2016 年 6 月，中共中央、国务院、中央军委专门印发了《关于经济建设和国防建设融合发展的意见》[4]，把军民融合上升为国家战略，这是党长期探索经济建设和国防建设协调发展规律的重大成果，是从国家发展和安全全局出发做出的重大决策，是应对复杂安全威胁、赢得国家战略优势的重大举措。习近平总书记在十九大报告中提出：“坚持富国和强军相统一，强化统一领导、顶层设计、改革创新和重大项目落实，深化国防科技工业改革，形成军民融合深度发展格局，构建一体化的国家战略体系和能力。”①

《“十三五”国家战略性新兴产业发展规划》突出强调了要“构建军民融合的战略性新兴产业体系，加强军民融合重大项目建设”两方面的工作。一是实现军工技

① 《决胜全面建成小康社会 夺取新时代中国特色社会主义伟大胜利——在中国共产党第十九次全国代表大会上的报告》。

术的产业化发展，构建有军民融合体系。二是从重大项目出发，推进军民创新的深度融合。“十三五”期间，我国会以军民融合重大项目为抓手，促进军民技术的协同发展。开创经济建设和国防建设共同发展的新局面，从而实现安全与发展、强军与富国的统一发展。

2.4　推动重大行动计划的规划实施

2.4.1　新一代信息技术产业重大行动计划

1）“宽带乡村”示范工程重大行动计划

我国已经开展了“宽带中国”战略，目前，城市宽带网络基础设施建设得到了较好的完善，但农村地区宽带网络设施条件较为落后，呈现出较为明显的数字鸿沟。需要围绕“宽带中国”战略和“宽带乡村”工程的发展目标，按照“中央资金引导、地方协调支持、企业推进为主”的新思路，全面推进我国宽带网络基础设施建设，完善和升级已有宽带基础设施，增速与安全同进，力争在2020年达成宽带网络基本全覆盖。

重点任务：开展电信普惠服务试点工作；积极推进三网融合建设；加快普及信息化应用。

2）集成电路发展工程重大行动计划

我国集成电路产业形成了以设计、芯片制造和封装测试为主体的细分产业结构，产业链逐渐完善，但产业结构尚不均衡，在设计和制造领域竞争力不强，获利能力较差，仍存在核心技术自主可控能力差、产业发展不均衡等问题，工艺水平仍落后于国际先进水平1.5～2代，以进口为主的格局始终未能改变。

重点任务：着力发展集成电路设计业，大力开发集成电路产品；加速发展集成电路制造业，增强先进和特色工艺能力；提升先进封装测试业发展水平，提高规模化生产能力；突破集成电路高端装备和材料的关键技术，增强产业配套能力；建立国家级的集成电路制造技术研发中心。

3）大数据发展工程重大行动计划

我国在数据存储、分析等相关技术和大数据的应用方面发展迅速，已形成京津冀、珠三角、长三角和西南部大数据产业集聚区，已建立北京中关村、深圳、武汉光谷、贵阳等数十个大数据发展联盟。但也存在数据开放共享仍处于探索中、产业生态不完善、数据安全风险严峻、相关制度体系建设滞后、核心技术自主可控有待突破、基础设施建设有待优化等问题。

重点任务：构建全国一体化的国家大数据中心，推动数据的开放共享；以保障安全可控为重点，以维护网络空间安全能力建设为目标，打造安全有序的发展环境；统筹标准、完善制度，为大数据产业发展提供基本支撑；加强大数据技术研发，营造创新发展环境；打造完善的大数据产业生态体系；以辅助决策、优化服务为目标，推动国家治理体系和治理能力现代化。

4）人工智能发展工程重大行动计划

人工智能孕育着新一轮技术革命，是新时期我国经济社会发展的战略性科技领域，是壮大信息经济的重要抓手，是建设网络强国、推动转型升级的关键支撑。我国作为向科技强国进军的科技大国，在人工智能基础研发、人才培养、互联网应用方面有着独特优势，需要加快人工智能发展重大工程的推进，在促投资、稳增长、惠民生及发展新经济、培育新动能方面实施行动。

重点任务：加快人工智能基础理论研发，推动软硬件系统演进；加快人工智能基础设施平台建设，推进重点技术应用产业化建设；积极推进人工智能保障机制建设，构建良性发展环境。

5）“一带一路”空间信息走廊建设重大行动计划

“十三五”期间，基本建成“一带一路”卫星遥感系统、卫星通信广播系统、卫星导航定位系统，到2025年，基本建成以东南亚、南亚、西亚、中亚、北非为重点的，辐射大洋洲、中东欧、非洲等区域的，设施齐全、服务高效的“一带一路”空间信息走廊，使我国卫星及卫星应用产业惠及“一带一路”沿线国家经济社会发展。

重点任务：“一带一路”卫星系统覆盖能力建设；“一带一路”天地一体化信息网络建设；“一带一路”卫星应用示范区建设；“一带一路”“空间信息＋”产业生态圈建设。

6）北斗导航助力智慧城市建设重大行动计划

充分发挥出北斗导航系统在智慧城市建设中的作用，将物联网、互联网、云计算技术与北斗卫星导航系统相联系，分为“感、传、智、用”四大部分，即感知层、传输层、平台层和应用层，开展智慧交通、智慧城市地下管网、智慧医疗、智慧社区、智慧环保、智慧减灾建设，建立一个覆盖整个城市的巨大网络。

重点任务：“感”——对城市产生的各类数据进行采集和感知；“传”——为城市信息的采集与更新提供数据传输通道；“智”——进行一体化的逻辑组织与管理，并采用云存储、并行计算、大数据挖掘等先进技术，实现信息的共享服务、形成政府管理的辅助决策信息；“用”——包括政府行政审批、行业职能管理和社会公众服务三类。

7）基于卫星应用的大众信息消费重大行动计划

充分利用卫星遥感、卫星通信广播、卫星导航技术和资源，创新商业模式，挖掘、培育和发展大众旅游、位置服务、通信、文化、医疗、教育、统计等“信息消费”应用服务。到2020年，在大众消费领域，全面实现以国产自主卫星为主的卫星综合应用，以期产生明显的经济和社会效益。基于卫星应用的大众信息消费产业达到 4 000 亿元规模，其中，导航产业达到 2 400 亿元规模，通信和遥感产业共达到 1 600 亿元规模。

重点任务：推广北斗通信和导航与消费类终端的结合；大力发展基于商业遥感和卫星导航的信息消费软件和行业技术解决方案；试点推广卫星导航应用的具体系统方案。

2.4.2　高端装备与新材料产业重大行动计划

1）大型高性能金属构件增材制造重大行动计划

面向大型客机、大型运输机、高推重比 / 大涵道比航空发动机、重型燃气轮机、百万千瓦大型核电机组等国家重大装备制造业的战略需求，开展钛合金、合金钢、高温合金、高强铝、难熔高活性金属等高性能难加工材料大型复杂关键构“增材制造工艺、装备、材料和应用”研究，提升我国重大装备制造水平、核心竞争力和自主创新能力。

重点任务：增材制造新工艺、新方法及增材制造过程控制技术研究；系列化大型金属构件激光增材制造工程化成套装备；高性能材料设计、制备研究和增材制造构件技术规范研究；增材制造构件创新结构设计、零件验证考核技术、应用配套工艺技术、零件应用技术标准及规范、零件质量保障关键技术研究。

2）民机服务支援体系重大行动计划

民机产业是国家战略性新兴产业的重要组成部分，而民机服务支援体系是连接制造商和客户的桥梁，是航空产业制造、运营和服务三大支柱产业之一，大力发展民机服务支援体系是民机产业从技术成功、市场成功走向商业成功的必经之路，是实现国家“一带一路”战略、促进民机产业“走出去”的重要举措。

重点任务：开展服务支援网络平台建设；开展示范基地建设；开展备件中心库建设。

3）重型直升机专项和国产直升机产业化工程重大行动计划

重型直升机是国家利益保障的利器，是国家整体实力的重要标志，是关系国防、民生和国民经济的战略性装备，是各直升机大国的重点发展装备。我国目前没有重型直升机产品，我国军民领域对重型直升机的需求十分迫切，发展一型符合我国国情的重型直升机已迫在眉睫。

重点任务：重型直升机专项，用 9 年左右的时间研发一型内载、外挂、航程等能力既能满足平原和海上使用要求，又具有出色高原能力的重型直升机；国产直升机产业化工程，在现有 2 吨级、4 吨级和 13 吨级平台的基础上，按照不同客户个性需求，进行改装 / 改进 / 改型，扩展使用范围。

4）打造系统级供应商与强化民用机载设备产业群重大行动计划

突破多电乃至全电飞机所需的机载系统关键技术，掌握适航符合性设计、制造和验证的一整套方法和流程，建立国内机载系统适航体系和提升综合配套能力。形成布局合理的民机综合航空电子产业格局，研发出具有综合航空电子特色的系统平台产品，提升系统研发和集成能力，搭建符合持续适航的客户服务体系，初步具备与国际供应商同台竞技的能力。

重点任务：完善机载系统协同研发体系，提高系统综合配套能力；针对干支线飞机、民用直升机和通用飞机三大市场对综合航空电子系统的需求，全力实施民用飞机综合航空电子系统产业化项目；支撑机载产业发展的重点产品。

5）民用飞机试飞体系建设重大行动计划

“飞行试验”是民用航空发展的必经渠道。我国试飞体系出于历史的原因主要基于军用目标设立，民机试飞试验场结构体系不完整，能力建设滞后于航空工业的发展，急需建立起支撑新民机产业发展的“新一代民机试飞体系”，全面支撑验证民用飞机试验试飞，并支持民机的设计优化和工艺改进。

重点任务：空中试验设施研制建设；地面试验设施；商用试飞员培训保障条件；试飞安全技术中心。

6）先进碳纤维复合材料在航空产业安全扩大应用重大行动计划

目前我国航空用先进碳纤维复合材料整体技术与国外具有20年以上差距，作为后来者，我国民机产业必须突破包括原材料、中间材料和复合材料结构涉及的设计、制造、维护等一系列关键技术，建立完善的技术体系，并建立行业统一的规范和标准，才能逐步实现全面赶超。

重点任务：设计及分析；材料；制造；检测与试验；维护与维修；适航与质量管理。

7）轨道交通装备产业重大行动计划

面向建设“安全交通、高效交通、绿色交通、和谐交通”的重大需求，大力发展新能源、高效能、高安全、智能化的轨道交通系统技术与装备，完善我国现代综合交通运输核心技术体系，重点发展轨道交通车辆智能化、轻量化技术及自动驾驶技术，开发新一代氢燃料电池技术，发挥新材料、新能源及移动互联、无线电能传输、信息智能、增材制造等新技术对轨道交通产业发展的引领作用。

重点任务：中国标准高速动车组研发及产业化工程；城际动车组研发及产业化工程；低地板现代有轨电车研发及产业化工程；中低速磁浮列车研发及产业化工程。

8）海洋工程装备产业重大行动计划

加强海洋产业规划布局，优化海洋产业结构，培育战略性新兴产业，大幅度提升海洋经济增长量、海洋产业贡献率，建设海洋强国，已成为国家发展的必要举措。海上开发装备制造业是海洋开发的必需装备，在海洋经济发展过程中起着排头兵的作用。

重点任务：提高在海上油气开发装备、海洋可再生能源装备、海上浮式保障基地等重点领域核心装备的国际一流装备研制开发水平；加强极地资源开发装备、海底矿藏开发装备和海洋生物与化学资源开发利用等海洋开发创新领域的技术与设备探索；提高海洋工程配套装备生产能力和本土化程度，完善产业链条；加强国际合作交流；加强对高校等研究机构的资金投入。

9）“互联网+智能制造”工程重大行动计划

通过着力攻克融合创新技术的智能制造系统总体、平台及全生命周期活动的智能化技术，形成自主知识产权的智能产品及智能互联产品、智能制造软硬件使能工具、智能制造系统及制造云运营服务等的智能制造产业，培育一批面向“互联网+智能制造”产业链的应用示范工程及重点领域智能工厂应用示范工程。

重点任务：突破工业互联网体系架构关键技术，建设工业互联网的安全体系和评估体系，制定工业互联网体系标准，形成自主可控的软硬件使能工具/智能装备、平台的产业，研制智能及智能互联产品；形成自主可控的智能工厂支撑平台/工具集、研制智能及智能互联产品，以及智能工厂系统研发与运行产业，积极建设智能工厂应用示范工程。

10）新材料提质增效和协同应用重大行动计划

我国材料领域在关键技术突破、重大产品与技术系统开发、重大应用与示范工程方面取得了一系列重大成果，但还存在跟踪国外较多，原始性创新较少，国家重大工程和国防建设新材料配套与工程化能力较弱，高端产品产业化程度偏低等问题。实施新材料提质增效和协同应用重大行动计划，到2020年，力争使若干新材料品种进入全球供应链，重大关键材料自给率达到70%以上，初步实现我国从材料大国向材料强国的战略性转变。

重点任务：提高新材料基础支撑能力；推动新材料产业提质增效；以应用为牵引构建新材料标准体系；促进特色资源新材料可持续发展；前瞻布局前沿新材料研发。

2.4.3　生物产业重大行动计划

1）应急疫苗工程重大行动计划

国家应急疫苗体系的建设及产业的发展，是各国生物安全战略部署的重要组成部分，是快速有效应对新发突发传染病的重要手段，事关国家安全和社会稳定。通过应急疫苗重大行动计划的实施，我国应急疫苗响应体系将基本达到与发达国家同步应对重大、新发突发传染病的水平，建立较为完善的关键共性技术平台和应急疫苗储备机制，技术储备、产能储备、实物储备可满足国家常态和非常态的生物安全保障需要，使我国疫苗创新发展能力得到较大提升。

重点任务：提前布局重要应急疫苗的研发与产业化；建设军民融合发展的应急疫苗国家工程中心；扶持核心设备与关键技术平台建设；实现保障供给并形成市场激励机制；提升行业装备水平和产业支撑能力。

2）主要动植物种业创新发展重大行动计划

生物种业是国家战略性、基础性核心产业，是保障国家食物安全的根本，事关我国13亿人口的饭碗。我国生物种业科技历经了几十年的发展，具备了从基础研究、应用研究到成果推广等创新与应用的能力，但与发达国家相比，仍有较大差距，我国自产农产品中外国品种的比重大，对外依存度高。通过主要动植物种业创新发展工程的实施，建成工程化全产业链技术创新体系，推动民族种业实现创新驱动的跨越式发展。

重点任务：良种在粮食增产中的贡献率达到50%以上；培育畜禽特色新种质及配套系5～10个；水产领域良种覆盖率达到40%以上；主要用材树种材积生长量提高10%。

3）动植物营养和健康产业发展重大行动计划

通过10～20年的工程实施，形成动植物营养和健康绿色治理创新技术体系，解决目前我国动植物生产过程中过量投入化学农药、兽药，造成农产品农药、兽药残留超标等质量安全和环境破坏等难题，带动我国绿色农药、兽药创制技术提升，促进农药、兽药产业结构调整。建立一支自主创新能力强、有国际竞争力的动植物健康绿色治理研发队伍。

重点任务：植物免疫诱导技术的培养；RNA干扰精准控害技术培育；土壤健康修复技术培育；动物基因工程疫苗；新型化药、中兽药现代化及动物生物治疗制剂与诊断试剂；农兽药原始创新、技术突破及新兴产业培育工程。

4）生物燃料产业重大行动计划

随着我国工业化、城镇化的高速发展，化石能源短缺、环境污染加剧、温室气体减排压力增大，并逐渐显现出对我国国民经济持续健康发展的限制作用，大力发展以生物燃料为代表的清洁能源业已成为国家的战略选择。

重点任务：加快生物燃料乙醇示范推广、提升存量水平、布局技术储备、深挖综合利用、引导消费等；生物燃气方向实现化工、农业、环保、生物和材料等多学科交叉，以化工新理论、新方法、新技术为核心，探索物质高效转化和能量有效利用的科学机制；在航空生物燃料和生物柴油方面，建立规模化的生物质炼厂，逐步构建能源农业循环经济产业链，实现能源与农业的融合和科学、协调发展。

2.4.4　绿色低碳产业重大行动计划

1）新能源汽车动力电池提升工程重大行动计划

我国已形成了包括关键材料、系统集成、示范应用、回收利用、生产装备、基础研发等在内的较为完善的锂离子动力电池产业链体系，但基础性和支撑性的研究与开发工作仍相对薄弱，规模化生产的动力电池均匀一致性等指标与国外相比有较大差距，电池系统集成技术水平不高，产业技术创新能力不足，急需加强投入力度，引导创新突破。

重点任务：加强基础理论研究；推动能量型动力电池能量密度普遍超过200瓦时/千克；加强电池安全研究；开发新体系电池技术；推动形成一批具有较大产销规

模的电池生产企业；建成较为完善的动力电池回收利用体系；加强燃料电池过程机理研究；显著提升电池堆及系统的性能、寿命、成本等关键指标；在重点区域率先示范推广 5 000 辆燃料电池汽车。

2）智能网联汽车重大行动计划

提升汽车产品智能化、网联化技术研发能力，2020 年实现中度自动化技术样车实验运行，智能网联汽车示范运营基地开始运营，2025 年实现基于示范运营交通数据的智能交通与智能汽车管理规范法规更新，2030 年实现完全自动化智能网联汽车商业试运行。

重点任务：建成智能网联汽车技术开发平台；建成智能网联汽车推广应用及示范平台；建成智能网联汽车产业链创新发展平台；深度融合，协同发展智能交通体系。

3）煤炭清洁高效转化与利用产业重大行动计划

煤炭的清洁高效转化与利用产业的发展将为我国能源安全与长远发展提供保障。以清洁、高效、低碳为目标，系统提升我国清洁高效低碳煤基发电技术水平，突破 10 项重大关键共性技术，完成 5 ～ 8 项重大技术成果的产业化，建成一批示范工程，建设一批高水平协同创新平台，推动现代煤化工产业实现“安、稳、长、满、优”运行。

重点任务：大力发展高效燃煤发电与污染物超低排放控制装备；积极推进 CO_2 捕集利用与封存产业的发展；加快粉煤灰“一步酸溶法”提取氧化铝工业化示范线建设；推动现代煤化工产业升级示范。

4）非常规油气开发利用产业重大行动计划

我国石油、天然气的生产已经无法满足对其日益增长的需求。开发利用非常规天然气对调整优化我国能源结构，推进绿色能源发展，具有重要意义。我国涪陵页岩气田一期 50 亿立方米产能项目建成投产，标志着我国已经成为北美以外首个实现页岩气商业开发的国家，与北美地区相比，我国页岩气的富集规律更为复杂，要实现我国页岩气产业的快速发展，还需要进一步开展技术攻关、夯实基础。

重点任务：加大页岩气勘探开发力度，攻克页岩气勘探开发核心技术，尽快落实资源，形成规模产量；依托国家各类科技计划（专项、基金等），突破煤层气（煤矿瓦斯）开发利用技术装备瓶颈；形成煤炭远景区先采气后采煤、煤炭生产规划区先抽后采和采煤采气一体化格局。

5）智能电网与储能产业重大行动计划

建设以清洁能源为主导的新型智能电网，构建智能化的电力生产、输配和消费互动新体系成为现阶段电力产业发展的核心任务。到 2020 年，基本实现全面可控的智能柔性电力输配和清洁可再生能源发电的 100% 消纳，供电可靠性达到 99.999%；预计到 2025 年，将初步实现“互联网 + 智能电网”智慧能源服务，为用户提供定制化的电力服务。

重点任务：先进电力电子装备；智能电力装备与系统；规模化电能存储。

6）新能源产业（核能与可再生能源产业）重大行动计划

进一步促进核能和可再生能源的开发利用，加快其对化石能源的替代进程，改善经济性，2020 年和 2030 年核电、风电、太阳能、生物质能和地热能非化石能源占一次能源消费比重分别达到 15% 和 20%，产值规模超过 1.5 万亿元。到 2020 年，核电装机规模达到 5 800 万千瓦，产值将达到 5 000 亿元；风电新增装机容量达到 8 000 万千瓦以上；太阳能发电装机达到 1.1 亿千瓦以上；生物质能年利用量约 5 800 万吨标准煤；生物质能产业年销售收入约 1 200 亿元；地热能利用产业总计年替代标准煤 2 062.2 万吨，年产值约 258 亿元。

重点任务：发展核能产业、风能产业、太阳能发电产业、生物质能产业、地热能产业。

7）节能技术装备发展重大行动计划

我国节能产业已基本形成领域覆盖全面、产业链较为完整的产业体系，节能技术和装备的发展及研究与国外基本同步，但品种规格系列不够齐全，适用范围、施工应用技术、节能效益与国外差距较大，前沿技术研发与转化不足，先进节能技术装备的市场占有率偏低。需要加快重大节能关键技术与产品产业化及规模化应用，促进节能科技成果转化，促进产业向高端技术产业发展。

重点任务：加大节能关键技术和装备的研发，组织落实节能关键共性技术的提升和装备的优化；推进电机系统节能、能量系统优化、余热余压利用等重大节能关键技术与产品产业化及规模化应用；组织实施城市、园区和企业节能示范工程，推广高效节能技术集成示范应用。

8）绿色低碳技术综合创新示范重大行动计划

绿色低碳发展已成为全球经济、产业和科技发展的方向和潮流，我国基于前期试点成效，于 2017 年正式启动了国内碳排放权交易市场，区域集聚效应开始显现。但区域建设的系统性与综合性较差，低碳试点示范区域建设薄弱，绿色低碳技术创新及产业化能力不足。开展绿色低碳技术综合创新示范重大行动计划，可加快我国转变经济发展方式、大力推进生态文明建设，有助于打造新型的城镇化模式。

重点任务：京津冀地区绿色低碳综合应用示范；长三角地区绿色低碳综合应用示范；珠三角地区绿色低碳综合应用示范。

9）资源循环替代体系示范重大行动计划

实施资源循环替代体系示范工程，将推动循环经济发展，促进节能减排，加快构建可持续的生产方式，到 2020 年，大宗固体废物综合利用率将达到 60% 以上，再制造实现规模化发展，废旧资源当年替代原生资源 13 亿吨，资源循环利用产业产值规模将达到 3 万亿元。

重点任务：构建与完善“互联网 +”废弃物回收利用体系；回收利用新品种废弃物；协同处理处置城市低值废弃物；综合利用大宗固体废弃物；推广应用再制造规

模化发展及产品。

2.4.5 数字创意产业重大行动计划

1）数字文化创意技术装备创新提升工程重大行动计划

数字技术的发展已经渗透到各个产业之中，成为各行业发展重要的推动力量，传媒行业的传播体系构建也在其影响下发生着深刻的变革，“十三五”期间4K超高清技术会起到最核心的引领作用。下一代数字内容传播体系的建立，将把信息获取的手段和用户体验提升到一个全新的高度，要依托于使能技术、应用技术及终端设备技术三个层面技术的突破。

重点任务：使能技术包括新一代人工智能、大数据、云计算、数字感知、未来网络技术等在数字创意领域的应用方式和应用方法；应用技术，“十三五”期间力争在沉浸式内容生产、观众交互娱乐及数字内容处理等重点技术领域达到国际领先水平；终端设备技术，针对4K电视机［支持HDR（high-dynamic range，即高动态范围图像）功能］、沉浸式音频设备（3D audio）及VR头戴装备等重点设备领域要在“十三五”期间形成规模化自主生产能力。

2）数字内容创新发展工程重大行动计划

数字内容产业既是数字创意产业的核心又是其主体内容，同时容易和下游产业结合，创造更多融合领域。实施数字内容创新发展工程，将不断提高数字创意内容产品原创能力、文化品位和市场价值、不同内容形式之间的融合程度和转换效率，促进数字内容消费，对于国家经济、社会、文化持续健康发展具有重大的战略意义。

重点任务：到“十三五”末，初步形成连接全国主要文博单位的中华文明大数据网络，建立一批数字内容创新集聚区和数字内容产业集群；推动数字创意产业多业态发展，带动新生业态和业态联动发展；建设100个数字内容创新为特色的国家级数字创意特色小镇，打造3个有国际知名度的“数字创意之都”；设立国家数字创意发展基金，制定政策鼓励全民创意，完善版权登记制度，建立合理的数字内容出版交易和第三方信用认证平台。

3）创新设计发展工程重大行动计划

我国在装备制造、文化创意等领域的创新设计能力已经取得重大突破。涌现出一批具有世界先进水平的创新设计成果，设计产业的区域集聚和辐射效应基本形成，但现有的设计竞争力还弱于国家竞争力，强化和提升创新设计能力具有重大战略意义。

重点任务：制定实施制造业创新设计行动纲要；建设数字创意国家重点实验室；建设一批国家级工业设计中心，建设国家创新设计研究院，建设一批具有国际影响力的设计产业集聚区；建设增材制造等领域设计大数据平台与知识库，促进数据共享和供需对接；加快建立“一带一路”沿线国家数字创意产业联盟，促进数字创意产业的国际合作与交流；通过发展创业投资、政府购买服务、众筹试点等多种模式促进创新设计成果转化；加大创新设计教育；培育设计文化与设计品牌。

2.5 战略性新兴产业高质量发展措施建议

2.5.1 强化应用基础研究，提升关键核心技术自主创新能力和产业竞争力

（1）加强应用基础研究，提高新兴技术的应用效率。以市场需求为导向，完善战略性新兴产业的研发、实验试制、生产创新链，提高新兴技术的市场应用效率；通过产业园区、示范性基地、科技孵化等机构，加强新兴技术的应用转化能力；不断完善产业集群的功能，以政府为主导，以大型企业为核心，提升周边中小企业创新能力，营造推动群体性技术涌现的联盟环境。

（2）加快推进共性技术平台建设。围绕关键核心技术的研发和系统集成，充分发挥企业、高校、科研院所的作用，建设若干资源共享、优势互补的国家级共性技术平台，加强共性技术平台的专业化和市场化运行，为产业提供技术供给、产品设计、分析测试、验证试验、特殊装备使用、市场信息等公共服务，使产业整体具备向价值链高端提升的能力。

（3）构建国家创新中心。加强创新城市和创新园区等区域创新合作，以政府为引导，构建一批国家“互联网＋智能制造”创新中心，加快促进高等院校、科研院所、骨干企业强强联合，组建国家智能装备创新研究基地。依托重点企业、科研院所和高等学校联合组建“产学研用”一体的国家级风电技术创新平台。

（4）完善知识产权保护和技术转移机制。完善并优化战略性新兴产业的知识产权管理与服务能力，在试点示范城市开展诸如区块链等新兴技术的产权管理模式。大力推进技术转让中心的建设，完善技术转移平台，创新专利经营的模式，落实专利的转化实施，激发创新的潜力、动力和活力，促进从研究开发到产业化的有机衔接，加快创新成果产出和转化应用。

（5）深化产学研合作。积极从法律和制度两个维度推动产学研合作创新，建立产学研合作的直接支持性政策，对产学研在合作中的责、权、利归属进行明确界定，促成优势互补、分工明确、成果共享、风险共担的开放式合作模式。促进产学研合作从短期、松散、单项技术的合作逐步转向在知识生成、技术研发、产业示范与商业化中的紧密稳固的合作关系。

2.5.2 完善产业发展环境，进一步释放市场、企业和科研机构活力

（1）加快推进相关产业立法。建议加快民用航空制造业的立法，加快研究出台国家航天法，健全网络信息服务、网络安全、大数据管理等方面的法律法规；加快完善有利于推动新材料产业进步的政策和法规体系；加强低碳政策研究和低碳立法，打造有利于数字创意产业发展的法制体系；建立和完善我国专利侵权行为的赔偿法

律制度体系。

（2）完善适应性监管模式。通过适应性监管模式，激发市场创新活力。同时，完善市场准入和退出机制，提升中央与地方政府沟通效率，合理发挥各级政府的约束作用，加强新一代信息产业、新能源汽车产业、生物质能源产业、太阳能产业、风能产业行业的监管和政策引导，促进政策的持续优化，推进产业有序发展。

（3）深化行政审批制度改革，释放市场活力。进一步简政放权，改革行政审批管理制度，规范管理、提高效率，减少政府对资源的直接干预，在产业与科技资源配置中，进一步释放市场活力、企业活力和科研机构活力。进一步改革制约生物医药产业发展的行政审批制度，强化审评能力建设、加快审评速度、对原始创新药和集成创新生物药优先审批，创新审批制度，监管推动创新，建立早期收获评审机制、推动重点产品的创新步伐。

（4）建立健全先进技术标准体系，全面推进质量保障工程。强化战略性新兴产业的标准化工作，引导骨干企业成为行业技术标准制定的主体，积极参与国际标准化活动，提升自主技术标准的国际话语权。建立健全产品认证制度，促进产品质量的提高和产业的优化升级，强化产品合格认证，对关键设备实行强制检测和认证。培育、拓展高端市场，以需求带动发展，促进低端产业的升级改造和淘汰更新，推动企业上档次、上规模，带动产业快速迈向全球价值链中高端。

2.5.3　优化区域开放布局，推进战略性新兴产业的国际合作交流

（1）加强产业资源整合、提升国际竞争力。改善企业的规模结构，突出国家对重点行业的聚焦支持，防止出现“投资碎片化、低水平重复、同质化发展”的现象。建议从国家层面加强轨道交通装备企业和其他科研单位的整合力度，提高工业机器人产业集中度，改善生物制药业的产业结构和行业结构，建立大公司、大集团、大医药的产业格局；推动优势企业实施强强联合、跨地区兼并重组、境外并购和投资合作，提高新材料产业集中度。

（2）发挥“一带一路”倡议优势，探索各种对外合作模式。加强与美欧等航空发达国家合作，从国家层面推动中俄两国民用航空管理部门的合作进程，建设我国卫星及应用产业的全球化运营服务体系，进一步加强“一带一路”周边国家的卫星应用国际合作关系。支持和鼓励互联网企业联合制造、金融、信息技术、通信等领域企业“走出去”。加强海洋工程装备产业相关领域的国际合作和技术交流，支持国内增材制造骨干企业紧跟全球发展步伐，加快融入全球产业链。依托国际重大合作项目，推动我国先进风电技术装备“走出去”。

（3）开展国际科技合作计划，有序扩大国家科技计划的开放水平。开展国家间和国际组织的科技合作计划，支持国内企业与境外产学研合作项目，加强与发展中国家的科技合作，加大对发展中国家的技术转移和培训。分领域、分步骤、有重点地推进科技计划对外开放，吸引在华的外资企业和研究机构参与国家科技计划项目，分类制定外籍科学家和外资机构参与科技计划的资质条件。继续加大财政对国

际科技合作计划的投入力度，调整现行财政性科技计划和专项经费的管理政策（国际科技合作经费跨境使用，以及国外机构、科学家使用国拨经费），实现无障碍交流与合作。

（4）积极应对国际贸易保护主义挑战。面对美国不断引起的“贸易战争”，我国需要从战略层面高度重视战略性新兴产业的自主创新，密切跟踪国内外产业创新、国际竞争动态和各国政府的具体政策措施，以企业为核心，以增强国家竞争力为核心目标，减少对国外新兴技术专利、产品的进口依赖，在政策制定上更加国际化，充分尊重和利用国际规则，尽快增强产业的核心自主创新能力，提升整体竞争水平。

2.5.4 落实军民融合发展战略，大力发展军民两用技术

（1）加速推进国防科技工业与经济社会相关资源融合发展，推进基础设施统筹建设和资源共享。加大行政放权力度，加强信息发布、政策支持、军地协调等服务。战略性新兴产业所有重大基础设施建设贯彻落实国防需求，统筹考虑基础设施建设的经济回报与国防效益，贯彻基础设施在国防方面的技术标准。

（2）强化军民科技协同创新，布局军民融合领域基础研究和前沿技术研究。建立完善基础研究军民融合机制，构建国家级军民融合创新平台，重点支持国防基础研究项目，促进民用基础研究成果向军事应用转化。在人工智能、先进电子、量子技术、未来网络、清洁能源、新型材料、高端制造等技术领域，着力发展前瞻性、先导性、探索性、颠覆性技术的探索。

（3）创新军民融合政策，构建跨行业的军民融合新型技术对接与金融服务机制，实现军民融合与区域经济协调相耦合。促进民参军的发展，发挥军工企业技术和政策优势，对民用企业进行扶持，实现军民良性互动、协调发展。探索开展科技军民融合和金融结合机制，探索建立从实验研究到产品生产的全过程、多元化和差异性的科技军民融合融资模式。

参考文献

[1] 马化腾，孟昭莉，闫德利，等．数字经济：中国创新增长新动能 [M]. 北京：中信出版社，2017.

[2] 二十国集团数字经济发展与合作倡议 [EB/OL]. http://www.g20chn.org/hywj/dncgwj/201609/t20160920_3474.html，2016-09-20.

[3] 国家发展改革委、外交部、商务部．授权发布推动共建丝绸之路经济带和 21 世纪海上丝绸之路的愿景与行动 [EB/OL]. http://world.people.com.cn/n/2015/0328/c1002-26764633.html，2015-03-28.

[4] 刘华，周慧敏，刘红霞．习近平博鳌亚洲论坛开幕演讲 [EB/OL]. https://www.yidaiyilu.gov.cn/xwzx/xgcdt/52400. htm，2018-04-10.

[5] 国家信息中心，“一带一路”大数据中心，大连东北亚太数据中心，等 .“一带一路”大数据贸易合作报告 2017 简版 [R]，2017.

[6] “一带一路”国际合作高峰论坛圆桌峰会联合公报 [EB/OL]. http://www.beltandroadforum.org/n100/2017/0514/c24-414.html，2017-05-15.

[7] 中非合作论坛北京峰会隆重开幕 习近平主席出席开幕式并发表主旨讲话 [EB/OL]. http://www.xinhuanet.com/mrdx/2018-09/04/c_137442760.htm，2018-09-04.

[8] 关于构建更加紧密的中非命运共同体的北京宣言 [EB/OL]. http:// www.xinhuanet.com/world/2018-09/05/c_1123379952.htm，2018-09-05.

[9] 肖成伟，汪继强 . 电动汽车动力电池产业的发展 [J]. 科技导报，2016，34（6）：74-83.

[10] 国务院新闻办公室 . 关于中美经贸摩擦的事实与中方立场 [EB/OL]. http://www.gov.cn/xinwen/2018-09/24/content_5324957.htm#1，2018-09-24.

[11] 张幼文 . 中美贸易战：不是市场竞争而是战略竞争 [J]. 南开学报（哲学社会科学版），2018，（3）：8-10.

[12] 蓝庆新，赵乐祥 . 应采取灵活措施避免中美贸易战的全面爆发 [J]. 国际贸易，2018，（5）：19-20，27.

[13] 朱大立 . 从中兴事件看大国博弈 [J]. 保密工作，2018，（5）：46-47.

第 3 章

战略性新兴产业知识服务

王礼恒　王崑声　王海南　樊君丽　潘　刚　卜朝燕　武丽丽

【内容提要】本章主要介绍战略性新兴产业知识服务。第一部分从战略性新兴产业知识服务的研究背景出发，围绕知识服务理论研究现状、政府推动知识服务发展现状、传统互联网知识服务现状和新型互联网知识服务现状进行描述后，转向描述战略性新兴产业这一特定领域的知识服务现状，并对我国知识服务现状进行了总结。第二部分介绍了战略性新兴产业知识服务体系的知识构建过程，从资源内容范围界定、资源内容获取、知识处理加工，以及知识组织四个技术支撑方面，详细描述了战略性新兴产业基础资源数据库、战略性新兴产业知识元库、战略性新兴产业知识仓库的建设过程，并在此基础上引出战略性新兴产业专业知识服务系统的相关内容，以此佐证战略性新兴产业知识服务体系知识构建的成果。第三部分详细描述了战略性新兴产业专业知识服务系统的建设定位、数据资源、技术框架，以及知识应用产品等。第四部分从资源建设、技术功能、服务产品、运营推广四个方面对战略性新兴产业知识服务系统未来的建设和发展进行了展望。

3.1　战略性新兴产业知识服务研究背景

2010 年 10 月，国务院发布了《国务院关于加快培育和发展战略性新兴产业的决定》，确定战略性新兴产业是引导未来经济社会发展的重要力量。2012 年 7 月，国务院发布了《“十二五”国家战略性新兴产业发展规划》，提出战略性新兴产业是以重大技术突破和重大发展需求为基础，对经济社会全局和长远发展具有重大引领带动作用，知识技术密集、物质资源消耗少、成长潜力大、综合效益好的产业。2016 年 11 月，国务院发布了《“十三五”国家战略性新兴产业发展规划》，明确了战略性新兴产业代表新一轮科技革命和产业变革的方向，是培育发展新动能、获取未来竞争新优势的关键领域。2017 年 2 月，国家发展改革委会同相关部门组织编制的《战略性新兴产业重点产品和服务指导目录》（2016 版）正式发布，《战略性新兴产业重点产品和服务指导目录》（2016 版）涵盖了 5 大领域 8 个产业，进一步细化到 40 个重点方向下 174 个子方向，近 4 000 项细分的产品和服务①。

随着世界新科技革命的发展及 web3.0 与大数据时代的到来，一方面，网络信息资源呈爆炸性增长，战略性新兴产业由于涉及领域及范围的广泛性和多样性等特点，产生的海量的、无序的网络信息数据资源远远超过某个单一行业。面对战略性新兴产业复杂的、不确定的大数据网络环境，如何从粗糙中寻求精确，以及如何对庞大的数据资源进行有效的组织、整合和创新，并提供快捷、方便的知识服务（knowledge services）就显得尤为重要。另一方面，知识在经济社会发展中的作用日益突出，知识已成为重要的生产要素。对于这一新型的经济形态，经济合作与发展组织（Organization for Economic Co-operation and Development，OECD）在《以知识为基础的经济》的报告中，将它定义为“是建立在知识和信息的生产、分配及使用上的经济”[1]。2018 年 1 月，由中国出版协会和百道网主办，“得到”协办的 2018 中国知识服务产业峰会上，百道新出版研究院委托著名知识服务专家方军研发了《2017/2018 中国知识服务产业报告》，报告指出互联网技术驱动下的知识新产业与新经济可以被称为“知识服务”。

综上所述，战略性新兴产业是伴随着科技发展和生产力水平提高而出现的新产业，是新兴产业中的先导产业或支柱产业，是我国未来经济发展的主要动能。如何从战略性新兴产业产生的海量信息资源中培育出知识服务产业新业态，并成为战略性新兴产业经济发展的新增长点，是一个值得深入思考的问题。

3.2 面向战略性新兴产业的知识服务现状分析

3.2.1 知识服务理论研究现状

知识服务起源于 20 世纪 90 年代，是伴随知识经济迅猛发展提出的一种新业态服务，是在知识经济浪潮和信息技术发展推动下，适应社会对知识共享与创新需求而产生的。在中国知网（China National Knowledge Infrastructure，CNKI）官网

① 中国政府网 http://www.gov.cn/；国家发展和改革委员会 http://zwdt.ndrc.gov.cn/。

以“知识服务”为关键词进行检索，不难发现目前对知识服务的研究主要围绕图书情报、出版等领域，研究的重点在于图书馆的知识服务。在1999年，任俊为发表的《知识经济与图书馆的知识服务》将知识服务概念引入国内的图书情报领域，并认为知识服务是文献服务的深化[2]。张晓林于2000年发表的《走向知识服务：寻找新世纪图书情报工作的生长点》引起业界的广泛关注并得到普遍的认可，该文章认为知识服务首先是一种观念，一种认识和组织服务的观念[3]。

知识服务理论经过近30年的发展，战略性新兴产业概念的提出也有近8年的时间，那有关战略性新兴产业综合性领域的知识服务理论研究发展如何呢？本章通过CNKI官网，以“期刊论文”为统计对象，以1999～2017年为时间跨度，以“核心期刊”为数据来源，以“知识服务”为关键词，通过高级检索功能，得到与知识服务密切相关的论文合计1 104篇，在以上检索条件基础上以“战略性新兴产业”为全文限制条件，再次通过高级检索进行检索，得到与知识服务密切相关的论文0篇，以上检索策略可能存在一定的局限性，但一定程度上也能表明目前专门致力于战略性新兴产业综合领域的知识服务研究几乎没有。

3.2.2 政府推动知识服务发展现状

目前，知识服务多应用于图书、出版、情报等领域范围，所以知识服务的主要归口单位为国家新闻出版广电总局。

国家新闻出版广电总局① 为落实《国家“十二五”时期文化改革发展规划纲要》中提出的“国家知识资源数据库工程”的建设任务，于2015年3月启动了“专业数字内容资源知识服务模式试点”工作，征集确定并正式发布了第一批28家知识服务模式试点单位。

2015年8月，国务院印发了《促进大数据发展行动纲要》，提出了政府治理大数据工程，其中涉及教育文化大数据、服务业大数据、新兴产业大数据等与知识服务密切相关的大数据应用布局和规划，在万众创新大数据工程中专门提到了要建立“国家知识服务平台与知识资源服务中心”。

2017年7月国务院发布了《新一代人工智能发展规划》，其中重点提到了“知识计算引擎与知识服务技术”，指出要“重点突破知识加工、深度搜索和可视交互核心技术，实现对知识持续增量的自动获取，具备概念识别、实体发现、属性预测、知识演化建模和关系挖掘能力，形成涵盖数十亿实体规模的多源、多学科和多数据类型的跨媒体知识图谱”。

国家新闻出版广电总局①为贯彻落实国务院《促进大数据发展行动纲要》，推进国家知识服务平台与知识资源服务中心建设，于2018年1月在全国范围进一步开展了第二批专业数字内容资源知识服务模式试点单位的遴选工作，征集确定并正式发布了第二批28家知识服务模式试点单位。

通过有关政府部门的支持与努力，我国在一些专业领域知识体系建设、知识服

---

① 国家新闻出版广电总局 http://www. sapprft. gov. cn/。

务标准研制、知识资源加工、知识生产工具研发、知识服务平台建设、知识服务模式探索等方面均取得了显著成绩。

3.2.3 传统互联网知识服务现状

数据库是科研人员进行学术理论研究的重要数据来源，目前供研究用的数据库主要分为商业数据库和学术数据库两类。国内商业数据库主要包括万德、恒生聚源、锐思数据库、国泰安数据库、巨潮数据库等，国外商业数据库主要包括彭博、路透社、CEIC、OECD、HaverDatabase、Thomson Financial On eBanker 等，这些数据库主要服务于金融投资领域，定位为金融专业型数据库。国内学术数据库主要有 CNKI、万方数据、维普、中国国家图书馆、中经网、中宏网、国研网等，国外学术数据库主要有 EBSCO、EIsevier、Springer、SCI、IEEE 等，学术数据库以学术论文、行业数据、统计年鉴、工具书、专利、科技成果等为主要数据服务内容，主要为高校、研究机构服务，定位为综合型学术数据库。据资料统计[4]，2009 年我国的各类数据中心和机房总数量为 519 990 个，2012 年该数量已经达到 540 777 个，我国专业学术数据库产品众多，各产品在产品定位、涵盖内容等方面都各具特点，其中以学术期刊内容数据库产品独占鳌头，在 21 世纪初，逐渐形成了以 CNKI、万方数据和维普为主的三大综合型数据库。CNKI、万方数据、维普等具有数据资源海量、学科范围覆盖广泛、具备先进的分类检索和主题检索技术，平台功能不断升级等特点。传统知识服务企业如同重装部队，其提供的知识服务在学科的完整性、学术的规范性、体系的健全性，以及知识的精准性方面有独特的优势[5, 6]，注重“大而全”，忽视了“小而精”。“小而精”是要专注于某一种领域或某一主题，并将单纯的内容提供升级为知识服务。战略性新兴产业作为一种综合性的新生概念，与传统型互联网知识服务的全面性相比是无法企及的。

3.2.4 新型互联网知识服务现状

2016 年互联网界三大元年分别为，人工智能元年、网络直播元年和知识服务付费元年[7]。新经济行业数据挖掘和分析机构艾媒咨询发布的《2017 年中国知识付费市场研究报告》将知识服务付费产业分为知识电商、社区直播、社交问答、讲座课程、内容打赏、付费文档等 6 类共计几十种产品。目前为止，知识服务付费领域已经产生四大巨头，分别是喜马拉雅 FM、知乎、得到和分答。喜马拉雅 FM 是国内领先的音频平台，在 FM 领域已经稳居前列。以喜马拉雅 FM 为代表的声音传递和分享知识模式，在短短的几年时间内，实现了数亿用户的覆盖率。知乎以问答平台为核心，长期耕耘于知识分享社区，并通过用户自我筛选形成高质量内容，用户黏性和认可度都非常高。以知乎为代表的知识共建和知识共享模式，充分发挥着吸引力法则的作用，并促使知乎在短期内迅速融资，并成功晋级为独角兽企业。得到起源于逻辑思维的每天清晨一分钟推送，这种形式的知识脱口秀获取了百万级别的订阅用户。以得到为代表的“碎片化知识服务”模式主攻音频订阅，旨在充分用好用户的碎片化时间，实现个人知识的扩展和增值，取得了一年“吸粉”700 万用户的骄人业绩。分答使用付费语音问答形式，即答主用 1 分钟时间回答用户的疑问，用户可以支付1元“偷听”回答。以分答为代表的语音问答知识服务模式，在发布初期就汇集了大量名人大牛，他们作为答主吸引了大量知识服务付费用户[7]。

新兴互联网企业开创的知识服务创新模式，因其轻松、快捷的特点广受欢迎，成为知识服务的新潮流。但是新兴互联网知识服务多以碎片化知识服务、用户主观能动性为主要运营形式，对于政府引导的战略性新兴产业领域没有系统的服务模块。

3.2.5 战略性新兴产业知识服务现状

从传统的新闻出版、图书馆、情报知识服务到现在的互联网知识服务产品APP，知识服务不仅内容包罗万象，而且形式各式各样，没有专业限制、没有领域分类，而有关战略性新兴产业方面的数据信息也仅散见于各种媒体资源上，鲜少有专业知识服务厂商提供专业的、系统的战略性新兴产业相关互联网知识服务产品。

本章通过百度，以“战略性新兴产业知识服务”为关键词进行检索发现，与战略性新兴产业知识服务密切相关的知识服务产品仅有两个。其中，一个是由国务院发展研究中心牵头、国务院发展研究中心信息网负责具体建设的战略性新兴产业数据库①，此产品以新兴产业综述和节能环保产业、新一代信息技术产业、生物产业、高端装备产业、新能源产业、新材料产业、新能源汽车产业等7个产业为核心，从要闻动态、权威试点、研究报告、政策法规等4种资源类型提供信息和知识服务。另一个是由中国工程院牵头、中国航天工程科技发展战略院研究院负责具体建设的战略性新兴产业知识服务系统②，此产品与战略性新兴产业数据库的不同之处在于除了上述7大产业外增加了数字创意产业，以文献、专利、标准、报告、会议、图片、视频、百科、政策、新闻动态、产品、专家、机构、产业园区、统计数据等15种资源类型为主要数据信息，以战略性新兴产业知识图谱为底层架构，通过搜索（高级搜索）、专题聚焦、特色服务、应用中心、会议论坛等功能模块提供信息和知识服务。

综上，无论是从全领域知识服务出发，还是面向战略性新兴产业单一领域知识服务，我国知识服务现状都可总结为以下几点：

（1）用户对信息获取的途径由传统手段向现代大数据智能搜索手段转变的趋势越来越明显，所以要求知识服务企业对数据的获取、信息的组织等更多地采用自动化手段[8]。

（2）用户对知识服务产品所提供的知识及建设知识服务产品的技术手段要求越来越高，希望企业在知识服务产品的建设中引入人工智能技术来实现知识计算与知识组织，对获取到的数据多进行定量和定性的综合，而不是对信息进行简单的整理罗列。

（3）用户从知识利用的角度提出了对知识服务企业在知识共享和知识创新方面的要求，知识服务从业人员必须对用户需求进行清晰的划分，并以此为基础来搭建服务场景、遴选服务模式、构建知识服务产品，并在产品使用的过程中通过用户的反馈不断迭代产品的版本以适应用户更高的要求。

---

① 国务院发展研究中心信息网 http://emerging.drcnet.com.cn/www/emerging/。

② 中国工程知识中心 - 战略性新兴产业知识分中心 http://sei.ckcest.cn/。

3.3 战略性新兴产业知识服务体系知识构建

知识服务场景不断拓宽，与之伴随的是对知识服务人员更高更强的专业化要求，创作者和平台如果不能持续生产优质内容，将会逐渐被用户淘汰。因此，平台知识服务内容的专业化将日益显著。在专业化领域打造品牌、丰富优质内容产品、提高用户黏性，尽快形成自己的行业竞争壁垒，已成为平台下一步竞争的关键所在。

面对当前知识服务内容专业化的趋势，以及战略性新兴产业知识服务缺乏的现状，急需构建战略性新兴产业知识服务体系。通过细分用户需求，构建面向用户的多种类型的知识服务应用场景，打造面向战略性新兴产业相关人员的服务产品，支撑战略性新兴产业从上游科研院所到下游企业的精准对接，以推动和辅助产业的转移转化，从而为战略性新兴产业领域的高端智库和普通大众提供专业性、权威性、全面性的智力支持，以支撑战略性新兴产业健康繁荣发展。战略性新兴产业知识服务体系构建过程如下：

（1）区分战略性新兴产业知识服务用户类型及该类型用户的服务需求；

（2）确定战略性新兴产业知识服务业务主线，打造多种知识服务场景；

（3）根据不同知识服务场景选取配套的服务模式；

（4）按照相应的服务模式进行数据获取、知识组织，以及知识应用建设。

其中，知识应用产品的建设是一个不断迭代的过程，战略性新兴产业知识服务人员需通过用户在产品使用过程中的及时反馈，来不断迭代相关产品的版本，进而适应用户更高的要求。

战略性新兴产业知识服务体系急需技术支撑：当前社会正处于大数据的热潮中，用户在海量数据中往往无所适从，且迫切期待知识服务企业可以从繁杂的数据中为其提取出能够用于解决问题的知识。因此，战略性新兴产业知识服务人员在精准界定资源内容范围的同时，需结合知识处理与知识组织手段方法，将当前先进的数据挖掘技术融入其中，使得海量数据能够有序化且自动化的收敛于高效的知识服务。

知识组织是对知识的整序。不同的知识需求对知识整序的要求不同，不同知识服务形式的知识整序方法也不相同[9]。当用户希望从复杂的知识关系中寻找出规律、探究隐藏在大量数据中的未知知识时，需要知识组织能够将知识间的相互关系呈现出来，将知识间的语义关系建立起来。而知识间的关联及关系的呈现依赖于数据挖掘技术的使用。

数据挖掘是在一些事实或观察数据的集合中寻找模式决策支持的过程，它从理论和技术上继承了信息处理和数据分析、结论提取等成果，同时又涵盖了许多其他领域，如机器学习、模式识别、人工智能及统计学等[10]。通过数据挖掘技术的使用，可以得到概念、规则、规律、模式、约束、可视化等形式。这些知识可以提供给战略性新兴产业相关决策者，用以辅助决策过程；也可以提供给战略性新兴产业领域专家，并修正专家已有的知识体系；也可以作为新的知识转存到战略性新兴产业知识仓库中作为服务决策的依据。

如图 3.1 所示，从资源内容范围界定、内容获取、知识处理加工及知识组织四个方面来对战略性新兴产业知识服务体系技术支撑进行了描述。

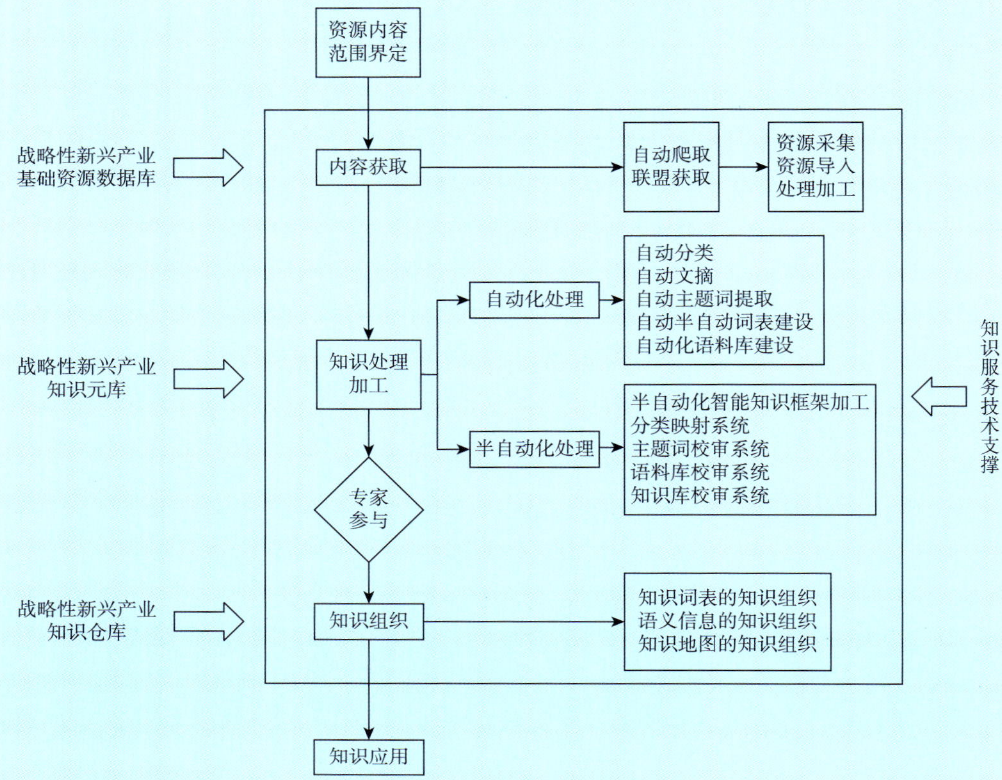

图 3.1　战略性新兴产业知识服务体系技术支撑

3.3.1　战略性新兴产业数据资源涵盖维度

对战略性新兴产业的研究既要考虑一般产业的共性，又要兼顾战略性新兴产业的特殊性。因此，对战略性新兴产业相关资源内容的收集要同时围绕分领域与全产业两条主线进行，并涵盖期刊、图书、论文、政策、专利、标准、统计数据等多种资源类型，如图 3.2 所示。

（1）领域轴：按照国家发展改革委于 2017 年 1 月发布的《战略性新兴产业重点产品和服务指导目录》（2016 版）中提出的 5 大领域 8 个产业，资源收集范围应围绕战略性新兴产业新一代信息技术产业、高端装备制造产业、新材料产业、生物产业、新能源汽车产业、新能源产业、节能环保产业、数字创意 8 大产业领域。

（2）产业轴：产业研究涵盖行业发展、竞争格局、标杆企业分析、市场前景分析，目的是为行业、企业提供最佳数据情报。根据产业研究和行业分析中的关键要素，资源收集的范围应围绕政策链、技术链、产品链、企业链、行业链五个关键要素。

（3）类型轴：按照中国工程院《中国工程科技知识中心元数据规范（V2.0）》中的期刊、图书、论文、政策、专利、标准、统计数据等数据类型进行划分。

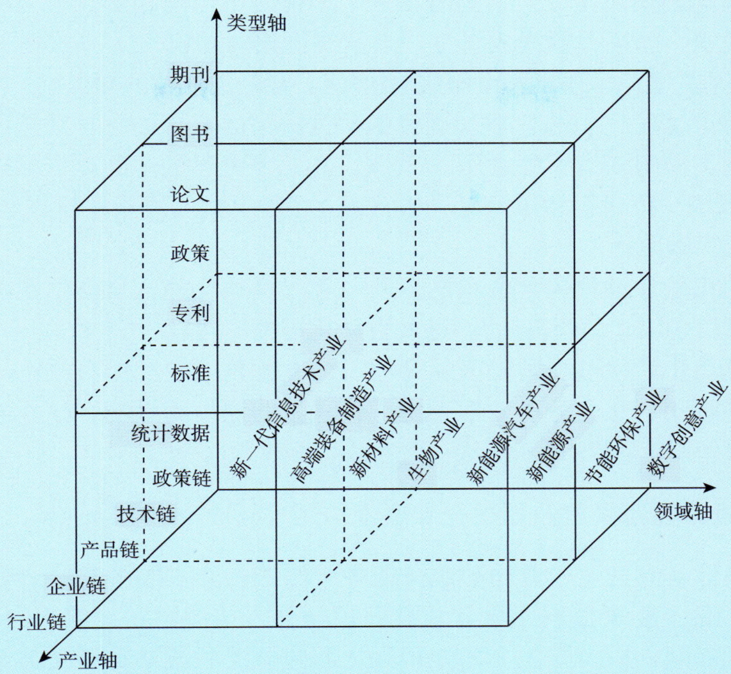

图 3.2　战略性新兴产业知识服务数据资源维度

3.3.2　战略性新兴产业基础资源数据库建设

大数据时代，传统的资源获取手段如大海捞针，不仅无法全面性地获取数据内容，对资源的时效性也提出了很高的挑战。因此，怎样在数据爆发的时代快速精准地获取知识，培养战略性新兴产业基础资源数据库自造血的能力，是战略性新兴产业知识服务最具基础性的问题。战略性新兴产业基础资源数据库建设步骤如下。

（1）资源采集阶段：首先需要实现基于链接、基于网站、基于主题的多种类型资源爬取；同时，由于战略性新兴产业的特殊性，相关特色资源无法从公开渠道自动获取，因此，需与战略性新兴产业相关专业研究机构联盟构建特色资源库以完善资源的获取源。

（2）资源导入阶段：对已爬取到的数据进行结构化和非结构化格式转换。

（3）处理加工阶段：制定战略性新兴产业领域的元数据规范，同时进行扫描与识别等数据化加工，完成基于元数据规范半自动化数据处理[11]。

经过资源采集、资源导入与处理加工后，战略性新兴产业基础资源数据库就构建完成了。

3.3.3　战略性新兴产业知识元库建设

知识处理加工过程，即构建知识元的过程。所谓知识元，是指不可再分割的具有完备知识表达的知识单位。用来表示一个个针对特定问题的解决方案，可以是概念、方法、规则、公理等数据或事实，以及实例化的知识[12]。众多的知识元通过一定的语义连接在一起，可实现知识价值的增值，甚至催生新的知识。

知识元构建过程：首先，对基础资源数据库中的数据进行自动化与半自动化处理，得到不同类型的知识元参考库；其次，在此参考库的基础上依据校审与专家评级；最后，以统一范式积累知识元，从而建立多种类型的战略性新兴产业知识元库，为后续知识组织做准备。

（1）自动化处理过程包含资源的自动分类、自动文摘、自动主题词提取、自动半自动词表建设（建立词间关系），以及自动化语料库建设。

（2）半自动化处理过程则较为复杂，需要专业领域专家参与校审，以加工半自动化智能知识框架、建立分类映射系统、建立主题词校审系统、建立语料库校审系统、建立知识库校审系统[13]。

3.3.4 战略性新兴产业知识仓库建设

实现战略性新兴产业专业知识服务业务主线下的知识服务需要对数据组织提出更高的挑战，除了要求数据库中存放有知识元外，还需要在数据之间、信息之间、数据和知识元之间，以及知识元和知识元之间建立关联或某种语义关系。因此，知识组织原则与知识组织技术手段的科学合理是实现知识服务的保证。

通过知识组织技术手段的使用可建立战略性新兴产业知识仓库，知识仓库按《战略性新兴产业重点产品和服务指导目录》（2016版）进行分类的领域知识仓库来划分和架构，使其既能为对口领域提供专而深入的知识服务（独立使用），又能为交叉领域和边缘领域提供广而相连的知识服务（跨库联合操作）[14]。以下根据战略性新兴产业相关信息的特点，选取了三类可适用于战略性新兴产业知识服务的三种知识组织技术手段。

1. 知识词表的知识组织

信息的主题赋予与分类标识是传统的知识表示方法，主要采用主题词表、分类法、分类主题一体化等手段对信息进行主题标引和分类标引[15]，分别对应了主题词表的知识组织与分类法的知识组织，目的是使信息融入主题词表或分类法的知识体系。传统的主题词和分类号的知识标注是，人的思维对照信息与词表给出信息的主题或分类标识的过程，确保了信息能够处在主题知识体系或分类法体系的架构下成为其分子[16]。而面对当今信息爆炸且人工智能技术广泛被应用的时代，产生了通过机器标注主题词或分类号的知识标注需要。

因此，对战略性新兴产业相关信息的知识组织首先需建立战略性新兴产业主题词表与分类法，通过机器标注的方式将与战略性新兴产业领域密切相关的信息纳入战略性新兴产业主题知识体系或分类法体系的架构下，以满足智能检索、知识挖掘、跨主题集成知识、跨分类集成知识等具体知识服务要求。

2. 语义信息的知识组织

语义是对数据的一种解释，数据间的语义关系将数据的信息价值提升到知识价值层面。典型的语义信息组织方法有语义网技术和本体技术。语义网技术是将万维网应用技术与传统逻辑推理技术相结合，营造可被人与计算机共同理解的网络环境，这使得计算机能够自动对网络上的语义信息进行解读和推理[17]；本体技术是一种知识组织形式，它描述了术语与术语间关系的概念模型，被广泛用于知识共享和语义信息的描述[18]。

对战略性新兴产业相关信息的知识组织也要纳入语义信息组织技术。语义网技术和本体技术的使用，可对战略性新兴产业相关的不同层次的知识进行分析和规范化表示，这使得战略性新兴产业相关知识能够被机器理解和识别，并通过语义关联模块将不同的对象、实例和属性互相关联，形成有机整体，最终形成战略性新兴产业语义网，进而促进本领域的知识发现、知识共享和知识创新[19]。

3. 知识图谱的知识组织

知识图谱是知识管理的有力工具，将知识图谱技术纳入战略性新兴产业知识服务中，可实现对本领域知识的分布及知识间关系的可视化展示[20]，使用户更加容易获取知识。

该技术的使用可以有效地整合分散在战略性新兴产业数据库中的各类知识，将各类知识资源进行汇总、整合、关联，形成专业化的知识集合和知识流，使数据库中的信息变得有序化和便于管理。运用知识图谱，可以有效缩短获取知识的时间，加速知识流通，并能在展示显性知识的同时引导用户获取隐性知识。因此，通过知识图谱对知识的组织和展示，能在促进知识共享的同时为用户获取知识带来极大的便利。

总之，面向战略性新兴产业知识服务的知识组织框架，是在战略性新兴产业知识服务业务主线和用户需求的驱动下，从宏观视角对知识组织目标、原则、要素、知识组织过程进行顶层架构，通过对战略性新兴产业领域资源的分析，构建资源与用户需求之间的映射，并在此基础上总体设计知识组织的结构，将知识通过分类和聚类形成知识元，结合用户的问题和需求，通过选择适当的挖掘技术和推理方法形成再生知识，最后利用可视化技术实现知识的组织，为用户提供满意的问题解答，最终达到实现数据知识化、知识有序化和知识服务化的目的[21]。

3.4 战略性新兴产业专业知识服务系统构建

3.4.1 战略性新兴产业知识服务系统建设定位

2012 年 3 月，中国工程院启动了中国工程科技知识中心建设项目①，该项目旨在集

① 中国工程科技知识中心 http://www.ckcest.cn/。

结国内研究机构、高等院校及相关企业，通过创新联盟与运维模式，联合产学研各方力量，共同构建工程科技领域大数据产业生态。中国工程科技知识中心目前已建设包括航天、战略性新兴产业、农业、中草药、地质、冶金、实验技术等20多家专业分中心，其中战略性新兴产业知识分中心由中国航天工程科技发展战略研究院（以下简称航天战略院）承担建设，致力于为高端智库和普通大众提供专业性、权威性、全面性的智力支持，其最终建设成为国际先进、国内领先、具有广泛影响力的战略性新兴产业领域信息汇聚中心、数据挖掘中心和知识服务中心。战略性新兴产业专业知识服务系统服务平台首页门户，如图3.3所示。

图 3.3　战略性新兴产业专业知识服务系统首页门户

战略性新兴产业专业知识服务系统作为中国工程科技知识中心的重要组成部分之一，面向战略性新兴产业链上的相关工作人员，全面深入地跟进国内外战略性新兴产业的政策、技术、产品、企业及行业发展动态，让战略性新兴产业链上游科研院所与下游企业精准对接，推动和辅助产业转移转化。同时为战略性新兴产业培育与发展研究及决策咨询提供具有权威性、多元性、系统性、智能化持续稳定的专业知识服务，促进战略性新兴产业创新驱动发展。

（1）服务战略性新兴产业咨询研究需要，支撑国家战略性新兴产业培育与发展的科学决策。以服务工程院战略性新兴产业咨询研究为核心任务，为工程院院士、专家及战略性新兴产业相关研究人员提供政策法规、产业统计数据、文献资源、动态信息及知识服务。

（2）支持战略性新兴产业管理部门决策支持需要，促进战略性新兴产业管理创新。为国家发展改革委等相关政府管理部门、重大区域发展战略管理部门，提供信息支持、方法工具支撑和专题研究服务。

（3）服务战略性新兴产业相关企业发展需要，推动大众创新、万众创业。为创新型中小企业提供前沿技术信息、国际动态、政策导向、专利分析、专家信息、行业发展趋势预测等相关信息和知识服务，提供产业技术成果转化信息和服务。

3.4.2 战略性新兴产业知识服务系统数据资源

1. 战略性新兴产业知识服务系统数据库介绍

战略性新兴产业知识服务系统在航天战略院的研究基础与自有资源上，集成了政府、国务院、中国工程院、工业和信息化部、科技部、国家信息中心、中国工程科技知识中心及各领域分中心的智慧结晶，建设完成了战略性新兴产业专业知识服务系统数据库。战略性新兴产业服务系统根据战略性新兴产业新一代信息技术产业、高端装备制造产业、节能环保产业、新能源汽车产业等八大产业领域，以及战略性新兴产业从政策、技术、产品、企业到行业全产业链两条主线，全面收集战略性新兴产业细分领域下的政策、技术、文献、专利、产品、企业、产业园区、行业报告及动态数据等[22]。战略性新兴产业专业知识服务系统资源数据库框架图，如图 3.4 所示；战略性新兴产业专业知识服务系统资源导航页，如图 3.5 所示。

战略性新兴产业文献库：收录战略性新兴产业八大领域相关期刊、图书、期刊论文、会议论文、学位论文等。

战略性新兴产业专利库：本库中包含专利号、专利名称、摘要、专利类型、国别、专利权人、发明人、专利状态、申请日期、发布日期、申请号、公开号等字段；数据收录范围为全球；数据来源于全球商业性专利信息数据库、国家知识产权局数据库和美国、欧盟、日本、加拿大等专利局数据库。

战略性新兴产业标准库：收录战略性新兴产业八大领域相关标准数据，内容包括标准编号、发布日期、发布单位、标准状态、实施日期、国际标准分类号等。

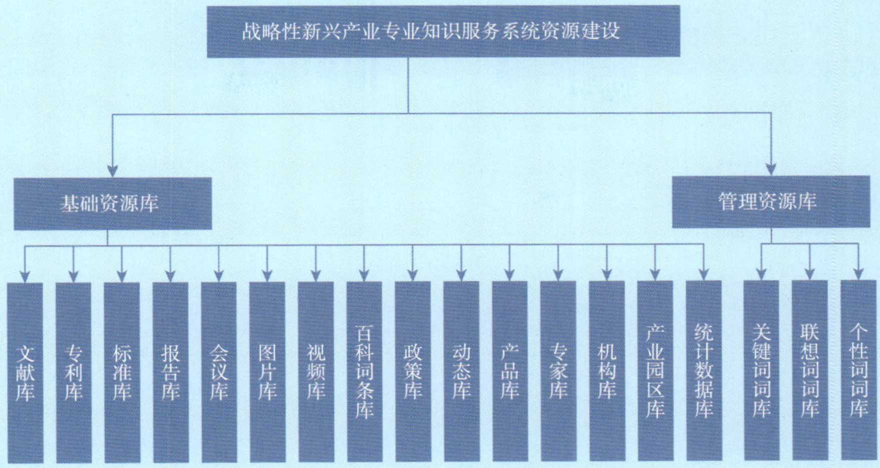

图 3.4　战略性新兴产业专业知识服务系统资源数据库框架

战略性新兴产业报告库：收录战略性新兴产业八大领域相关研究报告，包括各领域行业研究报告、咨询报告、专利分析报告、上市公司年报等。

战略性新兴产业会议库：收录战略性新兴产业八大领域相关权威会议及论坛，会议详情包括会议名称、举办时间、结束时间、举办地点、组织机构、会议概况、参会对象、参会经费、注意事项、联系方式、会议网址等。会议及论坛数据用于支撑战略性新兴产业服务建设中的会议服务，跟踪各领域最新研究动态，为战略性新兴产业相关专家、学者、企业、技术人员提供技术交流平台的发现渠道。同时也为战略性新兴产业分中心项目组的培训交流、战略性新兴产业专业知识服务系统的运营推广提供参考。

战略性新兴产业图片库：围绕产业发展热点，收录并制作战略性新兴产业八大领域相关专题图片等。

战略性新兴产业视频库：围绕产业发展热点，收录并制作战略性新兴产业八大领域相关专题视频、宣传片等。

战略性新兴产业百科词条库：收录战略性新兴产业八大领域相关百科词条，词条内容涵盖战略性新兴产业基础知识、技术、产品、工程、企业等产业百科知识介绍。

战略性新兴产业政策库：收录从国务院、国家发展改革委、工业和信息化部等国家权威机构收集国家和地方颁布的有关战略性新兴产业的政策法规。并将全部政策数据按照专家提供的政策分类和政策功能进行一、二级分类，政策分类包括技术创新、产业环境、机制体制和综合类，每一个分类又包含不同的政策功能，如技术创新分类就包括加强产业关键技术研发、强化企业技术创新能力建设等政策功能，其用于支撑战略性新兴产业知识服务系统应用服务中政策仿真模块的建设。

战略性新兴产业动态库：该库从战略性新兴产业八大领域中选取有代表性的产业方向，从最新的厂商前沿动态、产业或产品发展趋势，以及具有突破性的技术应用等方向，收集产业动态信息。除对动态信息按照战略性新兴产业八大领域进行分

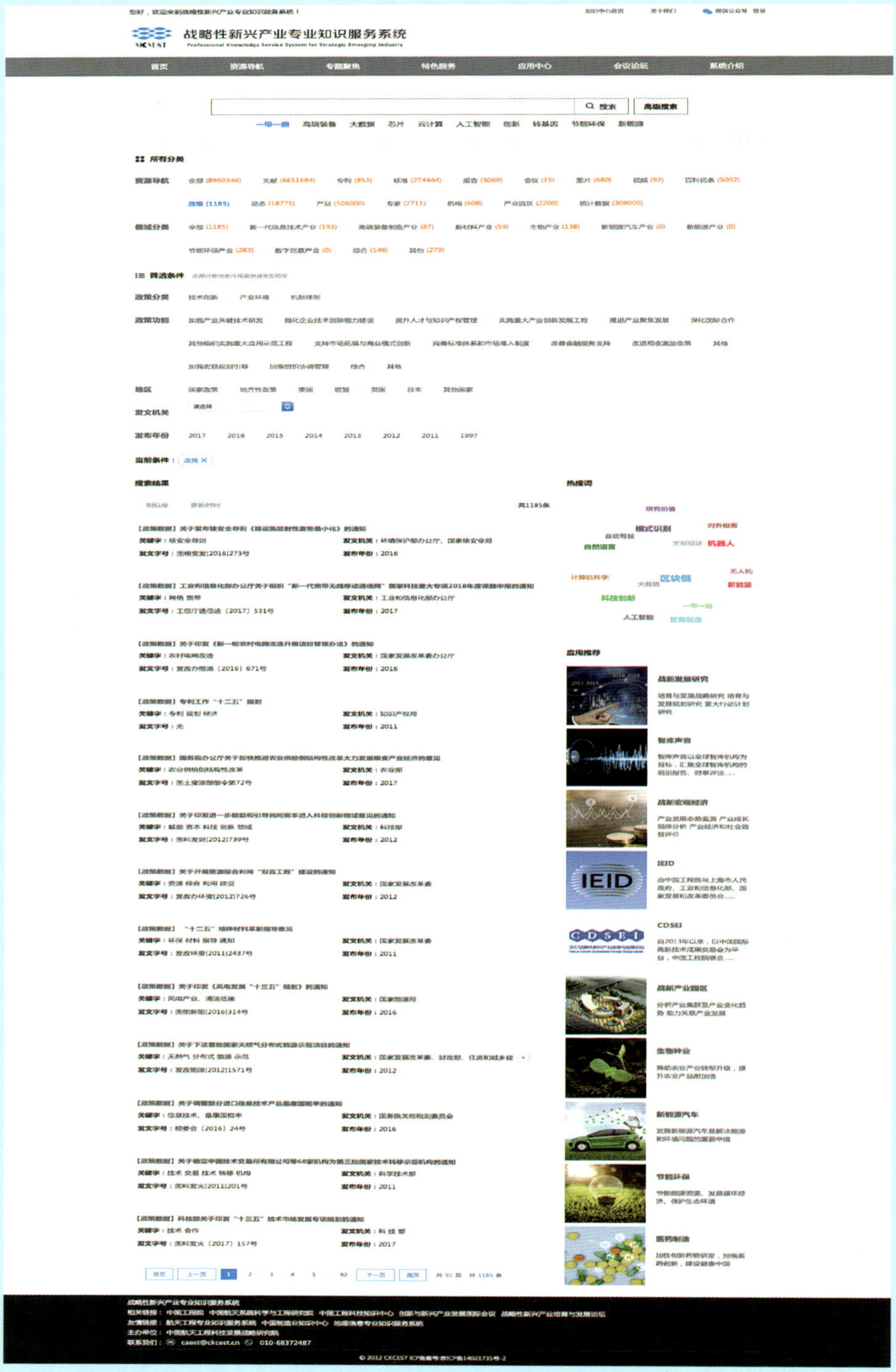

图 3.5　战略性新兴产业专业知识服务系统资源导航页

类外，同时添加了行业动态、企业动态、产品动态和技术动态这一维度的分类，实现了对战略性新兴产业全产业链动态的实时把握。

战略性新兴产业产品库：收录了战略性新兴产业八大领域相关产品 / 产品样本信息，内容包含完整的产品样本资源，如企业信息、产品目录、产品信息、产品图片、产品技术文档、CAD（computer aided design，即计算机辅助设计）设计图等。产品样本数据用于支撑战略性新兴产业服务系统特色服务中全球产品样本模块的建设。

战略性新兴产业专家库：该数据库基于战略性新兴产业重点领域和产业方向，收录战略性新兴产业专家信息资源，内容包括各专家的姓名、出生年月、学历、职称、毕业院校、研究领域方向及主要成就等，专家数据用于支撑战略性新兴产业知识服务系统应用服务中专家研讨厅模块的建设。

战略性新兴产业机构库：收录了包括全球领军企业、国内重点企业、主要研究机构、行业协会等战略性新兴产业各行业机构数据。内容包括各个机构的国别、基本信息介绍、机构网站链接等。

战略性新兴产业园区库：收录战略性新兴产业八大领域相关产业园区，重点收录工业园区、经济技术开发区、高新技术产业开发区、特色产业园区、出口加工区、保税区、边境经济合作区的入驻企业、园区发展目标等信息。战略性新兴产业园区数据用于支撑战略性新兴产业服务建设中战略性新兴产业园区特色服务建设，助力关联产业的发展，为推动产业集群的形成提供信息支撑。

战略性新兴产业统计数据库：收录了战略性新兴产业相关 A 股上市公司数据、国民经济行业分类数据、重点行业市场数据等。统计数据用于支撑战略性新兴产业知识服务系统特色服务中战略性新兴产业宏观经济模块的实现。

2. 战略性新兴产业知识服务系统重点资源

特色资源建设方面，其中重点资源，如战略性新兴产业政策数据收录国务院、国家发展改革委、工业和信息化部等发布的战略性新兴产业政策，政策分类包括技术创新、产业环境、机制体制等；战略性新兴产业专利数据依据战略性新兴产业重点产品和服务指导目录进行收录，全面支撑产业技术创新及未来颠覆性技术预见；战略性新兴产业产品样本数据包含完整的产品样本资源，如企业信息、产品目录、产品信息、产品图片、产品技术文档、CAD 设计图、音 / 视频资料等；战略性新兴产业机构数据聚焦战略性新兴产业八大领域的全球领军企业、国内重点企业、主要研究机构，以及行业协会等。战略性新兴产业园区数据收录战略性新兴产业八大领域经济技术开发区、高新技术产业开发区、特色产业园区、出口加工区、保税区、边境经济合作区的入驻企业等信息。

3.4.3 战略性新兴产业知识服务系统技术框架

战略性新兴产业知识服务系统底层技术框架，如图 3.6 所示，由云基础设施层、大数据层、战略性新兴产业应用服务层、用户层四部分组成，同时兼顾平台运行管理机制与应用服务技术规范，为构建战略性新兴产业知识服务系统提供技术支持。

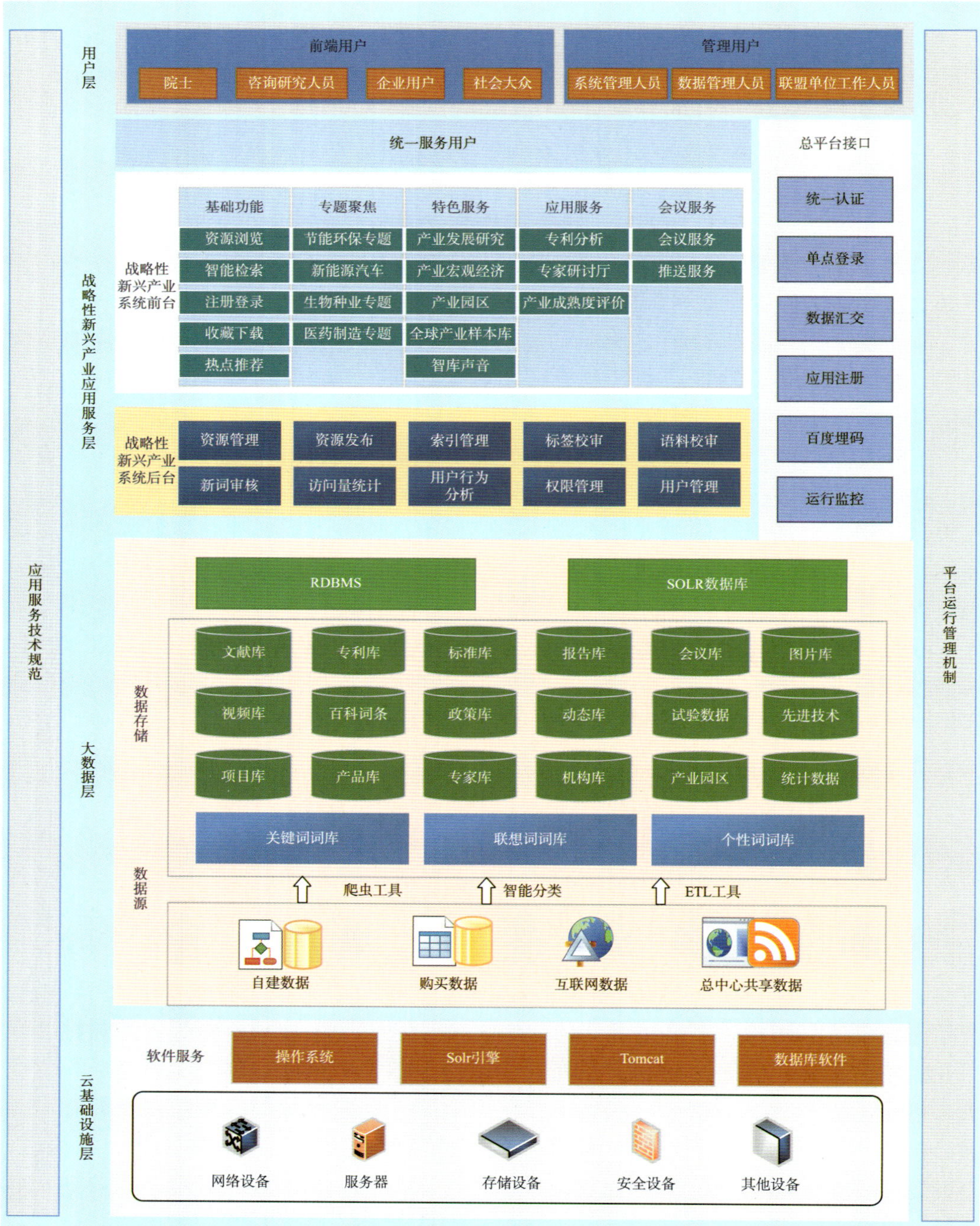

图 3.6　战略性新兴产业知识服务系统技术框架

1. 云基础设施层

云基础设施层是系统运行的基础环境，包括软件支撑平台、网络平台及硬件平台。通过云基础管理平台框架为系统运行提供存储环境、计算资源、网络资源等。同时，云基础设施层为战略性新兴产业知识服务系统提供必需的操作系统、企业级数据库管理系统等基础软件环境。

2. 大数据层

大数据层为系统建设提供数据支撑，按照中国工程科技知识中心元数据规范中的期刊、图书、论文、政策、专利、标准、统计数据等资源类型横向进行组织，按照节能环保产业、新一代信息技术产业、生物产业、高端装备制造产业、新能源产业、新材料产业、新能源汽车产业、数字创意产业纵向进行划分，构建战略性新兴产业知识服务系统大数据框架。通过对自建、采购、联盟、网络开放等方式获取，同时对这些数据进行抽取、转换、加载，从而形成战略性新兴产业知识服务系统数据仓库，并采用联机分析处理技术形成面向领域应用的专题应用数据集市。

3. 战略性新兴产业应用服务层

在 J2EE 基础架构平台的支持下，基于 HTTP/S、SOAP 等标准协议，采用面向服务的体系结构（service-oriented architecture，SOA）开发多维分析、统计报表、决策支持、数据共享、界面展现等各类服务，形成支持各类专题应用的开发和集成框架。在开发技术框架基础上，与具体应用需求相结合，开发并集成各类应用功能，从而形成战略性新兴产业知识服务系统的基础服务、专题聚集、特色服务、应用服务、会议服务等应用。

4. 用户层

用户层分为前端用户和管理用户。前端用户模块面向工程院院士、战略性新兴产业咨询研究人员、行业部门咨询研究人员、企业用户、社会大众等用户；管理用户模块则面向数据管理人员、系统管理人员及联盟单位工作人员。

3.5 战略性新兴产业知识服务系统知识应用

战略性新兴产业知识服务系统在技术支撑方面，集成了强大的智能检索系统，包括智能适配关键词检索、结果分类汇总、联想检索、全站智能检索、热点检索、推荐检索、关系网分析检索、分类导航检索，帮助用户快速精准地聚焦所需资源。同时构建了逻辑清晰的战略性新兴产业知识服务产品体系，如图 3.7 所示。专题聚焦围绕战略性新兴产业有关政策与规划、贴合当前热点，提供特定领域，如节能环保、新能源汽车、生物种业、医药制造等专题聚焦服务。特色服务面向战略性新兴产业整体研究，从政策、技术、机构、产品、市场全产业链整合跟进战略性新兴产业发展动态，包含战略性新兴产业发展研究、战略性新兴产业宏观经济、全球产品样本库、战略性新兴产业园区、智库声音等。应用中心面向战略性新兴产业从业人员，提供相关产业研究数据及半自动化定量分析模型支撑，包含专利分析、专家研讨厅、产业成熟度评价。会议论坛实时发布创新与新兴产业发展国际会议（international conference on innovation and emerging industry development，IEID）、战略性新兴产业培育与发展论坛（Forum on Cultivation and Development of Strategic Emerging Industries，CDSEI）相关信息，跟踪各领域最新研究动态，聚集世界著名企业家和专家等有识之士，为探讨战略性新兴产业发展提供开放式交流平台。

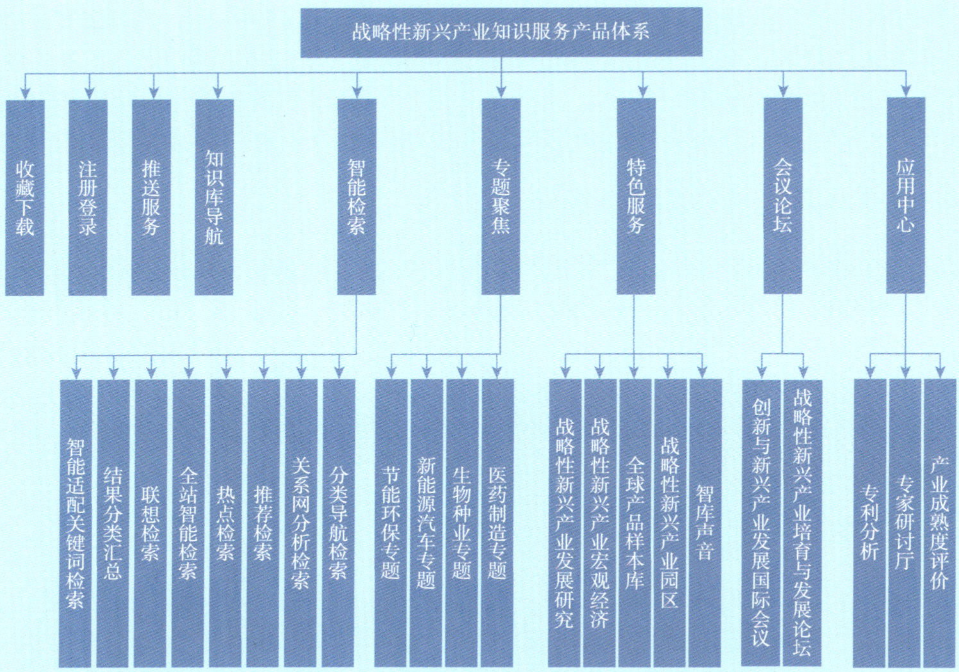

图 3.7　战略性新兴产业知识服务产品体系

3.5.1　智能检索

战略性新兴产业知识服务系统智能检索主要包括智能适配关键词检索、结果分类汇总、联想检索、全站智能检索、热点检索、推荐检索、关系网分析检索、分类导航检索等功能。

（1）智能适配关键词检索：在某篇文章内容中，点击与战略性新兴产业相关的关键词时，可以链接到与之相关的其他文章。

（2）结果分类汇总：在检索结果页面中，对资源数据进行分类汇总，如按文章类型、省份、出版日期、相关作者等排序汇总搜索结果数量。

（3）联想检索：搜索框检索词联想功能。

（4）全站智能检索：通过关键词检索到与关键词相关的所有数据、应用、专题等信息。

（5）热点检索：高频检索词与热点词推荐检索。

（6）推荐检索：基于用户偏好的个性推荐检索。

（7）关系网分析检索：基于对象关系的信息检索。

（8）分类导航检索：根据战略性新兴产业重点产品与服务指导目录细分产业类型，将各种资源细分为新一代信息技术产业、高端装备制造产业、新材料产业、生物产业、新能源汽车产业、新能源产业、节能环保产业、数字创意产业。检索时，横向按照产业类型、纵向按照资源类型进行检索。

3.5.2　专题聚焦

1. 节能环保专题

全面深入跟进节能环保产业的发展动态，从市场信息、技术数据、政策法规、人才等多个角度汇总梳理节能环保产业的多维度信息，为节能环保产业的发展提供及时准确的信息支撑。

2. 生物种业专题

收集整理我国现有的与生物种业研发相关信息，实现生物种业产业化数据库相关信息向生物种业运行单位精准推送，从而有效推进生物技术培育新品种的产业化，助力现代生物种业企业育、繁、推一体化，加快农业生物新品种的市场应用。

3. 新能源汽车专题

梳理、凝练出对产业发展具有重大指导意义和一定分析参考价值的高度权威性的信息资料，可对产业发展提供及时可靠的信息服务和咨询服务，并实现政–产–学–研各界的信息对接，有利于推动新能源汽车的可持续发展。

4. 医药制造专题

汇聚我国医药制造产业相关技术与市场的监测统计数据及行业研究报告，有效促进以需求为引导的科技研发和成果转化、优化企业战略管理和资源配置，进而促进医药制造产业的发展。

3.5.3 特色服务

1. 战略性新兴产业发展研究

中国工程院作为中国工程技术界最高荣誉性、咨询性学术机构，高度重视战略性新兴产业的研究，先后开展了“战略性新兴产业培育与发展战略研究（2012-2013）”“‘十三五’战略性新兴产业培育与发展规划研究（2014-2015）”“战略性新兴产业发展重大行动计划研究（2016-2017）”“新兴产业发展战略研究（2035）”等重大咨询项目，并依托于上述咨询项目每年出版《中国战略性新兴产业发展报告》和若干系列研究报告。

同时，为进一步提升对战略性新兴产业发展规律的认识，中国工程院每年于上海和深圳分别组织创新与新兴产业发展国际会议和战略性新兴产业培育与发展论坛，邀请国内外知名专家学者共同探讨，以期更好地服务于国家战略，履行中国工程院作为国家高端科技智库的职能。

该应用产品支撑工程院战略性新兴产业系列研究，及时发布项目研究动态信息，支持项目知识管理，系统积累项目系列研究的成果，为项目组及各领域提供项目成果交流及展示平台，发布战略性新兴产业发展年度系列报告，为战略性新兴产业高端论坛和上海创新与新兴产业发展国际会议提供信息化支撑服务。

2. 战略性新兴产业宏观经济

充分利用国家发展改革委、国家统计局等有关部门渠道，对战略性新兴产业经济统计数据进行数据搜集、数据整理、数据查询、数据展现，更加全面、连续、系统地反映国家战略性新兴产业的发展态势。开展产业发展态势监测、产业成长规律分析、产业经济和社会效益评价，对国家及各级地方政府制定产业政策、规划产业发展、推动重大工程建设具有重要意义。该专题收录了 2 000 家来自国家信息中心中有关战略性新兴产业的数据，包括两大类经济统计数据：一是通用数据，即重点产品和服务领域相关的产业（或产品）、公司数据，包括国家宏观经济数据、行业经济数据（国民经济行业、高技术产业）、从事战略性新兴产业的公司数据（包括上市公司和非上市公司）；二是专题数据，即根据重点、热点问题，是在通用数据基础上，经过深度加工后的数据与分析，主要服务于特定主题。企业导航模块可为用户提供战略性新兴产业领域上市公司的基本情况和财务数据统计，方便用户了解和掌握上市公司的具体信息。

3. 战略性新兴产业园区

收集战略性新兴产业园区信息，入驻企业、园区发展目标等信息。重点收集工业园区、经济技术开发区、高新技术产业开发区、特色产业园区、出口加工区、保税区、边境经济合作区等，并依据战略性新兴产业八大领域进行分类。同时结合战略性新兴产业 GIS（geographic information system，即地理信息系统）可视化分类展示园区年度变化信息，产业园区模块的建设可支撑产业规划及产业项目建议的编制，也可用于分析产业集群的发展趋势及产业转移趋势，助力关联产业的发展，为推动产业孵化、产业加速、产业转移转化等提供信息支撑服务。

4. 全球产品样本库

聚集工业生产制造企业的企业信息、企业产品目录、产品说明书、产品标准图片、产品技术资料、产品 CAD 设计图、产品视频 / 音频资料，以及三维模型图等，新增产品对比功能及根据用户搜索频率推出热点推荐功能，为我国教学科研、产品自主创新、原材料采购、成果转化、竞争情报等研究提供数据支撑。

5. 智库声音

智库声音以全球智库机构为目标，汇集全球智库机构的前沿报告、时事评论、重要书籍、期刊论文、自媒体文章等研究成果，包含专家介绍、职务职称、研究领域等信息的智库专家，以及包含机构会议、培训、调研、接访、多媒体资讯等最新活动信息的动态资讯。通过智库声音系统既可调研分析世界主要发达国家及新兴经济体国家的智库发展概况、运行机制和管理方式，借鉴国外优秀智库的有益建设经验，为我国智库在组织管理优化等方面提供建议，也可调研分析国际知名智库关注的研究领域，为我国智库的研究选题提供借鉴，从而提高我国智库的国际竞争力及在国际舞台上的话语权。

3.5.4　应用中心

1. 专利分析

专利分析应用对战略性新兴产业相关专利信息进行分析、加工、组合，并利用统计学方法和技巧构建专利分析模型，对统计的对象与角度、统计的主要指标、统计的主要内容、度量技术发展不同阶段的统计参数进行确定，使这些信息转化为具有总揽全局及预测功能的竞争情报，为企业的技术、产品及服务开发中的定量决策提供参考。

2. 专家研讨厅

专家研讨厅应用设计了基于战略性新兴产业的专家网络，以实现专家库的扩充及专家相互推荐机制，并以此为基础构建战略性新兴产业专家咨询及专题调研服务系统，提供线上问题提出及反馈、线下问题调研与咨询评价功能，建立专家与系统用户间联系的同时，面向战略性新兴产业课题研究提供专题调研技术支撑工具。

3. 产业成熟度评价

产业成熟度评价应用持续扩充战略性新兴产业重点方向的产业成熟度评价咨询数据库，丰富重点产业的评价数据和案例；深入研究新兴技术市场的发展规律，完善市场成熟度评价指标体系；构建技术和产业发展的预测模型；研究并提出战略性新兴产业发展的风险评估与预测方法，形成技术攻关和风险规避模型；综合前期研究成果，形成战略性新兴产业重点技术投资咨询模型，为政府、企事业单位和投行等机构提供特色咨询服务和决策支撑。

3.5.5 会议论坛

1. 创新与新兴产业发展国际会议

自2016年起，中国工程院与上海市人民政府、工业和信息化部、国家发展改革委共同牵头，会同科技部、商务部、中科院、中国国际贸易促进委员会、联合国工业发展组织等部门，在上海共同举办创新与新兴产业发展国际会议。该会议涵盖大数据与人工智能、生物与生命科学、高端装备与新材料、绿色低碳、数字创意、中德制造业数字化转型等技术与产业分会，以聚焦世界著名企业家和专家等有识之士，就具有颠覆性的新兴产业发展方向和政策等方面进行开放式交流，集中智慧迎接挑战，引导促进全球重大科技创新和新兴产业发展。同时打造世界著名的科技创新和新兴产业发展品牌会议，并以此助推上海市建成全球有影响力的科技创新中心，推动我国战略性新兴产业培育与发展，服务国家创新驱动发展战略的实施。

2. 战略性新兴产业培育与发展论坛

为加强智库的信息参考、科学咨询和决策支撑作用，打造国家战略性新兴产业高端学术和产业交流平台，促进广大院士和专家与政府部门、企业界的交流，推动我国战略性新兴产业更好发展，自2013年，以中国国际高新技术成果交易会为平台，中国工程院联合国家发展改革委、深圳市人民政府、国家开发银行等多家单位，每年定期在深圳市召开战略性新兴产业培育与发展论坛，并在论坛上发布由国家发展改革委、中国工程院、国家开发银行和清华大学共同牵头，由中国工程科技发展战略研究院承办的《中国战略性新兴产业发展报告》，致力于将深圳论坛打造成为国内战略性新兴产业培育与发展论坛的旗舰品牌，持续为中国战略性新兴产业发展贡献力量。

3.6 展望

建设战略性新兴产业知识服务产品的过程是一个螺旋式上升的过程，对系统业务主线梳理需不断迭代，在知识服务的过程中根据用户意志去除噪声和冗余，并根据用户结果指导修正业务主线，因此，需要在未来的建设中继续对资源、技术和服务产品进行提升，提高产品的鲁棒性，从而实现战略性新兴产业专业知识服务系统用户与产品的精准对接。

战略性新兴产业专业知识服务系统目前已正式上线运营，系统虽已在资源获取、技术支撑、服务产品建设方面取得阶段性成果，但在很多领域仍存在可进一步探索的空间。资源建设方面，继续完善大数据挖掘技术、开发多种专业资源获取渠道、保证专业资源库更新频率，从而快速满足用户的实时服务需求，支撑完成中国工程院知识中心建设工程科技领域元数据海的宏伟目标。技术功能方面，提高本领域主题词表、分类法及语义网等的精准度，完善知识间的关联和聚类，使智能搜索能力大幅提升。服务产品方面，加强知识管理和本领域仿真技术的运用，在专业化方向打造品牌，进一步丰富优质内容产品，提高用户黏性，形成自己的行业竞争壁垒。运营推广方面，加强开放合作，充分发挥战略性新兴产业多领域交叉与综合的特点，联合优质资源与行业权威机构，共同建造战略性新兴产业特色资源及特色服务产品。

参考文献

[1] OECD. The knowledge-based economy[R]. 1996.

[2] 任俊为 . 知识经济与图书馆的知识服务 [J]. 图书情报知识，1999，(1)：27-29.

[3] 张晓林 . 走向知识服务：寻找新世纪图书情报工作的生长点 [J]. 中国图书馆学报，2000，26（5）：32-37.

[4] 靳光明 . CNKI、万方、维普数据库的特点对比及中国数据建设现状 [J]. 中国市场，2017，(15)：299-300.

[5] 刘森，赵廓 . 我国学术期刊全文数据库国际化现状和发展探讨 [J]. 科技与出版，2013，(8)：65-68.

[6] 唐京春，张洪建 . 知识服务热潮背后的问题剖析与对策思考——以深化新闻出版业转型升级为视角 [J]. 智媒时代，2018，(10)：35-38.

[7] cyan_zheng. 知识付费四大巨头：喜马拉雅 FM、知乎、得到和分答发展现状浅析 [EB/OL]. http://www.woshipm.com/it/725163.html，2017-07-21.

[8] 朱晔 . 我国知识服务现状分析和体系架构研究 [D]. 南京理工大学硕士学位论文，2007.

[9] 苏新宁 . 面向知识服务的知识组织理论与方法 [M]. 北京：科学出版社，2014.

[10] 肖攸安，李腊元 . 数据挖掘与知识发现的理论方法及技术分析 [J]. 交通信息与安全，2002，20（1）：57-61.

[11] 刘顺程，岳思颖 . 大数据时代下基于 Python 的网络信息爬取技术 [J]. 电子技术与软件工程，2017，(21)：160.

[12] 姜永常 . 论数字图书馆的知识构建 [J]. 现代图书情报技术，2005，21（6）：10-13.

[13] 施凤飞，胡飞，卢超 . 数据挖掘和知识发现方法研究 [J]. 电脑知识与技术，2010，6（2）：281-283.

[14] 姜永常，陶颖 . 论知识服务质量的全面控制 [J]. 中国图书馆学报，2005，31（1）：65-70.

[15] 梁新潮 . 分类法，主题法与分类主题一体化 ：兼评《中国分类主题词表》[J]. 图书馆工作与研究，1998，（1）：34-36.

[16] 王军 . 基于分类法和主题词表的数字图书馆知识组织 [J]. 中国图书馆学报，2004，30（3）：41-44.

[17] 陈谷川，陈豫 . 语义网知识组织系统的研究与构架 [J]. 数据分析与知识发现，2006，1（4）：24-28.

[18] 李军 . 基于本体的知识组织与语义智能检索 [D]. 西安电子科技大学硕士学位论文，2011.

[19] 姜永常，杨宏岩，张丽波 . 基于知识元的知识组织及其系统服务功能研究 [J]. 情报理论与实践，2007，30（1）：37-40.

[20] 谭春辉，麻晓杰，李思佳，等 . 基于知识图谱的国内知识服务研究的演变分析 [J]. 现代情报，2015，（3）：113-119.

[21] 苏新宁 . 面向知识服务的知识组织理论与方法 [M]. 北京：科学出版社，2014.

[22] 赵瑞雪，鲜国建，罗婷婷，等 . 中国工程科技知识中心元数据规范（Ⅰ）[M]. 北京 ：中国农业科学技术出版社，2017.

产 业 篇

第 4 章

新一代信息技术产业篇

陶　利　许守任　龚振炜　李梦男　曾倬颖　安　达

【内容提要】以人工智能、云计算、大数据、物联网、移动互联网等为代表的新一代信息技术迅猛发展，已全面融入社会生产生活，给生产力带来了新的飞跃，驱动了新工业革命与数字经济蓬勃兴起。本章首先对新一代信息技术产业的概念和范畴进行了界定；其次，综合分析了2017年以来新一代信息技术产业的国际动态及趋势、我国发展现状及趋势、我国新一代信息技术产业存在的问题，并指出在国家一系列政策的支持下，新一代信息技术产业发展环境得到不断优化、技术取得不断突破，市场需求不断增长，但也存在核心技术受制于人、知识产权保护领域亟待完善等问题；再次，对人工智能、物联网、大数据、5G（第五代移动通信）四个重点领域方向及企业进行案例分析；最后，对新一代信息技术产业的发展提供对策措施及建议。

党的十九大报告指出"我国经济已由高速增长阶段转向高质量发展阶段""深化供给侧结构性改革。建设现代化经济体系，必须把发展经济的着力点放在实体经济上，把提高供给侧质量作为主攻方向，显著增强我国经济质量优势。加快建设制造强国，加快发展先进制造业，推动互联网、大数据、人工智能和实体经济深度融合"[①]。新一代信息技术，无疑是当今世界创新最活跃、渗透性最强、影响力最广的

① 《决胜全面建成小康社会 夺取新时代中国特色社会主义伟大胜利——在中国共产党第十九次全国代表大会上的报告》。

领域，并且正以前所未有的速度转化为现实生产力，引领科技、经济和社会发展日新月异，给社会带来重大变革。本章综合分析了2017年以来新一代信息技术产业的国内外发展概况，对我国发展存在的问题、典型案例及对策措施进行了研究。

4.1　新一代信息技术产业的概念和范畴

新一代信息技术，不只是指电子信息领域一些分支技术的纵向升级，如集成电路、半导体显示、计算机、无线通信等信息技术，也包含信息技术整体平台和产业的代际变迁。近10年来，以人工智能、大数据、云计算、物联网、移动互联网等为代表的信息技术蓬勃发展，新一代信息技术新在网络互联的移动化和泛在化、信息处理的集中化和大数据化、信息服务的智能化。当前，“互联网+”、人工智能是新一代信息技术的集中体现[1]。

2010年10月国务院出台的《国务院关于加快培育和发展战略性新兴产业的决定》（国发〔2010〕32号）对新一代信息技术产业的范畴做了最早界定，具体内容是：“加快建设宽带、泛在、融合、安全的信息网络基础设施，推动新一代移动通信、下一代互联网核心设备和智能终端的研发及产业化，加快推进三网融合，促进物联网、云计算的研发和示范应用。着力发展集成电路、新型显示、高端软件、高端服务器等核心基础产业。提升软件服务、网络增值服务等信息服务能力，加快重要基础设施智能化改造。大力发展数字虚拟等技术，促进文化创意产业发展。”2016年3月国务院发布的《中华人民共和国国民经济和社会发展第十三个五年规划纲要》（以下简称《“十三五”规划纲要》）对新一代信息技术产业有了新的界定，指出培育集成电路产业体系，培育人工智能、智能硬件、新型显示、移动智能终端、5G、先进传感器和可穿戴设备等成为新增长点。新一代信息技术产业分类，如表4.1所示。

表4.1　新一代信息技术产业分类

产业分类	产业概述
下一代通信	下一代通信是以软交换为核心，能够提供包括语音、数据、视频和多媒体业务的基于分组技术的开放的网络架构[2]
物联网	利用通信技术，将信息传感设备按约定的协议，形成人与物、物与物相连，进行信息交换和通信的一种网络
大数据	从狭义来看，围绕大数据采集、存储、管理和挖掘，为全社会大数据应用提供数据资源、产品工具和应用服务，支撑各个领域的大数据应用
云计算	将大量用网络连接的计算资源统一管理和协调，构成一个计算资源池向用户按需提供服务和资源的网络称为“云”
人工智能	人工智能是研究、开发用于模拟、延伸和扩展人的智能的理论、方法、技术及应用系统的一门新的技术科学
高性能集成电路	集成电路是一种采用半导体工艺将电路所需元件及布线制作在半导体晶片上的电路

4.2 2017 年以来新一代信息技术产业发展最新国际动态及趋势分析

4.2.1 新一代信息技术正引发新一轮科技革命，驱动信息技术体系重构

全球新一代信息技术加速创新，交叉融合成为时代发展新特征。以物联网、工业互联网、大数据、人工智能等为代表的应用需求推动集成电路技术升级，芯片集成度进一步提高，台积电、三星相继量产 10 纳米制程产品，人工智能专用芯片愈发受到重视，非传统 CMOS（complementary metal oxide semiconductor，即互补金属氧化物半导体）结构器件研发渐成热点；物联网成为大数据最庞大和最精准的数据来源；人工智能是程序算法和大数据结合的产物；网络通信呈现出人-网-物三元万物互联的特征，大融合、大连接、大数据、新智能逐步渗透整个世界；无线通信向 5G 发展，5G 将重新定义信息技术的新应用，推动移动网和固网技术的融合[3]；类脑计算、深度学习、机器学习、VR/AR 乃至无人驾驶、智能制造、智慧医疗等技术及应用创新层出不穷；云网不断融合，网络不断走向云化，以适应视频业务、VR/AR 与车联网等对时延的要求[4]；无人驾驶汽车作为互联网、大数据、人工智能与实体经济的融合，将重新定义汽车[5]。先进计算、下一代网络、智能感知等技术领域创新方兴未艾；面向未来的新技术体系正在加速建立，竞争的焦点从单一产品转变为技术产品体系和生态体系的竞争。全球范围内的新一代信息技术与产品形态不断创新发展，新一阶段的技术和产业演进脉络日渐清晰，并不断产生新的平台、新的模式。

前沿领域孕育颠覆性变革，新一代信息技术将进入新的能力提升期。随着脑科学、新型计算、语音识别、人脸识别、自然语言处理、情感识别、认知推理、DNA（deoxyribonucleic acid，即脱氧核糖核酸）测序、智能柔性材料等技术和应用层面的突破，人工智能将在 2020 年之后进入新的发展阶段。人工智能将向大数据智能、群体智能、跨媒体智能、人机混合增强智能等方向发展。区块链、量子技术等也从理论探索、技术研究逐步走向应用场景构建。区块链具有去中心化、匿名化和安全可靠的特征，正在推动构建新的信用共识机制，为构建新技术条件下的去中心化特征体系提供手段，也将使基于互联网的信息传播演变为基于技术背书的价值传递，进而改变诸多行业的应用场景和运行规则，区块链在数字货币、金融服务、医疗健康、电子政务等应用领域拥有巨大潜力。量子技术不断取得重大突破，发展超出预期。2017 年 10 月英特尔推出 17 量子位的超导量子芯片，IBM 开发出一台 50 量子比特的量子计算机原型机，并宣布将一个 20 量子比特的量子计算机向公众开放。量子通信的突破将为通信及其他诸多领域带来革命性进步。量子计算是依托量子力学原理的新型计算模式，其计算速度和计算能力将达到前所未有的高度，并推动人类科技水平出现新爆发。

4.2.2 各国围绕信息技术加强构筑竞争优势，网络空间安全成为重大战略问题

世界各国加快新一代信息技术顶层设计和战略部署，力图抢夺未来发展先机。2016 ~ 2018 年，美国接连发布了《国家人工智能研究与发展策略规划》、《人工智能、自动化与经济报告》、《机械智能国家战略报告》、“国家机器人计划 2.0”、《政府技术现代化法案》等多项政策文件，提出了在先进机器人、人工智能等领域的重点发展方向。欧盟积极推动电子信息工程科技领域创新发展“地平线 2020”（Horizon 2020）、“欧盟共享经济指南”等科研计划集中在欧洲数字议程、产业数字化规划等方面进行布局；继石墨烯和脑科学项目（2013 年）之后，2016 年 3 月欧盟委员会发布《量子宣言》呼吁欧盟成员国发起资助额高达 10 亿欧元的量子旗舰计划，目标是建立极具竞争力的欧洲量子产业；2017 年 9 月德国政府在“信息和通讯技术 2020——为创新而科研”研究计划中安排服务机器人的项目；2017 年 3 月，法国经济部与教研部发布《法国人工智能战略》，旨在把人工智能纳入原有创新战略和举措中，谋划未来发展；2018 年，英国先后推出了《在英国发展人工智能》《下一代移动技术：英国 5G 战略》《英国数字化战略》；2017 年，俄罗斯政府正式批准《数字经济规划》，将人工智能、机器人技术和量子计算列为发展重点；2017 年，日本内阁会议出台《科学技术创新综合战略 2017》，重点论述实现超智能社会 5.0（Society 5.0）的必要举措，今后应对经济社会问题的策略，加强资金改革，构建面向创造创新人才、知识、资金良好循环创新机制和加强科学技术创新的推进功能等五项重点[6]。世界主要国家 / 地区信息技术产业政策，如表 4.2 所示。

表 4.2　世界主要国家 / 地区信息技术产业政策

国家 / 地区	战略部署	重点发展的新一代信息技术方向
美国	“国家机器人计划 2.0”、《国家人工智能研究与发展策略规划》、《国家机器智能国家战略报告》、《政府技术现代化法案》	人工智能、先进机器人、大数据、5G
欧盟	《量子宣言》； 德国：“信息和通讯技术 2020——为创新而科研”； 法国：《法国人工智能战略》； 英国：《在英国发展人工智能》《下一代移动技术：英国 5G 战略》	工业数字化技术、数据基础设施、5G、下一代互联网、量子产业、人工智能、服务机器人
俄罗斯	《数字经济规划》	人工智能、机器人技术、量子计算
日本	《科学技术创新综合战略 2017》	超智能社会、人工智能、物联网、自动驾驶
韩国	第四期科学技术基本计划（2018-2022） 人工智能研发战略	5G、物联网、大数据、新一代通信、人工智能、无人驾驶汽车、无人机、智能医疗、智能城市、虚拟半导体等
印度	新电信法	5G、物联网

网络空间已经成为除海、陆、空、天外的第五空间，网络空间安全问题也已上

升到国家战略层面。信息资源与关键基础设施已经成为国家发展的重要战略资源，由此也带来大量的网络安全问题。全球网络空间安全威胁正在持续扩大、角逐博弈逐渐升级。以美国、日本、英国、俄罗斯等为代表的国家纷纷出台国家网络空间安全战略，不断加大网络安全技术研发投入，发展网络安全软硬实力，将保障国家网络空间安全上升到国家安全与发展的战略高度。2017 年，美国白宫发布的《美国国家安全战略报告》提出了四大支柱战略以确保美国在网络时代的安全；2018 年，美国国土安全部发布新网络安全战略，描绘了美国未来五年在网络空间的路线图，指导了未来五年履行网络安全的职责；欧盟委员会推出加强欧盟网络安全的一揽子计划，提出主要包括加强欧洲网络与信息安全局的职能、建立欧盟范围内的网络安全认证框架、制订如何应对大规模网络安全事件及危机的计划等应对网络攻击的措施；俄罗斯通过《关键信息基础设施安全保障法案》，为俄罗斯联邦关键信息基础设施安全体系的有效运转建立了法律和组织基础；2017 年，日本推出新版的《网络安全战略》，重新评估了日本网络安全面临的形势，提出了新的日本网络安全战略的目标、原则、措施。总体来看，全球网络空间规则的制定刚刚起步，世界主要国家围绕网络空间控制权和主导权的竞争和合作还将持续深化。

4.2.3 新一代信息技术推动产业升级，智能化革命是未来发展关键主题

全球新一代信息技术产业正在经历新的阶段，“云 + 数据 + 智能”的广义数字经济正在浮现。新一代信息技术已经成为世界各国经济增长的重要引擎。2017 年，全球经济继续保持低速增长态势，世界电子信息产品制造业恢复较快的增长速度，是推动全球经济增长的重要力量。如图 4.1 所示，根据《世界电子数据年鉴 2017》（*The Yearbook of World Electronics Data 2017*）测算，2017 年世界电子产品产值达到 17 911.37 亿美元，同比增长 3.68%，销售额达到 17 561.39 亿美元，同比增长 2.00%[①]，与 2014 年相比，产销值恢复较快增速，销售摆脱衰退态势，复苏形势整体向好。过去十年，移动互联网奠定了数字经济的基础，如今数字经济已进入新的阶段。公共云变成基础设施，数据变成生产资料，人工智能变成新的创新引擎，物联网成为互联网智能化技术与实体经济的黏合剂。“云 + 数据 + 智能”的广义数字经济正在浮现，成为新一代信息技术产业的创新引擎。2017 年，全球人工智能创业公司的总融资额突破记录达到 152 亿美元[②]，根据艾瑞咨询统计，2020 年全球人工智能市场规模将达到 1 190 亿美元[③]。2017 年全球云计算市场规模高达 2 510 亿美元[④]，同比增长 25.5%，2018 年、2019 年全球云计算市场规模将保持 12% 左右增速，到 2019 年市场规模将达 3 150 亿美元。据国际数据公司监测统计，2017 年全球数据总量为 21.6

① 资料来源：《世界电子数据年鉴 2017》。

② 资料来源：CBInsights，2017 年中国 AI 创业公司融资总额全球第一，首次超越美国。

③ 资料来源：艾瑞咨询，2020 年全球人工智能市场规模约 1 190 亿元，硬件市场占比 30%。

④ 资料来源：中国经济信息社 . 新一代人工智能发展年度报告，2018。

泽字节，到 2022 年全球大数据核心产业市场规模将达到 800 亿美元。

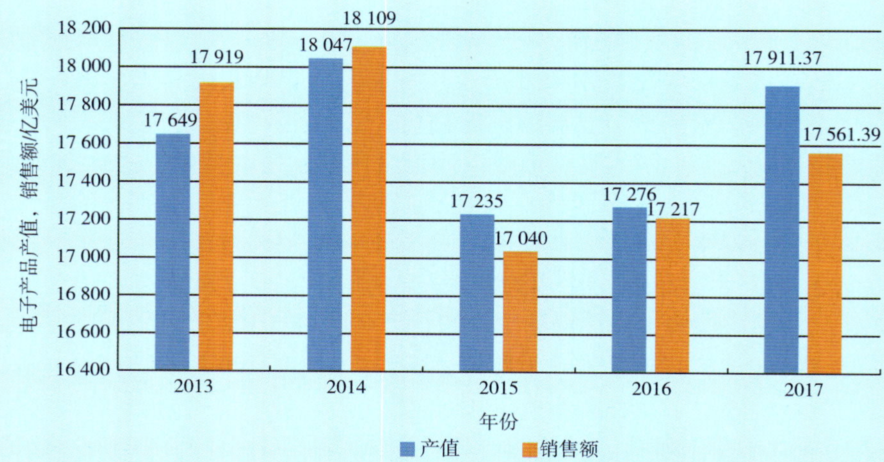

图 4.1　2013 ~ 2017 年世界电子产品产值

资料来源：《世界电子数据年鉴 2017》

智能化产业革命是未来发展关键主题，数据将催生“虚拟 + 物理”融合的世界。未来几年，全球新一代信息技术产业将会有巨大跨界融合，以美国硅谷为代表的原创科技、产品创新的领导者，以亚洲地区为代表的具有增长潜力的消费者，以及以日本、德国为代表在自动化生产、机器人、硬件方面的技术储备者，这三者结合，围绕着实体经济的智能化，会在智能网联汽车、智能家居、智慧医疗、智能机器人方面产生巨大的增量。谷歌、苹果、Facebook 等公司持续并购大量人工智能、智能硬件、应用开发、平台服务等公司。传统设备、软件巨头整合云计算、大数据和物联网资源，全力打造在产业和技术上的竞争优势，抢占人工智能等新一代信息技术发展先机。过去半个世纪，信息技术产业是实现一切数字化的过程，而认知系统、可穿戴设备、3D 打印等全新的信息技术，将会把数字化的物质重新物理化。

4.3　2017 年以来新一代信息技术产业发展最新国内动态及趋势分析

4.3.1　布局完善信息技术产业发展环境，明确战略路径，推进网信军民融合

“十三五”以来，党中央、国务院、相关部委及地方政府继续完善新一代信息技术产业布局。习近平总书记在 2018 年 4 月全国网络安全和信息化工作会议中指出，“推动信息领域核心技术突破，发挥信息化对经济社会发展的引领作用”[①]。针对信息

① www.gov.cn/xinwen/2018-04/21/content_5284783.htm。

技术热点领域，国务院、相关部委出台《国务院关于印发新一代人工智能发展规划的通知》《国务院关于深化“互联网 + 先进制造业”发展工业互联网的指导意见》《国务院办公厅关于促进“互联网 + 医疗健康”发展的意见》《信息产业发展指南》《云计算发展三年行动计划（2017-2019 年）》《大数据产业发展规划（2016-2020 年）》《扩大和升级信息消费三年行动计划（2018-2020 年）》《工业和信息化部关于印发〈推动企业上云实施指南（2018-2020 年）〉的通知》等系列政策措施。科技部批准建设自动驾驶、城市大脑、医疗影像、智能语音四个国家级人工智能开放创新平台。以京津冀、长三角、珠三角为引领的地方政府依据区域特色部署相关政策和行动。总体来看，我国信息技术已经形成从顶层规划到落地实施、从全局到专项、从中央到地方政府的创新政策环境体系。国家发布的电子信息领域相关政策文件，如表 4.3 所示。

表 4.3　国家发布的电子信息领域相关政策文件

文件名称	发布机构	发布时间
《国务院办公厅关于印发“互联网 + 政务服务”技术体系建设指南的通知》	国务院办公厅	2017 年 1 月
《中共中央办公厅 国务院办公厅印发〈关于促进移动互联网健康有序发展的意见〉》	中共中央办公厅 国务院办公厅	2017 年 1 月
《国务院关于“十三五”国家政务信息化工程建设规划的批复》	国务院	2017 年 7 月
《国务院关于印发新一代人工智能发展规划的通知》	国务院	2017 年 7 月
《国务院关于进一步扩大和升级信息消费持续释放内需潜力的指导意见》	国务院	2017 年 8 月
《中共中央办公厅 国务院办公厅印发〈推进互联网协议第六版（IPv6）规模部署行动计划〉》	中共中央办公厅 国务院办公厅	2017 年 11 月
国务院关于深化“互联网 + 先进制造业”发展工业互联网的指导意见	国务院	2017 年 11 月
《国务院办公厅关于创建“中国制造 2025”国家级示范区的通知》	国务院办公厅	2017 年 11 月
《国务院办公厅关于推进农业高新技术产业示范区建设发展的指导意见》	国务院办公厅	2018 年 1 月
《国务院关于全面加强基础科学研究的若干意见》	国务院	2018 年 1 月
《国务院办公厅关于促进“互联网 + 医疗健康”发展的意见》	国务院办公厅	2018 年 4 月
《国务院关于进一步扩大和升级信息消费持续释放内需潜力的指导意见》	国务院	2018 年 8 月

明确战略路径，推进网信军民融合。2018 年 4 月在全国网络安全和信息化工作会议上，习近平指出，“网信军民融合是军民融合的重点领域和前沿领域，也是军民融合最具活力和潜力的领域”[①]。2017 年国务院办公厅发布《国务院办公厅关于

① www.gov.cn/xinwen/2018-04/21/content_5284783.htm。

推动国防科技工业军民融合深度发展的意见》（国办发〔2017〕91号）将网络空间建设等作为军民融合支撑重点领域，从顶层设计上推进网信军民融合的发展。新一代信息技术代表着新的生产力和新的发展方向，许多技术和产品军民通用性强。网信军民融合既能为我国经济发展注入强劲动力，也能为军队信息化建设提供强大支撑。我国网信军民融合还处于初步融合向深度融合发展阶段，思想观念需要更新，顶层统筹统管体制还需要健全，政策法规和运行机制还有待完善，工作执行力度需进一步加大。

4.3.2 新一代信息技术产业发展势头强劲，地区集聚趋势明显

2017年我国信息产业规模保持平稳快速增长，全年销售收入达到19.3万亿元，同比增长13.7%，规模以上电子信息制造业同比增长13.8%，电子信息制造业加速转型升级，软件和信息技术服务业继续呈现稳中向好运行态势，收入和效益同步加快增长，2017年完成收入5.5万亿元，同比增长12.2%①。其中手机、集成电路、液晶显示板等重点产品出口金额增速大幅提升，电子信息制造业整体收入保持双位数增长。与此同时，我国庞大的内需带动电子信息制造业规模不断扩张。2017年，我国手机出货量约占全球总出货量的27.2%②，PC（personal computer，即个人计算机）和平板出货量约占全球19.5%，通信设备市场规模约占全球总规模的14%，图4.2为2013～2017年我国电子信息产业收入及增速。

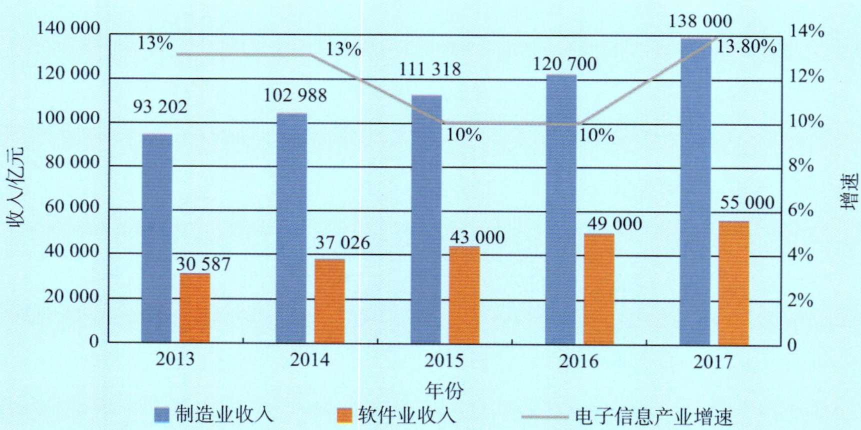

图4.2　2013～2017年我国电子信息产业收入及增速

资料来源：工业和信息化部统计数据，2018

产业集聚效应明显，地区特色突出。中国新一代信息技术产业地方优势得到充分发挥，区域间产业发展呈现互补互强的态势。北京科研资源和企业集聚，基本形成信

① 资料来源：工业和信息化部统计数据，2018。

② 资料来源：智研咨询.2017年我国智能手机出货量及发展趋势分析，2018。

息产业高端价值链发展格局，北京主打高端软件和信息技术服务业；长三角地区，已经在集成电路、新型平板、量子通信、云计算、电子商务、新型显示等多个领域形成特色产业集聚区；珠三角地区则有效聚集了工业机器人、无人机、新型平板显示、卫星通信、智能医疗等新兴产业；中部地区的武汉重点打造光通信、新一代存储等产业；陕西开展集成电路工艺线建设；贵州重点突破云计算和大数据领域；东北地区在机器人和软件等领域取得重大进展。这些都促进了中国新一代信息技术产业集聚发展。

4.3.3　新一代信息技术自主创新能力增强，驱动中国产业结构升级

中国新一代信息技术产业正处于从跟踪、模仿发达国家，到以创新驱动为引领、实现并跑甚至是领跑的战略转型关键时期。从硬件技术提升、应用平台搭建到信息产业生态群在国家政策的大力支持下，中国信息企业的自主创新能力得到大大增强，逐步摆脱了引进和模仿国外先进技术的状态，在某些领域实现赶超并取得了国际领先地位。华为联合德国电信推出全球首个5G商用网络；中芯国际14纳米FinFET技术研发已进入客户导入阶段；京东方6代柔性OLED（organic light-emitting diode，即有机发光二极管）面板产线正式量产，这是中国首条、全球第二条量产的6代柔性OLED面板线，打破了韩国企业在柔性OLED面板市场的垄断格局。全国科技创新大会上，超级计算、量子通信等尖端领域创新成果纷纷呈现；华为公司主推的Polar Code方案击败了美国和法国的竞争对手，成为5G控制信道eMBB（enhance mobile broadband，即增强移动宽带）场景编码方案；此外，我国在SoC芯片（system-on-a-chip）、VR、智能家居、3D打印等领域也取得了突破性进展。

新一代信息技术具有创新活跃、渗透性强、带动作用大等特点，当前已成为我国第一、二、三产业融合发展的平台和枢纽。在制造方面，我国智能制造技术、产业、应用等已取得了一些成果。新技术的发展极大带动了智能及智能互联产品、智能装备、智能使能工具/平台、智能制造系统及运营中心等诸多产业出现了革新，推动制造业发展步入新阶段。在智能网联汽车行业，不少国内汽车企业提出了自己的智能汽车发展路线图。在智能装备方面，随着工业机器人技术和工艺的日趋成熟、成本的快速下降，以及人工智能技术的快速发展，人机共融将成为工业机器人下一个要攀登的高峰，也是实现产业跃升的新兴增长点。同时，工业互联网平台发展热度和速度极高，涌现出中国航天科工集团有限公司的INDICS平台、树根互联的根云平台、海尔的COSMOPlat平台、和利时的HiaCloud平台、用友的iUAP平台和华为的OceanConnect物联网平台等一批智能制造平台。在服务消费领域，平台经济、分享经济、体验经济发展迅速。2016年我国共享经济市场交易额高达3.5万亿元，有6亿人参与[①]。互联网公司向线下扩张寻求新的流量和入口，如阿里巴巴在零售领域积极寻求线上线下融合的新模式，并与苏宁、华联集团等线下零售公司合作尝试各种新零售模式。

① 资料来源：国家信息中心，中国分享经济发展报告2017，2018。

4.4 新一代信息技术产业发展存在的问题

4.4.1 核心技术受制于人，产业发展瓶颈难以突破

尽管我国在信息领域核心技术和设备取得了一些突破，但核心技术受制于人仍然是最大的隐患。如图 4.3 所示，根据海关总署统计，2017 年我国集成电路进口量为 3 770 亿块，与 2016 年同期相比增长 10.1%，进口额高达 2 601.4 亿美元，同 2016 年相比增长 14.6%[①]。集成电路 14 纳米先导技术研发方面取得突破，但是依然落后国外先进水平两代以上；EDA（electronics design automation，即电子设计自动化）软件是芯片设计环节不可缺少的工具，目前几乎完全依赖外国；如表 4.4 所示，用于 100G 光模块的 25G 以上速率光电芯片，用于相干光通信的可调谐激光器、MZ 调制器和 DSP（digital signal processing，即数字信号处理）芯片，以及用于全光网 RODAM 设备的 WSS 芯片等，除光迅、华为、海信可以提供少量器件外，其余基本上完全依赖进口。高端光通信器件几乎完全由美日厂商主导，超过 60% 的防火墙、加密机及通信骨干网络设备中 70% ～ 80% 的网络设备都来自进口，进口网络设备几乎涵盖了信息化应用的各个环节。由于在操作系统、专用芯片、大型应用软件，以及其他高端技术和服务等方面仍然依赖进口或专利，我国的基础信息网络和重要信息系统很难做到安全可控。移动终端领域操作系统被 Android 和 IOS 垄断，工业控制（实时）领域基本上被 VxWorks 垄断；2018 年 3 月起美国对华发起贸易战，新一代信息技术产业是受影响的重要领域之一。只要核心技术受制于人、信息产业大而不强，缺乏安全可控的产业生态支撑，我国的网络安全乃至国家安全就存在潜在风险和深层次隐患。

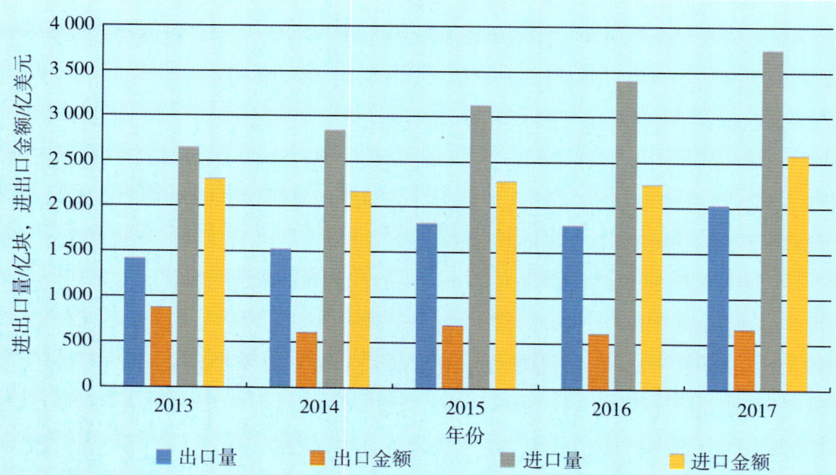

图 4.3 2013 ～ 2017 年中国集成电路产品出口量（出口金额）及进口量（进口金额）

资料来源：中商产业研究院 . 2017-2022 年中国集成电路产业发展前景与投资机会分析报告，2018

① 资料来源：中商产业研究院 . 2017-2022 年中国集成电路产业发展前景与投资机会分析报告，2018。

表 4.4　光通信器件国产化率及国内外供应商

类型	国产化率	国内供应商	国外供应商
25G 激光器	0	光迅、海信、旭创等	Frisar、Lumentum、ACI、Avago、NeoPhotonics、MACCM、Kaiam
25G 探测器	0～3%	光迅	Frisar、Lumentum、ACI、Avago、NeoPhotonics、Kaiam、MACCM
可调窄带宽激光器	0	—	Frisar、Lumentum、NeoPhotonics、Acacia
MZ 调制器	0	—	Frisar、Lumentum、NeoPhotonics、Acacia
相干 DSP	0	—	Acacia、Inphi、Ciena
相干接收器	0	华为、光迅等	Frisar、Lumentum、NeoPhotonics、Acacia
WSS 芯片	0	光迅、博创等	Frisar、Lumentum、NeoPhotonics

4.4.2　信息安全环境需要进一步加强

我国对网络安全立法工作一直十分重视，近年来《中华人民共和国网络安全法》《网络交易服务管理办法》《中华人民共和国电子商务法（草案三次审议稿）》《中华人民共和国密码法（草案征求意见稿）》等信息化相关法律、法规、规章等规范性文件陆续出台，涉及网络与信息系统安全、信息内容安全、信息安全系统与产品、电子商务、保密及密码管理等多个领域，为互联网健康发展提供了保障，这表明我国信息安全立法正处于提速阶段，但总体来看，我国信息化法治仍然处于被动适应的状态。一是信息化法律框架仍不完善，还未能建立全面涵盖网络基础设施、服务方、用户等对象的法律法规体系。二是网络基础设施和用户权利的保护，以及网络信息服务和管理等方面的规范性文件立法进程未能及时跟进。三是执法能力不强，部门信息共享与执法合作需进一步加强，执法手段需要进行创新，执法主体、执法权限、执法标准需进一步明确。信息化法治建设，需要与国家信息化发展同步进行。

4.4.3　知识产权保护领域亟待完善

新一代信息技术产业作为知识密集、技术密集型产业，对知识产权保护需求特别迫切。我国的知识产权保护相比发达国家起步较晚，虽然借鉴了各国基本完善的法律知识和法律体系的经验，并逐步建立了知识产权法律体系保护制度，但是因基础薄弱、发展不充分，目前仍存在着诸多问题。一是我国信息产业知识管理跟不上发达国家潮流，随着经济全球化发展，我国信息技术企业发展面临着严峻的知识产权考验。近年来接连发生微信因涉嫌侵权在美国被诉、小米手机在印度因专利起纠纷、美国公司在南京状告索尼中国专利侵权等一连串知识产权纠纷事件。美国挑起贸易战就是以“中国侵犯美国知识产权”为由。二是我国自身知识产权保护观念落后，知识产权保护意识淡薄。知识产权的概念在公众中仍是一个比较陌生的名词，企业经营者对信息知识产权重视不够，不尊重他人的知识产权，经常因侵犯他人知识产权陷入纠纷；许多企业也不重视自身知识产权，以致创新成果被他人抢先申请专利，造成经济损失。大部分企事业单位的知识产权管理制度不健全，企业运用知识产权战略的层次较低。三是知识产权法律体系存在局部缺失，执法水平不高，并且存在一定的地方保护。

4.4.4 科研管理体制亟须改革

我国政府对科研经费的投入大幅度增加，但科研管理体制和管理模式转变的步伐相对滞后，多头管理为特征的管理体制已成为制约科研高速、高水平发展的重要因素。我国当前还未形成统一管理的科研体系，国家发展改革委、工业和信息化部、科技部及中共中央网络安全和信息化委员会办公室等中央部委均参与国家信息技术产业体系管理。各自为政、科技资源“碎片化”现象严峻，在资源配置方面造成了条块分割、效率低下和重复浪费等现象。

4.5 新一代信息技术产业发展典型案例研究

4.5.1 人工智能

1. 全球人工智能发展现状

当前世界各国对人工智能均十分重视，并且注重人工智能技术创新和战略的布局，各国为提升国际竞争力，试图在这场人工智能角逐战场上占领制高点。人工智能的广阔应用前景是对资本的最大吸引力，全球人工智能融资额持续增长，CB Insights、Venture Scanner、Statista、麦肯锡、PitchBook的报告分别显示2017年全球人工智能融资约为152亿美元、70亿美元、70亿～90亿美元、90亿～135亿美元、108亿美元，较2016年增速分别为144%、94%、62%、50%、89%①。人工智能产业核心技术掌握在互联网科技巨头企业手里，因而，引领人工智能产业发展的技术竞赛主要是各巨头之间的角力。当前，全球互联网科技巨头均投入越来越多资源以抢占人工智能市场，甚至整体转型为人工智能驱动的公司。人工智能一直是谷歌的超前研究项目，根据一份报告，当前，谷歌的智能助手已相当于人类6岁的智力水平；微软很早就在研发人工智能产品，并在2018年成立云计算与人工智能部门，微软以云服务＋人工智能搭建生态，并将其广泛应用于互联网服务等行业；亚马孙作为全球最大的公有云服务商，拥有着海量的数据资源，可以为人工智能技术的落地

① 资料来源：前瞻产业研究院.2018-2023年中国人工智能行业市场前瞻与投资战略规划分析报告，2018。

提供丰富的应用场景。

2. 中国人工智能发展现状

政策加速推动，企业积极布局。意识到人工智能对于经济、产业的巨大推动作用后，我国政府近几年也在持续关注人工智能发展，并陆续出台了一系列政策支持人工智能的发展。在《国务院关于积极推进“互联网+”行动的指导意见》《“十三五”规划纲要》等重要政策文件中，人工智能都被作为重点发展方向。2017年我国人工智能市场规模达到216.9亿元，同比2016年增长52.8%①。我国人工智能市场规模在未来3～5年将保持持续增长的态势。首先，智能语音技术已经趋于成熟，尤其是在深度学习、高性能计算和大数据迅猛发展的助推下，各大人工智能企业已经开始了商业化的应用。其次，智能车载、智能家居、智能可穿戴产品相关技术和应用实践已由探索期过渡到高速发展期。目前我国是全世界汽车产销量最大的市场，结合我国实际的汽车产销情况，不难预测，智能车载在未来的汽车市场中将快速增长。我国车联网步伐加快，随着汽车消费群体的年轻化及联合车载设备和产品服务的完善化，语音控制车载系统的应用将十分普遍，金准数据研究中心的专家预测，到2022年车载设备渗透率将超过50%②。此外，在智能家居领域，随着人们对于语音操控交互带来的高效便捷的肯定，智能家电的渗透率将得到飞速发展。

3. 典型案例

Alphabet：进行人工智能全产业链布局。谷歌创办一家名为Alphabet的“伞形公司”（Umbrella Company），将主要的互联网服务业务划归Google旗下，其他业务划归Alphabet旗下成立独立子公司。作为全球市值第三大的科技公司，Alphabet扮演着引领科技创新的角色，在以“云+AI”为驱动核心的新一轮科技浪潮中，公司战略由“mobile first”转向“AI first”，并首次提出“AI+软件+硬件”的三位一体战略，持续的高研发投入成为谷歌能够保持竞争优势的撒手锏。谷歌发展人工智能的途径：一是从互联网、移动互联网等传统业务延伸到智能家居、自动驾驶、机器人等领域，覆盖更多的应用场景以积累更多数据信息；二是积累底层人工智能技术，研发更高级的算法，增强图形识别和语音识别能力，对信息进行更深层的加工、处理。谷歌试图将人工智能渗透到旗下各产品，为用户带来更多的使用场景及更智能化的功能[7]。当前，谷歌的人工智能生态业务已经全面建立包括TPU（tensor processing unit，即高性能处理器）、基于TPU的云服务，以及用于数值计算的开源软件库TensorFlow。Alphabet的人工智能应用在Google搜索、YouTube广告推送、Google地图、Google音箱等几乎所有产品里都有所体现；Google无人驾驶由

① 资料来源：2017年中国人工智能产业数据报告，2018。

② 资料来源：金准数据——2017年中国人工智能行业分析.www.sohu.com/a/146712536_200424，2017-06-07。

Google X 实验室孵化，后来拆分为一家单独的公司即 Waymo。Alphabet 在人工智能领域的布局及高研发投入使其拥有全球最领先的人工智能生态，如表 4.5 所示。

表 4.5　Alphabet 在人工智能领域的布局

Alphabet	简介	产品
Google	网络服务	Android，Chrome，Gmail，Google，Maps，Google Play，Search，YouTube
Google	硬件	Google Home，Pixel 2 phone，Pixelbook Laptop，Nest，TPU
Google	云	Google Cloud
Google X	Google 大脑	Tensorflow，Project Loon，Project Titan
Waymo	无人驾驶业务	Waymo
calico	抗衰老业务	—
verily	生命科学	—
Google fiber	光纤传输	—
Sidewalk labs	智慧城市生活业务	—
Google venture	风险投资	—
Google capital	资本整合	—
Access and Energy	接入及能源服务	—

科大讯飞：基于智能语音业务快速扩展。科大讯飞股份有限公司创建于 1999 年，一直专注于智能语音技术研究。在语音合成、语音识别、机器翻译等领域均达到国际领先水平。2008 年科大讯飞上市，上市之后大力投入人工智能领域，多次获得权威赛事第一名；2016 年之后，科大讯飞基于智能语音的商业模式逐步清晰，公司将拥有自主知识产权的核心技术与具体的行业应用场景结合，在智能汽车、智慧城市、智能家居、智能教育、智能医疗等领域均推出了相应的深度应用。当前，科大讯飞已成为我国唯一以语音技术为产业化方向的“国家 863 计划成果产业化基地”“国家规划布局内重点软件企业”“国家高技术产业化示范工程”，并被原信息产业部确定为中文语音交互技术标准工作组组长单位，牵头制定中文语音技术标准，占据行业制高点。2017 年，科大讯飞实现营业收入 54.6 亿元，同比增长 64.36%，实现净利润 4.3 亿元[①]。

① 科大讯飞：2017 年净利润 4.3 亿元同比下降 11.66%。

4.5.2　大数据

1. 全球发展现状

政策支撑大数据产业发展，基础研发和应用服务并重。战略引领是欧美发达国家发展大数据产业的突出特点，各个国家发展重点各有侧重。美国大数据发展侧重于研发，力争引领全球大数据产业发展。欧盟及其成员国侧重于大数据价值链构建和能力建设，其先后制定了数据价值链战略计划、开放数据战略、释放欧洲云计算服务潜力战略。英国制定了数据能力发展战略规划，力图占据大数据价值链高端，打造产业核心竞争优势。日本、韩国和德国更侧重于大数据的应用和服务，制定了利用大数据技术推进经济社会信息化、智能化的国家大数据产业发展战略。欧美发达国家注重大数据基础技术的研发和服务应用，通过重大项目资助，鼓励政府研究机构和大企业发展大数据核心技术，鼓励大企业迅速开发大数据应用和服务。IBM 公司在加拿大安大略省巴里市兴建智能数据中心，旨在推进节能化数据中心管理方面的研究、为企业提供能使其连续性经营的服务，以及灾备数据服务。同时，大企业还积极通过开源生态系统和社区建设，引领全球大数据技术研发方向，推动技术创新和成果推广。大企业和风险资本高度重视服务和应用方面，推动着大数据应用和服务市场快速成长。例如，谷歌、惠普、IBM、微软、甲骨文、亚马孙等互联网企业很早就开始布局大数据产业网，通过收购或自主研发等方式成为大数据技术的主要研发者及大数据相关的产品和服务的主要提供者。

2. 中国发展现状

互联网巨头引领大数据产业发展，大数据从政策层面一直备受关注。2017 年 12 月 8 日，中共中央政治局就实施国家大数据战略进行了集体学习。工业和信息化部发布的《大数据产业发展规划（2016-2020 年）》提出了大数据发展目标，将酝酿开启万亿级别市场规模，到 2020 年，大数据相关产品和服务业务收入突破 1 万亿元，年均复合增长率（compound annual growth rate，CAGR）保持 30% 左右 [①]；将建设 10 ～ 15 个大数据综合试验区，创建一批大数据产业集聚区。如图 4.4 所示，根据贵阳大数据交易所的统计数据，我国大数据产业市场规模维持高增长，2015 ～ 2020 年年均复合增长率为 53.6%。如图 4.5 所示，从产业结构上，硬件层、应用层与技术层为大数据主要组成。BAT［Baidu（百度）、Alibaba（阿里巴巴）、Tencent（腾讯），即中国三大互联网公司］等国内互联网企业巨头业务布局在各个方向，并拥有大量用户和数据，企业对于这些数据进行采集分析，用于支撑自身的电子商务、定向广告和影视娱乐等传统业务，来获取更多的经济效益。同时，在互联网产业 O2O（online to offline，即线上到线下）的趋势下，互联网企业逐渐延伸到金融、保险、旅游、教育、交通服务等多个领域，这进一步丰富了数据来源，促进了分析技术的发展，扩大了大数据分析在诸多行业的应用。

① 资料来源：工业和信息化部．大数据产业发展规划（2016-2020 年），2016。

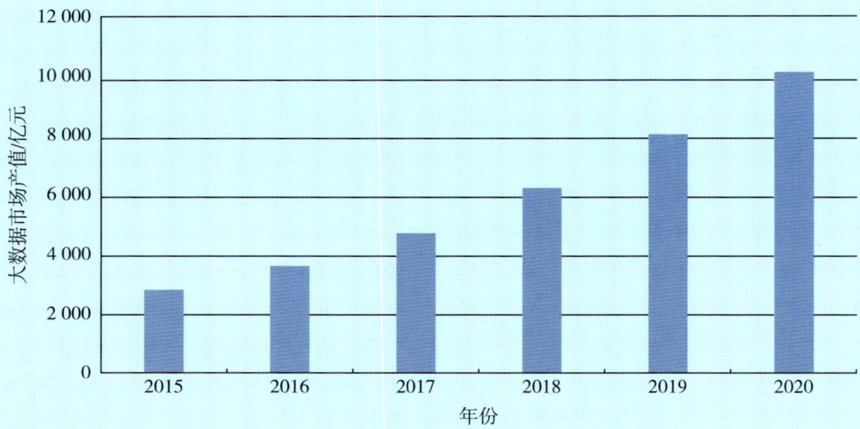

图 4.4　2015 ～ 2020 年中国大数据市场规模

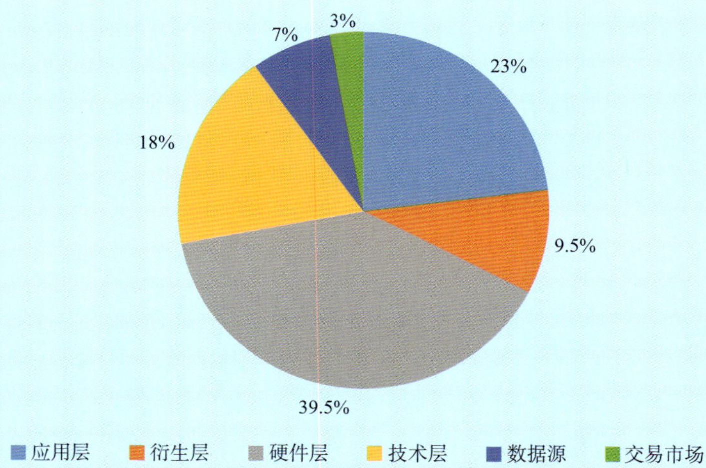

图 4.5　大数据市场占比

3. 典型案例

Palantir：依托政府客户起家，开拓多元市场。Palantir 是一家美国大数据公司，其为美国国防部门、金融机构提供大数据监测和软件分析，主要应用于 FBI（Federal Bureau of Investigation，即美国联邦调查局）、CIA（Central Intelligence Agency，即美国中央情报局）等政府部门国防安保、反恐，以及对冲基金、银行等金融机构开展金融分析业务，同时还涉及医疗、零售、生物科技、自然灾害救援、网络安全等多个领域。2004 ～ 2009 年，Palantir 将客户定位为具有较高影响力的政府机构，深耕政府大数据应用，CIA、FIB、NSA（National Security Agency，即美国国家安全局）等几乎所有的政府部门和情报机关都是 Palantir 的重要客户，其为 CIA 等机构定制软件，并帮助政府分析关键信息。凭借为政府服务的影响力，2010 年，摩根大通等金融企业成为 Palantir 的首批非政府客户。Palantir 帮助多家银行追回纳斯达克前主席麦道夫庞氏骗局的数十亿美元；之后，Palantir 凭借已有的渠道、人才、资金的积累，继续向其他商业领域拓展。公司收入快速增长，在 2015 年末，Palantir 进行了第 11 轮融资，获得 8.8 亿美元，公司估值 200 亿美元。据闻美国的每家情报机构都采用了 Palantir 的技术，其霸主地位也有利于该平台将许多孤立的环境数据汇集到一起统一分析，通过关联建模等方式打造出良性的循环：分析情报、打击目标、将打击中获得的新情报与现有情报一起分析、根据新的分析结果发起下一轮打击，这样的模式也进一步让 Palantir 的盈利更加轻便稳定。

浪潮信息：以大数据平台为基础，提供大数据解决方案。浪潮信息是国内研发实力领先的云计算核心设备和数据中心解决方案供应商。以云计算 IaaS（infrastructure as a service，即基础设施即服务）层核心研发为主线，主营服务器、存储等云计算基础设施的研发、生产和销售。根据 Gartner 发布的市场报告，2017 年浪潮 x86 服务器出货量同比增长 50.12%，销售额同比增长 84.7%，稳居全球市场前三位①。面对数据的爆炸式增长，传统数据处理技术存在诸多问题，浪潮推出云海 Insight 大数据平台，提供了大数据解决方案，见图 4.6。平台提供内存数据库 MemDB、分布式数据仓库 MPP、分布式计算引擎 HD 等多种主流架构数据套件，搭建海量异构数据集成、高效存储、多场景计算和分析挖掘的综合大数据平台，满足多种数据类型（结构化、半结构化、非结构化数据）和多种计算场景（离线、近线、实时）的不同需求，帮助客户满足数据采集、存储、处理及应用开发等服务，实现传统产业数字化、智能化，为传统产业升级提供新动力。

4.5.3　第五代移动通信

1. 全球发展现状

5G 作为未来 5 ～ 10 年最具有商业价值的产业和最具有竞争力的技术，可以为全球带来巨大的商业价值和社会价值。各国积极抢滩布局，目前国际电信联盟（International Telecommunication Union，ITU）已经完成 5G 愿景研究，预计 2020 年将完成标准制定，其中第一阶段将于 2018 年 9 月冻结 R15 标准，第二阶段将于 2020 年 3 月冻结 R16 标准。欧盟计划到 2018 年实现 5G 试点，到 2020 年实现商业化应用，2025 年使 5G 信号覆盖所有城区和铁路、公路沿线。美、日、韩等国家也都在加速部署 5G 方案。美国计划开放 24G 赫兹以上频谱范围中 11G 赫兹频率用于 5G 移动和固定无线宽带服务，并且启动美国国家科学基金会牵头的“先进无线通信研究计划”5G 研发项目，该计划斥资 4 亿美元。日本早在 2014 年就成立了 5G MF 以加强行业学术

① 资料来源：Gartner. 2017 年 x86 服务器市场数据，2018。

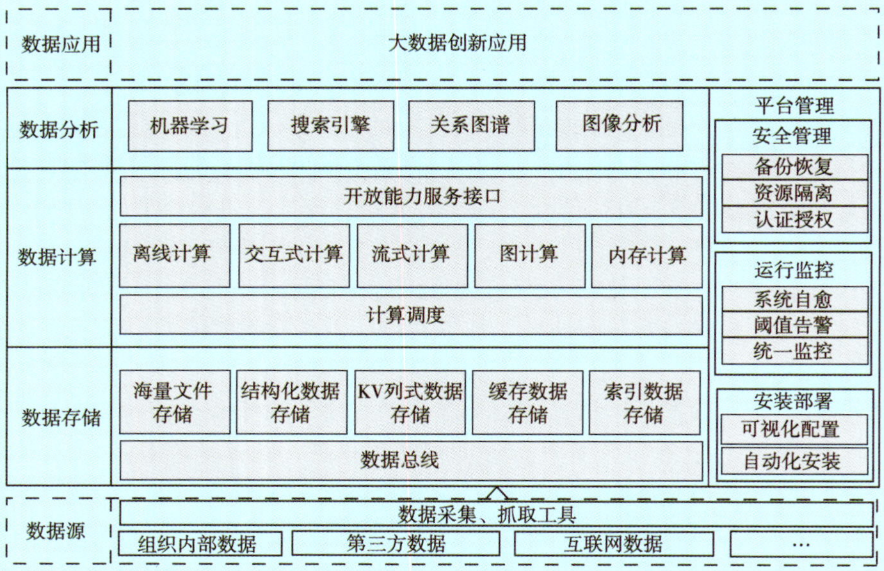

图 4.6　浪潮云海 Insight 大数据平台

界、政府和国际合作，并由政府注入 2 000 万美元预算推进 5G 关键技术研发，之后又计划在 5G 网络基础设施建设方面 7 年内支出约 460 亿美元。韩国计划 2018 年 12 月提供 5G 核心服务的模拟服务，随后 2020 年在全球率先推出 5G 技术商用。综上所述，预期到 2020 年，5G 商业化应用将在全球逐步展开。HIS Markit 咨询报告认为 2035 年 5G 将为全球带来 2 200 万个工作岗位和 12.3 万亿美元的商业产出①。现在 5G 产业趋势已经十分明朗，5G 成为未来移动通信领域的主攻方向和技术创新的试验床已毋庸置疑。

2. 中国5G发展现状

在 5G 领域，中国通过资源整合、重点突破、加快应用，有望实现中国 5G 引领全球的目标。2013 年 5 月，中国成立了 IMT-2020（5G）推进组，牵头和组织国内产业界和学术界进行 5G 技术的研究和 5G 产业培育和推动工作。IMT-2020（5G）推进组推进网络发展的总体规划分为三个阶段：第一阶段为 5G 关键技术验证阶段；第二阶段为 5G 技术方案验证阶段；第三阶段为 5G 系统验证阶段，其主要目标为构建 5G 多基站高低频混合组网的应用场景。该研发试验对国内外企业共同开放，目前参加的单位包括中国信息通信研究院、中国移动、中国联通、中国电信、日本都科摩、华为、中兴、大唐、爱立信、三星、诺基亚、上海贝尔、英特尔、高通、展讯、罗德施瓦茨、是德科技、星河亮点等。2015 年，中国新一代宽带无线移动通信网重大专项正式启动 5G 研究，开展技术标准、关键技术及系统的研发。中国重点规划了北

① 资料来源：IHS：到 2035 年中国 5G 总产出近万亿美元，2017。

京、上海、广州、宁波、苏州为全国首批5G试验网建设城市，计划2018年进行大规模测试组网，并于2019年启动5G网络实际建设，2020年有望实现5G网络商用。中国5G试验主要分两步实施：第一步为2016～2018年的5G技术研发试验，其主要目标是支撑5G国际标准研制；第二步为2018～2020年的5G产品研发试验，其目标是基于3GPP标准开展5G预商用测试。

3. 典型案例

英国5G创新网络中心（5GIC）：英国5GIC成立于2015年9月，主要研发下一代移动及无线连接。5GIC建立的宗旨是建立合作关系而非竞争关系，其汇集了全球最先进的知识及主要的行业合作伙伴，一同对全球5G网络进行定义和开发，每个5G研究的参与者都通过遵循统一的标准而受益。5GIC拥有170余名研究人员，并吸引了全球超过7 000万英镑的投资。达沃丰、英国电信、华为、Tefefonics、EE、Ofcom、三星、Aeroflex、AirCom International、Fujitsu等著名企业都是5GIC的重要合作伙伴。5G研发给英国带来了明显的经济发展机会，将使英国位居下一代通信技术研发的前沿。5GIC启动了全球首个5G通信技术测试床，用于5G基础设施关键技术的实地测试和验证；目前已经研发出一种传输速度达到1字节每秒的技术，它最快能达到4G速度的1 000余倍。2017年，米尔布鲁克试验场（Millbrook Providing Ground）配置了5G移动基础设施，成为全球领先的全独立5G试验场，5GIC在试验场支持在加速互联及自动驾驶汽车的验证与研发。

雄安新区：5G创新示范区。雄安新区承载着创新的历史使命，而通信是建设雄安新区的重要一环。三大电信运营商先后支持并落实雄安新区网络基础设施建设，提前部署5G。中国电信成立了“服务河北雄安新区建设工作领导小组”，提前在雄安新区布局5G试验网。中国移动在雄安新区成立了5G试点，上线了千兆光宽带及NB-IOT物联网业务，2018年在雄安新区进行了首次5G自动远程驾驶启动及行驶测试，实现了通过5G网络远程控制20千米以外的车辆完成启动加速、减速、转向等操作，网络时延保持在6毫秒以内。中国联通则在雄安新区容城采用先进的AirScale基站软硬件配置搭建了准5G网络（或者称4.5G）。此外，北京邮电大学将在雄安新区建设互联网研究中心研究5G网络。雄安新区将建立我国5G创新示范区、开展5G商业模式探索、突破5G关键技术、推进国际标准和完善产业链，如基于5G的智能网联汽车、智能医疗、5G支撑的城市级别物联网等，有效推进网络技术与产业应用的紧密结合，服务新区智慧城市建设。在此基础上，构建“感知雄安”、“云上雄安”和“智慧雄安”，打造智慧城市雄安标准，营造产业良性发展的信息运营环境，有效吸引高端产业聚集。

4.5.4 物联网

1. 全球发展现状

物联网作为新一代信息技术的典型代表，在全球范围内呈现加速发展的态势。

智能网联汽车、智能家居等行业对物联网技术的需求推动物联网发展进入万物互联的时代。预计到2020年全球联网设备将达到260亿个，物联网将达到1.9万亿美元的市场规模[①]。长期来看，物联网将为经济发展开辟新空间：一是大大激发智能制造、车联网等行业创新，数字经济增长点将不断涌现；二是产业投资方向，物联网将感知能力融入物理设施，带动高度、安全、泛在、感知的新一代信息基础设施建设。

2. 我国发展现状

我国物联网发展取得了显著成果。根据工业和信息化部披露的信息来看，我国物联网产业规模从2009年的1 700亿元发展到了2015年的7 500亿元，年均复合增长率超过了25%。2016年底，我国移动物联网连接数为1.4亿，其中M2M（machine to machine，即机器到机器）应用的终端数量超过了1亿，占全球总量的31%。根据预测，2020年中国蜂窝M2M连接数有望达到3.36亿，年均复合增长率约为29%，而LPWAN（low-power wide-area network，即低功耗广域网络）技术将另外提供7.3亿连接，这使得全球市场连接总数达到10亿。物联网正在与行业深度融合发展。工业领域，结合“中国制造2025”计划的实施，智能制造试点示范项目加快推进，骨干企业全面进行工业互联网平台建设，工业互联网产业联盟对产学研用协作发挥积极作用，推动物联网向企业研发、制造、管理、服务等业务全流程融合渗透，促进制造业供给结构适应性和灵活性的提升。在农业、物流、能源、医疗等行业领域，物联网在提质增效、转型升级方面的作用日益突出。智慧城市领域，全国由分批试点步入全面建设阶段，在公共安全、城市交通、管网监测等领域物联网应用成为各地建设重点。随着各地加快全域NB-IOT网络建设和数据开放共享，物联网的前端智能感知能力和后端数据融通水平不断提升，物联网开环应用红利逐步释放，为建成以人为本、绿色协调、数据驱动、统筹融合的新型智慧城市提供关键支撑。消费领域，物联网使终端产品智能化趋势加速，初步形成智能穿戴设备、智能服务机器人、智能车载设备等规模化产品体系。

3. 典型案例

Arista：IDC网络解决方案提供商。Arista成立于2004年，由思科前高管Andy Bechtolsheim、David Cheriton、Kenneth Duda共同创立，并于2008年推出自研网络操作系统产品EOS，2014年公司在纽约证券交易所成功上市。公司自成立以来一直致力于为大型数据中心计算及存储环境提供基于软件驱动的网络解决方案，从早期的EOS和交换机产品起步，经过多年的升级和优化，目前在数据中心网络市场，已经形成了系统化、层次化的产品布局体系，并借助Universal Spine网络架构满足了公有云、私有云、传统信息技术等多种场景下的数据中心网络需求，当前主要产品包括网络操作系统EOS、跨云网络管理平台Cloudvision、基于商用芯片的全系列交

① 资料来源：Gartner. 2020年全球市场规模将达1.9万亿美元，2017.

换机产品等。公司当前累计企业客户数量超过 4 900 家，客户主要涵盖云服务提供商、大型互联网公司、金融企业等，累计交付网络端口数超过 1 500 万个，公司在 100G 以上 IDC 交换机市场份额占比全球第一。同时公司与产业链上的 ICT 设备商、信息安全厂商、集成商、云服务提供商等形成了良好的产业生态合作关系。

海康威视：以视频为核心物联网解决方案。海康威视是全球领先的安防监控产品及内容服务提供商，是视频监控数字化、网络化、智能化的重要推动者。海康威视深耕安防行业多年，在技术、产品和解决方案等领域拥有深厚的经验积累，拥有视音频编解码、视频图像处理、视音频数据存储等核心技术，云计算、大数据、深度学习等前瞻技术公司产品及服务已实现视频监控系统所有主要设备的全覆盖。近年来，公司基于其深厚的视频技术积累，逐步将业务延伸到智能家居、工业自动化和汽车电子等行业。2018 年上半年公司智能家居业务实现营收 7.26 亿元，同比增速达 57.84%，营收占比达 3.48%；创新业务实现营收 3.81 亿元，同比增速达 147.20%，营收占比 1.82%。公司以“强大的研发实力是企业持续创新的基本保障”为发展理念，每年研发投入持续保持在销售收入的 7% ～ 9%，拥有超 13 000 人的研发团队，研发投入绝对数在行业内始终名列前茅。2018 年上半年公司研发投入 19.13 亿元，同比增长 31.48%，占营收比重 9.16%。公司拥有自主知识产权（截至 2015 年底）：专利（含专利申请）1 222 项，软件著作权 409 项。

4.6 对策措施及建议

4.6.1 加快新一代信息网络基础设施建设

加快建设高速、移动、安全、泛在的新一代网络基础设施，加强 5G 技术的研发、相关标准的制定和产业化布局。逐步推进农村网络覆盖，完善电信普遍服务机制，推进网络提速降费，为社会困难群体运用网络创造条件。大力推进工业企业内外网改造升级，打造低时延、高速率、广覆盖、安全可靠的网络设施，有效提升云计算、大数据发展的网络支撑能力；加快建设云制造和大数据平台，构建“综合平台 + 专业平台”的云制造服务体系，打造全国重要的区域性数据中心；加快新型传感器、图像采集等终端的推广应用，促进工业互联网与无线传感网、物流网等应用网络的连接与集成，提高信息技术与制造业融合发展的网络服务能力。

4.6.2 推进科研管理机制改革

加强科技创新体系建设，加快以信息技术企业为主体，以市场为导向，产学研相结合的服务体系建设，建立参与广泛、利益共享、风险共担的产学研联合创新机制，形成以市场为导向、企业为主体、政府作推动、产学研紧密结合、服务平台有力支撑的科技创新体系。依托信息技术骨干企业，围绕集成电路、深度学习、5G 等关键核心技术的研发和成果转化，支持建设若干具有世界先进水平的工程化平台，发展出一批企业主导、产学研用紧密结合的产业技术创新联盟，支持联盟成员构建专利池、制定技术标准等。进一步加强财税政策的引导，激励企业增加研发投入。重点建设特色产业基地，优化建设共性技术服务平台，试点建设高新技术创业园，推动科技创新载体建设；推动创新成果转化力度，推动重大自主创新成果产业化，强化目标导向，加快国内外先进技术向新一代信息技术产业转移和转化。

4.6.3　发挥政府引导作用

加强规划引导，结合“十三五”规划编制，积极研究并出台“新一代信息技术产业专项规划”，明确产业发展目标、思路、重点及产业布局、保障措施等内容，充分发挥规划对新一代信息技术产业的引导和促进作用，保障各区域及产业内部协调发展。制定和完善保障新一代信息技术产业发展的政策、法规和措施，优化、整合政策上的资源，引导资金、人才等发展要素向新一代信息技术产业汇聚，并出台有关税收、知识产权保护等细化的政策措施，为产业发展做好保障和服务工作。创造公平的市场竞争环境，充分发挥市场作用。促进新一代信息技术创业投资的发展，促进金融机构对知识产权质押的融资，优化支持科技发展的金融生态环境。进一步细化相关部门、地方政府的职责分工，强化各部门、各地区的沟通和协调配合，充分调动各地区发展的积极性和主动性。引进民间、国际等资本与力量，为产业发展提供动力。

4.6.4　完善知识产权保护

优化知识产权行政管理，将职能相同或相近的部门整合归并，减少机构重叠、职责交叉。在行政机关和刑事司法机关间建立信息互通制度。通过建立知识产权重大案件的通报制度，积极建设信息共享平台，对案件的最新信息进行公布。加大对知识产权侵权行为的制裁力度。建立完整的知识产权交易体制，实现知识产权价值流通。加强新一代信息技术和产品的专利布局、专利预警、海外维权和争端解决等工作，提升企业依法应对知识产权纠纷的能力。

4.6.5　重视人才队伍建设

在信息化领军人才、特殊人才和人才激励机制方面寻求突破，如建立海外人才特聘制度，建立制度促进技术移民，提高我国吸引全球人才资源的能力；积极开展技能竞赛和创业大赛等活动，利用竞争性机制促进特殊人才的选拔；完善知识产权的收益分配机制，强化对技术能力的股权激励。同时不断提高国内公民的信息技能水平，尤其是通过多种形式为偏远地区和弱势群体提供知识和技能培训。

4.6.6　健全信息安全保障体系

进一步加强网络和信息安全领导小组对我国网络安全统一领导和协调的职责，加强信息安全工作体制机制建设，建立协调有力、分工合理、权责明确的信息安全管理体制，启动信息安全核心产品的安全检查工作。加强国外进口技术和产品，以及新技术、新产品和新业务的漏洞分析工作，提升安全隐患的发现能力、促进漏洞信息共享。加大新一代信息技术核心技术攻关，提高我国对新兴技术的掌控能力，形成拥有自主知识产权的安全产业链条，全面提升新一代信息技术安全风险防护能力。

参考文献

[1] 李国杰 . 新一代信息技术发展新趋势 [N]. 中国信息化周报，2016-05-23，(007B) .

[2] 刘晓红 . 互联网端到端网络性能影响因素的分析与评估 [D]. 北京邮电大学博士学位论文，2007.

[3] 梅宏 . 推进大数据应用，繁荣数字经济发展 [N]. 中国信息化周报，2018-03-19，(007B) .

[4] 邬贺铨：智能汽车的发展与信息技术紧密相关 [EB/OL]. http://www.sohu.com/a/237056382_640189，2018-06-21.

[5] 邬贺铨：5G 将重新定义信息技术的新应用，光纤通信在 5G 时代大有作为 [EB/OL]. http://www.elecfans.com/tongxin/20180622698994.html，2018-06-22.

[6] 王达，高晓巍，詹可容 . 日本科学技术创新综合战略 2017[J]. 今日科苑，2017，(7)：71-75.

[7] 李尊 . 全面布局 AI，IBM、Google 是如何做的？ [EB/OL]. https://www.leiphone.com/news/201611/dstGXsRDFVUpA4vZ.html，2016-11-08.

第 5 章

生物产业篇

谭天伟　陈必强　林海龙　王　萌　王　梦　崔子恒

【内容提要】随着生命科学和生物技术的进步生物产业不断发展，并使得“生物经济”的概念逐渐形成。新的生物技术，如基因组学、代谢组学等新的发现与应用，正在使医药、农业、食品、能源、环境等产业发生重组与融合，进而导致世界经济发生深刻变化。我国作为生物产业大国，其产业规模在 2015 年已超过 3.5 万亿元并以 20% 左右的复合增长率持续增长。此外，世界各国也争相将生物产业作为未来经济的主要增长点之一加以扶持，以期在未来的发展中占得先机。

本章基于生物产业的概念与范畴，在充分分析国内外生物产业的发展动态与趋势的基础上，对生物产业目前存在的问题进行了系统分析，并结合具体案例进行了研究讨论，本着“着眼当下，提前布局”的原则，为我国生物产业的发展提出了相关政策措施及建议。

5.1　生物产业的概念和范畴

生物产业是重要的战略性新兴产业。目前，正处于产业生命周期中迅速成长的阶段，对解决人类健康、资源、环境、农业、工业等关乎人类社会的重大问题将产生深刻影响。生物医药、生物农业日趋成熟，生物制造、生物能源、生物环保快速兴起，全球生物产业 2013 ～ 2017 年产值增速持续保持在 20% 以上。世界许多国家都不约而同地把生物产业作为新的经济增长点来培育，加速抢占“生物经济”制高点[1～5]。

在本章中，生物医药，是指化学药、生物药、中药。生物药具有独特疗效优势，是生物医药产业的未来之星。生物药行业具有高科技、高成长、高附加、高回报的特点。生物药研制成功后，生产成本低，不受资源限制，市场寿命长，产品利润率一般为 30% ～ 70%。因此，从战略层面研判，生物医药产业既是满足国民健康刚性需求的非周期性产业，又是对社会经济可持续发展贡献巨大的战略性新兴产业。

生物医学工程是一个快速发展的领域，包括医疗器械、植介入材料及制品、体外诊断产品等。生物医学工程是生物技术、材料与信息技术深度融合的产业，也是满足我国人民预防、诊断、治疗、手术、急救、康复等医学和个人保健市场需求的产业，成为国际投资热点。生物医学工程领域的科技创新高度活跃，电子、信息、网络、材料、制造、纳米等先进技术的创新成果向生物医学工程与生命健康服务领域的渗透日益加快，创新产品不断涌现。

生物农业，是指利用现代生物技术，围绕动植物品种选育、健康保障、高效营养等全产业链关键环节，开展颠覆性技术突破，研发具有市场竞争力的核心产品，对技术、产品进行集成应用，为农业生产提供技术和物质支撑而形成的新兴产业。生物农业产业分为动植物育种、动植物健康、动植物营养等三大领域，具体包括植物育种、动物育种、生物农药、生物兽药、生物肥料、生物饲料等研究内容。生物农业产业是国家战略性、基础性的核心产业。

生物制造，是指以生物体机能通过大规模物质加工与物质转化，为社会发展提供工业商品的新行业。广义的现代生物制造产业包含两类重点领域：①以可再生的生物质为原材料，以微生物细胞或酶蛋白为催化剂，进行大规模物质加工与物质转化，进而形成消费者、化工工业和能源工业可利用的产品和物质材料，实现生物质原料对化石原料作为工业基础原料路线的替代，又称为生物基产品；②运用生物工艺［包括发酵工程、现代酶工程（以酶蛋白为催化剂）或其他生物催化剂等技术］在各类工业行业中实现绿色生物工艺对传统化学工艺路线的替代，具有低碳循环、绿色清洁等典型特征。

5.2　2017 年以来生物产业发展最新国际动态及趋势分析

1. 生物技术“引领性、突破性、颠覆性”特征日益凸显

生物技术作为 21 世纪最重要的创新技术集群之一，向农业、医学、工业等领域广泛渗透，随着群体性突破及颠覆性技术的不断涌现，生物技术的“引领性、突破性、颠覆性”特征日益凸显。

在引领性方面，生物技术中基因育种等技术引领传统农业向现代农业转变，基

因检测、靶向治疗等技术引领经验医学向精准医学转变，生物酶、发酵等技术引领石化工业向绿色工业转变。

在突破性方面，以干细胞和组织工程为核心的再生医学，将原有疾病治疗模式突破到“制造与再生”的高度。CAR-T（Chimeric Antigen Recepotor T-Cell Immunotheropy，即联合抗原受体 T 细胞免疫疗法）等免疫治疗技术突破了传统的手术及放化疗等肿瘤治疗手段，实现了肿瘤治疗从提高五年生存率到治愈的突破。

在颠覆性方面，以合成生物学为代表的生物技术颠覆了生命发生与进化的自然法则，打破了非生命化学物质和生命物质之间的界限，实现了“创造生命”；以 CO_2 为原料的生产化学品与食品，将颠覆传统的石油炼制模式甚至农业种植模式，开辟工业文明新纪元[6，7]。

2. 生物技术驱动生物经济快速崛起

生物技术将全方位促进医药、农业、能源、制造等重要领域的绿色转型，驱动以生物医药、生物农业、生物能源、生物制造为主的生物经济快速崛起。

生物医药方面，Evaluate Pharma 发布的“Evaluate Pharma World Preview 2017，Outlook to 2022”预计[8]到 2022 年，生物制品产值将达到 3 260 亿美元，占医药市场 30% 的份额。2015 年全球销售额排名前 10 的药品中有 7 种属于生物技术药品。生物农业方面，2016 年，转基因作物的全球种植面积达到史上最高，为 1.851 亿公顷。Markets & Markets 公司出版的最新报告显示，2015 年全球农用生物制剂市场价值约 51 亿美元，预计 2016 ～ 2022 年农用生物制剂市场复合年增长率将达到 12.76%，到 2022 年将达到 113.5 亿美元。生物能源方面，世界生物质能协会（World Bioenergy Association，WBA）预计，2016 ～ 2020 年，全球生物燃料市场的复合年增长率将达到 12.5%，生物质能正在成为推动能源生产消费革命的重要力量。生物制造方面，2016 年美国农业部（United States Department of Agriculture，USDA）发布的报告预计[9]，到 2025 年，生物基化学品将占据 22% 的全球化学品市场，产值将超过 5 000 亿美元 / 年。OECD 报告预测[10]，到 2020 年，生物基材料将替代 10% ～ 20% 的化学材料，精细化学品的生物法制造将替代 30% ～ 60% 的化学法。

生物工业是生物经济发展的重要组成部分。生物技术、工具和手段的迅猛发展推动生物工业不断前行。生物技术创新组织（Biotechnology Innovation Organization，BIO）估计，2014 年工业生物技术、可再生化学品和聚合物、生物燃料、酶和生物基材料的全球经济价值为 3 552.8 亿美元[11]，其中美国产生了 58%的价值，超过 2 050 亿美元。在另一项专门针对生物技术行业的研究中，TEConomy Partners 公司计算显示，每个与生物科学行业直接相关的工作在其他相关行业平均还能创造 3.57 个额外的工作岗位[12]。

合成生物学、基因编辑等前沿技术能够深刻解读生物分子元件的结构与功能，其采用科学的读写方式，编辑以微生物为代表的细胞工厂的遗传信息，通过对生命的精确化设计与人工再造创建全新的、高效的代谢途径，从而实现对生命性状与功能的人工控制，最终获得传统化学合成无法获得的新型高价值化工产品。利用这种方式，既可以实现天然产物的生物合成，又可以完成平台化学品的合成生物制造，还可以达到转化利用 CO_2 的目的，具有巨大的经济效益与社会效益。

以生物炼制技术、细胞工厂与生物合成技术、一碳生物化工技术、人工生物的能量转化利用技术为主的生物工业领域重大技术，在包含生物燃料与能源、生物基材料、生物食品、生物基化学品、生物农用制剂等战略性产品制造中发挥着越来越重要的作用。

3. 世界强国竞相加强生物技术战略布局

2010 年以来，欧美等发达国家及新兴经济体持续加强生物技术战略部署，抢占生物经济战略高地[13～15]。2010 年，德国启动了“2030 年国家生物经济研究战略——通向生物经济之路”科研项目，2011 ～ 2016 年投入 24 亿欧元用于生物经济的研发和应用。2011 年 12 月，英国发布了《英国生命科学战略》。2012 年 2 月，欧盟委员会通过了欧洲生物经济战略，加大与生物经济相关的研发和技术的投资力度，增强生物经济的竞争力。2012 年 4 月，俄罗斯总理普京签署了《俄罗斯联邦至 2020 年生物技术发展综合计划》，投资约 1.18 万亿卢布。同样在 2012 年 4 月，美国也发布了《国家生物经济蓝图》，该蓝图列出了推动生物经济将要采取的措施，以及为实现这一目标正在采取的行动。2012 年 5 月，挪威发布了 2012 ～ 2021 年国家生物技术发展规划，即“BIOTEK21”。2013 年，欧盟和美国先后启动“人脑工程计划”，目的是探索人类大脑工作机制，绘制脑活动全图，最终开发出针对大脑疾病治疗的有效方法。欧盟 2014 年启动“地平线 2020”，将健康、生物经济等纳入战略优先领域。美国 2016 年启动“癌症登月计划”，旨在显著降低癌症的发病率和死亡率，使癌症可预防、可发现、可治愈；同年启动“国家微生物组计划”，提出对微生物组进行全面深入的研究，并将研究成果广泛应用于医疗、食品生产及环境保护等重点领域。美国能源部 2016 年发布《促进可持续的生物经济战略计划》，提出生物能源领域的目标：到 2020 年，完成多个试点和 / 或示范规模的综合生物精炼厂的建设和初期运营，同时建立先进的生物燃料和生物产品开发商业工厂，到 2040 年，实现大规模生物质生产和转换，生物燃料占美国运输燃料市场的 25%。美国能源部还发布了《2016 年十亿吨报告》，预计到 2040 年，每年利用的生物质为 12 亿～ 15 亿吨，平均成本 60 美元 / 吨，其中一半以上的成本低于 84 美元 / 吨。英国 2016 年发布《英国合成生物学战略计划 2016》，提出在 2030 年实现英国合成生物学 100 亿欧元产值，积极抢占合成生物学制高点。

5.3 2017 年以来生物产业发展最新国内动态及趋势分析

总体来看，我国生物产业保持中高速发展，创新水平不断提高，股权投资和兼并重组十分活跃，产品、企业和区域发展结构进一步优化，产业生态环境进一步改善，成为当前经济发展中的“一抹亮色”。据统计，2010 ～ 2016 年国内生物技术产业规模增长至 8 394 亿元，年均复合增长率达到 17.7%，形成了一批具有代表性的专业化高新技术园区、生物医药产业聚集区。未来，以基因测序、合成生物技术、液体活检、细胞免疫治疗、生物大数据、生物仿制药、生物制造等为代表的生物技术将推动新一轮产业变革。

作为战略性新兴产业中规模最大、创新最密集的产业，生物产业继续保持了较快增速，且相较于 2016 年同期增速有所加快。2017 年上半年，生物产业上市公司营业收入达 3 423.7 亿元，同比增长 20.4%，比 2016 年同期增速提升了 3.1 个百分点，比上市公司总体增速高 0.6 个百分点。医药、医疗仪器设备及器械制造业营业收入达 1.6 万亿元，同比增长 12.6%，高于 2016 年同期 2.4 个百分点。科技部社会发展科技司与中国生物技术发展中心发布的《2017 中国生命科学与生物技术发展报告》显示，“十二五”以来，中国生物产业发展迅速，其复合增长率达到 15% 以上，2015 年产业规模超过 3.5 万亿元，到 2020 年有望达到 8 万亿～ 10 万亿元，生物产业增加值占 GDP 的比重将超过 4%。埃克替尼、康柏西普、重组戊型肝炎疫苗等国产创新药物成功上市，一批新专利到期药成功实现了国产化，磁共振、PET-CT 等大型医疗设备，以及人工耳蜗、植入式脑起搏器等高性能植介入产品成功填补了国产空白，基因检测服务能力全球领先，超级稻亩产突破 1 000 千克，生物发酵产业产品总量居世界第一，乙醇汽油已在全国 11 个省区推广使用，北京、上海、天津、广东、江苏、山东、湖北、吉林等一批高水平、有特色的生物产业集群已经形成，《国务院关于改革药品医疗器械审评审批制度的意见》等一系列重要改革措施陆续出台，形成了生物产业加快发展的良好格局。

1. 生物医药

当前，我国生物医药产业作为七大战略性新兴产业之一，正呈爆发式增长，年均复合增长率达到 16%，位列全球第一。2017 年我国医药工业累计实现主营业务收入 29 826 亿元，同比增长 12.2%，增速较上年同期下降 2.3 个百分点；实现利润总额 3 519.7 亿元，同比增长 16.6%，增速较上年同期提高 1 个百分点，显著高于 GDP 和全国工业增加值增速。化学药和中成药成为拉动整个行业快速增长的主要力量。生物药品制造总产值达到 3 311 亿元，同比增长 11.8%[16]。

在新药研发方面，阿帕替尼、西达本胺等抗肿瘤新药成功上市；盐酸埃克替尼是我国首个拥有完全的自主知识产权的小分子靶向抗癌药；我国自主研发的治疗病毒性肝炎的 I 类新药长效干扰素上市，打破国际垄断，大幅度降低医疗成本，具有广泛应用前景。目前为止，世界上已批准临床应用的 45 个小分子靶向药物中有 2 个药物由我国自主研发。在疫苗研发方面，手足口病（EV71 型）疫苗和 Sabin 株脊髓灰质炎灭活疫苗研制成功；重组埃博拉疫苗（rAd5-EBOV）在非洲塞拉利昂开展的Ⅱ期 500 例临床试验取得成功，这是我国疫苗研究首次走出国门后的历史性突破；以流感病毒为模型，发明了通过人工控制病毒复制将病毒直接转化为疫苗的技术，该研究成果被称为是一种革命性或颠覆性的发现，大幅缩短了转化应用的进程。

此外，我国基因检测服务能力在全球已处于领先地位，出口药品已从原料药向技术含量更高的制剂拓展，高端医疗器械核心技术的突破大幅降低了相关产品和服务的价格。

2. 生物农业

农业方面，截至2014年12月底，农业部微生物肥料和食用菌菌种质量监督检验测试中心正式登记的微生物肥料产品达1 216个。当前，我国已形成微生物肥料登记企业1 000余家、产能1 000万吨、产值近200亿元的产业规模，使用的生物肥料优良功能菌种已超过150多个，成为世界之最。饲用酶制剂的年均产值达20亿元；农作物种业市场产值达到650多亿元；畜禽水产养殖量及产量均居世界前列；我国可生产农药品种达500多个；生物饲料产业的市场总值达到每年180亿元，并以年均20%的速度递增。

在农作物品种培育方面，我国超级稻育种技术和转基因植物的研究水平及转化应用已经进入国际先进行列，超级稻创造了百亩连片平均亩产突破千公斤的新纪录。在生物反应器研究方面，我国采用水稻胚乳细胞生产的重组人溶菌酶和人乳铁蛋白进行治疗儿童腹泻制剂的配制；利用奶牛乳腺生物反应器生产重组人乳铁蛋白；以水稻生产植物源重组人血白蛋白等。在纳米农业方面，我国利用纳米材料的小尺寸效应、表面效应等特殊性质，构建具有靶向传输与智能释放功能的农药、兽药、疫苗和饲料等新产品，实现传统农业投入品的提质增效与节量、减排；将农药粒子从传统的5微米降低至100纳米，减少了叶面农药脱落，提高了利用度；利用纳米材料负载农药粒子，根据作物防治的时效特性等需求，通过微囊化技术实现了药物的控制释放等。

3. 生物制造

生物制造方面，生物发酵制品、生物基精细化学品及生物基材料等产品的产值和产量快速增加，现代生物制造超过4 000亿元。除2014年外，近10年来的年均复合增长率都超过两位数，总体产业规模世界第一。

“十二五”期间，中国工业生物技术产业主要产品的产值已经超过5 500亿元，年均增速达到8%以上。2016年，我国发酵行业主要产品产量达到2 629万吨，与2015年相比增长8.3%，扭转了近年来一直低位徘徊的局面。其中，氨基酸实现了快速增长，淀粉糖、酶制剂、酵母、功能发酵制品保持了稳定增长，多元醇行业小幅增长，有机酸行业负增长。2016年主要出口产品的出口量达到408万吨，同比增长18.6%，大大高于2015年3.3%的增幅[17]。此外，我国在绿色生物工艺的应用方面也取得了显著成绩。“十二五”期间，生物技术在发酵、化工、制药、纺织、造纸、饲料等行业的应用实现了污染物产生量减少15%、化学需氧量（chemical oxygen demand，COD）产生量减少约200万吨，排放量减少约20万吨，能耗降低10%以上、节约用水10%以上。其中，生物印染在纺织行业的应用比例已经占到了40%～50%，接近发达国家的水平。生物制浆、生物脱墨在造纸行业中的应用也开始逐步普及，微生物浸矿技术在采矿与勘探行业中的应用也进入了示范项目阶段。燃料替代方面，2016年，中国燃料乙醇产能为271万吨，燃料乙醇消费量为260万吨，乙醇汽油占全国汽油消费总量的1/5。2017年9月，国家发展改革委、国家能源局、财政部等15部委印发了《关于扩大生物燃料乙醇生产和推广使用车用乙醇汽油的实施方案》，提出到2020年，乙醇汽油在全国基本实现全覆盖，届时中国燃料乙醇年利用量将达到1 570万吨。

生物制造相关企业布局已由中小企业为主体转变为大企业、大集团占主导地位的格局，形成了一批跨地区、跨行业且具有较强竞争力的优势企业。产业基地正在成长，区域分布逐渐成形，在山东、江苏、湖南、安徽、浙江、河北、内蒙古、云南等主要生物产业集聚区，生物制造产值超过2 000亿元。同时受原料供应、环境保护和生产成本等因素的影响，生物制造的产业布局由沿海港口等经济发达地区向原料产地转移的趋势愈加明显。

此外，工程菌育种、工业酶分子改造、生物过程控制与优化、生物产品分离等核心技术能力不断取得突破，技术创新活跃，获得专利成果的数量也逐年递增；生物炼制、生物催化等生物制造技术体系不断取得重大创新和产业应用。

5.4 生物产业发展存在的问题

1. 高端人才相对匮乏，自主创新能力薄弱

无论硬实力还是软实力，归根结底都要靠人才实力。我国生物经济领域高端人才引进不够，高水平的原创性科研成果产出难，现以低水平的跟踪和复制为主；人才结构不尽合理，熟悉企业发展和产业开发的人才匮乏，生物经济创新链下段的创新性不足；熟悉国际审批监管法规、知识产权法规的人才不足，这间接影响了我国生物经济产品走入国际市场的步伐。

2. 高端产品依赖进口，关键技术国外垄断

我国生物经济业多数处于产业链的中低端环节，产品附加值低、产能过剩、产品同质化竞争严重、行业利润低；重要医药中间体、手性药物、功能营养食品等生物制造高端产品技术研发方面落后发达国家十年以上，新的原料路线和新型绿色生产技术多被国外垄断；工业及科研用酶、高含能及高分子材料、军事用特殊化学品等重要产品主要依赖国外供应；生物资源共享平台建设与服务实力弱，资源整合能力严重不足。

3. 装备生产水平不足，核心部件依赖国外

我国在生物经济相关领域的装备产业的发展历史短，缺乏工艺、工程、装备一体化的研究体系，自主研发能力弱，自主知识产权的创新装备严重不足，我国的高校、科研院所及企业，进口仪器设备比比皆是，国产仪器设备却凤毛麟角；自主生产的重要装备与基本设施，如高通量筛选系统、自动化生物反应器、智能化分离单元等装置的核心基础部件多使用国外的“大脑”，在安全问题上如同“裸奔”，极端情况下这些装置形同虚设，这直接威胁着我国生物经济相关工业和科研的发展。

4. 政策体系不完善，产业化进程缓慢

我国与生物经济技术和产业发展密切相关的审批、采购、知识产权保护等制度和政策不能适应新时代的创新创业要求，统一的管理机构和对于我国生物经济发展的统筹规划不完善，监管体系革新与快速发展的生物经济不适应，高校及科研院所的科研成果孵化体制不健全，现有财税政策对扶持生物制造产业发展的力度不到位。

5. 产业创新能力不足，对外贸易面临压力

近年来，发达国家贸易保护主义抬头，一些国家或提高准入门槛，或增加监管频率，限制了我国相关产品输入，这导致我国生物产业对外贸易形势比较严峻。面对新形势，我国医药出口结构亟待升级、一些中低端产品产能过剩的问题亟待化解。医疗器械行业也面临同样困境，出口额和出口价格均出现同比下降，国际价格竞争日趋激烈。

5.5　生物产业发展典型案例研究

燃料乙醇案例分析

世界各国高度重视可再生能源发展，燃料乙醇是重点产品[18, 19]，全球燃料乙醇产量2000～2015年年均增长超过12%，2017年产量达到7 900万吨。联合国粮食及农业组织预计2020年全球燃料乙醇年产量将达到1.2亿吨。目前，全球有数十个国家推行燃料乙醇，美国、巴西、中国排在前三位。其中，美国燃料乙醇1981年产量为25万吨，2006年后产量超过巴西成为全球最大燃料乙醇生产国，2017年产量达到4 740万吨。美国98%以上的汽油都含有乙醇（E10），其生物乙醇相关产业创造了71 906个直接就业岗位，285 587个间接和衍生工作岗位，450亿美元GDP，240亿美元家庭收入，60%的工人年收入75 000美元或以上，100亿美元税收收入。美国2015年石油对外依存度降低了7%，达到20%，取代了用于炼制汽油所需的5.4亿桶原油，大于每年美国从沙特阿拉伯和委内瑞拉进口的石油量。2017年，美国使

用乙醇与汽油相比，减排 CO_2 当量温室气体 5 350 万吨，相当于 1 140 万辆汽车整整一年行驶在道路上的温室气体排放量。

2000 年以来，我国已累计生产和消费燃料乙醇 1 980 多万吨。燃料乙醇可消化人畜不能食用的玉米、水稻、小麦等 1 430 多万吨，副产 1 240 多万吨高蛋白饲料。燃料乙醇的生产和消费解决了农民卖粮难的问题，直接就业人口 5 万人，间接惠及 500 万农业人口。调和汽油近 2 亿吨，改善了现有的能源消费结构，间接减少了原油进口 3.2 亿吨，相当于再造了 3 个塔里木油田。累计减排 CO_2 当量 2 520 万吨，减少汽车尾气有害物质排放，替代 MTBE（methyl ter-butyl ether，即甲基叔丁基醚）使用，保护地下水，协助我国在国际气候谈判取得优势中发挥了重要作用。

国家能源局委托第三方对试点推广进行了评估，并指出产业发展十多年来，生物燃料乙醇生产技术基本达到世界先进水平，推广使用成熟可靠、安全可行，试点初期确定的拉动农业、解决人畜不能食用的问题粮食，以及保护环境和替代能源三大战略初见成效，社会、经济、生态效益显著。

综上所述，我国发展燃料乙醇的意义重大，主要体现在：

（1）燃料乙醇有助于保障国家能源安全，改善能源结构。

我国原油 80% 的进口量均依赖跨国船运进行运输，安全度低。

2014 年我国汽油表观消费量已达 1 亿吨。考虑到天然气、电动汽车等新能源汽车保有量增加等因素，未来几年，汽油消费量增速放缓，按年递增 7% 计算，2020 年将消费约 1.5 亿吨汽油。按 10% 比例添加燃料乙醇，生产 E10 乙醇汽油，需要燃料乙醇约 1 500 万吨，产值约 1 500 亿元，减少进口原油约 2 400 万吨，降低石油对外依存度 2% ～ 58.8%。按 15% 比例添加燃料乙醇，生产 E15 乙醇汽油，需要燃料乙醇约 2 250 万吨，产值约 2 250 亿元，减少原油约 3 600 万吨，降低石油对外依存度 3% ～ 57.8%。

（2）燃料乙醇是粮食生产的“推进器”和粮食安全的“调节阀”，是解决“问题粮食”的唯一现实途径。

粮食加工企业是粮食转化的重要渠道。粮食加工企业越发达，粮食消费量越大，粮食市场越活跃，粮食加工企业作为市场主体参与配置资源的能力也越强。相较于对玉米需求较少的淀粉生产及下游发酵，燃料乙醇促进本国农业生产和技术水平得到提高，是玉米加工转化产品中唯一的大规模化产品，因此，燃料乙醇提高了粮食深加工企业的弹性，发展燃料乙醇能够平衡粮食的生产、库存、消费，发挥供需蓄水池功能，促进本国农业生产和技术水平的提高。

鉴于天气等原因，我国粮食储存过程中变质造成的“问题粮食”数量惊人。

我国有毒、有害的人畜不能食用的粮食主要表现在真菌毒素超标和霉变。目前我国每年有 2 000 万吨此类问题粮食需要处置，约占粮食总量的 3%。土壤污染地区生产的“问题粮食”，不仅不能上餐桌，也不能做动物饲料，土壤污染地区农民的利益急需保护。国土资源部 2013 年公布的第二次全国土地调查结果显示，有相当数量耕地受到中、重度污染，大多不宜再耕种。目前我国被镉、铅、汞、砷等污染的土地超过 5 000 万亩（1 亩 =666.667 平方米）。

（3）乙醇是汽油最环保的增氧剂和辛烷值促进剂，是解决辛烷值短缺最有效的方法。

通常汽油增氧剂也具有提升辛烷值的作用，但从毒性、可再生、环保多方面分析，乙醇是最环保的汽油增氧剂和辛烷值改进剂，并在全球范围得到大面积推广。理论上，在汽油中添加 10% ～ 15% 燃料乙醇（体积比），能提高辛烷值 2 ～ 3 个单位。

一方面，炼油厂商由于油品质量升级，汽油牌号降低，辛烷值短缺；另一方面，汽车制造厂要求汽车油耗限制，渴求高牌号、高辛烷值汽油。这个矛盾重要的解决方案，就是大力发展燃料乙醇工业，促进我国油品质量升级。乙醇调和汽油辛烷值更高。在汽油中加入 10% 燃料乙醇（E10），可提高汽油辛烷值 2 个单位以上；在汽油中加入 15% 燃料乙醇（E15），可提高汽油辛烷值 3 个单位以上。燃料乙醇中不含烯烃和芳烃，加入汽油后产生稀释作用从而使乙醇汽油中烯烃和芳烃含量降低。燃料乙醇辛烷值高，与普通汽油相比，达到同牌号汽油可降低汽油中提升辛烷值的芳烃和烯烃含量，从而减少汽车污染物排放，特别是有毒物质（如苯和 1，3- 丁二烯）和 PM2.5 排放。美国汽油中芳烃含量在 28%（体积）左右，我国汽油中芳烃含量在 30% ～ 40%（体积）。

（4）燃料乙醇能有效减少温室气体和 PM2.5 排放。

燃料乙醇源自生物质，CO_2 减排明显，对减少温室气体排放有巨大正面作用。燃料乙醇是环保、可再生、有效、安全的汽油辛烷值促进剂。传统辛烷值促进剂 -MTBE 的生产是炼油厂高能耗的产品。据测算，生产 1 吨 MTBE 的 CO_2 排放当量为 469 千克，是生产 1 吨重整汽油（汽油高辛烷值调和组分）的 1.77 倍。

中粮集团等国内燃料乙醇企业、清华大学、石油化工科学研究院、中国环境科学研究院、中国汽车技术研究中心有限公司联合开展了“推广乙醇汽油对大气 PM2.5 环境效益的研究”工作，初步结论如下：低芳烃乙醇汽油整体排放情况最好，所有污染物排放均减少或持平；低芳烃乙醇汽油的 VOCs（volatile organic compounds，即挥发性有机物）排放整体低于普通汽油；在使用低芳烃乙醇汽油的情况下符合国家第五阶段机动车污染物排放标准的燃料，乙醇是最有效的解决方案；乙醇汽油不会导致燃油经济性问题。

基于此，2017 年 9 月，国家能源局发布了《关于扩大生物燃料乙醇生产和推广使用车用乙醇汽油的实施方案》，该文件提出到 2020 年，在全国范围内推广使用车用乙醇汽油，基本实现全覆盖，市场化运行机制初步建立，先进生物液体燃料创新体系初步构建，纤维素燃料乙醇 5 万吨级装置实现示范运行，生物燃料乙醇产业发展整体达到国际先进水平。到 2025 年，力争纤维素燃料乙醇实现规模化生产，先进生物液体燃料技术、装备和产业整体达到国际领先水平，形成更加完善的市场化运行机制。

5.6 对策措施及建议

1. 加强原料保障

我国生物质资源丰富、潜力大，有效利用生物质变“废”为“宝”，具有重要的环境、经济和社会效益。今后的发展方向是在现有传统生物质原料的基础上，按照“不与粮争地、不与人争粮”的原则，拓展边际土地资源，实现产业与生态的共赢，既有效地增加了农民收入，又减少了温室气体排放。

生物质原料短缺和稳定供给一直是制约农林生物质利用产业健康发展的瓶颈。通过建设农林生物质原料生产基地，培育符合地域特色的品种，建立质与量可控的原料供应体系，形成农林生物质集中收集、储存、运输体系，控制原料成本。

生物质资源分布特征、原料特征，以及市场对生物质产品需求的多样性，决定了生物质的利用需要采取产品多元化和综合利用的发展战略。燃料乙醇、生物柴油、生物燃气（热解气化燃气、生物沼气）等技术需要独立发展，一些具有更高附加值和应用潜力的产品技术，如航空燃油、多元醇也需要发展。另外，需要根据生物质原料各组分的特征，发展转化综合的利用技术。

2. 推进生物产业技术的研发

1）探索新型经费投入模式

紧密结合生物技术特点，在加大国家对生物产业整体资助规模的基础上，进一步探索适合生物产业发展的经费投入新模式。其包括：①探索美国国防高级研究计划局（Defense Advanced Research Projects Agency，DARPA）模式，支持鼓励探索非共识方向、学科交叉融合研究；②探索美国霍华德·休斯医学研究所（The Howard Hughes Medical Institute，HHMI）模式，支持以人为本的原创性、颠覆性创新研究，积极培育生物技术创新动力源泉。

2）优化生物医药领域创新药研发与应用的链接制度

生物医药的转化链条长，从技术产品研发完成到实现大规模临床应用，要经过药品审评审批和新药定价、进入医保目录等特殊环节。在现有政策基础上，应进一步调整完善生物医药转化政策，形成鼓励生物医药创新的政策环境。其包括：①完善药品审评审批制度，如应对重大疫情防控开启应急性绿色审批通道，依托国家临床医学研究中心适度开展零期临床试验等；②加强创新产品研发与医改政策的协调，区分原创新药、原研药、抢仿药等建立多类型新药区别定价机制，推动创新药及时进入医保目录等。

3. 建立强大的研究和创新基地，减少生物技术创新的障碍

为了实现可持续的生物经济，需要在地方、区域、国家和全球层面进一步支持基础和应用研究、技术开发、示范项目、转化研究基础设施创建和培训活动的需求，旨在实现合作知识转移和知识共享。需要支持研究以下问题：回收技术、林业和木材利用、生物质利用和加工、社区参与计划、全球农业系统分析和相关的资源流动、为工业生物技术和生物基产品建立一个协调的研究计划、减少温室气体排放（包括 CO_2）等。

购买、分享知识，以及新公司加入已有集团的高成本会阻碍创新。前一种情况中，知识市场的开放或更多的合作可以降低获取知识的交易成本，并释放出隐藏在企业和机构内的知识。通过扩展经济的规模和范围，以及相关产业集团的行为可以支持创新，但它阻止新企业进入在一定程度上限制了生物技术的转化。政府应查明妨碍生物技术高度竞争和创新的市场发展的因素，调查可能开放市场和促使获得知识的政策行动。后者可能包括支持知识市场和知识共享协作机制，以及鼓励公共研究机构采用支持快速创新的知识产权准则。国家需要完善技术支撑体系，加大相关的知识产权保护和违规处罚的力度，切实保护研发者的权益，以推动国内企业在生物产业领域进行自主研发。

4. 加强创造就业并培养可维持生物产业竞争力的人才队伍

目前，随着生物产业的迅猛发展，该领域的人才培养速度已无法满足生物产业快速发展的需求。因此，应促进该领域人才从学术界到工业界再到学术界的流动性，以及在学术界 / 行业环境、政策、监管与媒体环境之间的流动。

生物经济行业需要具有专业技能、商务技能和个人技能的复合型人才以完成不同的任务和工作，这能够有效促进跨学科工作的开展和利益链伙伴之间的积极合作。理论联系实践，更加注重文化技能和思考力（特别是新兴市场），加强有关生物经济商业模式知识和技能的学习，加强项目管理技能的培养，这些都有助于促进生物技术创新。生物产业是一个发展迅速的行业，考虑到未来的技能要求，该领域始终要求技能和教育的培养要与市场的需求相吻合，促进产业界和学术界及时有效的合作是维持生物经济竞争力的关键。

5. 提高公众对生物经济领域的认知和接受

提升生物经济发展质量，需要通过透明的决策程序来参与各级社会和基于知识交流的有效管理。为了使生物经济概念取得成功，公众的接受是至关重要的，这可以通过以下方式来实现：

（1）向公众和消费者提供关于新型和传统产品与技术的好处、成本和风险的全面的、透明的信息与交流；

（2）通过公共采购政策鼓励生物基产品的推广和开发；

（3）通过跨学科和多部门合作和伙伴关系促进知识交流。

通过与消费者代表的对话和沟通，让消费者意识到并接受生物基产品的益处，有关生物基产品影响的信息，从原料种植到应用的全价值链，以及它们在可持续性方面的益处，这将有助于提高消费者对生物基产品的信心。

6. 加强国际合作交流，促进以生物为基础的研究

生物技术可以为众多全球挑战提供解决方案，如气候变化、医疗、能源供给、粮食安全和清洁水。在一些情况下，这些挑战可以通过国家策略加以应对，但在另一些情况下更大的地区协议或政府间国际合作可能是必要的。生物经济发展的速度得益于更大的全球研究合作。国际合作（至少在主要经济体间）在与生物经济相关的多个领域是十分重要的，如减少温室气体排放，减少抑制新兴生物经济的贸易摩擦，管理濒危生物资源等。签署关于使用生物技术的国际协定来促进合作研究、监管制度和市场激励措施的建立和完善，这很可能是解决很多全球性问题的关键。

7. 创造有利的政策环境

为了维持对有利于生物经济发展的健康环境，与生物经济相关的部门及各项政策之间的持续协调至关重要。这些政策包括研究和创新，工业、农业和农村发展，渔业和海洋与环境，气候变化，能源与贸易，林业，健康和消费者保护等领域的政策。

（1）实施可促进生物经济发展的长期、稳定、透明的政策框架和激励方案。

国家应从市场引导、政府扶持等多方面支持生物产业发展，确保已有的政策法规得到落实执行，注意政策的时效性和适应性，应根据产业发展的现实情况适当扩大政策法规的应用范围。

在原料供应上，实行适度差额补贴；制定国家废弃物收集质量标准与收集补贴标准，物流运输给予免征或减收过路费、过桥费的政策优惠；从农民手里收购秸秆等废弃物原料，因时、因地、限时实行适度差额补贴政策；完善技术和产业服务体系，创造有利的政策环境和实施氛围，使农林生物质资源化利用在国家政策的支持下得到更健康、更大规模的发展。

在产品生产上，减免税收，对利用农林废弃物、城市生活垃圾、畜禽粪便、工业废水、废渣等废弃资源，生产生物运输燃料产品和资源综合利用产品免征增值税；对进入消费市场的免征消费税：对使用可再生原料生产可再生化学品的生物产业，进行财政奖励和税收减免。可再生化学品的定义应该是大于百分之多少的以生物质为原料的产品，财政奖励或减税政策也应适用于以采购可再生化学品来生产聚合物、塑料等产品的企业，或者适用于购买可再生化学聚合物、可再生塑料等产品的企业。另外，财政激励或者税收减免政策还应适用于那些以温室气体排放、能源消耗等为指标进行可再生化学品生产的企业。政府采购能大大增加对生物基产品的需求，几乎所有领域的产品都可以完全或者部分的用可再生原料来制备。同样的，几乎所有的服务也都可以从生物基产品中获益。

（2）完善和加速生物基食品添加剂及功能性食品的准入机制和流程。

目前我国对食品添加剂及保健性食品新产品准入的审批标准透明度较低，审批速度慢，一些新产品的审批过程被长期搁置，延缓了升级产品为消费者所用的时间，也影响了产业创新的进程。例如，通过生物法合成人参苷、冬虫夏草成分、虾青素等珍稀天然动植物营养物质，具有较高的市场价值并能够显著提高消费者福利（成本大幅降低，使得价格可以被普通消费者承受）；采用酶促生物工艺取代纯化学过程生产香精香料等技术已经早有突破，但审批进程缓慢。

建议在“十三五”期间，国家加强重视并完善食品添加剂和保健性食品的鉴定、审批和准入体系，提高标准的规范性和透明性，在保证食品安全的红线上，加速对食品添加剂和保健性食品中生物基产品审批流程，降低其准入门槛。鉴于食品功能化的趋势，建议可以考虑将保健性食品的审批监管纳入食品监管体系（欧盟和美国均将保健品纳入食品监管体系或保健品单列，而非列入医药监管体系）。

（3）建立生物基产品认证制度，通过政府采购和公众宣传等支持生物基产品推广。

欧洲和美国已经先后建立了一套权威专业的生物基产品认证制度，推广“生物基产品标签”，这使得消费者能够了解和认知生物基产品及其在人体健康、环境保护方面的优势。同时，在政府采购时优先支持包括生物基产品在内的环保和新技术产品。

目前，生物基产品在我国还属于新兴概念，公众对其了解较少，对于商家市场宣传中使用的多种环保和绿色等标签缺乏判别能力和信任，还需要具有公信力的权威机构的专业信息给予指导。建议在“十三五”期间，国家建立一套生物基产品认证体系，颁布权威的生物基产品标签，并纳入政府采购支持和公众消费文化引导等支持平台。

（4）改进大型生物产业项目的投融资。

可以创建一个门户网站，列出所有跨国的和国家的与生物产业相关的资助机会和补贴。所有的生物产业资助机会应该以搜索和排序方式出现，如可以按项目起止日期、资助金额、资助百分比、主题、符合条件的行业，符合条件的位置和符合条件的当事人等条件进行搜索和查询。

可以创建一个战略基金，其使命应该是为大型生物产业项目投资提供可持续的贷款和贷款担保。有商业前景的生物产业项目都在积极寻找贷款，其主要障碍来自于投资方和垫资方的风险接受度。可以与其他一些利益相关者建立项目组合，包括向 20 ～ 30 个生物产业项目提供贷款担保或贷款。其中虽然有 25% 的项目可能会失败，但有 75% 的项目可能会成功，而且按照“保险”方法，不到十年内可能会开始几十个新的生物产业项目。以此类推，我国的市场将拥有明确的生物产业项目投资基准和强大的商业可循案例。

参考文献

[1] OECD. The bioeconomy to 2030：designing a policy agenda[R]. 2009.

决策、执行功能的各类制造装备的统称。智能制造装备是先进制造技术、信息技术和智能技术的集成和深度融合。智能制造装备产业的水平已经成为当今衡量一个国家工业化水平的重要标志。本章重点围绕高档数控机床、增材制造装备、等材制造装备及其复合制造装备开展研究。

6.1.3　民生装备产业的概念和范畴

民生装备主要指服务于人们生存与生活、服务社会、应急救援、救护、医疗保障、健康保障、农业与食品安全保障等相关的装备；民生装备产业指制造民生装备的企业的集合。本章重点围绕农业装备、食品装备、纺织装备、医疗器械四个领域开展研究。

6.2　2017年以来高端装备产业发展最新国际动态及趋势分析

6.2.1　2017年以来空天装备产业发展最新国际动态及趋势分析

2017年，世界主要航天国家稳步推进现役军用通信卫星的升级补充，同时以在轨弹性、防护能力牵引下一代体系化变革；高通量卫星系统性能不断增强、应用深度不断拓展，并逐步显现出载荷灵活性的新特征和新需求；新兴低轨通信星座在资本支持下从概念构想迅速转向实质建设，驱动了全球卫星产业链格局和发展模式的整体趋势性演变；欧美卫星制造商积极引入VR、3D打印等智能制造工具与技术，推动卫星研制效率、载荷性能大幅提升。

以美军为代表推进现役系统升级、补充，在轨弹性、防护能力牵引下一代体系化变革。2017年，美军继续推进现役宽带通信卫星星座建设，同时先后发布多份招标合同，邀请空天装备产业界共同深化论证其下一代军用通信能力的发展途径，美国防护分级理念逐步明晰，并引起了欧洲各国的共鸣。

高通量卫星系统性能持续提升、应用深度不断拓展，载荷灵活性需求与特征日益显现。2017年，高通量卫星在全球发射的GEO（geostationary earth orbit，即地球同步轨道）卫星中占比继续增大，在提升服务性价比的同时，也将行业竞争推向新高点；以机载联网等为代表的新兴应用逐步成为高通量系统重要的市场切入点；载荷灵活性则成为制造商和运营商重点关注的新技术趋向。

新兴低轨宽带卫星星座迈入实质建设阶段，推动全球卫星研制与应用服务模式悄然变革。2017年，以“一网”（oneweb）计划为代表，国外新兴低轨宽带通信卫星星座项目加快融资、系统建设、市场准入协调、服务预售合作等各项任务，引发传统卫星制造商、运营商着眼新市场需求开展战略调整与布局，牵动全球通信卫星产业态势悄然演变。

GEO卫星订单下滑驱动白热化竞争，研制技术创新成为全球卫星制造市场竞争的破题之要。GEO卫星市场收入下滑，卫星制造市场竞争格局趋向多元化。积极引入新兴智能制造技术，稳步提升卫星研制交付能力。2017年，国外成功发射的73颗通信卫星中，有45颗（包括40颗“下一代铱星”卫星）由泰雷兹–阿莱尼亚航天公司承制，这些卫星上都采用了3D打印部件，如希腊卫星-3（HellasSat-3）就采用了3D打印的天线喇叭和天线支撑机构。

6.2.2　2017年以来智能制造装备产业发展最新国际动态及趋势分析

当前，智能制造正在全球范围内快速发展，以智能制造为引领的全球制造业竞争格局加剧。美欧发达国家纷纷以振兴制造业作为振兴实体经济，通过发展智能制造来重振制造业，并锁定高端制造领域，谋求塑造新的产业竞争优势。尤其是美国正在实施的减免税等一系列优惠政策降低制造业成本，有效吸引了跨国公司回流和全球制造业投资，使美国制造业优势得到重构。德、英等欧洲发达国家也相继出台了相关优惠政策。发达国家制造业的综合要素成本与中国的差距正在拉小。这不仅对中国高端装备的未来发展构成激烈竞争，而且还将对已经形成优势的产品造成市场空间挤压。

同时，智能制造已成为高端装备制造业重要的发展趋势[1]。据统计，2017年，全球智能制造产值规模达到1万亿美元左右。前瞻产业研究院预估，未来几年全球智能制造行业将保持10%以上的年均复合增长率，预计到2022年全球智能制造的产值将达到1.51万亿美元左右，如图6.1所示。

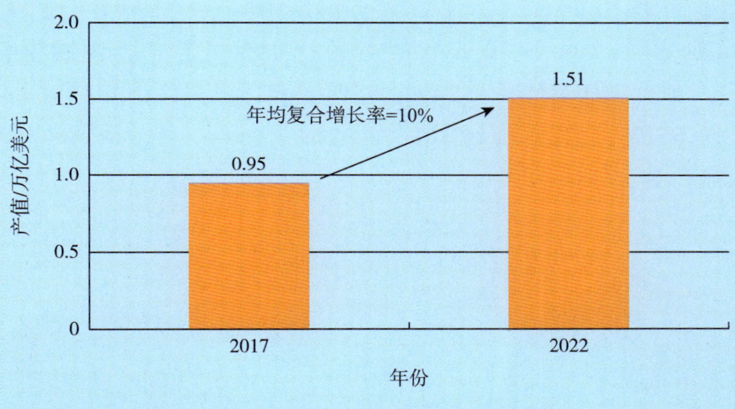

图6.1　全球智能制造产值规模测算

1. 高档数控机床装备

1）传统工业强国继续领跑全球高端数控机床产业

德国、日本、美国、意大利和瑞士等工业发达国家是全球领先的高端机床制造产地，在2016年、2017年依旧保持了强大的技术、规模、品牌优势，为国际机床出口的主力。德国机床制造商协会的数据显示，德国2016年成为机床产品全球出口冠军，出口额为88.48亿美元；2017年出口额达95.36亿美元，自2013年起，已连续5年保住机床出口的龙头位置。在全球最大机床进出口国的世界排名中，中国、德国、日本、美国、意大利、韩国、墨西哥占据前七的位置，如图 6.2 所示。

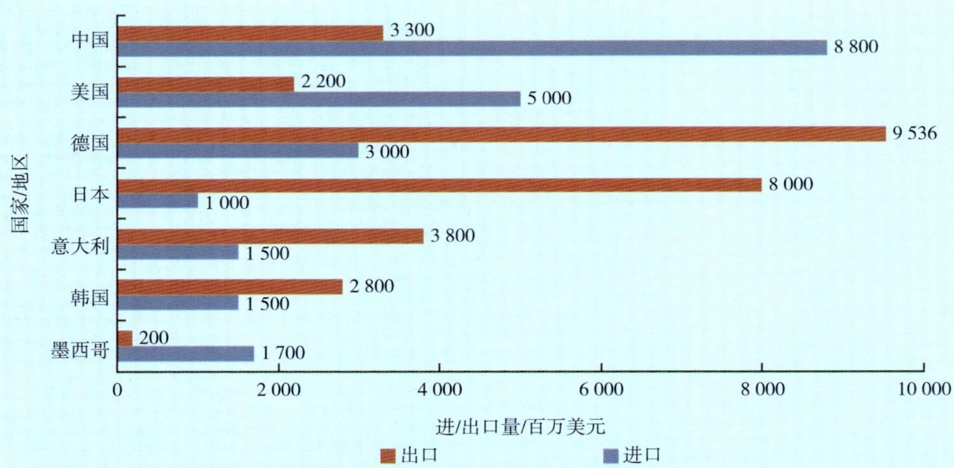

图 6.2　2017 年全球机床产量与进口量排名

根据美国出版社 Gardner Research 的调查《World Machine Tool Survey》，2017 年全球整体机床产量为 873.97 亿美元。如图 6.3 所示，其中，中国为 245.59 亿美元，已连续 10 年居首。日本位居第 2 位，为 133.59 亿美元；德国排名第 3 位，为 128.47 亿美元；意大利居第 4 位，为 60.30 亿美元，已连续 2 年超过 60 亿美元；美国居第 5 位，为 58.56 亿美元，比 2016 年增加约 10%，顺利增长。以上前 5 位国家，即约占全球产量全体的 72%。

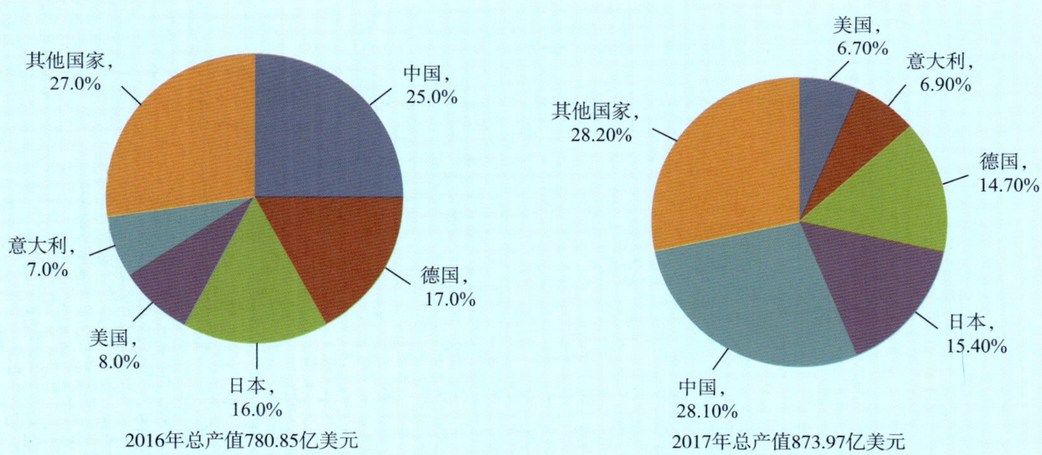

（a）全球前 5 大机床制造国产值与所占比例

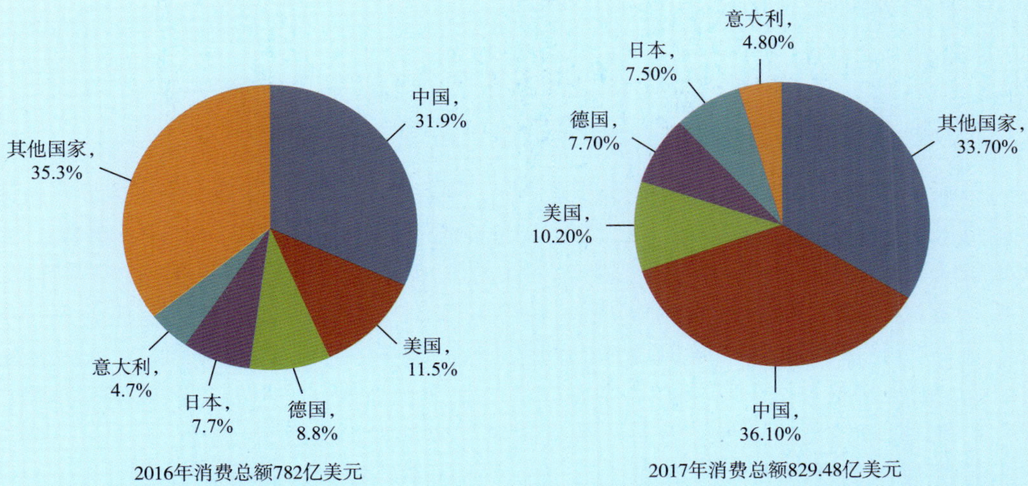

（b）全球前 5 大机床消费国消费总量与所占比例

图 6.3　2016 年全球机床产值与消费额排名

2）中国市场需求继续推动全球高端数控机床产业增长

中国在全球机床市场上，是最大的生产国、消费国和进口国以及第五大的出口国，对高端机床的需求仍然保持高位，2016 年为 251.08 亿美元的消费总量（需求占比 31.9%，全球机床生产消费总额 787.07 亿美元），2017 年为 299.56 亿美元，已连续 16 年居冠，目前成为机床产品的最大消费国（需求占比 36.10%，全球机床生产消费总额 829.82 亿美元）。而且中国仍将保持较高的机床进口量。2017 年中国机床进口额居冠，为 87.40 亿美元，进口额同比增加约 15%。根据日本机床工业协会发布数据，日本 2017 年全年的机床订单额同比增长 31.6%，创下历史新高，其中“中国市场复苏”是订单增长的主因。2018 年 1 ～ 6 月，日本机床订单中，来自中国的订单较上年增长 7.2%，达到 1 828 亿日元，占外需总需求的 3 成。

3）新能源汽车等新兴产业发展推动机床产业加速变革

汽车是机床重要的下游产业，特别是中高档金属切削机床的主要消费市场之一。目前，世界各国纷纷加速新能源汽车的普及和产能布局，这可能将影响整个机床行业未来的发展方向。因为新能源汽车是指采用非常规的车用燃料作为动力来源（或使用常规的车用燃料、采用新型车载动力装置），动力总成发生改变，这将迫使机床行业为适应这种新型汽车的零部件工艺研制新的各类机床、自动化生产线、刀具。以目前情况来看，新能源汽车将是未来发展的大势，而采用电力为动力总成的改变有可能是颠覆性的，金属切削机床和相关刀具、工具行业结构需要进行调整。

另外，随着新技术、新材料、新结构的应用，如增材制造技术的大范围普及应用使得零部件制造对切削工艺的依赖降低，新能源汽车等新兴产业发展将推动数控机床行业继续调整升级，以适应这种变化。

2. 增材制造装备

1）增材制造装备产业规模持续扩张，呈现加速增长态势

目前，增材制造技术已经从研发转向产业化应用。增材制造（3D 打印）技术应用范围进一步扩展，逐渐成为航空航天的主流制造技术。波音、空客、惠普、GE（General Electric Company，即通用电气公司）、西门子股份公司、巴斯夫、拜耳、杜邦、霍尼韦尔、中国航空工业集团、中国航天、中国商用飞机有限责任公司等大型企业跨界介入，加速布局 3D 打印专用材料、装备、服务等产业环节。American Makes、国家增材制造创新中心（中国）等国家平台涌现，增材制造产业基金也纷纷成立。3D 打印飞机、导弹、卫星、载人飞船的零部件，以及发动机、无人机、微卫星由零部件制造走向一体化集成打印，这将在成本、周期、轻量化等方面产生显著效益。全球增材制造产业已基本形成了美、欧等发达国家和地区主导，亚洲国家和地区后起追赶的发展态势。

Wohlers 2018 年报告统计 [2]，2017 年，全球的 3D 打印装备出货 39.6 万台，同比增长 30.1%：HP（7760%）、GE 增材（39%）、EOS（14%）、Monoprice（187%）、Prusa Research（523%）等快速增长，全球增材制造产业产值 73.4 亿美元，同比增长 21%（1988 ～ 2017 年全球增材制造产业年均复合增长率 25.5%），如图 6.4 所示。

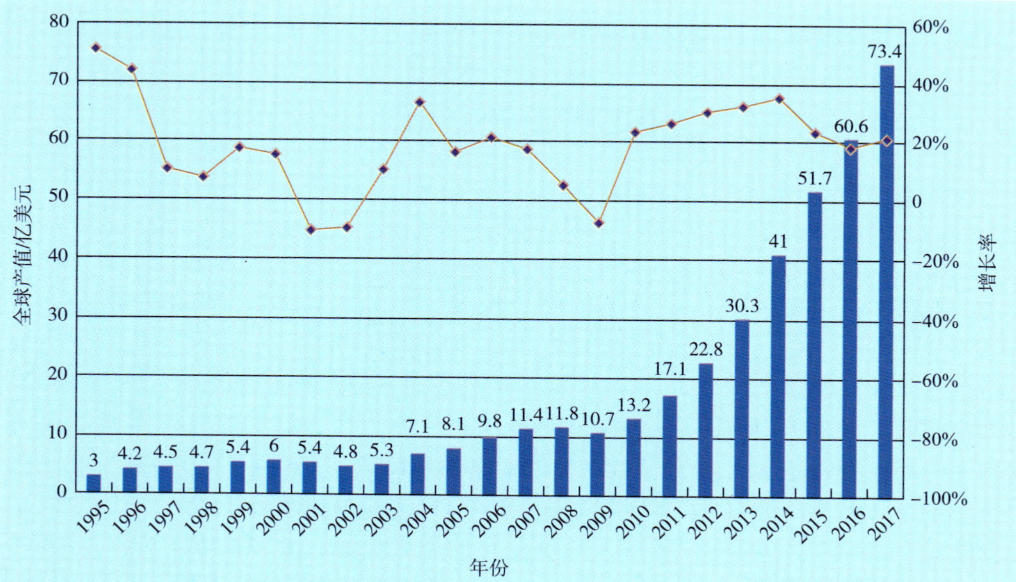

图 6.4　1995 ～ 2017 年全球增材制造产业产值及增速

全球增材制造装备销量稳步增长，金属装备需求激增。2017 年，全球工业级增

材制造装备销量约 14 736 台，同比增长 12.6%，增速较 2016 年提高 8.4 个百分点，销量稳步增长。而金属增材制造装备销量在 2017 年达到 1 768 台，同比增长 79.9%，增速较 2016 年提高了 57.9 个百分点，销售额达 7.21 亿美元，均价 70.79 万美元 / 台，同比下降 25.8%，如图 6.5 所示。据预测未来 10 年，增材制造仍将处于高速增长期。整个增材制造产业规模将持续扩张，呈现加速增长态势。

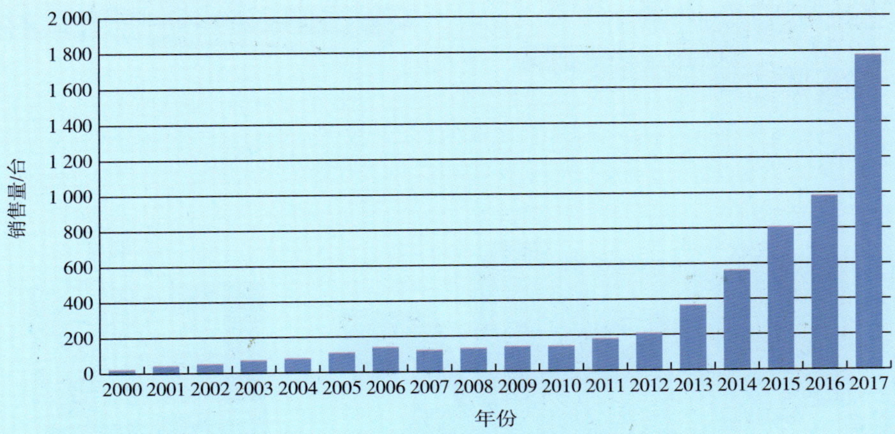

图 6.5　2000 ～ 2017 年全球金属增材制造装备销量

2）复合制造装备市场日趋成熟化，复合形式多样化

集增材制造、数控机床、在线热处理，以及检测等诸多功能为一体的复合制造装备市场日趋成熟。其中，增减材复合制造一体机床被市场看好。高档 CAM（computer aided manufacturing，即计算机辅助制造）软件已开始集成具有增材制造工艺路径规划的编程功能，为推广增减材复合制造装备的应用提供保障。继 DMG MORI 公司推出 LASERTEC 65 3D 和 LASERTEC 4300 3D 型增减材复合制造机床后，有多个公司已推出了商品化的增减材复合制造设备，包括 Hamul 公司的 HYBRID HSTM1000、MAZAK 公司的 INTEGR EXi-400AM、OPTOMEC 公司的 LENS 3D METAL HYBRID、三井精机美国公司（Mitsui Seiki USA）的 Vertex55X-H 等，如图 6.6 所示。这些装备除具备 3D 打印和铣削加工功能外，已逐渐实现了打印过程实时监控等保证制件性能稳定的功能。2018 年国际市场已推出集成 SLM（selective laser melting，即选择性激光熔化）铺粉式、LMD（laser melting deposition，即激光溶化沉积技术）金属沉积增材制造与五轴机床于一体的数控装备，为增减材复合制造开拓了新的方向。

3. 等材制造装备

1）国际产业竞争加剧，国外高端等材装备出口中国政策收紧

中国在成型制造技术装备领域具有一定优势，占据全球成型技术市场份额的 33.4%

LASERTEC 65 3D（DMG MORI）

HYBRID HSTM1000（Hamul）

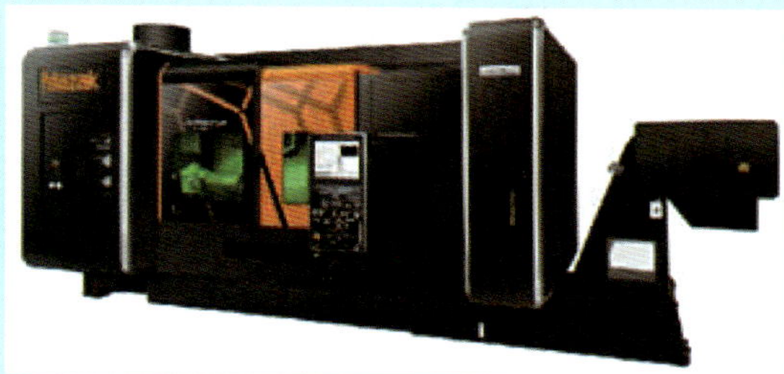

INTEGR EXi-400AM（MAZAK）

LENS 3D METAL HYBRID（OPTOMEC）

图 6.6　国际市场已实现商品化的增减材复合制造机床

（69 亿欧元）。相比之下，位于第二位置的德国的产量总值要远低于中国。国外等材制造装备重点企业主要有德国舒勒、西马克梅尔（SMS Meer），意大利意特佩雷斯，瑞士布勒，日本宇部、东芝等公司。其中，2017 年全球主要压铸机企业市场占有率，如图 6.7 所示。世界压铸机制造业主要分布在中国、日本、瑞士、意大利、德国和美国，六国压铸机产量合计占全球产量的 90% 以上。日本、德国、瑞士的产量占全球 20%，产值却占全球 50%，在欧洲及北美等发达国家占据主导地位。

在当前全球贸易争端愈演愈烈的情况下，西方发达国家先进制造业回流，为了在新一轮产业革命中占据竞争制高点，这些企业研发的新一轮高端制造产品和装备正迅速引领全球市场，西方发达国家一方面禁止高端装备技术出口中国；另一方面在中低端市场对中国制造的产品形成挤压。同时西方发达国家通过国内内部法案，限制中国等企业进行收购，如 2018 年 7 月，德国以国家安全为由，启用外来投资法禁止将旋压机床企业 Leifeld（莱菲尔德）卖给中国。美国正在起草规定阻止中资持股不低于 25% 的企业收购那些涉及“对行业有重大影响技术”的美国企业。

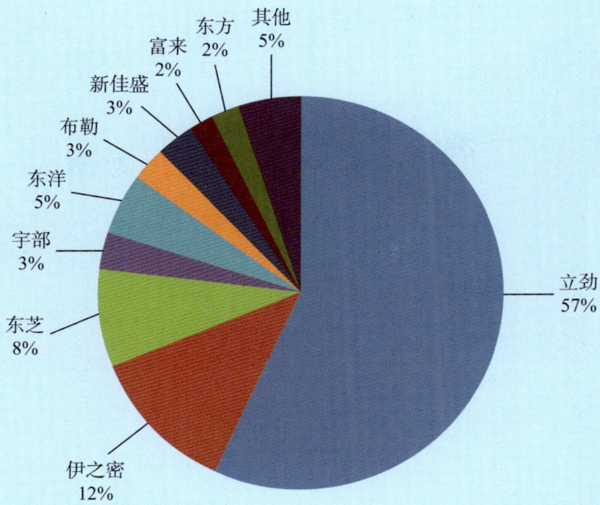

图 6.7 2017 年全球主要压铸机企业市场占有率

2）绿色节能、高速化与高度集成是高端等材制造装备的发展方向

国外等材装备产业的技术趋势是开发超大尺寸复杂构件成形装备和智能化加工装备及生产线。工业发达国家开发和大量使用热模锻压力机、冷锻压力机、温锻压力机和精冲压力机等精密锻压机械设备，其生产的锻件可以达到很高的精度水平，绿色节能，基本实现了近净成形。同时，高速化、高度集成及复合加工工艺的应用愈发普遍，如将模具冲切与激光切割有机地结合起来，工件一次上料即可完成冲孔、冲切、翻边、浅拉伸、切割等多道工序，最大限度地节省了辅助时间，特别适合孔型多而复杂的面板类工件的加工及多品种小批量板料的加工。2017 年 7 月，瑞士布勒在第十二届中国国际压铸会议上展示了高度集成的压铸单元及自动化解决方案；2017 年 9 月，德国舒勒在欧洲机床博览会上展出其新研发的 MSE 2000 型伺服锻造压力机和辗环机；2018 年，西马克梅尔为陕西宏远建造了世界上最大的 35 000 吨电动螺旋压力机；2018 年 1 月，意大利意特佩雷斯推出的锁模力 5 600 吨的 TF5600 被正式推出市场，成为世界最大的压铸机（图 6.8）。从 2017 年专利技术方向来看，日本压铸机领域主要研究热点为半固态金属压铸机和模具铸件的制造方法。

6.2.3 2017 年以来民生装备产业发展最新国际动态及趋势分析

1. 农业装备

1）新一代信息技术加速产业技术变革

新一代信息技术与生物技术、基因技术、绿色栽培技术等现代农业技术的结合，驱动了农业生产、组织、经营方式的变革。农业装备技术向以信息化、智能化为引领

舒勒 MSE 2000 型伺服

35 000 吨电动螺旋压力机

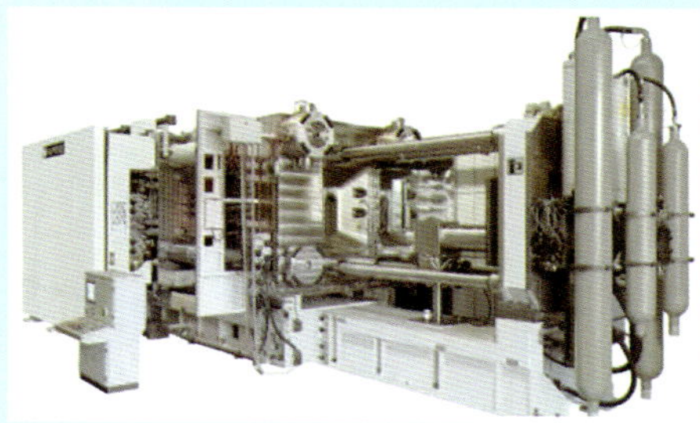

意特佩雷斯 TF5600 压铸机

图 6.8　国际市场新开发的等材制造装备

的全生命周期精细调控方向发展，呈现出装备智能化、资源利用高效化、作业精细化、管理智慧化等趋势，农业传感器、农业机器人、智能农机装备、农机智能服务等成为国际研究热点。

2）国际产业竞争由技术主导向技术引导、资本主导转变

跨国企业发展迅速，占据全球主导地位。以领先的技术优势占据产业价值链的高端，通过资本实现产业整合，推动全产业链发展。美国的约翰迪尔、凯斯纽荷兰和爱科等跨国农机企业集团主导了全球产业格局。2017 年，约翰迪尔收购 Blue River 公司、意大利喷药机企业马佐蒂公司、德国路面工程机械企业维特根集团，爱科集团与泰国正大集团、拓佳丰圣（Topcon）合作。

2. 食品装备

1）食品装备单机和生产线向智能化方向发展

单机智能主要体现在两个方面，一方面是单机更加智能地执行系统的命令，如以更适合的运转速度和更低的能耗达到生产线的生产要求；另一方面是单机更加智能和全面地反馈装备本身的运行信息和易损、易耗配件的使用情况，为装备自身的

生命周期管理提供全面支持。生产线的智能体现在根据系统提供的订单信息以更适合的生产线运行速度来完成生产任务，此外生产线的智能还体现在对生产线生产效率的提升和生产线能耗的降低上。

2）食品装备柔性制造趋势明显

在2017年德国杜塞尔多夫国际包装展上欧洲厂商发布了基于即时印刷的个性化包装技术，它可以为消费者提供个性化的食品包装产品。欧洲克朗斯在2013年就发布了LineXpress技术柔性生产线，该生产线可以在非常短的时间内完成一条一次性PET（polyethylenetere phthalate，即聚对苯二甲酸）瓶装线或者碳酸软饮料灌装线的转换，只需10分钟停机时间，就可以完成一次短时间的中间冲洗及更换瓶盖颜色、商标和包装膜，即使要改变瓶型及包装的格式和形式，该生产线也能在30分钟中断后重新投入生产。缩短转换时间可以更加频繁地生产小批量的同种商品，从而提高饮料生产线的生产效率。

3）新技术应用越来越广泛而深入

在食品包装方面，液态食品高速包装技术已深入应用，如每小时9万罐易拉罐啤酒包装线，集吹、灌、旋一体PET高速包装线和液态乳品高速无菌灌装线等。在食品加工领域，以冻干技术等为代表的食品冷冻加工技术已经成为国际上主流的加工方式。食品非热力杀菌技术，如光照杀菌、时高电压脉冲杀菌、高压杀菌、超声杀菌等技术装备，在国外已经开始被广泛采用。在发达国家，超临界萃取技术已被广泛应用于天然食用色素、香料、香精、油脂、系列添加剂、药用动植物和中草药等的萃取加工。萃取物不含有机溶剂的残留成分，保持了萃取物的天然性，不产生“三废”。此外，超高压食品加工技术、超滤与膜分离技术、微波加热技术等也是最新的食品加工新技术、新工艺。

3. 纺织装备

1）数字化、自动化与智能化

法国史陶比尔公司在一步法全成型袜机上推出的自动对目缝头装置，提升了对目工序的准确性，使得对目、缝头、翻袜一步法工艺更加实用可靠。自动化从单机向工序之间的连续化发展，如棉纺生产线上除已广泛应用的清梳联、粗细联、细络联外，精梳小卷自动输送、条筒输送、筒纱输送与包装及码垛等也取得了进一步成果。智能化功能在各类装备中也有所体现，如实现了在线监控、智能化管理、网络协同、个性化定制及远程诊断等，成为许多设备发展的重点。

2）节能、减排与绿色趋势明显

国际纺织机械制造商推出的改用中压蒸汽加热、外加装废气回收装置的新型定型机受到市场推崇，引领定型机的整体销量每年以10%的速度递增。欧洲纺织机械传统生产强国德国与意大利两国的协会，分别推进各自的“蓝色效能”和“绿色标签”理念。意大利纺织机械制造商协会提供的绿色名录中，列出了 39 家意大利纺织机械制造商的数十种产品；另据德国纺织机械协会介绍，目前已有 40 多家德国纺织机械公司获得了“蓝色效能”认证。

3）追求高速度与高效率

纺织机械的最高速度一直在提升。以非织造设备为例，国际纺粘、熔喷设备先进技术门幅最宽可达 7 米；单线产量 15 000 吨 / 年以上；最高速度可达 800 ～ 1 000 米 / 分；与纺粘配套的针刺机频率 1 600 次 / 分，速度在 13 米 / 分以上；配套的水刺机速度可达 1 000 米 / 分。

4）注重原理创新

国际纺织机械制造商注重在原理上进行创新，如瑞士罗托卡夫特公司研发出的 60 锭下一代细纱机，其钢领板、叶子板固定不动，锭子做上下运动，使得纺纱张力恒定，减少断头；锭子采用单边 30 锭一个小电机，由龙带传动，使细纱机两边可加工不同的品种，颠覆了传统环锭细纱机的运动原理。

4. 医疗器械

1）与新科技结合产生新功能和新技术的医疗

与生物技术结合产生的新技术为检验和治疗开辟了新途径。近年来，基因检测与治疗、细胞免疫治疗、新型分子探针、精准靶向治疗等不断有所突破，展示出新功能和新技术产品的良好发展前景。

医用大数据与人工智能的应用受到关注。IBM 沃森系统在医疗领域多个分科的初步应用取得进展，该系统在某些临床诊断领域的结果可以媲美资深医生。临床诊疗技术的成长方式将发生根本性的改变。

医用机器人成长迅速，成为医疗技术的重要组成部分。医用机器人顺应医疗技术对微创、精准、高效的追求，近年来发展迅速，如美国达芬奇公司 2017 年的收入增长率达到近 20%。类似地，手术机器人、康复机器人、护理机器人、微型诊断机器人都将得到快速发展。

2）新型治疗技术手段不断涌现

新型生物材料、新型植（介）入物、人工器官、人工关节、人工假肢等不断涌现，并与人工智能技术融合形成了人工感智材料与器官，如人工晶体、智能假肢、人造皮肤等。更好的生物相融性植（介）入物，如血管支架、人工骨材料、关节、心脏瓣膜、人工耳蜗、人工心脏起搏器、脑起搏器等，随着新技术和新材料的应用其生物相融性和性能得到改善和提升。3D 打印技术制造个性化医疗器械及康复医疗器械应用迅速推广，成为精准医疗的新方向。

6.3　2017 年以来高端装备产业发展最新国内动态及趋势分析

6.3.1　2017 年以来空天装备产业发展最新国内动态及趋势分析

1. 航空飞行器及其制造技术发展趋势

尽管飞行器分为军用和民用，且着重发展的性能及需求并不相同，但都有着迫切的共同要求：高性能、减重、延寿、提高对复杂工作环境的耐受性、安全性、舒适性，以及降低制造成本和寿命期的费用，即轻质高效、长寿命、低成本、多功能、快速响应是未来飞行器的发展需求。对机体结构而言，大型整体化、构型拓扑化、梯度复合化、结构功能一体化等“四化”是未来结构制造技术的发展方向。因此，需要高度融合“新材料、新结构、新工艺”三新技术，针对未来飞行器发展需求，充分结合增材制造等先进制造技术的特点和优势，发展面向等结构方向的先进制造技术。

为满足未来航空飞行器轻质高效、长寿命、低成本、多功能、快速响应的发展需求，面向大型整体化、构型拓扑化、梯度复合化、结构功能一体化等设计制造一体化的技术方向，需要适应新型结构构型的制造需求，发展相应的先进制造技术，主要有大型结构件数控加工及成形技术、复合材料构件制造技术、先进连接与装配技术等。

未来，自动化、智能化及柔性化程度将有很大改进。随着整体结构的需求增加，激光焊、搅拌摩擦焊技术的应用范围会更广。胶接结构因其优势，在大飞机制造中将获得进一步应用。

2. 卫星及其应用产业发展趋势

1）卫星制造

2017 年，中国共成功发射卫星 33 颗，包括通信卫星 3 颗、导航卫星 2 颗、对地观测卫星 20 颗、技术试验卫星 7 颗、空间科学卫星 1 颗；还成功发射了货运飞船 1 艘（本统计范围为中国（不包含港、澳、台）研制的航天器，包括为阿尔及利亚和委内瑞拉研制的通信卫星和遥感卫星各 1 颗）。

（1）通信卫星发射情况。2017 年，我国共发射 3 颗通信卫星。其中，实践十三号（中星十六号）高通量通信卫星的成功发射，开启了中国通信卫星高通量时代。2017 年 4 月 12 日，由中国空间技术研究院研制的实践十三号（中星十六号）卫星成功升空，这是我国首颗高通量通信卫星，通信总容量达 20G 位每秒，超过我国已研制发射的通信卫星容量的总和。

（2）导航卫星发射情况。2017 年，我国共发射 2 颗北斗导航卫星。2017 年 11 月 5 日，中国北斗三号首发双星在西昌卫星发射中心成功发射，开启了北斗卫星导航系统全球组网新时代。此次北斗三号全球组网卫星首次发射，将稳步推动北斗三号系统建设，加快北斗系统尽早服务全球，造福全人类。

（3）对地观测卫星发射情况。2017 年，中国共发射 20 颗对地观测卫星。此外，中国还分别于 2017 年 9 月、11 月和 12 月成功发射了遥感三十号 01 组、02 组和 03 组共 9 颗卫星。2017 年 12 月，我国成功发射陆地勘查卫星一号和二号，它们主要用于开展陆地资源遥感勘查。

（4）其他航天器发射情况。2017 年，中国首艘货运飞船天舟一号、中国首颗 X 射线“慧眼”空间天文卫星、多颗通信、对地观测技术试验卫星发射。通信技术试验卫星二号、行云试验卫星一号和“凯盾一号”卫星、“天鲲一号”新技术试验卫星相继发射成功。此外，还成功发射了哈尔滨工业大学等多家高校参与的 QB50 项目的 4 颗立方体卫星。

2）运载器制造与发射服务

2017 年，中国共发射大型运载火箭 18 次。其中，长征三号乙火箭发射 5 次，长征七号发射 1 次，长征四号乙发射 1 次，长征四号丙发射 1 次，长征二号丙发射 2 次，长征 6 号发射 1 次，长征 5 号发射 1 次，快舟一号甲发射 1 次，开拓二号发射 1 次。

截至 2018 年 8 月底，中国共实施 23 次航天发射。其中，长征二号丙火箭发射 3 次，长征二号丁火箭发射 5 次，长征三号甲火箭发射 2 次，长征三号甲火箭发射 6 次，长征四号乙火箭发射 1 次，长征四号丙火箭发射 4 次，长征十一号火箭发射 2 次。

3）卫星应用

2017 年中国卫星应用迈入“快车道”，北斗终端持有量达到 400 万余套，中国民用遥感卫星数据分发量累计超过 1 000 万景。北斗三号第一、二颗卫星成功入轨，全球组网大幕正式开启；高分系列卫星的持续应用，进一步发挥高分专项的科技引领作用，不断提升数据产品的质量和快速获取能力。

遥感数据源获取能力大幅提升，有力支撑了国家发展战略。国内已经形成了气象、海洋、高分、资源、环境等对地遥感观测卫星系列，商业遥感卫星系列发展迅速，中国对地观测水平、数据保障能力、应用的广度和深度、产业发展规模等均实现了跨越式发展，有力促进了中国空间信息产业链的快速形成。

中国航天科技集团有限公司对外公布，将分两个阶段推动航天强国建设，到 2030 年，推动中国跻身世界航天强国前列；到 2045 年，推动中国全面建成世界航天强国。

中国航天科技集团未来 3 年将着力实施多个国家科技重大专项任务，主要包括全面开展载人空间站建设、探月工程实施月球背面着陆巡视探测和月球采样返回、开展中国首次火星探测、全面建成北斗三号全球卫星导航系统和高分辨率对地观测系统等。

中国 5 颗新的科学卫星将在 2020 年前发射。另外，中国空间科学家已提出 2016～2030 年中国空间科学的一些计划和任务建议，到 2025 年，中国计划发射 14 颗大气观测卫星。

2022 年左右，中国航天科技集团将建成一个“16+4+4+*X*”小型商业遥感卫星星座，即由16颗0.5米分辨率光学卫星、4颗高端光学卫星、4颗微波卫星，以及多颗视频高光谱等微小卫星组成的0.5米级高分辨率商业遥感卫星系统。

6.3.2　2017年以来智能制造装备产业发展最新国内动态及趋势分析

1. 高档数控机床装备

1）中国高档机床技术创新能力和国际竞争力逐步提高

2017年以来，随着国家04专项成果的示范应用与持续推广，中国高档数控机床装备产业在一些重要领域的技术水平、关键技术的掌握和创新，以及产业集中度、管理水平、国际竞争力都获得了长足进步。以五轴加工中心为代表的高档数控机床，在飞机典型结构件、航天复杂与精密结构件、飞航导弹发动机零部件等领域实现了批量示范应用，为大飞机、新型战机、探月工程等国家重大专项和重点工程提供了关键制造装备，国产高档数控系统与关键功能部件已实现批量配套。行业骨干数控机床及其配套企业已经掌握了高档数控系统、伺服电机及驱动等核心技术，在高速电主轴、精密数控摇篮、双摆动力铣头方面也进行了技术攻关，实现了产业化发展。龙门式加工中心、五轴联动加工中心等制造技术趋于成熟，重型锻压装备性能接近国际先进水平，精密卧式加工中心形成具有自主知识产权的柔性制造系统核心技术。

2016年底，中国自主提出的用于检测五轴联动机床精度的S形试件标准已通过国际标委会审定，实现了中国在高档数控机床检测领域标准“零”的突破。2018年2月，中国提出的《工业自动化系统与集成机床数控系统一般要求》国际标准提案，经国际标准化组织自动化系统与集成技术委员会物理设备控制分会（ISO/TC184/SC1）投票，获批正式立项，编号ISO 23218，标志着中国在机床数控系统国际标准领域实现“零”的突破。

2）中国机床产业格局正在重塑

中国机床行业作为充分竞争性行业，拥有完整的技术链与产业链，但受到国际先进的机床企业和国内市场开放的双重冲击，原先行业骨干机床工具企业开始分化、整合，产业格局开始重塑。国内机床企业以沈阳、大连、昆机等龙头机床企业为代表，长期被利润率困扰，业绩不佳影响了创新的持续投入。民营机床企业已成为机床行业的主力军，中国高档数控机床企业体量已大大增加，华中数控、广数、光洋、精雕与上海拓璞等数控系统开始装备国产高档数控机床，其产品已进入军工和民用市场。另外，来自行业以外的制造巨头，如格力集团也参与到了国内高档数控机床的研发和生产。2017年，格力集团包括数控机床在内的智能装备业务收入21.26亿元，在总营收中占1.43%，同比增速高达1 220.27%。然而，中国高档数控机床目前仍不能满足国内需求，国内大多数高档数控机床依赖进口。2017年中国金属加工机床进口589.69亿元，同比增长19%。2017年中国高档数控机床的增长率在6%左右，与需求差距甚大，如图 6.9 所示。中国高档机床产业仍然未打破大规模替代进口局面。

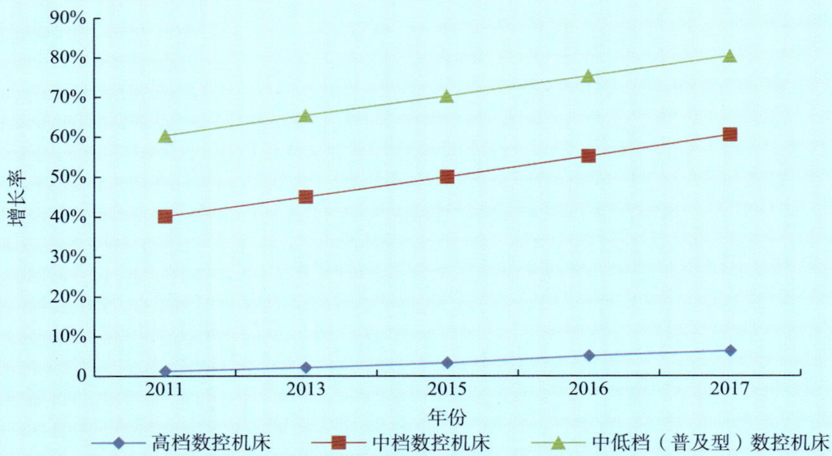

图 6.9　中国数控机床行业的增长率

与此同时，由于中国对高档数控机床市场的需求，国际知名机床企业纷纷开始在中国设立独资企业或合资企业，加快在中国的本地化生产，如德国德马吉、美国哈挺、日本小巨人等，这加剧了本土企业与外资企业的竞争。另外，美国和德国政府对出口中国军工企业的高档装备执行出口禁运，如德国政府已经禁止部分专用五轴立式加工中心和高精度测量机等产品向中国航空发动机生产企业出口。

3）“共享经济”模式推动高端机床产业模式发生改变

2017 年以来，“共享经济”模式带动了一大批新产业。以沈阳机床为代表的一些企业推出“共享机床”，作为一种新型“共享生产端”模式，借助共享云平台或智能机床互联网，实现生产、资源、人才、技术、服务等多项内容的共享。2018 ～ 2023 年，中国数控机床由于技术发展及下游市场逐渐复苏等，仍会保持 10% ～ 12% 的增长速度。到 2023 年，中国数控机床行业的市场规模将突破 5 000 亿元，如图 6.10 所示。借此行业发展机会，“共享机床”模式有可能颠覆性地改变传统的资源配置方式，所以其被认为是促进中国高档数控机床产业快速发展的突破口。

2. 增材制造装备

1）中国增材制造装备产业快速发展

受《增材制造产业发展行动计划（2017-2020 年）》（工信部联装〔2017〕311 号）持续推进的影响，中国增材制造装备产业发展迅速，增材制造相关的工艺技术水平加速提升，工艺装备、关键零部件等重要环节关键核心技术取得进展，在航天、航空、能源动力、船舶行业等领域的应用日益拓展，产业生态体系初步形成，涌现出一批

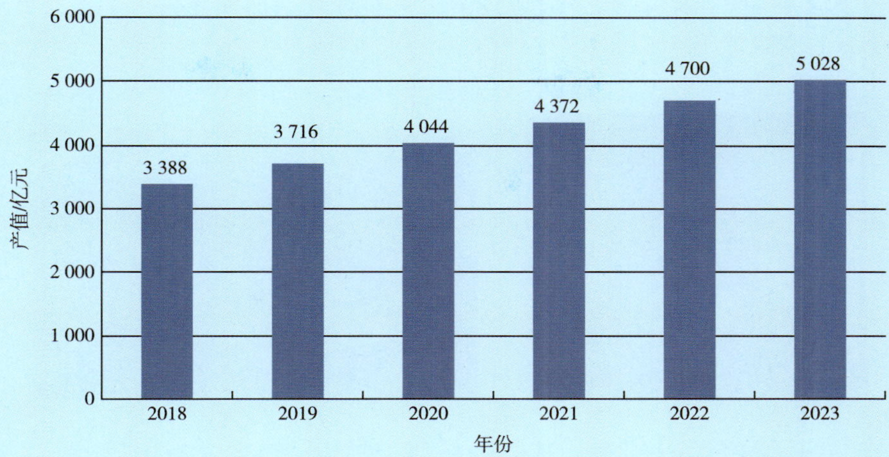

图 6.10 2018～2023 年中国数控机床行业市场规模预测

具有一定竞争力的骨干企业，形成了若干产业集聚区。无论是在桌面 3D 打印还是金属 3D 打印，企业总体数量及打印品质都得到了全面提升，并在航空航天、医疗、教育等行业领域逐渐实现产业化应用。据统计，2016 年中国 3D 打印产业规模 80 亿元，2017 年中国 3D 打印行业规模至少增长 50%，达到 120 亿元，正加速度进入各个领域应用当中，产业规模实现了较快增长。先后涌现出西安增材制造国家研究院有限公司、陕西恒通智能机器有限公司、杭州先临三维科技股份有限公司、西安铂力特激光成形技术有限公司、江苏永年激光成形技术有限公司等一批优秀企业，以及渭南高新区 3D 打印产业培育基地、安徽春谷 3D 打印智能装备产业园等产业集聚区。

增材制造产业服务支撑体系逐步完善。国家增材制造创新中心、全国增材制造标准化技术委员会、国家增材制造产品质量监督检验中心、全国增材制造（3D 打印）产业技术创新战略联盟、中国增材制造产业联盟等行业组织相继成立，中国服务支撑体系正逐步完善。国家增材制造创新中心与全国增材制造（3D 打印）产业技术创新战略联盟正在整合行业优势资源，聚集增材制造领域的优势科研团队、优势技术公司、主要工业界用户和投融资机构，促进增材制造共性技术研究、标准制定及产业化，推动中国增材制造装备产业快速发展。

2）中国增减材复合制造装备开始参与市场竞争

国内市场也相继出现国产化的增减材复合制造设备。如图 6.11 所示，大连三垒公司、北一机床、西安增材制造国家研究院先后推出增减材复合制造装备。其中，大连三垒于 2015 年底推出了 SVW80C-3D 增减材复合五轴加工中心，并于 2017 年底在五轴旋转工作台上增加空间温度调控系统，调控制件温度，提高其性能。北一机床在 CCMT2018 第十届中国数控机床展览会展出了自动送丝式激光沉积的增减材复合机床 XKR40 Hybrid。西安增材制造国家研究院面向市场需求在 2018 年 8 月推出了 LMD600 Hybrid，将增材制造和五轴铣削加工技术集于一体，主要用于航空航天中小型复杂难加工零件，在一次装夹情况下实现复杂曲面零件（叶盘、叶轮、复杂机匣等）的高效加工。

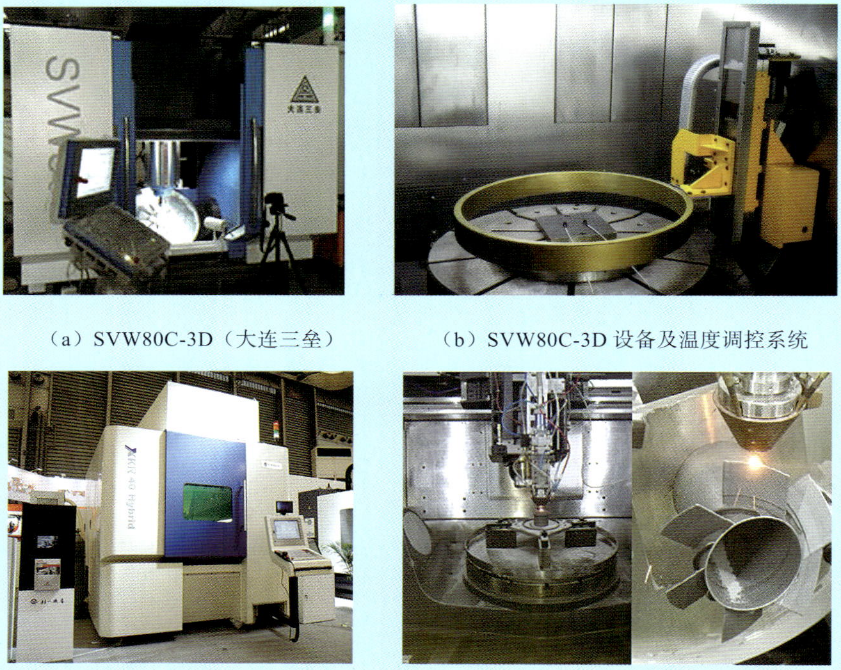

（a）SVW80C-3D（大连三垒）　（b）SVW80C-3D 设备及温度调控系统

（c）XKR40 Hybrid（北一机床）　（d）LMD600 Hybrid（西安增材制造国家研究院）

图 6.11　增减材复合机床

3. 等材制造装备

中国等材制造装备产业基本实现数控化，并在此基础上走向智能化。中国等材装备在部分领域处于全球领先地位，如锻压设备等。2017 年 8 月，中国重型机械研究院股份公司与中国第二重型机械集团公司合作开发的 3 000 千牛 /7 500 千牛·米超大型锻造操作机实现产业化。2017 年 9 月 15 日，江苏中兴西田数控科技有限公司自主研发的 ZXSFL-6500 伺服冷温精锻压力机通过新产品鉴定。2017 年 11 月，中国重型机械研究院股份公司中标西南铝业（集团）有限责任公司 10 000 吨多向模锻水压机改油压机项目。2018 年 1 月，合肥合锻智能自主研发出大吨位管件内高压成形成套装备。2018 年 3 月 5 日，海德马克牵头研发制造的国内首台套两锤头 10 兆牛顿径锻机设备下线发货。2018 年 6 月，由兰石集团设计制造出口缅甸的 1.6 兆牛顿径向锻造机厂内试车成功，如图 6.12 所示。2018 年 5 月，中国通用技术集团齐二机床公司开发了高端铸造设备 CY-1600 差压铸造机，如图 6.13 所示。2018 年 7 月，宁夏共享集团开创了“铸造 3D 打印等新技术 + 铸造智能工厂”的新型铸件生产方式，助力铸造业转型升级。然而，中国等材制造装备大部分产业仍然长期处于全球价值链中低端，仍需要在智能化成形工艺、模具和装备方面投入，持续研发，加快追赶。

图 6.12　兰石集团 1.6 兆牛顿径向锻造机试车现场

资料来源：兰州兰石研究院 . 1.6MN 径向锻造机组厂内试车成功 [Z]，2018-07-30

图 6.13　CY-1600 差压铸造机

资料来源：齐二机床 . 齐二机床携手哈工大共同研发的高端铸造设备在中国国际铸造博览会盛装亮相 [Z]，2018-05-16

另外，中国在搅拌摩擦焊方面也取得了重大突破，并在长征 5 号火箭等国家重大装备建造中发挥了作用，成为飞机制造业和汽车制造业提升产品品质的重要技术。

6.3.3 2017 年以来民生装备产业发展最新国内动态及趋势分析

1. 农业装备

1）产业进入转型升级时期

我国农业装备产业及产业链关联企业总数保持达到数万家。2017 年，年产值超过 2 000 万元的规模以上农机企业有 2 400 多家，从业人数超过 40 万人，主营业务收入 4 290 多亿元，同比 2016 年增长 6.8%；实现利润 223 亿元，同比增长 8.5%；营收、利润增速下降，进入中低速增长阶段，正通过提升水平、拓展领域等推动转型升级高质量发展。总体上，随着现代农业发展的需求，产业增速仍可保持在 6% ～ 7%。

2）企业发展呈现多元趋势

市场结构中，国有及国有控股企业占 10% 左右，引领产业高端化发展；民营企业占 80% 左右，是市场主体；三资及其他企业占 10% 左右，是我国产业体系的重要组成部分。山东时风、雷沃重工、山东五征、江苏常发、中国一拖、中国农机院、中联重机、东风农机、星光农机、新研股份等国内骨干企业占行业的 30% 以上，2017 年，农机骨干企业围绕农业或农机产业链布局，中小企业围绕专精特方向发展的趋势更加突出，如五征集团与金丰公社、雷沃重工与中化农业、中国一拖与中原农业等合作。

3）产品逐步由中低端向高端发展

我国现能研制生产 4 000 多种农机产品，但田间作业装备、中小型装备居多。近年来，我国主要农机产品年产量 500 万台左右，产品结构不断优化提升，大中型拖拉机与小型拖拉机比例从 2010 年的 1 ：6、2014 年的 1 ：3，提高到 2017 年的 1 ：2；自走联合收割机与收获机械比例从 2010 年的 1 ：5、2014 年的 1 ：4，提高到 2017 年的 1 ：3。但总体上中低端产品仍占 80% 左右，拖拉机动力换挡技术、收获机纵轴流技术、农机定位导航等推动农机产品向高端发展。

4）技术创新推动农机装备智能化发展

2017 年，“智能农机装备”重点专项、“现代节能高效设施园艺装备研制与产业化示范”和“农产品产地商品化处理关键技术与装备”等重大技术创新项目实施，推进我国农业装备领域拓展、功能完善、结构优化和水平提升，农作物生产过程监测与水肥药精量控制科学施用技术、土壤植物和动植物对象信息感知技术、农机智能测控技术等紧跟发展趋势；大型动力、复式整地、变量施肥、精量播种、高效收获等技术及装备提升农业生产效能；设施园艺及农产品加工装备技术成套化、集约化、绿色化发展促进农业提质增效。

5）产业国际化稳步推进

目前，我国出口产品主要是中小型农用动力机械及零部件、排灌机械及零件。2017年我国农机出口总额284.4亿元，比2016年增长9.3%，饲料机械、拖拉机出口增长突出，插秧机、水稻联合收割机等机械出口下降；对欧盟和东盟的农机出口下降，对非洲和中亚农机出口增长较快。进口方面总体保持稳定增加，主要进口产品是大型拖拉机及其配套农具、棉花等特种作物大型收获机械等高端装备。2017年，金正大集团与SDF集团合作推进农机项目、山东巨明与意大利卡拉罗集团合资发展农业装备、久保田在我国投资全球第三大工厂等，约翰迪尔、凯斯纽荷兰、爱科、克拉斯、雷肯等国外农机企业进一步拓展我国市场，加速专业领域的国际合作及产能提升。

2. 食品装备

1）互联网技术正在深刻改变食品装备产业

食品机械的智能化为智能生产线和智能工厂提供了可能，乐惠、中亚、普丽盛、碧海、新美星、达意隆、永创、百冠、中包公司等一大批可以实施生产线的食品工业智能装备解决方案提供商为我国食品工业整体迈向4.0时代提供了坚实的装备基础。在此基础上，诸多的信息系统和应用被加速部署到食品工业的生产、仓储、物流、线上线下销售等环节，信息流的高效加快了产品流和资金流循环，快速地提升了整个生产到消费的效率。

应用了追溯系统的智能立体仓库正在被大规模应用到食品生产领域。汤臣倍健等众多食品企业已经建立起实时的产品数据地图，可以多维、立体的呈现企业的产品在全球市场是如何高速流动的。

2）传统食品的休闲化助推食品装备创新发展

近年来，食品装备行业在杀菌装备、给袋式包装机、各类型真空包装机领域出现了爆发式增长，这印证了传统食品休闲化的行业需求。从各类型农产品深加工装备开始，烘干、均质、调配、烟熏、膨化、烘焙、腌制、挤出、杀菌、真空包装、充气包装、各类型二次包装、码垛、智能物流等技术装备发挥了重要的作用。

随着传统食品休闲化进程不断加快，食品生产企业对食品装备的创新也提出了越来越多的要求，如工业化腌制设备的定制需求、不规则食材的自动化包装需求、各种食材的杀菌机需求等，这要求食品装备行业提供更多创新的装备产品，这也给行业提供了前所未有的发展机遇。

3）以标准化、模块化为前提的定制化制造是发展方向

工艺和技术装备的定型意味着标准化生产成为现实，随着食品生产企业产品的多样化要求和低成本投入、高效率产出的要求的提出，可以柔性生产的模块化机组装备应运而生。对我们国家而言，除了啤酒、饮料、乳制品、部分肉制品等行业装备企业已经开

始标准化和模块化的研究和实践以外，绝大部分国内装备企业还处在工艺定型和装备定型的不断实践和完善的过程中，像调味品领域近年来的首台套创新很大部分依然在不断完善工艺、装备定型，距离装备的标准化生产还有一段距离，更不用说模块化。

但是，从长远来看，我们国家的食品装备企业几乎都遵循欧美100多年来走过的路径，即工艺设计—工艺完善—装备设计—装备完善定型，从国内啤酒、饮料领域开始，渐次呈现。

3. 纺织机械

1）信息化稳步推进、智能化初见雏形

在持续关注国产纺织机械设备的稳定性和可靠性的同时，行业也在进一步推进信息化和智能化技术的发展。例如，原料生产环节中，具有自主知识产权的全自动落丝系统已在化纤企业得以全面应用；基于机器视觉技术实现了卷装外观的在线自动检验，突破了化纤长丝包装生产线的工艺短板。在织造过程中，国产机织与准备机械制造企业更加注重生产过程的在线检测和精细控制，并借助互联网、信息化等技术提升国产设备的智能化水平，尝试结合织造工艺专家系统，建立导航数据库，为建设数字化、智能化织造车间打下基础。

2）节能降耗再回收、环保生产更加突出

国产纺织机械的研发重点更多向节能环保方面倾斜。例如，国产机织机械纷纷通过尝试改进驱动方式、配气技术等，达到节能、节气的目的；喷水织机的水污染问题也得到多家国内设备企业的重视，正在寻求设备端的解决方案；在后整理环节，湿处理设备普遍配备废水过滤回用、余热回收装置，定形机配备废气余热回收和净化处理设备，最大限度利用废热，降低生产能耗；间歇式印染设备将继续发展低浴比技术，研究染色后水洗过程的低耗水技术；推广染料与助剂的自动配送技术与产品，减少化学污染。

3）适应性更加广泛、灵活满足市场需求

我国纺织市场多元化需求发展带动了纺织机械的创新，使纺织机械从满足服用产品织造拓展到工业织品、运动鞋材织品、家用纺织品等领域。例如，采用自主开发的智能摆幅控制等技术的超大隔距双针床经编装备能够实现200毫米及以上隔距的送经、编织、牵拉和卷取的恒张力控制，生产的高品质超大隔距（500毫米以上）三维立体间隔织物可以满足军用与航空航天领域需求。通过对传统编织毛衣的电脑横机编织工艺进行改进，实现了无须拼接、缝合、打孔的全成型鞋材面料的生产。

4. 医疗器械

1）产业持续、稳定、高速发展

2017年医疗器械规模以上企业销售收入为2 828亿元，利润为325.1亿元，年增

长率约为 15%。产业利润在各行业中突显，以上市公司为例，平均利润率达到 10% ～ 15%，全国医疗器械生产企业数量达到 16 000 家以上，国产品种门类齐全、产品配套能力提升、国际化步伐加快。2017 年，医疗器械出口额达到 217.03 亿美元，同比增长 8%，持续 7 年呈贸易顺差。

2）协同创新成果初显，高端产品有所突破

自主创新的成长方式受到新兴企业的青睐，与传统的跟踪模仿方式成强烈反差。从整体上看产品综合竞争力与国外产品差距逐步缩小，在一些领域有企业已跻身于第一方阵，如脑起搏器、手术机器人等。

3）智慧健康从概念走向实际

智慧健康的发展将极大地改变当前的行医模式，医生的经验不再相对独立，而是能融入大数据，进而在人工智能技术的参与下形成“超级医生”。“超级医生”不仅具有学习能力，而且“经验”日益丰富，尽管其不会给出确切的答案，但是它所给出的基础性、概率性、全面性的判断将为医生提供决策支撑，为行医路径的选择提供依据。智慧医疗不仅影响医疗过程，而且还将基于大数据，根据个人基因及生理状况对生活方式予以干预，进而最大限度地保障全生命周期的健康。国内一些大公司在智慧健康领域积极布局，并且在可穿戴技术领域、远程医疗、心电数据库等方面与国外基本保持同步。

4）医用机器人发展迅速

医用机器人指用于医疗目的的机器人，包括手术机器人、康复机器人等。以手术机器人为例，它主要被应用于骨科手术、软组织手术、微创手术等，具有优化手术方案、感知定位、精准操作、可远程操控等功能。近年来的应用表明，手术机器人可使手术对医生技能的依赖性降低，其手术方案、手术过程可被数字化记录，原来无法开展的一些手术在它的帮助下可以精准地完成，随着技术的进一步发展，手术机器人将越来越智能、越来越精准，其“手术过程”的全数字化记录将使其具有学习潜力，继而在手术方案、现场应变能力、精准等方面具有突出优势。目前，我国在手术机器人方面与国外基本保持同步，国内的一些企业和医院协同创新，在一些国外尚未开拓的手术领域也取得了进展。

5）3D打印个性医疗器械正在推广

3D 打印技术在医疗行业逐渐被认识，医工合作正在推动 3D 打印技术应用于个性化医疗康复。北京、上海、西安、深圳、成都、太原和济南等地有一批医院正在临床试验及开始应用，全国应用案例已达千例。国家药品监督管理局顺应技术创新，正在推动改革制造个人医疗器械的评审准则。个性化颅面颌骨修补系统于 2017 年取得了国家食品药品监督管理总局审批的产品上市证书，这进一步推进了这一技术在临床上的推广应用。

6.4 高端装备产业发展存在的问题

6.4.1 空天装备产业发展存在的问题

1. 以需求为牵引、技术为推动、军民融合为抓手的体制、机制需要进一步完善

当前，空天装备的研制和需求应用在一定程度上仍存在协调不足、沟通不畅的问题，有些资源被大量闲置，而有些资源则严重紧缺，业务应用保障能力不足的问题仍在一定范围内存在。技术创新推动能力不足，没有有效地发挥技术创新的推动作用，一味强调保成功在一定程度上抑制了技术创新的进程。军方和民用均在积极地探索军民融合，但是民星军用的保密技术问题、民间技术进入军用市场的潜在生产线自主保证问题等技术问题必须得到有效解决。这需要从体制、机制上统筹考虑、顶层设计，促进空天装备的良性发展。

2. 面向应用和研制的国际化、商业化需要全面系统地规划引导

国际化、商业化进程是空天装备发展的重要趋势。一方面，需要积极引导运营商、制造商积极适应国际市场的技术、资本、模式等方面的统筹规划，建立适应国际市场需求的人才机制。另一方面，要强化国家层面对商业化的规范，正确、理性地理解商业航天、商业航空的内涵，避免概念炒作。

3. 基础和核心技术需要进一步加强

在空天装备领域，仍存在一批卡脖子的基础问题和核心技术问题。以航天装备为例，当前我国航天领域总体自主可控率相对较高，然而基于我国工业整体情况，仍有部分器件、单机的核心性能和研制能力与国外先进产品存在一定的差距，这对于我国空天装备研制成本、进度、可靠性、安全性等均存在较大的风险。

4. 新型号原型机快速试制机制尚不完善

我们应该继续沿着“制造一代、发展一代、预研一代、探索一代”的思路，完善新型号原型机快速试制机制，加快航空装备及产品创新。

5. 军机智能化制造、脉动生产线建设进程缓慢

军机智能化制造有利于形成智能化作战力量。我们应瞄准未来战争形态，提前进行体系化设计、工程化推进。脉动生产线将拓宽航空工业生产线，实现飞机制造水平的显著提升。

6. 太空3D打印等创新度高、可能形成颠覆性的技术未被充分认识

太空 3D 打印在国际上已引起广泛关注。太空 3D 打印正在从空间中走向太空中乃至从地球中走向太空。太空 3D 打印将可能被应用于：航天器在轨制造替换零件，拓展航天器的寿命，节约重复发射的成本；在轨制造物理尺寸较大的部件；制造行星基地；等等。2030 年前后太空打印制造巨型太阳能电站、月球及星球 3D 打印基地等将成为现实，太空将成为一个人类制造活动的新基地。然而，这种颠覆性技术突破尚未被充分认识，这需要国家科技计划的大力支持。

6.4.2 智能制造装备产业发展存在的问题

1. 产业要素投入粗放，经济效率偏低

当前国内智能制造产业的矛盾已不是需求不足，而是中低端同质化产能扩大过快，扰乱市场秩序、严重阻碍高端产品发展。盲目追求 GDP 和地方财政增长，这加剧了区域内要素资源和资金的重复粗放投入，导致了区域产业结构趋同化，恶性竞争，一般产品产能过剩现象，甚至加剧了资源浪费和环境污染。另外，一些发达国家企业正在加大对高端装备市场的垄断，而且积极向中端产品延伸，尤其在数控系统及机床等领域这一趋势已越来越明显，且今后必将向其他更多产品领域扩展。

2. 基础不牢成为我国智能制造产业发展的瓶颈问题

技术创新能力薄弱始终是制约我国制造业国际竞争力的最大短板。从产业层面上看，我国多数企业长期从事加工制造，技术创新动力和能力不足，这导致制造业长期处于全球价值链中低端，生产工艺落后，缺乏核心技术的研发投入，关键零部件严重依赖进口，出口产品附加值低，缺少自主品牌。国内装备制造企业还不具备将核心技术、经验知识封装为模块的标准组件、高档装备和成套软件的能力。我国智能制造装备产业关键功能部件对外依存度达到 40%，其中高端产品对外依存度更是达到 70%。由于具有前期投入大、见效周期长的特点，企业对核心智能部件相关领域的研发投入不足，这导致其发展严重滞后于国外先进水平，相关的高端核心产品我国仍然无法自主研发和生产。关键功能部件技术水平的高低、性能的优劣，以及整体的社会配套水平，直接决定和影响着高端制造装备整机的技术水平和性能，也制约着产业的发展速度。数控系统走向智能化，缺少核心软件及大数据支撑，尤其是缺乏软件企业及商业化的智能软件。

3. 产业规模化程度低，缺乏领军企业

我国智能装备产业企业规模普遍较小，既缺乏大型国际领军企业，又缺乏与之配套的专特精小企业。一方面，国内大型智能制造企业制造能力强、研发能力弱；依赖引进技术多、自主知识产权的技术少；生产产值高、工业增加值低；单机制造

能力强、系统集成能力弱；企业间组织化程度低，企业习惯于孤军作战，我们必须通过装备制造业产业链的改善，建立以企业为主体的创新体系，以提高大企业集团的竞争能力。另一方面，中小企业配套协作中的竞争能力较差，参与产业集群分工能力尚待加强。主要是由于中小企业尚未充分参与全球产业创新体系，在“专、精、特、新”方向未形成全球竞争优势。如何加快培育一批主业突出、拥有核心技术、创新能力强、有一定规模的“小巨人”企业，与国内大型装备企业结成联盟，借船出海，深度参与国际产业分工是当前面临的主要问题之一。

4. 行业标准体系与人才培养体系待建立和健全

我国尚未建立起涵盖设计、材料、工艺设备、产品性能、认证检测、使用等包含产品全生命周期在内的完整的智能制造装备标准体系。行业标准的缺失，使增材制造零部件替换传统工艺制造零件的风险较大；再加上多种检测设备依赖进口，工业级增材制造设备昂贵的成本和维护费用令中小企业望而却步，阻碍了增材制造技术的应用和推广。行业标准的不完善很大程度上制约了增材制造装备的规模化和良性竞争，进而限制了增材制造技术成果的累积、固化和推广应用，未能架起技术和产业衔接的桥梁，减缓了产业发展进程。同时，我国智能制造装备产业急需雄厚的人才后备力量，国内企业创新人才队伍从业人员的比重不足 10%，与工业发达国家的 20% 相比有较大差距。另外，高等院校、科研院所和企业对充分掌握机械、自动化、信息计划等复合人才的培养投入不足。我国尚未建立校企联合培养人才的长效机制，这造成从事智能装备核心软件及制造装备开发的人才严重缺乏。

6.4.3 民生装备产业发展存在的问题

1. 关键核心技术及零部件依赖进口，缺乏高端产品

目前我国农业机械以中小型机具为主，产品技术水平较低，多数农机产品仅相当于发达国家 20 世纪八九十年代的水平，作业效率、水肥种药利用率等仅为国外 70% 左右，国内 200 马力[①] 以上的拖拉机、喂入量 10 千克 / 秒以上的谷物收割机、大型采棉机、甘蔗联合收获机械等高端产品进口比重仍旧较大；电液控制系统、打捆机的打结器、采棉机的采棉指等关键零部件主要依赖进口。

食品装备在很多细分领域都涉及材料、控制、加工精度、工艺复杂等基础共性领域的瓶颈问题，短期内国内还无法解决这些瓶颈问题。

国产医疗器械产品大多处于中低端水平，高端市场仍被跨国集团垄断，以心电监护仪为例，ICU（intensive care unit，即重症加强护理病房）中仍然是进口产品的天下，国产品尽管已经占领了普通病房，但在可靠性要求高的应用场合，国产产品的可靠性仍有待提高。

① 1 千瓦 =1.341 马力（英制）。

2. 装备与信息化融合发展认识不足

随着信息化技术和数字化浪潮的到来，民生装备已经开启了数字化和智能化路径，越来越多的智能终端装备被应用到民生装备产业领域。互联网技术与智能装备的迅速融合正在将智能生产变为现实，而这种智能生产不仅仅体现在生产线的自动化程度上，还体现在以云计算、大数据等技术为支撑的柔性生产、定制生产、智能生产线上。未来的竞争将不再是企业间的竞争，而是产业生态、产业体系之间的竞争，如何面向未来进行部署直接决定了未来的产业竞争力。但是，如医疗器械产业在大数据和人工智能、智慧医疗、先进制造方面仍然缺少战略性应对，如何构建面向未来的产业体系仍未得到足够的重视。食品装备企业对发展趋势认识不足，这致使其与国内很多大的食品项目无缘。

3. 专业化集成能力弱

目前，我国食品装备行业大型企业较少，技术力量缺乏。很多领域，限于对工艺的理解不深、不透，难以形成完整的工艺流程技术包，也很难出现大型的食品装备生产集成商。部分企业在某一领域的技术优势刚刚确立，难以形成整体优势，而大多数的中小型食品装备企业又未能集中力量向专、精、深方向发展，只能作为单机配套生产商。例如，国内乳制品领域在前处理工艺方面，国际厂商 GEA（基伊埃集团）和 SPX（斯必克公司）有着国内企业难以企及的生产线工艺设计集成高度，所以国内大型乳制品生产线集成商几乎很难在这个领域涉足。

4. 工艺与装备严重脱节

近年来，我国的食品加工工艺开始逐步转入消化、吸收阶段，在一些领域已经开始了工艺创新，在传统食品加工包装领域也出现了很多创新的技术装备。但总体来看，我国食品装备行业中，大多数企业基本没有自己的核心研发力量，近年来，高校与科研院所在工艺方面的研究取得一定的进展，但是在以体系复杂、高精度、数字化等为特点的食品加工和包装领域依然是建树不多。

5. 产品同质化情况依然严重

纺织机械行业产业集中度低、产品同质化现象严重，这是制约行业发展的主要问题之一。一些企业不注重研发、创新，而热衷于仿制，且产品质量低下，通过低价格的恶性竞争取得市场份额。大量低质产品充斥市场，导致市场快速趋向饱和。不规范的竞争导致很多纺织机械企业科研成果受到侵犯，严重影响了企业和研发人员的创新积极性。

6. 国际化脚步滞后

尽管我国的医疗器械进出口贸易已呈顺差，但我国医疗器械产品仍然缺少足够多的国际大品牌，在大量的国际采购中，国产医疗器械只占很少一部分。尽管一些国产医疗器械的质量已经可以得到市场认可，但企业的产品仍无法实现走出国门，即便在欠发达国家和地区，我国医疗器械也未能占领一席之地。国际化进程滞后一方面是由于缺少品牌、企业规模有限、缺少专业化人才；另一方面是由于产品的售后服务成本过高，企业望而却步。

7. 科技创新走向产业化缺乏政策及金融支持

如 3D 打印技术在医疗领域的应用瓶颈为国家准入标准、医保政策及定价政策。创新产品的产业化需要金融行业支持，需要熟悉新兴产业发展政策的金融风险投资支持，国家政策层面应给予鼓励、支持和引导。

6.5 高端装备产业发展典型案例研究

6.5.1 空天装备产业发展典型案例研究

北斗产业化

1994 年，中国启动了北斗系统一号工程的建设。2000 年，中国发射了两颗地球静止轨道卫星，建成北斗系统并投入使用，采用有源定位体制，为中国用户提供定位、授时、广域差分和短报文通信服务。2003 年，中国发射了第三颗地球静止轨道卫星，进一步增强了北斗系统性能。在中国的北斗系统初步具备服务能力的背景下，北斗导航与位置服务产业逐步兴起。限于技术原因，直到 2010 年，北斗卫星导航与位置服务产业产值仅为 15 亿元，不到整个卫星导航与位置服务产业的 5%。2012 年，中国北斗二号系统组网完毕，能够为亚太地区用户提供定位、测速、授时、广域差分和短报文通信服务。北斗二号系统的建成大大提高了定位精度，促使相关产业和服务得到了快速发展。预期到 2020 年，北斗系统将完成全球组网工作，北斗产业的发展将迎来前所未有的发展机遇与挑战。

根据中国卫星导航定位协会的数据，2016 年中国卫星导航与位置服务产业总产值突破 2 000 亿元大关，达到 2 118 亿元。其中，包括与卫星导航技术直接相关的芯片、器件、算法、软件、导航数据、终端设备等在内的产业核心产值达到 808 亿元，北斗对产业核心产值的贡献率已达 70%。在国内行业市场和特殊市场中，北斗兼容应用已经成为主流方案，大众市场正在向北斗标配化发展。2016 年，北斗应用更深入地渗透到交通运输、车船监管、电力、农业、渔业、公安、林业等诸多行业和领域；同时，北斗在大众市场获得更加广泛的拓展，在监控跟踪类可穿戴式设备、移动健康医疗、城市快递、互联网汽车、电动自行车安防和共享单车等细分领域获得重大突破；2016 年，北斗产品和服务在警用和防灾等细分市场获得大量部署，使得特殊市场总体保持稳定增长。

目前，国内销售的智能手机超过40%的款型已经装配北斗兼容芯片，包括各类采用北斗兼容芯片的终端产品用户保有量也接近3亿台/套。从北斗卫星导航的全行业产业链来看，大体分为卫星研究制造、卫星发射、地面基础设施建设、基础产品、卫星导航应用终端和应用服务市场几部分。其中，卫星研究制造、卫星发射、地面基础设施建设属于上游产业链；基础产品与卫星导航应用终端（具体可分为导航、测量和授时三个领域）的研制生产属于中游产业链；应用服务市场（还可细分为军用、行业和消费市场三个方向）属于下游产业链。

6.5.2　智能制造装备产业发展典型案例研究

智能数控装备——大连光洋科技集团五轴高档数控机床案例

在04专项平台的支持下，大连光洋科技集团联合国内高校与用户合作建立了“共同创新、共同提升、共同受益”的协同创新模式，联合研制的多种五轴高档数控机床产品填补国内空白，实现替代进口。例如，在04专项的支持下，大连光洋科技集团与航天科工北京动力机械研究所合作研制了6种类型、10种规格、24台高档五轴加工中心，并以此构建了国内首条弹用发动机关重件数字化生产线；与中国航发西航、黎明、黎阳、南方、东安、商发等骨干企业，以及无锡航亚、湖南通发、西安势加、无锡东雄、新疆短电弧等军品配套企业合作研制了用于保障发动机叶轮、叶片、叶盘、机匣等关键零件生产的各类五轴加工中心近百台；与上海电气无锡透平叶片有限公司合作研制了2台用于核电叶片生产的国际最大规格五轴叶片铣削加工中心；与五矿集团株洲钻石切削刀具股份有限公司合作研制了30台中国原创的五轴工具磨床，并以此构建了国内首个硬质合金刀具磨削国产机群。自2009年04专项启动以来，大连光洋科技集团掌握了高档数控系统三大基础技术：GRTK实时内核、GLINK光纤现场总线和GDXF细分器。突破了五轴机床的几个关键部件：数控系统、伺服驱动器、智能电源、高精度磁感应式编码器、直线位置测量激光干涉尺、高精密高刚度大功率电主轴、高精度伺服电机、同步双驱控制器和力矩电机和双轴转台。累计申请各类专利300余项，其中，PCT国际发明专利6项，登记软件著作权40余项，参与制定国家和行业标准13项，联合培养数控专业人才200余人，参与发表各类论文100余篇，为我国的数控产业发展做出了积极贡献。

面向航天、航空、能源等重要领域，大连光洋科技集团研制开发了多个系列的高精度五轴高档数控机床，如图6.14所示。目前，大连光洋科技集团已累计向用户提供配套GNC系列光纤总线开放式五轴高档数控系统的各类五轴加工中心300余台。数字化和智能化是企业发展的大好机遇，大连光洋科技集团将按照“中国制造2025”计划的指引，向智能制造转型升级，目前正在向全智能化装备的目标进军。

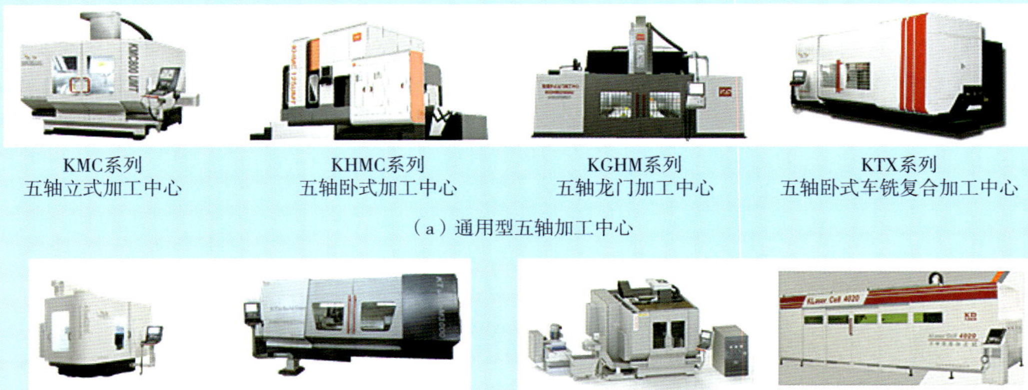

KMC系列 五轴立式加工中心　KHMC系列 五轴卧式加工中心　KGHM系列 五轴龙门加工中心　KTX系列 五轴卧式车铣复合加工中心

（a）通用型五轴加工中心

KToolG系列 五轴工具磨削中心　KTurboM系列 五轴叶片铣削中心

（b）专用型五轴加工中心

五轴短电弧-铣削复合加工中心　GLC系列 三维激光复合加工中心

（c）特种加工五轴加工中心

图 6.14　大连光洋科技集团几大数控机床系列

6.5.3　民生装备产业发展典型案例研究

1. 内蒙古伊利实业集团股份有限公司智能制造项目

该项目由内蒙古伊利实业集团股份有限公司承担，并搭建生产执行系统（manufacturing execution system，MES），并与 ERP、WMS、LIMS 等系统集成，实现了从生产计划、领料投料、产品入库全过程的精益化管理，提升了业务操作效率，提高了业务处理的及时性、准确性和合规性。如图 6.15 所示，通过生产设备互联，实现了信息技术与操作技术（operation technology，OT）的融合，实现了生产过程中前处理、罐包装等环节的生产过程数据和设备运行数据的实时获取、监控分析和全程追溯，并为全面生产管理在问题分析、问题识别和改进措施落地等方面提供了手段和保障，成为伊利集团数字化、智能化目标实现的有力支柱。

2. 经纬纺织机械股份有限公司“数字化纺纱车间”

经纬纺织机械股份有限公司成功研发了数字化棉纺成套设备，并在江苏大生集团建立了国内第一个数字化纺纱车间，如图 6.16 所示。该成套装备取得了多项创新成果，技术达到国际领先水平。该成套装备由多种国产数字化棉纺单机、输送系统及车间网络监控与管理系统组成，实现了粗纱、细纱、络筒工序间物料自动配送，能满足棉、化纤的高质量纺纱的质量要求，并大幅提高了生产效率。新建的武汉裕大华项目在单机智能化水平提升的同时，实现了全流程的物流自动化，全流程物流在线监控，积极创新夜间无人值守模式。

图 6.15　伊利实业集团股份有限公司智能制造项目

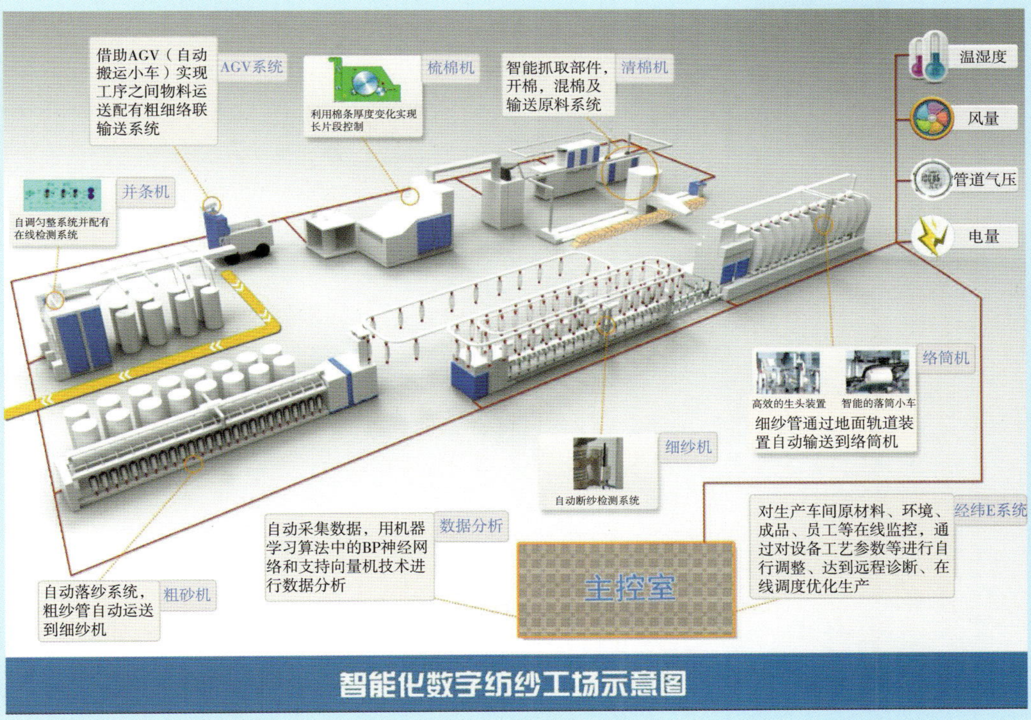

图 6.16　数字化纺纱车间

3. 医疗影像装备——计算机断层扫描

联影北斗 CT（computerized tomography，即 X 射线电子计算机断层扫描）（图 6.17）

时空探测器可以一次采集高达 3.6 亿条的海量体素信息，确保在达到 2 毫米 @ 0.3% 超高低密度分辨率的同时，实现 0.25 毫米各向同性空间分辨率。作为一个核心原创部件，该时空探测器提高了成像的速度和灵敏度，为心脏成像，特别是在冠心病、心脏搭桥、门静脉成像，以及上肢血管畸形等一系列临床领域带来了大量优质临床应用。此外，北斗 CT 的中枢控制单元通过对各环节核心硬件的协同控制，实现了临床快速扫描工作流与低剂量条件下的成像，不仅精确协同球管和探测器采集，精确控制扫描剂量，而且实现了探测器模块间纳秒级同步，在高速扫描的同时带来超清成像。该系统具备多种自适应运行模式，能够达到速度与精度的优化平衡，并采用智能方法同步纠正数据传输错误，确保数据精准无损传输。该系统还部署了系统安全预判网络，能够对核心硬件进行状态监控，实时反馈、诊断及处理故障信息。

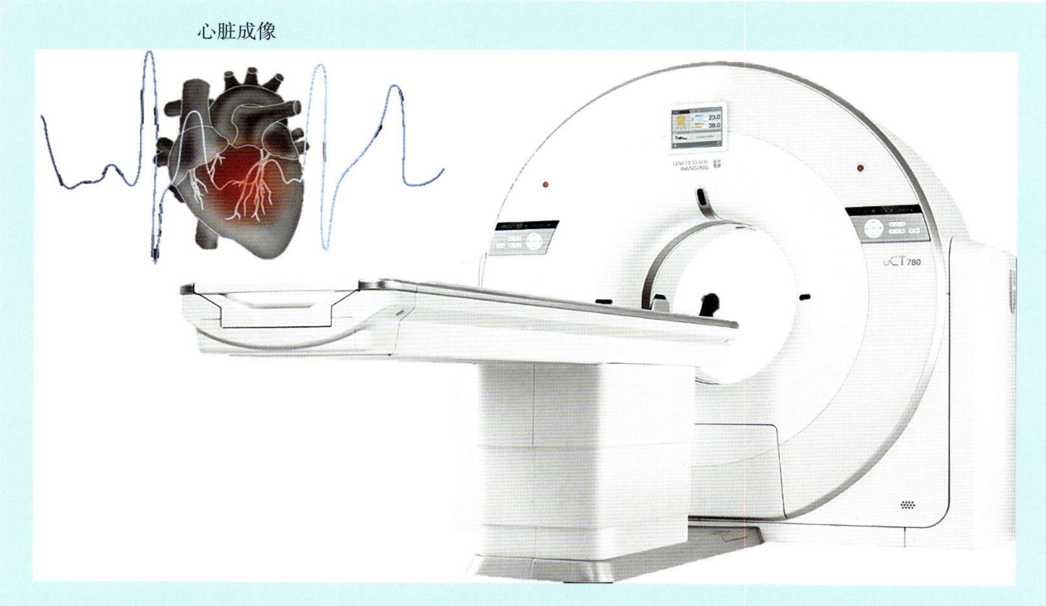

图 6.17　联影北斗 CT

6.6　对策措施及建议

6.6.1　空天装备对策措施及建议

1. 关键技术与核心元器件攻关

需要攻关的关键技术有：大推力火箭发动机及重型运载火箭技术，先进宇航动力及新概念运输系统技术，天地一体化系统及组网技术，长寿命、高可靠、高定位精度先进卫星平台技术，高性能、新型有效载荷技术，载人航天关键技术，深空探测关键技术，在轨维护与服务关键技术，航天产品制造关键技术。集中攻关包括航天高性能集成电路与混合集成器件、航天微波器件和高端 MEMS 器件等核心元器件。

2. 发展数字化、网络化、智能化设计制造

推进航天产品设计制造一体化工程，发展航天关键制造装备和智能智造成套装备。强化智能制造全生命周期各环节的衔接及设计思想在全生命周期中的贯穿；强化专家系统传达的设计理念在智能制造全生命周期各环节的准确表达与贯彻。

加快发展先进制造技术，同时研究其在智能制造技术执行模块中的融合与衔接，加强研究和优化先进制造技术在智能制造体系中的环境适应性。

3. 关键材料攻关

突破系列关键材料大规模、低成本、高质量一致性制备等关键技术，实现高性能、关键航天材料的国产化和自主保障。发展大尺寸高性能铝合金、轻质高性能镁合金 / 铝锂合金、高温高强钛合金、新型低成本超高强度钢等关键材料及构件、高性能特种密封材料、阻尼减震材料和功能涂层材料，突破高性能碳纤维、高性能陶瓷纤维和有机纤维及其复合材料的高性能、大规模、高质量工程化制备关键技术，提升工程应用化水平及技术成熟度；发展陶瓷前驱体、先进树脂基体及其复合材料，形成标准化、通用化、系列化、低成本化材料体系，缩短与国外先进技术水平的差距；发展高性能特种粉体材料、新型高密度含能材料制备技术与工程应用。

4. 开展应用示范工程与推广应用

开展行业、区域、产业化、国际化及科学技术发展等多层面的卫星遥感、通信、导航综合应用示范，加强空间信息资源共享及与新一代信息技术融合应用。开展天地一体化通信示范工程、核心元器件集成应用示范工程，示范和推广资源环境和生态保护、防灾减灾与应急反应、城镇化和区域及跨区域、行业及大众应用，以及边远地区信息惠民卫星综合应用。

通过“一带一路”空间信息走廊建设与应用示范工程，推进航天能力全球布局，推动实施金砖国家遥感卫星星座合作，加快建设“一带一路”空间信息走廊，推动海外建设遥感卫星地面接收站网、通信卫星关口站、卫星测控站网，以及卫星应用云平台与应用网络。

5. 完善战略支撑和保障措施

完善航空航天政策法规体系，深化体制机制改革，优化调整航天科研生产能力结构，建立开放协同供应链与产业链。进一步加强军民融合协同创新，充分利用民用先进技术与能力，形成航天技术重大原始创新和跨越发展能力。

6.6.2 智能制造装备对策措施及建议

1. 围绕重点产业链开展协同创新机制，加强国家专项支持

目前，引进、应用国外技术所带来的边际产出已经呈现递减趋势，应鼓励同行业或产业链上下游企业，围绕产业链发展，持续探索政、产、学、研、用的高效协同机制，推动政、产、学、研、用合作和组建产业创新联盟，鼓励建立跨界融合的协同创新中心，攻克影响高端装备产业的共性关键技术，加快推进中国智能制造标准的制定，提高创新技术在行业内的扩散和转换效率。同时，国家重大专项支持重点放在全面提升以智能制造装备为代表的工艺技术研发、关键零部件和整机的研发、制造和生产线集成技术的产业化水平上，着力攻克高端制造装备的可靠性和精度保持性技术。

2. 深化军民融合，增加智能制造装备市场供给

中国装备制造行业在军工领域应用成效显著，支撑保障能力稳步提高，但高端机床装备可靠性和精度保持性亟待提升，下一步要持续推进国产高端制造装备与军工行业深入合作，如积极搭建数控机床行业与军工、汽车等重点领域的产需对接平台，由高端装备企业与行业用户、科研院所协同开展预研，为用户提供包括设备及典型工艺方案、工艺数据库等在内的成套解决方案。更重要的是，在影响国防安全的军工企业，全面实施国产装备进口替代及国产装备智能化升级等重大工程。

3. 国家层面设立重大设备研制风险基金，培养隐形冠军

设立重大设备研制风险基金，主要用于支持装备制造业重大技术装备的研制与开发。加大金融对供给侧结构性改革和装备制造业稳增长、调结构、增效益的支持力度，引导金融机构加大对装备制造企业的支持力度。同时，支持中小企业主动承接产业和产品转移，适应产业化、集聚化和国际化的要求，加快由加工装配向自主研发创新延伸，加强制度、品牌、企业信息化建设，逐步改善产业、产品结构，为大企业提供优质产品和优良服务，伴随大企业的发展而发展。鼓励通过协作配套，发展地方特色鲜明的中小企业产业集群。将隐形冠军的培养作为工业强基的主要抓手，将核心技术、核心零部件元器件、大国重器掌握在自己手里，加大高端装备制造业前沿技术领域布局，加强创新链，打造产业链和产业群。

4. 建立相关国家实验室，构建完整的创新体系

我国智能制造装备产业的相关科技资源（人才、平台、经费和数据等）管理仍存在配置重复、协同不够、技术设备和数据缺乏共享等问题，这造成了科技资源的浪费。由于现有科研机构分块，机构之间缺乏有效协同；企业、高校和科研院所尚缺乏能够在更高层次上组织学科交叉，能够协同创新攻克战略性、瓶颈型等重大科学问题的能力。国家实验室有利于聚焦国家重大发展问题，被寄望于可跨部门和机构协调、整合和优化各类优质科技资源，推进科技资源开放共享，改善科技产出效率和质量。构建以国家实验室为引领的国家科研体系，改善我国目前科研基础体系结构不清晰、功能定位重复、资源缺乏共享等不足，形成以国家实验室为核心，布局合理、定位清晰，多层次，功能互补的协同型国家科研体系。

6.6.3　民生装备对策措施及建议

1. 建议国家统筹对民生装备领域的扶持政策

近年来，国家对民生装备领域的支持政策不断加大，但这些政策的共同特点就是以项目为中心，即以企业的新建或者改扩建项目为标底，对符合要求的项目奖励一定的资金，真正科技含量较高、追赶国际先进水平的关键技术和装备研发却得不到扶持，而这些正是需要政策支持的环节。因此，以行业协会的专家组成评审专家组，对装备企业真正用于补短板领域的装备研发进行直接支持，是提高政策效率的一种重要途径。因此，应统筹当前各项扶持政策，重点用于支持研发活动。

2. 充分发挥行业组织的作用

大部制改革后确立的我国行业组织体系已经建立，大部制部委和行业组织共同发挥作用的格局已经确立，但是从目前来看，行业协会更多地发挥了行业服务的职能，而对于行业的监管、对行业的深入研究，以及与政府配合方面还存在一定问题。因此，更大程度地发挥行业协会的专业作用应该是当前的共识。

在行业政策、行业细分领域的新技术发展趋势、企业的技术研发等方面，行业协会有着专业的优势，因此，在政府部委出台和执行相关政策时，更多的让行业协会参与进来，更有利于各项政策推出的适时性，也更有利于保障行业的长远健康发展。

3. 支持科技创新走向产业化

如对 3D 打印个性化医疗器械在定价、纳入医保等方面进行审慎积极的审批，大力推动这一高端医疗技术普惠大众。鼓励、支持和引导金融风险投资，支持创新产品的产业化。

审稿：卢秉恒　尤　政　屈贤明

参考文献

[1] Zhou J，Li P G，Zhou Y H，et al. Toward new-generation intelligent manufacturing[J]. Engineering，2018，4（1）：11-20.

[2] Wohlers T. Wohlers Report 2018[R]. 2018.

第 7 章

新材料产业篇①

【内容提要】橡胶材料是国民经济和国防工业的重要战略物资，最宝贵的性能是大变形下展现出的高弹性，来源于橡胶材料的柔性长链大分子和无规线团聚集结构[1]。从 2014 年起我国橡胶材料工业总产值连续 4 年超过万亿元，橡胶材料产品超过 7 万件，范围从航空航天、高铁汽车，到建筑桥梁，再到舰船潜艇，从衣食住行到生命健康，从电子通信再到机器人和人工智能[2]。全球每年橡胶材料耗量超过 2 800 万吨，超过 60% 应用在轮胎领域，虽然比钢铁、水泥等材料少很多，但正是橡胶材料的柔性链接，赋予我们高速运转及安静平稳的现代文明生活，因此，可以说现代文明是运行在橡胶轮胎上的文明。

核能用钢材料产业首先简要介绍我国大型先进压水堆核电站用钢产业的发展现状、发展过程中存在的问题和未来发展趋势。其次采用核电用钢产品、技术、市场、政策等多视角研究方法，对我国压水堆核电站核岛蒸汽发生器传热管用 Inconel690 合金管研制过程进行深度专题案例分析。最后针对我国战略性新兴核能用钢产业，提出促进其稳健和高质量发展的政策建议。

新材料产业是国民经济的先导产业，也是其他战略性新兴产业发展的基础。我国高度重视新材料产业的发展，“十三五”以来，新材料产业在国家相关政策指导下保持高速发展，2017 年产业规模达到了 3.1 万亿元，年均增长率超过 25%。同时，

① 橡胶材料产业：张立群、张继川、齐润通、李德新、吴晓辉、雷昌纯。核能用钢材料产业：刘正东、何西扣。

新材料研发和应用也取得了长足进步，工程技术水平日益提高，具有自主创新能力的新材料产业体系正在形成，为我国以信息、生物、新能源、轨道交通、航空航天等为代表的高技术产业突破技术瓶颈、实现跨越发展提供了强有力的支撑。

《中国战略性新兴产业发展报告》新材料产业篇每年选取若干新材料产业领域进行介绍。《2016 中国战略性新兴产业发展报告》中的新材料产业篇系统阐述了高性能稀土永磁材料产业、高性能高分子复合材料产业、高性能轻合金材料产业、先进电池材料产业。《2017 中国战略性新兴产业发展报告》对我国新材料产业“十二五”以来的整体情况进行了介绍，重点分析了新材料竞争力提升工程、新材料协同应用工程、基础材料升级换代工程、前沿新材料先导工程。《2018 中国战略性新兴产业发展报告》则选取了宽禁带半导体材料产业、新型显示材料产业、特殊钢材料产业、新型陶瓷材料产业进行分析，并提出了相应的建议。

《2019 中国战略性新兴产业发展报告》新材料产业篇选取橡胶材料和核能用钢材料两个产业，首先系统介绍它们的国内外发展现状及趋势、发展过程中存在的问题，其次对领域内典型案例进行分析，最后提出促进产业健康稳定发展的政策建议。

7.1　橡胶材料产业

7.1.1　橡胶材料产业的概念和范畴

按照原料来源可将橡胶分为合成橡胶和天然橡胶。合成橡胶是以化石产品为原料，采用化学方法人工合成的一种有机高分子弹性体。按照聚合物主链特征，可分为不饱和碳链橡胶、饱和碳链橡胶、杂链橡胶和元素高分子橡胶等四类。产业范畴包括：一是丁苯橡胶（styrene butadiene rubber，SBR）、顺丁橡胶（butadiene rubber，BR）、异戊橡胶（isoprene rubber，IR）、丁基橡胶（isobutylene isoprene rubber，IIR）、丁腈橡胶（nitrile-butadiene rubber，NBR）、乙丙橡胶（ethylene propylene rubber，EPR）、氯丁橡胶（chloroprene rubber，CR）等七大基本胶种；二是氟橡胶（fluororubber，FR）、硅橡胶（silicone rubber，SiR）、聚氨酯橡胶（urethane rubber，UR）、氯磺化聚乙烯橡胶（chlorosulfonated polyethylene rubber，CPR）、丙烯酸橡胶（acrylic rubber，AR）等特种橡胶；三是苯乙烯系嵌段共聚物（styrene block copolymers，SBCs）及其改性产品；四是以丁苯胶乳（styrene butadiene rubber latex，SBRL）为代表的胶乳类产品；五是以合成橡胶为主要组分的各种复合材料。

天然橡胶特指从巴西橡胶树上采集的天然胶乳，经过凝固、干燥等工序制成的弹性体，产业概念和范畴包括：天然橡胶的制备和应用，天然橡胶基纳米复合材料的制备与应用，天然橡胶化学改性新品种等。

橡胶制品是以生胶为主要原料，配合各种助剂，经炼胶、压延、成型、硫化等工序制造的各类产品，其共同特点是具有特殊的高弹性。橡胶制品种类和规格繁多，按产品应用领域来分包括轮胎、胶管、胶带、胶鞋、橡胶制品及乳胶制品等。

7.1.2　2017 年以来橡胶材料产业发展最新国际动态及趋势分析

在合成橡胶方面，国际合成橡胶生产者协会（International Institute of Synthetic Rubber Producers，IISRP）统计，截至 2017 年底，世界上共有 28 个国家和地区拥有合成橡胶生产装置，产能共计 2 052 万吨 / 年。其中，中国产能 582 万吨 / 年，占世界总产能的 28.4%；美国产能 310 万吨 / 年，占 15.1%；韩国、日本、俄罗斯产能分别为 195 万吨 / 年、172 万吨 / 年和 169 万吨 / 年。上述五国合成橡胶产能占世界总产能的 69.6%。目前，仅中国、美国和日本三国可以生产全系列合成橡胶产品。2017 年世界共生产合成橡胶 1 505 万吨，合成装置平均利用率 72.8%；消费合成橡胶 1 519 万吨[3]。

全球主要的合成橡胶公司简述如下：①朗盛公司为全球生产能力最大的合成橡胶企业，2015 年产能达到 203 万吨，其 E-SBR（emulsion styrene butadiene rubber，即乳聚丁苯橡胶）、NBR、BR、CR 和 IIR 产能位居世界前列，牌号齐全。2018 年朗盛公司的合成橡胶业务出售给沙特阿美石油公司。②锦湖石油化学公司目前主要生产 SBR、BR、NBR 和 SBCs，产能 87 万吨，规模雄居全球第 3［第 2 为中国石油化工集团公司（简称中石化），产能 90 万吨］。其中 E-SBR（37.1 万吨）和 BR（36.9 万吨）能力均居世界前列。③美国固特异轮胎橡胶公司为美国最大、世界第 4 的合成橡胶生产厂家，年产能力 77.5 万吨，生产 S-SBR（solution polymerized styrene butadiene rubber，即溶聚丁苯橡胶）、E-SBR、BR 等产品，技术实力雄厚。④埃克森美孚公司为世界最大和最老的合成橡胶企业之一，主要生产 IIR 和 EPDM（ethylene-propylene-diene monomer，即三元乙丙橡胶），总计本部产能 68.7 万吨，合资产能 19 万吨。⑤西伯尔为目前俄罗斯最大的轮胎橡胶企业集团，生产 i-SBR、BR、IR、NBR 和 IIR，产能 65.3 万吨，位居世界第 6 位。⑥日本 JSR 株式会社主产 E-SBR、NBR、BR、S-SBR、IR、IIR 和 EPDM，产能 54.3 万吨，位列世界合成橡胶产能第 7 位。⑦宝力米-欧罗巴是欧洲最大的合成橡胶企业集团，主要生产 E-SBR、BR、S-SBR、SBCs、EPDM 等，产能为 52 万吨。⑧瑞翁株式会社是世界上生产合成橡胶品种最多的企业，总生产能力为 41.6 万吨，居世界第 9 位，E-SBR、NBR 技术已输出到国外。

上述世界著名合成橡胶公司注重技术创新和新产品的研发，对于市场需求较为敏感，时刻把握市场对合成橡胶的需求，进行针对性产品开发。目前合成橡胶技术向着高效合成、绿色环保合成、功能化合成和高性能化合成发展。在缩减中低端牌号通用橡胶产能的同时，逐步扩大高端功能化、高性能合成橡胶的产能，力求利润最大化。例如，E-SBR 向着提高单体转化率、引入功能性单体以改善产品性能、使用新型乳化剂和调节剂、使用无害绿色终止剂的方向发展；S-SBR 向着节能降耗的合成工艺路线方向发展；BR 向着高顺式及分子量分布可调方向发展；CR 和溴化丁基橡胶将会替代 IIR 在轮胎工业领域得到更大应用[4]。

在天然橡胶方面，天然橡胶生产国联合会（Association of Nature Rubber Producing Countries，ANRPC）最新报告显示，2017 年全球天然橡胶产量 1 328.2 万吨，同比增长 6.9%。其中 ANRPC 成员国增长 6.4%。就产量增速来看，柬埔寨以 33.1% 的增幅领跑各国，其次为印度的 15.2% 和越南的 11.3%。泰国增长 1.9%，中国增长 3.1%。同时，该报告指出，2017 年全球天然橡胶消费量同比增长微增 1.4% 至 1 290.4 万吨。其中，中国下滑 1.8%，印度增长 3.2%，泰国增幅达到 7.7%。出口方面，ANRPC 成员国共出口 986.2 万吨天然橡胶（含复合胶、混合胶），同比增长 8.8%，净增 80 万吨。其中，印度尼西亚出口较 2016 年净增约 50 万吨，泰国同比微增 0.4%[5]。

由于东南亚气候条件与南美洲热带雨林气候非常相似，东南亚出产的天然橡胶产量高且品质优良。此外，在高性能天然橡胶的开发方面，在日欧美的帮助下，东南亚天然橡胶，如高性能脱蛋白天然橡胶、恒黏天然橡胶等取得了领先地位。

橡胶制品方面，在轮胎领域，国外大公司数量少，但是集中度高，2015 年全球前 10 大轮胎公司销售额为 1 133 亿美元，占全球轮胎工业总销售额的 63%。10 大轮胎公司中欧洲 3 家（米其林、大陆轮胎、倍耐力）、日本 3 家（普林斯通、住友橡胶工业、横滨轮胎）、美国 1 家（固特异）、韩国 1 家（韩泰轮胎）、中国台湾 1 家（正新橡胶工业）、中国大陆 1 家（杭州中策橡胶集团）。同样国外大型轮胎企业注重技术创新与新产品开发，对于市场敏感度高，能够快速应对市场的需求，实时压缩中低端轮胎产能，不断扩大高性能轮胎的产能。世界轮胎产业向着节能降耗的绿色轮胎发展。

此外，世界非轮胎橡胶制品 50 强企业基本由美国、日本和欧盟包揽。首先是美国有 15 家企业，合计销售额为 161.7 亿美元，占 50 强销售总额的 30.1%；其次是日本有 14 家企业，合计销售额为 136.5 亿美元，占 50 强销售总额的 25.4%；最后是德国有 8 家企业，合计销售额为 100.9 亿美元，占 50 强销售总额的 18.8%。这三国合计占 50 强销售总额的 74.3%。

7.1.3 2017 年以来橡胶材料产业发展最新国内动态及趋势分析

中华人民共和国成立后，我国橡胶工业从无到有取得了长足进步，目前可基本满足我国国民经济和国防军工产业的需求。但是我国某些高端牌号的合成橡胶、高性能天然橡胶，以及高端橡胶产品仍需进口，需要下大力气攻关，逐步实现国产化[6]。

我国合成橡胶工业是在自主创新和引进技术的基础上起步的，并在自主创新、消化吸收和再创新的过程中逐渐发展壮大。截至 2017 年底，我国合成橡胶产能 582 万吨 / 年，占世界总产能的 28.4%，其中中石化（产能 90 万吨）和中国石油天然气集团公司（以下简称中国石油）（产能 41 万吨）为我国最大的两个合成橡胶企业，在全球按生产能力可排第 2 位和第 10 位；2017 年我国消费合成橡胶 478 万吨，占全球消耗量的 31.5%。

历经半个多世纪的积累，中国业已掌握了主要合成橡胶品种的成套生产技术，并围绕技术要点，形成了自主的知识产权。例如，中国石化齐鲁石油化工公司和中国石油吉林石化公司在消化吸收引进技术的基础上，改进和优化了工艺流程，开发了 10 万吨 / 年 E-SBR 技术，并用于新建装置，技术经济指标明显改善。中国石化燕山石化公司采用自主开发的间歇法 S-SBR 生产技术建成国内第一套 1.5 万吨 / 年的生产装置，目前产能已经扩大到 3.0 万吨 / 年。兰州石化公司消化吸收引进 NBR 生产技术，并在此基础上独立完成了 5 万吨 / 年 NBR 生产装置的设计、施工和建设，生产的 NBR 牌号逐步向高端延伸。中国石油吉林石化公司消化吸收引进日本三井化学 EPR 技术，完成了 2.5 万吨 / 年 EPR 生产技术工艺包的开发，并完成 EPR 扩能改造。此外，结合橡胶工业产品结构升级对合成橡胶品种牌号的新要求，我国合成橡胶新产品开发也随之加快，主要品种和牌号不断完善。例如，中国石化燕山石化公司开发了充油产品 BR9001 和高顺式 - 稀土顺丁橡胶，顺式 -1,4 结构含量大于 97%，产品定位于高性能子午线轮胎的胎面胶和胎侧胶市场。中国石化北京化工研究院燕山分院自主开发的支化丁基橡胶 S-IIR 1451 新产品已经投产。该产品易于加工混炼，定型收缩率低，其制成品的拉伸强度、扯断伸长率和撕裂强度更高；用于生产轮胎硫化胶囊可大幅度延长使用寿命。

虽然我国合成橡胶取得了很大的成绩，但是与世界发达国家相比，还有一定的距离。我国是合成橡胶大国，还不是合成橡胶强国。以 2017 年为例，我国消费合成橡胶 478 万吨，自产 355 万吨，大部分是通用型中低端牌号产品；进口 161 万吨，大部分属于高端牌号合成橡胶。例如，国外氟橡胶品种多样，包括配合胶共有 50 余种，仅杜邦公司一家就拥有 30 多个 FR 品种。而我国 FR 品种不足 10 种，生产厂家多以生产 26 系列胶为主。新产品，如磷腈氟橡胶、用于半导体工业的高纯 FR 还未正式投放市场，而国外这些产品早在 20 世纪八九十年代就已经实现了商品化。此外，我国卤化丁基橡胶（halogenated isobutylene-isoprene rubber，HIIR）国产产品市场占有率仅为 5.6%，国产 EPDM 市场占有率仅为 8.1%，NBR 高端牌号也主要依靠进口。

在天然橡胶方面，我国是世界上最大的天然橡胶消费国和进口国，2017 年我国消耗 540 万吨，产量为 80 万吨，进口天然橡胶（含天然橡胶原胶、复合橡胶和混合橡胶）总量为 566.5 万吨，对外依存度超过 80%。并且受胶价低迷的影响，2012 年以后我国产量逐年下降。此外，由于我国天然橡胶种植纬度较高，气温较低、长年多风，实际的气候条件不太适宜三叶橡胶树的生长。虽然我国培育了一系列抗寒和抗风的优良品种，如中国热带农业科学院橡胶研究所培育的“热研”抗风系列，云南省热带作物科学研究所培育的“云研”抗寒系列，但其产量和质量均与东南亚天然橡胶有差距，如马来西亚天然橡胶平均亩产接近 100 千克，而我国仅 60 千克。在质量方面，我国天然橡胶仅能满足一般民用产品的生产需求，而航天航空及部分军工产品所需的高档天然橡胶原料 100% 依赖进口。2013 年，海南天然橡胶产业集团股份有限公司（以下简称海胶集团）与曙光橡胶工业研究设计院联合进行科技攻关，终于在 2015 年取得突破，自主研发的航空轮胎天然橡胶通过空军装备部验收，可以替代进口，但距离建成高档天然橡胶自主保障体系的目标，还有很长的路要走。特别是在目前严峻的产业形势下，将天然橡胶的供应安全上升到国家战略，保障国防安全，显得尤为迫切[7]。

在橡胶产品方面，2015 年中国轮胎产量增长到 5.3 亿条，占到全球轮胎产量的三分之一还多，是名副其实的轮胎制造大国，但不是轮胎制造强国。中国生产的轮胎以中低端为主，高端产品比例不高，主要依靠低廉的价格打开市场，特别是欧美市场，为此中国轮胎两次遭受美国商务部“双反”（反倾销、反补贴）调查，损失严重。2015 年世界轮胎排行榜前 10 的制造企业中，中国大陆仅有杭州中策橡胶集团上榜，排在第 10 位。2015 年全球轮胎企业前 75 强，中国有 29 家轮胎企业上榜，总销售额为 259.075 亿美元，占到当年全球轮胎企业 1 799 亿美元总销售额的 14.4%，还赶不上日本普利司通一家轮胎企业的销售额（260.45 亿美元），这与中国轮胎企业占全球三分之一轮胎产量的生产能力严重不符。

在非轮胎制品领域，据不完全统计，目前中国拥有各类橡胶制品生产企业约 3 000 多家，其中以中小微企业居多。由于橡胶制品行业规模经济效益日趋明显，国家政策导向也趋于扶优扶强，再加上下游主机或者零部件行业对橡胶制品供应商自主设计、检测、质量管理、交货能力的要求日益严格，小规模的企业很难满足要求，因此将给龙头企业提供难得的扩张机会。经过“十二五”期间的发展，我国橡胶行业已呈现出两极分化的趋势，一边是骨干企业迅速壮大，有的已发展成为跨国公司，另一边是小微企业逐渐消亡。

合成橡胶方面的发展趋势[8]：

（1）原料来源多元化。合成橡胶所需的苯乙烯、丁二烯、异戊二烯等单体主要来源于化石基原料，如石脑油裂解制乙烯副产碳四馏分抽提制丁二烯；液化石油气（liquified petroleum gas，LPG）副产品经催化合成苯乙烯、丁二烯、异戊二烯；煤化工制甲醇催化制备橡胶单体。鉴于化石能源的不可再生性，以及还会新增大量温室气体，开发更清洁的可再生能源成为缓解能源供应矛盾、应对气候变化的重要途径。

近年来，美国合成橡胶生产商与生物科技公司合作，共同开发了生物基异戊二烯，合成出了生物基异戊橡胶。日本合成橡胶生产商利用植物的糖分发酵制备丁二烯，继而合成出生物基聚丁二烯橡胶。德国朗盛公司利用谷物中发酵生产的异丁醇，经催化脱水转化为异丁烯，最后合成出生物基丁基橡胶。预计在未来 5 ～ 10 年，生物法制备丁二烯、异戊二烯技术将愈发成熟，有望成为合成橡胶行业新的原料来源。

（2）生产工艺绿色化。根据《中国制造 2025》，到 2020 年，单位工业增加值能耗比 2015 年下降 18%；单位工业增加值 CO_2 排放量比 2015 年下降 22%；单位工业增加值用水量比 2015 年下降 23%；工业固体废物综合利用率达 73%。为实现这一目标，发展环境友好型合成橡胶生产工艺技术，实施合成橡胶产业的绿色化工程是大势所趋。环境友好型合成橡胶生产工艺的开发方向：一是能源的综合利用；二是生产装置效率的提高；三是采用环保型助剂。

（3）生产制造智能化。目前，我国合成橡胶生产企业都基本实现了生产过程自动化控制。但在研发、生产、管理和服务方面，还未实现智能互联。因此，依托企业资源优势，紧扣关键工序智能化、供应链优化，建设智能合成橡胶示范工厂，实现到2020年示范项目运营成本降低30%，产品生产周期缩短30%，不合格品率降低30%的目标。

（4）产品性能差异化。在国内合成橡胶生产能力过剩的情况下，应在确保现有市场供应的基础上，依据下游市场的消费特点，开发具有特定用途的专用牌号，利用产品性能的差别化来满足市场需求，扩大盈利空间。此外，合成橡胶的改性技术也是新品种开发的重要手段。改性技术最突出的方向是化学改性技术（如卤化、环氧化、羧基化、羰基化、磺化和氢化等）、共混改性技术、动态硫化技术与增容技术、互穿网络技术，以及其他改性技术等。

我国天然橡胶产业发展趋势是制备高性能军用天然橡胶、天然橡胶基纳米复合材料和天然橡胶化学改性新品种，改变我国天然橡胶质量差、加工工艺落后的局面，改变军用天然橡胶严重依赖进口的局面，同时利用纳米复合技术和化学改性技术制备天然橡胶基纳米复合材料和天然橡胶化学改性新品种，实现天然橡胶的国产天然橡胶的高端化、高附加值化和高科技含量。

第一，军用高性能天然橡胶生胶制备与应用。揭示天然橡胶的组分、分子量、微观结构与动静态性能的耦合关系与作用机制，克服国产天然橡胶强度低、生热高的劣势，制备强度高、生热低、耐老化的高性能国产生胶，应用于军用轮胎领域，改变军用天然橡胶严重依赖进口的局面。

第二，天然橡胶基纳米复合材料制备与应用。采用纳米复合技术赋予天然橡胶新的功能，如采用层状硅酸盐（黏土）二维纳米薄片提高天然橡胶抗切割、耐破坏性能；采用高填充白炭黑制备高性能“绿色轮胎”，改善抗湿滑、低滚阻、耐磨耗等性能；实现石墨烯在天然橡胶领域中的应用，赋予天然橡胶导电、导热、高强特性等。

第三，天然橡胶化学改性新品种。天然橡胶分子中含有不饱和双键，故其耐热氧老化、耐臭氧性和抗紫外线性较差，天然橡胶的化学改性就是建立在改变双键的思路之上，如环氧化、氢化和卤化等。以环氧天然橡胶为例，在橡胶分子链的双键上引入了环氧基团，使橡胶分子的极性增大，分子间的作用力加强，从而使天然橡胶产生了许多独特的性能，主要有优异的气密性、优良的耐油性、与其他材料间的良好黏合性、与其他高聚物较好的相容性等。

橡胶制品方面，以轮胎为例，其发展趋势将逐步向智能化和绿色化发展。2016年7月1日，工业和信息化部批准的轮胎用射频识别（radio frequency identification，RFID）电子标签四项行业标准正式开始实施，RFID电子标签标准得到统一，标志着我国智能轮胎正在从概念走向现实。

此外，随着人们环保意识的日益提高，“绿色轮胎”也必将成为轮胎产业的主流轮胎。“绿色轮胎”是一种低滚动阻力、高湿地抓着力、高耐磨耗性和低噪声的节能环保轮胎，与普通轮胎相比，可以减少汽车的能耗，有明显的性能优势及经济效益，这与中国可持续发展道路理念相符。

7.1.4　橡胶材料产业发展存在的问题

在合成橡胶方面，存在以下四点主要问题：第一，投资缺乏理性，部分胶种产能过剩。中国合成橡胶产能严重过剩，如2017年国内合成橡胶产量共计355.7万吨，有效产能利用率为61.1%。其中共有53.4万吨/年产能全年停产，涉及5个胶种，闲置率最高的是IR，42.1%的产能全年停产。第二，依靠传统技术，新建装置技术水平不高。新装置基本沿袭20世纪八九十年代的传统技术。例如，国内E-SBR和S-SBR装置完全使用20世纪90年代技术生产；BR、SBCs采用20年前技术的产能占总产能的比例分别达到95%和92%。第三，产品同质化问题严重，新产品推广难度大。与国际先进水平相比，中国合成橡胶牌号明显偏少，不少特殊用途牌号依然要依赖进口。例如，国外公司有上百个牌号的NBR，我国NBR生产技术水平最高的企业也仅有20多个牌号，其中，超高腈NBR、羧基丁腈、氢化丁腈、粉末丁腈等牌号产品主要依靠进口。第四，长期封闭市场，整体开工率低。“十二五”之前，中国的合成橡胶一直供应偏紧，需要靠进口补充国内供应的不足。因此，国家没有制定相应的鼓励产品出口的政策，大多产品出口退税为零或很低，导致出口贸易成本增加，削弱了国产商品的价格竞争力。与此同时，为抢夺中国市场份额，国外大企业采取低价销售策略，以压制中国企业产品。当前，合成橡胶一般贸易方式下进口关税为0（新加坡）和7.5%，海外竞争对手利用新加坡的零关税优惠政策，新建及扩建合成橡胶装置，其产品大量出口中国市场。海外竞争对手在其生产国出口时，多采用零税机制。而中国产品多了17%增值税的成本。这样，中国制造企业一方面受进口产品低价压制，另一方面又不能出口到海外，内外交困，导致整体开工率较低。

天然橡胶方面，目前我国已经形成以海南、云南为主的种植区域，年产天然橡胶80万吨（全球排在第5位），需求量在全球排第1位，为566万吨，自给率不到15%，尽管我国已经启动一些保护性手段，如进口关税等，但由于美元定价权受金融大鳄操控、新产胶国的低成本因素等，我国天然橡胶价格将长期维持在成本价区间。从事天然橡胶实业的企业都在微利甚至亏损状态下苦心经营，无力在创新发展方面投入，提升装备、投资研发更是力不从心[9]。

军民两用高端天然橡胶完全依赖进口（马来西亚、印度尼西亚、菲律宾、越南、泰国），如军用直升机弹性轴承、坦克负重轮，以及高端民用的高铁减震件、汽车减震件用的耐疲劳高品质恒黏胶等都完全依赖海外进口。但由于进口渠道限制，采购特定要求的高性能天然生胶比较困难，同时进口天然生胶也存在禁运风险，上述因素制约了我国高端天然橡胶材料的生产。

由于原料质量控制差、加工工艺技术落后、加工装备破旧等，国产天然橡胶只有基础低端原料胶产品，仅应用于低端的制品、低端车用轮胎等对原料胶质量要求不高的行业。

橡胶制品方面，以轮胎为例，普遍存在的问题：第一，产量大，体量小。2017年全国生产轮胎6.3亿条，但中低端轮胎产品明显过剩，处于恶性竞争状态，中高端轮胎产品紧缺，基本被外资企业所垄断（尤其是原配轮胎方面）。全球总计约600家轮胎企业，中国有300多家，占了一半多。虽然中国进入世界75强的企业较多、发展速度较快，中国大陆企业29家、中国台湾企业5家，但总销售额偏低。中国所有轮胎企业的销售额加起来基本和日本普利司通的销售额相当，进入前10的企业仅有杭州中策橡胶集团，排名第10。第二，技术创新薄弱，利润率较低。中国轮胎企业所谓的新产品、新技术多以模仿为主，不是真正意义上的创新。虽然在局部技术方面有所突破，但在整体技术研发上还没有跟上主流发达国家的研发步伐，在高端产品领域很难与国际巨头抗衡。在粗放发展中，技术进步和产品升级较慢，轮胎行业利润普遍偏低，平均在2%～3%。第三，中长期战略目标不清晰。中国轮胎企业普遍缺乏企业的战略规划能力，在制定战略时，更多地还是关注营业额或利润等财务指标的设定，忽略了企业的战略定位以及如何实现战略目标的举措。第四，品牌口碑普遍不高。中国轮胎产品的品牌口碑远不如外资品牌。实际上，在一些通用乘用车胎方面，国内一些轮胎品牌，如玲珑、万力、朝阳等品牌的质量已经不输于国外相关品牌，央视2套财经频道也做过相关报道，其中玲珑品牌还实现了给德国大众汽车配套供货。但是在产品宣传、售后服务方面与国外大公司还有差距，造成不属于高端产品的印象。

7.1.5 橡胶材料产业发展典型案例研究

海胶集团采用北京化工大学研发的“乳液复合制备天然橡胶基纳米复合材料技术”，实现了万吨级纳米黏土天然橡胶的制备与应用，并于2018年1月通过鉴定，关键技术处于国际领先水平[10]。这是国际少有的纳米复合材料规模化制备与应用的成功案例，从理论研究到应用共经历了三个阶段：

（1）实验室理论研究阶段。炭黑、白炭黑等球形颗粒已经在工业界广泛应用，黏土想要实现应用，当务之急是要开发不同于炭黑和白炭黑的功能性。在实验室阶段，证实了二维纳米薄片具有钝化支化裂纹尖端、延长裂纹增长路径、延缓裂纹扩展速度、提高耐切割性能等特性，并与分子模拟技术相结合，进一步证实了黏土片层在抗切割、耐破坏方面的独特优势，相关成果发表在学术杂志上，并申请专利进行知识产权保护。

（2）工业化放大制备阶段。从实验室小剂量制备到工业化规模化制备要结合工厂实际开展，本项目在基本不改变现有生产工艺条件下，通过大直径水力旋流器和高剪切胶体磨制备黏土/水纳米分散液，通过硅烷类和大分子吡啶类界面剂调控黏土相和橡胶相的界面相容性，通过三相并流体系解决黏土无机相与天然橡胶有机相自凝固和共凝固问题，实现了万吨级规模化制备。

（3）工业化产品应用阶段。工业化产品应用瓶颈之一是寻找产品适宜的应用领域，充分发挥其功能特性。在本项目中，充分利用黏土二维纳米薄片抗切割、耐破坏特性，应用于矿山专用全钢子午线工程轮胎胎面中，解决现有轮胎遇到尖锐石块时容易出现的崩花掉块难题，使轮胎的使用寿命至少提高 20% 以上。

7.1.6　对策措施及建议

1. 合成橡胶产业

（1）加强基础科学研究。我国合成橡胶多年来注重市场、产品开发，对技术开发过程中的重大或重要基础科学问题重视不够，因此，加强基础科学的研究势在必行。研究橡胶微观结构、聚集态结构、交联结构与材料应力应变、拉伸结晶、黏弹性等性能的关系。建立微观结构与宏观形态、应用性能的内在关系模型，为橡胶新产品和新牌号的开发提供理论依据。开展反应器型式与结构，以及反应器内传质传热、流场分布、温度场分布等与产品质量相关关系的研究，为开发新型反应器提供依据。

（2）科学规划产业发展。我国合成橡胶产业应相互协调，共同制定科学的行业发展规划，高效清洁利用石化能源，共同探求可持续发展之路，促进资源合理配置。例如，E-SBR、BR、SBCs 和 NBR 四大品种已具有较强核心技术支撑，国内企业具备了配套原料供应能力。E-SBR、SBCs 和 BR 等国内产品市场占有率较高，是国内装置能力、产量和消费量最大的合成橡胶品种，但目前已建和在建装置较多，会出现阶段性过剩，不宜新建装置。

（3）政策引导高性能橡胶配套资金，高性能橡胶往往突破以往技术范式，不能直接替代原有材料。在发展的萌芽期，虽然有产品价值、社会价值，但因前期研发投入大、折旧成本高，往往难以维系企业后续的运营和发展。因此，建议政府有关部门引导高性能材料发展配套资金，鼓励下游企业采用自主品牌新产品，提供创新型合成橡胶生产企业长周期的资金支持。

（4）鼓励企业参与国际产能合作，建议海关提高合成橡胶的出口退税率。鼓励国内企业参与国际产能合作，接触全球用户。在世界性产能过剩的背景下，寻找利基市场，化解国内合成橡胶产能过剩、消费需求增速放缓的矛盾。同时，密切跟踪海关进口动向，对于国外产品低价倾销行为采取必要的贸易保护措施，防止进口产品对中国合成橡胶产业的损害，切实保护并促进产业持续、健康发展。

2. 天然橡胶产业[11]

（1）推进国家核心胶园和特种胶园建设。由于种植、初加工等生产方式不同，国产天然橡胶无法满足新一代兵器高端橡胶制品领域性能和质量要求。加快在优势植胶区划定国防专用的特种胶园，革新胶园抚管、割胶和加工技术措施，开发高性能特种橡胶，逐步实现我国军用高端天然橡胶国产化。

（2）以科技创新为驱动力，加快我国天然橡胶产业关键领域的科技研发和推广应用。加大高性能天然橡胶基纳米复合材料、新型天然橡胶化学改性新品种、加工工艺升级等科技投入，加快突破天然橡胶高值化及绿色化加工关键技术，并实现产业化。加强军民融合新产品产业化、基地认证、融资、人才引进、税收等方面补贴支持，尽快形成产业聚集，不断增强我国天然橡胶军工服务和军民融合创新能力。

（3）积极发展生物基橡胶。近年来，石油资源的紧缺和持续攀升的石油价格对化工行业造成了很大的冲击。丰富的生物资源被认为是绿色化工原料的未来出路，越来越多的化工产品可通过生物资源得到，其中包括 1,3- 丙二醇、1,4- 丁二醇等常用的化学原料，进而合成出新型生物基弹性体，北京化工大学在这一领域走在了世界前列，目前已经合成出生物基聚酯橡胶和生物基衣康酸酯橡胶，目前正向着产业化方向发展。大力推动蒲公英橡胶、杜仲胶等“新兴天然橡胶产业”的发展。蒲公英橡胶与天然橡胶分子结构相同，可实现二者的相互替代，并且蒲公英橡胶草适合在我国“三北”地区种植，极大拓展了我国天然橡胶产业的空间布局。此外，根据中国等国家对杜仲胶的开发应用最新成果，利用杜仲胶的橡-塑二重性、优良的共混性和独特的集成性的开发进入一个新高度，使利用杜仲胶制造抗振防噪工程制品和“绿色轮胎”等成为可能。为了世界橡胶工业长远持续发展，建议各国专家共同合作，推动杜仲胶等“新兴天然橡胶产业”的发展。

3. 橡胶制品产业

（1）建设行业基础理论和共性技术研究开发平台。进行橡胶制品行业新技术基础研究、新材料的应用、新产品的研发，为中小企业的产品优化设计、数字化制造和检测试验技术及装备、标准化等方面提供公益性服务，向企业有偿转让科技成果。

（2）国家有关部委应设立橡胶制品产业化发展专项。建议国家有关部门尽快设立橡胶制品产业化发展专项，重点支持相关企业的发展，促进其产业化进程，支持高端橡胶制品开发。通过专项的实施，带动整个橡胶制品行业快速发展。为了提高重点企业技术开发能力、装备自动化水平和信息管理化水平，国家有关部门应安排一定的资金额度，支持有条件的企业进行技术改造，对这些企业给予资助和贷款贴息。

7.2　核能用钢材料产业

7.2.1　核能用钢材料产业的概念和范畴

核能是清洁、高效并可经济地大规模部署的一次能源。我国核能技术源于军、兴于民，是军民深度融合发展的战略性新兴产业。核电站等核能设施的核岛和常规岛主要设备基本采用先进钢铁材料制造，因此先进钢铁材料是支撑核能发展的基础性材料技术。我国是世界上唯一同时开展“二代加”CPR1000 压水堆核电站、第三代百万千瓦大型先进压水堆（AP1000、EPR、华龙一号、CAP1400 等）、第四代核反应堆（高温气冷堆、快堆、熔盐堆、超临界水堆等）和其他未来堆型研究与工程化的国家。但是，我国已经大规模开展工程建设的只有大型先进压水堆核电站，高温气冷堆和钠冷快堆都还处于工程示范堆建设阶段，其他堆型均处于实验研究阶段。因此，本章战略性新兴产业报告涉及的核能用钢的概念和范畴仅限于大型先进压水堆核电站工程[12，13]。

7.2.2 2017年以来核能用钢材料产业发展最新国际动态及趋势分析

美国和苏联在20世纪50年代率先研发了民用核电站技术，20世纪六七十年代是世界核电站大发展时期，迄今核电占世界电源结构的16%左右，大约有450座民用核电设施在运行，其中法国电源结构中核电占比最高，超过50%。在核电工程投资预算成本构成中，核岛设备、常规岛设备、电厂辅助设备投资在成本构成中的占比分别为19.56%、8.55%、12.03%，核电设备投资占比达40.14%。核能用钢主要用于制造核电站核岛和常规岛设备，核能用钢的产业特点是品种多、规格多、批量少、附加值高。

在核能用钢产业技术方面，日本制钢所、韩国斗山重工、法国克鲁索、英国谢菲尔德铸锻公司等在核岛主设备反应堆压力容器、蒸汽发生器和稳压器等低合金钢超大锻件制造领域和堆内构件、主管道及核级阀门不锈钢大型铸锻件制造领域具有世界先进水平，其中日本制钢所的技术和产业优势更加明显。日本住友金属公司、法国Valinox公司、瑞典Sandvik公司在镍基合金蒸汽发生器传热管制造领域具有先进水平。俄罗斯核电站核岛主设备材料选择与世界主流核岛设备材料选用有一些差别。

近年来，国际核电用钢产业技术总体发展趋势：质量稳定化、产品大型一体化、性能高强韧化、服役长寿期化。其中，核岛容器用钢大锻件正在向大型一体化方向发展，围绕着均质化制造和产品质量稳定性，未来可能会选用强度级别更高的新一代压力容器用钢。国外核电站蒸汽发生器传热管用材正在向高耐蚀和长服役寿期方向发展[14]。

7.2.3 2017年以来核能用钢材料产业发展最新国内动态及趋势分析

到2018年我国已投运和在建的56台核电机组中52台是压水堆。2006年以来我国先后引进了具有世界领先水平的AP1000和EPR第三代百万千瓦大型先进压水堆技术，其工程首堆均在我国建设。我国自主研发的、具有世界领先水平的第三代百万千瓦大型先进压水堆华龙一号工程首堆同时在中国和巴基斯坦开工建设，进展顺利。基于引进的AP1000技术由我国自主设计的CAP1400已通过设计评审，正在等待开工建设。在压水堆技术和工程领域，我国后来居上已走在世界前列。同时，我国也是世界上极少数同时开展第四代核反应堆多种堆型研究的国家，其中高温气冷堆和快堆正在进行工程建设、熔盐堆和ADS（acceleration driven sub-critical，即加速器次临界驱动）工程可行性验证装置正在选址、行波堆和超临界水堆工程设计正在开展中。

大型先进压水堆核电站（图 7.1）主体材料主要为核岛和常规岛的关键设备结构材料，主要包括反应堆压力容器、蒸汽发生器、稳压器、堆内构件、控制棒驱动机构、主管道、主泵、核级阀门、汽轮机、发电机等设备材料。核能用材料品种多、批量小、性能要求极高，以钢铁材料为主（碳钢、低合金钢、不锈钢、镍基合金等），也包含锆合金、高分子材料等。钢铁材料技术是大型先进压水堆核电站设计、建造和安全运行的基础。可以将大型先进压水堆核电站主体钢铁材料分为三大类。

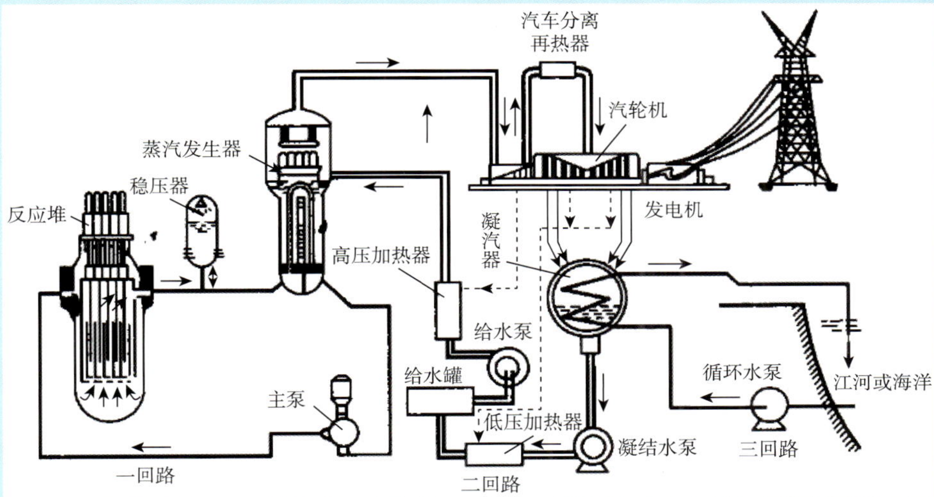

图 7.1　压水堆核电站工作原理示意图

（1）复杂异形一体化特大型合金钢锻件材料。主要包括反应堆压力容器 SA508-3cl.1 钢特大锻件、蒸汽发生器 SA508-3cl.2 钢特大锻件、常规岛汽轮机转子 3.5NiCrMoV 钢特大锻件。此类材料要求具有合适的强度、优异的低温韧性，以及良好的截面均匀性和焊接性能等。制备工艺主要为组织细化与稳定化和低温韧性提升的热处理技术、高纯净高均匀钢锭冶炼控制技术和复杂异形一体化特大锻件的锻造技术[15]。

（2）异形整体不锈钢大锻件材料。主要包括整体锻造主管道 316LN 控氮奥氏体不锈钢大锻件和压紧弹簧 F6NM 马氏体不锈钢大型环锻件等。此类材料要求足够的强度、良好的塑性和断裂韧性，特别是要求良好的抗应力腐蚀断裂能力，以及良好的抗均匀腐蚀能力和焊接性能。核级不锈钢大锻件材料制备工艺主要为成分精控及高纯净冶炼控制技术，大钢锭锻造防开裂控制技术，内孔加工及成型弯曲控制技术，晶粒细化、组织均匀及均匀变形控制技术等。

（3）镍基耐蚀合金精密管件材料。主要包括蒸发器 690 合金 U 形传热管，此类材料要求良好的抗应力腐蚀断裂性能、良好的抗均匀腐蚀能力、良好的加工性能（弯管、胀管等）、良好的制管性能和焊接性能。690U 形管为制管皇冠上的明珠，其制备工艺主要为高均匀超纯净冶炼工艺、热挤压成型质量控制技术、超长薄壁小口径管材冷加工技术、超长薄壁小口径管的在线脱脂控制技术、TT（thermally treated，即热处理）

控制技术等。

大型先进压水堆核电站主体钢铁材料在服役期内大多承受着高温、高压、流体冲刷腐蚀，甚至是强烈中子辐照等恶劣条件，有些设备材料（如压力容器）要求60年全寿期内不可更换[16]。因此对设备材料的性能提出了极其严苛的要求，除了同传统材料一样要求良好的强韧性匹配、优良的焊接性和冷热加工性能外，有些材料还要求具有优良的抗辐照脆性、优良的抗腐蚀性和耐时效性能，以及优异的截面均质性能。

在压水堆核电站关键设备钢铁材料制造方面，我国已经形成了东北、四川和上海三大核电设备制造基地。2004年前，我国基本可以生产30万千瓦、60万千瓦压水堆核电机组核岛成套设备，但尚不具备生产制造百万千瓦级大型先进压水堆核电机组大部分核岛主设备和常规岛主设备材料的能力，届时基本依靠从日本、韩国和欧洲进口，这是制约我国核电产业健康发展的“瓶颈”。随着我国AP1000核电站建设的不断推进及大型先进压水堆核电站重大专项的成功实施，目前我国大型先进压水堆核电站用钢铁材料技术取得了飞跃式发展，关键设备钢铁材料自主化、国产化水平稳步提高，目前核岛主设备钢铁材料国产化率已经达到了85%以上，我国形成了每年8套以上核电站核岛主设备制造能力。

我国已经完全掌握了三代大型先进压水堆核电站复杂异形一体化特大型合金钢锻件材料技术，三大重型机械厂（中国一重集团有限公司、中国第二重型机械集团公司、上海重型机器厂有限公司）都有生产制造二代和三代核电压力容器大锻件装备的能力，其中，中国一重集团有限公司已形成了全套锻件的供货能力，产品性能指标达到国际上主要核电大型锻件材料制造商（日本制钢所、韩国斗山重工、法国克鲁索等）的水平，但是国产大锻件产品稳定性和整体技术水平与世界领先的日本制钢所尚有一定差距，与韩国斗山重工和法国克鲁索处于相当水平，在一些特殊锻件制造上领先于这两家国外锻件制造厂。

我国已经实现了二代核电站离心铸造主管道材料国产化，实现了铸造主管道产品替代进口，烟台台海玛努尔核电设备股份有限公司和四川三洲川化机核能设备制造有限公司为二代核电离心铸造主管道材料技术领先企业和主要供货商。通过压水堆核电站重大专项实施，我国已经突破了三代核电AP1000整体锻造316LN主管道电渣重熔锻件晶粒度控制和裂纹防控锻造技术等关键技术，率先研制出世界首批整体锻造316LN主管道，三代核电整体锻造主管道材料技术已经处于国际领先水平，中国第二重型机械集团公司和烟台台海玛努尔核电设备股份有限公司为三代核电整体锻造主管道材料技术全球领先企业和主要供应商。我国已经掌握了二代和三代核电所有堆内构件锻件材料的生产制造技术，率先制造出世界首批AP1000压紧弹簧环锻件，目前上海重型机器厂有限公司具有AP1000压紧弹簧环锻件生产供货能力。

在工业和信息化部支持下，2017年国家电投集团科学技术研究院有限公司牵头组织核能材料生产应用示范平台建设，旨在针对下游用户产品应用开展材料工艺技术与应用技术开发，建设和完善核能材料应用评价设施、生产应用示范线、生产应用数据库及应用公共服务体系，实现材料与终端产品同步设计、系统验证、批量应用与供货等环节协同促进。

大型先进压水堆核电站关键设备钢铁材料的发展趋势主要有两个方面：一是现有设备钢铁材料制造技术优化改进，主要基于制造稳定性、可靠性及经济性的产业竞争力提升问题；二是新技术、新材料、新制造工艺等先进技术开发和应用，储备一批新材料，开发新技术和新制造工艺，满足大型先进压水堆核电站技术发展对材料提出的新需求[17]。具体如下：

第一，大型先进压水堆核电站关键设备钢铁材料及其制造技术优化提升。

目前，有部分设备、重要部件和钢铁材料虽取得较大突破，但仍存在稳定性、可靠性制造或产业化、经济性竞争力较差的问题，同时设备材料依然存在持续优化改进问题：大型、超大型铸锻件钢铁材料制造技术的稳定性、可靠性和质量保证；核级焊材的国产化及质量提升；新型焊材开发及工艺研究；进一步提高设备材料制造效率，降低设备成本，提高三代核电整体安全性、经济性和产业竞争力等。

第二，新技术、新材料、新制造工艺等先进技术开发和应用。

开展信息技术与增材制造技术在大型先进压水堆核电站主设备钢铁材料开发中的应用研究（表 7.1），开发新材料等先进或前瞻性技术的应用布局，抢占技术制高点，通过创新引领，提升竞争力甚至实现能力飞跃。

表 7.1　压水堆核电站新材料、新技术、新工艺

方向	问题名称	问题简述
新材料开发	新一代核压力容器用钢及配套焊材开发	大型先进压水堆核电站反应堆压力容器和蒸汽发生器大型化一体化设计已经达到现有 SA508-3 锻件材料极限和锻件制造能力极限，急需开展新一代核压力容器用高强度高韧性材料及其焊接材料开发
增材技术开发和应用	核电站核岛一回路主设备合金钢高性能重型构件、主泵叶轮等增材制造技术	核电一回路主设备合金钢高性能重型构件电熔增材制造技术：开发具有我国完全自主知识产权的核电主设备特大型、重型合金钢构件，建立增材制造核电重型构件技术标准和全套性能数据库，通过验证试验，建立全套技术标准体系
		核电反应堆冷却剂系统主管道增材制造技术
		核电主泵叶轮增材制造技术
关键设备材料全寿期服务关键技术	AP/CAP 核电站常规岛重要设备全寿期服务关键技术研究	研究掌握 AP/CAP 核电站常规岛关键部件制造缺陷评定与剩余寿命预测的关键技术，为制造阶段开展寿期服务业务提供技术依据

7.2.4 核能用钢材料产业存在的问题

大型先进压水堆核电站材料具有单件、小批生产的特点，前期投入大，产品一旦报废损失很大。特别是对于大型、特大型铸锻件材料，一件价值上千万元甚至上亿元，制造周期常以年计算。此类材料面临的困难及存在的问题如下：

（1）对核能钢铁材料本质特性掌握不全面，钢铁材料制造环节重加工、轻冶金现象明显。

我国大型、特大型锻件所需的大型钢锭的凝固组织质量和日本等发达国家的产品差距明显。目前我国已实现浇注世界最大的双真空钢锭，达到715吨，超过日本制钢所670吨大钢锭，但是我国大钢锭的利用率较低，大型钢锭的钢水量多，凝固时间长，造成凝固应力大，且容易产生宏观偏析。用于第三代核电半速转子（低压转子、发电机转子）等为代表的特大型锻件600吨级钢锭的精炼技术、钢锭模设计与优化、凝固和冷却过程中收缩和变形规律、化学成分偏析的控制等尚未很好掌握。

目前对于铸件变形规律及变形量大小、合金材质、铸件尺寸规模及铸件结构等多方面因素的预测和控制，我国企业大多仍然依靠经验。在大型锻件锻造过程中，制造企业注重和擅长“变形”，不完全掌握“控性”。

（2）缺乏核能钢铁材料研发—制造—应用一体化全链条产业体系。

急需提高与制造相匹配的设计能力、标准规范和试验检验能力建设，建立先进核电材料及设备相关评价体系和公用技术平台，完善规范标准体系。针对上述存在的主要问题，需进行针对性的研究，在进一步提高设备材料的自主化和国产化、持续优化改进已有技术的同时，一手夯实共性技术基础，一手适时开展具有战略意义的先进前沿技术，提高安全性、经济性和产业竞争力，攻克技术瓶颈，为核电“走出去”提供强有力支撑。

7.2.5 核能用钢材料产业发展典型案例研究

大型先进压水堆核电站蒸汽发生器传热管材料技术号称钢管制造皇冠上的明珠，技术含量高，制造难度极大。以此作为核能用钢产业发展的重点案例来进行分析。

1. 设备功能特征及其对材料性能的要求

压水堆蒸汽发生器传热管是一回路与二回路之间的热交换界面，属于反应堆一回路系统压力边界，其运行环境恶劣，既有管内外一、二回路工作介质约8兆帕的压力差，又有一、二回路高温（300～350℃）水介质的综合腐蚀，还有二回路侧由于水的蒸发、水中杂质氯离子等的浓缩、滞流水区污垢的堆积，以及U形管束需与管板进行胀-焊连接所导致的焊接热影响和残余应力等，这些都使得蒸汽发生器成为压水堆一回路最薄弱的环节。国外压水反应堆运行经验表明，有30%～40%的反应堆曾因蒸汽发生器传热管的各种损伤（以应力腐蚀破裂为主）而影响正常运行、降低功率运行或者被迫停堆、更换蒸汽发生器。

压水堆蒸汽发生器传热管材料应该具备以下性能：①良好的抗应力腐蚀断裂的性能；②良好的抗均匀腐蚀能力；③良好的加工性能（弯管、胀管等）；④良好的焊接性能；⑤良好的制管性能；⑥良好的导热性能；等等。

2. 压水堆蒸汽发生器传热管材料发展历史、现状和未来趋势

压水堆蒸汽发生器传热管材料经历了从18-8型不锈钢（304、316L）、Inconel600合金、Incoloy800合金到Inconel690合金的发展历程。Inconel690合金是一种耐应力腐蚀性能和综合性能较Inconel600及Incoloy800合金更为优良的镍基合金材料，自1972年以来已广泛用于制造压水堆蒸汽发生器传热管。

18-8型不锈钢曾经在20世纪60年代用于西方压水堆核电站蒸汽发生器，目前俄罗斯的压水堆核电站的卧式蒸汽发生器传热管仍然采用304奥氏体不锈钢制造。由于18-8型不锈钢对氯离子介质的晶间腐蚀和应力腐蚀比较敏感，易发生断裂事故，现在已经不轻易采用。镍对于防止18-8型不锈钢在氯离子介质中的应力腐蚀断裂是一种有效的元素。因此，为强调安全性，1970年前后人们用高镍Inconel600合金制造压水堆蒸汽发生器传热管。然而，在经过长期高温运行后，发现Inconel600合金出现了多起晶间应力腐蚀断裂事故。为了解决Inconel600合金的贫Cr问题，人们通过在700～730℃长时间脱敏处理，使合金基体内过量的C迁移到晶界，与Cr形成Cr23C6，同时使晶界附近的贫Cr区由晶内的Cr扩散补充，从而保持晶界附近区域的Cr含量与晶内基本一致，这种处理被称为特殊热处理或TT处理，用此工艺处理的Inconel600TT合金能够大大降低晶间腐蚀风险。同时为了进一步提高耐晶间腐蚀性能，针对Inconel600合金晶界贫Cr问题，通过提高Cr含量开发了Inconel690合金。从20世纪80年代中期开始，经过实效脱敏处理的Inconel690TT材料被认为是最好的传热管材料。Incoloy800合金属于高Cr-Ni奥氏体不锈钢材料，在压水堆核电站一、二回路介质作用下抗晶间腐蚀和应力腐蚀性能良好，被德国核电业采用。

3. Inconel690合金U形传热管关键生产制造技术

压水堆蒸汽发生器690合金U形传热管服役环境恶劣，技术要求极高，属于极薄、超长、小口径管（管壁1.01毫米，长度29米，外径17.48毫米）。蒸汽发生器690合金U形传热管制造工序流程长（20多个大工序、90多个小工序）、工序复杂（多次循环、每道修磨）、关键技术和控制难点多、制造难度极大。图7.2为蒸汽发生器690合金U形传热管制造工艺流程图，从冶炼→锻造→热挤压→冷加工制管，从材料至成品开展全面系统研究，摸清缺陷产生的机理，在此基础上改进并稳定生产工艺，减少产品表面缺陷，提高探伤合格率。690合金U形传热管需要重点关注制造流程的以下关键制造技术：①材料成分匹配及控制、高均匀超纯净冶炼工艺及控制技术减少铸锭中的气体和非金属夹杂物；②热挤压成型质量控制技术（热挤压毛管内表面的修正）；③超长薄壁小口径管材冷加工技术；④超长薄壁小口径管的在线脱脂控制技术；⑤TT控制技术。

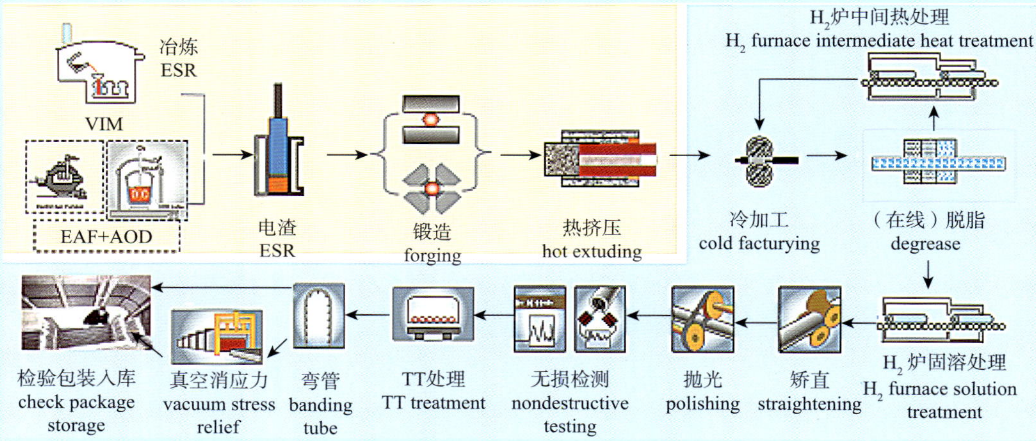

图 7.2 蒸汽发生器 690 合金 U 形传热管制造工艺流程图

ESR：electroslag remelting，电渣炉冶炼。VIM：vacuum induction melting，真空感应熔炼。EAF：electric arc furnace，电弧炉。AOD：argon oxygen decarburization，氩氧冶炼

4. 我国蒸汽发生器Inconel690合金U形传热管技术现状及突破

压水堆蒸汽发生器 690 合金 U 形传热管技术要求极高，制造工艺流程长、工序复杂、关键技术多、制造难度极大，国外技术封锁。2009 年前世界上仅有法国 Valinox、日本 Sumitomo 和瑞典 Sandvik 三家公司可以生产，我国尚未形成成套制造工艺技术和完整的工程制造产线，压水堆蒸汽发生器 690 合金 U 形传热管全部依赖进口。目前我国的宝钢特钢有限公司、宝银特种钢管有限公司、浙江久立特材科技股份公司等企业已经建成了 690 合金 U 形传热管完整的配套生产线，经过长期艰苦努力和不断探索，已掌握了 690 合金 U 形传热管全流程生产技术，可以提供满足“二代加”和三代核电技术要求的成品管（图 7.3），产品实物质量与国外同类产品相当。不同蒸汽发生器用 690 合金 U 形传热管技术标准见表 7.2 ～表 7.5，产品主要应用在 CPR1000 防城港核电机组、CAP1400 示范工程机组和出口巴基斯坦华龙一号 K2 机组。

图 7.3 CAP1400 用 690 合金 U 形管（宝钢特钢 + 宝银）

表 7.2　ACP1000 核电蒸汽发生器用 690 合金 U 形传热管技术标准

项目			技术标准
尺寸	直管尺寸 / 毫米	外径偏差	±0.05
		壁厚偏差	±0.09
	U 形管椭圆度	第 1 ～ 5 排	≤ 2.80%
		第 6 ～ 15 排	≤ 2.60%
		第 16 ～ 112 排	≤ 1.60%
表面质量	表面粗糙度 / 微米	内表面	≤ 0.50
		外表面	≤ 1.00
金相组织	晶粒度		≥ 5 级
	显微组织		晶界上碳化物连续析出、晶内碳化物少量析出
力学性能	室温拉伸	抗拉强度 Rm/ 兆帕	630 ～ 800
		规定非比例延伸强度 Rp0.2/ 兆帕	275 ～ 375
		延伸率 *A*	≥ 35%
	矫直后屈服强度增加值 / 兆帕		≤ 80
	高温拉伸（350℃）	抗拉强度 Rm/ 兆帕	≥ 533
		规定非比例延伸强度 Rp0.2/ 兆帕	≥ 215
	硬度		≤ 92
	扩口		外径扩展 30%，管端口无裂纹或裂口
信噪比	S/N		≥ 10
	合格率		—

表 7.3 CAP1400 核电蒸汽发生器用 690 合金 U 形传热管技术标准

<table>
<tr><th colspan="3">项目</th><th>技术标准</th></tr>
<tr><td rowspan="5">尺寸</td><td rowspan="2">直管尺寸 / 毫米</td><td>外径偏差</td><td>±0.05</td></tr>
<tr><td>壁厚偏差</td><td>±0.09</td></tr>
<tr><td rowspan="3">U 形管椭圆度</td><td>第 1 ～ 5 排</td><td>≤ 2.80%</td></tr>
<tr><td>第 6 ～ 15 排</td><td>≤ 2.60%</td></tr>
<tr><td>第 16 ～ 112 排</td><td>≤ 1.60%</td></tr>
<tr><td rowspan="2">表面质量</td><td rowspan="2">表面粗糙度 / 微米</td><td>内表面</td><td>≤ 0.50</td></tr>
<tr><td>外表面</td><td>≤ 1.00</td></tr>
<tr><td rowspan="2">金相组织</td><td colspan="2">晶粒度</td><td>≥ 5 级，级差 2 级</td></tr>
<tr><td colspan="2">显微组织</td><td>晶界上碳化物连续析出、晶内碳化物少量析出</td></tr>
<tr><td rowspan="8">力学性能</td><td rowspan="3">室温拉伸</td><td>抗拉强度 Rm/ 兆帕</td><td>≥ 585</td></tr>
<tr><td>规定非比例延伸强度 Rp0.2/ 兆帕</td><td>275 ～ 380</td></tr>
<tr><td>延伸率 A</td><td>≥ 35%</td></tr>
<tr><td colspan="2">矫直后屈服强度增加值 / 兆帕</td><td>≤ 90</td></tr>
<tr><td rowspan="2">高温拉伸（350℃）</td><td>抗拉强度 Rm/ 兆帕</td><td>≥ 550</td></tr>
<tr><td>规定非比例延伸强度 Rp0.2/ 兆帕</td><td>≥ 215</td></tr>
<tr><td colspan="2">硬度</td><td>≤ 92</td></tr>
<tr><td colspan="2">扩口</td><td>外径扩展 30%，管端口无裂纹或裂口</td></tr>
<tr><td colspan="3">耐晶间腐蚀性能</td><td>ASTM262 C 法，≤ 20 毫克 / 平方分米 / 日</td></tr>
<tr><td rowspan="2">信噪比</td><td colspan="2">S/N</td><td>≥ 10</td></tr>
<tr><td colspan="2">合格率</td><td>—</td></tr>
</table>

表 7.4　AP1000 核电蒸汽发生器用 690 合金 U 形传热管技术标准

<table>
<tr><th colspan="3">项目</th><th>技术标准</th></tr>
<tr><td rowspan="5">尺寸</td><td rowspan="2">直管尺寸 / 毫米</td><td>外径偏差</td><td>±0.05</td></tr>
<tr><td>壁厚偏差</td><td>±0.09</td></tr>
<tr><td rowspan="3">U 形管椭圆度</td><td>第 1 ～ 5 排</td><td>≤ 2.80%</td></tr>
<tr><td>第 6 ～ 15 排</td><td>≤ 2.60%</td></tr>
<tr><td>第 16 ～ 112 排</td><td>≤ 1.60%</td></tr>
<tr><td rowspan="2">表面质量</td><td rowspan="2">表面粗糙度 / 微米</td><td>内表面</td><td>≤ 0.50</td></tr>
<tr><td>外表面</td><td>≤ 1.00</td></tr>
<tr><td rowspan="2">金相组织</td><td colspan="2">晶粒度</td><td>≥ 5 级，级差 2 级</td></tr>
<tr><td colspan="2">显微组织</td><td>晶界上碳化物连续析出、晶内碳化物少量析出</td></tr>
<tr><td rowspan="8">力学性能</td><td rowspan="3">室温拉伸</td><td>抗拉强度 Rm/ 兆帕</td><td>≥ 586</td></tr>
<tr><td>规定非比例延伸强度 Rp0.2/ 兆帕</td><td>276 ～ 380</td></tr>
<tr><td>延伸率 A</td><td>≥ 30%</td></tr>
<tr><td colspan="2">矫直后屈服强度增加值 / 兆帕</td><td>≤ 90</td></tr>
<tr><td rowspan="2">高温拉伸（350℃）</td><td>抗拉强度 Rm/ 兆帕</td><td>≥ 551</td></tr>
<tr><td>规定非比例延伸强度 Rp0.2/ 兆帕</td><td>≥ 217</td></tr>
<tr><td colspan="2">硬度</td><td>≤ 92</td></tr>
<tr><td colspan="2">扩口</td><td>外径扩展 30%，管端口无裂纹或裂口</td></tr>
<tr><td colspan="3">耐晶间腐蚀性能</td><td>ASTM262 C 法，≤ 20 毫克 / 平方分米 / 日</td></tr>
<tr><td rowspan="2">信噪比</td><td colspan="2">S/N</td><td>≥ 20（平均法）</td></tr>
<tr><td colspan="2">合格率</td><td>—</td></tr>
</table>

表 7.5 CPR1000 核电蒸汽发生器用 690 合金 U 形传热管技术标准

<table>
<tr><th colspan="3">项目</th><th>技术标准</th></tr>
<tr><td rowspan="5">尺寸</td><td rowspan="2">直管尺寸 / 毫米</td><td>外径偏差</td><td>±0.05</td></tr>
<tr><td>壁厚偏差</td><td>±0.10</td></tr>
<tr><td rowspan="3">U 形管椭圆度</td><td>第 1 ～ 5 排</td><td>≤ 5%</td></tr>
<tr><td>第 6 ～ 15 排</td><td>≤ 4%</td></tr>
<tr><td>第 16 ～ 112 排</td><td>≤ 3%</td></tr>
<tr><td rowspan="2">表面质量</td><td rowspan="2">表面粗糙度 / 微米</td><td>内表面</td><td>≤ 0.80</td></tr>
<tr><td>外表面</td><td>≤ 1.20</td></tr>
<tr><td rowspan="2">金相组织</td><td colspan="2">晶粒度</td><td>5 ～ 9 级</td></tr>
<tr><td colspan="2">显微组织</td><td>晶界上碳化物连续析出、晶内碳化物少量析出</td></tr>
<tr><td rowspan="8">力学性能</td><td rowspan="3">室温拉伸</td><td>抗拉强度 Rm/ 兆帕</td><td>≥ 586</td></tr>
<tr><td>规定非比例延伸强度 Rp0.2/ 兆帕</td><td>276 ～ 380</td></tr>
<tr><td>延伸率 A</td><td>≥ 30%</td></tr>
<tr><td colspan="2">矫直后屈服强度增加值 / 兆帕</td><td>≤ 80</td></tr>
<tr><td rowspan="2">高温拉伸（350℃）</td><td>抗拉强度 Rm/ 兆帕</td><td>≥ 533</td></tr>
<tr><td>规定非比例延伸强度 Rp0.2/ 兆帕</td><td>≥ 215</td></tr>
<tr><td colspan="2">硬度</td><td>≤ 92</td></tr>
<tr><td colspan="2">扩口</td><td>外径扩展 30%，管端口无裂纹或裂口</td></tr>
<tr><td rowspan="2">信噪比</td><td colspan="2">S/N</td><td>≥ 7（平均法）</td></tr>
<tr><td colspan="2">合格率</td><td>—</td></tr>
</table>

7.2.6 对策措施及建议

根据我国压水堆技术总体目标和“十三五”规划目标，围绕我国核电自主化和核电“走出去”战略需求，针对关键设备和材料研发设计、国产化及自主化等方面的问题，总结成果、经验、教训，研究分析我国大型先进压水堆核电站钢铁材料需突破的关键技术瓶颈及条件保障建设，提出具体建议如下：

（1）完成 AP1000、CAP1400、华龙一号等大型先进压水堆核电站设备钢铁材料的持续优化改进研究，持续开展关键材料、设备、系统的优化研究，提高材料及设备的先进性、自主性和国产化率。

（2）根据核电发展形势和要求，分析未来大型先进压水堆核电站技术研发所需要的材料技术、需要突破的材料技术难点和关键技术，完成新一代材料的预先研制、制造关键技术创新研究。

（3）解决关键材料和设备的自主化、国产化问题。分析核电关键设备材料已经实现供货但制造过程中仍需要进口的重要零部件、材料等的国产化替代和自主化问题与性能的可靠性问题，满足核电“走出去”战略目标要求。

（4）持续推进设备材料的设计、制造、验证等技术优化改进。围绕设备可靠性、锻造和制造工艺及成品稳定性、焊接能力提升、关键设备及系统集成的增设等方面研究，进一步提高设备自主化水平，提升核电关键材料及设备产业化竞争力，解决经济性所面临的关键技术难点问题。

（5）拓展新技术、新材料、新制造工艺在核电材料及设备领域的应用推广、验证评价，在解决共性问题夯实基础、深化认识评价能力的同时，积极开展先进技术在核电上的应用，提升产业能力和竞争力，实现我国核电技术跨越式发展，引领核电技术，支撑我国 2020 年进入世界核电技术先进国家行列。

（6）以自主化和支撑“走出去”为目标，持续开展大型先进压水堆核电站标准体系建设，根据大型先进压水堆核电站技术的应用需求，开展核电关键材料、设备设计、设备制造可靠性、试验设施及鉴定等方面的标准体系研究，形成三代核电材料和设备性能及评价指标体系。

参考文献

[1] 张立群 . 天然橡胶及生物基弹性体 [M]. 北京：化学工业出版社，2014.

[2] Cornish K. Similarities and differences in rubber biochemistry among plant species[J]. Phytochemistry，2001，57（7）：1123-1134.

[3] 邓雅俐 . 橡胶行业经济运行情况及趋势 [J]. 中国橡胶，2017，（7）：4-9.

[4] 于建宁，胡杰，潘广勤 . 世界合成橡胶技术发展趋势与中国石油的发展对策 [J]. 合成橡胶工业，2010，33（1）：2-4.

[5] 盛达期货研究院 . 天然橡胶早报 20180123[EB/OL]. http://www.sohu.com/a/218329708_499040，2018-01-23.

[6] 中国合成橡胶工业协会秘书处 . 2017 年国内合成橡胶产业回顾及展望 [J]. 合成橡胶工业，2018，41（2）：81-83.

[7] 符莉，莫业勇 . 我国天然橡胶产业发展面临的矛盾和对策建议 [J]. 中国农垦，2018，（5）：38-40.

[8] 李贺，田雨佳，陈元鹏，等 . 国内外合成橡胶发展现状及展望 [J]. 弹性体，2010，20（5）：91-94.

[9] 崔小明 . 我国合成橡胶行业供需现状及未来发展分析 [J]. 齐鲁石油化工，2013，41（4）：340-347.

[10] 林倩 . 海胶集团差异化创新 产品研发取得新突破 [EB/OL]. http://www.hinews.cn/news/system/2017/09/05/031253347.shtml，2017-09-05.

[11] 徐竹 . 当前我国天然橡胶产业发展面临的挑战及其对策 [J]. 中国商论，2017，（18）：161-162.

[12] 刘正东 . 中国新材料产业发展报告（2013）[M]. 北京：化学工业出版社，2014.

[13] 刘正东 . 中国新材料产业发展报告（2017）[M]. 北京：化学工业出版社，2018.

[14] 中国核能行业协会 . 中国核能年鉴（2017 年卷）[M]. 北京：中国原子能出版社，2017.

[15] 刘正东，何西扣，杨志强 . 新一代核压力容器用 SA508Gr4 钢 [M]. 北京 ：冶金工业出版社，2018.

[16] 李昌义，刘正东，林肇杰 . 核电站反应堆压力容器用钢的研究与应用 [J]. 特殊钢，2010，31（4）：14-17.

[17] 刘正东，程世长，唐广波，等 . 中国电站用钢技术现状和未来发展 [J]. 钢铁，2011，46（3）：1-5.

第 8 章

绿色低碳产业篇[①]

【内容提要】绿色低碳战略性新兴产业涵盖能源新技术、节能环保、新能源汽车三大产业，其中，能源新技术产业主要涉及煤炭清洁高效利用与深加工、非常规油气开发利用、能源互联网与综合能源服务、核能与可再生能源开发利用、氢能与燃料电池开发利用等细分产业；节能环保产业包括节能产业、环保产业和资源循环利用产业；新能源汽车产业包括纯电动汽车、插电式混合动力汽车、燃料电池汽车及其关联基础设施产业。本章在界定绿色低碳产业概念与范畴的基础上，首先详细分析2017年以来国内外绿色低碳产业发展最新动态与形势，深入探讨当前我国绿色低碳产业发展存在的问题，其次选取可燃冰开发利用和综合能源服务产业作为本年度典型案例进行剖析，最后提出促进我国绿色低碳产业发展的对策措施与建议。

① 全文统稿：彭苏萍、张博、孙旭东、宋梅；煤炭清洁高效利用产业：许世森、程健、王洪建；煤炭深加工产业：张军、罗腾；非常规油气开发利用产业：马永生、赵培荣、刘红光；能源互联网与综合能源服务产业：周捷、刘家亮、刘博、刘韶华、王仲达、赵兵、石文辉；核能产业：苏罡；风力发电产业：汤文兵、冯煜；太阳能光伏发电产业：孔凡太；太阳能光热发电产业：王志峰、张剑寒；生物质能产业：袁振宏、庄新姝、王闻；地热能产业：多吉、王贵玲、何雨江；氢能与燃料电池产业：卫昶、何广利、翟俊香；节能环保产业：许嘉钰、张婷婷；新能源汽车产业：孙逢春、王文伟、高越。

8.1 绿色低碳产业概念与范畴

8.1.1 能源新技术产业

能源新技术不仅涉及可再生能源、核能及非常规天然气领域，还涵盖能源的清洁高效转化、传输及终端用能等多方面，是具有突破性或颠覆性的能源开发利用技术[1]。能源新技术产业范畴包括了煤炭清洁高效利用与深加工、非常规油气开发利用、能源互联网与综合能源服务、核能与可再生能源开发利用、氢能与燃料电池开发利用等细分产业。

煤炭清洁高效利用产业，是指以煤炭为基础，通过技术创新，降低污染物和CO_2排放，大幅提高燃煤发电效率，实现煤炭的清洁高效利用。该产业涉及的热点领域包括先进燃煤发电、燃煤发电污染物超低排放、CO_2捕集利用与封存（carbon capture utilization and storage，CCUS）等。先进燃煤发电领域中的前沿技术包括新一代整体煤气化联合循环（integrated gasification combined cycle，IGCC）及多联产技术、先进的整体煤气化燃料电池（integrated gasification fuel cell，IGFC）技术、700℃超超临界发电技术等。燃煤发电污染物超低排放领域中的前沿技术包括一体化烟气净化技术、粉尘超低排放及$PM_{2.5}$脱除与控制技术、汞及其他重金属脱除与控制技术等。CCUS领域中的前沿技术包括先进的CO_2捕集技术、CO_2电化学转化关键技术、CO_2驱油和煤层气关键技术、CO_2地质封存关键技术等。

煤炭深加工产业是以煤为主要原料生产多种清洁燃料和基础化工原料的煤炭加工转化产业，主要包括煤制油（含煤直接液化、煤间接液化）、煤制天然气、煤制化学品（含烯烃、芳烃、乙二醇等）、低阶煤分质利用等现代煤化工技术领域。我国煤炭深加工产业经过十余年的发展，自主煤气化技术得到广泛应用，自主开发的煤直接液化和间接液化、煤经甲醇制烯烃和煤制乙二醇等大型合成技术实现工业化。自主开发的甲烷化、高温费托合成、新型甲醇制烯烃、煤分级转化、油醇联产等新一代工艺技术，以及高效节水、高浓污水处理等通用技术正在开发示范中，将相继成熟具备产业化条件，为巩固我国煤炭深加工产业在世界的领先地位奠定了良好的基础。

非常规油气资源，是指采用传统技术无法获得自然工业产量，需要采用新技术才能实现经济开采的连续型或准连续型油气资源，包括致密气、页岩气、煤层气、天然气水合物、致密油/页岩油、油页岩、油砂、重油等。其中，页岩气、煤层气、天然气水合物为当前开发利用的热点。与常规油气资源相比，非常规油气资源具有资源类型多、赋存方式多样、连续性分布、资源量大等特点，同时也具有资源丰度低、储层低孔低渗、勘探开发技术要求高、勘探开发经济收益风险大的难点。非常规油气资源属于低品位油气资源，针对性技术的采用、规模化生产、高效运行组织是实现非常规油气资源商业开发的关键。近年来，随着水平井分段压裂等工程技术的突破性进展，以页岩油、页岩气为代表的非常规油气资源已成为全球石油、天然气的战略性接替资源，并正在深刻地改变着世界能源的供应格局。

能源互联网与综合能源服务产业已形成能源互联网产业、先进输电产业、综合能源服务产业和储能产业四个主要发展方向。能源互联网是综合运用先进的电力电子技术、信息技术和智能管理技术，将大量由分布式能量采集装置、分布式能量储存装置和各种类型负载构成的新型电力网络、石油网络、天然气网络等能源节点互联起来，以实现能量双向流动的能量交换与共享网络，具有设备智能、多能协同、信息对称、供需分散、系统扁平、交易开放等主要特征。而全球能源互联网是以特高压电网为骨干网架，全球互联的坚强智能电网，是清洁能源在全球范围大规模开发、输送、使用的基础平台。其实质就是“智能电网 + 特高压 + 清洁能源”，智能电网是基础，特高压是关键，清洁能源是根本。以特高压、柔性输电为代表的大容量、长距离、高灵活性先进输电技术是中国能源互联网产业最具代表性的发展成果之一。综合能源服务是以用户需求为导向，根据用户对冷 / 热、电、气等能源的需求，借助科学合理的分配、转换及利用技术，为用户提供经济、节能、环保等多目标优化的能源服务。综合能源服务具备技术类别复杂、服务模式多元的特点。根据不同的服务类型，可将综合能源服务大致划分为能源供应服务、技术设备服务、管理服务、工程服务、投融资服务及其他增值服务等六个服务类别，涵盖节能服务、需求侧管理、电能替代、电力市场交易等几种综合能源服务的新业态。2011 年 3 月发布的“十二五”规划纲要中，储能作为智能电网的技术支撑，在国家的政策性纲领文件中首次出现。储能是指通过介质或设备把能量存储起来，在需要时再释放出来的过程。存储产业技术不仅包括储电、储热、储冷、清洁燃料存储等多形式的储能技术，同时涉及了可再生能源并网消纳、电网辅助服务、分布式储能、废旧动力电池梯次利用等储能应用场景，以及大型储能电站建设等工程科技方面的内容。

核能产业一般可细分为核能发电产业、核能供热产业和核能分布式利用产业。核电是通过可控方式核裂变将核能转变为电能，实现核能的和平利用。核电产业应涵盖核电站全生命周期，包括建造、运行和退役，并涉及核电全产业链和相关方，着眼于建立可持续发展的核燃料循环体系。核能供热和分布式利用是核能传统发电用途之外衍生的新型利用方式，包括利用反应堆产生的热或者蒸汽等介质，直接用于某种工艺生产过程或者热力用户供热，核能供热主要途径有供应工艺用的热水和蒸汽，或者通过矿物燃料的转化或水的分解先将核能转变为化学能，而后再加以利用。正在发展的核能供热和分布式利用包括供应热水和蒸汽、海水淡化、甲烷核热蒸汽重整、核热煤液化和气化、核热裂解制氢、石油精炼和核能炼钢等领域。

可再生能源产业包括太阳能光伏发电、太阳能热发电、太阳能低温热利用、风力发电、生物质能、地热能、水力发电产业。由于水力发电技术非常成熟，未列入国家战略性新兴产业范畴，故此处所述的可再生能源产业不包含水力发电产业。风力发电产业不仅包括传统意义上的风电机组整机及其零部件的设计、制造、运输、安装、维护，以及风电场的建设、并网运行等环节，还包括风能资源测量及预测、风电与电网系统集成等内容。风力发电产业是目前清洁可再生能源行业中技术最成熟、应用最广泛、商业化程度最高的产业。近年来，随着风力发电产业重点推进供给市场改革，分散式风电和海上风电已成为推动风力发电产业增长的新动力，因此，大功率、长叶片、高塔筒、智能化是当前风电技术发展的热点前沿领域。太阳能光伏产业是指利用半导体的光生伏打效应将太阳能直接转化为电能所涉及的从材料制造、装备制造、电池片及组件制造到光伏电站建造及运维的完整产业链。太阳能光伏发电是目前战略性新兴产业的重要组成部分，是我国目前发展极为迅速、竞争力最高的战略性新兴产业之一。太阳能热发电是将太阳辐射能转化为热能，再通过热机转换发电的技术，具有电力输出稳定，可以根据电网需求调配的特点，是解决可再生能源波动性问题的重要途径。太阳能热发电产业链长，与传统产业结合紧密，涉及玻璃、钢铁、水泥、装备制造、电力电子、热能动力、化工材料和过程等诸多产业，发展太阳能热发电可以大幅度拉动传统产业的增长。生物质能产业是采用一定的转化技术将生物质原料转化为固体、液体和气体燃料，提供发电、产热和运输用燃料的低碳可再生能源产业。生物质发电和产热技术已趋于成熟，发电和产热效率的进一步提升有赖于技术革新和设备升级。生物质制备运输燃料尤其是利用木质纤维素原料高效制备运输燃料依然是生物质能产业急需突破和重点研究的前沿领域。地热能是蕴藏在地球内部的热能资源，地热能产业主要是开发利用浅层地温能、水热型地热和干热岩。浅层地温能指地表以下一定深度（一般 200 米）之内的热能，前沿研究领域包括回灌和防腐防垢；水热型地热指数千米深度之内具有较高温度的地热流体或地表直接出露的温泉，前沿研究领域包括高温地热勘查及开采技术；干热岩是埋藏深度在数千米之内的高温岩体（高于 200℃）中所赋存的热能，前沿研究领域包括资源开发及其技术研究[2]。

氢能与燃料电池产业，是指实现氢气高效清洁发电的产业链，包含氢能基础设施产业（制氢、纯化、储运、加注），以及氢能终端应用产业（燃料电池发电），涉及化工、装备制造、机械制造、电子电力、自动化、土地资源、材料制备、电化学及交通运输、固定发电等产业。氢气储运、加注及燃料电池发电技术是当前研究的热点领域。安全、高效、经济的储运方式是氢能产业实用化的关键环节；氢气加注是在加氢站完成的，包含了氢气抽取、升压及加注等过程，须具备耗能低、氢气利用率高、加注快速、计量准确、智能化控制等特点；燃料电池发电是直接将燃料（氢气、天然气等）的化学能转化为电能的过程，具有高效率、环境友好、应用范围广等优点，主要分为质子交换膜燃料电池（proton exchange membrane fuel cell，PEMFC）、固体氧化物燃料电池（solid oxide fuel cell，SOFC）、熔融碳酸盐燃料电池（molten carbonate fuel cell，MCFC）、碱性燃料电池（alkaline fuel cell，AFC）及磷酸燃料电池（phosphoric acid fuel cell，PAFC），其中 PEMFC 是当前研究的焦点，SOFC 及 MCFC 次之。

8.1.2 节能环保产业

节能环保产业是指为节约能源资源、发展循环经济、保护生态环境提供物质基础和技术保障的产业，是国家最早定位的七个战略性新兴产业之一。节能环保产业主要包括节能产业、环保产业和资源循环利用产业，涉及节能环保技术与装备、节能产品和服务等，其六大领域包括节能技术和装备、高效节能产品、节能服务、先进环保技术和装备、环保产品与环保服务。其产业链长，关联度大，吸纳就业能力强，对经济增长拉动作用明显。

节能产业致力于发展高效节能技术和装备、高效节能产品和节能服务等。环保产业是以防治环境污染、改善生态环境、保护自然资源为目的而进行的技术产品开发、商业流通、资源利用、信息服务、工程承包等活动的总称。环保产业包含的范围广泛，既有属于第二产业的环保设备生产与经营、废弃资源的综合回收利用，也有属于第三产业的环境服务——主要为环境保护提供技术、管理与工程设计和施工等各种服务，有望形成以自然资源开发与保护型、环保设备生产与经营型、环境服务型和资源综合利用型为主的四大环保产业。资源循环利用产业是指为节约资源和循环利用废弃物而提供物质基础和技术保障的产业，包括可再生能源产业、环境修复产业、可再生资源产业及其相关服务业。资源循环利用产业是循环经济体系的末端环节，也是决定循环经济能否完成闭环周转的关键环节。通过资源的有效利用、稀缺资源的代用及资源的再利用，实现资源的节约和合理利用；在生产过程中，减少废弃物和污染物的产生和排放，以实现废弃物和污染物的减量化、资源化和无害化。

8.1.3　新能源汽车产业

新能源汽车是指采用新型动力系统，完全或主要依靠电能驱动的汽车，主要包括纯电动汽车、插电式混合动力汽车、燃料电池汽车。

纯电动汽车是指完全由电机驱动的汽车，电机的驱动电能来源于车载可充电电池系统或其他电力储存装置。插电式混合动力汽车是指具有一定的纯电驱动续驶里程，可外部充电的混合动力汽车。燃料电池汽车是指以燃料电池作为单一电能来源或者以燃料电池系统与可充电储能系统作为混合电能来源的电动汽车。新能源汽车产业涉及整车制造、动力电池、燃料电池、驱动电机、控制系统等汽车相关产业，以及充电桩、换电站、加氢站等基础设施产业，同时与互联网、大数据、人工智能等新兴产业相关联。

8.2　2017年以来绿色低碳产业发展最新国际动态及趋势分析

8.2.1　能源新技术产业

1）煤炭在世界能源中仍发挥重要作用，其清洁高效利用与深加工是主要发展方向

2017年，全球煤炭消费量达到53.3亿吨标准煤，较2016年增加了1%，占全球一次能源消费总量的27.6%[3]，在世界能源中仍发挥重要作用。在绿色、低碳、清

洁、高效的能源体系发展趋势下，煤炭的清洁高效利用与深加工是当前煤炭产业发展的主要方向。

燃煤发电仍是煤炭利用的主要方式，煤炭清洁高效利用技术研发得到高度重视。燃煤发电在全球包括美国、德国、澳大利亚和日本等发达国家的电力市场中仍然发挥重要作用。2017 年，全球燃煤发电占比 38.1%，美国（30.7%）、德国（37.0%）、澳大利亚（61.3%）、日本（33.6%）等发达国家的燃煤发电占比均超过 30%[3]。当前，煤炭发电效率仍有待提升，煤炭超低排放技术已经成熟应用，但是发电产生的 CO_2 利用还没有得到有效解决。燃煤发电效率提升和 CO_2 及污染物近零排放是燃煤发电产业发展的热点和难点。美国环境保护署于 2015 年颁布了《清洁电力计划》，以及针对新建、改建和重建电厂的《碳排放标准》，确保燃烧化石能源的电厂变得更清洁、更高效，并加大零排放和低排放能源的使用。日本制定“21 世纪煤炭技术战略”，积极发展煤炭清洁高效利用技术，并规定了各个阶段的具体目标，制定了 IGFC 发展规划，目标是到 2025 年 IGFC 发电效率达到 55%。世界各主要用煤大国积极推进 CCUS 技术的发展和应用。2018 年 1 月，美国得克萨斯州装机容量为 240 兆瓦的 Petra Nova 煤电厂正式投运，是美国首家商业化运行的配有 CO_2 捕捉与封存（carbon capture and storage，CCS）装置的煤电厂，每年减排 100 万吨 CO_2。2018 年 2 月，美国通过 Future Act 议案，CCS 获得税收抵免 50 美元 / 吨，CO_2 驱油与封存获得税收抵免 35 美元 / 吨。截至 2018 年 5 月，CCS 技术已经安全投入商业运营 45 年，目前全球有 17 座大规模 CCS 设施在运行，2018 年还将有 4 座投入运营。虽然世界各国在 CO_2 捕集、CO_2 驱油、CO_2 封存等方面取得进展，但在产业化方面还存在困难。随着技术的进步、成本的降低及碳减排压力的增大，CCUS 技术将迎来快速发展阶段。

煤炭深加工技术研发能力较强，产业发展缓慢。近年来，国际上没有大型煤炭深加工示范项目投入运行。美国、欧盟、日本等发达国家和地区的煤炭 90% 以上作为发电用煤，化工生产原料以油、气为主，近些年煤化工产业发展缓慢甚至停滞，目前国外只有南非的煤间接液化厂还在大规模生产。南非萨索尔公司煤间接液化厂生产能力达 760 万吨 / 年，主要产品为汽油、柴油、蜡、氨、乙烯、丙烯、聚合物、醇、醛、酮等 100 多种，其中化工产品产量占 40% 左右，年消耗煤炭约 4 600 万吨[4]。中国煤炭深加工产业的快速发展为国际先进的煤炭深加工技术提供了示范应用的市场。英国戴维公司（Davy）百万吨级甲醇合成技术应用于神华包头 60 万吨 / 年煤制烯烃项目，英国戴维公司甲烷化工艺技术已应用于大唐克旗 40 亿米 ^{3}/ 年煤制天然气项目（一期 13.3 亿米 ^{3}/ 年已投产）、伊犁新天 20 亿米 ^{3}/ 年煤制天然气项目和苏新能源 20 亿米 ^{3}/ 年煤制天然气项目（已核准），丹麦托普索公司甲烷化工艺技术已应用于新疆庆华 55 亿米 ^{3}/ 年煤制天然气项目（一期 13.75 亿米 ^{3}/ 年已投产）和内蒙古汇能 16 亿米 ^{3}/ 年煤制天然气项目（一期 4 亿米 ^{3}/ 年已投产）[3, 5]。

2）美国页岩油气产量实现持续增长，日本开展了新一轮天然气水合物海上试采

随着油价的上涨，2017 年美国页岩油气产量下半年增速开始明显加快，2017 年

页岩气产量 4 746 亿立方米，占美国天然气产量的 63%[6]，较前一年增长 8.8%；页岩油产量 2.3 亿吨，占美国原油产量的 41%。通过技术与管理创新，2017 年，美国不同盆地的页岩气开采成本出现了不同程度的下降，降幅为 10% ～ 30%。除美国外，另一主要页岩气生产国加拿大 2017 年产量达到 570 亿立方米；澳大利亚页岩气勘探取得积极进展，2017 年 2 月，澳大利亚的 Origin Energy 公司宣布，在澳大利亚北部发现了超级页岩气田，其地质储量达到 496 万亿立方英尺（1 立方英尺≈ 0.028 立方米），约合 110 亿吨油当量。

日本在天然气水合物研究及开发方面加快进展。日本国内油气资源贫乏，因而对天然气水合物寄予厚望并持续加大研究及开发投入。2013 年 3 月在日本南海海槽区实施世界首次海域水合物试采研究后，2017 年日本按计划开展新一轮水合物中长期降压试采研究，试采地区与 2013 年水合物试采地区为同一区域。2017 年 5 月 4 日，水合物降压试采研究正式开始，第一口井连续产气 12 天，累计采气 3.5 万立方米，由于大量砂流入生产井内（出砂堵塞），临时中断产气试验；6 月 5 日至 28 日利用第二套试采设备开始试采，24 天共产气 20 万立方米，平均产量约 8 300 米^3/ 天。日本水合物商业开采目前仍面临经济、技术（防砂工艺）的挑战。

3）能源互联网与综合能源服务产业有序发展，全球先进输电工程建设稳步推进，储能产业发展的市场环境逐步完善

全球能源互联网行动计划逐步落实，能源互联网建设方案及关键技术进入实证研究阶段。2017 年 11 月 4 日，全球能源互联网发展合作组织提出了《全球能源互联网落实联合国 2030 年可持续发展议程行动计划》，全面对接“2030 议程”17 项发展目标，提出全球能源互联网落实“2030 议程”的 10 大行动和 5 大机制。能源互联网方面，欧盟能源系统依托信息通信技术逐步向能源互联网演进，德国选择了 6 个示范区域来发展能源互联网构想中涉及的若干关键技术和方案，日本积极推进分布式及微电网项目，各试点项目围绕“智能电网三层次模型”中不同层级的关键技术和方案进行实证研究。全球特高压输电项目工程建设持续发展，新型输电技术装备研究处于领先地位。截至 2017 年底，中国、巴西、印度等国已建成 15 条、在建 3 条 ±800 千伏电压等级及以上的特高压直流工程，全球已建成特高压直流线路总长度 24 022 千米，总容量 10 360 万千瓦。新型输电技术装备方面，美国、德国等在技术研究和装备研发领域处于领先地位，美国长岛 138 千伏超导电缆输电示范工程项目，输电能力 60 万千瓦；德国、韩国也分别建设了千米级示范工程项目；荷兰与德国 380 千伏高压交流海底电缆工程，输送容量 100 万～ 200 万千瓦，已于 2018 年 8 月投运启动调试；荷兰与丹麦 400 千伏高压直流海底电缆工程，输送容量 70 万千瓦，预计于 2018 年第四季度启动试运营[7]。

综合能源发展计划相继出台，产业发展持续增速。日本政府综合科技创新会议发布了《能源环境技术创新战略 2050》，提出了日本将要重点推进的五大技术创新领域，包括能源系统集成、节能、储能、可再生能源发电、碳封存与利用；澳大利亚清洁能源委员会公布《电力转型：21 世纪电力系统蓝图》，提出“为促进国家电力

系统转型所必要的政策杠杆”，明确了“能源领域碳减排目标”、“可再生能源目标”、“以创新驱动下一代清洁能源解决方案的实现”、“智能监管”及“发掘可再生能源收益巩固公众支持”等五项具体计划。储能产业发展的市场环境逐步完善。美国已将储能技术定位为支撑新能源发展的战略性技术，通过辅助服务市场机制和补贴激励政策等方式支持储能发展；德国是全球户用储能市场最成熟的国家，通过对居民用户储能装备的补贴来推动用户侧储能的发展；日本主要通过强制采购和财政支持等手段引导储能行业的发展，先后制定并出台了针对不同电力部门的储能要求和政策；澳大利亚拥有丰富的可再生能源资源，储能支持政策与可再生能源结合的特征显著。

4）核能产业规模保持增长，核能技术研发与多用途利用持续升温

俄罗斯在国际核电站设计和出口市场中占主导地位。俄罗斯国家原子能公司（Rosatom）一直在海外推销自己的产品，目前有33座新建核电站的订单，价值约1 300亿美元；有超过10个核电站在建，包括孟加拉国、印度和匈牙利。俄罗斯的核计划能够持续发展的主要原因是Rosatom得到了俄罗斯政府的支持，核电站市场定价合理，并能够提供核燃料服务。2018年5月17日，“罗蒙诺索夫院士”号浮动核电站抵达摩尔曼斯克并将装料，该电站配备KLT-40S小型反应堆装置，能够在标称运行模式下产生高达70兆瓦的电力和50×10^9卡/小时的热能，成为世界上迄今为止唯一运行的小型浮动核电站，并计划在遥远的北部和远东地区运行，为大型工业企业、港口城市，以及海上天然气和石油平台提供电力和热能。

2017年1月，美国能源部核能办公室发布了《先进堆开发与部署愿景和战略》，介绍了美国联邦政府投资新一代反应堆技术的政策背景、轻水堆（light-water reactor，LWR）和小型模块堆（small module reactor，SMR）的现状和前景，以及美国能源部先进堆开发与部署的愿景和战略。未来几十年美国将有大量的反应堆开始退役，在这种情况下核能工业将面临巨大的挑战。要在2050年之后保证核电的可持续发展，就需要开发和部署新一代先进堆，即第四代反应堆。先进堆的开发和部署是美国联邦政府能源计划的一个部分，该计划将核能视为未来一种切实可行的能源方案。2017年11月，国际原子能机构（International Atomic Energy Agency，IAEA）发布了题为“核能的工业应用”的核能系列报告。报告重点介绍了核能在石油化工工业、工业制氢和其他工业领域的应用情况，并列举了核能在提供工业用工艺热方面的实例。

5）以风能、太阳能为首的可再生能源产业进入高速发展期

2017年以来，全球范围内以风能、太阳能为首的可再生能源产业进入高速发展时期。世界各国对清洁、低碳的可再生能源需求增长带动了全球能源需求的增长，BP报告数据显示，2017年可再生能源发电量增长了17%，即6 900万吨油当量，高于过去10年的平均增速，是有史以来最大幅度的增长，其中一半以上的增长是由风能贡献的，三分之一是由太阳能贡献的。

风力发电产业日渐成熟，平价上网前景可期。全球风电增速持续放缓，海上风

电异军突起，风电开发利用经济性显著提升。2017 年全球风电新增装机容量 5 249.2 万千瓦，同比下降 3.93%；全球风电累计装机容量 5.39 亿千瓦，同比增长 10.64%[8]。全球范围内，亚洲、欧洲、北美洲仍然是风电新增装机容量最多的地区，欧洲风电更是实现创纪录增长，亚洲和北美洲风电新增装机容量则连续两年出现下滑；拉丁美洲、非洲和中东、大洋洲风电发展仍然较为缓慢。相对于全球陆上风电增速放缓，海上风电新增装机实现跨越式增长。2017 年全球海上风电新增装机容量 433.4 万千瓦，同比增长 95.31%，占全球风电新增市场份额的 8.26%，比 2016 年提高 4.2 个百分点；全球海上风电累计装机容量 1 881.4 万千瓦，同比增长 30.80%，占全球风电总市场份额的 3.49%，比 2016 年提高 0.54 个百分点。同时，随着风电产业技术水平显著提升，风电经济性得到进一步提高，成为可再生能源领域最具有价格竞争力的技术，并朝着基于市场的完全商业化运营方向发展。摩洛哥、印度和加拿大风电价格已达到 0.03 美元 / 千瓦时，墨西哥风电投标价格更是跌至 0.02 美元 / 千瓦时以下，位于德国的全球首个“零补贴”海上风电场将不依靠政府补贴而完全由市场定价进行电力销售[9]，荷兰直接开展了以“零补贴”为必要条件的海上风电招标项目，该项目将按照不高于零售电价执行[10]。风电已成为能同传统化石能源电力同台竞争的绿色清洁能源。

世界太阳能光伏发电产业获得了飞速的发展，亚太地区占据装机容量的主体。2017 年太阳能光伏发电较 2016 年有了较大提高，年度装机容量达到 98 吉瓦，累计装机容量达 402 吉瓦。总体来看，屋顶光伏电站占总电站的比例有所提升。就地区分布来看，亚太地区装机容量占据了总装机容量的 75%，美洲装机容量占据了总装机的 13%，欧洲装机容量占比为 7%，合计占据了总装机的 95%。29 个国家的累计装机容量达到 1 吉瓦，其中 8 个国家在 2017 年度装机容量达到 1 吉瓦[11]。

太阳能热发电产业转向新兴市场。国际太阳能热发电产业热点不断变化，随着老牌太阳能热发电大国西班牙取消电价补贴、美国对可再生能源支持力度持续下降，2017 年以来两国都没有在建电站，全球太阳能热发电转向新兴市场，而太阳能光伏和热发电站组合而成的 Solar Park 概念成为现实。摩洛哥、南非、智利、阿拉伯地区和中国等是当前市场热点，2017 年以来，摩洛哥建成 200 兆瓦装机 NOOR II，南非建成 100 兆瓦装机 Xina Solar One 槽式电站，中国建成 50 兆瓦装机德令哈槽式电站，沙特阿拉伯建成 50 兆瓦装机 Waad Al Shamal ISCC 槽式与天然气联合循环电站。此外，智利 110 兆瓦装机 Atacama1 融盐塔式电站、以色列 121 兆瓦装机 Ashalim1 水蒸气塔式电站处于建设中期，摩洛哥 NOOR III 塔式电站预计 2018 年底建成发电。

全球生物质发电规模增加，格局发生改变，生物质供热规模变化不大，热消费依然集中在欧洲，生物交通燃料产量增加，生物甲烷生产已悄然兴起。在生物质发电方面[12]，2017 年全球生物质发电装机量较 2016 年增加 7%，达到 122 吉瓦，发电量较 2016 年增加 11%，达到 555 太瓦时，在生物质发电量方面中国（79.4 太瓦时）首次超越美国（69 太瓦时），成为全球生物质发电量最高的国家，其后依次为德国（51 太瓦时）、巴西（49 太瓦时）、日本（37 太瓦时）、印度（32.5 太瓦时）和英国

（31.8 太瓦时）。在生物质供热方面[12]，生物质原料直接燃烧供热的传统利用方式依然占据生物质产热的主导地位，但其利用规模增长缓慢，过去 10 年间的增长量仅为 2.5%，欧洲依然是生物质热消费最大的地区，过去 10 年间欧盟国家的生物质热消费增长量超过 30%，德国是欧盟国家中生物质热消费量最大的国家，其后依次为法国、瑞典、意大利和芬兰。在生物交通燃料方面[12]，2017 年产量相比 2016 年增加了约 2.5%，达到 1 486 亿升，其中，燃料乙醇约占 65%，生物柴油约占 29%，氢化植物油（hydrogenated vegetable oil，HVO）或氢化酯和脂肪酸约占 6%，生物甲烷不到 1%。80% 以上的生物交通燃料生产和应用集中在美国、巴西和欧盟国家，产量排在前两位的国家依然是美国和巴西，其后依次为德国、阿根廷、中国和印度尼西亚。氢化植物油或氢化酯和脂肪酸的主要生产国为芬兰、荷兰、新加坡和美国。生物甲烷用作交通燃料近年来受到重视，美国和欧洲是车用生物甲烷最主要的两大消费市场。

欧美国家大幅增加干热岩热储建造投入。2017 年以来，国际地热产业快速蓬勃发展，主要集中在美国和欧洲。美国犹他大学将在未来 5 年里获得来自美国能源部高达 1.4 亿美元的资助，以用于最前沿的地热研发。经过为期 3 年的规划、场地特征刻画及竞争，位于犹他州 Milford 附近的建议场地已被选定作为地热能研究前沿观测计划（Frontier Observatory for Research in Geothermal Energy，FORGE）现场实验室，将致力于增强型地热系统或人造热储的研究。欧洲安装的地热发电量达到 2.8 吉瓦电力，每年产量超过 15 太瓦时[13]。在欧洲，目前有 117 家地热产业工厂，其中 16 家在 2017 年落成。新增项目非常重要，新增地热电容量为 330 兆瓦电力，主要在土耳其上线。由于地方和国家规划确定地热作为满足供暖需求的经济高效的解决方案，新地区供热网络的建设和旧区域的改造支持地热供暖的使用也在增加，2017 年，9 家新工厂落成，在法国、荷兰和意大利增加了超过 75 兆瓦热功率。每年上线的新工厂数量呈上升趋势，近年来年均增长率为 10%。从单个地热供暖系统来看，浅层地热市场仍然是该部门在安装数量、装机容量和能源生产方面最大的部分。个别地热供暖系统或地热热泵在欧洲的供热能力超过 20 吉瓦。

6）全球氢能基础设施网络持续扩大、交通运输领域的燃料电池应用加强

截至 2017 年底，全球共有 328 座加氢站在运营，与 2016 年相比，新增了 64 座。德国共有 56 座加氢站，是全球拥有加氢基础设施数量第二的国家，其中 45 座是公共加氢站，公共加氢站数量比 2016 年增加一倍，计划 2019 年将加氢站数量增加到 100 座。美国共有 39 座加氢站在运营，主要分布在加利福尼亚境内，根据规划，2024 年之前丰田联合壳牌计划在美国加利福尼亚部署建造 100 座加氢站。韩国共有 12 座加氢站在运营，Hydrogen Fusion Alliance Bureau（H2KOREA）组织在 2018 年初平昌论坛的氢能经济社会建设方案中提到，2020 年韩国加氢站数量增加到 80 座，2025 年达到 210 座，2030 年达到 520 座。日本是全球拥有最多加氢站的国家，截至 2017 年底共有 91 座加氢站在运营，新增 11 座，增速放缓。2017 年日本经济产业省在《氢能与燃料电池战略路线图》的基础上发布了《基础氢能战略》，战略中提到：2020 年加氢站数量提高到 160 座，2030 年建立国际氢能供应链，加氢站达到 900 座，同时经济产业省

放宽了对加氢站的限制，解禁自助式加氢站。2018年7月，法国公布了《法国氢能计划》，该计划中提到：从2019年起，法国环境与能源管理署将出资1亿欧元支持氢能发展，计划在2028年加氢站规划增加到400～1 000座[14，15]。

氢能终端应用——燃料电池出货量持续走高，交通运输领域的燃料电池应用加强，政策、战略规划及示范运行的例子屡见不鲜。按照应用领域划分，与2016年相比，2017年燃料电池在固定电站领域的出货量保持平稳，在交通运输领域的出货量增加了50 %，达到了约455兆瓦。随着燃料电池技术的成熟及基础设施的布局，燃料电池在交通运输方面的应用成为趋势。在这些出货量中，日本本田、丰田及韩国现代的燃料电池出货量占据主导地位，拥有超过50 %的份额[16]。应用实例方面，2018年，欧盟最大的燃料电池汽车项目（JIVE2）率先开展，项目将在法国、德国、冰岛、挪威、瑞典、荷兰和英国的14座城市部署152辆燃料电池巴士，此举将扩大欧洲城市燃料电池巴士网络，推动燃料电池巴士的商业化进程。2018年7月，美国混合动力公司联合比亚迪开发燃料电池客车，该客车服务于美国火奴鲁鲁的Daniel K. Inouye国际机场，归属于夏威夷清洁能源倡议；同月，美国金门零排放海洋（Golden Gate Zero Emission Marine，GGZEM）公司获得加州空气资源委员会（California Air Resources Board，CARB）300万美元的资助，开展美国第一艘燃料电池高速船舶，驱动力为360千瓦的燃料电池/锂电池混合动力系统研究，旨在建造符合当前及未来环境法的清洁船舶[17]。韩国现代于2018年初开始销售最新一代燃料电池汽车Nexo，该车续驶里程达到754千米，最高车速达到179千米/小时，车用燃料电池系统效率达到60 %，开售当日收到733个订单。韩国工业部在2018年6月宣布，到2022年投资约150亿元用于支持氢燃料电池及相关基础设施，并计划在2022年韩国燃料电池汽车保量辆达到1.6万。2017年日本丰田的燃料电池汽车发展脚步有所缓慢，具体应用也不再局限于轿车，开始了燃料电池大巴和卡车的开发[18]。2017年中期，丰田推出了“Project Portal”项目，旨在开发重型氢燃料电池系统，用于奔波于洛杉矶及长滩港口的8级卡车，以及常规码头短驳业务，旨在降低港区的污染排放。

各国纷纷出台新政鼓励燃料电池发展。2018年3月，美国恢复燃料电池投资税收抵免政策，将在5年内逐步减少30 %税收，最终确保燃料电池产品达到与其他清洁能源技术同等的发展水平。2017年7月，德国政府组织本国汽车行业领导企业成立了一个6 000万欧元、为期3年的联盟，该联盟由德国联邦交通和数字基础设施部投资，旨在2020年之前为德国和欧洲燃料电池汽车的商业化引进提供技术、经济和科技支持。联盟由宝马领导，包含戴姆勒、DANA、福特、科德宝高性能材料、Greenerity、NuCellSys、Powercell、Umicore、大众及巴登-符腾堡州太阳能和氢能研究中心。韩国氢能委员会在2018年初的首次战略谈话中提到，到2030年，每增加12辆新车，须包含1辆燃料电池汽车。日本在最新出台的《基础氢能战略》中也规划了燃料电池汽车发展计划：2020年前燃料电池乘用车达到4万辆，燃料电池客车达到100辆，燃料电池叉车达到500辆；到2030年，燃料电池乘用车达到80万辆，燃料电池客车达到 1 200 辆，燃料电池叉车达到 1 万辆，燃料电池热电联产数量达到 530 万套；最终目标是燃料电池汽车全面取代传统燃油汽车，热电联产燃料电池系统取代传统住宅能源系统。SOFC 方面：2017 年 9 月，美国能源部下属化石能源办公室选定了 16 个项目来推进 SOFC 技术，总资助金额高达 1 020 万美元。2018 年 4 月，美国能源部先进能源研究计划署宣布 8 个 SOFC 项目，总资助金额为 1 600 万美元。

8.2.2 节能环保产业

国际上，节能环保产业在地域上呈现发达国家占主导，发展中国家日渐兴起的特征；节能环保技术在内容上向“新材料技术”“能源循环利用”方向发展，向智能化、高端化、纵深化、综合化发展；节能环保技术的发展理念由末端治理转向清洁生产、生态文明，市场重点由制造业转向综合服务业。具体表现在以下三个方面：

（1）节能环保产业以发达国家发展占主导优势，但向发展中国家转移。

美、日等发达国家的节能环保行业占全球总产值的 2/3 以上。欧盟、日本等国再生资源产业的发展也一直处于世界领先水平，已经建立起比较成熟的废旧物资回收网络和交易市场。发达国家节能环保产业已经呈现出成熟工业特征，表现为增长速度减缓、同行竞争激烈、利润减少、企业兼并频繁等。美国商务部国际贸易管理局发布的调研与分析显示，未来具有巨大开发潜力的环保市场将主要集中在中国、印度等发展中国家。发达国家积极在发展中国家寻找机会，重点开拓发展中国家市场。

（2）节能环保技术呈现多学科交叉融合发展趋势。

在节能产业中，节能环保技术向“新材料技术”“能源循环利用”方向发展，向智能化、高端化、纵深化、综合化发展。建筑领域的新技术发展趋势是建设“新能源建筑”。工业领域的新技术发展重点将集中在工业余热的循环利用方面。在环保产业中，零液体排放、智慧水务、应对极端天气的新型水资源管理技术是水处理 / 污水处理领域新技术的发展趋势。其中零液体排放系统采用根据生产流程定制的先进处理技术套件，如蒸发器、盐水浓缩器和结晶器，将工业废水进行深度处理达到高纯度再进行循环利用。燃煤电厂排放控制技术、固体废弃物转化技术等也是目前技术发展的重点。与传统的废物焚烧方法不同，固体废物的转化新技术主要包括气化、等离子弧气化、热解和热解聚等。新材料技术、新能源技术、生物工程技术正源源不断地被引进节能环保产业，实现节能环保产业的多学科交叉融合发展，实现技术的高端化。

（3）节能环保产业发展理念、市场重点发生变化。

发展理念由末端治理转向清洁生产、生态文明，市场重点由制造业转向综合服务业。发达国家的环保产业已进入平稳发展期，具有以下特点：一是环保产业倾向于源流控制和全过程管理，逐步由污染治理向资源管理转变；二是未来发展的焦点将继续集中在综合环境服务业。以欧盟 28 国为例，其环保污染处理技术已处于世界领先地位，进而向资源管理、清洁生产等方向发展，自然资源管理与清洁生产的产值快速增加，资源管理产值已接近环境污染治理产值的 3 倍。美国的环保产业发展较早，也较为成熟，具有代表性。根据 2015 年的数据，美国的环保服务行业占比很大，达到 56.4%，环保设备占 22.3%，环境资源占 21.3%。其中，水处理厂、水务事业与固废管理是环保服务业的主要领域，并且各类环保服务业企业渗透在能效提高、污染修复、技术服务、项目咨询、环境服务等各个领域，新兴的企业多为环境服务类轻资产、高技术类企业。2015 年美国环保产业市场概况见图 8.1。在环保产业领域，发达国家是市场的主导者，美国、西欧、日本占据了全球 85%以上的市场份额。发达国家致力于提高能效、发展推广可再生能源，相关的环境服务业开始加速发展。在部分西方发达国家，生态系统恢复等也在环保服务业范围之内。首先从国外环保行业中得到发展契机的是空气污染治理、水处理，以及垃圾处理等行业。

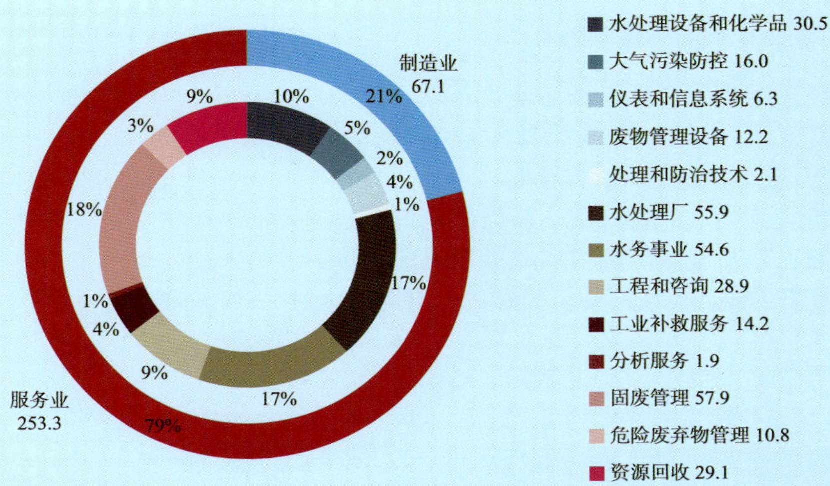

图 8.1　2015 年美国环保产业市场概况

单位：十亿美元

8.2.3　新能源汽车产业

1）国际新能源汽车市场进入快速发展期

从国际层面来看，汽车电动化的趋势已不可逆转，英国、德国、法国、挪威、荷兰等欧洲多国陆续宣布最早从 2025 年开始全面禁售燃油汽车。2017 年，奔驰、通用、宝马、奥迪、福特、博世、大陆、麦格纳等国际知名汽车企业及零部件供应商巨头在新能源汽车领域持续布局，不断加大研发生产力度，推动新能源汽车相关技术不断进步。国际新能源汽车销量再创历史新高。2017 年，全球主要国家新能源汽车总销量超过了 142 万辆，保有量突破 340 万辆。前 5 大新能源乘用车（纯电动和插电式混合动力）销售国中，美国新能源乘用车销量近 20 万辆，同比增长 26%，占国内市场份额为 1.2%；挪威销量 6.22 万辆，增速超过 25%，国内市场份额高达 39%；德国销量 5.36 万辆，同比翻番，国内市场份额达 1.6%；法国销量提升至 3.6 万辆，同比增长26%，国内市场份额达1.7%[19, 20]。

新能源汽车技术路线获得国际认可，众多车企成立新能源汽车子品牌，发布或加快新能源汽车发展战略。大众汽车集团发布电动化战略Roadmap E，到2025年，集团旗下各品牌将推出共计超过80款全新电动车型，包括50款纯电动车型及30款插电式混合动力车型，集团销售的新车中约有1/4将是纯电动汽车；到2030年，大众汽车集团所有车型都将实现电动化。奔驰汽车预计到2025年，EQ品牌将推出EQC、EQA等10款车型，2022年之前奔驰旗下所有车型全部实现电动化。宝马集团着手电动车战略Project i第二阶段布局，到2025年，宝马将提供25款电动车型，其中12款为纯电动车型。沃尔沃启动全面电气化战略，成立了高性能电动汽车品牌Polestar并发布Polestar 1和Polestar 2，同时计划2021年前推出5款纯电动车型。

2）新能源汽车技术研发高度活跃

国际锂离子动力电池市场份额持续增长。2017年全球锂电池出货量达到148.1吉瓦时，其中动力锂电池受新能源汽车销量高增长刺激，出货量由2011年的1.08吉瓦时上升至2017年的62.35吉瓦时，市场占比由2.32%上升至42.1%[21]。在全球新能源汽车持续高景气的背景下，动力电池产业快速发展。以中、日、韩企业为首的企业，目前已经在全球范围内形成了较强的竞争力（图8.2），其中宁德时代新能源科技股份有限公司（以下简称宁德时代）出货量达到12吉瓦时，位居榜首。

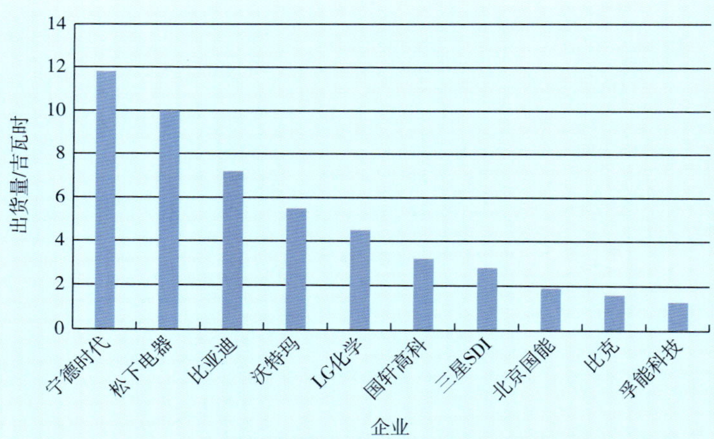

图8.2　2017年全球动力电池出货量前10名

一批高性能新车型发布或上市，在动力性能和续驶里程不断提高的同时，整车能耗逐步降低。特斯拉纯电动汽车销量超过10万辆，Model 3开始交付，累计订单超过50万辆；捷豹路虎推出其首款纯电动SUV I-PACE，0～100千米/小时加速时间4.8秒，NEDC（New European Driving Cycle，即新欧洲驾驶循环）工况续驶里程500千米；保时捷发布纯电动车型Mission E，0～100千米/小时加速时间3.5秒，具有全轮驱动和800伏快充系统，最大输出功率451千瓦。

整车轻量化技术作为新能源汽车关键核心技术，得到了世界各汽车企业的高度关注。奥迪、宝马、大众、通用、丰田等企业分别制定了汽车减重目标与方案。宝马 i3 成为全球首款采用全碳纤维复合材料车身的量产型纯电动汽车，整备质量比同尺寸钢质电动汽车轻 300 千克；特斯拉 Model 3 在车身上实现了中高强度钢、热成型钢和铝合金等多材料混合应用，通过采用 21700 电芯，整车质量相比 18650 电芯方案能够减少 18 千克；通用 Bolt 车身采用了包括铝、镁、碳纤维复合材料在内的多种轻量化材料，在降低整备质量的同时提高了续驶里程。

纯电动卡车的技术研发正在得到重视。特斯拉于 2017 年发布纯电动卡车 Semi，满载 36 吨续驶里程超过 800 千米，0 ～ 96 千米 / 小时加速时间仅为 5 秒。戴姆勒加大纯电动卡车的研发投入，发布了测试版重型卡车 eActros；沃尔沃宣布在 2018 年推出纯电动卡车产品，而大众集团将投资 17 亿美元用于纯电动卡车的研发和推广。

底盘、动力系统及电池系统的一体化、平台化设计更趋明显。大众开发的电动车专属全新模块化平台可以支持 250 ～ 500 千米续驶里程的不同级别的车型，如 BUDD-e、I.D.Concept、I.D.Buzz 等多款车型。PSA 集团宣布到 2019 年将推出两款新汽车模块化平台，其中较大型平台名为 EMP2（Efficient Modular Platform 2，即第二代高效模块化平台），较小型平台名为 CMP（Common Modular Platform，即共用模块化平台）。

在动力电池领域，国际对发展高能量密度动力电池的要求愈加迫切。从国家战略层面来看，美国交通部制订了下一代电池的研发计划，将动力电池的能量密度较传统锂离子动力电池提升 5 倍，即 500 瓦小时 / 千克，成本降低为 1/5，同时循环寿命提升 5 倍；日本新能源产业技术综合开发机构正在推进下一代新型动力电池产业化基础研发项目，2020 年目标以 5 安小时的单体电池作为研究载体，能量密度达到 500 瓦小时 / 千克，环境适应性达到 –30 ～ 60℃ [21]。从动力电池配套企业层面来看，松下电池能量密度水平世界领先，其 18650 电池的正极材料采用 NCA（lithium nickel cobalt aluminum oxide，即锂镍钴铝氧化物），负极材料使用硅碳复合材料，单体能量密度达到 250 瓦小时 / 千克，21700 电池单体能量密度达到 300 瓦小时 / 千克。

固态电池成为新一轮研发热点。美国专注于有机–无机复合固体电解质的大容量固态锂电池研发；日本专注于无机固体电解质的大容量固态锂电池研发，多家公司出台了量产计划，但大部分采用石墨类负极，并非金属锂负极；韩国专注于无机固体电解质的大容量固态锂电池研发，目前试制品是石墨类负极、非金属锂负极；欧洲重点开发基于高分子聚合物固体电解质的大容量固态锂电池，负极为金属锂。国际汽车及电池企业开始加速固态电池技术商业化布局，如丰田汽车计划 2022 年推出固态电池电动汽车，宝马与 Solid Power 合作研发电动汽车下一代固态电池，大众计划 2025 年量产续驶 1 000 千米的固态电池电动汽车，等等。

电驱动系统向高度机电一体化集成方向发展。将驱动电机、电机控制器、减 / 变速器作为电驱动总成产品进行一体化集成，既省却三相交流电缆和插接件，降低成本，又大幅度提升了系统可靠性，通用 Bolt 和日产 Leaf 均已配备此类总成。大陆 EMR3 电驱动系统将电机、功率电子器件（包括逆变器和直流 / 交流转换器）及减速器整合为一个系统，模块仅重75千克，最大功率可达到320千瓦[22]。在此基础上，部分企业更是将驱动总成与车桥进一步集成为电驱动桥，如博世电驱桥eAxle，将电机、逆变器和传动部件整合为一个紧凑型单元直接驱动车轴，使汽车动力总成系统在更高效工作的同时，降低使用成本，输出功率范围为50～300千瓦；麦格纳电驱动后桥系统eRAD使用永磁同步电机，可以达到50千瓦/200牛米的峰值功率，系统重量只有47千克，电压等级为270～420伏，已在沃尔沃V60上得到应用；ZF电驱动桥将电机、带有差速器的变速器、壳体、冷却设备和带控制软件的功率电子集成为一套完整的电驱动系统，最大输出功率为150千瓦。在客车领域，以轮边驱动、轮毂驱动为代表的分布式驱动系统不断得到完善。ZF的AVE130电动门式车桥适用于公交客车的驱动方案，每个车轮都由一个紧凑、高速、液冷的异步电机驱动，以保持集成了马达的车桥的低重量，因为无须单独的传动轴，减少了所需空间和车体重量，额外的空间可以安装更强大的电池或对汽车内部进行升级，以便运输更多的乘客；e-Traction的轮毂电机电动轮The Wheel，峰值转矩达到6 000牛米。

国际氢燃料电池汽车发展正在加快，技术日趋成熟。2017年，国际燃料电池汽车技术不断进步，商业化工作取得重大突破。目前，丰田、本田、现代、戴姆勒、宝马、大众等国际主要汽车厂商都不同程度在燃料电池汽车领域有所布局。其中，丰田Mirai、本田Clarity FCEV和现代ix35/Tucson FCEV这三款车型以销售或者租赁的形式在全球内上市，并初步获得了市场的认可。与此同时，氢燃料电池客车逐渐受到各个国家和行业的重视，国际上氢燃料电池客车的主要生产企业有奔驰、丰田、现代，以及比利时的Van Hool等企业。丰田推出的燃料电池客车采用模块化设计，关键零部件与其他车型通用，如使用了10个Mirai的高压氢瓶、2个Mirai的燃料电池电堆。基于70兆帕储氢技术，燃料电池汽车的续驶里程能够达到传统燃油车水平；燃料电池系统最大功率达到100千瓦以上，能量密度达到3.1千瓦/升，可实现–30℃低温启动，寿命满足商用要求[22]；氢气压缩机、高压储氢罐、氢气加注机等加氢站关键技术已实现量产，加氢技术趋于成熟。

无线充电、大功率充电等新型技术获得了广泛关注。在无线充电技术方面，高通联合法国雷诺及英国德尔塔汽车公司在伦敦东区科技城进行了街头无线充电的商用测试；Evatran是将电动车无线感应式充电技术推向市场的先导者，其所研发的电动车无线充电系统获得美国第三方安全机构ETL认证。而在直流大功率充电技术方面，目前大多数充电站功率达到150千瓦，未来最高可至350千瓦。特斯拉超级充电桩，将充电功率从120千瓦提升至350千瓦，10分钟内可充满300千米续驶里程所需电量；宝马、戴姆勒、奥迪、保时捷及福特5家车企共同宣布成立IONITY合资公司联盟，并将于2020年前后打造一个泛欧洲高速公路分布的400个左右大功率快速充电网络（high power charge，HPC）。

3）新能源汽车配套基础设施日益完善

充电服务平台建设得到了快速发展。美国典型充电服务网络ChargePoint与地图运营商、电动汽车公司和互联网公司进行合作，建立了充电服务的生态链，实现全美范围内电动汽车充电位置共享，为用户提供充电站查找、充电时间、充电电量、减排效果以及实时充电完成、充电意外中断、充电预约提醒、故障报警等信息。另外，多国政府加大了对充电基础设施的支持力度。2017 年初，德国政府出台了 2017 ～ 2020 年拨款 3 亿欧元支持充电基础设施建设的补贴政策，计划到 2020 年新增 10 000 个交流充电桩、5 000 个直流充电桩；2016 年，挪威政府在公共领域启动了快速充电网络建设计划，在全国 7 500 千米的高速沿线建设 150 座快充站[23]。

4）国际自动驾驶汽车发展驶入快车道

电动汽车的智能化、网联化是未来的必然趋势。目前国际正在加紧布局自动驾驶研究计划，2017 年上半年，大众美国公司与 4 家供应商结盟，推动自动驾驶技术标准化；苹果、宝马和奥迪等 70 多家公司联合建立汽车行业“数字钥匙标准”；英飞凌联合 15 家伙伴合作 SecFor Cars 项目，研发车联网安全方案；BlackBerry 与百度合作加快互联自动驾驶汽车技术的部署，将 BlackBerry QNX 行业领先的 ISO26262 ASIL-D 认证安全操作系统（operating system，OS）打造成百度阿波罗自动驾驶开放平台的基础，以惠及全球汽车 OEM（original entrusted manufacture，即原始设备制造商）和供应商。

自动驾驶汽车法规逐渐破冰。截至 2018 年，已经有 4 个国家正式出台了自动驾驶汽车的相关法案。其中，韩国率先对其原有的道路交通法规进行了修改，允许自动驾驶汽车在韩国范围内的公路上进行路试；2017 年 5 月，德国联邦参议院通过法律，允许汽车自动驾驶系统未来在特定条件下代替人类驾驶；美国在 2017 年 9 月通过了《自动驾驶法案》的 2.0 版本，该法案修订了美国交通法法典，规定了美国国家高速公路安全管理局对于自动驾驶汽车的监管权限，同时为自动驾驶汽车提供安全措施[24]。此外，日本、瑞典等国家，乃至欧盟、联合国等国际组织启动相关计划，将自动驾驶汽车相关法律、法规的修订提上日程。

8.3　2017 年以来绿色低碳产业发展最新国内动态及趋势分析

8.3.1　能源新技术产业

1）煤炭仍是我国最重要的一次能源，煤炭清洁高效利用与深加工产业规模不断提高

2017 年我国煤炭消费总量达到 27.1 亿吨标准煤，占能源消费总量的 60.4%。国家发展改革委和国家能源局发布的《能源技术革命创新行动计划（2016-2030 年）》和《能源生产和消费革命战略（2016-2030）》，以及国家发展改革委、工业和信息化部及国家能源局共同发布的《中国制造 2025—能源装备实施方案》等国家重要的指导建议中，均将煤炭清洁高效利用产业作为重要的发展方向和能源安全发展战略布局。同时，煤炭清洁高效利用被“十三五”规划纲要列入科技创新 2030 重大工程。

我国煤炭清洁高效利用产业发展不断深化。燃煤发电在我国电力结构中的基础地位在相当长时期内不会改变，预计到2030年燃煤发电占比超过50%，到2050年燃煤发电占比仍有30%左右[4]。煤电仍是我国电力供给的坚实保障，煤电清洁化转型成效突出，先进煤电技术研发取得显著进展。2017年煤电装机容量9.8亿千瓦，占全国装机容量的55.2%；煤电发电量4.15万亿千瓦时，占全国发电量的64.7%。火电厂供电标准煤耗309克/千瓦时，较2016年降低了3克/千瓦时[25]。截至2017年底，燃煤电厂超低排放改造累计完成7亿千瓦，占全国煤电总装机容量的70%以上，全国燃煤电厂100%实现脱硫，单位火电发电量CO_2排放量约844克/千瓦时，较2005年下降19.5%[25]。2018年在继续推进燃煤电厂超低排放改造的同时，将淘汰关停不达标的30万千瓦以下煤电机组，全国淘汰关停400万千瓦煤电落后产能，进一步提升煤电高效清洁发展水平[26]。在技术开发和示范方面，CO_2近零排放的煤气化发电技术、700℃超超临界高效发电技术等先进发电技术得到国家重点研发计划大力支持。我国首个700℃试验平台维持正常运行，2016～2017年累计运行时数约1.5万小时，将继续对相关材料和部件进行验证试验，推进我国700℃发电机组技术的研究开发。我国首套IGCC示范电站，连续运行时间突破100天，2017年实际运行时间超过4 700小时，并实现了调峰响应，粉尘和SO_2排放浓度低于1毫克/米^3、NO_x排放浓度低于25毫克/米^3，达到了天然气发电的排放水平，机组运行稳定可靠。IGFC相关技术研发和工业试验稳步开展，攻克了高温燃料电池制备和组装等关键技术。采用大容量高参数IGCC和整体煤气化燃料电池发电等先进高效清洁煤电技术可进一步提高煤电效率（提高到50%～60%），未来在CO_2减排方面具有成本优势。为了加快实现2030年前CO_2排放量达峰，我国CCUS技术开发和示范项目加快推进。2017年陕西延长石油开展了36万吨/年CO_2捕集、管输、驱油和封存一体化示范；2018年1月，华润海丰电厂碳捕集测试平台进入施工阶段；神华国华锦界电厂15万吨/年CO_2捕集装置进入建设阶段；中国华能集团清洁能源技术研究院有限公司完成澳大利亚-中国100万吨/年燃烧后碳捕集项目可行性研究。

我国煤炭深加工产业稳定发展，已形成一定规模。截至2017年底，我国煤制油产能达到898万吨/年，2017年产量322.7万吨；煤制天然气产能达到51.1亿米^3/年，2017年产量26.3亿立方米；煤制烯烃产能达到706万吨/年，2017年产量634.6万吨；煤制乙二醇产能达到270万吨/年，2017年产量153.6万吨。2017年以来，煤制油、煤制烯烃、低阶煤分质利用等煤炭深加工产业快速推进。神华宁煤400万吨煤间接液化项目自2016年12月正式投产以来，经过近1年调试运行，于2017年12月实现满负荷运行，且运行稳定。陕西延长石油45万吨/年油煤共炼项目是世界上唯一正在运行的工业化试验装置，自2014年9月建成以来，经过多次技术优化、消缺改造，截至2018年3月26日，该项目连续运行突破200天。内蒙古伊泰集团杭锦旗120万吨/年煤制精细化学品项目于2017年9月正式投产，山西潞安180万吨高硫煤清洁利用油化电热一体化示范项目（一期100万吨/年）于2017年12月投产。2017年3月，伊犁新天年产20亿立方米煤制天然气项目A系列流程全线打通，产出合格天然气，并接入西气东输伊宁站。2017 年 4 月，延长石油煤提取煤焦油与制合成气一体化技术在北京通过了由中国石油和化学工业联合会组织的技术鉴定，该技术是延长石油碳氢利用研究中心在借鉴石油化工理念的基础上自主开发的煤提取煤焦油与制合成气一体化技术，以空气作为气化剂，可将粉煤一步法转化为高品质的中低温煤焦油和合成气 [25]。

2）天然气水合物试采取得突破，页岩气、煤层气产量稳步增长

我国首次海域天然气水合物试采成功。2017 年 3 月 28 日我国在南海北部神狐海域第一口天然气水合物试采井开钻，采气点位于水深 1 266 米海底以下 203 ～ 277 米的海床，距香港约 285 千米；5 月 10 日点火成功，截至 7 月 9 日连续试开采 60 天，累计产气超过 30 万立方米，平均日产 5 000 立方米以上，最高日产量达 3.5 万立方米，甲烷含量最高达 99.5%。我国首次海域天然气水合物试采成功，首次实现资源量占全球 90% 以上、开发难度最大的泥质粉砂型天然气水合物安全可控开采，创造了持续产气 60 天、产气总量 30.9 万立方米两项世界纪录，取得天然气水合物勘查开发理论、技术、工程、装备的自主创新，实现历史性突破。创立天然气水合物系统成藏理论和“三相控制”开采理论，提出“地层流体抽取法”小幅降压技术，成功研发储层改造增产、天然气水合物二次生成预防、防砂排砂等三项关键开采测试技术；构建大气、海水、海底、井下“四位一体”的立体环境监测体系 [27]。2017 年 11 月 3 日，国务院正式批准将天然气水合物列为新矿种，成为中国第 173 个矿种。

页岩气勘探开发取得积极进展。2017 年全国页岩气勘探开发投入 92.5 亿元，完钻探井 34 口、开发井 106 口。新增页岩气探明地质储量 3 767.6 亿立方米，累计探明页岩气 9 168 亿立方米。其中，四川盆地威远地区新增探明页岩气地质储量 1 565 亿立方米，涪陵页岩气田的江东、平桥区块新增探明储量 2 202 亿立方米。2017 年全国页岩气产量 89.95 亿立方米，较 2016 年增长 14.1%。作为首个国家级页岩气示范区及全国最大的页岩气生产基地，2017 年涪陵页岩气田圆满建成一期 100 亿立方米产能，当年生产页岩气 60.04 亿立方米，同比增长 20%。涪陵页岩气田江东、平桥区块新增探明储量 2 202 亿立方米，累计探明页岩气地质储量 6 008 亿立方米，成为除北美洲以外全球最大的页岩气田。中国石油合计产气 30.21 亿立方米，约占全国产量的 33%，其中西南油气田分公司的长宁-威远区块 2017 年共投产 163 口页岩气井，生产井 158 口，日产页岩气 800 万立方米，年产气 24.73 亿立方米，比计划超产 2 亿立方米；浙江油田在四川昭通区块的页岩气产量约达到 5 亿立方米。已经创新形成了页岩气藏综合评价、水平井组优快钻井、长水平井分段压裂试气、试采开发、绿色开发等具有海相页岩气特色的五大配套技术体系，实现了 3 500 米以浅页岩气藏的高效开发。深层（3 500 ～ 4 000 米埋深）页岩气水平井分段压裂技术、常压页岩气低成本水平井分段压裂技术攻关取得新进展。

煤层气方面，2017 年全国煤层气勘探开发投入 24.19 亿元，共钻探井 123 口、开发井 506 口。新增煤层气探明地质储量 104.8 亿立方米，同比减少 81.8%。地面开发的煤层气产量 47.04 亿立方米，同比增长 4.6%。川南、黔西、新疆、东北等地煤

层气勘探取得新发现。沁水盆地马必区块探明煤层气104.8亿立方米，已完成230口开发井，有望形成产能建设新阵地。

3）能源互联网和综合能源服务产业快速发展，电网与储能工程技术水平持续提升

全球能源互联网工程建设初见成效，能源互联网产业发展稳步推进。截至2017年底，中国国家电网有限公司已经累计建成中俄、中蒙、中吉等10条跨国输电线路。其中，东北电网通过4回线路与俄罗斯电网相连，输电能力100万千瓦，每年向中国送电约40亿千瓦时[7]。2017年，《国家能源局关于公布首批“互联网+”智慧能源（能源互联网）示范项目的通知》中指出，“首批‘互联网+’智慧能源（能源互联网）示范项目共55个。其中城市能源互联网综合示范项目12个、园区能源互联网综合示范项目12个、其他及跨地区多能协同示范项目5个、基于电动汽车的能源互联网示范项目6个、基于灵活性资源的能源互联网示范项目2个、基于绿色能源灵活交易的能源互联网示范项目3个、基于行业融合的能源互联网示范项目4个、能源大数据与第三方服务示范项目8个、智能化能源基础设施示范项目3个”。

电网规模持续增长，特高压输电工程项目相继建成投运。2017年，新增直流输电线路和换流容量分别达到了8 339千米和7 900万千瓦，分别比上年多投产4 948米和4 660万千瓦，其中包括投产的5条直流特高压项目、2条交流特高压项目；目前，我国已经建成“八交十三直”21项特高压工程，线路长度达3.8万千米，输电能力超1.4亿千瓦。先进输电工程建设方面，世界首台机械式高压直流断路器在南方电网±160千伏南澳多端柔性直流输电系统中成功挂网运行；世界电压等级最高、容量最大的500千伏统一潮流控制器工程项目在苏州建成投运，使我国在柔性交流输电技术方面实现了全球领先[7]。

综合能源服务产业发展迅猛。截至2017年底，国家层面已累计完成23个多能互补示范项目、55个能源互联网示范项目、28个新能源微网示范项目、195个（不含2018年4月最新公布的第三批试点名单中的97个试点项目）增量配电网试点项目的顺利立项实施。在政策方面，2017年，国家电网制定发布“十三五”电能替代规划，明确5 800亿千瓦时替代电量目标，实现电能替代总体布局；2017年7月江苏省经济和信息化委员会组织省电力公司对张家港保税区、冶金园启动了实时自动需求响应；2018年6月，河南省发展改革委印发《关于2018年开展电力需求响应试点工作的通知》，提出在郑州市、驻马店市、信阳市和兰考县开展需求响应工作；2018年7月，山东省发布了《关于开展电力需求响应市场试点工作的通知》，将通过经济激励政策，采用负荷管控措施，调节电网峰谷负荷，削峰填谷缓解供需矛盾。

储能行业健康平稳发展，储能系统建设规模稳步增长。近年来，我国在储能标准制定、平台建设、项目运营、并网应用等方面做了大量工作，积累了丰富经验，为未来进一步开展储能业务奠定了良好基础。根据相关机构统计，截至2018年6月，中国集中式可再生能源并网领域已投运的电化学储能项目总规模为115.17兆瓦，占中国已投运电化学储能项目总装机规模的26%；调频辅助服务领域已投运的电化学储能项目总规模为34.3兆瓦，占中国已经投运的电化学储能项目总装机规模的

8%；电网侧已投运的电化学储能项目总规模为 24.72 兆瓦，占中国已经投运的电化学储能项目总装机规模的 6%；用户侧领域的电化学储能项目总规模为 263.49 兆瓦，占中国已投运的电化学储能项目总装机规模的 60%。

4）核能规模稳定增长，核电多用途利用前景看好

冬季供暖问题为我国核能供热产业迎来发展的机遇。国家发展改革委、国家能源局、财政部等十部委制定的《北方地区冬季清洁取暖规划（2017-2021 年）》明确提出“研究探索核能供热，推动现役核电机组向周边供热，安全发展低温泳池堆供暖示范”等相关内容。我国核能供热堆实现自主研发，经过小规模试验证明其具有替代燃煤的可行性，主要包括反应堆工程、配套公用工程和建（构）筑物三部分，具有环保效益显著、固有安全性高、系统可靠性好、运行稳定、操作简单等诸多优势，在经济性上与热电联产具有可比性，并远远优于燃气。

2017 年 11 月 28 日，中国核工业集团有限公司（以下简称中核集团）在北京正式发布其自主研发可用来实现区域供热的“燕龙”泳池式低温供热堆。在中国原子能科学研究院启动的供热演示项目——泳池式轻水反应堆实现安全供热满 168 小时，具备为中国原子能科学研究院部分办公楼提供供热功能演示及实操培训能力。“燕龙”是中核集团在泳池式研究堆 50 多年安全稳定运行的基础上，针对北方城市供暖需求开发的一种安全经济、绿色环保的堆型产品。其原理是将反应堆堆芯放置在一个常压水池的深处，利用水层的静压力提高堆芯出口水温以满足供热要求。热量通过两级交换传递给供热回路，再通过热网将热量输送给千家万户。作为一种技术成熟、安全性高的堆型，“燕龙”具有“零”堆熔、“零”排放、易退役、投资少等显著特点，在反应堆多道安全屏障的基础上，增设压力较高的隔离回路，确保放射性与热网隔离。池式低温供热堆选址灵活，内陆沿海均可，非常适合北方内陆。泳池式低温供热堆使用寿命为 60 年。在经济方面，热价远优于燃气，与燃煤、热电联产有经济可比性。反应堆退役彻底，厂址可实现绿色复用。

5）可再生能源产业的清洁替代作用日益显现，利用水平不断提高

截至 2017 年底，我国可再生能源发电装机达到 6.5 亿千瓦，同比增长 14%；其中，水电、风电、光伏发电和生物质发电装机同比分别增长 2.7%、10.5%、68.7% 和 22.6%。可再生能源发电装机约占全部电力装机的 36.6%，同比上升 2.1 个百分点，2017 年，可再生能源发电量 1.7 万亿千瓦时，占全部发电量的 26.4%。全年水能利用率达到 96% 左右；弃风率 12%，同比下降 5.2 个百分点；弃光率 6%，同比下降 4.3 个百分点。年度和累计装机容量分别达到 53 吉瓦和 132 吉瓦。

风力发电产业稳居全球第一，弃风限电形势大幅好转。由于受电网消纳风电能力的不足和国家宏观调控政策的影响，近年来我国风电总体建设速度不断放缓，2017 年我国风电新增装机容量更是创下近 5 年来的新低，新增装机容量仅 1 966 万千瓦，同比下降 15.88%，风电累计装机容量 1.88 亿千瓦，同比增长 11.65%，但我国风电新增装机规模和累计装机规模仍然连续 5 年全球第一。虽然我国陆上风电

增速减缓，海上风电却连续5年实现快速增长。2017年我国海上风电新增装机容量116.4万千瓦，同比增长96.62%，海上风电累计装机容量278.8万千瓦，同比增长71.36%，我国海上风电新增装机规模和累计装机规模均已跃居全球第三。江苏、福建、广东、浙江、山东、河北、辽宁等沿海省份成为我国海上风电开发建设的主战场。此外，风电开发利用水平不断提高，弃风限电形势大幅好转，2017年风电年发电量3 057亿千瓦时，占全国总发电量的4.8%，全国风电平均利用小时数1 948小时，同比增加203小时；全国弃风电量419亿千瓦时，同比减少78亿千瓦时，全国平均弃风率为12%，同比下降5.2个百分点，实现弃风电量和弃风率“双降”[28]。

太阳能光伏发电装机高速增长。截至2017年底，太阳能光伏装机同比增加68.7%，远超其他可再生能源增速。2017年光伏发电市场规模快速扩大，新增装机5 306万千瓦，其中，光伏电站3 362万千瓦，同比增加11%；分布式光伏1 944万千瓦，同比增长3.7倍。到12月底，全国光伏发电装机达到1.3亿千瓦，其中，光伏电站10 059万千瓦，分布式光伏2 966万千瓦。从新增装机布局看，由西北地区向中东部地区转移的趋势明显。华东地区新增装机1 467万千瓦，同比增加1.7倍，占全国的27.7%。华中地区新增装机为1 064万千瓦，同比增长70%，占全国的20%。西北地区新增装机622万千瓦，同比下降36%。分布式光伏发展继续提速，浙江、山东、安徽三省分布式光伏新增装机占全国的45.7%。2017年，全国光伏发电量1 182亿千瓦时，同比增长78.6%。全国弃光电量73亿千瓦时，弃光率同比下降4.3个百分点，弃光主要集中在新疆和甘肃地区，其中，新疆（不含兵团）弃光电量28.2亿千瓦时，弃光率22%，同比下降9.3个百分点；甘肃弃光电量18.5亿千瓦时，弃光率20%，同比下降9.8个百分点[29]。2018年上半年，我国光伏发电新增装机2 430.6万千瓦，与上年同期增幅基本持平，其中，光伏电站1 206.2万千瓦，同比减少30%；分布式光伏1 224.4万千瓦，同比增长72%[30]。

太阳能热发电产业在我国走向成熟，逐步参与全球竞争。2017年6月，中国科学院电工研究所承担863课题“槽式集热、发电系统试验平台研究及示范系统”，在延庆太阳能热发电实验基地验收，该项目完成9 000平方米槽式热发电系统，与基地塔式电站共享一座1.5兆瓦发电机组。2018年6月30日，中国广核电力股份有限公司（以下简称中广核公司）在德令哈建成50兆瓦槽式太阳能热发电站并网发电，是我国首座商业化大型槽式热发电站，也是我国首批热发电示范项目中首座建成发电的电站，至此我国太阳能热发电总装机容量超过75兆瓦。在电站集成方面，中广核公司50兆瓦槽式电站，标志着我国初步具备了大型商业化电站的集成设计和建设能力。该电站采用导热油为热传输流体，系统运行温度392℃，采用熔融盐为储热材料，蓄热容量1 300兆瓦时，储热发电时长7.5小时。预计2018年底建成的两座融盐塔式电站均以熔融盐为热传输流体和储热材料，系统运行温度560℃，项目建成后我国拥有两种主流的商业化太阳能热发电技术。关键装备、关键部件和材料方面，我国具备了大部分建设电站组成部分的生产能力，包括定日镜、传动箱、反射镜、槽式聚光器、真空集热管、融盐吸热器、热发电用熔融盐、融盐储热、蒸汽发生器、汽轮发电机组全场DCS（distributed control system，即分布式控制系统）和空冷岛等。技术服务方面，通过实验电站、示范电站和商业电站的建设，我国已经初步具备了大型太阳能热发电站的集成设计和施工能力，培养了一批具有设计经验和施工经验的技术人员，具备了反射镜、真空集热管、定日镜、槽式集热器等关键装备和部件的性能测试能力。在国际市场方面，我国已经向国外出口了包括反射镜、传动箱、镀膜钢管和真空集热管等关键部件；2017年9月，上海电气公司成为迪拜700兆瓦太阳能热发电项目总包的中标方；山东电建三公司分别承建了摩洛哥NOOR II和NOOR III太阳能热发电站，其中NOOR II电站已经并网发电，NOOR III电站预计2018年底发电。在国内市场方面，首批示范项目中的大部分项目仍在继续建设，第二批示范电站项目也在逐步展开。定日镜、传动箱、槽式聚光器和真空管等关键装备与部件的成本迅速降低，通过技术进步推进成本电价的下降空间很大。

生物质能产业规模稳步增长。在生物质发电方面，2017年我国生物质发电装机容量较2016年增加20.5%，达到1 476万千瓦，发电量较2016年增加25.3%，达到795亿千瓦时，位居世界第一，其中垃圾焚烧发电装机容量达到725万千瓦，比2016年增加32.1%，农林生物质发电装机容量达701万千瓦，比2016年增加8.4%，沼气发电装机容量达50万千瓦，比2016年增加42.9%[31]。垃圾焚烧发电项目发展迅速，数量增长较快，其发电量5年内首次超过农林生物质发电量。此外，生物质气化耦合燃煤发电已悄然兴起，首个国家级燃煤耦合生物质发电项目已于2018年5月全面施工[32]。在生物质供热方面，2017年12月国家发展改革委联合国家能源局印发了《关于促进生物质能供热发展的指导意见》[33]，指出“到2020年，生物质热电联产装机容量超过1 200万千瓦，生物质成型燃料年利用量约3 000万吨，生物质燃气（生物天然气、生物质气化等）年利用量约100亿立方米，生物质能供热合计折合供暖面积约10亿平方米，年直接替代燃煤约3 000万吨。到2035年，生物质热电联产装机容量超过2 500万千瓦，生物质成型燃料年利用量约5 000万吨，生物质燃气年利用量约250亿立方米，生物质能供热合计折合供暖面积约20亿平方米，年直接替代燃煤约6 000万吨”。在生物交通燃料方面，我国依然以燃料乙醇和生物柴油为主，以生物沼气提炼生物天然气的项目已然起步，但尚未实现产业化。2017年我国燃料乙醇产量达到260万吨左右，位居世界第三[12]，原料依然以玉米、小麦等陈化粮为主，木薯等非粮原料比重逐渐增加，以纤维素为原料生产燃料乙醇尚处在示范阶段，仍未实现产业化，但示范规模已达5万吨/年。我国生物柴油产业主要以地沟油为原料，由于原料收集困难、成本较高，以及政策不完善等因素，生物柴油产业发展举步维艰。为支持生物柴油产业发展，国家税务总局明文规定对利用地沟油生产的纯生物柴油免征消费税，生产企业可享受即征即退70%增值税优惠，同时政府部门于2017年9月颁布了《B5柴油》国家强制标准，有利于生物柴油产业的长远发展。

雄安新区地热产业发展突出。2017年以来，我国地热产业在西北、西南均迅速发展，而最为突出的是雄安新区的地热勘查与开发。雄安新区位于华北平原腹地，水热型地热资源均属于沉积盆地型地热资源。该地区水热型地热资源丰富，地热资源赋存条件较好，区内主要地热田为牛驼镇地热田与容城地热田，同时也具有巨大的开发利用潜力。2018 年 6 月勘查计算结果显示：雄安新区浅层地温能可开采资源量折合标准煤 1.67×10^6 吨 / 年，地源热泵换热总功率可达 494 万千瓦，可减少 CO_2 排放 3.97×10^6 吨 / 年。其中，安新县面积最大，资源量也最大，雄县次之，容城县最小。浅层地温能可在水热型地热资源缺乏或无法利用的区域，作为水热型地热资源的有益补充，发挥节能减排作用。

6）国内氢能与燃料电池产业爆发，氢能基础设施网络建设提速

我国加氢站规划突增 [14]，燃料电池示范运行持续扩大。截至 2018 年 2 月，我国已建成的加氢站总共为 15 座，2016 年以前有 5 座，新增了 10 座。2018 年在建的加氢站达到了 26 座，在建加氢站数量翻倍。从各省市加氢站建设情况来看（图 8.3），广东、上海、江苏加氢站建设速度较快，广东尤其出类拔萃，北京加氢站建设相对来说比较缓慢，需要加快步伐。国内燃料电池车辆情况：2017 年 6 月 16 日起，广东云浮 5 辆氢燃料电池城市客车正式在城区投入运营，市民可以享受到“零”污染的绿色出行体验。2018 年 2 月 28 日，陕西汽车控股集团有限公司在“2035 战略”规划发布会现场，展示了国内首辆氢燃料电池环卫车，这是国内首款针对城市环卫市场研发的燃料电池专用车，旨在改善城市空气质量。2018 年 7 月，广东国能联盛新能源汽车有限公司的 25 辆氢燃料电池厢式物流车圆满完成在佛山、云浮、中山等地的试运营，该公司以租车服务的模式在市场上推广氢燃料电池厢式物流车。2018 年初，49 辆福田 10.5 米燃料电池客车和 25 辆宇通 12 米燃料电池客车中标张家口公交项目，目前已完成交付任务。2018 年 8 月 14 日，郑州市首批 3 辆氢燃料电池公交车投入 727 路公交线路运行，标志着郑州宇通客车自主研发、制造的氢燃料电池公交车全面进入商业示范运行阶段，并计划到 10 月底，开通首条燃料电池公交示范路线，投入 20 辆燃料电池客车 [34]。燃料电池客车、物流车、专用车有望率先进入商业化阶段。SOFC 示范运行：2018 年 8 月，全国首套以煤为原料的 SOFC 项目在山西晋城无烟煤矿业集团有限责任公司燃料电池实验室打通全流程，实现了从煤气化到 SOFC 发电的示范，最终目标是建立一个以煤为原料的 SOFC 整体示范工程。

为了进一步鼓励、支持氢能基础设施建设及燃料电池产业发展，从国家到地方，密集出台了一系列政策法规和行业标准。2017 年 4 月，工业和信息化部、国家发展改革委和科技部发布了《汽车产业中长期发展规划》，规划提出“加快新能源汽车技术研发及产业化”，“支持动力电池、燃料电池全产业链技术攻关”，以及“鼓励企业开发先进适用的新能源汽车产品” [35]。同时，科技部和交通运输部发布了《“十三五”交通领域科技创新专项规划》，规划提出，“加氢基础设施和示范考核技术”，“推进氢气储运技术发展，加氢站建设和燃料电池汽车规模示范”，以及“优化升级燃料电池动力系统技术，重点突破高功率密度乘用车燃料电池发动机和长寿命商用车燃料电池发动机技术，燃料电池 / 动力电池混合动力集成控制与能量优化管理技术。实现燃料电池整车批量化生产，初步实现商业化” [36]。2018 年 8 月，科技部再次发布“可再生能源与氢能技术”等重点专项，拨出 6.565 亿元资助氢能在内 6 个方向的创新技术，

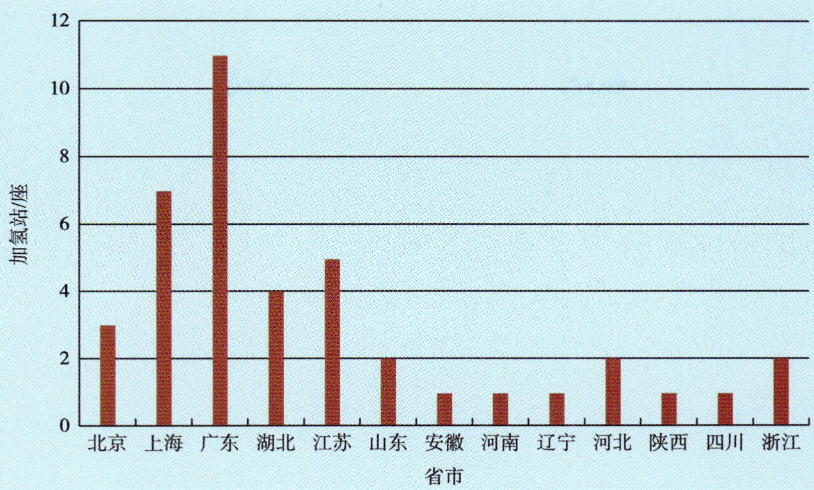

图 8.3　各省市加氢站分布情况

推进氢能技术发展及产业化。在国家引导下，2017 年 9 月以来，上海市相继出台了《上海市燃料电池汽车发展规划》和《上海市燃料电池汽车推广应用财政补助方案》；2018 年 2 月，北京市出台了《北京市推广应用新能源汽车管理办法》；2018 年 2 月，武汉市发布了《武汉市新能源汽车推广应用地方财政补贴资金实施细则》；2018 年 3 月，苏州市出台《苏州市氢能产业发展指导意见（试行）》；2018 年 4 月，佛山市南海区出台了《佛山市南海区促进加氢站建设运营及氢能源车辆运行扶持办法（暂行）》；2018 年 5 月，西安市发布《西安市新能源汽车推广应用地方财政补贴资金管理暂行办法》；2018 年 6 月，重庆市发布《重庆市 2018 年度新能源汽车推广应用财政补贴政策》等；2018 年 6 月，广东省印发《广东省人民政府关于加快新能源汽车产业创新发展的意见》；2018 年 6 月，海南省转发四部委发布的《关于调整完善新能源汽车推广应用财政补贴政策的通知》，随后不久河南省财政厅网站发布了《关于公开征求〈关于调整河南省新能源汽车推广应用及充电基础设施奖补政策的通知〉有关意见的通知》；2018 年 6 月，青海省财政厅、青海省商务厅、青海省经济和信息化委员会发布了《关于调整 2017 年 -2018 年新能源汽车推广应用购置补贴政策的通知》；2018 年 8 月，深圳市财政委员会发布了《深圳市 2018 年新能源汽车推广应用财政支持政策》。一系列氢能财政补贴及发展规划政策的出台加快了产业发展 [37]。

8.3.2　节能环保产业

1）国内政策环境改善利好，节能环保产业市场开阔

2017 年环保产业的政策环境进一步改善，受政策和相关行业经营状况好转等因素的拉动，中国环保产业继续保持了快速发展的良好势头。2017 年至今，国家出台了一系列环境友好型政策，为节能环保产业的发展提供了良好的宏观政策环

境。在《“十三五”节能环保产业发展规划》等顶层设计及各领域配套政策法规，如《“十三五”节能减排综合工作方案》、《中华人民共和国环境保护税法》、《循环发展引领行动》及《工业绿色发展规划（2016-2020 年）》等文件[38～42]密集出台的推动下，节能环保产业发展态势良好，营利能力突出，中国作为全球节能环保新兴市场发展速度较快。节能环保产业朝向成为中国国民经济支柱产业又迈进一步。

中国节能协会节能服务产业委员会统计，2017 年节能服务产业产值达 4 148 亿元，增长 16.3%（图 8.4）；全国从事节能服务的企业 6 137 家，行业从业人数 68.5 万人，合同能源管理投资形成年节能能力超过 3 800 万吨标准煤，年减排 CO_2 突破 1 亿吨，节能服务产业继续保持了良好发展势头。节能服务产业不仅在我国节能技术应用和节能项目投资等方面发挥着至关重要的推动作用，而且对推动节能改造、减少能源消耗、增加社会就业、促进经济发展发挥了积极的作用，成为我国转变发展方式、经济提质增效、建设生态文明的重要抓手之一。

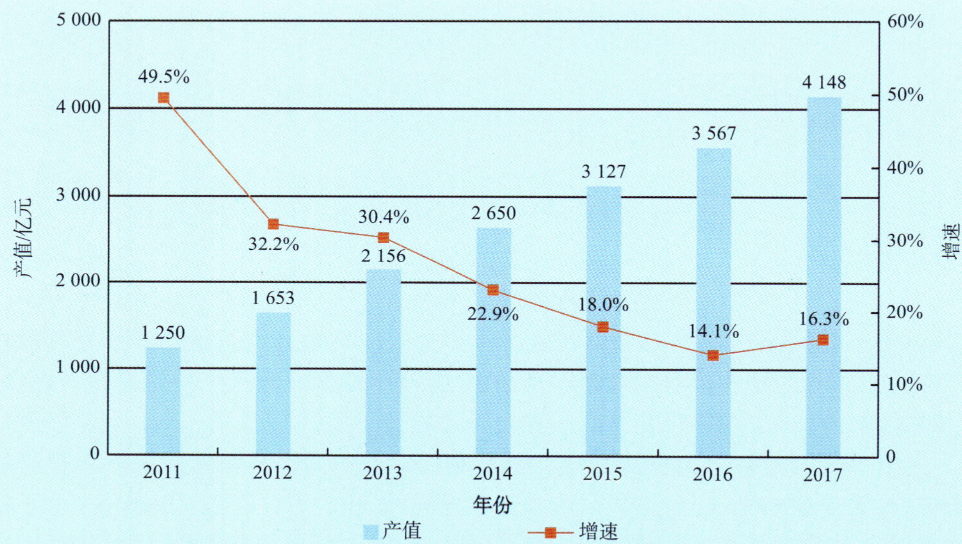

图 8.4　2011 ～ 2017 年节能服务产业产值变化

环保产业领域方面，先进环保产业规模持续快速增长，环境修复领域呈上升态势。2017 年中国环保产业保持了 15% 以上的增长率，规模不断扩大。《“十三五”节能环保产业发展规划》实施以来，中国环保装备制造业规模迅速扩大，服务领域拓宽，主要装备基本实现国产化，部分装备达到国际领先水平。常规污水处理技术、电除尘技术等已基本达到国际领先水平，膜分离技术与产品取得一定的突破，并在规模较小的污水处理中得到广泛应用。《土壤污染防治行动计划》在一定程度上刺激了环境修复领域的发展，中央财政对土壤治理专项拨款金额成倍增加。2017 年通过新三板挂牌上市的环保企业有 123 家[43]，相比于 2016 年的 253 家有所减少，上市决策日趋理性。整体看，2017 年环保新三板表现突出，多家新三板挂牌企业相继中标亿元环保项目，市场仍呈现火热态势。截至 2018 年 1 月 31 日，共有 40 家环保上市企业发布 2017 年年度业绩预告，有 30 家企业预计业绩同比增长。其中水务上市企业和环境监测上市企业发展最为优秀，同比增长率分别为 56.09% ～ 76.10% 和 41% ～ 65%，盈利方面水务远远领先，大气、固废、能源、生态上市企业的盈利和增长趋势远远落后于水务和监测 [44]。

资源循环利用领域中，资源循环利用技术进展显著，与国际先进水平差距不断缩小。资源综合利用领域国家科技投入较大，废旧金属、废塑料、废橡胶、矿产资源、产业废物等的综合利用技术均取得重大突破，与国际先进水平的差距不断缩小。在大宗固体废弃物回收利用方面，部分重要尾矿采选及综合利用技术达到或接近世界先进水平并实现工业化应用。高铝粉煤灰提取氧化铝和铝硅合金技术已在局部地区实现产业化生产。煤矸石资源化利用技术不断提高，单机 600 兆瓦超临界循环硫化床发电机组已投入运行，煤矸石发电—高铝粉煤灰深度脱硅—莫来石制备—白炭黑生产等特色资源化产业链已形成。钢铁行业冶炼废渣新的应用领域不断开拓以提高附加值；有色冶炼废渣综合利用率较低，赤泥资源化利用逐渐得到重视。中国利用工业副产石膏生产建材的技术水平已突破脱硫石膏和磷石膏制备水泥缓凝剂、纸面石膏板等核心技术，与国外先进水平差距不大，实现了工业化应用。汽车发动机、变速箱、电机等再制造技术已经初步满足产业化需求，初步形成了拆解破碎机械化及多级分选技术相结合的资源化工艺路线。

随着中国环保政策日益完善、环境监察与环境执法日趋严厉，企业将更加重视自身的排污治污问题，倒逼企业绿色转型，也使得环保产业发展的市场空间更加广阔。

2）产业结构深刻变革，产业形态多样化并向纵深发展

产业结构软化，向综合服务业发展，同时跨界平台构建，有效整合资源，提高系统性、实效性和操作性的综合解决能力。产业联盟的建立可以实现全产业链资源整合，实现技术、研发、资金和市场的共享及合作，增加企业的竞争实力。目前，中国节能产业已经建立多个节能环保产业联盟，如中国节能环保金融联盟、中国工业节能服务产业联盟、江苏哈宜环保研究院有限公司、固体废弃物处理处置科技创新服务联盟等，联盟的建立不仅强化了政府与企业间的合作，还加强了产业间的优势互补，形成了有效的供需链。未来跨界合作，产业联盟的建立是未来产业发展的重点。

在《中国制造 2025》和《重大环保技术装备与产品产业化工程实施方案》等国家战略和政策的支持下，随着节能减排工作的日益深入和标准日趋严格，节能环保产业的规模将进一步扩张，产业结构由传统的装备制造，向提供产品和节能环境服务升级，向高端装备制造和服务业并重升级转移。

节能产业中，以投入新技术、新工艺、新材料、新设备和新器件来获得节能效益的技术节能遇到发展的天花板，而采取加强计量检测、优化能源分配、强化管理维护、提高人员素质、能源绩效考核等措施的管理节能愈加受到用能单位的重视。为提高管理节能效率，上海市、浙江宁波和广东东莞等城市建立了市级能源管理中心平台和重点企业能源管理中心，实现对节能数据的深入分析，提高了节能效率。该模式催生了多家配套节能服务公司，提高了节能服务产值，推动了节能产业结构

的软化。在新的需求下，产品向标准化、成套化、智能化方向发展。节能环保服务业将从提供环保装备与产品或工程建设、运营维护等单一环节的产品和服务逐步发展为一体化的综合节能环保服务业，提高行业集中度。

环保产业中，环保服务业作为战略性新兴产业、生产性服务业，以及整合环保产业全产业链发展的龙头，将在跨越式发展的同时不断提高行业集中度。环保服务业与环保产品相比，无论是营业收入、营业利润，还是从业单位数、从业人员数，增长速度都快于环保产品，已经显现出服务业日益加强的发展趋势。同时，国际实践表明，随着污染形势变化以及环境管理目标的深化和全面化，环保产业将逐步从传统的水和大气相关产品和服务占绝对比重的结构逐步发展为水、大气、土壤、固体废物等相关产品和服务全面发展的产业结构。地方层面，原环境保护部在湖南、江西、广东等地分别启动了节能环保服务业聚集区、综合环保服务、搭建公共环保服务平台等方面的试点探索。

与多领域多行业交叉融合，提升产业渗透力。同时，随着“中国制造2025”战略的实施，我国将利用先进节能环保技术与装备，组织实施传统制造业能效提升、清洁生产、节水治污、循环利用等专项技术改造，建设新能源、新能源汽车与智慧交通系统、低碳社区、碳捕集和富碳农业、绿色智能工厂等综合应用设施，开展重大节能环保、资源综合利用、再制造、低碳技术产业化示范，节能环保产业的渗透力将大幅提高。

3）PPP模式引领行业变革，激发节能环保行业发展潜力

目前上市公司参与或设立的PPP（public-private partnership，即政府和社会资本合作）产业基金规模已经超过了500亿元，节能环保类PPP项目中（图8.5），垃圾焚烧发电厂、流域水环境治理和生态建设、河段生态综合整治、污水处理厂及配套管网等大型投资项目占主要部分，是节能环保企业开拓业务的重点。以向地方政府提供金融、规划设计、建设、运营管理综合性解决方案为主要特征的“产业+”PPP模式，覆盖项目的设备采购、设计施工、运营维护等全产业链环节，对企业的资金筹措能力以及节能环保产业上、中、下游的资源整合能力提出了更高要求，倒逼企业向全产业链型转变。

4）“互联网+”等技术推动节能环保产业多领域融合

“互联网+”技术推动环境监测、智能节能系统、再生资源回收行业等节能环保产业多领域的融合。环境保护与多领域融合加速，环保技术与物联网技术的相互渗透态势尤为显著，环保物联网已经成为环境治理现代化的重要手段。通过“智慧应用层、大数据分析层、云计算支撑层、网络传输层、感知层”，环保物联网已经初步实现污染源实时监控、环境质量系统监测、环境风险应急管理、综合管理及服务等功能，如原环境保护部已经完成“三层四级”的环保专务专网建设。北京、云南等地区环境数据中心已经投入使用。

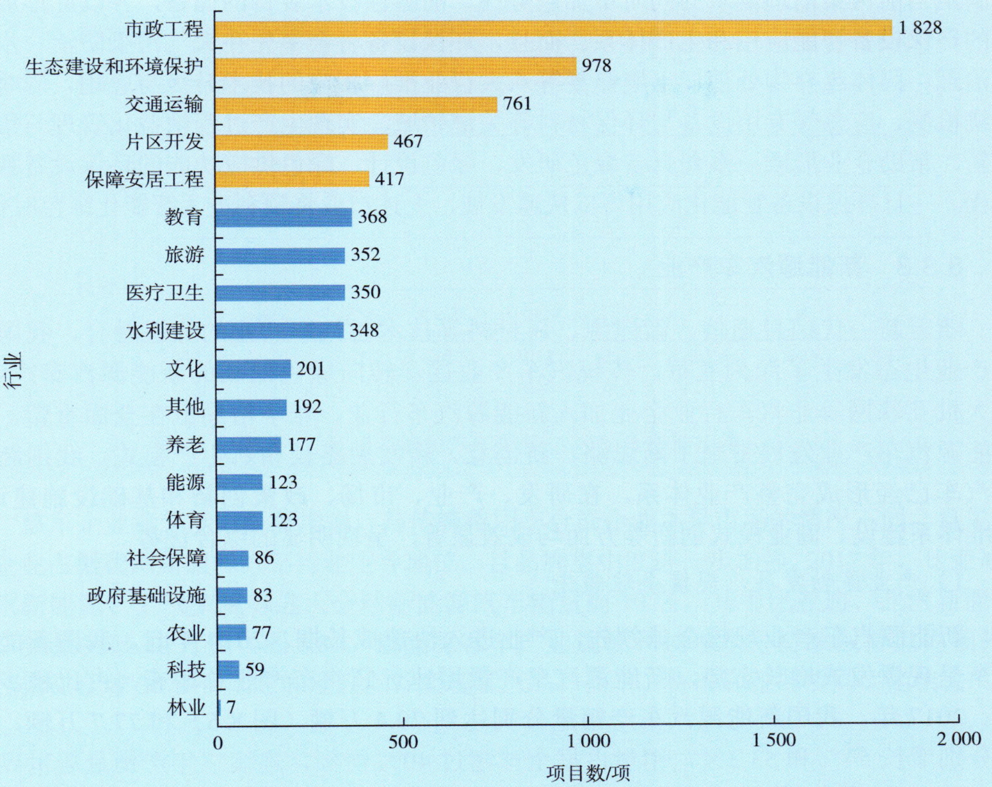

图 8.5　2017 年我国已签约 PPP 项目行业分布

在节能技术与物联网的融合方面，物联网环境下的智能节能系统可以将节能技改的工艺参数与传感器连接起来，实现节能系统网络中所有工艺节点均可被寻址、所有参数均具有通信能力、所有流程均可被操作、部分工艺具有传感与信息上传共享能力，可实现全生命周期能量消耗数据的采集和分析。例如，启明星宇节能科技股份有限公司在供热节能技术上，建立了数控供热大数据云计算行业节能服务平台，由暖气医院、专利节能、数控供热、云端服务等四大系统构成，主要通过信息技术的应用与集成开展专业节能服务。

未来环境监测、智能节能系统和垃圾分类回收产业将成为环保互联网的最佳入口。节能环保产业与互联网的结合，将给节能环保产业发展带来新的模式和动力。产业的商业模式、运行机制、竞争格局都将发生根本性变化。

环保设备产业与工业的集聚存在高度的关联性，而由于技术密集等特性，其容易集聚发展，形成产业集群。从产业聚集水平看，我国环保产业总体分布特征呈现“一带一轴”的格局，即北起大连、南至珠三角的环保产业“沿海产业带”，以及东起长江三角洲、西至重庆的环保产业“沿江发展轴”。在环保设备的智能化方面，环保装备制造体系目前已进入应用期，从 2018 年开始，我国将在推动环保设备产业转型升级的基础上，

种技术路线，以及慢充、快充、电池更换、在线充电、双源快充等多种能源补给方式。宇通客车开发出世界首辆无人驾驶纯电动大客车并首次在开放道路条件下实现全程无人工干预运行。福田汽车开发出世界首辆18米大通道轮边独立驱动铰接式纯电动客车并在北京公交线路实现载客运行。

智能网联技术发展迅速。国内相关部门正在推进自动驾驶汽车法律法规的制定，工业和信息化部、公安部、交通运输部三部委联合印发《智能网联汽车道路测试管理规范（试行）》。北京、重庆、上海等多地也相继发布自动驾驶汽车道路测试规范，积极建设智能网联汽车示范与测试基地，推动智能网联汽车应用示范。同时，各大车企、科技公司和初创公司纷纷加大业务布局。国内互联网科技巨头以跨界合作方式重点布局智能网联汽车领域，如百度推出阿波罗自动驾驶平台开放计划，并与江淮、长安、众泰、北汽、奇瑞、金龙等多家主流车企合作；阿里巴巴与上汽成立斑马网络技术有限公司开发智能网联系统，合作开发出"全球首款量产互联网汽车"；广汽与腾讯合作的iSPACE智联电动概念车正式发布；等等。

动力电池性能指标稳步提升，成本明显降低，低温动力电池系统取得重大技术进展。在锂离子动力电池材料、单体性能、系统集成、产业技术等方面基本与国际处于同一水平。三元正极材料的能量型动力电池单体比能量最高达到260瓦时/千克，模块比能量最高达到140瓦时/千克[21]。自加热型全气候动力电池技术取得重大进展，电池系统装车后实现–30℃快速启动，系统加热速度达到5℃/分钟。2017年底，动力电池价格较2017年初下降20%～25%，其中磷酸铁锂电池系统价格由1.8～1.9元/瓦时降为1.45～1.55元/瓦时，三元动力电池系统价格由1.7～1.8元/瓦时降为1.4～1.5元/瓦时。

驱动电机及其控制技术不断提升，整体技术水平与国际相当。我国乘用车驱动电机功率密度在3.3～3.6千瓦/千克，最高转速达到12 800转/分钟；商用车驱动电机转矩密度超过18米/千克，最高转速超过3 500转/分钟；电机控制器功率密度在12千瓦/升以上，控制器效率超过98%。驱动系统集成度进一步提高，电机与变速器集成的一体化电驱动总成，电机控制器与DC/DC变换器、充电机、高压配电器等集成的高压电力电子集成控制器等产品已逐步成熟，精进电动、上海电驱动、汇川技术、方正电机等陆续推出集成化的"多合一"的电驱动产品，但集成度等技术水平与国外零部件巨头还存在一定差距。

燃料电池技术不断进步，但与国际先进水平相比仍存在较大差距。我国已初步建立了具有自主知识产权的车用燃料电池动力技术平台，累计开发出数百辆燃料电池汽车和数百套燃料电池系统，燃料电池电堆功率达到60千瓦，功率密度达到2.0千瓦/升，寿命突破5 000小时，燃料电池系统可实现–20℃启动、–40℃存储，储氢压力达到70兆帕[21]。但是，燃料电池系统在功率等级、功率密度、低温启停、系统效率、可靠性、耐久性等性能方面与国际先进水平相比仍存在较大差距；产业链不完善，电堆、压缩机、加湿器、氢气循环泵、高压储氢罐等关键部件及膜电极、金属双极板、催化剂、质子交换膜、碳纸等关键材料与国际先进水平相比差距巨大，严重依赖进口。

3）充电基础设施建设进展迅速

充电基础设施建设规模全球第一，市场主体呈现多元化发展格局，商业模式不断创新。截至 2018 年 4 月，全国公共类充电桩总量已达 26.2 万个（图 8.10）。自 2017 年 5 月至 2018 年 4 月，月均新增公共类充电桩约 8 405 个，2018 年 4 月同比增长 62.5%[23]，成为充电基础设施建设发展最快的国家。北京、上海、深圳等建成了规模化的充电服务网络。现在包括国企、民企都在积极地参与商业模式创新，众筹建桩、车桩合作、“互联网 +” 等创新的商业模式在不断涌现，在公共场所、单位内部、居民小区、高速公路上，充电设施建设全面推进。

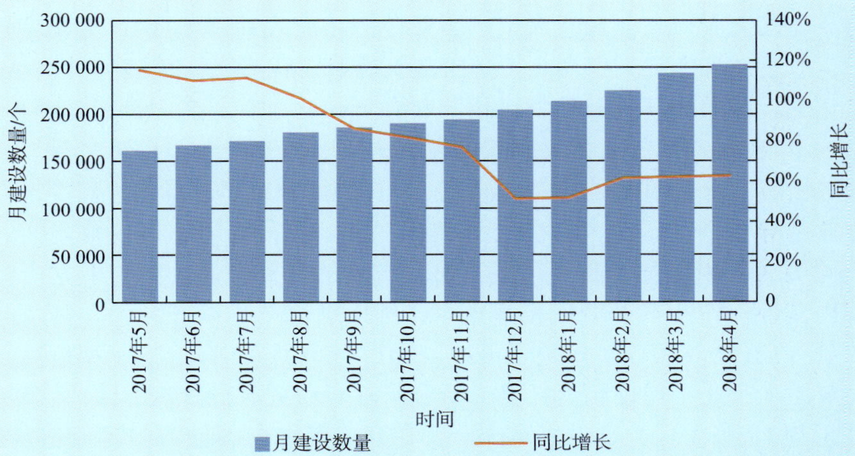

图 8.10　2017 年 5 月至 2018 年 4 月公共充电桩累计数量及增长率

充电基础设施运营商逐步规模化，互联互通初见成效，产业链重心逐步由建桩向充电桩运营转移。国家电网、特来电、星星充电、中国普天 4 家企业市场份额高达 85.8%，充电运营市场高度集中。随着电动汽车充电基础设施接口新国标的实施，有力推动了充电基础设施间的互联互通，国家电网电动汽车车联网平台与特来电等主流运营商平台实现充电桩信息互联互通。

新型充电技术不断涌现。无线充电、大功率直流快充、双向充电、充电桩群充群控、乘用车换电等技术研发获得广泛关注。在无线充电领域，东风与中兴通讯合作了中国第一条大功率无线充电公交示范线，充电功率可达 60 千瓦；中惠创智基于磁耦合谐振技术的 3.7 千瓦、7.7 千瓦、11.1 千瓦无线充电桩，传输距离在 5 ～ 23 厘米时传输系统效率最高达 90%（85 千赫兹频段），单线圈效率达 95%[23]。在直流大功率充电领域，国内大功率充电需求目前并不明显，相关准备工作及技术研发工作也正在逐步推进。2017 年 5 月正式成立了大功率充电技术工作组，确定以连接器先行开展方案设计和部分实验。2017 年 6 月，大功率充电议题作为中德合作项目得到双方政府的认可。2017 年底，提出了基于我国新能源汽车可持续发展目标的大功率充电技术路线建议。

4）政策体系逐步完善，向长效机制演变

政策支持是我国新能源汽车发展的重要保障，目前我国已经形成中国特色支撑新能源产业发展的完整政策体系，呈现有序退坡、准入趋紧、规划引领、合资开放等特征。2017 年以来，国家出台了多项政策规划来完善和优化产业发展环境，从宏观上引导和规范新能源汽车产业发展[24]。一是财政补贴有序退坡。2016 年 12 月 29 日，四部委公布《关于调整新能源汽车推广应用财政补贴政策的通知》，通过强化技术标准要求、强化使用来提高补贴申领标准，营运车辆只有满足累计行驶超过 3 万千米的条件才有资格申领财政补贴。二是提高生产准入门槛。2017 年 1 月 16 日，工业和信息化部公布《新能源汽车生产企业及产品准入管理规定》，大幅度提高了新能源汽车企业及产品的准入条件。三是明确中长期发展规划。2017 年 4 月 25 日，工业和信息化部、国家发展改革委、科技部联合发布《汽车产业中长期发展规划》，明确了未来 10 年我国汽车产业由大到强的发展方向、目标任务与保障措施。四是放开纯电动汽车领域的合资限制。2017 年 6 月 28 日，国家发展改革委、商务部发布《外商投资产业指导目录（2017 年修订）》，提出“同一家外商可在国内建立两家及两家以下生产同类（乘用车类、商用车类）整车产品的合资企业，如与中方合资伙伴联合兼并国内其他汽车生产企业以及建立生产纯电动汽车整车产品的合资企业可不受两家的限制”。五是双积分整车靴子落地。2017 年 9 月 27 日，工业和信息化部等联合公布《乘用车企业平均燃料消耗量与新能源汽车积分并行管理办法》（简称双积分政策）并于 2018 年 4 月 1 日正式实施，旨在建立节能与新能源汽车管理长效机制。六是新能源汽车免征车辆购置税政策得以延续。2017 年 12 月 26 日，财政部等四部委共同发布《财政部　税务总局　工业和信息化部　科技部关于免征新能源汽车车辆购置税的公告》，明确自 2018 年 1 月 1 日至 2020 年 12 月 31 日，对购置的新能源汽车免征车辆购置税。

8.4　绿色低碳产业发展存在的问题

我国绿色低碳产业规模化发展水平仍然偏低，在能源新技术、节能环保新技术、新能源汽车关键技术的研究和运用及产品的开发等方面，扶持力度偏低且可持续性差、实现周期较长、创新能力较弱，同时各子产业发展也面临不同的阻碍与困难，技术创新管理、产业核心技术突破等方面存在突出问题。

（1）通过市场换技术的途径不能换来核心技术，特别是涉及军事应用的核心技术。

目前，我国在特高压输电、智能电网等设备的集成创新方面取得了一系列重大成果，但在基础材料、核心器件和工艺方面还存在着受制于人的情况，对外依存度高，原始创新能力不足，急需加强基础性、前瞻性研究，突破材料、器件、核心软件等基础及共性技术瓶颈。

例如，高温燃料电池技术是国际新一代发电技术的制高点，由于高温燃料电池在潜艇、航天等领域的应用一直以来都受到发达国家严格的技术封锁，我国在2000年启动了若干高温燃料电池的科技攻关项目，相继突破了燃料电池材料、单电池到电池堆组装等核心技术，虽然目前在高温燃料电池堆组方面仍与国外有较大的差距，但是具备了核心技术开发的平台和人才队伍，具有自主创新的能力。

燃气轮机被发达国家作为战略性产业和高端制造业发展重点，20世纪80年代以来，发达国家更是大力发展大功率燃气轮机–蒸汽轮机联合循环电厂。虽然我国的燃气轮机产业始自20世纪50年代末60年代初，也经历了初期的自主研发及70年代的小高潮，但80年代后进入休眠期，近十几年燃气轮机发电技术才得到进一步研发。虽然通过市场换技术的燃气轮机“打捆招标”计划，引进F级、E级燃气轮机及联合循环技术，但由于与航空关系密切，未能从国外引进任何相关核心技术，国内企业目前仍未完全掌握燃气轮机产品的设计和制造技术。

（2）绿色低碳产业自主创新与其他领域的共性问题明显，科技激励政策发挥效果有限，人才管理制度改革滞后，科技成果创新不足且转化能力差，企业间缺乏合作和战略规划。

科技激励政策落地难，自主创新动力和效能低。科研管理中间环节过多。我国现行科研体制管理链条太长，中间环节多，耗费大量研究人员的精力与时间。科技创新效率和效能低。产学研协同创新的链条不通畅，科技成果转化率低，科技进步对于经济社会发展的直接拉动作用还不强。中央企业科技创新激励政策落地实施难，激励作用难以有效发挥。

人才流动存在壁垒，识才、用才标准不够科学，创新、创造活力有待提高。人才培养机制不健全。科研机构拔尖创新人才的激励不够，且成长速度慢。人才评价指标重数量、轻质量。现行考核指标过于重视专利、软件著作权、文章的数量，轻视质量和对产业发展影响的评价。人才流动不畅，活力不足，存在长期以来形成的资历、学历、职称、身份、编制等壁垒，成为人才合理流动的羁绊，流动不畅导致人才活力不能充分释放。科研人员激励、分配机制需进一步健全、完善。

基础研究方向太散，经费来源不稳定，影响研究深度。基础研究支持方向太散：缺乏整体谋篇布局，支持的方向太分散，重点不突出。基础研究支持不够稳定：重点领域基础研究的投入力度不够，且支持方向经常变动。对从事基础研究的引导与激励力度还需进一步增强。

科技成果转化机制有待完善。科技创新成果与需求脱节、应用不充分，科研与产业之间未能建立有效的纽带关系，成果转化不顺畅问题突出，科研成果封闭自我循环比较严重。科技成果转化与推广机制尚不健全，科研人员缺乏推动成果转化应用的意识和动力，成果孵化渠道少且方式不够灵活。

同类企业合作不足，竞争和抢占资源问题严重，企业技术管理缺少全局战略规划，如核电自主创新存在“重复、分散、封闭”现象，国内三大核电集团各自投入建立类似的研发设施，且研发成果不能有效共享，存在壁垒等问题严重。

（3）能源新技术各领域发展瓶颈问题待于突破，在政策、技术研发方面的引导与支持不足。

煤炭清洁高效利用方面，燃煤发电面临效率提高瓶颈，IGCC/IGFC技术系统规模放大及商业化推广应用面临重大挑战；电煤比例有待进一步提高，降低燃煤污染排放。CCUS成本高，仍有待技术突破。“十三五”期间仍需健全标准体系，促进煤化工规范发展；煤炭深加工产业继续升级示范，加强技术攻关和示范以解决制约产业发展的技术瓶颈以及水资源和环保约束等难题，保障示范项目实现长周期稳定运行。急需对煤炭深加工产业不同的发展阶段采取不同税收政策，如根据国际油价变化动态调整煤制油消费税、取消煤制天然气项目参与调峰等。

能源互联网产业的市场政策和机制有待进一步健全，能源价格形成机制尚未消除行业壁垒，基础设施建设仍需提升，产业生态期待形成。投融资渠道和商业模式急需引向创新。我国储能产业正处于试点示范向商业化过渡时期，储能相关扶持政策尚未到深入、切实的操作阶段，支持储能发展的运营补偿机制和相关配套优惠措施仍较为缺乏，财政补贴方面的有关政策、办法还比较少。同时，由于储能技术的快速发展和相关技术标准相对滞后，新型储能装置在生产和应用各个环节，如储能装置的设计、招投标、制造、验收、接入试验与调试、设备交接及运行维护等方面还存在需要补充的环节。

可再生能源方面，风力发电产业中“三北”地区存量风电消纳困难，典型风资源勘测评价不足，分散式风电和海上风电核准审批流程繁杂。我国太阳能热发电站缺乏长期运行经验，电站投资总量大、风险高，使得投资者观望，这又造成国家认为太阳能热发电潜力短时间内无法兑现，不愿出台强力推进政策破解该产业发展不够迅速的困境。生物质发电产业虽然在发电、供热方面的发展已相对成熟，但总体而言整个行业的发展缺乏健全合理的原料供应体系，原料收集、运输等成本相对较高。地热资源勘查投入严重不足，全国大部分地区尚未开展地热资源勘查，特别是我国西部地区的中低温地热资源，基本未开展正规的地热勘探。

氢能与燃料电池产业方面，我国氢能基础设施建设刚刚起步，加氢站数量较少，加氢站一次性投资成本高，投资风险大；加氢站关键零部件，如加氢机、压缩机，依赖进口；缺乏加氢站建设标准、管理办法及政府部门主导；我国氢气资源分布不均匀，氢源产业链尚未建立，导致氢气储运成本高，高纯氢气价格昂贵。燃料电池产业方面，燃料电池关键零部件催化剂、膜、空压机依赖国外进口，关键零部件批量化技术缺乏，燃料电池成本高；燃料电池技术（如功率密度、低温启动特性、耐久性）与国外顶尖水平有一定差距；燃料电池研究企业分布较散，缺乏领头企业或者政府部门进行统一规划。

（4）节能环保产业对国家政策的依赖性过强，政策波动对产业发展影响巨大，节能环保技术原始创新较少，市场竞争大，资金短缺阻碍发展。

据中国环境保护产业协会测算，资源综合利用产品和劳务增值税优惠目录调整后，污水、垃圾等企业增值税将提高 30% ～ 50%，项目投资回报率降低约 10%。此外，还有节能技术改造财政奖励、合同能源管理财政奖励、夏热冬冷地区既有建筑节能改造补贴等政策的相继退出。而一些时间紧、要求严的政策可能在短期内创造大量需求后急剧萎缩，对行业造成冲击。以正在开展的火电行业超低排放为例，东、中部地区分别在 2017 年和 2018 年两年完成改造的要求，促使着相关装备供应企业快速成长。但据预测，该市场或在 2018 年后快速萎缩，可能导致超低排放设备产能过剩。

以小微企业为主的产业组织特征导致了产业内技术创新动力不足。目前，我国环保产业企业中仅有 11% 左右的企业有研发活动，这些企业的研发资金占销售收入的 3.33% 左右，远低于欧美 15% ～ 20% 的水平。技术交易、转移和扩散的市场化机制也尚未形成，科技成果转化率低，阻碍了产品和设备的大规模产业化。

部分企业通过“实业亏损、资本市场来补”抢占市场份额，价格战愈演愈烈。例如，垃圾焚烧发电中标最低价在半年内从 48 元 / 吨降至 18 元 / 吨，污水处理从 1 ～ 5 元 / 吨迅速降至 0.4 元 / 吨，远低于应有成本。低价竞争使得劣币驱逐良币，其带来的风险和隐患将严重影响节能环保产业提质升级。节能环保产业属重资产行业，投资大、周期长，而我国众多中小节能环保企业缺乏融资能力，资金短缺严重。国务院发展研究中心研究发现，从 2015 年到 2020 年中国绿色发展的相应投资需求约为每年 2.9 万亿元人民币，其中政府的出资比例只占 10% ～ 15%，超过 80% 的资金需要社会资本解决，绿色发展融资需求缺口巨大。

（5）我国新能源汽车产业与国际先进技术水平及用户需求相比还存在一定差距，一些发展不平衡不充分的问题也逐步凸显。

行业发展以政策驱动为主，市场发展不均衡、产能过剩与高端产品产能不足的问题并存。随着补贴的持续退坡，行业急需由补贴与政策驱动向政策与市场驱动转换。三、四线城市市场发展不均衡，也急需政企携手积极开拓。在纯电动客车、货车领域，企业已经出现了结构性的过剩苗头。动力电池及电池材料生产企业众多，但大多数企业产量小、技术落后、产品质量管控能力差，难以满足车用电池一致性、安全性等要求。

高性能乘用车正向开发技术与国际先进水平存在差距。国际知名汽车企业均已按照正向设计方式开发全新平台并在此基础上形成系列产品，我国大部分企业不具备正向设计高端纯电动乘用车全新平台的能力，整车开发多为逆向开发或燃油平台改型方式，与国际水平差距较大。全新平台正向设计中的底盘电控系统、智能驾驶技术、高集成度电机驱动系统、电池与底盘的一体化设计、轻量化车身结构等关键技术与国外差距较大。

基础元器件设计与制造技术基础薄弱，影响我国新能源汽车产业安全。新能源汽车技术基础薄弱、原始创新能力低、核心技术欠缺的问题仍然存在。基础元器件严重依赖进口，如电机驱动系统中的大功率 IGBT（insulated gate bipolar transistor,

即绝缘栅双极晶体管）电力电子器件、高速大功率轴承、高性能硅钢片、传感器、薄膜电容，动力电池中的高端隔膜，智能网联控制系统中的控制芯片和操作系统、摄像头、毫米波雷达、激光雷达等信息感知传感器，电动转向系统、制动防抱死系统（anti-lock braking system，ABS）、电子稳定系统（electronic stability program，ESP）、空气悬架、电控制动等底盘电控系统。在全固态动力电池、宽温区长寿命燃料电池系统、宽禁带半导体电力电子器件、高速大功率电动轮、大功率无线充电、高效低温增焓空调、智能驾驶系统及车联网系统等下一代新能源汽车关键技术方面与国外还存在一定差距。这些技术短板严重影响我国新能源汽车产业安全，制约新能源汽车产业迈向高水平发展。

充电难题依然没有得到彻底解决，充电基础设施仍然是发展的短板。一是政策问题。国家提出的电价优惠政策、电网配套接线工程政策、充电设施进小区和停车场的要求得不到有效落地执行，导致充电费偏高、接电成本高、小区和停车场安装充电桩困难。二是充电桩利用率偏低。行业整体利用率不足 15%，由此导致运营商营利能力差，充电运营的商业模式还需进一步探索优化。

后市场流通服务体系有待健全，动力电池回收体系不完善。在售后服务方面，不同品牌新能源汽车质保内容不同，售后服务配套体系滞后，对培育消费市场有一定的负面影响。同时，新能源汽车二手车市场评估标准缺失，流通体系不健全，车辆保值率低，影响新车市场长远发展。第一批新能源汽车运行已经超过 20 万千米，进入报废期，但是目前尚未建立全国性的回收网络、形成有效的回收模式，市场仍有待规范。

8.5 绿色低碳产业发展典型案例分析

8.5.1 天然气水合物（可燃冰）产业

1）天然气水合物的形成与赋存机理

天然气水合物是一种由水和低分子量气体组成的笼型类冰态固体物质，形成于低温、高压和一定的天然气饱和条件下[46]。由于天然气中 80% ～ 99.9% 的成分是甲烷，故也有人将天然气水合物称为甲烷水合物。天然气水合物多呈白色或浅灰色晶体，外貌似冰状，易点燃，故也称其为可燃冰。在天然气水合物晶体化学结构中，水分子构成笼型多面体格架，以甲烷为主的气体分子包裹于其中。

天然气水合物形成的控制因素很多，主要有气源条件、构造条件、沉积条件、温压条件等，控制着天然气水合物矿藏的赋存状态、形成规律和规模。热解气源有利于成藏，构造在成藏过程中既是流体运移通道，又是水合物成藏场所，同时构造及沉积因素又可以通过影响温压条件或沉积速率进而控制成藏过程。

2）天然气水合物的勘探开发进展

天然气水合物全球分布十分广泛，主要赋存于深海沉积物和永久冻土层中，约 27% 的陆地和 90% 的海域都含有天然气水合物。根据现有发现，已确定全球陆地冻土区与近海海域有超过 230 处天然气水合物矿点。

天然气水合物的勘探开发经历了四个阶段。第一阶段是从 1810 年到 20 世纪 30 年代初。英国皇家学会会员 Humphry Davy 在 1810 年首次人工合成了氯气水合物。这一阶段对气水合物的研究仅停留在实验室。第二阶段是从 20 世纪 30 年代至 60 年代，研究主题是工业条件下水合物的预报和清除、水合物生成阻化剂的研究和应用，目的在于消除此种化合物的形成给人类及工业带来的灾害。第三阶段是从 20 世纪 60 年代至 20 世纪末，是天然气水合物作为一种资源进行全面研究的阶段。世界各地科学家对气水合物的类型及物化性质、成藏条件、资源规模、勘探开发手段等进行了广泛而卓有成效的研究，在陆地永久冻土带和海底陆续发现了大量的天然气水合物资源。其中，1968 年苏联在开发麦索雅哈（Messoyakha）气田时，首次在地层中发现了天然气水合物藏。第四阶段是从 2000 年开始至今，为全面勘探与开发实践阶段，形成了以基础研究、管道水合物抑制技术开发、天然气固态储存和水合法分离气体混合物等新型应用技术开发、天然气水合物资源勘探与开发、温室气体的水合物法捕集和封存等为基本方向的气体水合物研究格局。同时，在西伯利亚、麦肯齐（Mackenzei）冻土三角洲、北斯洛普、墨西哥湾、日本海、日本南海海槽、孟加拉湾、印度大陆边缘、中国南海北坡等地相继发现了天然气水合物，并开始了广泛的钻探和试采。

世界上首次试采天然气水合物的国家是苏联。20 世纪 70 年代，苏联在西伯利亚的麦索雅哈气田采用降压法和抑制剂注入法试采水合物一段时间，但并未公开具体技术资料，而且该开采活动后来也没有继续进行。1998 年，加拿大与日本合作，在加拿大麦肯齐冻土三角洲钻了 Mallik 2L-38 井，通过钻探取样获取了天然气水合物岩芯，揭开了当代天然气水合物试采的序幕。2002 年，加拿大、美国、日本、印度、德国等 5 个国家的 10 个机构联合在加拿大麦肯齐冻土三角洲钻了 Mallik 5L-38 井，采用注热法开采水合物获得成功，在 5.5 天内共采出 470 立方米天然气。2007 ～ 2008 年，日本和加拿大重返 Mallik 2L-38 井，采用减压法试采获得成功，6.8 天内采出 1.3 万立方米天然气。2012 年，美国在阿拉斯加北坡永冻带的 Ignik Sikumi 1 井采用 CH_4/CO_2 置换法试采水合物成功，39 天内采气 2.8 万立方米。2013 年，日本在日本南海海槽海域第一次运用减压法在海域试采水合物取得成功，在不到 7 天的时间内采气 12 万立方米。2017 年 5 月，日本在日本南海海槽海域第二次运用减压法试采水合物，共钻了 2 口井，其中一口连续产气 12 天，累计采气 3.5 万立方米，第二口井于 5 月 31 日开始降压操作，6 月 5 日开始产气，6 月 28 日减压停止。2016 年以来中国天然气水合物勘探和开采研究也取得了突破性进展，2017 年 3 月 28 日在南海北部神狐海域第一口试采井开钻，5 月 10 日点火成功，并连续试开采 60 天，累计产气超过 30 万立方米，平均日产 5 000 立方米以上，最高产量达 3.5 万立方米 / 天，甲烷含量最高达99.5%。实现了世界首次在泥质粉砂型储层中天然气水合物的安全可控开采，且取得了持续产气时间最长、产气总量最大、气流稳定、环境安全等多项重大突破性成果。

3）天然气水合物存在的潜在问题

（1）具体资源情况有待进一步明确。虽然普遍认同天然气水合物资源潜力巨大，但当前不同研究机构和人员对于全球天然气水合物资源量的估算结果差距很大，对具体地质和资源情况的认识还非常有限，限制了进一步的开发活动。此外，当前不同的开采技术均具有一定的局限性，导致天然气水合物的技术可采资源量大打折扣。

（2）开发技术仅处于尝试阶段。从勘探、评价到生产来看，制约天然气水合物开发的关键技术是开采技术。当前全球进行的天然气水合物试采实验仍相对较少，技术成熟性较差，距离实现其商业应用的路还很长。其中热采法不能很好地解决热利用效率低的问题；抑制剂法很容易造成严重的环境问题，不能长时间、大规模使用；置换法和固体开采法的提出和测试时间尚短，相关测试极少，有待于进一步研究和优化；减压法是当前经济性相对较好的一种方法，但其对天然气水合物藏的性质要求较高。

（3）存在较高的环境风险。天然气水合物开发过程中存在巨大的安全与环保风险，开发过程中可能导致其在海洋中发生液化而破坏现有海洋生态系统，也可能改变海底及大陆架的地质构造，诱发地震乃至大规模海啸。开发的过程中伴随的甲烷等气体的释放，将对海洋环境和大气环境产生不利影响。

（4）资源开发存在经济性问题。日本油气与金属矿藏机构（Japan Oil，Gas and Metals National Corporation，JOGMEC）估算，从海底天然气水合物中开采天然气的成本在2.74～10.99元/米^3（约合11.3～45.3美元/百万英热单位），而当前亚洲地区液化天然气（liquefied natural gas，LNG）现货价低于10美元/百万英热单位，北美地区则低于5美元/百万英热单位，天然气水合物当前与之相比完全没有成本优势。此外，无法实现长时间的连续生产，这会导致天然气水合物的开采成本大幅攀升。

4）天然气水合物的潜在应用领域

（1）可应用于车用燃料领域。天然气水合物的存储效率远高于压缩天然气，且温度和压力也相对较低，安全性更强。未来在解决了开采问题及天然气水合物在内燃机中的可控分解等问题后，有望实现车用燃料领域的大规模应用。

（2）借助天然气水合物层实施CO_2埋藏。研究表明，CO_2水合物形成并稳定存在的压力低于天然气水合物，且CO_2水合物形成的过程会释放热量，使得天然气水合物的分解反应得以持续。可以利用这一特征将捕集的CO_2注入天然气水合物层，使CO_2与天然气水合物分解形成的水形成新的水合物并释放出其中的甲烷，在进行天然气水合物开采的同时实现CO_2封存。

（3）利用天然气水合物机理进行常规天然气储存和运输。天然气水合物的存储效率高达1∶164且保存压力低，对于边远油田的伴生气和小型零散气田的天然气，在无法通过管道外输时，可将天然气转化成水合物后再运输。此外，可以借鉴天然气水合物的生成机理，实现海上天然气的新型液化及运输模式，大幅降低海上天然气的运输、存储成本。

8.5.2 综合能源服务产业

1）技术发展现状

构建综合能源服务体系，目的是形成以清洁能源为主导，以电能为中心，以能源互联网为资源配置平台的发展新格局，助推城市能源转型，促进产业经济升级。未来综合能源服务产业将互联网技术与能源技术深度融合，推动能源消费、供给和体制的革命，带动城市能源转型升级，促进城市的可持续发展。

互联网、大数据、云计算、物联网等技术与能源的深度融合推动能源消费模式向智能化转变，从而衍生出更多新的增值服务。最典型的就是能源互联网推动思维方式的转变：传统思维下，资源集中度高，市场竞争意识弱，对用户实际用能需求考虑较少；而能源互联网思维下，会催生多元化的新的商业模式和投资机会，彻底打破能源体系封闭垄断的结构，向以用户需求为中心转变。能源互联网可以在广域能源协调方面做规划，不再是以各领域割裂孤立的方式去做，推动多种类型能源横向跨界融合与优势互补。综合能源服务新业态的出现，构建出多种能源优化互补的综合能源供应体系，实现了能源、信息双向流动，逐步形成以能源流为核心的“互联网 +”公共服务平台，促进能源与信息的深度融合，推动能源生产和消费革命。

大数据和云计算技术可以用于分析用户需求、负荷预测、设备管理、信息化管理、配电运维、需求响应等，提供有效的决策支撑服务。运用物联网技术可以根据环境、设备状态智能感知，通过自适应调控电机、照明设备的电源及工作状态，达到有效节电的目的。

通过互联网促进能源系统扁平化，以“互联网 +”、大数据技术、云计算技术、电子商务、互联网支付及金融服务等先进技术为综合能源系统建设提供强有力的支撑，从而形成智慧应用的新型能源消费市场。

2）产业发展动态

目前，国内综合能源服务尚处于起步阶段。综合能源服务这一新业态的出现，打破了不同能源品种、单独规划、单独设计、单独运行的传统模式，提出综合能源一体化解决方案，实现横向“电热冷气水”能源多品种之间，纵向“源网荷储用”能源多供应环节之间的生产协同、管廊协同、需求协同，以及生产和消费间的互动，具有综合性、就近性、互动性、市场化、智能化、低碳化等特征。为适应形势变化，将催生出各种新的消费模式和商业模式，有利于推动传统能源企业转型。

新时代下的能源综合服务具有传统能源生产消费的技术和运营属性，融合了新的商业模式和业态，将更具有战略和商业属性。按照综合能源服务的主要市场参与主体，大致可划分为能源公司、售电公司、服务公司和技术公司四类。

（1）能源公司。中石化在2017年12月成立了河南中原油田能源服务有限公司，开展购电、售电、配电网投资建设及检修等服务；陕西延长石油申请了陕西安塞区多能互补集成优化示范工程；神华成立了神华富平综合能源有限公司，开展富平区域综合能源示范项目；传统电力企业借势电改契机转型升级，全面推进由单一火电向发电、配电、售电、供热、供冷、供水等一体化综合能源供应商转变；国家电网有限公司出台了将综合能源服务作为其主营业务的相关文件。为抓住当前体制改革红利及能源形势变化的有利时机，新能源企业也纷纷延长自身产业链努力成为综合能源服务商。例如，新奥是以燃气为主导，同时往燃气的深度加工——发电、冷热供应方向发展；协鑫以光伏、热电联产为主导，同时往天然气、智慧能源布局。

（2）售电公司。在政策的趋势下，售电公司的市场主体呈现出了多元化的特点。按照《中共中央 国务院关于进一步深化电力体制改革的若干意见》，鼓励进入售电公司领域的主体主要包含以下几类：现有供电公司、大型发电企业、节能服务公司、工程建设公司、大型工业园区，以及有条件的社会资本。除了上述参与者，目前参与到售电领域的企业还包括了民营电气设备企业、分布式能源企业等。截至2017年底，国电电力、科陆电子、比亚迪、漳泽电力等超过20家上市公司已进入售电市场。

（3）服务公司。服务公司包括各类设计院、EPC（engineering procurement construction，即设计采购施工）单位、工程服务企业、节能服务公司、需求响应服务、分布式能源方案设计单位、智慧能源解决方案服务商等。服务公司根据用户需求可提供各种增值服务，如提供蓄热受托、能效管理、用能诊断、设备维护、整体供电方案等多元化服务，以及搭建多种生活产品交易平台，实现电力、自来水、燃气、热力的批发和零售，提供从电力、天然气到可再生能源供应等一系列的综合解决方案。

（4）技术公司。技术公司包括传统能源技术公司，以及以大数据、云计算、物联网、区块链技术、人工智能等新业态为主的技术公司，如国网综合能源服务电子商务平台，打造智慧园区，把园区的安全监控、环境保护、应急管理、能源供应，以及融资服务、数据资讯等与移动互联网、云计算、大数据、物联网相结合，建设电子商务综合服务平台，培育能源与互联网融合发展新模式；阿里云综合能源服务云方案的业务模式通过大数据云计算，制订综合能源服务的解决方案；远景能源通过智能控制技术、先进的通信和信息技术建设能源互联网，已经形成了格林威治™云平台、智慧风场Wind OS ™平台、阿波罗光伏云™平台，成为智慧能源资产管理服务公司。

3）市场发展分析

目前，我国的综合能源服务市场尚处于起步阶段。综合能源服务的出现促进售电市场能源供应模式多元化，推动信息产业（互联网、大数据、云计算、物联网等技术）和能源产业的融合，使传统供能（供电、供热、供冷、供水等）系统、各类型分布式可再生电源、储能设备、电动汽车、智能电网/微电网，以及其他可控负荷之间实现协调优化控制。综合能源服务中的关键业务包括：供电、供气、供热、供冷、节能服务、分布式能源、储能、微电网、电气化交通、充电桩，以及供气、供水等管廊基础设施，有效整合了不同的能源服务业务，具有更多的利润增长点，易于形成规模效应，有效降低成本，市场潜力巨大。

（1）供电市场潜力分析。根据国家能源局发布的数据，2017 年，我国全社会用电量为 63 077 亿千瓦时，按照国家能源局 2017 年 12 月发布的《2016 年度全国电力价格情况监管通报》，2016 年电网企业平均销售电价为 0.614 83 元 / 千瓦时（不含政府性基金及附加，含税，同比下降 4.55%）。《电力发展“十三五”规划（2016-2020 年）》提出，到 2020 年全社会用电量预期为 6.8 万亿～ 7.2 万亿千瓦时。2018 年政府工作报告提出，“降低电网环节收费和输配电价格，一般工商业电价平均降低 10%”。随着电改的不断推进及技术进步，电价还将继续下降，这意味着全国电网企业平均电价下降速度将超过 5%，假设每年按 5% 的速度下降，预计 2020 年电价约为 0.5 元 / 千瓦时，电力销售市场规模为 3.4 万亿～ 3.6 万亿元 [47]。

（2）供气市场潜力分析。《天然气发展“十三五”规划》提出，到 2020 年使天然气占一次能源消费比重力争提高到 10% 左右，逐步把天然气培育成主体能源之一。在目前我国雾霾现象频发的状况下，各地都加大了“煤改气”的力度，天然气需求出现爆发式增长。2017 年，在气源供应不足的情况下，天然气年消费增量超 300 亿立方米，增幅和增量均创历史新高。按此趋势，预计到 2020 年我国天然气消费量极有可能实现 3 600 亿立方米。我国天然气消费市场潜力将达到 0.72 万亿～ 1.08 万亿元 [47]。

（3）节能服务市场潜力分析。根据中国节能协会节能服务产业委员会发布的《2017 节能服务产业发展报告》，2017 年我国节能服务产业产值达 4 148 亿元，较上年同期增长 16.3%，增速较上年提高 2 个百分点。其中，2017 年合同能源管理投资额达到 1 113.4 亿元，比上年增长 3.7%；合同能源管理项目融资预计超过 700 亿元。这表明，节能服务公司在做大做强的路上呈现出良性发展态势。截至 2017 年，从事节能服务的企业有 6 137 家，较上年增加 321 家，年均增长率较 2016 年降低 1.7%[47]。

（4）电力市场交易市场潜力分析。北极星售电网统计，2017 年，我国电力市场建设初具规模，交易电量累计达 1.63 万亿千瓦时，同比增长 45%，占全社会用电量比重达 26% 左右，预计 2020 年市场化交易电量将达到 5.5 万亿千瓦时 [25]。

8.6　对策措施及建议

我国绿色低碳产业规模和科技创新能力持续提升，部分细分产业和领域方向已经达到国际领先水平，助力我国能源安全、生态环境质量改善和应对气候变化，培育经济增长新动能。根据《“十三五”国家战略性新兴产业发展规划》，到 2020 年，绿色低碳产业总产值规模达到 10 万亿元以上。鉴于我国绿色低碳产业发展已经具备良好的基础与先行优势，需坚持技术创新引领、产业规模化发展与提升质量并重的发展路线，建立有效的政策引导，在产学研研发体系、科技创新管理方面进行改革，加强国家层面对核心技术研发的支持力度，强化企业在工程技术创新决策、研发投入、科研组织和成果应用中的主体作用，提高相关技术基础研究的投入，尽快改变部分高品质核心关键设备及原材料依赖进口的局面，全面提升绿色低碳产业的国际竞争力。

（1）改善能源新技术产业发展环境，加强能源领域核心技术、短板技术的研发和示范项目建设，健全激励政策。

从发电成本补贴、投融资政策方面营造良好产业发展环境，保证行业健康有序发展。煤炭清洁高效利用领域，加快提高电煤消费比重，实现煤价电价有效联动，提升煤电技术装备水平，加大清洁高效煤电技术研发力度与应用示范。煤炭深加工产业继续升级示范，加强技术攻关和示范以解决制约产业发展的技术瓶颈及水资源和环保约束等难题。在非常规油气相关产业仍处于发展早期乃至萌芽期的阶段，应加大资金、人员等的投入力度，做好顶层设计，尽早实现快速有效发展。加强开展能源互联网、先进输电领域关键技术装备的研究和研发及示范项目，形成新型的能源生产消费体系和管控体制，以市场为导向，各方参与，打破地方和行业壁垒，政策扶持，优先制定和执行能源灵活价格政策、激励政策和改革措施，营造绿色、低碳、开放、包容的能源互联网生态环境。构建综合能源服务体系，形成以清洁能源为主导，以电能为中心，以能源互联网为资源配置平台的发展新格局，助推城市能源转型，促进产业经济升级。核能产业发展需要将低温供热堆列入相关发展规划，建议将核能供热纳入城市供热规划中，明确核能作为基本供热的定位，以地式低温供热堆机组建设为突破口，积极稳妥推进核能供热示范项目建设落地。加快氢能与燃料电池产业发展布局，明确地方政府氢能基础设施建设的审批主体、理顺责任关系、规范审批流程。充分组织协调能源公司、气体储运公司、汽车公司等大型企业，建立完善的加氢站建设、氢气供应、运营体系，完善加氢站相关标准。加氢站关键零部件本土化，降低加氢站投资成本；加氢站站控及加注智能化，确保加氢安全。实现燃料电池关键材料、催化剂、膜、碳纸的批量化生产，突破关键零部件-空压机、DC/DC 核心技术，实现国产化，健全燃料电池产业链，降低燃料电池成本。加强燃料电池示范运行与安全实验。通过整车的示范运行，发现更多实际问题，提高燃料电池技术水平。同时，通过扩大燃料电池示范运行，鼓励大型企业介入燃料电池全产业链，加快燃料电池商业化进程。提高公众对氢燃料电池的认识。

（2）国家及地区要采取鼓励、扶持政策，创新合作模式和管理机制，提高自主研发的节能环保技术、设备的市场竞争力，将自主研发的节能环保技术与设备快速转化成生产力。

建立节能环保产业担保基金和保险制度，降低节能环保企业的融资成本。转移支付方面，加大对重点生态功能区的转移支付力度，加大均衡性转移支付力度，增加海拔等环境指标。财政转移支付总体上会抑制地区政府的税收努力，尤其是专项转移支付增加会削弱地方税收征管的激励。推进地区间基本公共服务均等化、促进落后地区发展，进一步减少专项转移支付的规模，提高以财力均等化为目标的一般性转移支付占比，进而构建一个地区间激励兼容的财政收入再分配制度。财政政策方面，设立大气、水、土壤专项基金，增加资金投入。充分发挥财税政策引导作用，促进绿色低碳循环发展。一方面，着力完善税收政策，注重发挥税收杠杆调节作用。在税收、信贷、财政补贴等方面给予环保产业政策优惠，实施企业所得税优惠，企业从事符合条件的环境保护项目、节能节水项目所得，给予“三免三减半”的优惠；对企业购置并实际使用规定范围内环境保护、节能节水专用设备给予按投资额10%抵免企业所得税的优惠。另一方面，加强对环保产业财税政策执行落实情况的监督检查。根据3E原则——经济性、效率性、效益性，优化增值税引导机制，对资源综合利用产品和劳务给予“即征即退”一定比例增值税的优惠，取消“两高一资”产品出口退税，对可再生能源发电实行增值税优惠政策。积极推进PPP模式。

（3）设计后补贴、全开放时代我国新能源汽车政策体系，强化原始创新能力，制定面向2035的技术路线图，组织实施零排放智能交通示范区建设。

尽快梳理现阶段国内外新能源汽车产业政策体系，分析2020年国家新能源汽车补贴退出、2022年汽车行业全面开放、双积分政策全面实施及汽车关税大幅降低等国家重大战略对新能源汽车产业发展的影响，科学设计我国新能源汽车后补贴、全开放时代的政策与法规体系。针对续驶里程短等瓶颈性技术、基础元器件等战略性技术、智能及自动驾驶等前瞻性技术、全固态电池等基础性技术，按照整车集成、动力电池、驱动电机、智能驾驶、基础设施等领域开展深入论证并提出技术路线图。围绕北京冬奥会等重大国际活动及雄安新区、海南岛等国家重点区域发展战略，规划论证零排放智能交通示范区建设方案，加快实现新能源汽车的“电动化、智能化、网联化、共享化”，推动新能源汽车与智能电网、新能源、储能等融合发展。

参考文献

[1] 中国工程科技发展战略研究院. 2018中国战略性新兴产业发展报告[M]. 北京：科学出版社，2017.

[2] 多吉，王贵玲，郑克棪. 我国地热资源开发利用战略研究[M]. 北京：科学出版社，2017.

[3] 英国BP公司. BP世界能源统计[R]. 2018.

[4] 中国石油集团经济技术研究院. 2050年世界与中国能源展望[R]. 2017.

[5] 我国碳捕集与封存产业发展提速[N]. 中国化工报，2018-05-15.

[6] EIA. Natural gas weekly update[R].2018-07-19.

[7] 全球能源互联网合作组织. 全球能源互联网发展与展望（2017）[R]. 2017.

[8] GWEC. Global wind report：annual market update 2017[Z]. 2018.

[9] 王林. 全球首座零补贴海上风电场将在德国投建[EB/OL]. http://news.bjx.com.cn/html/20170424/821962.shtml，2017-04-24.

[10] 补贴仍是零！荷兰海上风电最新电价敲定[EB/OL]. http://news.bjx.com.cn/html/20180321/886733.shtml，2018-03-21.

[11] IEA PVPS. IEA-PVPS annual report 2017 [EB/OL]. http://www.iea-pvps.org/index.php?id=266，2018-07-28.

[12] REN21. Renewables 2018 global status report[R]. 2018.

[13] 中国地质调查局地学文献中心 . 欧洲地热能研发现状 [J]. 地热能开发与利用，2018，（7）：1-3.

[14] 世界各国加氢站情况 [EB/OL]. http://www.360doc.com/content/18/0727/20/34265476_773699670.shtml2，2018-07-27.

[15] 中国储能网新闻中心 . 氢能源系列报告之一：产业化迎来真实导入期 [EB/OL]. http://www.escn.com.cn/news/show-548957.html，2018-08-05.

[16] E4tech. The fuel cell industry review 2017[R]. 2017.

[17] 中国氢能能源网新闻中心 . 美国第一艘燃料电池船舶 [EB/OL]. http://www.china-hydrogen.org/fuelcell/application/2018-07-18/8105.html，2018-07-18.

[18] 上海科学技术情报研究所 . 第一情报 新能源汽车 [EB/OL]. http://www.hyqb.sh.cn/tabid/1122/InfoID/11789/frtid/settingmoduleid/470/Default.aspx，2017-07-27.

[19] 中国新能源汽车销量连续三年全球第一 市场份额最高 [EB/OL]. https://www.d1ev.com/news/shichang/67094，2018-04-17.

[20] IEA. Global EV outlook 2018 towards cross-modal electrification[R]. 2018.

[21] 中国汽车技术研究中心有限公司，大连松下汽车能源有限公司 . 中国新能源汽车动力电池产业发展报告（2018）[M]. 北京：社会科学文献出版社，2018.

[22] 中国汽车工业协会，中国汽车技术研究中心，丰田汽车公司 . 中国汽车工业发展年度报告（2018）[M]. 北京：社会科学文献出版社，2018.

[23] 中国电动汽车充电基础设施促进联盟 . 中国充电基础设施发展年度报告（2017-2018）[R]. 2018.

[24] 张永伟 . 中国电动汽车发展报告 [R]. 2018.

[25] 中国电力企业联合会 . 中国电力行业年度发展报告 2018[EB/OL]. http://www.cec.org.cn/zhuanti/2018nianzhuanti/zhongdianlianfabu2018nianniandux iliefazhanbaogao/2018-08-14/183693.html，2018-08-14.

[26] 国家发展改革委，工业和信息化部，国家能源局，等 . 关于做好 2018 年重点领域化解过剩产能工作的通知 [Z]. 2018.

[27] 自然资源部 . 2017 年全国地质勘查成果通报 [Z]. 2018.

[28] 国家能源局 . 2017 年风电并网运行情况 [EB/OL]. http://www.nea.gov.cn/2018-02/01/c_136942234.htm，2018-02-01.

[29] IEA PVPS. IEA-PVPS annual report 2017 [EB/OL]. http://www.iea-pvps.org/index.php?id=266，2018-05-25.

[30] 丁怡婷 . 2017 年可再生能源发电量 1.7 万亿千瓦时 弃风弃光率均下降 [EB/OL]. http://www.nea.gov.cn/2018-01/26/c_136927061.htm，2018-01-26.

[31] 中国产业发展促进会生物质能产业分会（生物质能产业促进会）. 中国生物质产业排名报告 [R]. 2018.

[32] 李爱民 . 首个国家级燃煤耦合生物质项目全面施工 [EB/OL]. http://news.ifeng.com/a/20180511/58269918_0.shtml，2018-05-11.

[33] 国家发展改革委，国家能源局 . 关于印发促进生物质能供热发展指导意见的通知 [Z]. 2017.

[34] 郑州首批氢燃料电池公交将上路 [EB/OL]. http://www.china-hydrogen.org/fuelcell/mix/2018-08-28/8291.html，2018-08-28.

[35] 工业和信息化部，国家发展改革委，科技部 . 工业和信息化部 国家发展改革委 科技部关于印发《汽车产业中长期发展规划》的通知 [Z]. 2017.

[36] 科技部，交通运输部 .“十三五”交通领域科技创新专项规划 [Z]. 2017.

[37] 李艳娇 . 10 省市燃料电池政策对比：广东佛山补贴力度最大 [EB/OL]. https://www.d1ev.com/news/zhengce/71187?__pas=1530266401，2018-06-29.

[38] 国家发展改革委，科技部，工业和信息化部，等 . 关于印发《“十三五”节能环保产业发展规划》的通知 [EB/OL]. http://hzs.ndrc.gov.cn/newzwxx/201612/t20161226_832641.html，2016-12-22.

[39] 国务院 . 国务院关于印发“十三五”节能减排综合工作方案的通知 [EB/OL]. http://www.gov.cn/zhengce/content/2017-01/05/content_5156789.htm，2017-01-05.

[40] 中华人民共和国环境保护税法 [Z]. 2016.

[41] 国家发展改革委，科技部，工业和信息化部，等 . 关于印发《循环发展引领行动》的通知 [EB/OL]. http://www.ndrc.gov.cn/gzdt/201705/t20170504_846514.html，2017-05-04.

[42] 工业和信息化部 .《工业绿色发展规划（2016-2020 年）》正式发布 [EB/OL]. http://www.miit.gov.cn/n1146285/n1146352/n3054355/n3057267/n3057272/c5118197/content.html，2016-07-11.

[43] 周末 . 2017 年 123 家环保企业挂牌 新三板市场日趋理性 [EB/OL]. http://www.hbzhan.com/news/detail/122955.html，2018-01-04.

[44] 中国环保在线 . 2017 环保上市企业业绩预告：整体呈增长态势 [EB/OL]. http://www.hbzhan.com/news/detail/123605.html，2018-02-23.

[45] 中国电动汽车百人会 . 未来出行与汽车变革 [R]. 2018.

[46] 张俊霞，任建业 . 天然气水合物研究中的几个重要问题 [J]. 地质科技情报，2001，20（1）：44-48.

[47] 封红丽 . 综合能源服务的市场潜力分析 [EB/OL]. http://shoudian.bjx.com.cn/news/20180326/887626.shtml，2018-03-26.

第 9 章

数字创意产业篇

孙守迁　汤永川　王振中　王妙辉　李　斌　黄江杰　徐国仙　杜雅军

【内容提要】数字创意产业是驾驭数字技术的创意内容业和创意制造业。作为与新一代信息技术、生物、高端制造、绿色低碳产业并列的五大新支柱之一，数字创意产业已逐步形成以科学技术与文化艺术为输入，以经济价值和文化影响为输出的综合系统。首先，本章主要结合《“十三五”国家战略性新兴产业发展规划》，论述了数字创意产业的基本概念和范畴，提出了数字创意产业的主要领域和结构特征。同时，以英国、美国、日本以及“一带一路”典型国家为例，阐述了国际上发达国家数字创意产业发展的最新动态及趋势。其次，本章还基于数字创意产业的基础支撑领域、核心开发领域以及融合渗透领域，重点阐述了2017年以来，我国在创新设计、数字创意技术、文化创意、内容创作、版权利用，以及数字教育、旅游业、体育与健康业、玩具业、时尚服饰业等数字创意产业领域的发展状况和趋势，并从设计服务、数字技术装备、创意内容、融合渗透四个维度，对我国数字创意产业集聚发展情况进行典型案例研究，提出了杭州已发展成为驾驭数字技术的创意内容业城市典范，深圳发展成为驾驭数字技术的创意制造业城市典范。最后，结合数字创意产业的发展方向和趋势，指出了当前我国数字创意产业发展存在的问题和面临的挑战，并从国家战略高度提出了加强我国数字创意产业发展的若干对策措施及建议。

在全球经济进入以知识为核心竞争力的时代背景下，数字创意产业蓬勃兴起。

通过发展数字创意产业促进经济增长方式的转变也已经成为当今发达国家和地区普遍采取的重要战略举措。数字创意产业的发展意义不仅已经远远超越其作为一个新兴产业业态的产业层面，而且在于其对传统经济发展模式的颠覆，对经济运行系统的创新，对产业结构的优化和对区域综合竞争力的提升[1]。近年来，我国逐步发力数字创意产业，2016 年 3 月，政府工作报告中，数字创意产业被首次提及；2016 年 12 月 19 日，国务院正式公布《"十三五"国家战略性新兴产业发展规划》，数字创意产业首次被纳入国家战略性新兴产业发展规划，成为与新一代信息技术、生物、高端制造、绿色低碳产业并列的五大新支柱之一。数字创意产业已经成为中国经济发展的主要动力之一，并持续为转变经济发展方式、促进消费增长、引领社会风尚提供有力支撑和有效供给。

9.1　数字创意产业的概念和范畴

9.1.1　数字创意产业的概念

数字创意产业是驾驭数字技术的创意内容业和创意制造业，它是一个以科学技术与文化艺术为输入，以经济价值和文化影响为输出的综合系统（图 9.1）。在数字创意产业的发展中，通过创新应用大数据技术、VR 技术、AR 技术、传感器技术、网络技术、人机交互技术、人工智能技术促进文化艺术创新和商业模式创新，提升软硬件实力和创新设计水平。数字创意产业正是用高度的想象力和创意来融合科学技术与文化艺术，推动传统制造业、文化创意产业和设计服务业不断地融合、渗透和变革，从而形成新的增长方式和业态模式。在我国，数字创意产业主要涉及数字文化装备业、设计业、影视与传媒业、动漫与游戏业、数字出版业、人居环境设计业、文化与博物业、时尚服饰业、玩具业、体育与健康业、旅游业等产业领域，内容涵盖数字文化创意技术装备、数字文化创意内容制作、设计服务等，同时还渗透扩散到其他相关产业部门，在各领域创造新的应用业态。

目前，国际上还没有形成公认的关于数字创意产业的概念或定义，相关概念有创意产业、版权产业、数字内容产业、文化创意产业等。各主要发达国家对数字创意产业的理解和发展路径也不尽相同。例如，英国仍以轻量的创意产业为主，美国通过版权来连接整个数字创意产业，日本与韩国的数字内容产业发展强势。我国数字创意产业的概念显然有别于以上国家，真正将科技、文化、创意有机融合、协同发展（表 9.1）。作为五大战略性新兴产业之一，数字创意产业正在对国家经济和社会发展产生积极作用和重要价值，但是数字创意产业完善的产业链和稳定的产业结构还有待形成。

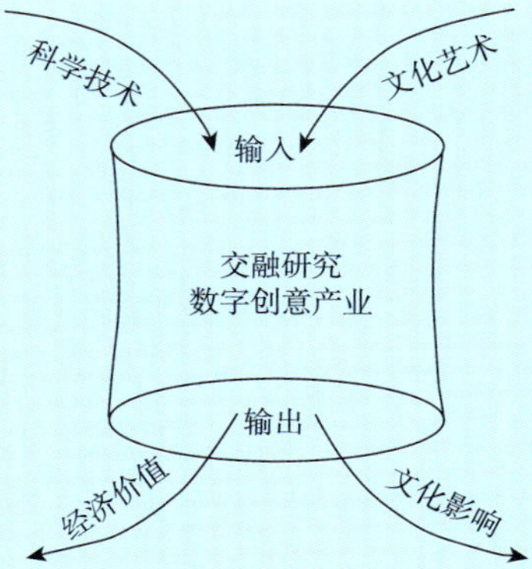

图 9.1　数字创意双输入和双输出系统

表 9.1　世界主要国家对数字创意产业的定义与分类

国家	名称	定义	分类
英国	创意产业	源于个人创造力、技能和才华的活动。通过知识产权的生成和利用，这些活动发挥创造经济效益和就业的成效	广告与市场、建筑、工艺、设计（产品、平面、时尚）、电影 / 电视 / 视频 / 广播与摄影、信息技术 / 软件与计算机服务、博物馆 / 图书馆 / 画廊、音乐 / 视觉与表演艺术、出版
美国	版权产业	从个人的创造力、技能和天赋中获取发展动力的企业，以及那些通过对知识产权的开发可创造潜在财富和就业机会的活动	核心版权产业（core copyright industries）、部分版权产业（partial copyright industries）、交叉版权产业（interdependent industries）、边缘支撑产业（版权相关产业）
日本	数字内容产业	加工制作文字、影像、音乐、游戏等信息素材，通过媒介流通到用户的信息商品，包括瞬间可以接收、消费的信息和历经百年拥有大批读者的文学作品	内容制造产业、休闲产业、时尚产业
韩国	数字内容产业	利用电影、游戏、动漫、唱片、卡通、广播电视等视像媒体或数字媒体等新媒体，进行储存、流通并享有的文化艺术内容的总称	数字游戏、数字动漫、数字学习、数字内容软件、数字影音、移动增值服务和网络服务、数字出版等领域
中国	数字创意产业	驾驭数字技术的创意内容业和创意制造业	数字文化装备业、设计业、影视与传媒业、动漫与游戏业、数字出版业、人居环境设计业、文化与博物业、时尚服饰业、玩具业、体育与健康业、旅游业等领域

在《“十三五”国家战略性新兴产业发展规划》中，我国提出了指导数字创意产业发展的三大工程，分别为“数字文化创意技术装备创新提升工程”、“数字内容创新发展工程”和“创新设计发展工程”（图 9.2）。这三大工程分别在数字创意技术装备、数字文化内容、创新设计等方面，对我国数字创意产业的发展进行了顶层设计和谋划，同时，也表明了数字创意产业的着力点与其他战略性新兴产业存在本质的

不同。总的来说，新一代信息技术、生物、高端制造、绿色低碳等产业的成功来自高知识水平或者高制造力，而数字创意产业的成功必须以高想象力来组织高制造力与高知识水平。

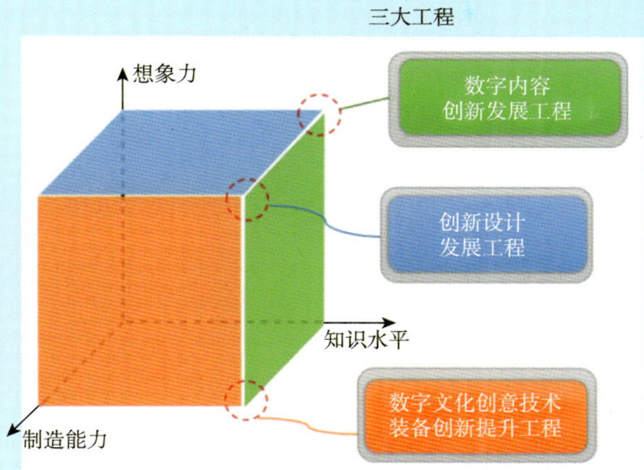

图 9.2　数字创意产业中的三种能力构成

9.1.2　数字创意产业的主要领域

数字创意产业是以数字创意技术和创新设计为基础支撑，以文化创意、内容生产、版权利用为发展核心，通过融合渗透带动周边产业领域发展的新兴产业集群[2]。数字创意产业虽然涉及多个产业，但不同的产业在数字创意产业中被清晰地划分为三个领域，分别为基础支撑领域、核心开发领域和融合渗透领域（图 9.3）。这三个领域分别以数字创意技术和创新设计作为基础支撑能力，以文化创意、内容生产和版权利用作为核心开发能力，以科技、设计和文化内容的深度融合引领周边产业领域发展从而形成融合渗透能力。以上三种能力正在重塑并引领着数字文化装备业、设计业、影视与传媒业、动漫与游戏业、数字出版业、人居环境设计业、文化与博物业、时尚服饰业、玩具业、体育与健康业、旅游业等产业领域的快速发展。

9.1.3　数字创意产业的结构特征

从组成结构来看，数字创意产业形成了一个全链接的三层神经网络结构（TD+4C+X）。输入层为基础支撑（TD），由数字创意技术（technology）和创新设计（design）两个节点组成，提供基础能力输入。中间层为核心内容（4C），由文化（culture）、创意（creativity）、内容（content）和版权（copyright）四个节点组成，是数字创意产业的核心能力，提供可以消费的文化创意内容，并形成版权。输出层为融合渗透（X），由玩具（toy）、体育（gym）和旅游（travel）等多个节点组成，提供新的业态和消费点（图 9.4）。对于数字创意产业来说，数字创意技术和创新设计

图 9.3 数字创意产业的主要领域

作为两大基础能力，一方面，不断推动传统文化创意产业和传统制造业的转型升级，形成创意内容业和创意制造业。另一方面，借助丰富的创意和想象力集成整合，推动产业不断跨界融合渗透，形成新的内容、业态和模式，呈现出提供新供给、引领新消费的新的强大活力与生机。不仅形成了变现能力强的特点，同时也反哺于创意内容业、创意制造业、创新设计和数字创意技术的发展。

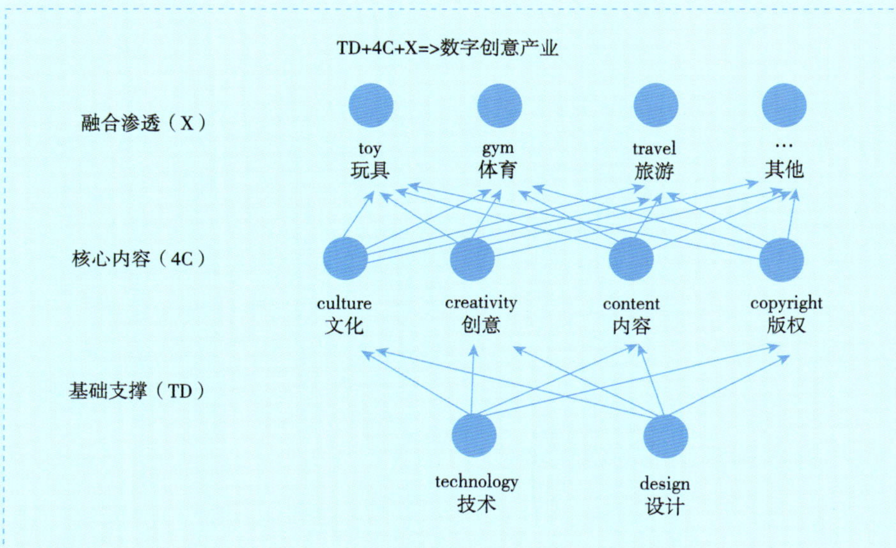

图 9.4 数字创意产业网络全景图（TD+4C+X）

数字创意技术（T）和创新设计（D）是数字创意产业能够持续发展的基石。创新设计是对设计的综合拓展，涵盖工业设计、材料设计、产品设计、工艺设计、工程设计、服务业态设计等。它以知识网络时代为背景，以绿色低碳、网络智能、开放融合、共创分享等为主要特征，为产品、产业的全过程提供系统性服务，融技术创新、产品创新和服务创新为一体，是实现科技成果转化、创造市场新需求的核心环节[3]。数字创意技术是新一代信息技术与创意产业融合的表现形式，为创新设计、影视、媒体、动漫、游戏、数字出版在数字时代的转型升级提供重要的支撑，主要的数字创意技术包括人工智能、VR、超高清（ultra high definition，UHD）和大数据等。其中，新一代人工智能呈现出深度学习、跨界协同、人机融合、群体智能等新特征，为人类提供认识复杂系统的新思维、改造自然和社会的新技术。在新一代人工智能影响下，设计服务业也发生着重要的变化，形成了智能优化设计、智能协同设计、与用户交互的智能定制、基于群体智能的“众创”等智能设计的新内容[4]。

文化、创意、内容、版权（4C）是数字创意产业的核心内容，也是数字创意产业的主体内容，它既需要创新设计和数字创意技术提供支撑，又不断推动设计和技术的革新。中国文化资源十分丰富，但是其中还有相当一部分数字化水平不高。数字博物馆是数字技术对文化资源的新型呈现方式。例如，故宫端门数字博物馆通过运用最新的数字技术，如 VR 头盔、体感捕捉设备等，来增强与游客之间的互动感。创意内容主要包含网络文学、网络游戏、网络动漫、数字视频、数字音乐、互联网广告等，是个人和群体创意最为活跃的领域。近年来，数字内容的创作模式也发生了巨大的改变，从单一的专业生产内容（professional-generated content，PGC）转变为 PGC、用户生产内容（user-generated content，UGC）和智能生产内容（intelligent-generated content，IGC）模式并存。在 UGC 方面，如微博、知乎、公众号等都是典型的用户生产内容平台。IGC 已成为未来的发展趋势，应用人工智能技术从事智能创作正在崛起。例如，今日头条、腾讯新闻已开始使用机器人进行新闻创作，阿里巴巴开发的鲁班系统通过机器来设计生成海量的横幅广告。数字出版是数字创意产业持续健康发展的重要保障。近年来，由于数字版权内容分发的新技术、新产品、新业态不断涌现，盈利模式的不断成熟，数字出版行业收入实现了高速发展，远远超越了其他行业。

9.2 2017 年以来数字创意产业发展最新国际动态及趋势分析

9.2.1 英国

英国对数字创意产业的理解是，“源于个人创造力、技能和才华的活动。通过知识产权的生成和利用，这些活动发挥创造经济效益和就业的成效”。作为世界领先的文化创意大国，英国一直以多彩的创意和活跃的创新氛围引领潮流。最新数据显示，英国创意产业表现出前所未有的活力，发展势头得到巩固。政府也在积极努力保持该产业的领先优势。

在数字创意产业发展方面，根据英国数字、文化、媒体和体育部（Department for Digital，Culture，Media and Sport，DCMS）的数据，2016 年英国创意产业总增加值为918亿英镑，年增长率为7.6%，其中，信息技术、软件与游戏347.04亿英镑，电影与电视153.61亿英镑，出版业116.22亿英镑，广告业123.12亿英镑，音乐、艺术与文化82.37亿英镑，建筑业42.03亿英镑，设计与时尚业35.37亿英镑，工艺4.21亿英镑。在就业方面，创意产业提供了304万个就业岗位，接近英国所有就业岗位的10%，年增长率为5%。从2010年到2016年，英国创意产业实现了44.8%的增长，远远高于英国经济的平均增长速度（图9.5）。

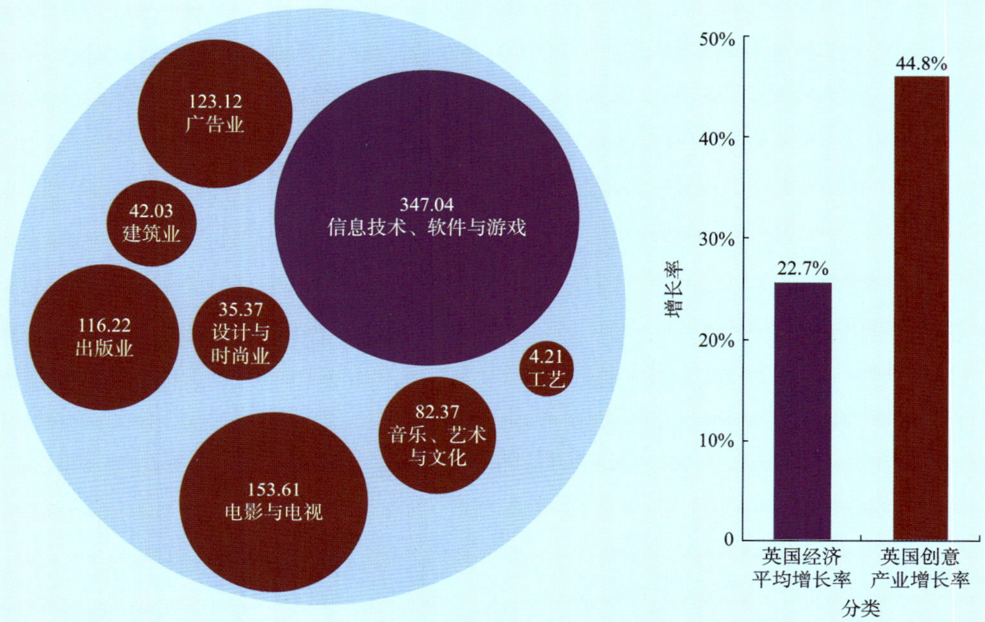

（a）2016年英国创意产业组成（单位：亿英镑）　（b）2010~2016年总增加值增长率

图9.5　英国创意产业组成及总增加值增长率

资料来源：英国创意产业委员会，英国数字、文化、媒体和体育部

英国在创意产业服务出口方面，2015年实现了212亿英镑的出口额，较2010年增长了44.3%。其中，媒体与艺术出口7.53亿英镑，出版业16.6亿英镑，信息技术、软件与游戏98.43亿英镑，广告业26.45亿英镑，电影与电视54.63亿英镑，设计与时尚业3.47亿英镑，建筑业4.89亿英镑。

英国是欧洲数字经济的领导者。2017年3月，英国发布《数字化战略》；5月《数字经济法案》正式生效。英国数字工作主要由文化、媒体和体育部承担，近年来这方面的工作越来越多，占到其全部工作量的一半。基于此，2017年7月文化、媒体和体育部的名称中新加了数字部门，更名为数字、文化、媒体和体育部。

2018年，英国政府将出资1.5亿英镑从不同领域推动英国创意产业的发展。其中，政府将出资2 000万英镑推出新的基金，用于推动2017年新当选的英国文化城市——

赫尔及其他城镇的创意产业发展，赫尔预计将在当选的4年内吸引2.2亿英镑投资并创造800个工作岗位。政府还将出资3 300万英镑用于推动VR技术的发展，如互动式艺术展和VR旅游体验。此外，还将提供200万英镑资金用于人才培养，确保有大量多元人才通过更加广泛的路径投身于创意产业。与之相关的就业项目将会在英国2 000多所学校的60多万名学生中推行。与此同时，政府还希望成立一个新的创意产业和投资委员会，预计在2023年将英国创意产业出口额增加50%。英国数字、文化、媒体和体育部大臣马特·汉考克将英国创意产业称为“经济和文化的动力”，他表示，该计划将使英国在这一领域保持领先地位并确保其发展成一个能适应未来的国家。

9.2.2 美国

数字创意产业在美国有一个对应的名称，被称为版权产业。美国的版权产业由核心版权产业、部分版权产业、交叉版权产业、版权相关产业（即非专门支持版权的产业，non-dedicated support copyright industries）组成。核心版权产业是指主要目的是创作、生产、传播和展览版权内容的产业，主要包括图书、报纸、期刊、电影、电视剧制作、音乐、广播和电视广播和所有格式的软件，包括视频游戏；部分版权产业指在某些行业中由某些方面或产品的一部分创造出适用于版权保护的内容，包括从服装、纺织品、珠宝到玩具和游戏等众多产业；交叉版权产业是指生产、制造和销售促进创造、生产或使用受版权保护作品的设备的产业，包括CD（compact disc，即光盘）播放器、电视机、录像机、个人电脑和使用相关产品的制造商、批发商和零售商；版权相关产业的行业分布包括那些既销售有版权商品又销售无版权产品的行业，包括运输服务、电信、批发和零售贸易等产业，这些产业的总增加值的某些部分才属于版权产业。这四大细分产业的总和被称为全部版权产业（total copyright industries）。

美国国际知识产权联盟（International Intellectual Property Alliance，IIPA）是美国版权产业的一个非政府组织，代表了几乎所有美国文化创意重要领域，IIPA成立的宗旨是改善版权保护和提供在海外市场的公正和公平的市场准入，IIPA的这些努力已经大大影响和改善了世界各地的版权法律和执法。该联盟由7个协会成员组成：美国出版商协会（Association of American Publishers，AAP）、商用软件联盟（Business Software Alliance，BSA）、娱乐软件协会（Entertainment Software Association，ESA）、独立电影电视联盟（Independent Film & Television Alliance，IFTA）、美国电影协会（Motion Picture Association of America，MPAA）、全国音乐出版商协会（National Music Publishers' Association，NMPA）、美国录音产业协会（Recording Industry Association of America，RIAA）。2016年12月6日，IIPA发布了《美国经济中的版权产业：2016年度报告》（*Copyright Industries in the U.S. Economy: The 2016 Report*）（以下简称《报告》），该报告以翔实的数据反映了美国版权产业发展的最新情况。《报告》显示，美国全部版权产业为美国经济贡献了近2.1万亿美元的增加值，是无可争议的美国经济支柱产业。其中，核心版权产业增加值高达12 356亿美元，部分版权产业增加值有380亿美元，交叉版权产业增加值为4 070亿美元，版权相关产业增加值有4 166亿美元（图9.6）。

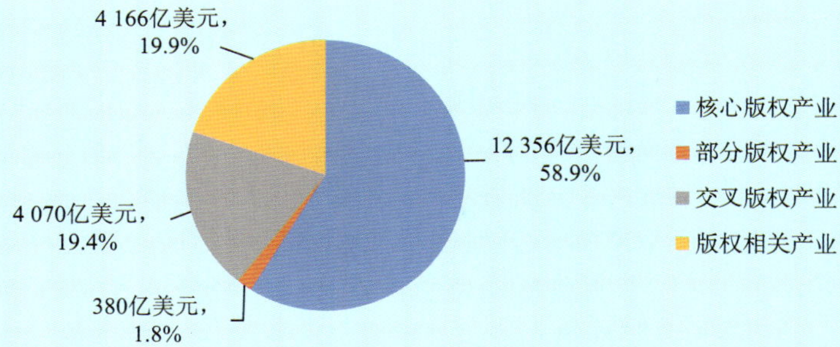

图 9.6　2015 年美国版权产业增加值

资料来源：《美国经济中的版权产业：2016 年度报告》，iipawebsite.com

版权产业在美国经济中起到了巨大的支撑作用，通过对比可见，美国核心版权产业在美国 GDP 中的比例一直超过 6%，并且逐年增加，如果计算全部版权产业增加值，则会占据美国 GDP 的 11% 以上。美国版权产业在 2012 ～ 2015 年呈现出巨大的发展潜力，其增加值实际年度增长率远高于美国经济发展（表 9.2）。

表 9.2　美国版权产业与美国经济实际年度增长率（2012 ～ 2015 年）

类别	实际年度增长率			
	2012 ～ 2013 年	2013 ～ 2014 年	2014 ～ 2015 年	2012 ～ 2015 年
核心版权产业	3.71%	4.57%	6.18%	4.81%
全部版权产业	2.90%	3.75%	4.97%	3.87%
美国 GDP	1.49%	2.43%	2.43%	2.11%

资料来源：《美国经济中的版权产业：2016 年度报告》，iipawebsite.com

美国全部版权产业的增加值远超过金融和保险行业，是无可争议的美国第一大行业。不仅如此，美国版权产业增加值在美国经济中占据了重要位置，为美国提供了巨大的就业市场。美国核心版权产业对美国的就业贡献率近 4%，以全部版权产业来计，则将近 8%（表 9.3 和表 9.4）。结合增加值来看，核心版权产业对美国而言，用近 4% 的就业人口贡献了近 8% 的 GDP，显然，版权产业是高附加值的高端产业。

表 9.3　美国核心版权产业就业贡献（2012 ～ 2015 年）

类别	就业贡献			
	2012 年	2013 年	2014 年	2015 年
核心版权产业 / 万人	518.24	528.61	542.16	554.03
全国就业人口 / 万人	13 507.6	13 738.7	14 040.2	14 314.6
就业贡献率	3.84%	3.85%	3.86%	3.87%

资料来源：《美国经济中的版权产业：2016 年度报告》，iipawebsite.com

表 9.4 美国全部版权产业就业贡献（2012 ～ 2015 年）

类别	就业贡献			
	2012 年	2013 年	2014 年	2015 年
全部版权产业 / 万人	1 072.06	1 090.13	1 115.20	1 137.30
全国就业人口 / 万人	13 507.6	13 738.7	14 040.2	14 314.6
就业贡献率	7.94%	7.93%	7.94%	7.95%

资料来源：《美国经济中的版权产业：2016 年度报告》，iipawebsite.com

这些持续的积极趋势巩固了美国版权产业作为美国整体经济增长的关键引擎的地位。随着新技术支持新的合法版权产品分发方法的发展，IIPA 所代表的美国基于版权的产业仍然具有强劲的发展动能。美国将继续通过促进经济增长，结合强有力的法律、有效的执行，以及开放市场的步骤等措施，为美国经济增长和出口提供持续的新动力。

另外，博物馆业在美国的文化和社会生活中发挥着至关重要的作用，同时也是美国经济发展的引擎。美国博物馆联盟发布的报告显示：2016 年博物馆的经济对 GDP 贡献总额超过 500 亿美元，提供了 726 200 个工作岗位，创造了 120 亿美元的政府税收。

9.2.3 日本

近年来，日本政府高度重视以提升文化软实力为主的国家战略，融合文化创意和旅游，以及生产制造等行业，推动日本文化向海外输出。

Cool Japan（酷日本）战略是日本的文化输出国家战略，该战略以向海外传播日本文化为导向，强调以市场分析、受众研究为切入点，文创、动漫等内容产业与日本传统文化习俗、工艺生产、旅游融合发展，通过强化政策供给、完善公共服务等途径，培育具有国际竞争力的产品和服务，实现其在经济和社会层面设定的发展目标。

日本的内容产业是负责电影、动画、游戏、书籍、音乐等制作和发行的行业的总称。日本数字内容产业的概念来源于日本的内容产业，是随着数字技术的发展和内容产业结构的变化而衍生出的新的产业形态。根据日本经济产业省出版的《数字内容产业白皮书（2016）》对产业范畴划分，包括影像、音乐（声音）、游戏、出版、互联网广告和手机移动广告、图书报刊（图书、报纸、图片、杂志等）几大类。

日本内容产业有着完整的产业链，以漫画小说为 IP（intellectual property，即知识版权）内容基础，将其电影化、动画化、游戏化、商品化，多渠道流通将 IP 的衍生价值最大化地利用，形成完整的 IP 变现系统，为原创精品 IP 持续创作动力（图 9.7）。

日本内容产业国内市场规模从 2010 年到 2016 年几乎没有变化。国内内容市场的总体规模约为 12.3 万亿日元，其中视频传播产业规模约为 4.4 万亿日元，占比 36%，出版产业规模约为 3.6 万亿日元，占比 29%，游戏产业规模约为 1.9 万亿日元，占比 16%，音乐 / 音频产业规模约为 1.4 亿日元，占比 11%，广告营销产业规模约为 1.0 万亿日元，占比 8%（图 9.8）。

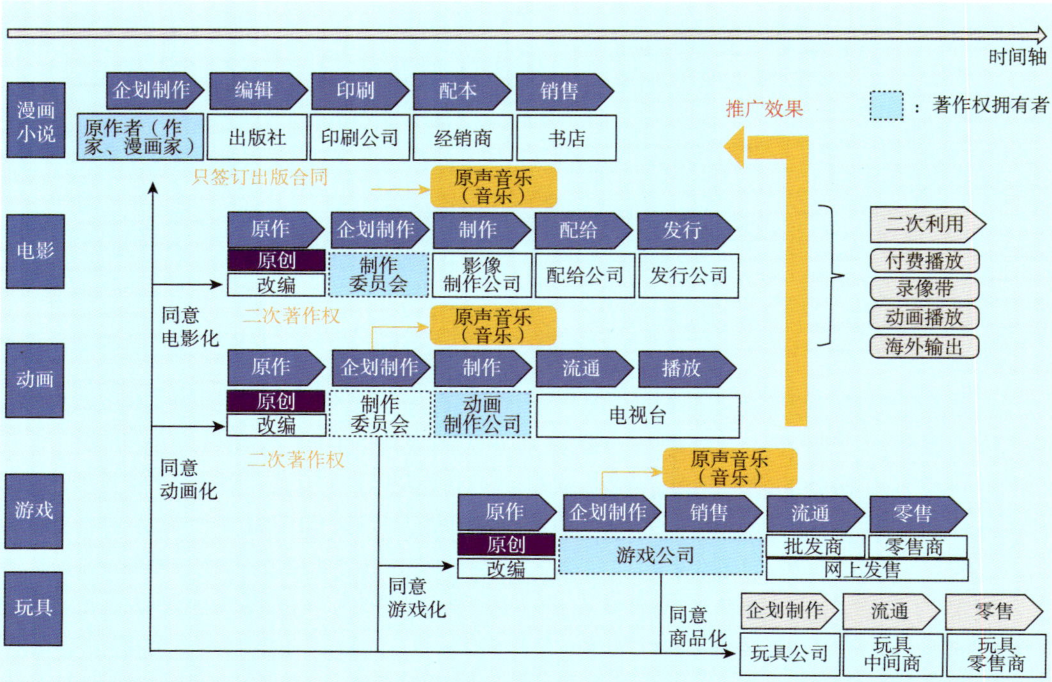

图 9.7　日本传媒产业变现结构图

资料来源：*Digital Contents White Paper 2016*，新时代证券研究所

视频传播 4.4万亿日元	音乐/音频 1.4万亿日元	游戏 1.9万亿日元	出版 3.6万亿日元	广告营销* 1.0万亿日元
视频软件 约0.3万亿日元	音乐软件 约0.4万亿日元	手机软件 约0.2万亿日元	书籍 约0.7万亿日元	网络广告 约1.0万亿日元
电影 约0.2万亿日元	卡拉OK 约0.4万亿日元	在线游戏 约1.3万亿日元	杂志 约1.0万亿日元	
电视广播/相关服务约3.6万亿日元	音乐会门票 0.3万亿日元	街机游戏 约0.5万亿日元	免费杂志 约0.2万亿日元	
舞台 约0.2万亿日元	广播相关服务 0.1万亿日元		报纸 约1.4万亿日元	
网络发布 约0.2万亿日元	手机网络发布 约0.1万亿日元		其他 约0.3万亿日元	

图 9.8　日本国内内容市场整体情况

资料来源：日本经济产业省《内容产业现状和未来发展方向》

*摘取以网络为媒介的在线广告。杂志、报纸等传统的宣传广告包含在“图书、报纸、图像、教材”中

日本海外的内容市场规模在2016年为64万亿日元。据分析，日本海外的内容市场将以亚洲为中心扩大，预计到2022年其海外的内容市场规模约有81万亿日元（图9.9）。

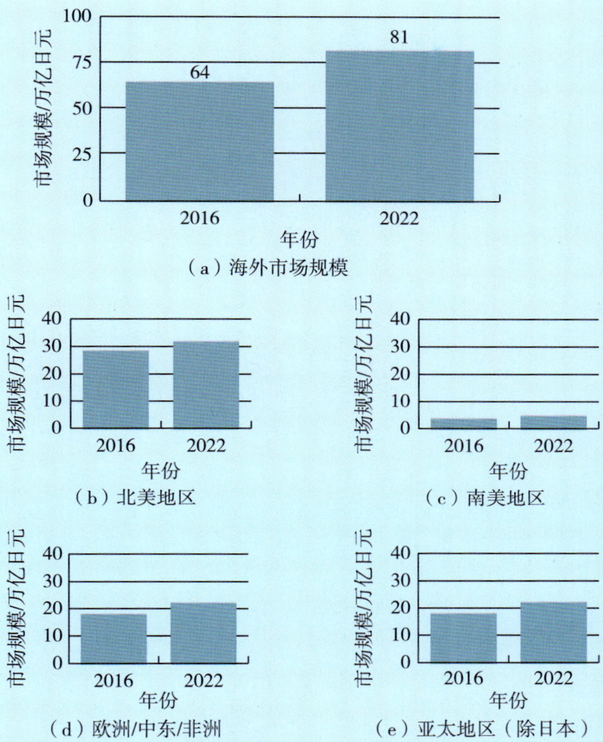

图9.9 日本海外内容市场规模

资料来源：日本经济产业省《内容产业现状和未来发展方向》

日本动漫产业作为全球动漫市场的领头羊，日本经济的三大支柱产业之一，依靠内在的发展机制，以及不断壮大的外部环境，通过文化、艺术与商业、产业以及科技、创新的结合，利用有效的传播与营销推广方式创造了巨大的社会价值。与此同时，日本动漫产业进一步地向海外销售与传播，不仅成为动漫产业增长的主要驱动力，而且实现了文化输出、国家形象构建等重要战略目标，是酷日本战略重要的组成部分。

9.2.4 “一带一路”国家

韩国是参与“一带一路”倡议的国家之一，同时韩国作为新兴工业发展国家，更是以“文化立国”为国家发展战略，在文化创意相关产业，即电影、电视、游戏和音乐等方面得到了瞩目的发展。韩国文化创意产业涵盖11个产业，其中包括出版、动漫、音乐、游戏、电影、广告、知识信息、形象产业、内容解决方案等产业。

根据韩国文化振兴院的统计，在2017年韩国文化创意产业市场规模达到110.5

万亿韩元，同比增长 4.7%，近 5 年平均增速达到 4.8%（图 9.10）。与 2016 年 3.1% 的韩国经济增速和近 5 年 1.5% 的全产业平均增速相比，文化产业的增长势头十分强劲。产业消费结构相对较为均衡，其中，出版占比最大为 18.8%，其次依次为广电占比为 16.2%、广告占比为 14.1%、知识信息占比为 13.3%、游戏行业占比为 11.1%、形象产业占比为 10.5%、音乐占比为 5.2%、电影占比为 5.0%、内容解决方案占比为 4.3%、漫画占比为 0.9%、动画占比为 0.6%（图 9.11）。

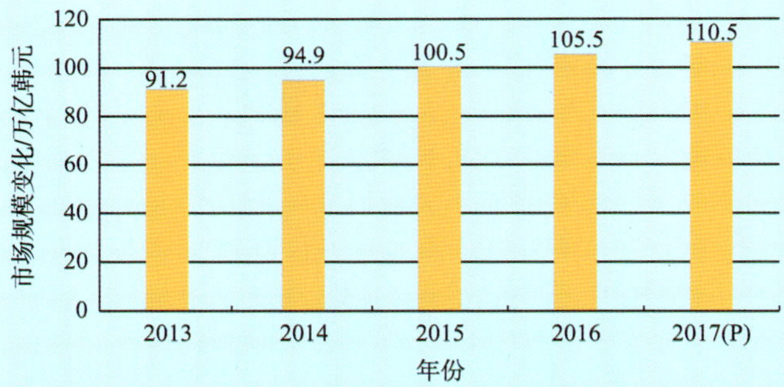

图 9.10　韩国文化创意产业市场规模变化

P 表示预测值，余同

资料来源：韩国文化产业振兴院《2017 年第四季度和年度文创行业趋势分析报告》

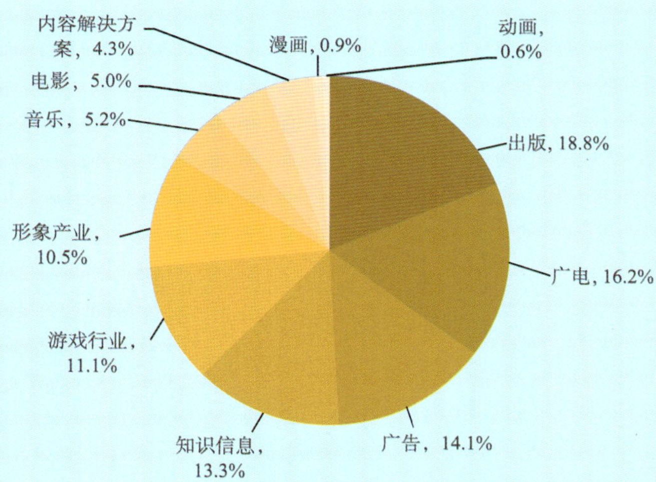

图 9.11　2017 年韩国文化创意产业分类比重

资料来源：韩国文化产业振兴院《2017 年第四季度和年度文创行业趋势分析报告》

韩国政府欲占据全球市场领先指导地位，实现文创强国愿景，在 2013 年的对外经济相关部长会议中发表《扩大文化创意前进海外方案》，重点置于纾解企业难题及强化现地行销，主要推动事项包括按区域划分对受众市场进行研究、强化出口文创竞争力、建构进军海外支援基础，以及扩大互惠交流合作。

2017 年韩国文化创意产业出口额 68.9 亿美元，同比增长 14.6%（图 9.12），其中游戏产业占比超过一半，高达 56.7%（图 9.13），成为带动出口增长的主要动力。2017 年韩中“萨德”争议发酵导致韩国文化向中国文化产业出口吃紧，但面向欧美、东南亚等地的市场多元化战略使文化产业出口保持逆势增长。具体来看，广电、游戏、出版、漫画、知识信息分别增长 20%、19.2%、17.9%、16%、11.2%，呈现全面均衡发展局面，仅有电影同比减少 7.2%。

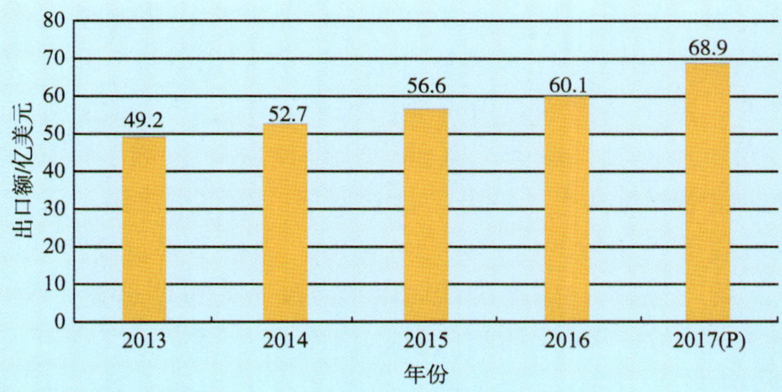

图 9.12　2013 ～ 2017 年韩国文化创意产业出口额

资料来源：韩国文化产业振兴院《2017 年第四季度和年度文创行业趋势分析报告》

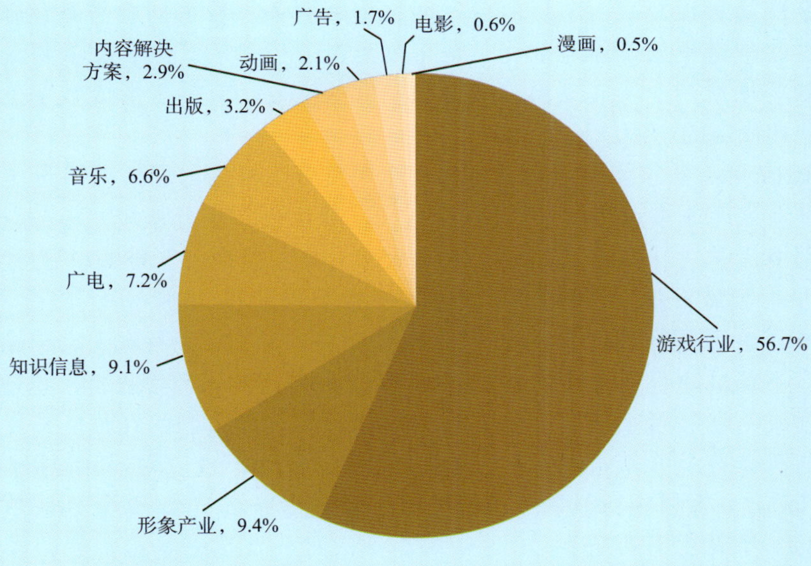

图 9.13　2017 年韩国文化创意产业出口分类比重

资料来源：韩国文化产业振兴院《2017 年第四季度和年度文创行业趋势分析报告》

9.3 2017年以来数字创意产业发展最新国内动态及趋势分析

9.3.1 总体发展状况

为有效引导全社会的资源投向，2017年1月，国家发展改革委发布了《战略性新兴产业重点产品和服务指导目录》，将战略性新兴产业“进一步细化到40个重点方向下174个子方向，近4 000项细分的产品和服务”。其中，数字创意产业主要包括数字文化创意、设计服务、数字创意与相关产业融合应用服务三个重点方向：数字文化创意包含数字文化创意技术装备、数字文化创意软件、数字文化创意内容制作、新型媒体服务、数字文化创意内容应用服务等细分产品和服务；设计服务包括工业设计服务、人居环境设计服务、其他专业设计服务；数字创意与相关产业融合应用服务主要包括数字创意在电子商务、社交网络、教育、旅游、医疗、体育、三农、展览展示、公共管理等各领域的应用业态。同时，为科学界定新产业新业态新商业模式（以下简称“三新”）范围，国家统计局以重点反映先进制造业、“互联网+”、创新创业、跨界综合管理等“三新”活动为基本出发点，制定了《新产业新业态新商业模式统计分类（2018）》。其中与数字创意产业关系密切的有数字内容设计与制作服务和文化娱乐服务。数字内容设计与制作服务主要包括数字内容设计服务、地理信息加工服务、数字动漫制作服务、数字游戏制作服务、其他数字内容制作服务；文化娱乐服务主要包括数字广播影视及视听内容服务、数字化娱乐服务、数字新媒体服务、数字广播影视及视听节目服务、网络出版服务、数字创意与融合服务、数字博物馆。这些举措更为具体地细化了数字创意产业包含的产品和服务目录，满足统计上测算数字创意产业发展规模、结构和速度的需要，有助于形成数字创意产业完善的产业链和稳定的产业结构。

进入2017年，数字创意产业总体发展水平良好。根据国家信息中心《2018年一季度战略性新兴产业重点企业景气调查报告》，数字创意细分领域两极分化态势日渐凸显。以网络文学（180.0）、视频平台（175.0）和直播平台（150.0）为代表的数字创意产业龙头领域发展势头强劲，行业景气指数均超过150，进入较强景气区间。3月，bilibili和爱奇艺两家在线视频网站在美国成功上市，为视频平台带来新的发展契机；抖音下载量冲至全球第7，斗鱼和虎牙分别获得腾讯高额投资，迅速带动短视频、直播领域热度；受益于信息流广告的推出，以前严重制约在线阅读发展的导流问题有望得到解决，网络文学领域发展潜力激增。然而，也应看到影视摄制（94.1）、广告设计（85.7）等领域行业景气指数已低于景气临界值100，处于不景气区间。德勤（Deloitte）有限公司发布的2018中国企业海外投资运营指南显示，在与数字创意产业关系紧密的科技、传媒和电信领域，2016年，中国企业有多起大额并购交易：腾讯斥资86亿美元收购芬兰著名手游开发商Supercell公司84.3%的股份，上海巨人网络科技有限公司出资45亿美元收购以色列Playtika公司，以及中资财团Elegant

Jubilee 出资 40 亿美元收购英国云数据中心开发商、运营商 Global Switch 公司 51% 的股份。2017 年，两个特大型并购案为：中国台湾 ES Platform 公司出资 31 亿美元收购夏普公司，以及以滴滴出行为首的中国财团向新加坡打车平台 Grab 投资 25 亿美元。

9.3.2 基础支撑领域

数字技术的发展已经渗透到各个产业之中，成为各行业发展的重要推动力量，数字创意产业也在其影响下发生着深刻的变革。随着移动互联网、人工智能、云计算、大数据等技术的成熟，数字创意产业的内涵和外延都在发生着深刻的变化，这不仅改变了文化创作和设计创新的方法，也在重塑人们对于文化内容的消费习惯。

1. 创新设计

在知识网络时代，宽带网络将世界连接成为一体，三维（three dimensional，3D）打印、移动互联网、云计算、大数据、生物工程、新能源、新材料等为设计提供了新的创新环境和基础，全球市场多样化、个性化，以及资源环境压力、应对气候变化等，推动了设计创新价值理念的进化。在这样的形势下，创新设计呈现出一系列的新特征——绿色低碳、网络智能、开放融合、共创分享，需要我们深刻认识和把握，从而引导中国设计面向世界、面向未来，走向高品质、迈向中高端，加快实现由中国制造向中国创造跃升。

我国在装备制造、文化创意等领域的创新设计能力已经取得重大突破。涌现出一批具有世界先进水平的创新设计成果。专利申请量和授权量多年位居世界前列。截至 2017 年底，共有国家级工业设计中心 110 家。我国已形成一批具有国际影响力的设计创新型企业，设计产业的区域集聚和辐射效应基本形成，深圳、上海、北京、武汉相继被联合国教育、科学及文化组织（以下简称联合国教科文组织）命名为“设计之都”。波士顿咨询公司（The Boston Consulting Group，BCG）从大数据分析、新技术引进速度、移动产品和功能、数字设计等方面，评价企业的数字化创新能力，并发布了《2018 年全球最具创新力企业 50 强》榜单。上榜企业的共同特点是都在进行数字化转型和创新，苹果、谷歌和微软 3 家数字技术原创企业领跑榜单前 3 名，其中，苹果公司更是从 2005 年开始就以其强大的数字化创新能力一直雄踞该榜单榜首。值得关注的是，中国开始出现一些企业，走在了全球数字创新的前列。其中腾讯排名第 14，智能手机制造商华为也在榜中，排名第 46，而在此前，华为在 2012 年、2014 年、2015 年及 2016 年均有入榜。中国企业在创新设计方面开始崛起，同样也展现出中国数字技术和数字商业模式相结合的颠覆性潜力。

在工业设计方面，我国工业设计快速发展，行业规模逐年扩大，创新能力持续提升，设计成果不断涌现，成为推动经济新旧动能接续转换和制造业转型升级的重要力量。但与推动经济高质量发展、建设现代化经济体系的要求相比，我国工业设计仍然存在基础研究不足、公共服务能力滞后等问题。为健全工业设计创新发展支撑体系，加快国家工业设计研究院创建，带动省级工业设计研究院发展，2018 年 7 月 11 日，《工业和信息化部关于印发〈国家工业设计研究院创建工作指南〉的通知》，国家工业设计研究院创建工作正式启动。重点以工业设计领域公共服务为核心功能，以工业设计关键共性技术为研究重点，充分利用互联网与信息通信技术，有效整合国际国内、线上线下各类设计资源，打造开放共享的研究开发平台、协同高效的成果转化平台、产学研联动的人才培养平台、支撑制造业创新发展的公共服务平台。

2. 数字创意技术

数字创意产业依托于三类技术，即使能技术、应用技术及终端设备技术的发展。使能技术指通用的基础性信息技术；应用技术指媒体行业中各专业技术领域实现层面的技术；终端设备是用户进行内容消费的承载对象，包括硬件及其装载的应用软件。超高清、VR、人工智能和大数据这四项前沿数字技术涵盖了基础、应用及设备各个方面，对于推动数字文化创意产业的发展起着至关重要的作用。

1）超高清技术

超高清技术是近年来全球广播电视领域最为火热的话题，各个国家都在积极部署推进超高清技术发展。我国作为世界上广播电视第一大国，4K 产业的发展在全球起着举足轻重的作用。根据市场研究机构 HIS Market 的数据，2017 年中国 4K 电视机产量 3 300 多万台，占全球 4K 电视机总量的 42%，到 2020 年，全球 4K 入户数将突破 33 000 万户，中国成为全球最大的 4K 电视消费市场（图 9.14）。超高清技术的应用会有效拉动消费电子终端市场的发展，包括电视机、机顶盒、家庭影像、手机、平板电脑、个人电脑等收视设备市场均会得到有效带动。作为我国消费电子终端生产大省，广东省于 2017 年率先开始 4K 产业的启动，计划到 2020 年通过 4K 带动全省相关产业实现 6 000 亿元以上产值。

即将到来的 4K/UHD 是对现有高清（high definition，HD）在多个维度上的一次全方位突破，不仅分辨率进一步由 1 024×768 提升到 3 840×2 160，而且位深将达到 10 比特以上、帧率实现 50P 以上、色域支持 BT.2020、动态范围扩展至 105 ：1，同时音频也由环绕声提升至三维声（3D audio），凭借全面的技术升级为观众提供前所未有的沉浸式体验。

（1）高动态范围（high dynamic range，HDR）技术。

自然界中实际景物的亮度范围可从 10^{-6} ～ 10^{9} 尼特，即动态范围达到 10^{15} 量级，而人眼在瞳孔无调节状态下的亮度可视范围在 10^{5} 量级。在现有电视制作体系下，摄像机和电视机的动态范围已经可达到 10^{5} 量级，然而传输通道受限于带宽无法承载，由此产生的巨大数据量信息，现有标准动态范围（standard dynamic range，SDR）体系传输通道使用 8 比特，只能在通道中传输 10^{3} 量级的亮度内容，过亮或过暗的内容在进行 OETF（opto-electronic transfer function，即光电转换函数）变换后即被丢弃，

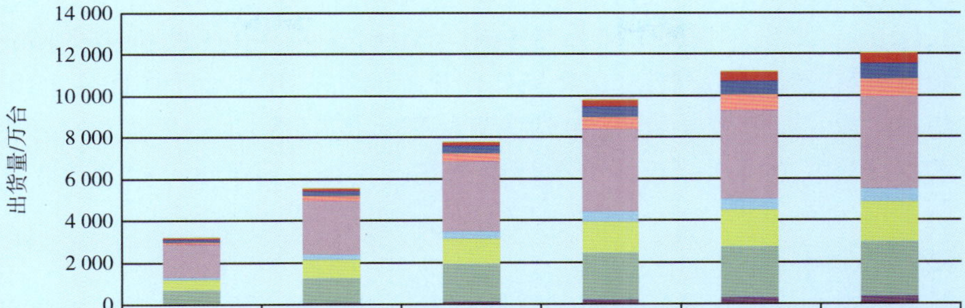

	2015年	2016年	2017年	2018年	2019年	2020年
中东和非洲	80.0	132.9	218.9	326.9	436.2	520.4
拉丁美洲	122.5	238.0	362.8	540.5	672.4	775.8
亚太地区	135.5	258.8	396.0	577.7	736.6	809.3
中国	1 515.2	2 534.7	3 325.7	3 960.4	4 248.1	4 448.8
东欧	158.9	261.8	388.0	488.5	576.5	643.6
西欧	482.7	853.8	1 183.8	1 489.9	1 731.1	1 883.2
北美洲	632.6	1 167.6	1 760.6	2 205.4	2 435.3	2 593.8
日本	63.1	116.8	159.1	232.2	317.5	393.5

图 9.14　4K 电视全球发展趋势图

资料来源：https://www.businesswire.com/news/home/20170308005280/en/China-Dominate-4K-8K-TV-Shipments-2020

这些信息在终端无法还原。而 HDR 技术采用 10 比特或 12 比特传输带宽打通端到端链条，不仅确保制作、传输、终端显示 3 个环节全部支持 10^5 量级动态范围，同时还与 BT.2020 构成更为广阔的色域空间，细腻呈现高亮、低暗画面的亮度与色彩细节（图 9.15）。

（a）SDR 图像　　（b）HDR 图像

图 9.15　SDR 与 HDR 效果对比图

2016 年 7 月，ITU-R（International Telecommunication Union-Radiocommunication Sector，即国际电信联盟无线电通信部门）发布了 BT.2100 标准，定义了 HDR 系统中 PQ（perceptual quantization）和 HLG（hybrid-log gamma）两条曲线。电影电视工程师协会（Society of Motion Picture and Television Engineers，SMPTE）ST.2086 标准定义

了静态元数据，SMPTE ST.2094 定义了动态元数据。随着 ITU、DVB（Digital Video Broadcasting，即数字视频广播）、MPEG（Moving Pictures Experts Group，即动态图像专家组）、SMPTE、CTA 几大标准化组织的共同努力，目前 HDR 的国际标准化工作已经完成。我国也针对 HDR 成立了专项标准工作组，由工业和信息化部、国家广播电视总局联合牵头制定，目前标准草案已提交总局审批，相关产业化工作即将开展。

（2）3D audio 技术。

为了给观众提供更具沉浸感的体验，音频技术也在不断进化，从最初的“单声道”到“立体声”，再发展为“环绕声”，音频技术经历了由“点”及“线”再到“面”的过程，而 2005 年出现的 3D audio 技术则把音频呈现扩展到三维空间，结合基于声道（channel-base）、基于对象（object-base）和基于场景（scene-base）多种手段进行制作和重放，观众在听音过程中不仅可以定位到声源的位置和方向，也能听出声源的移动轨迹，还可以对某一个声音对象进行定制化听音，这使听音者仿佛置身于临场环境当中（图 9.16）。

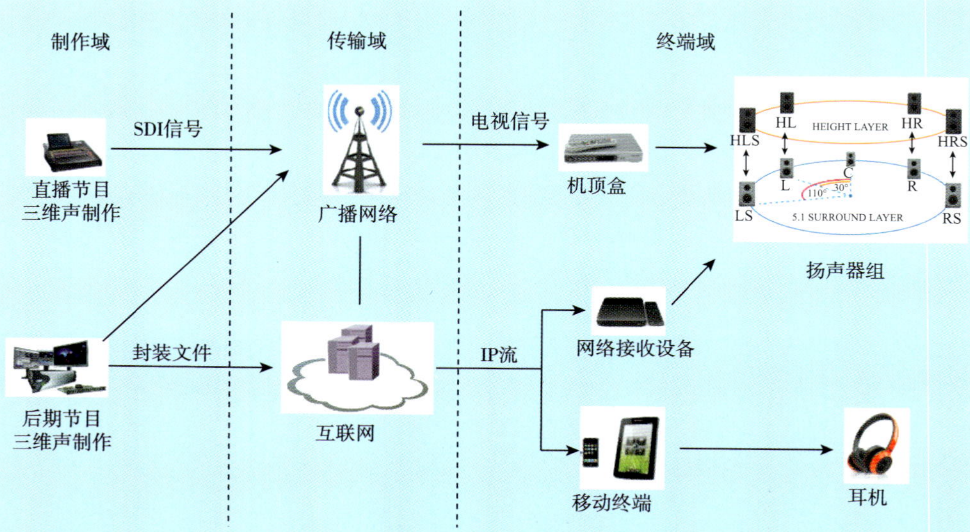

图 9.16　3D audio 技术应用场景

SDI，serial digital interface，即数字分量串行接口；HEIGHT LAYER——高度层；5.1 SURROUND LAYER——5.1 环绕层

目前世界几大主流声音技术公司均已推出 3D audio 解决方案，ITU、DVB、ATSC（Advanced Television Systems Committee，即美国高级电视业务顾问委员会）等国际标准化组织也纷纷出台相关标准。我国 3D audio 标准工作组由工业和信息化部、国家广播电视总局联合牵头，目前标准草案已基本完成，准备提交国家广播电视总局审批。

（3）综合广播宽带（integrated broadcast-broadband，IBB）技术。

利用IBB技术，在观众收看常规节目时，将与节目相关的伴随内容通过互联网推送至家庭网络终端，用户可通过电视或移动终端收看伴随内容。IBB系统利用广播与宽带技术共同为电视节目服务，在立足广播技术的基础上，充分发挥互联网灵活高效、按需服务的优势。IBB技术集成了最新的网页技术，如HTML5（HyperText Markup Language，即超文本标记语言），与传统的广播电视互动技术相比，不仅简化了终端接收处理互动信息的流程，还极大丰富了内容展现的方式，为4K/UHD时代的用户提供更佳的使用体验（图9.17）。

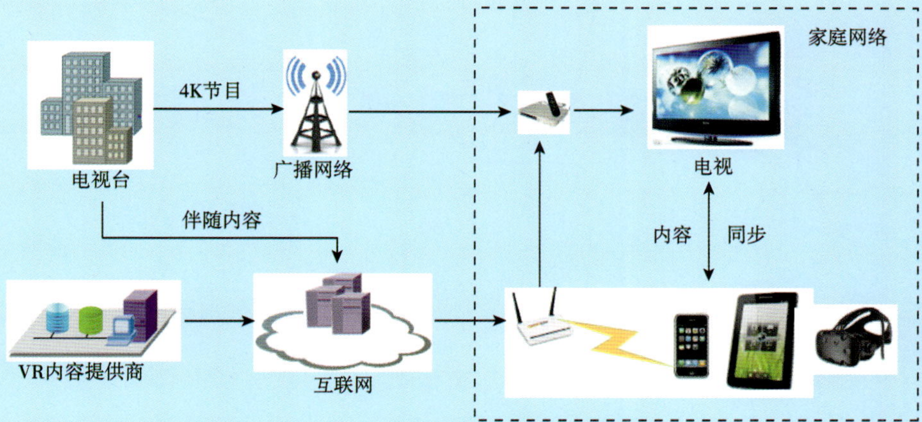

图9.17　IBB技术应用场景

目前IBB技术已经在欧洲、日本、韩国、巴西等地得到大规模部署，ITU、ETSI（European Telecommunications Standards Institute，即欧洲电信标准化协会）、ATSC等国际标准化组织也已经完成标准发布工作，我国国家广播电视总局也计划于2018年启动中国IBB标准的制定工作。

2）VR技术

计算机根据现实情况需要，创建一个交互式VR场景，使用户可以在虚拟场景中体验三维动态视景。具体来说，VR依据呈现方式的不同分为VR、AR和MR（mixed reality，即混合现实）。VR产业在2016年达到高峰，但由于内容方面的缺乏，产业发展势头在2016年后逐渐回落，根据Gartner技术发展曲线来看，VR技术目前已进入复苏期，有望实现长期稳定发展（图9.18）。

（1）VR终端设备。

VR技术的进步依赖于终端设备技术水平的提升，微软公司在2010年发布XBOX360的体感周边外设Kinect，这相当于一款3D体感摄影机，导入了及时动态捕捉、影像辨识、麦克风输入、语音辨识、社群互动等功能，彻底颠覆了传统游戏的单一操作，为人机互动提供了一种全新的方式。2015年微软推出HoloLens眼镜，将计

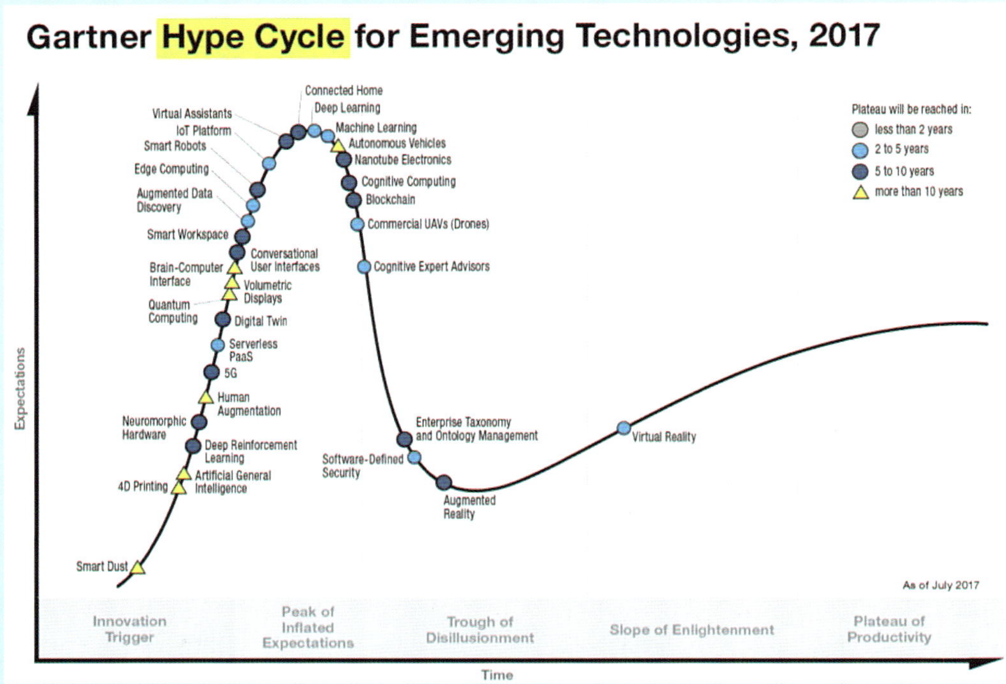

图 9.18 VR 技术发展现状

资料来源：https://www.gartner.com/smarterwithgartner/top-trends-in-the-gartner-hype-cycle-for-emerging-technologies-2017/

算机生成的效果叠加于现实世界之上，用户可以自由行走，眼镜会追随用户的移动和视线，生成适当的虚拟对象投射到用户眼中，同时用户可以通过手势与虚拟 3D 对象交互。2016 年 VR 技术进入爆发之年，多家知名企业推出相应的头戴式显示设备（head mount display，HMD），如 Facebook 公司推出 oculus rift，宏达国际电子股份有限公司（HTC corporation）推出 HTC Vive，索尼公司推出 PlayStation VR，终端产品的进步直接带动了 VR 产业的整体发展。

（2）VR 应用。

典型的 VR 应用需要借助头戴设备三维的虚拟世界，使用户能够身处其中。但是由于技术尚不完备，大多数人戴 HMD 时间过长会出现晕动症等不适症状，因此只能短时间佩戴，一般不超过 15 分钟。为了减轻 HMD 在人体舒适度方面的缺陷，还有很多 VR 应用采用大屏进行观看，即所谓的 360 度全景视频，用户可以在电视、电脑等屏幕上观看，同时可使用鼠标转动画面角度，实现 360 度观看。日本还尝试结合 IBB 与 VR 技术，在用户观看节目的同时，可以使用平板电脑上下左右移动，以观看屏幕角度之外的画面（图 9.19）。

（a）360 度视频节目　　（b）日本 IBB 与 VR 结合节目

图 9.19　VR 典型应用

（3）VR 内容。

VR 技术具有全方位、全视角特点，可感知图像的位置，形成主观视角图像。其通常采用固定点拍摄，不宜切换镜头，镜头不能变焦，与传统拍摄手法相比，不能做“推、拉”操作，没有“摇”操作场景，可以做一定“移”操作。从镜头语言方面来看，VR 善于突出主观特性，可描述全景，通常不支持描述中、近景，但其蒙太奇叙事手法和叙事性受到较大限制，因此综合来看，VR 拍摄适合制作主观镜头的片段式图像，未来可以基于 VR 和 HMD 结合的混合式节目，主体为常规 4K 节目以保证叙事性完整，节目中穿插 VR 片段提供沉浸式体验，或者将 VR 与 IBB 技术相结合，当节目进行到某个时段，通过 IBB 技术将 VR 内容片段作为伴随信息推送给观众。

3）人工智能

人工智能是研究、开发用于模拟、延伸扩展人的智能的理论、方法、技术及应用系统的一门新的技术科学。它的最重要目的是了解人脑智能的实质，生产出一种新的能以与人类智能相似的方式做出反应的智能机器。人工智能的主要发展阶段是运算智能、感知智能和认知智能，目前处于由感知智能向认知智能突破的阶段。人工智能涉及的主要热门领域研究包括计算机视觉、自然语言处理、机器学习和大数据等。

（1）计算机视觉。

计算机视觉是计算机通过摄像头采集到图像并进行处理，从而获取我们所需要的图像内容信息。在计算机视觉的引导下，出现了人脸识别、行人检测、物体分割等技术。它们的出现，为传统行业带来了革命化发展。计算机能替代传统警力快速在监控视频上定位犯罪嫌疑人并追踪，能准确识别用户身份并自动放行，能准确识别前方各个对象物体为无人驾驶汽车提供如何前进的依据，这些都展示了计算机视觉在图像分析、安全鉴别、监视与跟踪、国防系统（目标自动识别与目标跟踪）等领域发挥的重要作用。

自计算机视觉诞生以来就不断创新发展出各类图像处理技术，为人们生活的方方面面带来更多的安全便捷服务。公开资料中显示，计算机视觉在安防影像分析领域的应用最多，市场份额超过了一半，主要是基于对象识别、动作识别等技术的日趋成熟（图 9.20）。

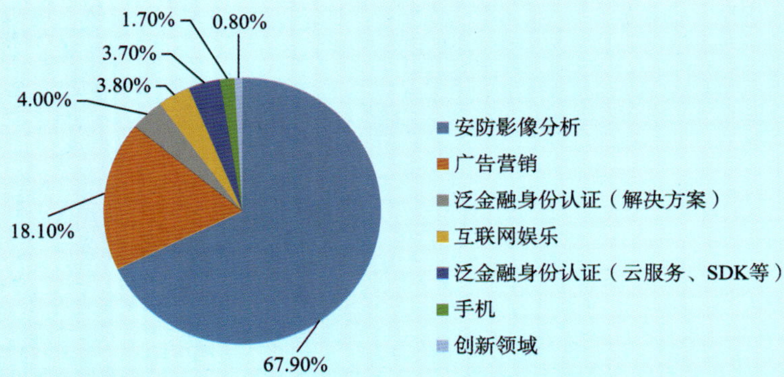

图 9.20　中国的计算机视觉行业市场构成

SDK：software development kit，即软件开发工具包

（2）自然语言处理。

自然语言处理是指用计算机对自然语言的形、音、义等信息进行处理，使得计算机理解自然语言，实现人机间的信息交流。自然语言处理包括两个流程：自然语言理解及自然语言生成。其中，自然语言理解是指计算机能够理解自然语言文本的意义；自然语言生成是指计算机能够以自然语言文本来表达给定的意图。自然语言处理的表现形式主要有：机器翻译、文本摘要、文本分类、文本校对、信息抽取、语音合成及语音识别等。

市场规模方面，以智能语音为例，2017 年全球智能语音市场规模达到 110.3 亿美元，同比增长 30%。随着移动互联网、智能家居、汽车、医疗、教育等领域的应用带动智能语音产业规模持续快速增长，预计 2018 年全球智能语音市场规模将达到 141.1 亿美元。2017 年中国智能语音市场规模达到 105.7 亿元，同比增长 70%，预计 2018 年中国智能语音市场规模将进一步增长，达到 159.7 亿元（图 9.21）。

（3）机器学习。

机器学习是一门多领域交叉学科，指计算机通过经验积累，算法性能得到提升。目前最有活力的机器学习方向是深度学习，深度学习在计算机视觉、自然语言理解、语音识别、智力游戏等领域的颠覆性成就，造就了一批新兴的创业公司。除此之外，机器学习还可以被用于医疗诊断、供应链、制造业、个性化教育等领域。

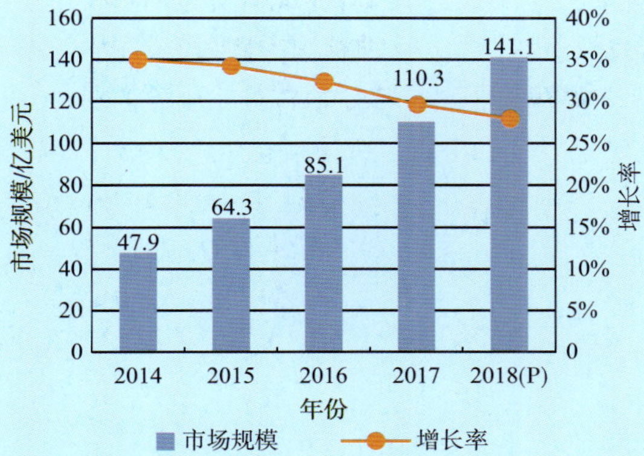

（a）2014 ～ 2018 年全球智能语音市场规模及预测

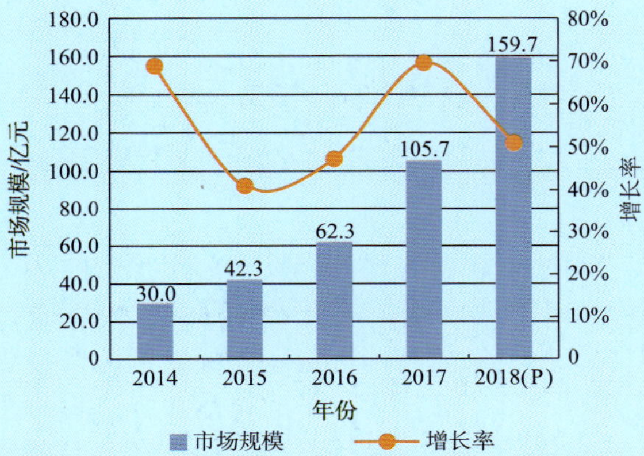

（b）2014 ～ 2018 年中国智能语音市场规模及预测

图 9.21　2014 ～ 2018 年全球智能语音市场和中国智能语音市场规模及预测

预计到 2021 年，在商业智能和分析市场中支持机器学习的数据科学平台将达到 13% 的复合年均增长率。而全球机器学习市场预计将从 2017 年的 14 亿美元增长到 2022 年的百亿美元级别，达到 44.1% 的复合年增长率。在数据聚合、集成和分析方面表现卓越的新技术，以及可伸缩的云平台都是机器学习市场快速增长的因素之一。

4）大数据

大数据是一种凭借强大的存储和运算能力可以对大量数据进行计算分析，并迅速总结规律，从而为预测提供有力指导的技术。大数据有“4V”特征：volume（规模）、variety（类型）、velocity（速度）、value（价值）。大数据涉及的主要热门领域研究包括电子商务大数据、社交网络大数据、交通大数据和视频大数据等。全球大数据市场结构情况见图 9.22。

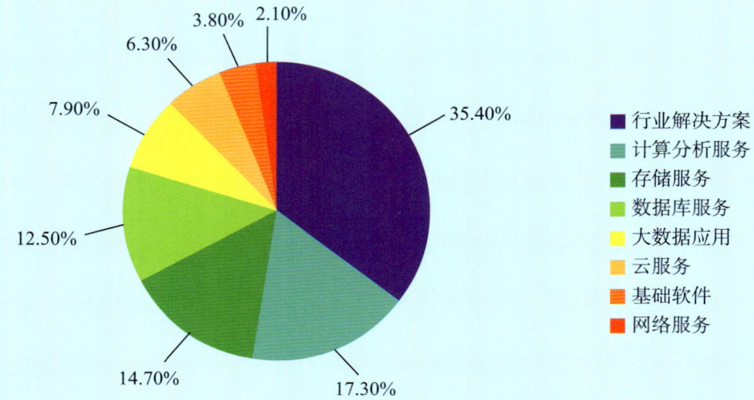

图 9.22　全球大数据市场结构情况

以后我国大数据市场规模将逐渐扩大，预计在 2022 年突破 400 亿元，从全球大数据市场结构看，大数据在"行业解决方案""计算分析服务""存储服务"等领域发挥着重大作用，因此，预计我国以后的大数据应用会在这几方面扩大规模。

（1）电子商务大数据。

在电子商务领域，通过大数据的云计算技术，用户的购买记录和购买喜好、商家的商品销售情况和更新率等数据都能进行存储计算，从而总结出规律，商家能根据规律调整商品样式或品种等来提高销售量，购买者则能获得更多与自己喜好相近的商品。在金融贸易方面，云计算技术除了运算能力强，另一个强大的功能就是云操作系统安全，云计算提供的服务，是严格隔离的。在金融贸易方面，最重要的就是数据安全，因此，云计算技术得到广泛应用。公开资料显示，如今中国大数据在金融与保险行业应用份额为 10.30%，排到了所有行业的第三名（图 9.23）。

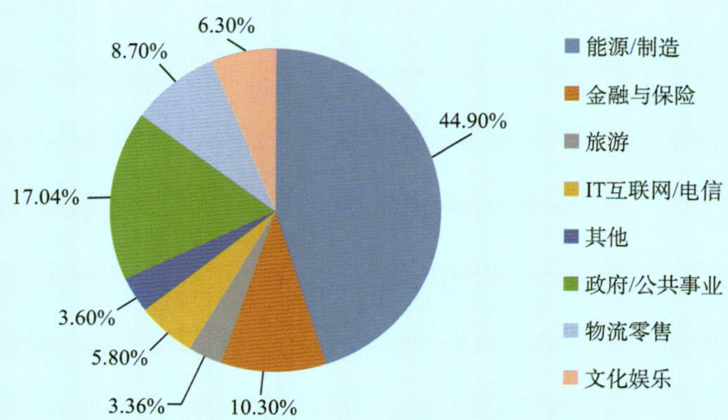

图 9.23　大数据在中国的行业分布

（2）社交网络大数据。

随着社交网络用户的不断增多，对于海量用户产生的大数据如何存储、分析、处理，从而挖掘出这些大数据的价值，以提供更加高质量的服务，成了一个新的巨大挑战。社交网络产生的复杂化、碎片化、非结构化的数据，其数量远远大于结构化的数据，传统的数据库系统已不再适应，这就需要我们设计出新的可扩展的大数据架构。而且，社交网络的特点决定了它对实时性的高要求，数据从收集、清洗、分析到结果筛选，都要求快速处理并进行大量数据的传输，这就要求数据的集成要实时化，整个数据的基础架构要有很强的水平拓展性。

9.3.3　核心开发领域

1. 文化创意

博物馆不仅是历史文化记忆的宝库，也是人们借以认识过去、把握今天、探索未来的场所，在构建公共文化服务体系中正扮演着日益重要的角色。随着博物馆事业不断发展，博物馆的功能也从最初的收集、研究、保管，到现在的展示、传播。展览已不是冷冰冰的展示，而是不断提升设计水平，面向公众的意识不断加强。近年来，我国博物馆事业不断发展。据统计，2016 年全国注册登记博物馆总数达到 4 873 座，比 2015 年度增加了 181 座，保持稳定增长态势。全国免费开放博物馆 4 246 座，占全国博物馆总数的 87.1%。2016 年度全国举办展览 3.08 万次，实施专项教育活动 10.9 万次，参观人数约 9 亿人次。

根据主题娱乐协会（Themed Entertainment Association，TEA）联合 AECOM 共同发布的《2017 全球主题公园和博物馆报告》，全球前 20 位的博物馆整体表现平平，游客总量仅增长了 0.2%。但区域市场上的博物馆表现各异，不少新开幕博物馆和亚洲博物馆取得了出色表现。2017 年，巴黎的卢浮宫再次成为全球访问量最高的博物馆，迎接 810 万名游客，同比增长 10%。中国的博物馆也表现不俗，中国国家博物馆接待游客量排在第 2 位，接待 800 多万名游客，同比增长 6.8%；上海科技馆接待游客量排在第 6 位，接待 600 多万名游客，同比增长 1.7%；台北故宫博物院接待游客量排在第 13 位，接待 400 多万名游客，同比增长 –4.9%；中国科学技术馆接待游客量排在第 16 位，接待将近 400 万名游客，同比增长 4.0%（表 9.5）。

表 9.5　2016～2017 年全球排名前 20 位的中国博物馆总游客量和增长率

排名	博物馆	所在城市	增长率	2017 年游客量	2016 年游客量	入场
2	中国国家博物馆	北京	6.8%	8 063 000	7 550 000	免费
6	上海科技馆	上海	1.7%	6 421 000	6 316 000	付费

续表

排名	博物馆	所在城市	增长率	2017 年游客量	2016 年游客量	入场
13	台北故宫博物院	台北	-4.9%	4 436 000	4 666 000	付费
16	中国科学技术馆	北京	4.0%	3 983 000	3 830 000	付费

资料来源：根据《2017 全球主题公园和博物馆报告》整理

2016 年 5 月，原文化部及国家文物局等部门下发了《关于推动文化文物单位文化创意产品开发的若干意见》，在此之后，国内各大博物馆都在探索自己的文化创意产品开发之路。2017 年 12 月开播的大型文博探索类节目《国家宝藏》的火爆，让“正经到骨子里”的博物馆成为“网红”，这也引发人们思考博物馆中的文物该如何“活起来”，如何平衡“文化事业”与“文化产业”。故宫博物院通过互联网技术、VR 技术、数字技术的应用，系统挖掘文物文化遗产的内涵，以多种方式，来展示它们的文化魅力。同时，凭借各路“萌萌哒”文化创意产品，成为“网红博物馆”，2017 年文化创意产品销售额超过 10 亿元。2017 年文化创意产品销售额达到 1 400 多万元的苏州博物馆，就通过“500 年紫藤树种子”等特色产品的宣传，走出了一条江南“婉约派”路线。拥有 4 家线下专卖店的上海博物馆，在 2017 年实现了 3 862 万元的文化创意收入，占上海市所有博物馆文化创意收入的近 8 成。

在产业界，2017 年，百度、阿里巴巴、腾讯逐步深入布局文博行业的核心领域，从博物馆文化创意、藏品、展陈、文物保护到数字化各个领域。百度主要从资源数字化与呈现方面发力，2012 年 1 月 4 日正式上线百科数字博物馆，截至 2016 年，百科数字博物馆收录 1 611 家。2017 年 5 月 18 日，百科数字博物馆推出“馆长带你秒懂博物馆”计划，邀请国内知名博物馆馆长录制 3 ～ 5 分钟短视频，介绍博物馆及馆藏精品。同时，百度还与秦始皇帝陵博物院合作推出了“百度 AI 秦始皇兵马俑复原工程深度合作”，首次以 200 亿像素的“超高清级别”将兵马俑呈现给观众。阿里巴巴利用自身电子商务平台优势推进文博产业发展，2016 年 1 月，中国国家博物馆天猫旗舰店正式上线；2016 年 6 月 29 日，故宫博物院与阿里巴巴举办了战略合作签约仪式，故宫博物院文创旗舰店正式上线，包括门票、文化创意、出版三大板块；2016 年 7 月 13 日，阿里巴巴电商平台与苏州博物馆首次合作；2017 年 7 月，大英博物馆与阿里鱼（阿里巴巴旗下 IP 交易平台），以及天猫达成合作，陆续将藏品的设计版权授权于多个天猫商家，让它们从中汲取灵感进行设计。这些藏品涵盖范围极广，从动物学图谱到 19 世纪初欧洲风情画，从古希腊金币到雕塑“掷铁饼者”，从世人皆知的文物到从未展出的珍贵画作，都可以找到。基于这些 IP 授权，旅行箱品牌 ITO 推出了 5 款跨界合作的行李箱，服装品牌两三事设计了印度系列服饰，天堂伞上线了独家合作款晴雨伞，女鞋品牌百丽的一整个系列鞋品也汲取了大英博物馆多个馆藏的精髓。腾讯也利用其社交平台优势，从数字化展现、数字文保及文化创意方面发力，提出了“新文创”，陆续与故宫、敦煌、长城、秦始皇陵进行战略合作，探索如何让科技连接文化，助力经典 IP 活化。一方面通过 AR/VR、人工智能、云计算、移动位置服务（location based service，LBS）等技术，做好文化的“数字化助手”，为文化的连接及体验拓展新的想象空间；另一方面通过动漫、文学、影视、音乐、游戏等数字产品，做好文化的“数字翻译官”，让千年文化走进现代生活。2017 年 9 月 15 日，腾讯发布“腾讯艺术 +”计划，上线“博物官”小程序，为博物馆等艺术场馆提供全面的数字化展现和解读。

2. 内容创作

1）网络文学

截至 2017 年 12 月，网络文学用户规模约达到 3.78 亿人，较 2016 年底增加 4 455 万人，占网民总体的 48.9%。手机网络文学用户规模为 3.44 亿人，较 2016 年底增加 3 975 万人，占手机网民的 45.6%（图 9.24）。

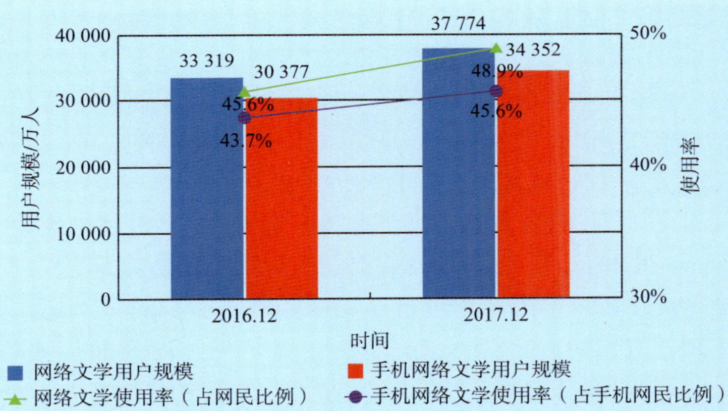

图 9.24 2016 年 12 月到 2017 年 12 月网络文学用户规模及使用率
资料来源：《2017 中国互联网络发展状况统计报告》

2017 年中国网络文学市场规模稳步上升，达 127.6 亿元，同比增长 32.1%（图 9.25）。这主要是由于 2015 年作为 IP 元年，网络文学衍生市场爆发出了强大的实力，优质的 IP 提高了用户的付费意愿；而 2016 年，国家出台了一系列打击网络侵权盗版的政策，网络文学版权得到极大保护，更进一步促进了网民文学付费规模的快速增长。

从行业发展来看，原创内容的扶持和听书业务的发展是 2017 年网络文学行业变化的两个重要特点。

一方面，网络文学行业内部，得益于国内数字内容版权制度的不断完善，网络文学行业在 2017 年实现进一步发展。2017 年下半年，国内两大网络文学平台阅文集团和掌阅科技相继上市，标志着网络文学行业多年来的发展终于得到市场认可。在企业上市的同时，网络文学业务营收也进入全面盈利期。公开资料显示，阅文集团、掌

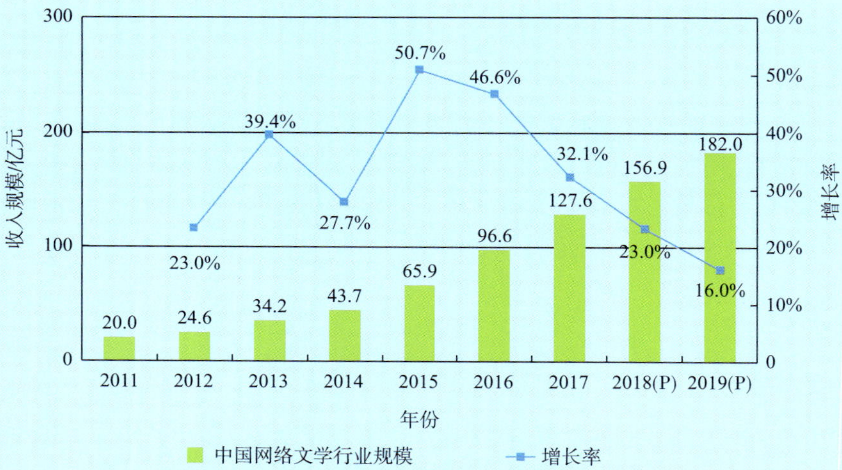

图 9.25　2011 ～ 2019 年中国网络文学行业收入规模

阅科技、纵横等网络文学企业在 2017 年均已实现盈利。同时，各网络文学平台对于创作者的扶持力度不断加大。阅文集团于 2017 年 6 月发布内容全生态战略，并成立内容产业基金，从优质内容出版、内容方商业扶持、内容品牌传播和优秀青年作家创作扶持四个方面支持作者进行创作。阿里文学也与其影视业务共同宣布将为内容生产者提供包括平台、IP、宣传等资源在内的一站式服务。

另一方面，听书作为网络文学的衍生业务，在 2017 年得到迅速发展。根据国家新闻出版广电总局在 2017 年 4 月发布的《2016 年度中国数字阅读白皮书》的数据，2016 年国内近 7 成数字阅读用户用过听书功能，听书用户超过 1 亿，愿意付费的用户比例达到 65.3%。在这一趋势下，蜻蜓 FM、懒人听书等垂直应用均在 2017 年获得过亿元融资；而微信读书也于 7 月发布新版本，宣布全面上线音频内容。

2）网络游戏

截至 2017 年 12 月，我国网络游戏用户规模约 4.42 亿人，约占整体网民的 57.2%，较 2016 年增长 2 457 万人。手机网络游戏用户规模较 2016 年底明显提升，达到 4.07 亿人，较 2016 年底增长 5 544 万人，占手机网民的 54.1%（图 9.26）。

2017 年国内网络游戏行业营收规模持续增长，用户游戏类型偏好的变化、精品游戏在海外市场的成功和行业规范化的提升是行业发展的 3 个主要特点。从产品类型变化来看，得益于游戏直播的强大宣传能力，新兴的沙盒类射击游戏在 2017 年取代 MOBA（multiplayer online battle arena，即多人在线战术竞技游戏）成为最受用户喜爱的游戏类型。在 PC 端，其代表《绝地求生》销量达到 2 700 万份，成为史上最畅销的游戏；在手机端，App Store11 月下载量最大的前 5 款游戏中有 4 款为这类游戏。另外值得注意的是，微信在 2017 年 12 月底推出“小游戏”功能，使其有望成为手机端 H5 游戏的新型入口，并为这类游戏未来的蓬勃发展带来新的机会。从市场覆盖范围

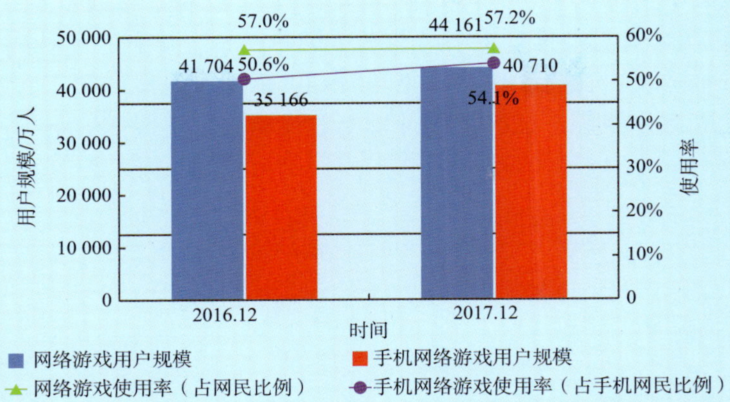

图 9.26　2016 年 12 月到 2017 年 12 月网络游戏用户规模及使用率

资料来源：《2017 中国互联网络发展状况统计报告》

来看，以腾讯、网易、蓝港互动、心动网络为代表的中国游戏厂商在 2017 年出海热情高涨。虽然中国已经超越美国和日本成为全球最大的游戏市场，但国内市场竞争的激烈程度也在不断加剧，使得本土游戏厂商逐渐将下一步增长希望寄托于海外，并将自身优秀的产品经验和运营模式向其他国家输出。一些代表性国产自主研发精品游戏在本土市场获得成功后试水欧美和东南亚市场，并于 2017 年底获得多个国际性游戏奖项。

3）网络动漫

2017 年动漫产业规模达 1 500 亿元，占文娱总产值的 24%（图 9.27）。2017 年，中国动漫产业用户规模达到 3.1 亿人，同比增加 14.8%。不断增加的二次元用户释放出强大的消费潜力，为中国动漫产业的发展提供了巨大空间和机会。

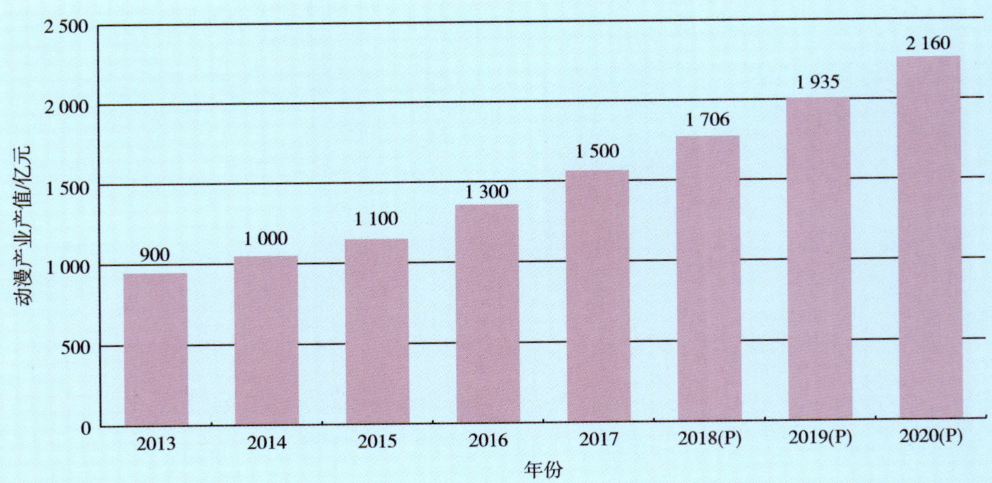

图 9.27　2013 ～ 2020 年中国动漫产业产值

近年，视频平台开始发力动漫自制，至2017年自制作品数量达到21部，播放量提升至57亿次，有力地推动了中国动漫市场的发展。其中，儿童动漫是视频动漫的消费主流，播放量占比近5成。成年动漫是贡献动漫流量的第二大主力，该领域市场正在快速崛起。但是，亿级播放量以上的优质头部动漫内容仍为市场稀缺资源（图9.28）。

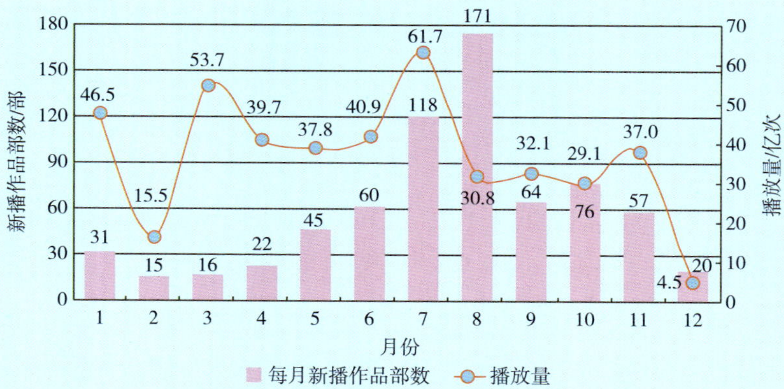

图9.28　2017年新播动漫作品部数、播放量

4）网络视频

截至2017年12月，网络视频用户规模约5.79亿人，较2016年底增加3 437万人，占网民总体的75.0%。手机网络视频用户规模约5.49亿人，较2016年底增加4 870万人，占手机网民的72.9%（图9.29）。

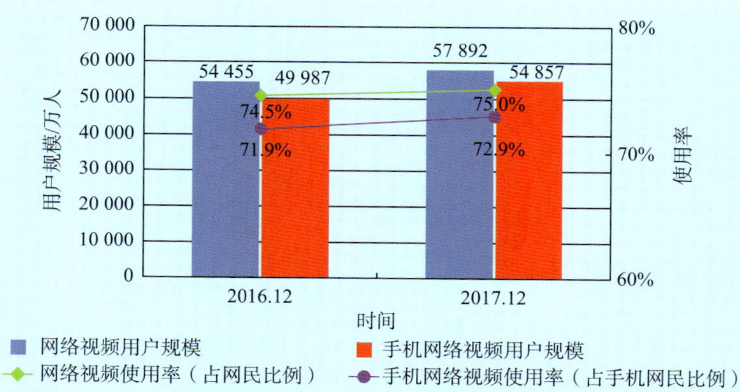

图9.29　2016年12月到2017年12月网络视频用户规模及使用率

资料来源：《2017中国互联网络发展状况统计报告》

2016年中国网络视频行业规模已达641.5亿元，2017年同比增长48.4%，实现超900亿元整体规模（图9.30）。网络视频平台不断提高自身对内容的主导权，将头

部版权内容与优质自制内容作为战略发展核心，未来将提供更多、更丰富、更符合用户需求的优质内容，进一步聚集用户。

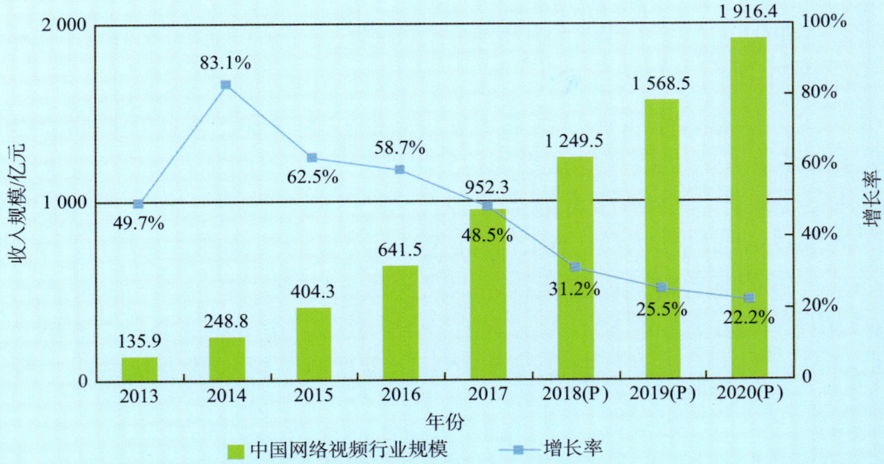

图 9.30　2013 ～ 2020 年中国网络视频行业收入

随着用户规模扩大，用户使用黏性增加，网络视频带来的商业资源不断升值，预计到 2018 年将成为千亿元级市场，至 2020 年，整体市场规模将近 2 000 亿元。

2017 年网络视频行业保持良性发展，用户付费能力明显提升。调查数据显示，2017 年国内网络视频用户付费比例达到 42.9%，相比 2016 年增长 7.4 个百分点，且用户满意度达到 55.8%，预计未来仍将保持较高速的增长趋势。从行业自身发展来看，网络视频行业移动化、精品化、生态化进程在 2017 年得到持续推进。

网络视频移动化发展趋势相比 2016 年更加明显。从终端设备的使用情况来看，随着大屏手机的普及，手机与电脑、电视、平板电脑等设备收看视频的体验差距明显减小，同时由于手机在私人化、碎片化等方面存在明显优势，用户愈发倾向使用手机收看网络视频。从视频类应用的发展情况来看，以快手为代表的移动端短视频应用在 2017 年迅猛发展，并吸引了阿里、360、今日头条等大型厂商进入该领域进行布局。

网络视频内容正规化和精品化进程不断推进。在内容正规化方面，国家新闻出版广电总局宣布仅 2017 年上半年就处理了 155 部违规的网络原创节目，并且未来将坚决杜绝问题节目以“未删减版”或者“删减内容花絮”的名义在网络上播出，以规范行业内容发展。在内容精品化方面，爱奇艺和优酷分别与 Netflix、索尼影视等海外版权方达成内容授权协议，通过引进海外正版视频资源提升其内容竞争力。

网络视频行业的生态化程度进一步加深。在视频行业内部，搜狐、腾讯、完美世界、阿里、爱奇艺等厂商均陆续在 2017 年发布了视频内容创作计划或投资视频内容创作机构，通过布局视频内容制作上下游的全产业链，以独家原创内容吸引观众。在视频行业外部，网络视频企业还积极与文学、漫画、电影、游戏等相关内容行业进行联动，生态化平台的整体协同能力和商业价值正在逐步凸显。

5）数字音乐

截至 2017 年 12 月，网络音乐用户规模达 5.48 亿人，较 2016 年底增加 4 496 万人，占网民总体的 71.0%。手机网络音乐用户规模达到 5.12 亿人，较 2016 年底增加 4 381 万人，占手机网民的 68.0%。

2017 年国内网络音乐行业格局基本确立，版权竞争和泛娱乐生态融合趋势得到延续，线上线下音乐产业联系更加密切。

中国数字音乐产值在 2016 年达到 529.3 亿元，同比增速 6.2%，占中国音乐产业核心层产值的 75% 以上，并在 2017 年获得近 10% 的同比增速（图 9.31）。中国数字音乐产业经历了免费时代、盗版横行时代，终于迎来了相对规范的版权时代，数字音乐在 2016 年的增速也开始回归至快速增长水平。在市场商业模式多元化的作用下，用户付费、广告、直播、音乐周边产品销售等收入模式将共同促进市场继续保持快速增长。

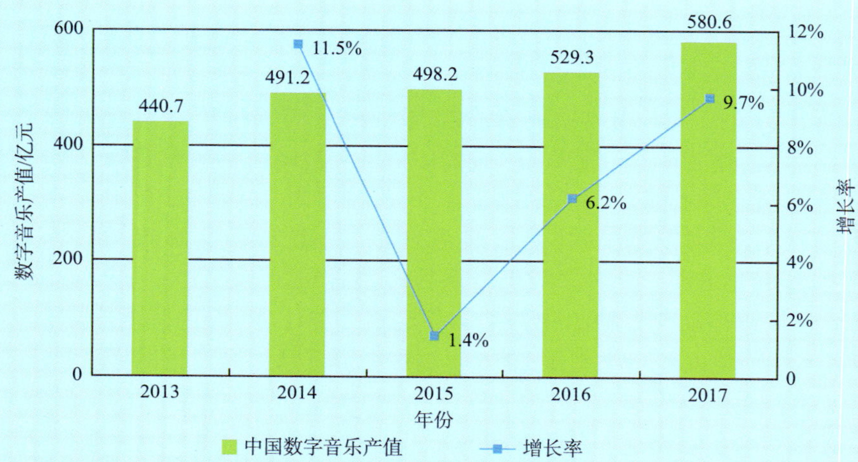

图 9.31　2013 ～ 2017 年中国数字音乐行业收入规模

由于多年以来盗版的冲击，以及付费音乐在中国的推进缓慢，数字音乐用户付费在中国的发展处于停滞状态，难有突破。2015 年 7 月，国家版权局下发了《关于责令网络音乐服务商停止未经授权传播音乐作品的通知》，从这一年起，数字音乐版权的规范化、正版化发展和主要数字音乐平台对付费音乐专辑的发力推动了数字音乐用户付费收入规模的翻倍增长，并突破 10 亿元。此后数字音乐用户付费收入呈高速增长的态势。

3. 版权利用

2017 年，国内数字出版产业整体收入规模突破 7 000 亿元，达到 7 071.93 亿元。

其中，互联网期刊收入达 20.10 亿元，电子书达 54.00 亿元，数字报纸（不含手机报）达 8.60 亿元，博客类应用达 77.13 亿元，在线音乐达 85.00 亿元，网络动漫达 178.90 亿元，网络游戏达 884.90 亿元，在线教育达 1 010.00 亿元，移动出版（移动阅读、移动音乐、移动游戏等）达 1 796.30 亿元，互联网广告达 2 957.00 亿元（图 9.32）。

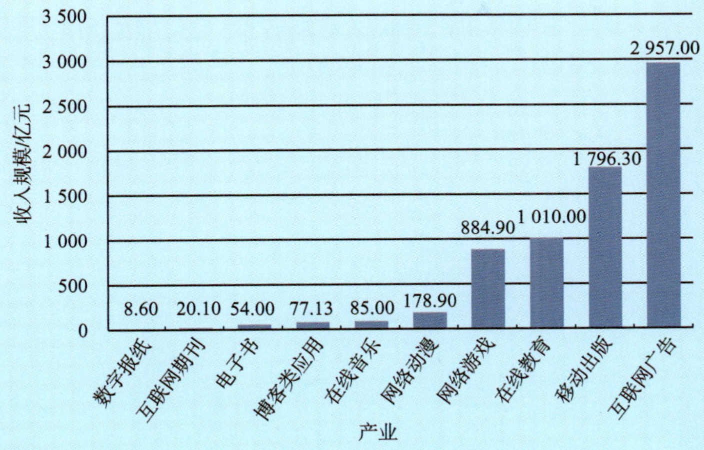

图 9.32　2017 年中国数字出版产业整体收入规模

9.3.4　融合渗透领域

1. 数字教育

1）产业发展现状

由于互联网技术、VR、人工智能等技术的发展和应用，教育这个传统行业不断被数字化渗透着，融合数字技术已成为教育领域的前景和方向之一。在数字教育领域，2017 年在线教育市场规模 1 733 亿元，2018 年预计突破 2 000 亿元（前瞻产业研究院报告数据），毫无疑问，在线教育在 2018 年站在了发展的风口上。2017 年 8 月，国务院印发了《国务院关于进一步扩大和升级信息消费持续释放内需潜力的指导意见》，提出了要壮大在线教育和健康医疗。建设课程教学与应用服务有机结合的优质在线开放课程和资源库。2018 年 4 月，教育部印发的《教育信息化 2.0 行动计划》提出，努力构建"互联网 +"条件下的人才培养新模式、发展基于互联网的教育服务新模式、探索信息时代教育治理新模式。在政策利好的同时，市场也发出了需求的信号——我国参加在线课外辅导的付费学生人次由 2013 年的 8 050 万人增至 2017 年的 1.558 亿人，复合年增长率为 17.9%，预计 2022 年付费人次有望进一步增至 2.825 亿人，复合年增长率为 12.6%。但是在用户数据增长的背后，我们还需看到这些需求和增长还不足让线上教育行业产生盈利，市场潜力巨大，大量资本涌入的背后，普遍亏损仍是全行业的真实现状。在线教育潜在用户的获取需要投入较高的营销成本，而获得一个真正付费用户的成本则更高。获得用户成本高，前期的持续投入再加上在线教育公司盈利周期长，教研、产品、技术都要重投入，导致目前在线教育企业大多处于烧钱阶段，大部分在线教育平台尚处于探索商业模式阶段。

移动教育是指在能够安装运行移动应用的移动智能设备上进行在线或者离线的学习。随着网络经济重心不断从 PC 端向移动端转移，移动教育作为线上教育的一个细分领域，在线上教育领域中的影响将不断扩大。当前移动教育主要面向六大领域，即学前启蒙、中小学应试、高等教育、职业培训、语言学习、素质教育，具有五大形态，即工具型、管理型、内容型、社区型、平台型（图 9.33）。但和其他线上教育行业一样，整体的盈利模式仍不清晰。

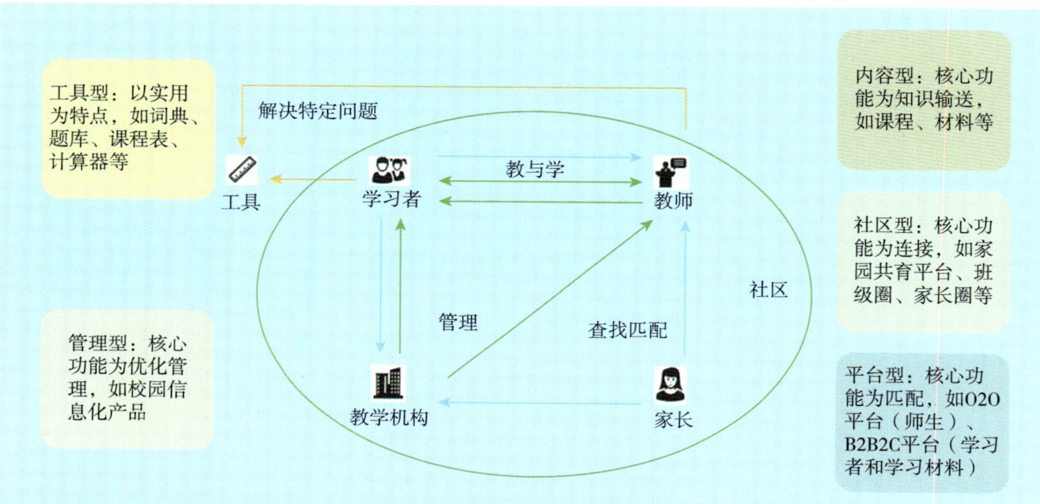

图 9.33　2017 年中国移动教育的基本产品形态

自适应学习是指通过计算机手段检测学习者当前的学习水平和状态，并相应地调整后续的学习内容和方式，提高学习效率。由于学习过程的复杂性，简单的计算机编程很难实现良好的效果，因此运用人工智能技术来实现的人工智能自适应学习应运而生，这是对传统自适应学习的升级，也是对新型学习方式的探索。当前我国人工智能自适应教育行业的发展已经过了潜伏和萌芽的时期，处在不断升温的阶段，但由于人工智能概念被过度炒作，当前该领域的升温很可能迎来降温，但总体看来该行业有着不断成长、成熟的趋势。当前，语言学习类、以题库和学习平台为基础的学习系统的打造，是自适应学习领域的热门类型，目前已有众多企业进入自适应教育领域中（图 9.34）。

VR 技术也带来了教育场景变革。VR 所传递的信息不仅仅是简单的图形、声音或者超文本，而是一系列实时生成的拟真声像信息、触觉和运动感知等。VR 最大的特点就是“身临其境”，这和教育原理中的“情景构建”理论不谋而合，因此将 VR

图 9.34　已公开宣布发力人工智能自适应教育的企业

各企业按企业名称拼音顺序排列，企业列举不完全

资料来源：艾瑞咨询研究院自主研究绘制

应用到教育领域也成为一个较为热门的研究方向。VR 训练场和试验台、模拟检测、虚拟课堂都是 VR 技术在教育领域的典型应用。但是在真实的教育场景中，VR 技术的应用还存在一些问题。第一，相关技术还不够成熟。VR 目前硬件技术尚不能提供完美的沉浸式体验，包括：屏幕的刷新率和分辨率、计算系统的运算能力、设备的体积及重量等，设备舒适度欠佳和安装调试过程复杂；空间定位追踪技术和交互技术标准不统一；网络传输等基础建设有待提升。第二，内容的稀缺。目前没有成体系的 VR 教学课件内容，而内容定制化生产的成本又很大，VR 行业缺少行业标准致使通用性受到限制。

2）产业发展特征

我国人口基数巨大，教育资源分布不均衡，再加上“二孩”政策的开放，对教育的需求将会迎来一个长期上升的时期。在教育行业数字化的过程中有大量资本涌入，但到目前为止没有显现清晰的盈利模式，不过这也显示了教育这一行业的传统特性——发力缓慢但有巨大的回报潜力。

在网易在线教育体系内部产品具有清晰、独特的定位——网易云课堂专注技能学习与职业提升，公开课则专注于高校优质教学资源的共享；有道则重点发展成为重点面向 K12（kindergarten through twelfth grade，即学前教育至高中教育）及大学生人群的在线教育平台。参与在多种模式中探索的网易也表示“教育就是教育，无论加上什么前缀，互联网、在线还是人工智能，教育的本质不能变”。

随着教育行业数字化的变革，教育中的教学、评估甚至教学物理环境都发生了巨大的变化，但是当前这个模式探索的阶段中还是要明确，教育的数字化还是要将教育本身放在首要的位置，不难预见，在各种技术加持的数字化道路上，真正需要的还是回归教育本质，专注于教育质量、教学内容及教学形式。因此，提高教师的教学质量和教学技能，才能提高受教育者的满意度，获得市场的认可，才是数字化教育发展的长久之计。

2. 旅游业

2017 年，国内旅游市场高速发展，出入境市场平稳发展，供给侧结构性改革成效明显。国内旅游人数 50.01 亿人次，比上年同期增长 12.8%；出入境旅游总人数 2.7 亿人次，同比增长 3.7%；全年实现旅游总收入 5.40 万亿元，增长 15.1%。初步测算，全年全国旅游业对 GDP 的综合贡献为 9.13 万亿元，占 GDP 总量的 11.04%。旅游直接就业 2 825 万人，旅游直接和间接就业 7 990 万人，占全国就业总人口的 10.28%。

2017 年 1 月至 2017 年 12 月期间，国内在线旅游 APP 总体用户数量增长趋势明显，年均复合增长率达到 32.1%，用户越来越接受并习惯使用在线旅游 APP，享受方便快捷的出行服务（图 9.35）。

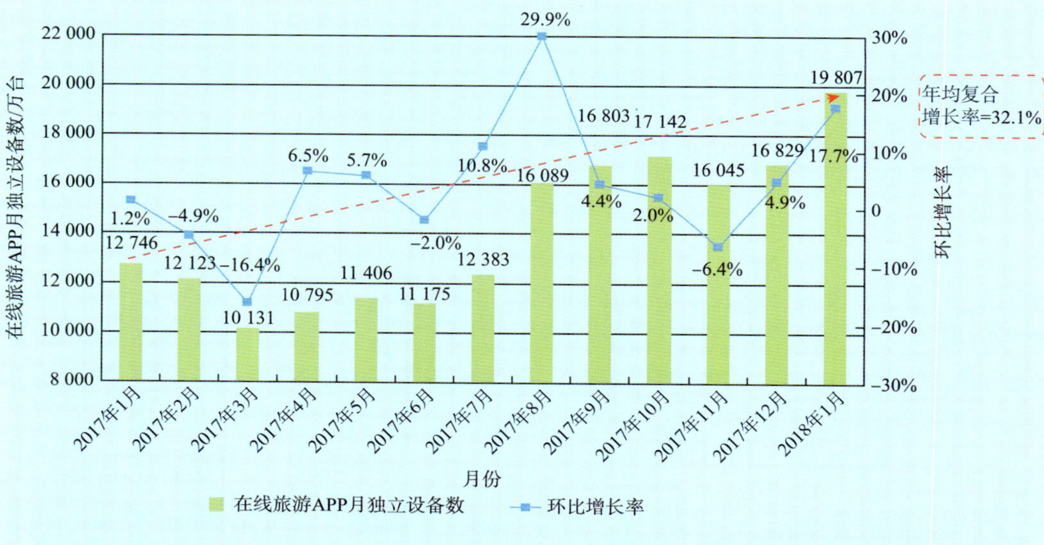

图 9.35　2017 年 1 月至 2018 年 1 月国内在线旅游 APP 月独立设备数

资料来源：艾瑞连续监测数据产品 User Tracker 3.0

2017 年 1 月至 12 月期间，在线旅游行业 PC 端流量趋于稳定，移动端总体仍呈现较大规模的增长趋势，随着互联网流量红利逐渐消退，培养用户黏性、增加用户有效使用时间成为企业需要考虑的重要问题。

2017 年 1 月至 12 月期间，PC 端整体旅游网站用户人均单日访问次数稳中有升，在线旅游行业在 PC 端总体覆盖人数趋于稳定的情况下，深耕品牌服务，培养用户忠诚度，吸引用户增加访问次数，用户黏性也在下半年呈现增长趋势。

2017 年 1 月至 12 月期间，在线旅游行业移动端 APP 单机单日访问次数总体呈现上升趋势，用户忠诚度不断增强；单机单日有效游览时间在2月达到最高值，春运和春节假期出游促进了在线旅游APP整个行业的用户黏性增加。

2018年3月13日，国务院机构改革方案提请十三届全国人大一次会议审议。根据该方案，改革后，国家旅游局与文化部合并，组建文化和旅游部。不再保留文化部、国家旅游局。调整是为增强和彰显文化自信，统筹文化事业、文化产业发展和旅游资源开发，提高国家文化软实力和中华文化影响力，推动文化事业、文化产业和旅游业融合发展。

3. 体育健康业

2016年6月，国务院推行的《全民健身计划（2016—2020）》中提出，到2020年，群众体育健身意识普遍增强，参加体育锻炼的人数明显增加，每周参加1次及以上体育锻炼的人数达到7亿，经常参加体育锻炼的人数达到4.35亿。这跟国发〔2016〕46号文所提出的到2025年“经常参加体育锻炼的人数达到5亿”正好相匹配。

在国发〔2016〕46号文发布之后，腾讯、阿里、万达等相继通过不同的方式切入赛事资源中，各个巨头在体育产业的布局策略不一，但通过传统赛事资源运作，实现价值变现，均是其体育产业持续运营的重要途径（图9.36～图9.38）。

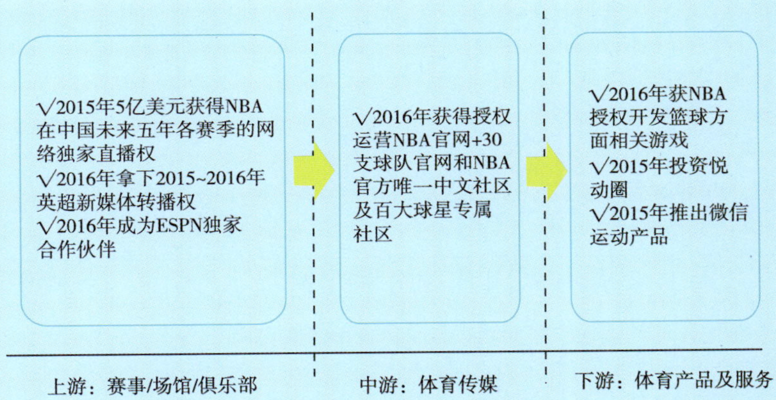

图9.36 腾讯体育产业链布局

体育产业可分为体育制造、体育服务及体育衍生三大细分领域。体育服务是其中最能创造价值和实现高额利润的领域，同时也是体育产业的重要主体部分。通常也将其发展水平及程度作为判断体育产业是否成熟的重要标志之一。

当前，我国体育产业总规模约21 831亿元，其中，体育制造业占比可达79%，而体育服务业仅为19%。而在体育产业高度发达的美国，体育产业已成为其第6大支柱产业，其体育服务业在整个体育产业中规模占比高达70%。在其他发达国家，如德国、英国、日本等国，体育服务业在整个体育产业中的占比也均在60%以上，我国体育服务业与发达国家存在显著差距。

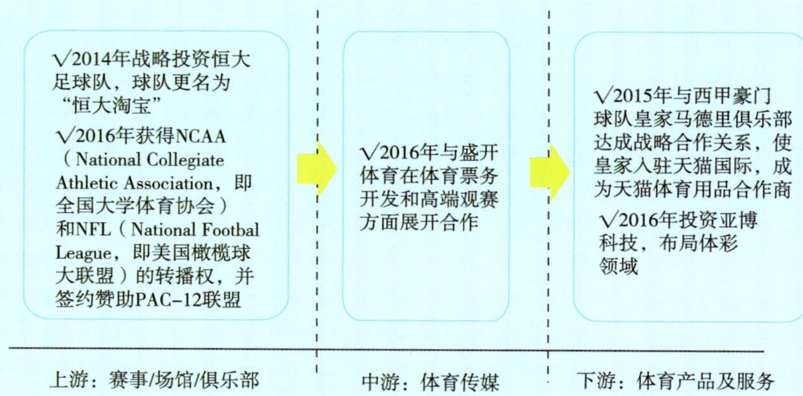

图 9.37　阿里体育产业链布局

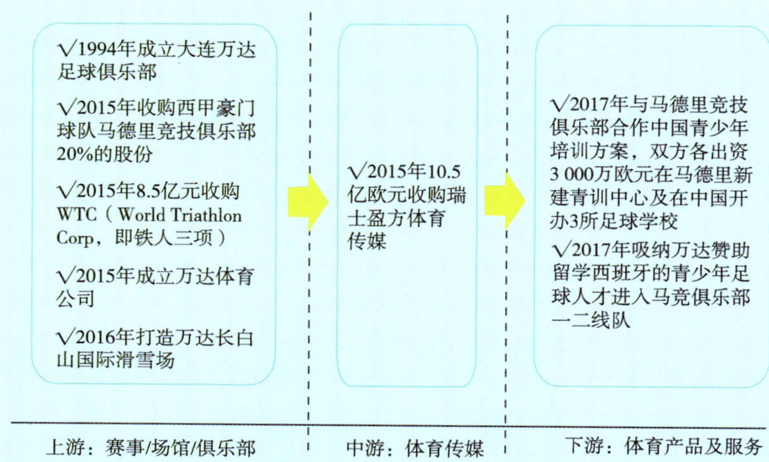

图 9.38　万达体育产业链布局

我国体育服务占比较低有两方面的原因：一是国内人群体育消费意识低下，很多人对体育服务业的花费持不需要或不必要的态度；二是当前国内体育服务行业层次不高，很多提供体育服务的场所普遍存在着经营场所不合理、设施不足或质量低下等问题，致使我国体育服务业长期处于有效供给不足和发展缓慢的局面。上述因素的相互影响，也在很大程度上阻碍了国内体育服务业消费需求的有效释放。

从 2013 年的《第五次国家卫生服务调查分析报告》来看，我国的基本医保（包含新农合）覆盖率广。但是总体参保率仍较低（图 9.39）。对于城镇职工低收入人群的覆盖较全人口的覆盖水平仍有一倍以上的差距。

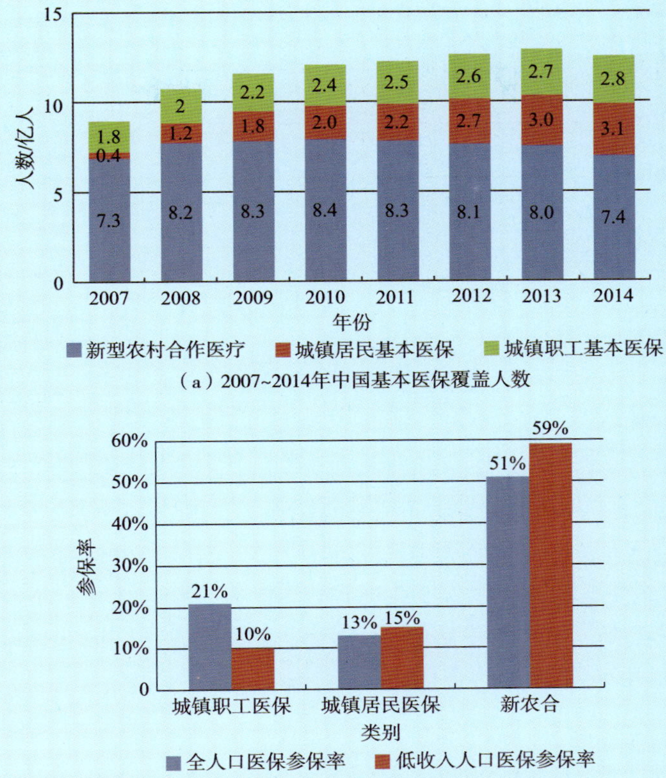

（a）2007~2014年中国基本医保覆盖人数

（b）2013年中国15岁以上人口各类医保参保率

图 9.39　中国基本医保覆盖人数及各类医保参保率

随着我国老年人的比例逐年上涨，老龄化进程持续加速，健康服务产业整体爆发出巨大的市场潜力。从 2012 年开始，我国健康服务产业规模开始不断扩大。2012 年至 2017 年都呈现线性快速增长态势（图 9.40）。根据国家发布的《"健康中国 2030"规划纲要》，健康服务产业总规模在 2020 将大于 8 万亿元，在 2030 年将达到 16 万亿元。而在健康服务产业中起到连接不同产业，承载多平台协作重要角色的健康保障平台，目前也仍然在快速发展和迭代的初期阶段。未来健康保障平台在整个健康服务行业中存在客观的增长空间。

健康保障行业面临的挑战主要来自政策与跨行业竞争两个方面。首先，随着健康保障平台的用户数量急剧增长，国家很有可能出台相关法律法规对该行业进行规范，设置行业准入条件，增加初创公司进入的门槛，加快行业洗牌的速度。其次，健康保障行业未来将涉及多平台跨行业的竞争，不仅局限于健康互助、大病众筹与 e 保领域。竞争将随着平台业务的拓展扩大到整个健康服务领域、医疗领域以及金融领域。

未来健康保障平台将向大数据化与区块链化的方向发展。大数据将充分地将用户数据与平台服务商进行对接，提供多样性的个性化服务。健康保障平台将以优质的

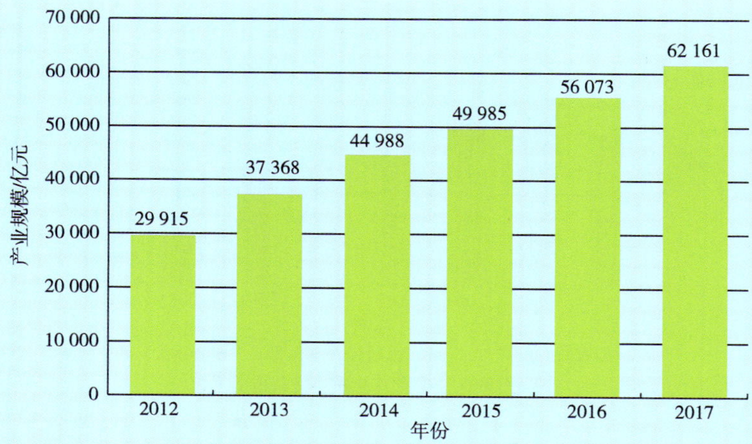

图 9.40　2012～2017 年中国健康服务产业市场规模

用户健康服务体验维持平台用户黏性与活跃程度。而区块链将使整个平台的信息交互方式提升到一个全新的水平。区块链固有的交易透明和去中心化的特性将让平台的信用系统更加完善，不仅能化解平台风控管理的挑战，同时也能将更多机构的数据写入区块链，能够创建更多的合作方式。

4. 玩具业

中国是世界最大的玩具生产国和出口国，玩具产量约占全球总产量的 70%。2017 年中国玩具（大口径）进出口总额双增长，出口总额 441.52 亿美元，同比增长 31.2%；进口总额 10.79 亿美元，同比增长 4.06%。其中“一带一路”沿线国家出口同比增长 40.05%，占出口总额 25.46%（表 9.6）。

表 9.6　2017 年中国玩具（大口径）进出口情况

类别	金额 / 亿美元	增长率
进口	10.79	4.06%
出口	441.52	31.52%
“一带一路”沿线国家出口	112.41	40.05%

欧盟和美国是我国玩具的主要出口市场，约占出口总量的 40%。2018 年中美贸易战，美国宣布针对中国知识产权侵权，对 600 亿美元中国出口商品征收关税，主要针对电子、电信设备、家具、玩具等 100 多种中国产品。家具、玩具居美国自中国进口商品的第 2 位，2017 年进口额 605.8 亿美元，占美国自中国进口总额的 12.0%，增幅为 7.9%。占美国进口市场的 60.4%。主要竞争对手来自墨西哥、加拿

大、越南等国家。

我国玩具业处于“利润微笑曲线”最低端，创新设计能力薄弱，自主品牌较少，不足以与欧洲国家、美国、日本竞争。国内玩具企业数量众多，但是集中度低。根据数据统计，2016 年我国玩具企业出口总数为 9 659 家，平均每家玩具企业出口金额为 190.42 万美元。2016 年，我国对外出口传统玩具数量为 3 659 468 万个，同比增长 5.29%；出口平均单价为 0.5 美元，同比增长 11.52%。中国虽然是一个玩具生产大国，却并不是一个玩具生产强国，中国自行生产的玩具大多以出口为主，且主要停留在中低档产品水准。因此，我国大部分玩具产品缺少创新、品种单调、经济附加值低，同质化严重，竞争激烈。另外，我国玩具产业集群效应明显，具有显著的区域分布特征。在产品类型中，广东省的玩具企业以生产电动和塑料玩具为主；山东省的玩具企业以生产电子游戏玩具、毛绒玩具为主；江苏省的玩具企业以生产毛绒玩具、动物玩偶为主；浙江省的玩具企业以生产木制玩具为主。目前我国部分玩具企业也开始建设自主品牌，由于从单纯制造直接向自主品牌过渡难度较大，品牌授权成为折中的手段。由于国内电商的高速发展，越来越改变消费者的购物习惯，目前众多消费者具备较好的网购习惯，造就了“网购时代”的来临。通过电商渠道拓展市场已成为国内玩具企业的重要选择。

2017 年，美国及欧盟相继推出多项玩具业安全质量新标准，如强制性标准，以及双酚 A、甲酰胺、苯酚和铅的限量。这些法规范围广、检测要求严、技术门槛高，对我国玩具业出口提出新的挑战，相关厂家出口将面临更为严峻的考验。同时，也显示出我国轻工业标准存在老化现象，一些标准制修订周期偏长，与实际需求不适应。此外，显示出我国在玩具业质量安全标准制定方面离美国、欧盟还存在一定差距。应在提高标准适应性、安全性上重点发力，切实解决标准老化滞后问题，同时加强与国际对标。在家电、玩具、钟表等领域加快开展国际标准比对和转化工作，从而有效助力行业转型和消费升级。

5. 时尚服饰业

1）产业发展现状

我国是世界上最大的纺织品服装出口国，同时，纺织品服装出口也是我国贸易出口的重要组成部分。纺织品服装出口在我国对外贸易总额中的占比维持在 12% 左右的水平（表 9.7）。

表 9.7　2017 年中国纺织品服装贸易情况（单位：亿美元）

进出口贸易额	出口额	进口额	贸易顺差	对外贸易出口占比
2 931.5	2 686	245.5	2 440.5	12%

根据国家统计局数据，2018 年 1 月至 7 月，服装行业规模以上企业累计实现主营业务收入 10 462.67 亿元，同比增长 3.60%；利润总额 575.28 亿元，同比增长 5.51%；销售利润率为 5.50%，比 2017 年同期提升 0.10 个百分点；销售毛利率 14.31%，比 2017 年同期下降 0.26 个百分点；三费比例为 9.00%，比 2017 年同期上升 0.04 个百分点。根据中国海关数据，2018 年 1 月至 7 月，我国累计完成服装及衣着附件出口 859.06 亿美元，同比下降 0.84%。

2）中美贸易视角下的产业发展

美国是中国纺织品服装第一大出口国（表 9.8）。2010 ～ 2017 年，中国对美国的纺织品服装出口金额年均增速仅为 0.1%，而越南、印度、孟加拉的出口年均增速分别为 9.9%、4.7% 和 3.8%，中国在美国纺织品服装进口市场中的份额被逐渐削减和取代。美国进口纺织品服装来源国排名中，越南仅次于中国排名第二，近年来的出口增长十分迅速（表 9.9）。

表 9.8　中国纺织品服装前 5 大出口市场

国家和地区	美国	日本	中国香港	越南	英国
占比	17%	8%	6%	5%	4%

表 9.9　美国进口的纺织品原料的国家构成

国家	中国	越南	印度	墨西哥	孟加拉
占比	35.5%	10.8%	7.1%	5.0%	4.7%

中国对美国出口中有相当一部分为加工贸易，处于加工组装等价值链中低端环节，美国企业则掌握了产品设计、核心零部件制造、运储和营销等高附加值环节，从中获得了绝大部分利润。以羽绒服为例，2016 年，中国对美国出口羽绒服 3.1 亿美元。其中，中档羽绒服出口均价约每件 40 美元，美国市场终端销售价则为 200 美元左右，出口价是零售价的 1/5。高档羽绒服出口均价约每件 60 美元，美国市场终端销售价为 500 美元，出口价约是零售价的 1/8。中国企业在加工环节的获利占产品终端售价 1% ～ 2%，获益非常有限，美国进口商是主要受益者。

3）发展趋势

目前时尚服饰行业与其他新兴数字创意技术的结合成为发展趋势：个性化成衣定制，如上海睿玺知信信息科技有限公司等；智能服饰，如牛奶蛋白羊绒内衣、纳米外套等；AI 人脸识别与服饰图像处理技术，如腾讯优图 AI 等；SaaS（soft-ware-asa-service，即软件服务）技术 / 大数据与服饰业的结合应用，如 INTURN 等；实体店服饰零售科技化，AR/VR 等应用场景加大，如阿里 Buy+、京东 PCL 实验室等。

同时，国内服饰品牌将转型升级，潮流 IP 助力服饰市场，潮流新品牌不断涌现。另外，短视频 / IP 节目等内容营销方式升温，品牌从内容化、娱乐化方式获取流量。

9.4　数字创意产业发展存在的问题

长期以来，以美国为代表的西方发达国家凭借其多年累积的知识产权优势、市场优势和资本优势在传统行业中牢牢占据了高附加值的主导地位，而以中国为代表的发展中国家，虽然以极大的生产制造规模参与其中，却仅仅获得了极低的价值分配 [5]。在新兴的数字创意产业领域，美国、欧盟、日本、韩国等发达国家和地区同样试图占据新兴数字创意产业的全球主导地位，并且已经在全球范围内形成了一定的垄断优势。近些年来，VR/AR 技术、新一代人工智能技术、区块链、数字网络技术、裸眼 3D 技术、全息成像技术、可穿戴技术等新一轮科技革新浪潮不断对初步形成的数字创意产业带来冲击与影响；阿里巴巴、腾讯、网易、今日头条、万达等中国企业在欧洲、北美洲、南美洲、亚洲等世界范围内的电影、游戏、新闻、VR 等数字创意产业领域展开并购，中国企业在数字创意产业领域的影响力不断增强；进入 2018 年以来，美国总统特朗普强力推行新贸易保护主义、美国本土主义，以及欧洲局势的动荡不安等国际政治经济新形势，为中国数字创意产业的发展带来了机遇和挑战。

9.4.1　数字创意产业发展方向与趋势

1. 新一代人工智能技术正在改变数字创意产业的价值链

21 世纪的信息环境已发生巨大而深刻的变化，随着移动终端、互联网、传感器网、车联网、穿戴设备等的流行，感知设备已广泛遍布城市，计算也与人类密切相伴，遍布全球的网络正史无前例地连接着个体和群体，开始快速反映与聚集他们的发现、需求、创意、知识和能力。与此同时，世界已从二元空间结构 PH（physics，human society）演变为三元空间结构 CPH（cyber，physics，human society）。CPH 的互动将形成各种新计算，包括感知融合、“人在回路中”、AR、跨媒体计算等。这种基于重大变化的信息新环境和发展新目标的新一代人工智能，也称作人工智能 2.0[6]。新一代人工智能主要包括大数据智能、跨媒体智能、自主智能、人机混合增强智能和群体智能等。

新一代人工智能技术已经大规模应用到数字创意产业中，日益改变数字创意产业的价值链。

在艺术创作方面，机器学习已经开始创造原创内容。Google 的 Magneta 团队利用 RNN（recurrent neural network，即循环神经网络）等深度学习技术学习用户提

主要推荐来源。例如，2017 年，Facebook 和 Google 占据了约 70%的在线推荐流量。出版商在内容方面需要遵守平台的标准，这样人工智能算法才能确保在消费者搜索时得到优先考虑，这种关系正在影响数字创意产业的发展。

9.4.2 数字创意产业面临的问题和挑战

1. 数字创意技术创新支撑不足

目前数字创意产业仍然存在着核心技术研发能力不足，创新支撑体系还未建立完善等问题，配套的研发服务、技术交易、知识产权和科技成果转化等服务都处于起步阶段，复合型技术人才极度缺乏，对产业整体发展的支撑能力有待加强。

在数字创意产业基础支撑领域，中国数字创意产业在数字创意技术方面还较为薄弱。虽然已经拥有较为完善的软硬件媒介载体网络，如腾讯、阿里巴巴、京东、苏宁云商、万达等公司构筑了比较发达的线上线下消费网络平台，华为、联想等企业建立了较为成熟的硬件设备研发生产体系，华为、中国移动、中国电信、中国联通等公司构建了顺畅高速的传输通道，但数字创意产业移动互联网核心分发渠道依然被美国苹果公司 APP Store 和谷歌公司 Google Play 两大应用商店牢牢掌控。

在数字创意产业智能硬件平台操作系统方面，苹果的 iOS 操作系统和谷歌的 Android 操作系统已经占据了全球 96.02% 的市场；在数字创意产业移动智能硬件芯片技术方面，美国高通公司早已形成“霸主”地位（2016 年有 59% 的智能手机使用高通网络芯片技术），尽管华为拥有自主研发的海思麒麟芯片，但是在荣耀 7i 等多款智能手机上都仍然采用了高通的骁龙芯片；此外高通公司还在移动智能硬件的多媒体、显示器、成像、全球定位系统等各个方面在全球申请和拥有超过 13 万项专利。此外，美国微软、欧洲诺基亚和爱立信、韩国三星等企业也都在数字创意产业技术方面拥有大量的垄断性知识产权。中国数字创意企业在技术研发层面与美国等发达国家之间还有相当大的距离。

2. 数字内容国际竞争力不足

数字内容产业已经成为我国社会经济发展中的重要组成部分，已经形成十分严密、庞大的产业链群，但是在核心内容领域的创新能力和竞争力明显不足。我国虽然拥有一批经过长期历史积淀的优质 IP 形象，如“孙悟空”“熊猫”“花木兰”等，但是赋予其现代内涵和带动起重新广泛传播的往往是通过迪士尼、梦工厂等国外文化巨头。面对迪士尼、时代华纳、21 世纪福克斯、索尼等世界 500 强企业在电影、电视、动漫、传媒、娱乐等数字创意内容生产领域的强大攻势，虽然表面上中国有腾讯、万达和阿里巴巴 3 家世界 500 强企业在数字创意内容方面具备一定影响力，但其实仅有腾讯一家企业在游戏这个行业领域具备较强的全球竞争力（2016 年，腾讯凭借 102 亿美元的收入成为“世界最大游戏公司”）。而万达虽然在电影院线运营方面完成了全球布局，但是在影视内容制作方面至今尚未形成很强的全球影响力，其第一部巨资投入的影片《长城》北美票房也以惨淡收场。阿里巴巴虽然近些年来不断在文学、影视、音乐、游戏等多个内容价值链领域加快布局，但是距离形成与欧美数字内容生产巨头相抗衡的全球竞争力尚有很长一段路要走。

3. 创新设计较为薄弱

虽然中国创新设计开始崛起，但是总体水平大而不强。跨学科协同创新不足，不能满足企业及国家重大战略需求；企业缺乏原创设计和核心专利，多数企业重制造、轻研发设计的思想依然严重；设计服务企业竞争力弱；设计服务体系不健全，服务平台、数据库不完善，资源分割、难以共享，设计成果转化和交易机制不完善；设计教育改革滞后，学科知识融合不够，高端设计人才缺乏；知识产权保护力度不够，全社会尊重设计创新的环境还没有形成。

4. 缺乏龙头企业和品牌支撑

数字创意产业的推进必须以一批实力强、技术创新水平高的龙头企业为依托。目前在全国范围内具有代表性的数字创意企业为数不多，现有企业的品牌影响力不足，难以发挥品牌效应，需要国家层面发力，加大龙头企业建设力度。

9.5 数字创意产业发展典型案例研究

在我国数字创意产业的发展过程中，形成了一批具备竞争力的数字创意典型企业，并初步形成了区域特征鲜明的产业集聚发展态势。其中，杭州文化资源富集，数字经济发达，逐步发展成为驾驭数字技术的创意内容业城市典范；而深圳创新资源富集，产业基础深厚，已发展成为驾驭数字技术的创意制造业城市典范。

9.5.1 杭州

杭州作为7大古都之一，文化底蕴深厚且资源丰富，如良渚文化、西湖文化、运河文化等，被联合国教科文组织誉为“工艺与民间艺术之都”。根据2017年杭州市国民经济和社会发展统计公报，杭州信息经济实现增加值3 216亿元，增长21.8%，占GDP的25.6%，同比提高1.3个百分点。其中电子商务产业增加值1 316亿元，增长36.6%，连续7年增速保持在30%以上。在文化创意方面，2017年，杭州文化创意产业增加值3 041亿元，增长19.0%，占GDP的24.2%。以数字化、网络化为代表的新兴文化创意产业——数字内容产业快速发展，成为杭州文化创意产业特色亮点。据统计，2017年全市数字内容产业实现增加值1 870亿元，同比增长28.5%，占GDP的14.9%。杭州有两个国家级的动漫产业基地和3个国家级的动画教学研究基地，国际动漫节连续举办了13届。经济方面，杭州以更加开放的姿态拥抱互联网，成为逐渐崛起的一颗“经济”新星，互联网金融、电子商务、大数据等产业发展迅速，信息经济、数字经济对 GDP 的贡献比例不断增强。

麻省理工媒体实验室的创办人尼古拉斯·尼葛洛庞帝说过，“创意源于不可思议的交汇”。杭州正是如此，既是“人间天堂”、休闲旅游的胜地、文化艺术之廊，又是数字时代信息经济的新兴之城，互联网金融、电子商务的发展位列全国前茅。正是这两个看似大相径庭的特质，在杭州交融、发展，让杭州成为名副其实的创意之城。在城市影响力方面，2016 年成功举办 G20 峰会，并且成功申办 2022 年亚运会，乌镇连续举办三届世界互联网大会，对杭州形成辐射影响，都让杭州的城市影响力不断上升。2015 年中国社会科学院对城市影响力指数进行排名，杭州排在第 6 位。杭州属于长江三角洲城市群的核心城市之一，且杭州靠近国际大都市上海，在发展上可以借力上海，进一步提升城市影响力。杭州具有数字经济、服务经济的领先优势，以及丰富的文化资源、浓厚的创意氛围。同时，杭州不断增加的影响力、设计竞争力与辐射力，都让这座城市天然地与数字创意的内涵和发展方向相融合，成为理想的数字创意发展之都。

1. 设计服务（D）

设计是将知识、技术、信息和创意转化为产品、工艺、装备及经营服务的先导，决定制造服务的品质和价值[10]。杭州设计服务业的发展具有自身的特点和优势，分别是文化创意设计、“互联网 +”设计和科技设计。丰富的文化资源与创意氛围为杭州设计的发展提供了持续动力，而“互联网 +”产业，特别是电子商务产业及其带动的以互联网产业为代表的集信息技术、人工智能、新型医药、新材料等为集群的高新技术产业的蓬勃发展，也为杭州设计的发展带来了无限的想象空间；通信、软件、集成电路、数字电视、动漫、网络游戏等与设计形成联动，加速创新，滨江“天堂硅谷”正在逐步形成。杭州在人居环境设计方面，以设计服务业和数字创意技术为特色的小镇主要有余杭艺尚小镇、余杭梦栖小镇和临安云制造小镇；数字创意核心内容小镇主要有艺创小镇、创意小镇和巧客小镇；而数字创意融合渗透小镇主要有红叶小镇、妙笔小镇、吴山宋韵小镇等。在服装设计方面，浙江理工大学、中国美术学院每年为杭州输出大量的服装设计专业人才，目前已经形成了“秋水伊人”“江南布衣”等具有江南特色的 100 多个“杭派”女装品牌，成为中国女装业的新亮点。在工业设计方面，杭州不仅拥有国家级工业设计中心——瑞德设计。在人才培养上，不仅有浙江大学这样的综合性院校培养的全面发展、高素质的创新设计人才，也有中国美术学院培养的具有专业艺术素养和审美的专业设计人才。

2. 数字技术装备（T）

杭州数字技术装备目前的发展现状还不太成熟，但是未来仍有巨大的发展空间。杭州在 G20 期间，运用了大量的数字技术，上演了一出精彩绝伦的“最忆是杭州”。“最忆是杭州”运用在室外、水上自然环境的虚拟影像技术——佩珀尔幻象（Pepper’s ghost）技术，是数字创意技术在艺术展演领域的一次重要尝试。《天鹅湖》《月光》《我和我的祖国》这三个节目均由此技术呈现，取得了很好的效果。在数字视频领域，杭州拥有实力强劲的杭州海康威视数字技术股份有限公司和浙江大华技术股份有限公司，为杭州数字视频产业的完善提供动力，有力地促进了杭州数字技术装备体系的成熟。在人工智能领域，杭州已成为人工智能四大中心之一，不仅有依托阿里云公司建设的城市大脑国家新一代人工智能开放创新平台，同时科大讯飞股份有限公司的浙江总部也在杭州，云栖小镇的车联网项目也与自动驾驶有关。

3. 创意内容（4C）

杭州的创意内容领域呈现T形分布，不仅有阿里文娱、网易这样体量巨大、横跨多个领域的平台型企业，在每个细分领域也有许多可圈可点的公司。阿里文娱布局“3+X”战略，打造三大核心平台，大优酷事业群、大UC事业群和垂直事业群；形成了多个专业总队，包括阿里文学、阿里游戏、阿里影业、阿里音乐、优酷网综和优酷聚集。网易也经过长时间的积累，发展了十分庞大的创意内容产品群。以“IP”为发展核心的美盛文化，已经形成“自有IP+内容制作+内容发行和运营+衍生品开发设计+线上线下零售渠道”的文化生态圈。

在细分领域，如影视传媒方面，不仅有像华策影视、长城影视这样主营电影电视的公司，也有像宋城演艺这样主打现场演艺和娱乐一体的。动漫游戏方面，网易游戏不断推出制作精良的原创游戏，逐渐发展成为国内最大的游戏公司之一。在文化博物方面，目前，杭州有各类博物馆85座，其中大部分博物馆都是免费开放的。以2016年杭州户籍人口723.55万计算，相当于每8.5万人就拥有一家博物馆。在数字出版方面，杭州不仅有浙报传媒控股集团有限公司这样由传统纸媒转型的企业，也有像咪咕数媒这样新兴的数字内容出版媒体。

4. 融合渗透（X）

融合渗透是数字创意产业有别于其他产业的一个重要特征，是数字创意产业向前发展的应用层。典型的数字创意融合渗透产业有玩具业、体育健康业、旅游业等。“产量巨大、原创性低、贴牌生产赚取廉价加工费”一直是国内玩具的现状和难题。对于玩具行业来说，最好的出路就是提升创新设计水平，开发优质的原创玩具。杭州的木玩世家就是这样一家玩具企业，木玩世家成立于1973年，历经三代传承，如今已经成长为国内儿童木制玩具领军品牌，品牌知名度在国外也一路飙升，是少有的成功输出“中国品牌”的玩具企业。体育业方面，2016年杭州成功申办亚运会，这不仅对杭州体育产业的升级有重大的推动作用，同时对整个城市影响力和竞争力的提升也具有重大作用。旅游是杭州的一张传统名片，作为“中国最佳旅游城市”，杭州率先在全国启动旅游大数据中心建设，通过海量异构数据的专业化整合集成、关联共享、深度挖掘和安全防护，实现数据资源的综合应用、深度应用，为政府、企业和游客提供决策和咨询服务。大数据赋能杭州旅游，为精准旅游、智慧旅游打下了坚实的基础。

9.5.2 深圳

深圳是全国性经济中心和国际化城市，是中国改革开放建立的第一个经济特区和改革开放的窗口，已发展为有一定影响力的国际化城市，创造了举世瞩目的“深圳速度”，同时享有“设计之都”“创客之城”等美誉。根据2017年深圳市国民经济和社会发展统计公报，2017年，深圳实现地区生产总值22 438.39亿元，比上年增长8.8%。其中，文化及相关产业增加值1 529.75亿元，增长20.6%；高新技术产业增加值7 359.69亿元，增长12.2%。7大战略性新兴产业中，新一代信息技术产业增加值4 592.85亿元，比上年增长12.5%；互联网产业增加值1 022.75亿元，增长23.4%；新材料产业增加值454.15亿元，增长15.1%；生物产业增加值295.94亿元，增长24.6%；新能源产业增加值676.40亿元，增长15.4%；节能环保产业增加值671.10亿元，增长12.7%；文化创意产业增加值2 243.95亿元，增长14.5%。中国社会科学院2017年发布的《全球城市竞争力报告2017-2018》中，深圳作为中国唯一进入全球10强的城市，居第6位，展现了较强劲的城市经济竞争力与可持续竞争力[11]。

深圳作为创新资源富集、产业基础深厚的城市，目前正致力于建设富有创意内容、创新模式和强大创意能力的数字创意产业发展策源地。文化与科技融合创新是深圳文化产业发展的基本模式，深圳的新一轮数字创意产业正在向尖端化、跨界化、国际化迈进。

1. 设计服务（D）

深圳是中国首个“设计之都”，已建立超越式发展格局，深圳设计不仅在全国屹立潮头，而且已成为世界设计之都的核心成员。目前，深圳市拥有各类工业设计机构逾6 000家，工业设计师及从业人员约15万人。国际工业设计联合会候任主席路易莎·博切多表示，深圳优秀人才聚集，产业配套完善，拥有“非常棒”的国际设计资源与设计视野，正成为世界工业设计的先锋城市，是最适合设计师实现梦想的地方。深圳越来越多的企业不断加大设计创新投入，充分发挥设计与科技结合产生的创新引领作用，赋予产品更高的附加值。其中，华为、飞亚达（集团）股份有限公司、深圳光启高等理工研究院、创新设计研究院、深圳市大疆创新科技有限公司、深圳市嘉兰图设计股份有限公司等龙头企业和机构，已设立了具备较大规模的设计中心。人居环境设计方面，深圳着力布局打造15个主打“文化+”、“科技+”、“互联网+”及“旅游+”的产业特色小镇，其中数字技术支撑小镇有宝安硅谷科技小镇、平湖跨境电商小镇、坂田“互联网+”小镇、大浪时尚创意特色小镇；数字创意核心内容小镇有石岩阿婆髻雕艺文化小镇、前海海丝小镇、松岗琥珀文化小镇、沙云大学小镇、观澜文化旅游新高地、福永凤凰文旅科创小镇、沙云金蚝美食文化小镇；数字创意融合渗透小镇有西乡滨海风情小镇、华侨城光明小镇、盐田滨海运动特色小镇、华侨城甘坑客家新镇。在时尚服饰设计方面，2016 年，深圳服饰业销售额近 2 300 亿元。深圳已汇聚全 70% 的高端时尚女装品牌，形成了中国女装的“深圳军团”。

2. 数字技术装备（T）

电子技术装备是深圳的优势产业，经过长时间的发展积累，已经形成了完整的产业体系，以 VR、AR 为例，深圳有近百家的硬件企业、数千家电子方案商、众多内容应用开发商和渠道商、1 000 多家供应链企业和代工厂。完善的供应链、众多的方案商、工艺技术较高的制造工厂及广泛的销售渠道形成深圳得天独厚的优势。据统计，2017 年上半年，全国 1 300 多家 VR 企业中，深圳就有 500 多家，占比接近 40%，其中包括主营 PC 端 VR 眼镜的 3Glasses、主打工业级 AR 智能眼镜的 0glass 和以 VR 内容为主的中视典数字科技有限公司。在人工智能领域，深圳有着很好的积淀和发展优势，是我国人工智能 4 大中心之一，同时拥有依托腾讯公司建设的医疗影像国家新一代人工智能开放创新平台。

3. 创意内容（4C）

在数字内容创意领域，深圳同样显示出其强大的实力。影视传媒方面，深圳市天威视讯股份有限公司是深圳主营有限电视网络的龙头企业，已经逐步形成了以传输视频信息和开展网上多功能服务为主、向产业链的上下游渗透、多业务并举的文化产业发展模式，探索出一条广电事业和文化产业协调发展的新路。华视传媒集团有限公司是中国最大的移动电视媒体运营商，拥有国内最大的移动电视频道联播网，并且是覆盖全国公共交通 Wi-Fi 的网络运营商。动漫游戏是深圳发展创意内容业的优势领域，以腾讯为例，腾讯不仅在游戏业市场份额占比近 5 成，并且腾讯在内容产业经过多年的布局，在动漫、影业、文学、电竞等领域也完成了深厚的积累。在文化博物领域，深圳目前共有博物馆 45 家，其中 26 家非国有博物馆，占全省非国有博物馆（70 家）的 37%，数量居全省第一。在数字出版方面，深圳既有传统出版的深圳出版发行集团，也有像懒人听书、扎客（ZAKER）这样新兴的出版媒体。

4. 融合渗透（X）

玩具业、体育健康业、旅游业是数字创意与其他产业融合渗透发展的典型产业。广东省是玩具制造的主要地区，占全国市场份额的近 7 成，玩具制造产业链已经十分成熟。深圳的体育产业已发展得十分成熟，基础体育设施完善，截至 2016 年底，体育场地达 13 049 个；深圳已经成为各种体育大赛的重要城市，汇集了足球、篮球、乒乓球、帆船赛事等；近几年，越来越多的职业俱乐部落户深圳，成为深圳体育转型的契机。旅游方面，深圳作为全国首批“全域旅游示范区”建设城市，将旅游业作为产业转型的“助推器”和“催化剂”，不断加大旅游业与特色小镇、文化创意、信息科技、工业体验、体育运动、邮轮游艇融合发展力度。

9.5.3 北京

北京是我国的首都，也是全国的政治中心、文化中心、国际交往中心、科技创新中心，与此同时，北京的国际舞台表现力也正在增强，向着比肩纽约、东京、伦敦等国际城市看齐。曾是5朝古都的北京拥有着内涵丰富、深沉厚重的传统文化资源。在各项城市竞争力中，北京作为全国文化中心的文化资源、创新优势成为城市综合竞争力的重要因素和力量。根据北京统计局数据，2017年北京全年新经济实现增加值9 085.6亿元，按现价计算，增长9.8%，占北京市经济的比重为32.4%。其中，高技术产业增加值6 387.3亿元，增长9.5%；战略性新兴产业增加值4 531.3亿元，增长10.6%。数字创意产业已经成为北京文化创意产业重要发展方向，设计服务与战略性新兴产业、消费品工业、建筑业、旅游业、农业和体育等重点领域也已实现深度融合发展。

1. 设计服务（D）

自2012年当选联合国教科文组织的创意城市网络“设计之都”后，“设计”正逐步成为北京城市创新发展的新名片。2017年9月在北京举办的中国设计节刚刚收官，北京国际设计周又在9月21日启幕，北京设计迎来世界关注。设计产业已经成为北京新的经济增长点，北京市科学技术委员会直属机构北京工业设计促进中心提供的数字显示，2016年北京设计产业收入超过2 000亿元，共有专业设计机构（法人单位）2.3万家；2011年至2016年设计产业收入年均增长超过11%，高于GDP增速5个百分点，快于第三产业年均增速7个百分点。北京目前已经涌现出一批知名设计企业，如工业设计领域的阿尔特（中国）汽车技术有限公司和北京洛可可科技有限公司，集成电路设计领域的北京同方微电子有限公司，服装设计的北京玫瑰坊时装定制有限责任公司，动漫设计的完美世界、畅游等公司，建筑设计方面不仅有中国建筑设计研究院有限公司等大型央企，还有CCDI悉地国际、中联环设计等走向国际化的设计公司，平面设计的有正邦创意品牌科技股份有限公司、东道品牌创意集团等设计公司（图9.41）。

2. 数字技术装备（T）

近几年，北京的大数据、云计算、物联网、人工智能等新一代信息通信技术快速发展，为北京的数字创意产业提供源源不断的产业动力。综合清科、WIND、IT桔子、蓝海巨浪等公开数据和天使指数团队投资机构定向采集数据，由中关村天使投资联盟整理，截至2018年5月8日，全国人工智能企业4 040家，北京市人工智能企业1 070家，占比26%；全国拿过风险投资的人工智能公司合计1 237家（含31家已上市公司），北京市拿过风险投资的人工智能企业431家（含12家已上市公

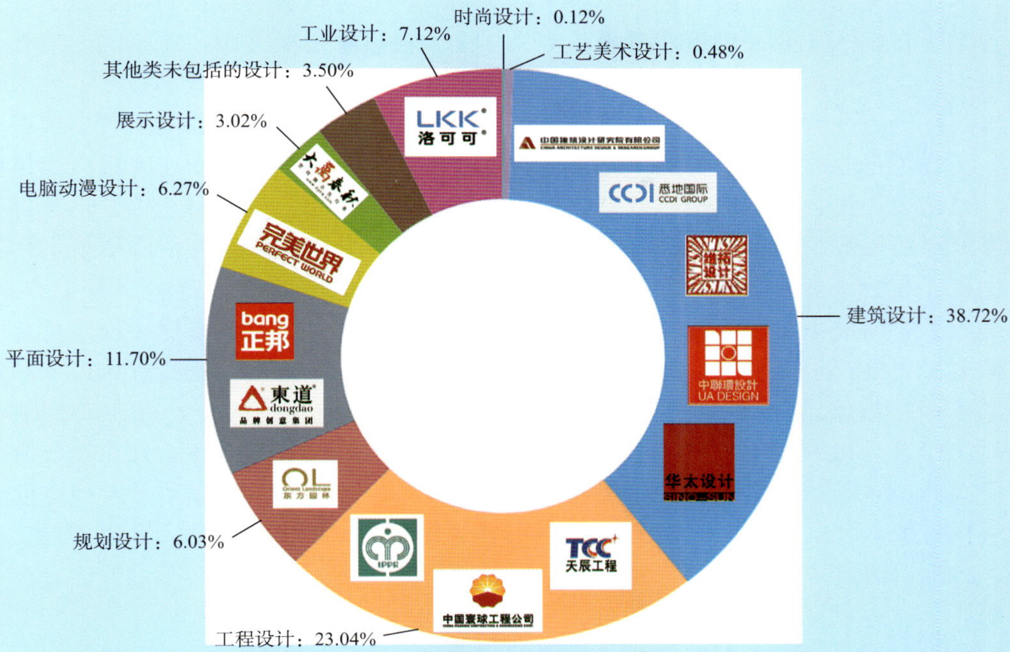

图 9.41　北京设计服务产业数量结构

资料来源：根据北京市社会科学院和北京工业设计促进中心的调研数据整理

司），占比 35%。北京人工智能专利数量超过 2.5 万件，互联网周刊评选的 2016 中国人工智能企业 TOP100 中一半来自北京中关村。不仅如此，北京中关村还聚集着以联想、百度为代表的高新技术企业近 2 万家，形成了下一代互联网、移动互联网和新一代移动通信、卫星应用、生物和健康、节能环保、轨道交通 6 大优势产业集群，集成电路、新材料、高端装备与通用航空、新能源和新能源汽车 4 大潜力产业集群和高端发展的现代服务业，这都将成为北京发展数字创意产业得天独厚的优势。

与此同时，北京积极布局下一代人机交互新型软件技术，依托北京市技术实力强的人工智能企业，积极发展人工智能计算框架，如百度开发了深度学习开发平台 PaddlePaddle 和 DuerOS 操作系统，第四范式开发的企业人工智能核心系统“先知”平台，北京旷视科技有限公司面向视觉领域开发的人工智能开发平台 Face++ 和中科创达软件股份有限公司开发的 TurboX 智能硬件大脑平台等，都将为北京市的数字产业提供更好的技术基础。

3. 创意内容（4C）

北京市的文化创意产业中，影视传媒、数字出版、数字音乐、动漫游戏等行业领域已经全部涵盖其中。根据 2017 年北京市规模以上文化创意企业的数据统计，北京市当前数字文化创意产业已经达到 8 000 亿元，在全国居领先地位。在影视媒体方面，不仅有人民网、中央电视台、新华网等国有产业为依托，搜狐新闻、新浪、光线传媒等新媒体产业和民营产业更是势头强劲。在数字出版方面，北京的网络教育出版，一直保持高速增长态势。例如，高等教育出版社、人民教育出版社、外语教育出版社等传统教育出版单位，依托其丰富的教育资源，大力发展网络教育出版业务，实现了企业的数字化转型。北京拥有230多家传统出版单位和一大批新媒体企业，如北大方正、同方知网、万方数据、龙源期刊、金山、完美时空等。这些拥有内容资源的传统出版单位和拥有数字化技术的新媒体公司在数字化浪潮下展现出勃勃生机。在数字音乐方面，北京不仅拥有着酷我音乐和百度音乐等数字音乐产业，更是成了中国最集中的流行音乐产业聚集地。其中，北京通州的九棵树地区更是因为聚集了大批音乐产业从业人士而逐渐在行业内占有一席之地，这些音乐人才利用新兴的网络技术、突飞猛进的数字技术实现音乐的量化生产。在动漫游戏产业方面，2017年，北京动漫游戏产业产值已达627亿元，同比增长20%；北京动漫游戏出口额约116亿元，同比增长93%。截至2017年，北京共有48家动漫游戏企业在新三板挂牌。北京涌现出一批全国知名的动漫游戏企业和优秀产品，形成了包含创作、出版、运营、发行及产品开发的全产业链，涵盖了从研发型到渠道型的全产业类型。

4. 融合渗透（X）

北京数字创意产业不断融合发展，包括文化与科技、文化与金融等领域都在深入融合发展，设计服务与战略性新兴产业、消费品工业、建筑业、旅游业、农业和体育等重点领域也逐步走向融合发展。在文化与科技融合发展方面，软件和信息服务业垂直整合不断深化；信息消费需求强劲，成为软件和信息服务业新的增长点。传统文化创意产业与科技融合发展有效促进产业升级，云计算、大数据、物联网、VR等最新科技成果被广泛应用于传统媒体，实现传统媒体与新媒体融合发展，动漫游戏、3D打印、移动多媒体、网络电视、虚拟会展、艺术品网络交易等文化科技融合新业态也在进一步发展。在文化与金融融合发展方面，文化创意产业投融资服务体系建设逐渐完善；文化企业，尤其是小微型企业的融资渠道逐步拓宽，融资结构更加优化。在“互联网+”文化创意新业态发展方面，互联网的应用整合创意、硬件、软件、资本等要素，实现文化生产力的提速换挡；依托大数据，文化创意服务将实现精准化、智慧化；对外文化贸易也依托互联网技术加速发展。

9.5.4 上海

上海是全国最大的综合性工业基地、重要的金融中心、重要的教育中心，位于长江入海口，是全国最大的港口并且拥有浦东国家级经济开发区。

在文化创意方面，2015年，上海文化产业实现增加值1 632.68亿元，同比增长8.1%，增幅高出同期地区生产总值1.2个百分点；占地区生产总值比重为6.50%，占我国文化及相关产业比重的6.00%。文化产业作为上海的支柱性产业之一，对促进本市总体经济社会发展“稳中有进，稳中向好”起到重要的支撑作用，并成为深化上海供给侧结构性改革的重要助推力量。

在经济方面，2016 年，上海全市完成生产总值 27 466.15 亿元，比 2015 年增长 6.8%（图 9.42）。第三产业对财政收入的贡献显著。2016 年上海市地方一般公共预算收入为 6 406.13 亿元，同比增长达到 16.1%，其中第三产业收入占全市地方一般公共预算收入的比重达到 81.3%，金融业、房地产业、租赁和商务服务业贡献了上海财政收入增量的 70.7%。

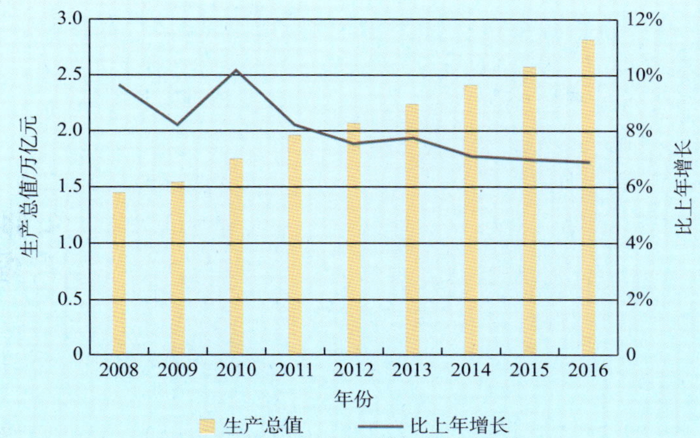

图 9.42　2008 ～ 2016 年上海生产总值对比图

资料来源：上海市统计局

在城市影响方面，目前正在规划建设的杭州湾城市群战略，以上海为核心，加速了长三角地区的发展。上海市总面积 6 340 平方千米，辖 16 个市辖区。2014 年末，上海全市常住人口总数为 2 425.68 万人，其中，户籍常住人口 1 429.26 万人；外来常住人口 996.42 万人。上海是长三角地区唯一一个超大城市（城区常住人口 1 000 万以上）。

在数字创意产业领域，上海对周边城市有着引领作用和扩散效应。

1. 设计服务（D）

上海是国际化的设计之都、时尚之都、品牌之都。上海设计服务业目前的规划是深化国际创意设计高地建设。

在人居环境设计业，上海被选入全国首批特色小镇的有三个，分别是金山区枫泾镇、松江区车墩镇、青浦区朱家角镇；被选入全国第二批特色小镇的有六个，分别是浦东新区新场镇、闵行区吴泾镇、崇明区东平镇、嘉定区安亭镇、宝山区罗泾镇、奉贤区庄行镇；专业高等院校有同济大学建筑与城市规划学院。

在时尚服饰业，上海有新型虚拟成衣系统设计公司睿玺知信信息科技有限公司，专业高等院校东华大学服装艺术设计学院。

上海国家级工业设计中心有：中国商飞上海飞机客户服务有限公司民用飞机工业设计中心、中芯国际集成电路制造（上海）有限公司设计服务中心、上海晨光文具股份有限公司产品设计中心、上汽通用五菱汽车股份有限公司工业设计中心、上海龙创汽车设计股份有限公司、上海家化联合股份有限公司工业设计中心（技术中心）。

同时，上海出台了《上海创意与设计产业发展“十三五”规划》，规划上海设计服务业的持续发展。

2. 数字技术装备（T）

上海在数字技术装备领域也表现不俗。在VR产业，上海有多家新兴VR企业，如大朋VR、维塔士等。在AR产业，上海有多家新兴AR企业，如视辰信息、巨现智能科技等。

另外，上海VR与AR产业联盟也于2017年1月8日正式宣告成立，是旨在推动整个VR/AR产业发展的联盟组织。现已有“维塔士”“水晶石”“上海大学”“银河数娱”等80多家企业和机构成员，囊括了上海及周边地区产业中坚力量。

上海科研力量雄厚为其数字技术装备产业的发展提供了强有力的支持。上海有10所211工程重点建设高校，4所985工程高校，100多所科研机构和超过10万名的科研人员。

同时，上海出台了《上海市制造业转型升级“十三五”规划》《上海科技创新“十三五”规划》《上海促进高端装备制造业发展“十三五”规划》等政策，规划和指导上海数字技术装备产业的持续发展。

3. 创意内容（4C）

在创意内容产业，上海表现非常优异。

在影视传媒业，上海有在线视频软件PPTV；弹幕式视频直播网站熊猫直播；专业高校有上海戏剧学院。

在动漫游戏业，上海有国内最大的3D动画公司河马动画；网络游戏开发商、运营商和发行商盛大游戏；以网游为起点的综合性互动娱乐企业巨人网络；国内首家开辟音舞游戏商业化模式公司久游网。

在文化博物业，目前上海市共有博物馆、纪念馆和陈列馆125座。以上海常住人口统计，每20万人拥有1座，高于全国平均水平。作为全国会展业最为发达的城市，2000年后，上海会展项目呈现“国际化、品牌化、专业化、市场化”的趋势并且程度逐渐提高。

在数字出版业，上海有顶级移动阅读类产品公司掌阅科技；中国最大的社区驱动型网络文学平台盛大网络。

同时，上海还出台了《上海市“十三五”时期文化改革发展规划》《上海市促进文化创意产业发展财政扶持资金实施办法》《关于加快本市文化创意产业创新发展的若干意见》等，指导和助力上海市创意内容产业蓬勃发展。

4. 融合渗透（X）

玩具业、体育健康业、旅游业是数字创意与其他产业融合渗透发展的典型产业。上海在这三个产业中表现依然不俗。

在玩具业，截至 2017 年上海有 226 家玩具企业。其中玩具超人更是新型玩具企业，主营进口儿童玩具、益智玩具租赁 App，提供 0 ～ 6 岁儿童玩具出租服务。

在体育健康业，上海有职业俱乐部，如上海上港集团足球俱乐部；线上运动健身 APP，如 FIT 健身 APP；人寿保险公司，如太平洋保险公司。

在旅游业，上海有中国三大国有大型骨干航空企业之一的航空公司中国东方航空；大型酒店集团华住酒店集团和锦江国际酒店集团；全国三大在线旅游票务服务公司之一携程；另外，上海还拥有中国内地首座迪士尼主题乐园。上海迪士尼乐园于 2016 年 6 月 16 日正式开园，是中国第二个、中国内地第一个、亚洲第三个、世界第六个迪士尼主题乐园。

9.5.5　西安

西安，古称长安、镐京，是中国四大古都之一，丝绸之路起点城市，“一带一路”核心区，中国西部地区重要的中心城市。西安是中国最佳旅游目的地，有两项六处遗产被列入《世界遗产名录》，分别是秦始皇陵及兵马俑、大雁塔、小雁塔、唐长安城大明宫遗址、汉长安城未央宫遗址、兴教寺塔。另有西安城墙、钟鼓楼、华清池、终南山、大唐芙蓉园、陕西历史博物馆、碑林等景点。

西安文化产业增加值占全省总量的 60% 以上。据初步测算，2017 年全省文化产业增加值突破 900 亿元；新登记文化及相关产业市场主体 1.7 万户，总数达到 4.76 万户，同比增长 55.49%；新增规模以上文化企业 276 家，总数达到 980 家，同比增长 39.21%。

在经济方面，工业增长同比加快。2018 年上半年，规模以上工业增加值增长 10.4%，同比提高 4.9 个百分点，分别高于全国和全省 3.7 个百分点和 0.7 个百分点。服务业走势稳中有升。在金融业和非营利性服务业增速加快的带动下，2018 年上半年，第三产业增加值增长 8.3%，较第一季度提高 0.7 个百分点。2018 年第一季度情况，西安市规模以上工业增加值按可比价格计算，同比增长 10.9%，工业投资增长 23.8%，其中制造业投资增长 21.4%。

“一带一路”倡议实施，对西安这样的内陆城市而言，其意义可类比改革开放政策对东南沿海经济的推动力。

1. 设计服务（D）

西安作为一个内陆城市，在设计方面的发展和表现远不如沿海城市和一线城市。但是因为其悠久的历史条件和文化底蕴，设计方面的优势应该更偏向文化创意类产品，依托于陕西历史博物馆、兵马俑，以及唐文化、秦文化展开。

西安人居环境设计方面，现有泾河新城茯茶小镇、陆港金融创意小镇、世园婚庆文旅小镇、灞柳基金小镇、太乙·长安道旅游休闲小镇、中国西部科技创新港智慧学镇、西部云谷硬科技小镇七个特色小镇。

西安市特色小镇创建，将特色小镇作为实施“乡村振兴战略”的发力点，涉农区县至少要规划农乡、旅游、文化养生这三大类特色小镇；特色鲜明，不重复、不雷同、不搞百镇一面，深挖文化内涵，学会讲故事，会打“文化牌”；品质再提升，要提升规划水平、加强基础设施建设、优化公共服务供给；机制再创新，坚持改革引领，探索多元化发展模式，加强政策扶持、强化服务意识，破解企业发展难题；责任再夯实，要加强组织领导、部门联动，开展学习培训，强化考核问责，加快项目建设进度。

2. 数字技术装备（T）

陕文投不断推动商业模式的创新与发展。与国内外一流团队合作，引进全球最顶尖的设备与技术，打造“长征”4D影像实景秀，摄制4D电影《长征》、3D影片《轩辕黄帝》，策划建设兵马俑4D影城及丝绸之路国际文化城项目，用现代数字技术精彩展现陕西历史文化的独特魅力。着力推进大数据与影视版权的融合发展，构建大数据背景下的影视版权价值评估体系，研发影视数据搜集与分析应用专业技术平台，打造覆盖影视剧策划投资、拍摄制作、发行营销、播出放映全产业链的版权评估定价体系及决策咨询服务体系，建设全国一流的影视剧、动漫、游戏版权大数据评估中心。

在信息化和工业化深度融合的当下，以机器人科技为代表的智能产业蓬勃兴起。2017年10月12日，大西安机器人产业发展的冲锋号在经济开发区吹响。当天，西安人工智能与机器人产业基地正式落户西安经济开发区，西安交通大学智能机器人创新研究院同期揭牌成立。西安经济开发区抢抓机器人产业机遇，大力推进智能制造，一个百亿级的机器人产业集群正在加速崛起。西安产业发展短板在工业，而西安工业的未来在先进制造业。下一步，经济开发区将重点围绕特种机器人、服务机器人、工业机器人三大领域，从生产制造、技术研发、产业应用三大路径推进构建产业体系。此外，加紧洽谈ABB机器人、大疆移动机器人、埃斯顿机器人、广州数控、广州启帆、秦川机床智能装备、西电人工智能研究院、西工大特种机器人研究院及北京小谛机器人西北研发展示中心等一批有望落户研究和产业化机器人项目。

2018年5月27日，西安国际创业大会——2018国际人工智能院长论坛在经济开发区隆重开幕，也成为备受关注的热点。本次论坛上，人工智能领域的知名专家学者、企业代表们共聚一堂，就我国人工智能的未来发展、教育、应用转化等焦点问题进行了高层次的学术对话。

3. 创意内容（4C）

新成立的西安市文化创意产业协会，先后开展了“青年够Young·新青年创业跨界融合分享会”“创星集结”等品牌活动，按不同主题分别组织邀请创业大咖和金融机构负责人等，与众多创业者面对面交流，分享创业经验等，搭建起政府和企业、企业和企业之间的桥梁，受到广大创业者的欢迎和好评。据了解，目前西安市文化创意产业协会共有会员单位 51 家，计划 2018 年会员单位突破 100 家。

在影视传媒方面，2017 年，西安市文化产业发展走在了全省的最前列，文化产业增加值占全省总量的 60% 以上。文化产业大发展，离不开大项目的支撑与引领。“中华千古情”项目、浐灞华夏文旅西安度假区项目、沣东华侨城大型文化旅游综合项目等文化大项目的成功落地，为西安文化产业的发展注入新活力。2018 年 3 月 31 日上午，由西安世园投资（集团）、宋城演艺联合打造的“中华千古情”项目，在西安浐灞生态区世博园举行了盛大的启动仪式。项目将深入挖掘西安丰富的历史文化资源，艺术地再现西安深厚的历史文化底蕴，打造新时期的文化地标，推动生态区文化旅游产业进入全面提速发展的黄金时期。2018 年 3 月 23 日，多媒体大型史诗秀《秦》，在位于秦始皇兵马俑隔壁的秦皇大剧院震撼首演，多媒体大型史诗秀《秦》以一个“秦国”小兵的视角，引领观众近距离触摸两千多年前的传奇历史。制作方希望通过这部秀，让参观过秦始皇兵马俑的广大游客从另一个角度认识兵马俑，同时通过这部秀的持续上演，让世界更多人了解兵马俑，了解秦文化，把中国的优秀文化传播到全世界。

4. 融合渗透（X）

典型的数字创意融合渗透产业有玩具业、体育健康业、旅游业等。

玩具业方面，作为国家重要的老工业基地，“西安制造”的愿景更多在于重塑产业竞争优势和区域经济实力。西安经济的一个显著特点是：第二产业偏弱，第三产业偏强，轻工业偏轻，西安重工业占全市比重的 78.3%。所以在玩具行业的发展并不突出。淘宝网上，从西安发出的玩具的种类和购买量都相对较少。

体育行业方面，2021 年中华人民共和国第十四届全国运动会将在西安举办。2017 年 5 月 26 日，西安体育中心三大配套项目——西安全运村、全运湖、灞河岸线（全运段）在国际港务区奠基启动。相信全运会的开展将为西安的体育行业带来新的发展。

西安是中国著名的旅游地，13 朝古都的积淀使西安别有一番历史的魅力。2018 年，西安在“抖音”上火了起来，截至 4 月，抖音上关于西安的视频量超过 61 万条，播放总量超过 36 亿次，点赞总量超过 1 亿次，而在抖音海外版中发起的西安挑战赛总播放量也已超过 1 200 万次。摔碗酒、蛋菜夹馍、毛笔酥、钟鼓楼、大雁塔、回民街……，抖音上带火了很多西安非常地道的特色小吃和旅游景点，带火了这个城市厚重的历史文化。2018 年 1 月至 6 月，西安市接待海内外游客 11 471.75 万人次，同比增长 45.36%，旅游业总收入 1 147.58 亿元，同比增长 56.32%。

9.6　对策措施及建议

数字创意产业具有典型的全球化属性，建构于“互联网 +”基础上的数字创意产业，天然地具备全球连通、世界一体化属性，而正是这一属性决定了着力发展中国数字创意产业的必须性与紧迫性。因此，中国亟须从国家战略高度重视和加强数字创意产业创新发展的中国路径研究，从理论上为中国构建数字创意产业全球化新格局提供战略指引，为“一带一路”重大倡议提供数字创意产业领域的落地实施路径，进而以数字创意产业为突破口，开启传统产业数字化、创意化、国际化战略，最终为中华文化走出去、全面提升中国国际软实力奠定坚实的基础。

9.6.1 加大对数字创意技术创新的支持力度

把握人工智能、物联网、VR/AR 等新一轮科学技术变革带来的巨大的颠覆式创新机会，促进数字创意技术装备的研发，研发一系列具有自主知识产权、推动数字创意产业发展的硬件和软件，从而实现技术对数字创意产业的驱动和助推。同时加大对数字创意技术装备企业的扶持力度，扶植和培育一大批具有竞争力的技术装备特色企业。围绕数字文化创意产业的应用需求，开展基础技术领域的标准制定工作，重点推动团体标准的制定、完善和实施，提出整体的布局和框架，建立具有科学性、系统性和前瞻性，面向国际的标准体系。

9.6.2 完善数字内容产业体系

要加强数字内容平台建设，加快中华传统文化资源的数字化进程和提升对数字化内容的再利用和再创造，构建基于中华传统文化资源的影视、动漫、游戏、音乐、文学、电子出版物等数字创意产品的战略实施路径，形成中华传统文化资源的数字化开发与发行技术，利用 VR/AR 开发技术、现代信息网络传播技术、数字化展览展示技术、大数据开发技术、网络云存储技术、知识产权保护技术、网络授权交易技术等创新技术，推动网络文学、数字视频、网络动漫、网络游戏、数字音乐、数字出版等产业门类发展，完善数字内容产业体系。

9.6.3 明确战略性新兴产业统计方法

把握国家统计局在全国开展“三新”统计工作的契机，按照国家《“十三五”国家战略性新兴产业发展规划》有关计划部署，通过地区试点的方式，分步实施推动将数字创意等战略性新兴产业等纳入现行法定统计范围，明确数字创意产业概念、内涵和外延，形成统一共识，充分调动各类市场主体积极投身新产业、发展新经济、培育新动能的主动性。

9.6.4 建立跨部门协调领导小组

数字创意产业具有跨界范围广的特点，相关的跨界产业归属于多个领导部门，其产业推进需要多部门间的联动。建议在国家层面，各行业主管部门成立跨部门协调领导小组，整体督进数字创意产业的发展，并定期在全国范围进行交流，总结问题、分享经验，加快推动各项工作任务取得实效。

9.6.5　建设数字创意国家重点实验室

立足于国家层面的战略谋划，建议成立数字创意国家重点实验室。主要面向数字文化创意技术装备创新提升、数字内容创新发展、创新设计发展三大层面，瞄准世界数字创意科技前沿，实现前瞻性基础研究、引领性原创成果重大突破；针对创新设计和数字创意技术应用基础研究，设计研发关键共性技术、前沿引领技术和装备，形成颠覆性创新；突出以文化创意、内容生产和版权利用为核心的研究和开发；研究和布局“科技＋设计＋文化”的深度融合，引领周边产业领域协调发展。最终为国家创新体系建设、强化战略科技力量提供有力支撑。

9.6.6　成立“一带一路”沿线国家数字创意产业联盟

中国数字创意产业中的移动游戏、网络媒体等细分行业在“一带一路”沿线国家已经具备了一定的市场优势，建立了具有竞争力的分发渠道，积累了大量的消费群体。立足于国家战略，需要加快建立“一带一路”沿线国家数字创意产业联盟，促进数字创意产业的国际合作与交流，形成“一带一路”沿线国家的文化和经济领域的合作共赢。

9.6.7　建立完善的知识产权保护机制

在互联网背景下，数字创意作品的高流动性、易抄袭性、易篡改性，以及网页转码、深度链接、云存储等技术发展使得数字创意版权的保护难度很大，对致力于走出国门、构建全球价值链的中国数字创意企业而言，为确保在国际市场既不侵权他人又不被他人侵权，亟须建立完善的知识产权机制与国际对接。另外，需要着力主导推动国际数字创意知识产权保护制度创新，在未来全球数字创意产业版权市场中取得规则、标准制定者和主导者地位。

9.6.8　加大数字创意人才培养

数字创意产业具有跨领域和交叉性的特点，当前存在较大的人才缺口。建议实施一流数字创意学院建设示范项目，在全国遴选具有条件的10所综合性大学，如清华大学、北京大学、浙江大学等，建设面向新时代的数字创意学院，培养具有国际水平的数字创意战略科技人才和高水平创新人才。通过实施一流数字创意学院建设示范项目，探索数字创意人才培养新思路、新体制、新机制等，实现跨学科协同创新能力的提升，带动和促进更多的高校、企业和社会各方面关心和参与数字创意人才培养工作。

9.6.9　加快建设数字创意产业创新平台

搭建协同创新核心平台，建设国家级的协同创新合作平台，推动人工智能、大数据、VR、超高清等技术的创新发展，站在整合创新资源对接全产业链的技术，以及开展全球示范的高度去加速科技转化的速度，降低创业创新的门槛，建设一个良好的创新生态环境。建立数字文化创意公共服务平台，主导开展产学研相结合的示范工程。促进产学研用紧密合作，构建设计、研发、用户体验紧密融合的创新模式，提高设计成果转化能力。支持企业、高校和科研机构共同组织共性关键技术联合攻关，提升基础性和原创性设计能力，着力打造数字文化创意产业生态环境。充分发挥相关行业的协会及科技支撑的作用，支持相关的行业协会成立跨界融合的技术产业中心，鼓励行业协会和科技社团联合创建技术双创平台提供一些研发设计，检验评测信息咨询和人才培训等公共服务。

9.6.10 加大对数字创意产业的金融支持

以财政资金投入为引导，争取银行融资资金、引进社会资本资金，形成财政资金、金融资本、社会资本等多方投入的多元融资格局，汇集各类金融资源，扩大产业投资规模，支持数字创意产业重点技术、重点产品、重点服务和应用的发展。

审稿：潘云鹤　丁文华　吴志强　徐志磊

参考文献

[1] 厉无畏，王慧敏 . 创意产业促进经济增长方式转变——机理 · 模式 · 路径 [J]. 中国工业经济，2006，(11)：5-13.

[2] 中国工程科技发展战略研究院 . 2018 中国战略性新兴产业发展报告 [M]. 北京：科学出版社，2016.

[3] 路甬祥 . 论创新设计 [M]. 北京：中国科学技术出版社，2017.

[4] Zhou J，Li P G，Zhou Y H，et al. Toward new-generation intelligent manufacturing[J]. Engineering，2018，4（1）：11-20.

[5] 臧志彭 . 数字创意产业全球价值链：世界格局审视与中国重构策略 [J]. 中国科技论坛，2018，(7)：64-73，87.

[6] Pan Y H. Heading toward artificial intelligence 2.0[J]. Engineering，2016，2（4）：409-413.

[7] Moses L. The washington post's robot reporter has published 850 articles in the past year[R]，2017.

[8] 余从刚，赵江洪 . 数据驱动的两种产品设计模式 [J]. 包装工程，2016，37（4）：112-115，155.

[9] 袁勇，王飞跃 . 区块链技术发展现状与展望 [J]. 自动化学报，2016，42（4）：481-494.

[10]“创新设计竞争力研究”综合组 . 创新设计竞争力战略研究 [J]. 中国工程科学，2017，19（3）：100-110.

[11] 倪鹏飞，卡米亚 M，王海波，等 . 全球城市竞争力报告 2017-2018[R]. 北京：中国社会科学院，2017.

政策篇

第 10 章

“十三五”上半期我国战略性新兴产业相关政策回顾分析

许冠南　周　源　曹雪华　赵丽萌

【内容提要】本章全面梳理了我国“十三五”上半期（2016 年 1 月 1 日至 2018 年 6 月 30 日）国务院及各部委颁布的战略性新兴产业相关政策，分别从中央政策着力点、各产业领域政策着力点、“十二五”期间与“十三五”上半期政策对比分析等三个方面进行分析。通过分析发现，“十三五”上半期中央政策着力点主要在改善产业环境和调整产业供给两个方面，这些政策的发布和各类别政策工具的运用，对于促进战略性新兴产业培育与发展具有重要的意义。

“十二五”期间，我国战略性新兴产业有了稳定快速的发展，产业创新与营利能力显著提升。“十三五”上半期，全国人民代表大会、中共中央、国务院均出台了促进战略性新兴产业发展的政策，从整体经济社会发展规划、具体行业发展、辅助政策等方面系统地绘制新兴产业发展的蓝图。

2016 年是“十三五”的开局之年，一系列纲领性政策文件陆续出台。2016 年 3 月，《中华人民共和国国民经济和社会发展第十三个五年规划纲要》发布，提出瞄准技术前沿，把握产业变革方向，围绕重点领域，优化政策组合，拓展新兴产业增长空间，抢占未来竞争制高点，使战略性新兴产业增加值占国内生产总值比重达到 15%。2016 年 5 月，中共中央、国务院印发《国家创新驱动发展战略纲要》，其中首要的战略任务是“推动产业技术体系创新，创造发展新优势”，把推进各领域新兴技术跨界创新，构建现代产业技术体系列为重中之重，提出“以技术的群体性突破支撑引领新兴产业集群发展，推进产业质量升级”。2016 年 12 月 19 日，国务院颁布《“十三五”国家战略性新兴产业发展规划》，提出“战略性新兴产业代表新一轮科技革命和产业变革的方向，是培育发展新动能、获取未来竞争新优势的关键领域”，并且详细规划了“十三五”期间战略性新兴产业的各产业产值规模，希望战略性新兴产业成为促进经济社会发展的强大动力，明确提出“加强统筹规划和政策扶持，全面营造有利于新兴产业蓬勃发展的生态环境，创新发展思路，提升发展质量”。

此后，国务院、国家发展改革委、工业和信息化部等中央部委接连出台多项政策推动战略性新兴产业在我国的发展，政策体系逐步完善。2017 年 1 月 25 日，为贯彻落实《“十三五”国家战略性新兴产业发展规划》，引导全社会资源投向，国家发展改革委会同相关部门组织编制并发布《战略性新兴产业重点产品和服务指导目录（2016 版）》，涉及战略性新兴产业 5 大领域 8 个产业（相关服务业单独列出），进一步细化到 40 个重点方向下 174 个子方向，近 4 000 项细分的产品和服务。

在系列政策的指导下，“十三五”上半期我国战略性新兴产业发展全面增速，产业结构不断优化，在稳增长、调结构、促改革、惠民生等方面发挥越来越重要的作用。与此同时，战略性新兴产业仍然面临着投资力度有所欠缺、区域布局不够合理、国际竞争力有待提高等问题，挑战与机遇并存。

本章通过国务院及各部委的官方网站、各战略性新兴产业技术协会网站，以及国务院发展研究中心信息网、战略性新兴产业数据库等途径，采用网络数据采集、全文关键字检索等方法，全面收集整理了“十三五”上半期（自 2016 年 1 月 1 日至 2018 年 6 月 30 日）中央部委颁布的战略性新兴产业总体及各领域相关政策（共计 324 项，如图 10.1 所示），并进行了梳理和分析。其中，综合类产业政策最多，在具体产业领域中，新一代信息技术产业、节能环保产业、高端装备制造产业、新能源产业等政策较多。从时间维度上看，如图 10.2 所示，以半年期来统计，“十三五”上半期我国战略性新兴产业政策颁布数量呈现先增后减再增的趋势，2016 年下半年政策出台数量最多，高达 83 项。

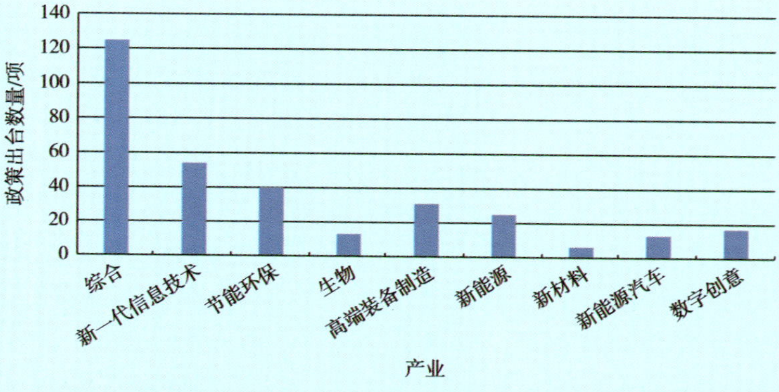

图 10.1 “十三五”上半期战略性新兴产业各领域政策发布情况

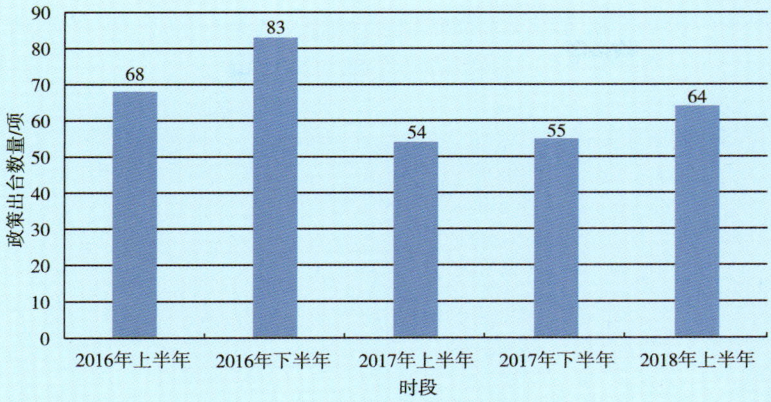

图 10.2 “十三五”上半期不同时段战略性新兴产业政策数量对比

10.1 中央政策着力点分析

10.1.1 综合分析

根据政策着力点的不同，政策工具可以分为供给型、环境型和需求型三大类。其中，供给型政策工具表现为政策对科技活动的推动力，指政府通过人才培养、资金支持、技术支持、公共服务等直接扩大技术的供给，推动科技创新和新产品开发；环境型政策工具则表现为政策对科技活动的影响力，指政府通过目标规划、金融支持、法规规范、产权保护、税收优惠等政策来影响科技发展的环境因素，从而间接影响并促进科技创新和新产品开发；需求型政策工具指的是通过政府采购、贸易政策、用户补贴、应用示范、价格指导等措施减少市场的不确定性，积极开拓并稳定新技术应用的市场，来拉动技术创新和新产品开发。本小节将从供给型、环境型、需求型三方面对战略性新兴产业相关政策进行分类和解析，进而梳理“十三五”上半期我国战略性新兴产业公共政策的现状。战略性新兴产业政策工具一览表见表 10.1。

表 10.1 战略性新兴产业政策工具一览表

政策工具	措施
供给型政策工具	人才培养
	资金支持

续表

政策工具	措施
供给型政策工具	技术支持
	公共服务
环境型政策工具	目标规划
	金融支持
	法规规范
	产权保护
	税收优惠
需求型政策工具	政府采购
	贸易政策
	用户补贴
	应用示范
	价格指导

“十三五”上半期我国战略性新兴产业政策工具分布中（图 10.3），环境型政策工具与供给型政策工具占比较高，分别为 45%、43%，需求型政策工具占比 12%，说明“十三五”上半期中央政府的政策着力点主要是改善产业环境和调整产业供给。

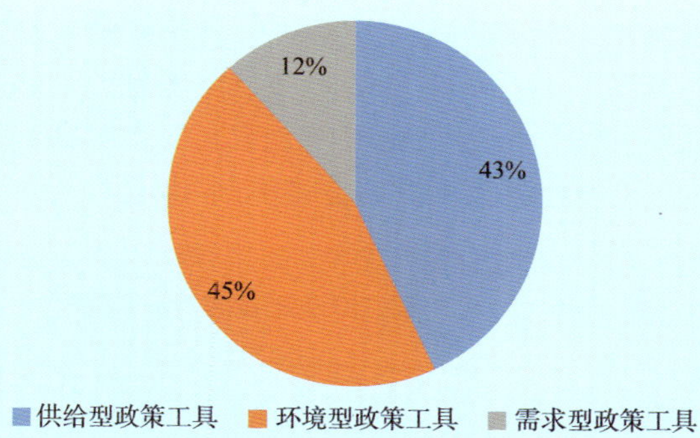

图 10.3　战略性新兴产业三大类政策工具分布图

如图 10.4 所示，“十三五”上半期，供给型政策工具中，公共服务和技术支持政策工具使用最多，反映了政府重视战略性新兴产业技术进步和配套设施、政策的辅助作用；环境型政策工具中，目标规划政策工具使用广泛；需求型政策工具直接作用于市场端，其中应用示范政策工具使用较多。

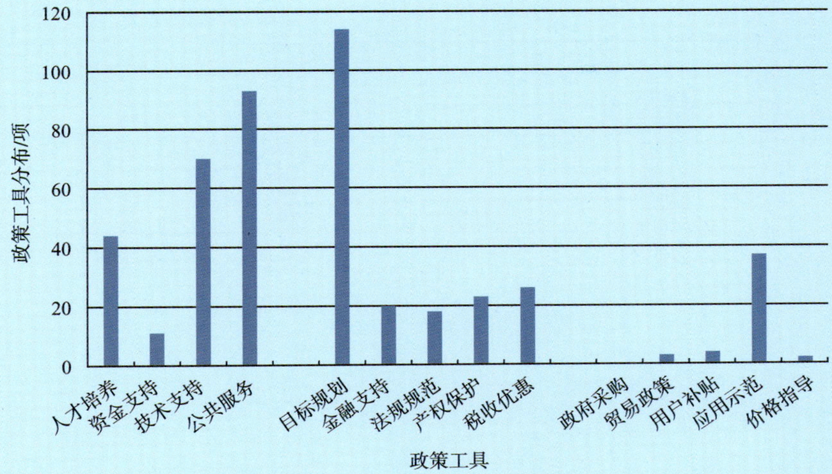

图 10.4　战略性新兴产业主要政策工具细分图

10.1.2　主要供给型政策工具分析

供给型政策工具直接对战略性新兴产业的科技活动给予推动力，主要通过人才培养、资金支持、技术支持及公共服务等方面，改善技术创新相关要素的供给，从而促进产业创新发展。本小节梳理分析了我国“十三五”上半期培育发展战略性新兴产业的主要供给型政策工具。其中，人才培养主要指政府有关职能部门根据产业发展的需求，建立长期的、战略性的人才发展规划，并积极完善各级教育体系及各种培训体系，开拓人才交流渠道，为技术创新活动提供不同层次的人力资源；资金支持指政府直接对企业的技术创新行为提供财力上的支援，如提供研发经费和基础设施建设经费等；技术支持主要指政府通过技术辅导与咨询来引导产业的技术创新并加强技术基础设施建设，如出资建立研发实验室、建立学习机制促进技术成果扩散、鼓励企业引进国外先进技术等；公共服务指政府为了保障技术创新的顺利进行，提供相应的信息、交通、通信、咨询等配套服务设施。

如图 10.5 所示，“十三五”上半期我国战略性新兴产业供给型政策工具中，公共服务政策工具占比最高，达到 43%；其次为技术支持和人才培养政策工具，分别占 32%、20%；此外，资金支持政策工具占供给型政策工具的 5%。

10.1.3　主要环境型政策工具分析

环境型政策工具是政策对产业科技活动的影响力，主要通过目标规划、金融支持、法规规范、产权保护、税收优惠等方面，为技术创新等科技活动提供有利的政策

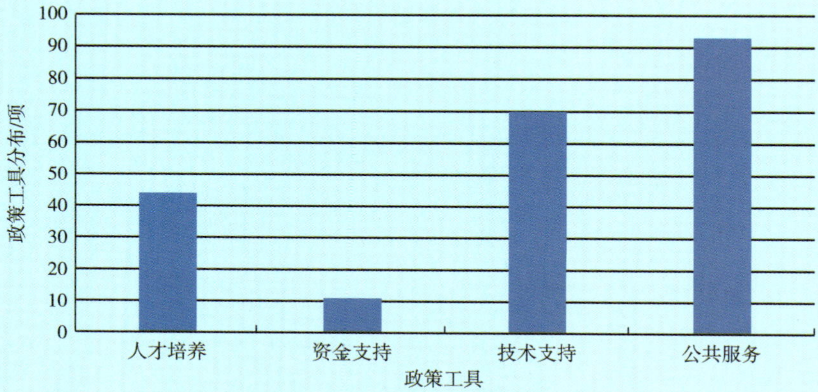

（a）主要供给型政策工具分布

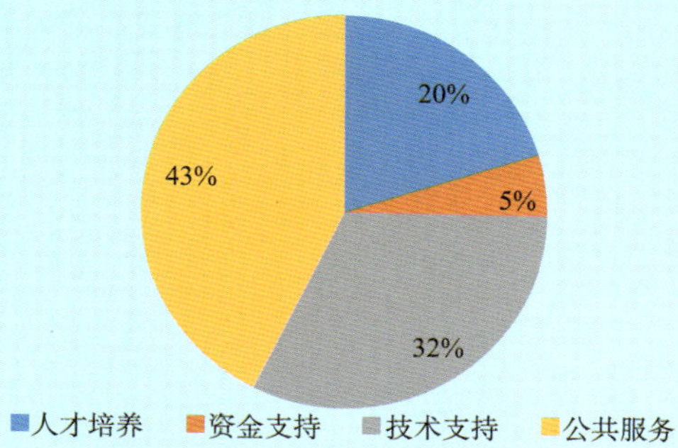

（b）占比

图 10.5　主要供给型政策工具分布图

环境，从而间接作用于产业发展。本小节梳理分析了我国“十三五”上半期培育发展战略性新兴产业的主要环境型政策工具。其中，目标规划指政府通过制定战略性的发展目标和规划，对产业发展进行宏观性、方向性、指导性的统筹布局；金融支持主要指政府通过融资、补助、风险投资、特许、财物分配安排、设备提供和服务、贷款保证、出口信用贷款等政策鼓励企业的创新；法规规范指政府通过制定公平交易法、加强市场监管、反对垄断、制定环境和健康标准等措施，规范市场秩序，为创新提供有利的环境；产权保护主要指政府通过颁布专利、著作权、软件著作权等方面的管理条例和细则，加强知识产权保护，提高企业开展技术创新的积极性；税收优惠主要指政府对于满足特定条件的企业和个人给予赋税上的减免，如投资抵减、加速折旧、免税和租税抵扣等。

从图 10.6 可以看出，目标规划政策工具最多，占环境型政策工具的 57%；税收优惠政策工具、产权保护政策工具、金融支持政策工具、法规规范政策工具分别占 13%、11%、10%、9%。

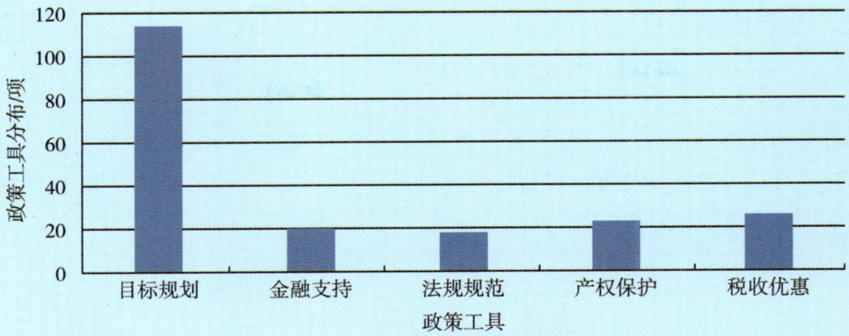

（a）主要环境型政策分布

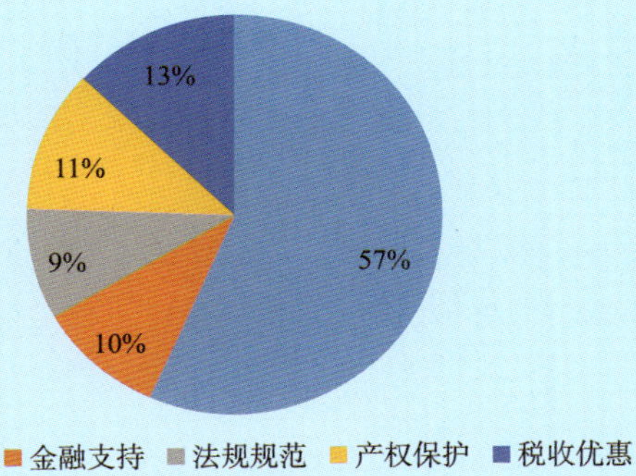

（b）占比

图 10.6 主要环境型政策工具分布图

10.1.4 主要需求型政策工具分析

需求型政策工具是政府通过政府采购、贸易政策、用户补贴、应用示范、价格指导等措施来引导市场需求，减少市场的不确定性，从而带动产业健康发展。本小节梳理分析了我国“十三五”上半期培育发展战略性新兴产业的主要环境型政策工具。其中，政府采购指政府通过对特定产品的大宗采购，提供相对稳定的市场预期，降低市场的不确定性，激发企业创新的决心，包括中央或地方政府的采购、公共事业的采购等；贸易政策主要是指政府有关进出口的各项管理措施，如贸易协定、关税、货币调节等；用户补贴主要指政府通过对产品的需求端给予补贴，从而提升消费者购买能力和意愿，促进产品推广和市场拓展；应用示范指政府对特定技术、产品的项目，在现实环境中以全规模或接近全规模进行市场检测和展示，从而提升产品的社会可接受度，促进技术创新；价格指导指政府通过颁布某类产品的最高、最低限价或建议价格来对产品售价进行干预，引导市场需求。

如图 10.7 所示，需求型政策工具分布中，应用示范政策工具占总数的 83%，是各产业使用最为广泛的需求型政策工具；用户补贴、政府采购、贸易政策和价格指导政策工具则相对较少。

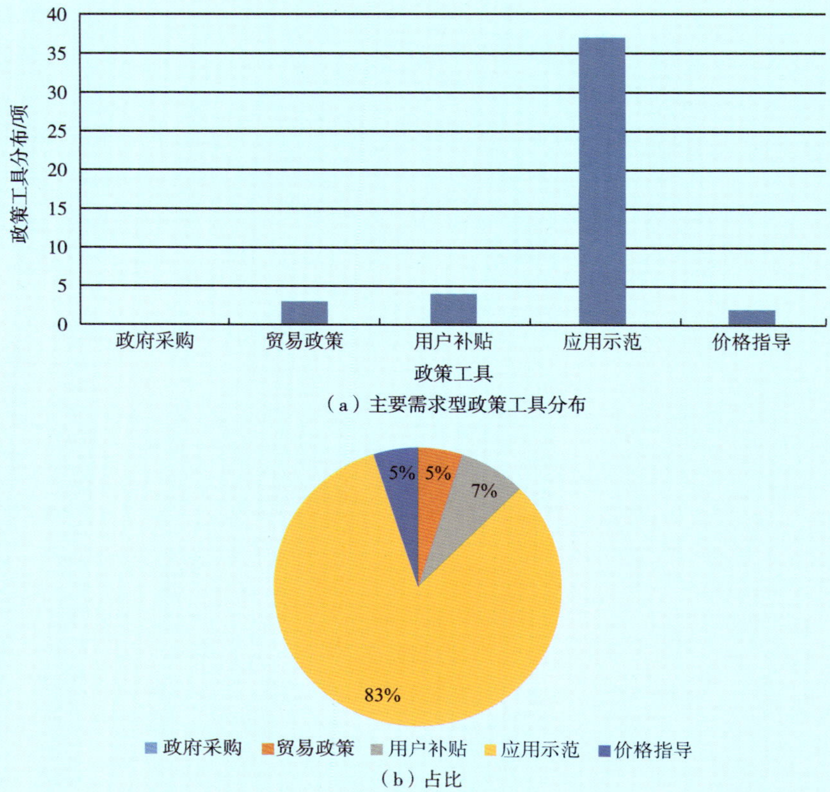

图 10.7　主要需求型政策工具分布图

10.2　各产业领域政策着力点分析

《“十三五”国家战略性新兴产业发展规划》在“十二五”节能环保、新一代信息技术、生物、高端装备制造、新能源、新材料和新能源汽车等战略性新兴产业的基础上，对战略性新兴产业的定义新增“数字创意产业”，并突出了“高端装备与新材料”以及“新能源汽车、新能源和节能环保产业”等产业的协同发展、融合发展。

由于“十三五”上半期战略性新兴产业各产业的发展目标、发展路径、重点发展技术及市场导向性等各具特点，各产业领域政策的着力点也不尽相同。《2017 中国战略性新兴产业发展报告》对《“十二五”国家战略性新兴产业发展规划》中提出的节能环保、新一代信息技术、生物、高端装备制造、新能源、新材料、新能源汽车等战略性新兴产业进行了分析。为了便于进行对照分析，本节保留《2017 中国战略性新兴产业发展报告》中的七个战略性新兴产业分类，并结合《“十三五”国家战略性新兴产业发展规划》对产业的规划，新增“数字创意产业”，共计八个产业。本节将对八大战略性新兴产业的政策进行分析。

10.2.1 综合分析

“十三五”上半期战略性新兴产业各产业领域政策着力点各有侧重，本小节对八大战略性新兴产业进行逐一分析。“十三五”上半期战略性新兴产业三大类政策工具分布及分布图见表 10.2、图 10.8。

表 10.2 “十三五”上半期战略性新兴产业三大类政策工具分布

领域	分类			合计
	供给型政策工具	环境型政策工具	需求型政策工具	
总体	84	69	15	168
节能环保	18	22	2	42
新一代信息技术	28	31	8	67
生物	4	7	2	13
高端装备制造	11	15	5	31
新能源	11	12	2	25
新材料	2	2	2	6
新能源汽车	3	5	5	13
数字创意	3	10	4	17
合计	164	173	45	382

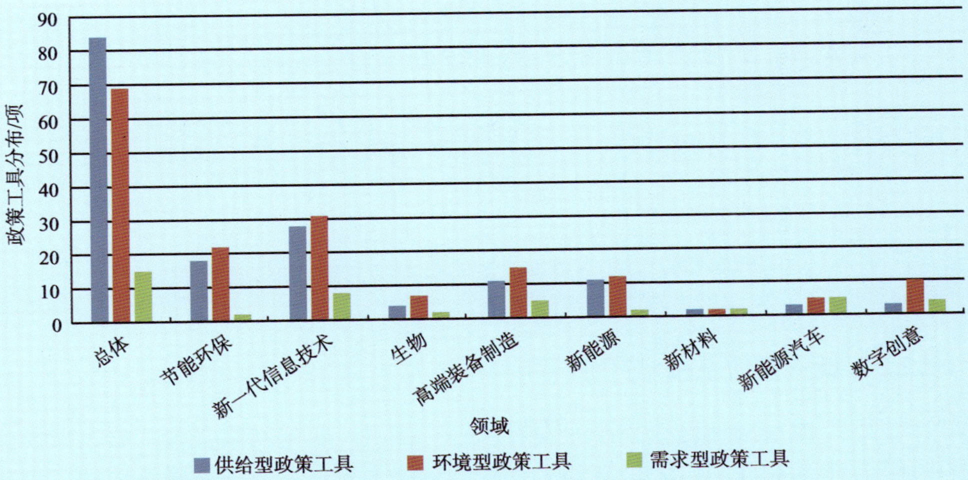

图 10.8 “十三五”上半期战略性新兴产业三大类政策工具分布图

10.2.2 节能环保产业

《“十三五”国家战略性新兴产业发展规划》中提到，把握全球能源变革发展趋势和我国产业绿色转型发展的要求，着眼生态文明建设和应对气候变化，以绿色低碳技术创新和应用为重点，引导绿色消费，推广绿色产品。2017 年 10 月，“必须树立和践行绿水青山就是金山银山的理念”被写进党的十九大报告。节能环保产业的发展与众多中央部委的职能相关，环境保护也需多方协同治理。“十三五”上半期，环境保护部（现为生态环境部）、国家发展改革委、科技部、工业和信息化部、交通运输部等部门出台了一系列政策，如《全国生态保护“十三五”规划纲要》、《国家环境保护“十三五”科技发展规划纲要》、《循环发展引领行动》、《工业和信息化部关于加快推进环保装备制造业发展的指导意见》、《交通运输部关于全面深入推进绿色交通发展的意见》、《国务院关于印发打赢蓝天保卫战三年行动计划的通知》及《工业和信息化部办公厅关于开展绿色制造体系建设的通知》等，从行业规划、模式探索等方面协同进行布局。此外，《中华人民共和国节约能源法》（2016 年 7 月修订）颁布，顺应新时代节约能源的要求，客观上为节能环保产业的发展奠定了法律基础。

图 10.9 显示了三大类政策工具占比，环境型政策工具占 52%，供给型政策工具占 43%，需求型政策工具占 5%。具体来看，目标规划政策工具、技术支持政策工具较多。

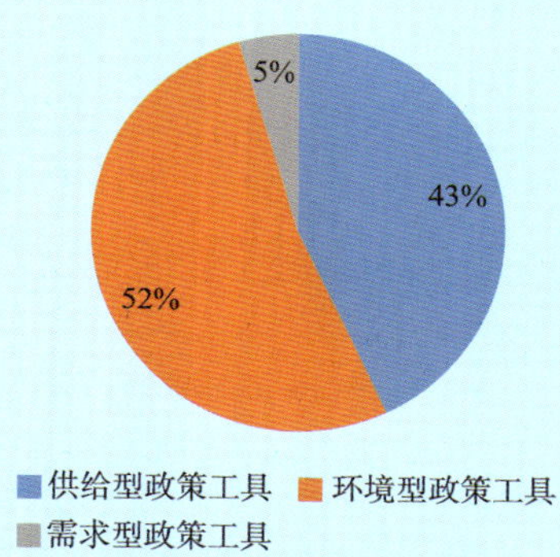

（a）三大类政策工具占比

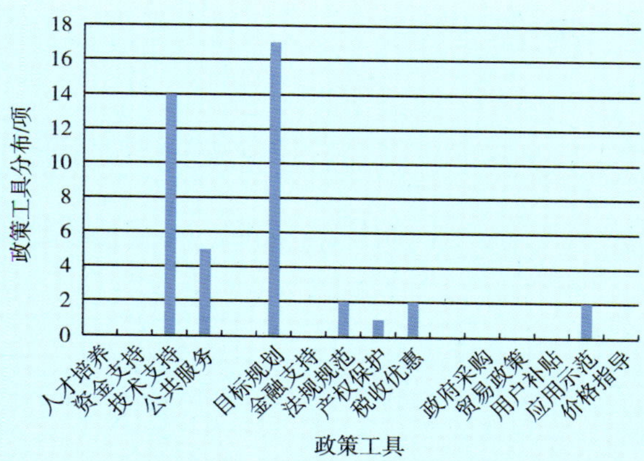

（b）主要政策工具分布

图 10.9 “十三五”上半期节能环保产业主要政策工具分布

10.2.3 新一代信息技术产业

《“十三五”国家战略性新兴产业发展规划》提出，实施网络强国战略，加快建设“数字中国”，推动物联网、云计算和人工智能等技术向各行业全面融合渗透，构建万物互联、融合创新、智能协同、安全可控的新一代信息技术产业体系。“十三五”上半期，针对新一代信息技术产业颁布的中央规划性文件，包括《“十三五”国家信息化规划》、《“互联网 +”人工智能三年行动实施方案》、《国家信息化发展战略纲要》、《智能硬件产业创新发展专项行动（2016-2018 年）》、《大数据产业发展规划（2016-2020 年）》、《信息通信行业发展规划（2016-2020 年）》、《国务院关于印发新一代人工智能发展规划的通知》、《“十三五”全国农业农村信息化发展规划》及《促进新一代人工智能产业发展三年行动计划（2018-2020 年）》等，主要由国务院、国家发展改革委、工业和信息化部出台。图 10.10 显示了三大类政策工具占比，供给型政策工具占 42%，环境型政策工具占 46%，需求型政策工具占 12%。具体来看，目标规划、公共服务是“十三五”上半期新一代信息技术产业运用最为广泛的政策工具。

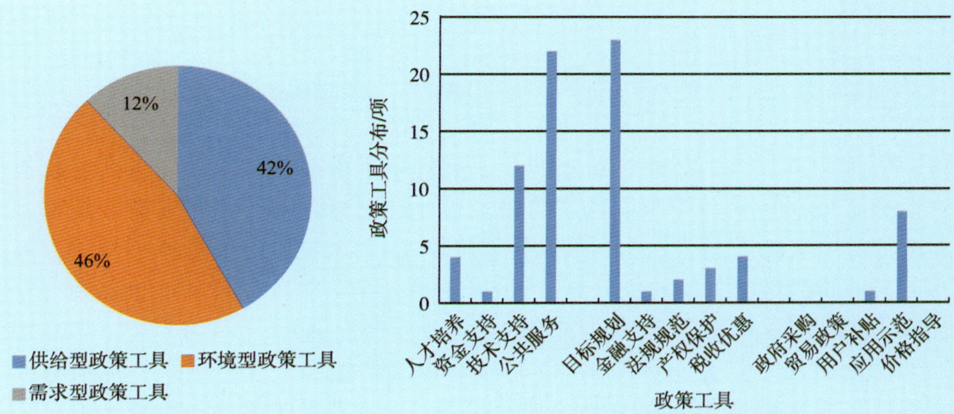

（a）三大类政策工具占比　　（b）主要政策工具分布

图 10.10 “十三五”上半期新一代信息技术产业主要政策工具分布

10.2.4 生物产业

生物产业是我国战略性新兴产业的重要构成部分，根据《“十三五”生物产业发展规划》，我国生物产业发展成果还不能满足人民群众对健康、生态等方面的迫切需要，产业生态系统依然存在制约行业创新发展的政策短板，开拓性、颠覆性的技术创新还不多。我国要成为生物经济强国依然任重道远，仍需进一步提升生物产业创新能力，深化改革行业规制，不断拓展产业应用新空间，满足人民群众新需求，打造经济增长新动能。

从图 10.11 中可看出，“十三五”上半期我国主要依靠供给型和环境型政策工具推动生物产业的发展，需求型政策工具应用较少，仅占 15%。具体来看，生物产业运用较多的政策工具包括目标规划、公共服务、应用示范。

10.2.5 高端装备制造产业

高端装备主要包括传统产业转型升级和战略性新兴产业发展所需的高技术高附加

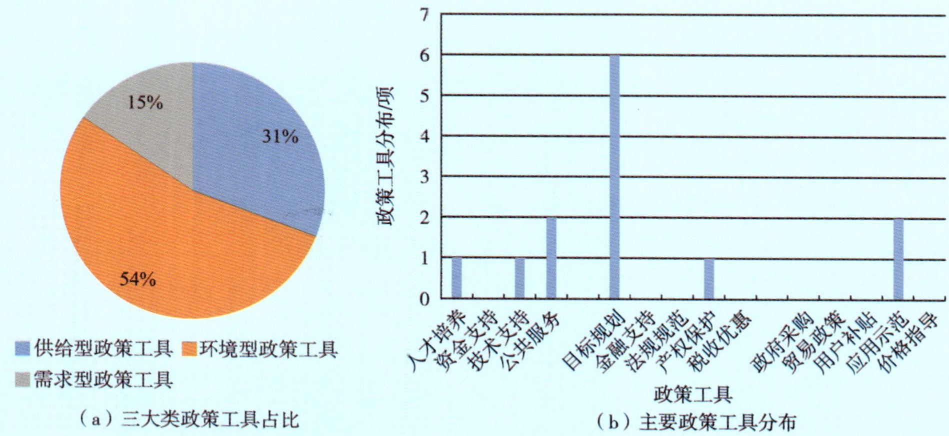

图 10.11 “十三五”上半期生物产业主要政策工具分布

值装备。《“十三五”国家战略性新兴产业发展规划》中明确指出，促进高端装备与新材料产业突破发展，引领中国制造新跨越。工业和信息化部、国家发展改革委、科技部、财政部等中央部委联合发布《高端智能再制造行动计划（2018-2020 年）》《海洋工程装备制造业持续健康发展行动计划（2017-2020 年）》《智能硬件产业创新发展专项行动（2016-2018 年）》等政策计划，统筹进行产业发展规划。“十三五”上半期高端装备制造产业主要政策工具分布如图 10.12 所示，供给型政策工具占 36%，环境型政策工具占 48%，需求型政策工具占 16%。其中，在需求型政策工具中，主要为应用示范类政策；在环境型政策工具中，以目标规划政策工具为主；供给型政策中以公共服务政策工具为主。

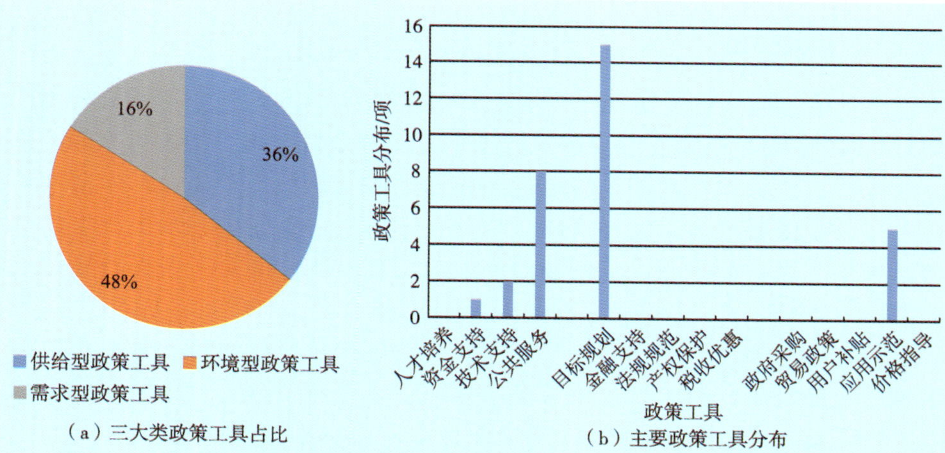

图 10.12 “十三五”上半期高端装备制造产业主要政策工具分布

10.2.6 新能源产业

新能源产业主要包括核电、风电、太阳能光伏、热利用、页岩气、生物质发电、地热和地温能、沼气、海洋能等产业。根据《“十三五”国家战略性新兴产业发展规划》的论述，“十三五”期间新能源产业注重全面推进高效节能、先进环保和资源循环利用产业体系建设。

自2016年1月，国家发展改革委、国家能源局、工业和信息化部等部门发布新能源相关政策，涉及产业升级和新能源企业的扶持及新技术的推广。“十三五”上半期新能源产业主要政策工具分布如图10.13所示，环境型政策工具占48%，供给型政策工具占44%，需求型政策工具占8%。供给型政策工具方面，以技术支持和公共服务推动产业发展；环境型政策工具中，以目标规划和法规规范为主；需求型政策工具中，主要以应用示范为主。

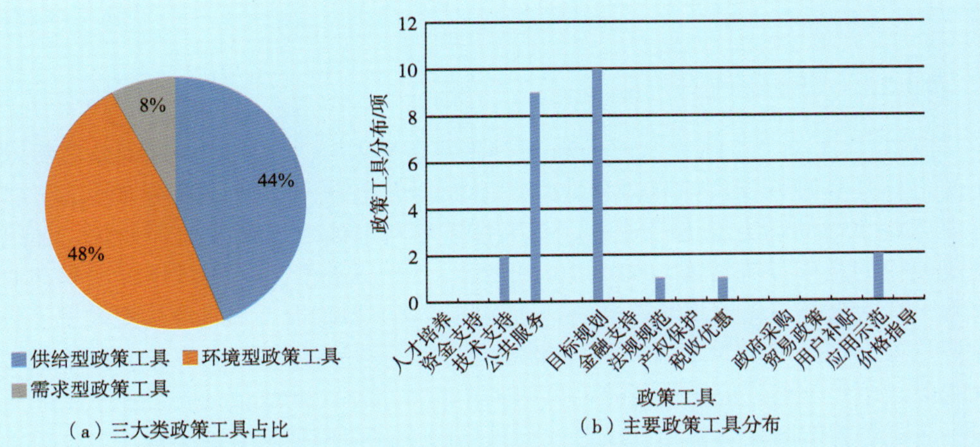

图10.13 “十三五”上半期新能源产业主要政策工具分布

10.2.7 新材料产业

根据《“十三五”国家战略性新兴产业发展规划》关于新材料产业的部署，培育和发展新材料产业需顺应新材料高性能化、多功能化、绿色化发展趋势，推动特色资源新材料可持续发展，以战略性新兴产业和重大工程建设需求为导向，优化新材料产业化及应用环境，加强新材料标准体系建设，提高新材料应用水平，推进新材料融入高端制造供应链。2017年1月，工业和信息化部、国家发展改革委、科技部、财政部发布《新材料产业发展指南》，进一步健全新材料产业体系，提升新材料产业保障能力，支撑中国制造实现由大变强的历史跨越。如图10.14所示，“十三五”上半期新材料产业的环境型政策工具、供给型政策工具和需求型政策工具分别占33%，涉及的具体政策工具主要包括公共服务、目标规划、应用示范。

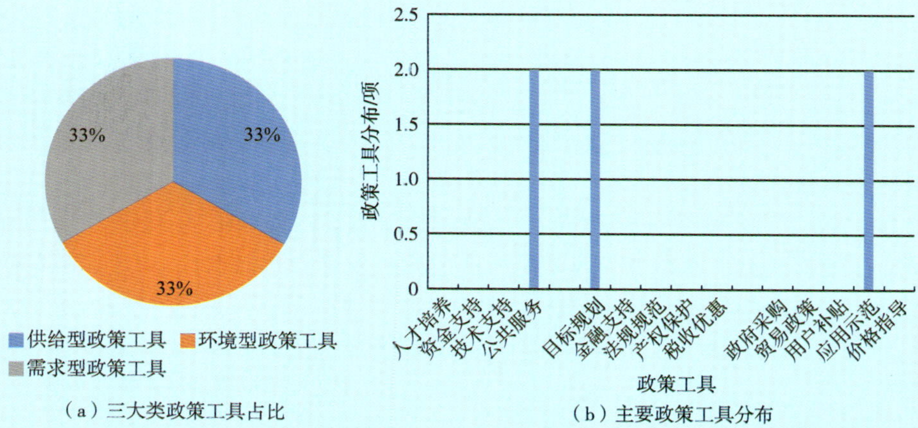

图 10.14 “十三五”上半期新材料产业主要政策工具分布

10.2.8 新能源汽车产业

根据《“十三五”国家战略性新兴产业发展规划》，“十三五”期间新能源汽车产业的目标是实现新能源汽车规模应用，全面提升电动汽车整车品质与性能，建设具有全球竞争力的动力电池产业链，系统推进燃料电池汽车研发与产业化，加速构建规范便捷的基础设施体系。如图 10.15 所示，“十三五”上半期新能源汽车产业主要政策工具的分布与其他战略性新兴产业不同，需求型政策工具、环境型政策工具、供给型政策工具分别占 38%、38%、24%，主要政策工具包括公共服务、目标规划、法规规范、用户补贴、应用示范等，表明了新能源汽车产业政策的着力点主要在于市场端，注重政策的间接影响力，通过发挥市场的主体作用和政府的政策手段，拉动新能源汽车的发展。

10.2.9 数字创意产业

数字创意产业是现代信息技术与文化创意产业逐渐融合而产生的一种新经济形态，以现代数字技术为主要技术工具，强调依靠团队或个人通过技术、创意和产业化的方式进行数字内容开发、视觉设计、策划和创意服务等。《“十三五”国家战略性新兴产业发展规划》中首次把数字创意产业列为战略性新兴产业，提出以数字技术和先进理念推动文化创意与创新设计等产业加快发展，促进文化科技深度融合、相关产业相互渗透。文化部牵头发布《文化部关于推动数字文化产业创新发展的指导意见》、《文化部“十三五”时期文化产业发展规划》和《文化部“十三五”时期文化科技创新规划》等政策文件。如图 10.16 所示，“十三五”上半期数字创意产业政策工具的分布中，环境型政策工具、需求型政策工具、供给型政策工具分别占 59%、23%、18%，主要运用的政策工具包括公共服务、目标规划、应用示范。

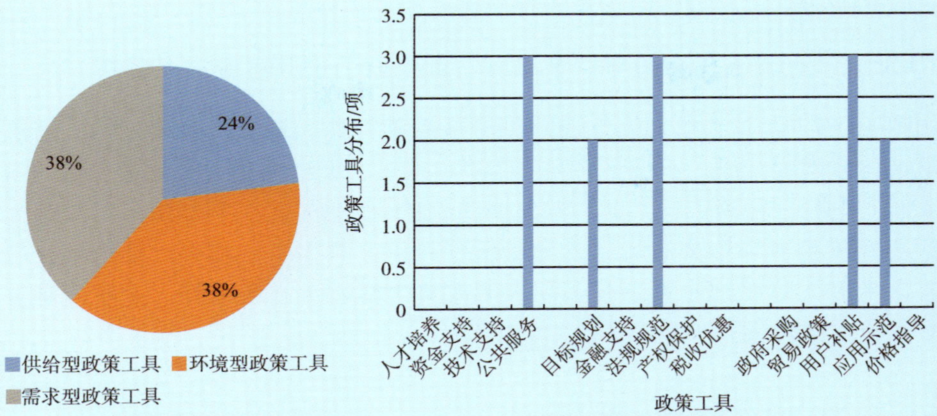

（a）三大类政策工具占比　　（b）主要政策工具分布

图 10.15 “十三五”上半期新能源汽车产业主要政策工具分布

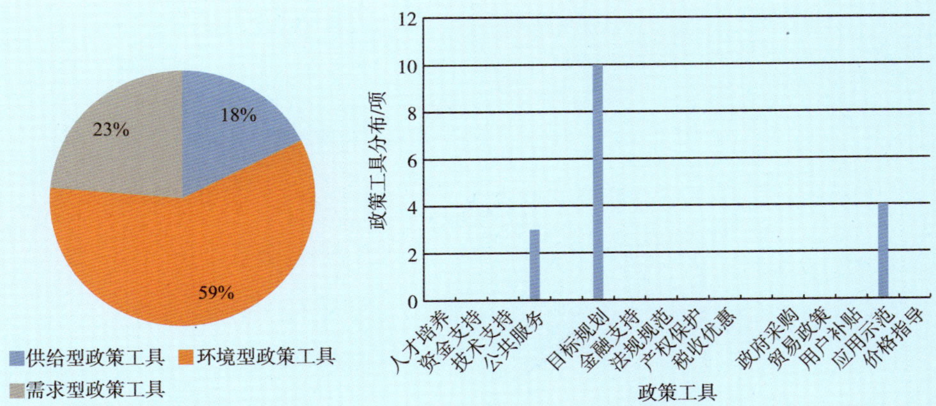

（a）三大类政策工具占比　　（b）主要政策工具分布

图 10.16 “十三五”上半期数字创意产业主要政策工具分布

10.3 “十二五”期间与“十三五”上半期政策对比分析

作为战略性新兴产业发展指导性的纲领文件，《“十三五”国家战略性新兴产业发展规划》与《“十二五”国家战略性新兴产业发展规划》相比，有如下几个特点：第一，明确提出对产业规模的定位和要求，重视产业经济；第二，关于产业体系、产业集群、区域发展与战略性新兴产业发展格局的表述、规划，明显增多；第三，核心标准制定和应用相关内容增多，加强法规规范和知识产权保护方面的意识；第四，政府职能与政策制定的出发点从管理向服务转化。

10.3.1 “十二五”期间与“十三五”上半期中央政策着力点分析

如图 10.17 所示，“十二五”期间供给型政策工具、环境型政策工具、需求型政策工具占比分别为 23%、60%、17%，而“十三五”上半期三大类政策工具的占比分别为 43%、45%、12%。与“十二五”期间相比，“十三五”上半期我国战略性新兴产业中央政策仍以环境型政策工具和供给型政策工具为主，其中，供给型政策工具比重显著上升，环境型政策工具、需求型政策工具比重有所下降，说明政策着力点向调整产业供给转化。

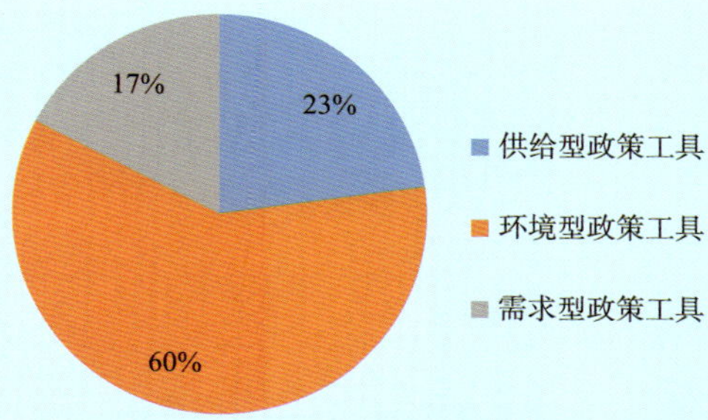

（a）“十二五”期间战略性新兴产业三大类政策工具分布图

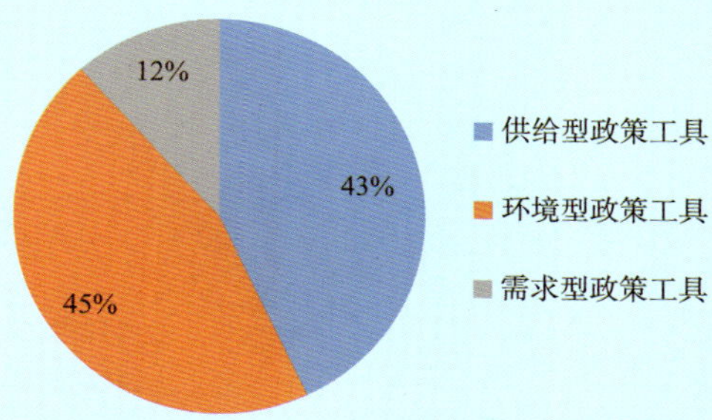

（b）“十三五”上半期战略性新兴产业三大类政策工具分布图

图 10.17 “十二五”期间、“十三五”上半期战略性新兴产业三大类政策工具分布对比图

如图 10.18 所示，具体政策工具中，“十二五”期间使用较多的政策工具为目标规划、法规规范、技术支持、应用示范，“十三五”上半期使用最多的政策工具为目标规划、公共服务、技术支持、人才培养、应用示范，公共服务政策工具的使用率显著提升；“十二五”期间使用较少的政策工具为贸易政策、产权保护、价格指导，“十三五”上半期使用较少的政策工具为政府采购、资金支持、贸易政策、价格指导，产权保护政策工具的使用率有所提升。

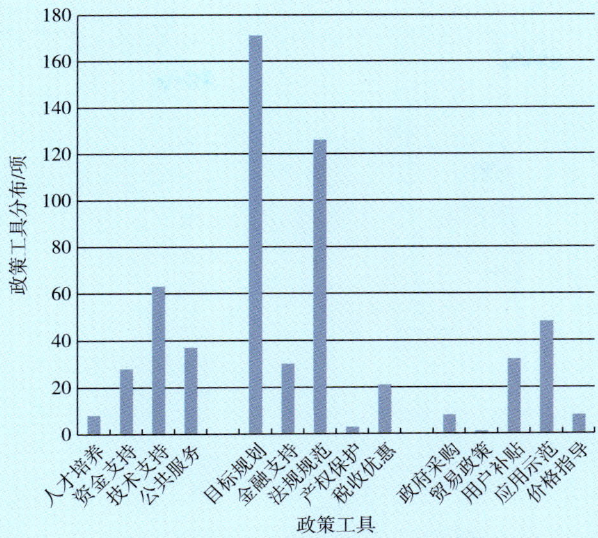

（a）“十二五”期间战略性新兴产业主要政策工具细分图

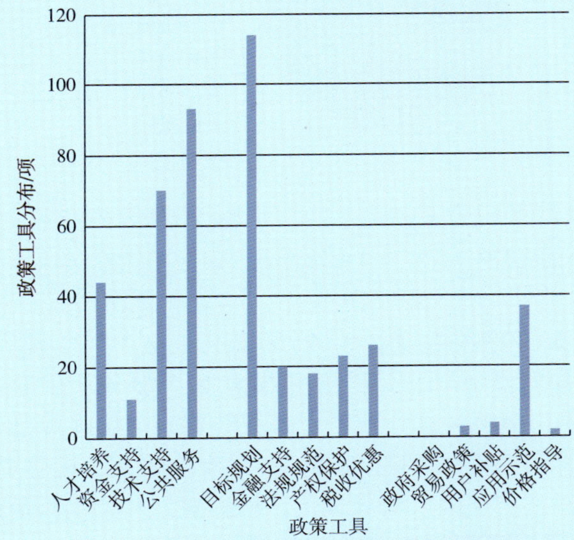

（b）“十三五”上半期战略性新兴产业主要政策工具细分图

图 10.18 “十二五”期间、“十三五”上半期战略性新兴产业政策工具分布图

10.3.2 “十二五”期间与“十三五”上半期各产业领域政策分析

如图 10.19 所示，“十二五”期间，节能环保产业、新能源产业、新一代信息技术产业、生物产业出台的政策较多；“十三五”上半期，战略性新兴产业各产业领域中，新一代信息技术产业、节能环保产业、高端装备制造产业、新能源产业的政策较多；数字创意产业是本次分析新增的类别，其政策工具占全部政策的比重为 5%，

占产业政策的7%。两期对比来看，节能环保产业、新一代信息技术产业的政策工具数量始终排在前三位，高端装备制造产业的政策工具数量占比明显提高。

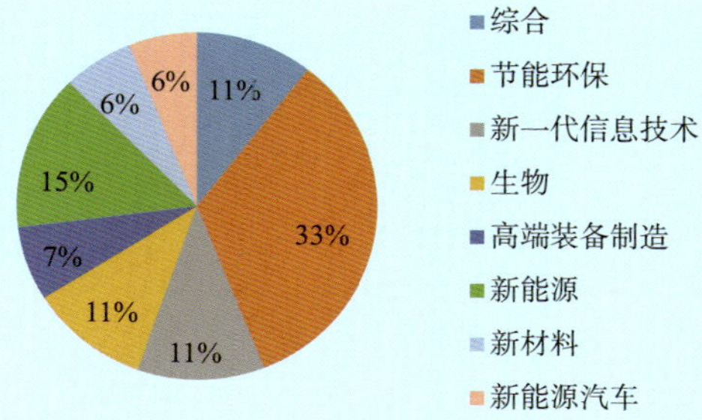

（a）“十二五”期间战略性新兴产业各领域政策发布情况

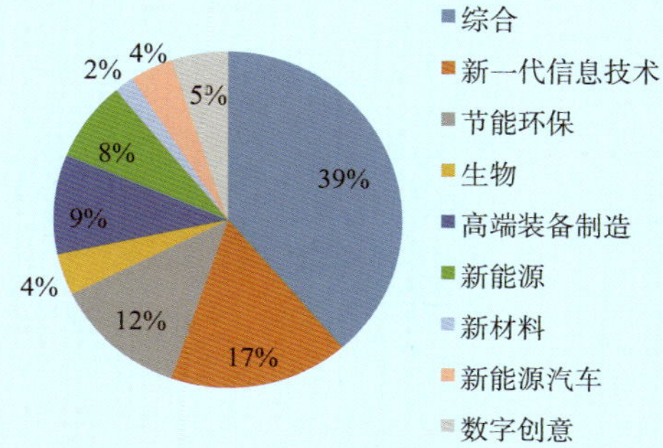

（b）“十三五”上半期战略性新兴产业各领域政策发布情况

图10.19 “十二五”期间、“十三五”上半期战略性新兴产业各领域政策发布情况对比图

具体来看，如图10.20所示，新一代信息技术产业“十二五”期间，目标规划、法规规范政策工具使用较多；“十三五”上半期，公共服务、目标规划政策工具使用较多。如图10.21所示，节能环保产业“十二五”期间，法规规范、目标规划政策工具使用较多；“十三五”上半期，目标规划、技术支持政策工具使用较多。如图10.22所示，生物产业“十二五”期间，法规规范、目标规划政策工具使用较多；“十三五”上半期，公共服务、目标规划、应用示范政策工具使用较多。如图10.23所示，高端装备制造产业“十二五”期间和“十三五”上半期，均以目标规划、应用示范政策工具使用较多。如图10.24所示，新能源产业“十二五”期间，目标规划、法规规范政策工具使用较多；“十三五”上半期，目标规划、公共服务政策工具使用较多。如图10.25所示，新材料产业“十二五”期间，目标规划、法规规范政策工具使用较多；“十三五”上半期，目标规划、公共服务、应用示范政策工具使用较多。如图10.26所示，新能源汽车产业“十二五”期间，应用示范、目标规划政策工具使用较多；“十三五”上半期，法规规范、公共服务、用户补贴政策工具使用较多。

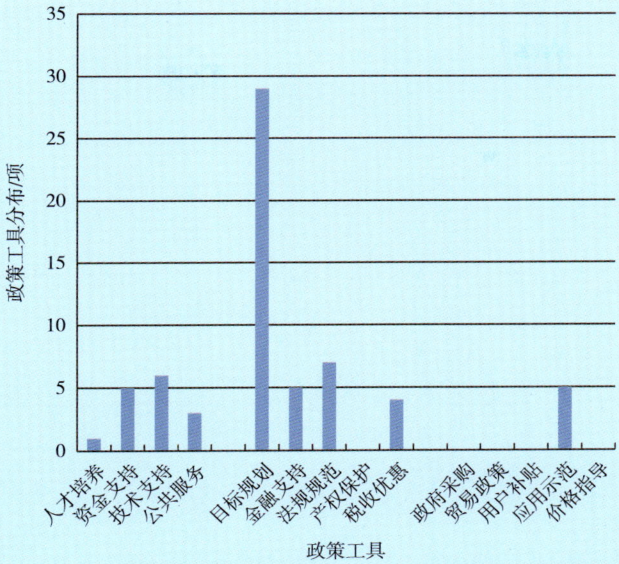

（a）“十二五”期间新一代信息技术产业主要政策工具细分图

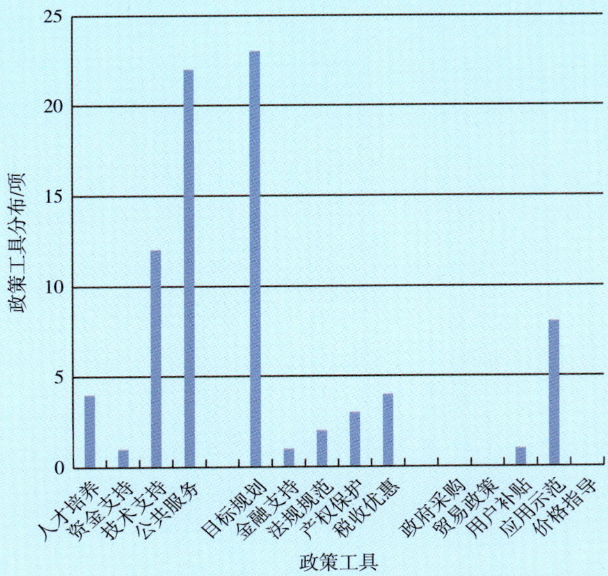

（b）“十三五”上半期新一代信息技术产业主要政策工具细分图

图 10.20 “十二五”期间、“十三五”上半期新一代信息技术产业政策工具分布对比图

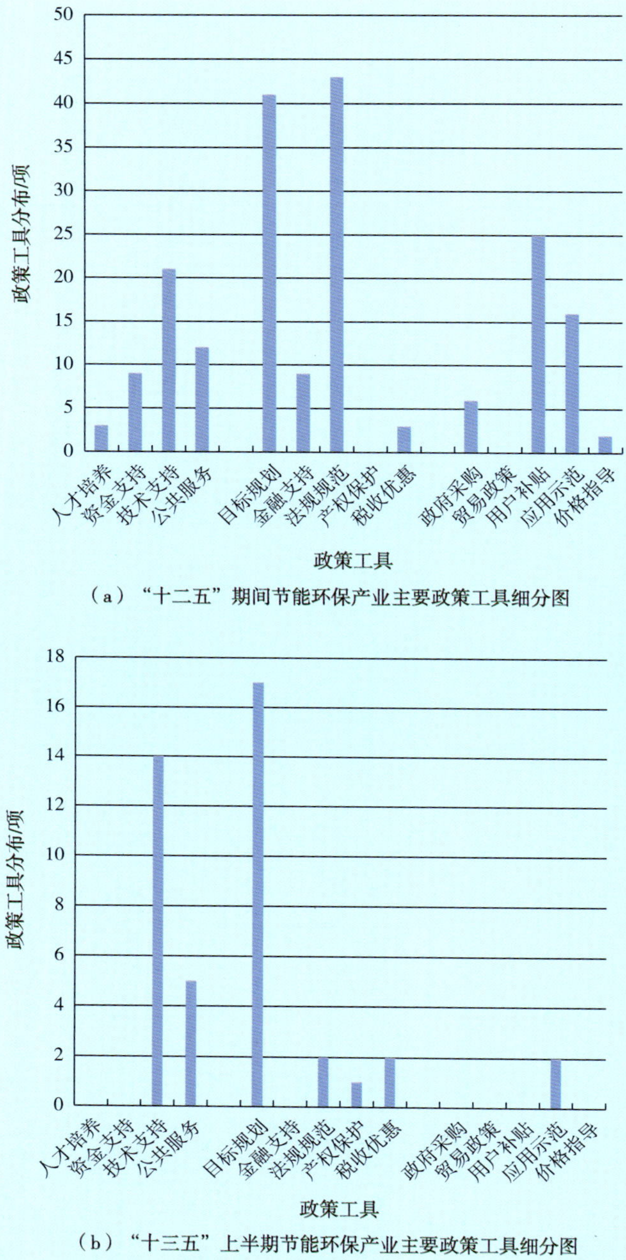

图 10.21 “十二五”期间、“十三五”上半期节能环保产业政策工具分布对比图

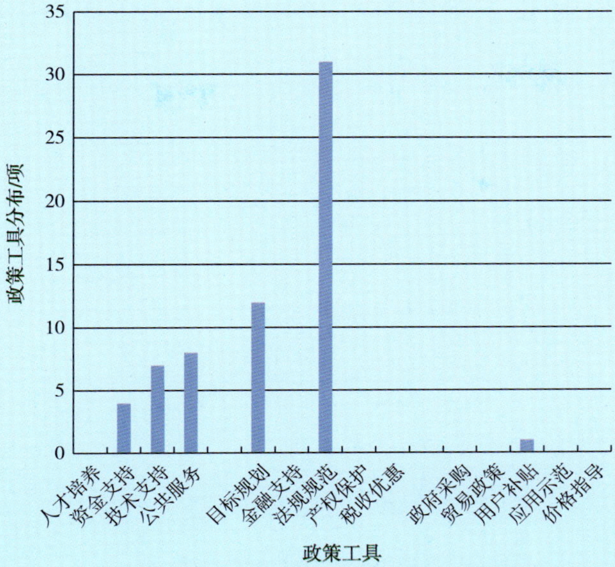

（a）"十二五"期间生物产业主要政策工具细分图

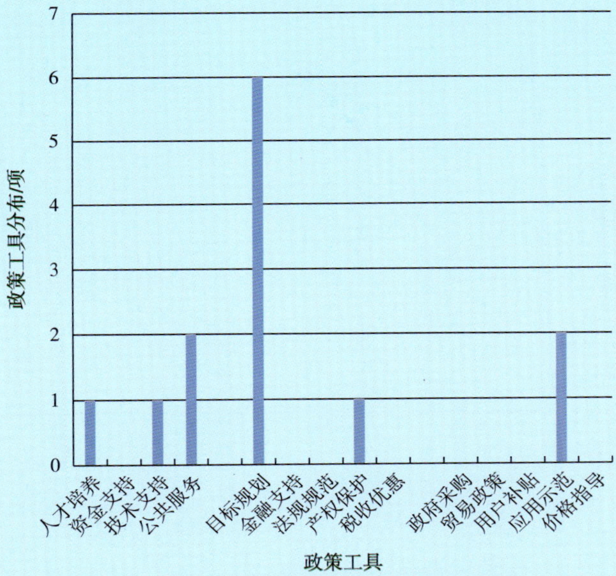

（b）"十三五"上半期生物产业主要政策工具细分图

图 10.22 "十二五"期间、"十三五"上半期生物产业政策工具分布对比图

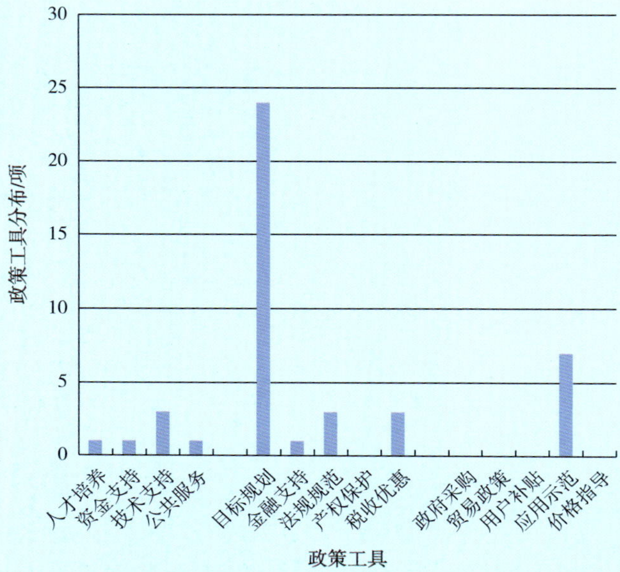

（a）"十二五"期间高端装备制造产业主要政策工具细分图

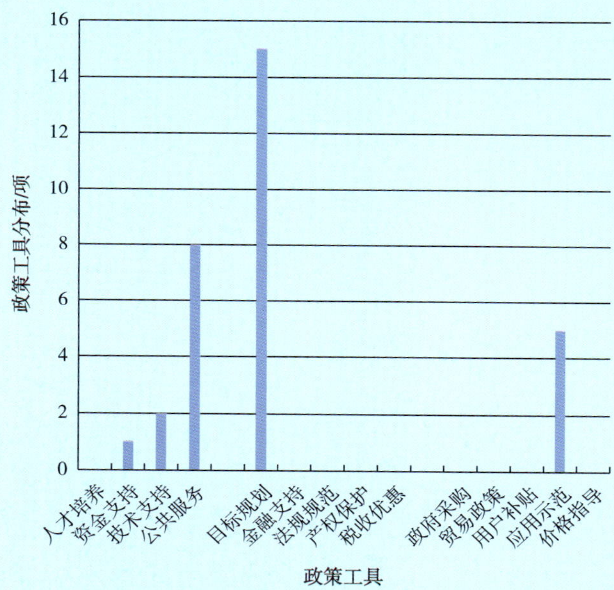

（b）"十三五"上半期高端装备制造产业主要政策工具细分图

图 10.23 "十二五"期间、"十三五"上半期高端装备制造产业政策工具分布对比图

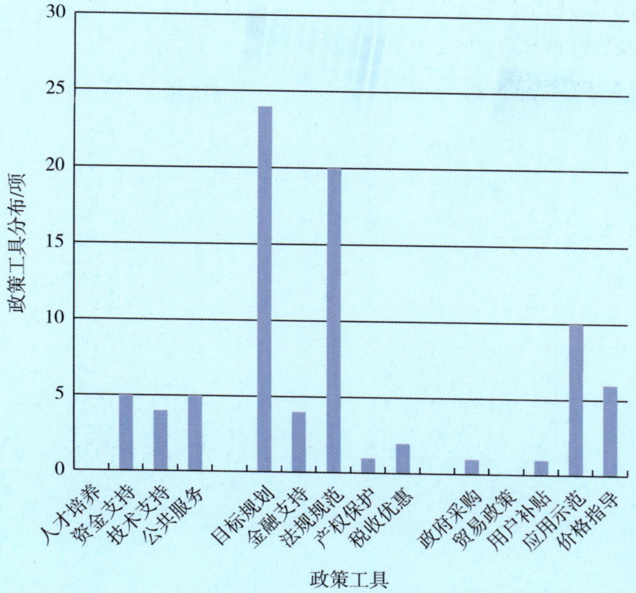

（a）“十二五”期间新能源产业主要政策工具细分图

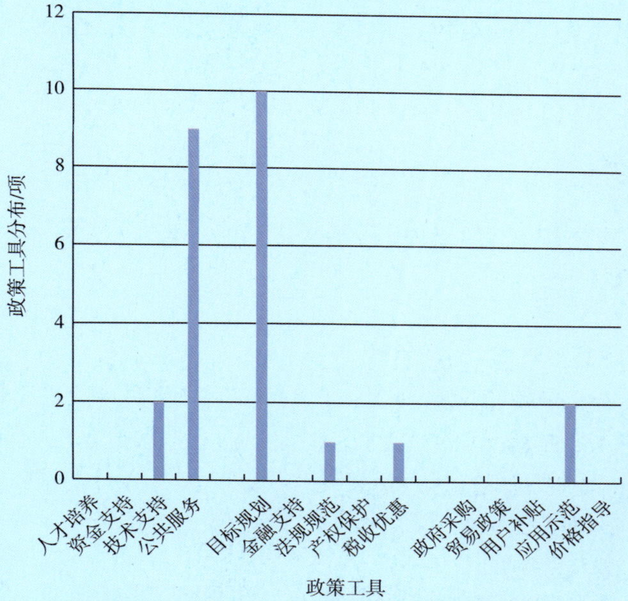

（b）“十三五”上半期新能源产业主要政策工具细分图

图 10.24 “十二五”期间、“十三五”上半期新能源产业政策工具分布对比图

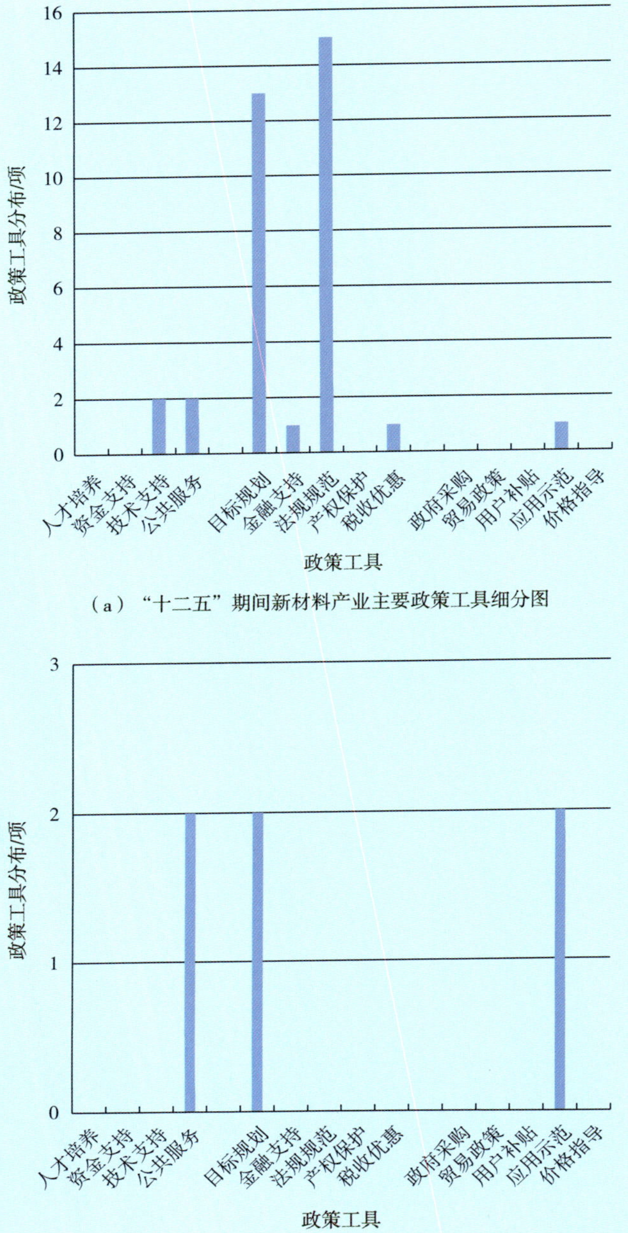

（a）“十二五”期间新材料产业主要政策工具细分图

（b）“十三五”上半期新材料产业主要政策工具细分图

图 10.25 “十二五”期间、“十三五”上半期新材料产业政策工具分布对比图

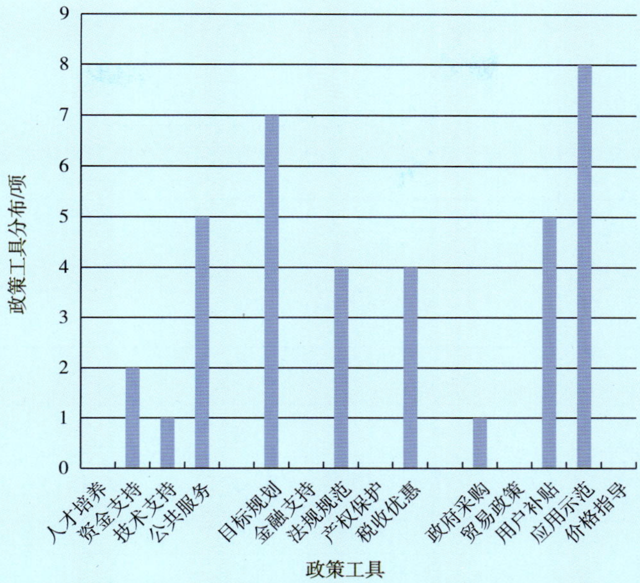

（a）“十二五”期间新能源汽车产业主要政策工具细分图

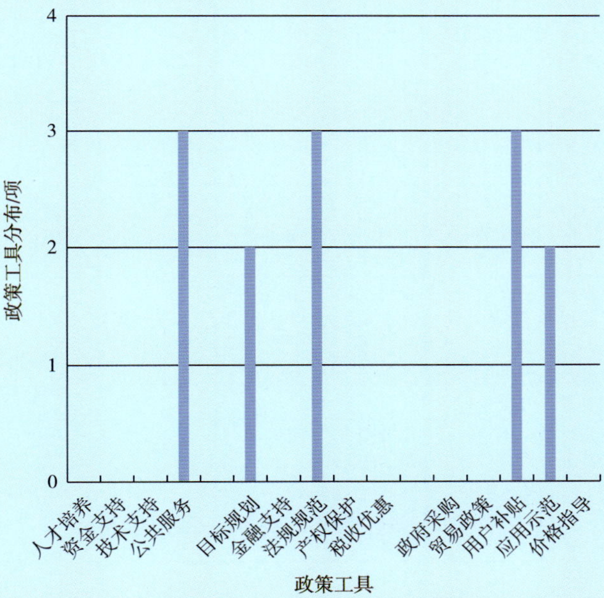

（b）“十三五”上半期新能源汽车产业主要政策工具细分图

图 10.26 “十二五”期间、“十三五”上半期新能源汽车产业政策工具分布对比图

本章附件

2016 年 1 月 1 日至 2018 年 6 月 30 日战略性新兴产业主要相关政策

政策分布	政策名称	发文字号	成文时间
战略性新兴产业总体政策	关于公布第七批“国家新型工业化产业示范基地”名单的通知	工信部规〔2016〕16 号	2016/1/14
	工业和信息化部办公厅关于做好 2016 年工业质量品牌建设工作的通知	工信厅科函〔2016〕104 号	2016/2/17
	国务院关于印发实施《中华人民共和国促进科技成果转化法》若干规定的通知	国发〔2016〕16 号	2016/2/26
	关于印发《国有科技型企业股权和分红激励暂行办法》的通知	财资〔2016〕4 号	2016/2/26
	国务院办公厅关于印发促进科技成果转移转化行动方案的通知	国办发〔2016〕28 号	2016/4/21
	国务院关于促进外贸回稳向好的若干意见	国发〔2016〕27 号	2016/5/5
	国务院关于深化制造业与互联网融合发展的指导意见	国发〔2016〕28 号	2016/5/13
	中共中央 国务院印发《国家创新驱动发展战略纲要》的通知	中发〔2016〕4 号	2016/5/19
	教育部办公厅 国务院国资委办公厅关于举办“战略性新兴产业面向应届高校毕业生网上招聘活动”的通知	教学厅函〔2016〕34 号	2016/5/20
	工业和信息化部办公厅 国防科工局综合司关于组织征集《军用技术转民用推广目录（2016 年度）》技术和产品信息的通知	工信厅联军民函〔2016〕395 号	2016/6/3
	关于加强网络安全学科建设和人才培养的意见	中网办发文〔2016〕4 号	2016/6/6
	工业和信息化部关于支持 2016 年高校毕业生就业创业促进中小企业创新发展的通知	工信部企业函〔2016〕214 号	2016/6/8
	国家发展改革委办公厅 财政部办公厅关于做好国家新兴产业创业投资引导基金参股基金推荐工作的通知	发改办高技〔2016〕1509 号	2016/6/21
	工业和信息化部关于印发促进中小企业发展规划（2016-2020 年）的通知	工信部规〔2016〕223 号	2016/6/28
	科技部办公厅关于印发《科技部落实国家科技计划管理监督主体责任实施方案》的通知	国科办政〔2016〕49 号	2016/7/8
	农业部 科技部 财政部 教育部 人力资源和社会保障部关于扩大种业人才发展和科研成果权益改革试点的指导意见	农种发〔2016〕2 号	2016/7/8
	国家发展改革委印发《关于推动积极发挥新消费引领作用 加快培育形成新供给新动力重点任务落实的分工方案》的通知	发改规划〔2016〕1553 号	2016/7/13
	国务院关于印发《“十三五”国家科技创新规划》的通知	国发〔2016〕43 号	2016/7/28
	工业和信息化部关于印发《促进中小企业国际化发展五年行动计划（2016-2020 年）》的通知	工信部企业函〔2016〕314 号	2016/8/1
	教育部 科技部关于加强高等学校科技成果转移转化工作的若干意见	教技〔2016〕3 号	2016/8/3

续表

政策分布	政策名称	发文字号	成文时间
战略性新兴产业总体政策	国务院关于印发《北京加强全国科技创新中心建设总体方案》的通知	国发〔2016〕52 号	2016/9/11
	关于支持老工业城市和资源型城市产业转型升级的实施意见	发改振兴规〔2016〕1966 号	2016/9/13
	教育部办公厅关于印发《促进高等学校科技成果转移转化行动计划》的通知	教技厅函〔2016〕115 号	2016/10/13
	关于做好中央科技型企业股权和分红激励工作的通知	国资发分配〔2016〕274 号	2016/10/31
	关于加强国际合作提高我国产业全球价值链地位的指导意见	商政发〔2016〕433 号	2016/11/11
	国务院关于印发“十三五”国家战略性新兴产业发展规划的通知	国发〔2016〕67 号	2016/11/29
	国家税务总局关于进一步做好企业研究开发费用税前加计扣除政策贯彻落实工作的通知	税总函〔2016〕685 号	2016/12/21
	财政部 海关总署 国家税务总局关于“十三五”期间支持科技创新进口税收政策的通知	财关税〔2016〕70 号	2016/12/27
	国务院关于印发“十三五”国家知识产权保护和运用规划的通知	国发〔2016〕86 号	2016/12/30
	国家发展改革委关于加强分类引导培育资源型城市转型发展新动能的指导意见	发改振兴〔2017〕52 号	2017/1/6
	中共中央办公厅 国务院办公厅印发《关于实行以增加知识价值为导向分配政策的若干意见》的通知	厅字〔2016〕35 号	2017/1/17
	战略性新兴产业重点产品和服务指导目录（2016 版）	国家发展和改革委员会公告 2017 年第 1 号	2017/1/25
	国家发展改革委 财政部关于重新核发国家知识产权局行政事业性收费标准等有关问题的通知	发改价格〔2017〕270 号	2017/2/9
	中国人民银行 工业和信息化部 银监会 证监会 保监会关于金融支持制造强国建设的指导意见	银发〔2017〕58 号	2017/3/3
	教育部办公厅 国资委办公厅关于举办战略性新兴产业面向应届高校毕业生网上招聘活动的通知（2017）	教学厅函〔2017〕17 号	2017/3/27
	科技部关于印发《“十三五”国家科技人才发展规划》的通知	国科发政〔2017〕86 号	2017/4/13
	关于公布 2016 年战略性新兴产业知识产权集群管理工作验收结果的通知	国知办函协字〔2017〕320 号	2017/5/19
	国家税务局关于提高科技型中小企业研究开发费用税前加计扣除比例有关问题的公告	国家税务总局公告 2017 年第 18 号	2017/5/22
	科技部 发展改革委 财政部关于印发《国家科技重大专项（民口）管理规定》的通知	国科发专〔2017〕145 号	2017/6/1
	工业和信息化部 国资委 国家标准委关于深入推进信息化和工业化融合管理体系的指导意见	工信部联信软〔2017〕155 号	2017/6/26
	国家发展改革委办公厅关于请组织申报 2017 年国家地方联合工程研究中心方案的通知	发改办高技〔2017〕1284 号	2017/7/24
	工业和信息化部办公厅关于组织实施 2017 年智能制造综合标准化与新模式应用项目的通知	工信厅装函〔2017〕468 号	2017/8/15
	国家税务总局 科技部关于加强企业研发费用税前加计扣除政策贯彻落实工作的通知	税总发〔2017〕106 号	2017/9/18
	国务院办公厅关于积极推进供应链创新与应用的指导意见	国办发〔2017〕84 号	2017/10/5

续表

政策分布	政策名称	发文字号	成文时间
战略性新兴产业总体政策	关于研发费用税前加计扣除归集范围有关问题的公告	国家税务总局公告 2017 年第 40 号	2017/11/8
	国务院办公厅关于推动国防科技工业军民融合深度发展的意见	国办发〔2017〕91 号	2017/11/23
	国务院办公厅关于深化产教融合的若干意见	国办发〔2017〕95 号	2017/12/5
	关于 2016 年战略性新兴产业知识产权集群管理工作整改项目验收结果的通知	国知办函协字〔2017〕919 号	2017/12/21
	教育部办公厅关于进一步推动高校落实科技成果转化政策相关事项的通知	教技厅函〔2017〕139 号	2017/12/27
	工业和信息化部办公厅关于印发《2018 年工业通信业标准化工作要点》的通知	工信厅科函〔2018〕99 号	2018/3/16
	关于 2018 年继续开展知识产权运营服务体系建设工作的通知	财办建〔2018〕96 号	2018/5/8
	教育部关于印发《高等学校科技成果转化和技术转移基地认定暂行办法》的通知	教技〔2018〕7 号	2018/5/22
	关于科技人员取得职务科技成果转化现金奖励有关个人所得税政策的通知	财税〔2018〕58 号	2018/5/29
新一代信息技术	国家发展改革委办公厅 公安部办公厅关于请组织申报社会治安防控领域创新能力建设专项的通知	发改办高技〔2016〕380 号	2016/2/17
	国家发展改革委办公厅关于组织申报 2016 年“互联网 +”重大工程中央预算内投资项目的通知	发改办高技〔2016〕907 号	2016/4/8
	关于软件和集成电路产业企业所得税优惠政策有关问题的通知	财税〔2016〕49 号	2016/5/4
	关于做好落实软件和集成电路产业企业所得税优惠政策有关工作的通知	工信厅信软函〔2016〕315 号	2016/5/11
	关于印发国家规划布局内重点软件和集成电路设计领域的通知	发改高技〔2016〕1056 号	2016/5/16
	关于印发《“互联网 +”人工智能三年行动实施方案》的通知	发改高技〔2016〕1078 号	2016/5/18
	关于推动电子商务发展有关工作的通知	发改办高技〔2016〕1284 号	2016/5/20
	关于加强国家网络安全标准化工作的若干意见	中网办发文〔2016〕5 号	2016/8/12
	工业和信息化部印发《关于完善制造业创新体系，推进制造业创新中心建设的指导意见》	工信部科〔2016〕273 号	2016/8/19
	国家发展改革委办公厅关于请组织申报大数据领域创新能力建设专项的通知	发改办高技〔2016〕1918 号	2016/8/26
	国家发展改革委办公厅关于请组织申报“互联网 +”领域创新能力建设专项的通知	发改办高技〔2016〕1919 号	2016/8/26
	工业和信息化部办公厅关于印发《互联网信息安全管理系统使用及运行维护管理办法（试行）》的通知	工信厅网安〔2016〕135 号	2016/9/7
	两部委关于印发《智能硬件产业创新发展专项行动（2016-2018 年）》的通知	工信部联电子〔2016〕302 号	2016/9/19
	工业和信息化部关于印发《信息化和工业化融合发展规划（2016-2020 年）》的通知	工信部规〔2016〕333 号	2016/10/12
	工业和信息化部 国家标准化管理委员会关于印发《智慧家庭综合标准化体系建设指南》的通知	工信部联科〔2016〕375 号	2016/11/14

续表

政策分布	政策名称	发文字号	成文时间
新一代信息技术	关于组织开展新型智慧城市评价工作务实推动新型智慧城市健康快速发展的通知	发改办高技〔2016〕2476号	2016/11/22
	国务院关于印发《“十三五”国家信息化规划》的通知	国发〔2016〕73号	2016/12/15
	国家发展改革委办公厅关于组织实施2017年新一代信息基础设施建设工程和“互联网+”重大工程的通知	发改办高技〔2016〕2710号	2016/12/16
	工业和信息化部关于印发《大数据产业发展规划（2016-2020年）》的通知	工信部规〔2016〕412号	2016/12/18
	工业和信息化部关于印发《信息通信行业发展规划（2016-2020年）》的通知	工信部规〔2016〕424号	2016/12/18
	国家发展改革委 工业和信息化部关于印发《信息基础设施重大工程建设三年行动方案》的通知	发改高技〔2016〕2763号	2016/12/27
	工业和信息化部 民政部 国家卫生计生委关于印发《智慧健康养老产业发展行动计划（2017-2020年）》的通知	工信部联电子〔2017〕25号	2017/2/6
	工业和信息化部关于加强“十三五”信息通信业节能减排工作的指导意见	工信部节[2017]77号	2017/4/19
	工业和信息化部办公厅关于成立智能制造专家咨询委员会的通知	工信厅装函〔2017〕267号	2017/5/2
	工商总局等部门关于印发《2017网络市场监管专项行动方案》的通知	工商办字〔2017〕84号	2017/5/23
	工业和信息化部办公厅关于全面推进移动物联网（NB-IoT）建设发展的通知	工信厅通信函〔2017〕351号	2017/6/6
	国务院关于印发新一代人工智能发展规划的通知	国发〔2017〕35号	2017/7/8
	工业和信息化部办公厅关于印发《移动互联网综合标准化体系建设指南》的通知	工信厅科〔2017〕72号	2017/7/25
	工业和信息化部关于印发《促进新一代人工智能产业发展三年行动计划（2018-2020年）》的通知	工信部科〔2017〕315号	2017/12/13
	国家制造强国建设领导小组关于设立工业互联网专项工作组的通知	工信部信管〔2018〕41号	2018/2/14
	交通运输部办公厅 国家旅游局办公厅关于加快推进交通旅游服务大数据应用试点工作的通知	交办规划函〔2018〕244号	2018/3/8
	关于印发《关于推动资本市场服务网络强国建设的指导意见》的通知	中网办发文〔2018〕3号	2018/3/30
	工业和信息化部办公厅关于开展2018年人工智能与实体经济深度融合创新项目申报工作的通知	工信厅科函〔2018〕118号	2018/4/2
	教育部关于印发《高等学校人工智能创新行动计划》的通知	教技〔2018〕3号	2018/4/2
	国务院办公厅印发《关于促进“互联网+医疗健康”发展的意见》	国办发〔2018〕26号	2018/4/25
	工业和信息化部关于印发《工业互联网APP培育工程实施方案（2018-2020年）》的通知	工信部信软〔2018〕79号	2018/4/27
	工业和信息化部 国资委关于深入推进网络提速降费加快培育经济发展新动能2018专项行动的实施意见	工信部联通信〔2018〕87号	2018/5/11
	关于印发《工业互联网发展行动计划（2018-2020年）》和《工业互联网专项工作组2018年工作计划》的通知	工信部信管函〔2018〕188号	2018/5/31

续表

政策分布	政策名称	发文字号	成文时间
节能环保	国家发展改革委办公厅关于请组织申报环保领域创新能力建设专项的通知	发改办高技〔2016〕378 号	2016/2/6
	中华人民共和国国家发展和改革委员会　中华人民共和国环境保护部　中华人民共和国工业和信息化部公告——清洁生产评价指标体系制（修）订计划（第二批）	2016 年第 8 号	2016/4/8
	住房城乡建设部办公厅关于印发《省级公共建筑能耗监测平台验收和运行管理暂行办法》的通知	建办科〔2016〕18 号	2016/4/11
	新《中华人民共和国节约能源法》（2016 年 7 月修订）		2016/7/1
	工业和信息化部办公厅关于印发《高效节能环保工业锅炉产业化实施方案》的通知	工信厅节函〔2016〕492 号	2016/7/19
	工业和信息化部办公厅关于开展绿色制造体系建设的通知	工信厅节函〔2016〕586 号	2016/9/3
	关于印发《全国生态保护“十三五”规划纲要》的通知	环生态〔2016〕151 号	2016/10/27
	关于垃圾填埋沼气发电列入《环境保护、节能节水项目 企业所得税优惠目录（试行）》的通知	财税〔2016〕131 号	2016/12/1
	关于印发《国家环境保护“十三五”科技发展规划纲要》的通知	环科技〔2016〕160 号	2016/11/9
	工业和信息化部 商务部关于加快我国包装产业转型发展的指导意见	工信部联消费〔2016〕397 号	2016/12/6
	住房城乡建设部关于发布行业标准《绿色建筑运行维护技术规范》的公告	中华人民共和国住房和城乡建设部公告第 1393 号	2016/12/15
	国家发展改革委 国家海洋局关于促进海洋经济发展示范区建设发展的指导意见	发改地区〔2016〕2702 号	2016/12/22
	交通运输部关于印发《推进交通运输生态文明建设实施方案》的通知	交规划发〔2017〕45 号	2017/4/1
	工业和信息化部办公厅 科学技术部关于组织修订国家鼓励发展的重大环保技术装备目录（2014 年版）的通知	工信厅联节函〔2017〕244 号	2017/4/20
	关于印发《循环发展引领行动》的通知	发改环资〔2017〕751 号	2017/4/21
	关于修订《农业资源及生态保护补助资金管理办法》的通知		2017/4/28
	住房和城乡建设部关于发布国家标准《钢铁工业资源综合利用设计规范》的公告	中华人民共和国住房和城乡建设部公告第 1573 号	2017/5/27
	国家税务总局关于成立节能减排工作领导小组的通知	税总函〔2017〕247 号	2017/6/26
	住房和城乡建设部关于发布国家标准《绿色生态城区评价标准》的公告	中华人民共和国住房和城乡建设部公告第 1640 号	2017/7/31
	交通运输部关于推进长江经济带绿色航运发展的指导意见	交水发〔2017〕114 号	2017/8/10
	关于印发节能节水和环境保护专用设备企业所得税优惠目录（2017 年版）的通知	财税〔2017〕71 号	2017/9/6
	工业和信息化部关于加快推进环保装备制造业发展的指导意见	工信部节〔2017〕250 号	2017/10/17
	交通运输部关于全面深入推进绿色交通发展的意见	交政研发〔2017〕186 号	2017/11/27
	关于发布《机动车污染防治技术政策》的公告	公告 2017 年 第 69 号	2017/12/11
	中华人民共和国工业和信息化部 中华人民共和国科学技术部公告——国家鼓励发展的重大环保技术装备目录（2017 年版）	2017 年 第 61 号	2017/12/27
	关于发布《环境专题空间数据加工处理技术规范》等五项国家环境保护标准的公告	公告 2018 年 第 2 号	2018/1/2

续表

政策分布	政策名称	发文字号	成文时间
节能环保	关于发布《国家先进污染防治技术目录（固体废物处理处置、环境噪声与振动控制领域）》2017年的公告	公告 2018 年 第 5 号	2018/1/3
	关于批准西安高新技术产业开发区等 3 家园区为国家生态工业示范园区的通知	环科技〔2018〕11 号	2018/3/23
	关于印发《清洁生产审核评估与验收指南》的通知	环办科技〔2018〕5 号	2018/4/12
	关于推荐先进大气污染防治技术的通知	环办科技函〔2018〕117 号	2018/4/13
	关于发布《建设项目竣工环境保护验收技术指南 污染影响类》的公告	公告 2018 年 第 9 号	2018/5/15
	农业农村部 财政部关于实施绿色循环优质高效特色农业促进项目的通知	农财发〔2018〕22 号	2018/6/13
	国务院关于印发打赢蓝天保卫战三年行动计划的通知	国发〔2018〕22 号	2018/6/27
生物	发展改革委办公厅关于第一批基因检测技术应用示范中心建设方案的复函	发改办高技〔2016〕534 号	2016/3/3
	发展改革委办公厅关于新兴产业重大工程包中药标准化项目的复函	发改办高技〔2016〕1399 号	2016/6/2
	关于印发《医药工业发展规划指南》的通知	工信部联规〔2016〕350 号	2016/10/26
	国家发展改革委关于印发《“十三五”生物产业发展规划》的通知	发改高技〔2016〕2665 号	2016/12/20
	农业部关于印发《“十三五”渔业科技发展规划》的通知	农渔发〔2017〕3 号	2017/1/19
	关于组织实施生物医药合同研发和生产服务平台建设专项的通知	发改办高技〔2018〕633 号	2018/5/31
	农业农村部关于实施农村一二三产业融合发展推进行动的通知	农加发〔2018〕5 号	2018/6/6
	农业农村部办公厅关于开展农业重大技术协同推广计划试点的通知	农办科〔2018〕16 号	2018/6/11
高端装备制造	关于印发《加强信息共享促进产融合作行动方案》的通知	工信部联财 [2016]83 号	2016/3/2
	工业和信息化部 发展改革委 财政部关于印发《机器人产业发展规划（2016—2020 年）》的通知	工信部联规〔2016〕109 号	2016/3/21
	工业和信息化部关于印发《绿色制造 2016 专项行动实施方案》的通知	工信部节〔2016〕113 号	2016/3/24
	工业和信息化部关于开展智能制造试点示范 2016 专项行动的通知	工信部装〔2016〕125 号	2016/4/11
	工业和信息化部 发展改革委 科技部 财政部关于印发制造业创新中心等 5 大工程实施指南的通知		2016/4/12
	工业和信息化部办公厅 财政部办公厅关于发布 2016 年工业强基工程实施方案指南的通知	工信厅联规〔2016〕83 号	2016/5/12
	国家发展改革委 工业和信息化部发布关于实施制造业升级改造重大工程包的通知	发改产业〔2016〕1055 号	2016/5/13
	国家铁路局关于印发《国家铁路局课题研究计划管理办法》的通知	国铁科法〔2016〕25 号	2016/6/20
	质检总局 国家标准委 工业和信息化部 关于印发《装备制造业标准化和质量提升规划》的通知	国质检标联〔2016〕396 号	2016/8/1
	工业和信息化部 质检总局 国防科工局关于印发《促进装备制造业质量品牌提升专项行动指南》的通知	工信部联科〔2016〕268 号	2016/8/15

续表

政策分布	政策名称	发文字号	成文时间
高端装备制造	工业和信息化部印发《关于完善制造业创新体系，推进制造业创新中心建设的指导意见》	工信部科〔2016〕273 号	2016/8/19
	工业和信息化部 国家发展和改革委员会关于印发《智能硬件产业创新发展专项行动（2016 - 2018 年）》的通知	工信部联电子〔2016〕302 号	2016/9/19
	国防科工局 发展改革委关于加快推进“一带一路”空间信息走廊建设与应用的指导意见	科工一司〔2016〕1199 号	2016/10/22
	《航空运动产业发展规划》		2016/11/25
	工业和信息化部 财政部关于印发《智能制造发展规划（2016-2020 年）》的通知	工信部联规〔2016〕349 号	2016/12/8
	工业和信息化部办公厅 发展改革委办公厅 国家认监委办公厅关于促进机器人产业健康发展的通知	工信厅联装〔2016〕169 号	2016/12/16
	工业和信息化部、发展改革委、财政部、人民银行、银监会、国防科工局关于印发《船舶工业深化结构调整加快转型升级行动计划（2016—2020 年）》的通知	工信部联装〔2016〕447 号	2016/12/30
	通用航空“十三五”发展规划		2017/2/17
	民航节能减排“十三五”规划		2017/2/28
	工业和信息化部办公厅关于开展 2017 年智能制造试点示范项目推荐的通知	工信厅装函〔2017〕215 号	2017/4/21
	两部门关于发布 2017 年工业转型升级（中国制造 2025）资金工作指南的通知	工信厅联规〔2017〕53 号	2017/5/24
	工业和信息化部关于印发《高端智能再制造行动计划（2018-2020 年）》的通知	工信部节〔2017〕265 号	2017/10/31
	国务院关于深化“互联网 + 先进制造业”发展工业互联网的指导意见		2017/11/19
	国务院办公厅关于创建“中国制造 2025”国家级示范区的通知	国办发〔2017〕90 号	2017/11/20
	八部门关于印发《海洋工程装备制造业持续健康发展行动计划（2017-2020 年）》的通知	工信部联装〔2017〕298 号	2017/11/27
	工业和信息化部关于促进和规范民用无人机制造业发展的指导意见	工信部装〔2017〕310 号	2017/12/6
	工业和信息化部办公厅关于印发《智能制造综合标准化与新模式应用项目管理工作细则》的通知	工信厅装〔2018〕21 号	2018/3/19
	工业和信息化部办公厅 财政部办公厅关于发布 2018 年工业转型升级资金工作指南的通知	工信厅联规〔2018〕36 号	2018/5/24
	住房城乡建设部办公厅关于印发《城市轨道交通工程 BIM 应用指南》的通知	建办质函〔2018〕274 号	2018/5/30
	国务院办公厅关于进一步加强城市轨道交通规划建设管理的意见	国办发〔2018〕52 号	2018/6/28
新能源	中华人民共和国国家发展和改革委员会　中华人民共和国工业和信息化部　中华人民共和国环境保护部　中华人民共和国商务部　国家质量监督检验检疫总局公告——电动汽车动力蓄电池回收利用技术政策（2015 年版）	2016 年 第 2 号	2016/1/5
	国家能源局综合司关于征求完善太阳能发电规模管理和实行竞争方式配置项目指导意见的函	国能综新能〔2016〕14 号	2016/1/11

续表

政策分布	政策名称	发文字号	成文时间
新能源	国家能源局综合司关于做好光伏发电项目与国家可再生能源信息管理平台衔接有关工作的通知	国能综新能〔2016〕18号	2016/1/11
	关于推进“互联网+”智慧能源发展的指导意见	发改能源〔2016〕392号	2016/2/24
	国家能源局关于建立可再生能源开发利用目标引导制度的指导意见	国能新能〔2016〕54号	2016/2/29
	国家能源局关于印发可再生能源 发电利用统计报表制度的通知		2016/4/14
	关于推进电能替代的指导意见	发改能源〔2016〕1054号	2016/5/16
	国家能源局关于印发《电力规划管理办法》的通知	国能电力〔2016〕139号	2016/5/17
	国家能源局关于下达2016年光伏发电建设实施方案的通知	国能新能〔2016〕166号	2016/6/3
	国家发展改革委 工业和信息化部 国家能源局关于印发《中国制造2025—能源装备实施方案》的通知	发改能源〔2016〕1274号	2016/6/12
	工业和信息化部关于印发《工业绿色发展规划（2016-2020年）》的通知	工信部规〔2016〕225号	2016/6/30
	国家能源局关于建设太阳能热发电示范项目的通知	国能新能〔2016〕223号	2016/9/13
	国家能源局关于印发《太阳能发展“十三五”规划》的通知	国能新能〔2016〕354号	2016/12/8
	工业和信息化部 商务部 科技部关于加快推进再生资源产业发展的指导意见	工信部联节〔2016〕440号	2016/12/21
	国家能源局关于印发《能源技术创新“十三五”规划》的通知		2016/12/30
	十六部门关于利用综合标准依法依规推动落后产能退出的指导意见	工信部联产业〔2017〕30号	2017/2/17
	国家发展改革委 国家能源局关于有序放开发用电计划的通知	发改运行〔2017〕294号	2017/3/29
	工业和信息化部办公厅关于印发《太阳能光伏产业综合标准化技术体系》的通知	工信厅科〔2017〕45号	2017/4/25
	工业和信息化部关于印发《工业节能与绿色标准化行动计划（2017-2019年）》的通知	工信部节〔2017〕110号	2017/5/19
	国家发展改革委、国家能源局关于印发《促进生物质能供热发展指导意见》的通知	发改能源〔2017〕2123号	2017/12/6
	国家能源局关于2017年光伏发电领跑基地建设有关事项的通知		2017/12/29
	国家能源局关于减轻可再生能源领域 企业负担有关事项的通知	国能发新能〔2018〕34号	2018/4/2
	国家能源局关于印发《国家能源应用技术研究及工程示范项目管理暂行办法补充规定》的通知	国能发科技〔2018〕52号	2018/6/7
新材料	工业和信息化部 发展改革委 科技部 财政部关于印发《新材料产业发展指南》的通知	工信部联规〔2016〕454号	2016/12/30
	工业和信息化部关于印发《重点新材料首批次应用示范指导目录（2017年版）》的通告	工信部原〔2017〕168号	2017/7/14
	工业和信息化部 财政部 保监会关于开展重点新材料首批次应用保险补偿机制试点工作的通知	工信部联原〔2017〕222号	2017/8/31
	十二部门关于印发《增材制造产业发展行动计划（2017-2020年）》的通知	工信部联装〔2017〕311号	2017/11/30
	工业和信息化部 财政部关于印发《国家新材料生产应用示范平台建设方案、国家新材料测试评价平台建设方案》的通知	工信部联原〔2017〕331号	2017/12/22

续表

政策分布	政策名称	发文字号	成文时间
新材料	工业和信息化部 财政部关于印发《国家新材料产业资源共享平台建设方案》的通知	工信部联原〔2018〕78 号	2018/4/23
新能源汽车	关于“十三五”新能源汽车充电基础设施奖励政策及加强新能源汽车推广应用的通知	财建〔2016〕7 号	2016/1/11
	四部门关于开展新能源汽车推广应用核查工作的通知	财办建〔2016〕6 号	2016/1/20
	《新能源汽车废旧动力蓄电池综合利用行业规范条件》和《新能源汽车废旧动力蓄电池综合利用行业规范公告管理暂行办法》	中华人民共和国工业和信息化部公告 2016 年第 6 号	2016/2/4
	工业和信息化部关于进一步做好新能源汽车推广应用安全监管工作的通知	工信部装〔2016〕377 号	2016/11/11
	关于召开进一步做好新能源汽车推广应用安全监管工作宣贯会的通知	工装函〔2016〕519 号	2016/11/21
	五部门关于对新能源汽车安全、机动车排放标准升级执行有关情况进行督促检查的通知	工信厅联装函〔2016〕782 号	2016/12/2
	关于调整新能源汽车推广应用财政补贴政策的通知	财建〔2016〕958 号	2016/12/29
	新能源汽车生产企业及产品准入管理规定	中华人民共和国工业和信息化部令第 39 号	2017/1/6
	四部委关于印发《促进汽车动力电池产业发展行动方案》的通知	工信部联装〔2017〕29 号	2017/2/20
	工业和信息化部 国家发展改革委 科技部关于印发《汽车产业中长期发展规划》的通知	工信部联装〔2017〕53 号	2017/4/6
	财政部 税务总局 工业和信息化部 科技部关于免征新能源汽车车辆购置税的公告	财政部公告 2017 年第 172 号	2017/12/26
	工业和信息化部 科技部 环境保护部 交通运输部 商务部 质检总局 能源局关于印发《新能源汽车动力蓄电池回收利用管理暂行办法》的通知	工信部联节〔2018〕43 号	2018/1/26
	四部委关于调整完善新能源汽车推广应用财政补贴政策的通知	财建〔2018〕18 号	2018/2/12
数字创意	文化部办公厅关于做好 2016 年度中央财政文化产业发展专项资金重大项目申报工作的通知	办财务函〔2016〕162 号	2016/4/28
	国务院办公厅转发文化部等部门关于推动文化文物单位文化创意产品开发若干意见的通知	国办发〔2016〕36 号	2016/5/11
	工业和信息化部关于促进文教体育用品行业升级发展的指导意见	工信部消费〔2016〕401 号	2016/12/9
	两部委关于推进工业文化发展的指导意见	工信部联产业〔2016〕446 号	2016/12/30
	文化部“十三五”时期文化发展改革规划		2017/1/1
	文化部办公厅 国家文物局办公室关于开展《关于推动文化文物单位文化创意产品开发的若干意见》落实情况阶段性总结的通知	办产函〔2017〕10 号	2017/1/9
	文化部关于推动数字文化产业创新发展的指导意见	文产发〔2017〕8 号	2017/4/11
	文化部关于印发《文化部“十三五”时期文化产业发展规划》的通知		2017/4/12
	文化部关于印发《文化部“十三五”时期文化科技创新规划》的通知	文科技发〔2017〕9 号	2017/4/26
	文化部关于印发《文化部“十三五”时期公共数字文化建设规划》的通知	文公共发〔2017〕18 号	2017/7/7

续表

政策分布	政策名称	发文字号	成文时间
数字创意	科技部 国家发展改革委 财政部关于印发《“十三五”国家科技创新基地与条件保障能力建设专项规划》的通知	国科发基〔2017〕322 号	2017/10/24
	财政部 税务总局 关于延续动漫产业增值税政策的通知	财税〔2018〕38 号	2018/4/19

第 11 章

国际新形势对中国战略性新兴产业发展的影响及对策分析

薛　澜　张路蓬　陈璐怡

【内容提要】当前正是由第三次科技革命主导的新兴产业发展的黄金时期，把握历史机遇、快速发展新兴产业，将直接影响国家未来的发展空间和竞争实力。随着国际新兴产业的迅速发展，技术深度和广度不断拓展，中国在新兴产业的发展方面也面临着一系列国际挑战。本章主要总结了第四次工业革命到来之际，中国战略性新兴产业发展面临的国际挑战，在此基础上，提出了中国应对国际新形势的对策建议。

11.1　中国战略性新兴产业发展面临的国际挑战

11.1.1　世界主要发达国家对中国战略性新兴产业的发展日趋关注

近年来随着中国创新驱动发展战略的实施，中国创新能力不断提高，在国际学术论文发表及专利申请等方面取得了高速发展。例如，根据世界知识产权组织（World Intellectual Property Organization，WIPO）公布的 2017 年国际专利申请统计数据，中国已经超过日本，并显著缩小了与美国的差距，位居世界第三位。国际主要发达国家，尤其是以特朗普政府为代表的美国，对中国的发展逐渐产生了警惕与预防心理。中国战略性新产业的发展面临新的国际形势，来自美国的担心与防范对中国新兴技术的扩散与发展带来不利局面。

1.“中兴事件”是中美贸易摩擦过程中的标志性事件

中兴事件反映了中国新兴产业发展背后存在的隐患。首先，在未掌握关键核心技术的情况下，企业发展的命脉是无法保障的。其次，在技术领域被动的情况下，企业的运行和发展也是受制于人的。此次中兴事件的直接原因是美方认定中兴公司的商务行为违反了美国对伊朗技术禁运的规定。在美国等国家对中国新兴产业发展高度警觉的情况下，这种制约只会越来越多，对亟待走向国际的中国新兴产业中的领先企业提出了新的挑战。

尽管也有研究提出，可以利用中国在供应链中占据的优势位置，对美国高科技企业进行相似制裁，通过“以打促和”推动美国特朗普政府解除或暂缓对中兴公司的制裁。但是，绝大多数研究认为，扰乱产业链本身就是“逆全球化”行为，不符合中国发展的方向，而且考虑到美国政府后续潜在的其他应对方案，我国政府应该正视中美在特定领域的现实差距，谨慎应对，而不宜简单围绕中兴事件，与美国政府进行直接对抗。

在产业层面，主流观点是不应该在现在立即采取全面对抗的策略，究其原因，主要有三点：第一，就集成电路产业来看，双方科技实力差距较大。中国在产业技术方面存在许多短板，追赶难度大。集成电路技术中部分细分领域甚至还存在着关键技术的缺失，即存在大量技术短板，还需要持续多年的追赶才能有所突破。如果此时与美国发生正面对抗，可能会延长本国核心产业技术的研究时间，导致发展出现瓶颈期。第二，如果以集成电路为核心的科技战影响继续扩大，可能激发美国反华情绪，可能导致美国对我国更大范围上的技术禁运，最终影响到我国其他高科技产业的发展。第三，直接对抗的行为，违背了“完成社会主义初级阶段需要一百年”的基本理念，这种短期冲动与全面对抗行为，并不能够为国家产业的成长争取更多的空间与时间。

2. 中美贸易摩擦愈演愈烈

近年来，由于中美之间贸易总量巨大，两国之间一直存在着许多贸易摩擦。以2017年商务部公布的信息为例，2017年，中国产品共遭遇来自21个国家和地区发起的75起贸易救济调查，其中，反倾销55起、反补贴13起、保障措施7起；涉案金额总计110亿美元。其中，美国立案22起、金额45亿美元，是对我国产品立案数量最多、涉案金额最高的国家[1]。2018年以来，先后对中国生产的大型洗衣机和光伏产品分别征收最高30%和50%的关税，2月又分别对中国的铸铁污水管道配件与铝箔产品厂商征收反倾销税，其中对铝箔征收48.64%～106.09%的反倾销税，以及17.14%～80.97%的反补贴税。但是，前期直到对进口钢铁征收相关反倾销税费时，都集中在中国大宗产品与原材料方面，直到2018年4月4日开始，美国通过对1 333类产品征税，将矛头指向“中国制造2025”战略。加征的关税覆盖该战略所辖的10大高科技产业，如新一代信息技术、航空航天设备、海洋工程装备、高技术船舶、新能源装备等[2]，说明美国逐渐显露了贸易保护主义意图。本轮贸易摩擦并不仅仅是为了减少双边物品贸易额的差值，也是为了遏制中国在高技术领域的迅速发展。2018年7月6日（北京时间），美国开始对第一批清单上818个类别、价值340亿美元的中国商品加征25%的进口关税。2018年8月8日，美国贸易代表办公室（United States Trades Representative，USTR）公布第二批对价值160亿美元中国进口商品加征关税的清单，8月23日起生效。最终清单包含了2018年6月15日公布的284个关税项目中的279个，包括摩托车、蒸汽轮机等产品，将征收25%关税。2018年8月23日，美国在301调查项下对自中国进口的160亿美元产品加征25%关税。

11.1.2　我国高技术产业国际化政策饱受发达国家质疑

1. 集成电路产业发展政策

支持集成电路及产业的税收优惠政策受到指责。例如，为了推动我国软件产业和集成电路产业的发展，2000年6月24日国务院颁布了《国务院关于印发鼓励软件产业和集成电路产业发展的若干政策的通知》（国发〔2000〕18号），采取了一些税收优惠政策，引发了国外产业和政府，特别是美国产业和美国政府的密切关注。美国政府于2004年3月18日向WTO起诉，指责中国对集成电路产业的税收优惠措施违反了WTO规则。由于税收政策某种程度上违反了多边规则，更由于实践考察中发现这些措施在操作中难以进行，我国随后取消了税收优惠相关规定。

前几年，通过收购海外半导体企业，中国大陆集成电路行业获得了非常好的发展机会。但在2015～2016年全球近2 000多亿美元的并购中，中国成功参与并购的项目金额不足6%，集成电路行业未出现大的收购案例。这主要由于中国半导体海外并购的行为已经引起了美国等西方国家的重视，针对中国企业的并购采取了更严格的审查，市场化运作的集成电路产业基金被国际媒体扭曲，中国企业或资本参与的国际并购项目屡屡被否决。国内收购海外半导体企业面临越来越大的挑战，进一步阻碍中国集成电路产业的发展。

2. 风电产业发展政策

组合型产业创新政策执行面临制约。为加快我国风电装备制造业技术进步，促进风电产业自主发展，我国于2008年制定了《风力发电设备产业化专项资金管理暂行办法》，支持对象为中国境内从事风力发电设备生产制造的中资及中资控股企业，在中国的外资企业不能申请。2010年12月22日，美国请求WTO对“中国向国内风力发电设备制造商提供高达数亿美元补贴”一事展开调查，称《风力发电设备产业化专项资金管理暂行办法》实际上等于形成了违规的“进口替代补贴”，即以使用本国出产的货物为条件而给予补贴。中美双方在日内瓦达成一致，签署了谅解备忘录，中方废除了《风力发电设备产业化专项资金管理暂行办法》。

3. 太阳能电池板产业发展政策

中国产品进入美方市场遭遇阻截。2011 年 7 月到 9 月，美国太阳能公司 Solyndra LLC、Spectra Watt 和 Evergreen Solar 纷纷倒闭。美国政府坚持认为，这些公司倒闭的原因之一是中国太阳能产业的迅速崛起。针对中国光伏产业的挑战，考虑到通过 WTO 诉讼时间长、不确定性大、执行期间长，美国决定采取本国调查并且征收反补贴税的方式，阻止中国产品进入美国，从而保护本国产业。2012 年 5 月 18 日，美国商务部初步裁定，对中国出口美国的太阳能光伏组件产品，征收 31% ～ 250% 的反倾销关税。在此案中，涉及中国的品牌认定、高科技认定、价格补偿、税收抵免等多种产业政策。

上述的三个案例中，表面上是美国对中国产业政策的不满，而实际上是由于中国新兴产业的迅速崛起，威胁到处于价值链高端的美国制造业和新兴产业，美国企业和政策制定者大为忧虑。而美国政府利用我国在政策工具运用上的不足及与国际规则产生的冲突，对我国进行施压，希望能够压制我国的产业发展，制约我国的自主创新。由此可见，在可预见的未来，外方仍然会积极指责我国的各项产业创新政策，对促进国际技术转移、鼓励自主知识产权、补贴中资企业、含各类优惠政策的产品目录等各种创新政策进行打压，如美国 301 条款中所述，只要是对美国贸易“不合理”和“不公平”，美方就要加以限制和采用广泛报复措施的权力。

11.2 中国战略性新兴产业发展面临的国内形势

11.2.1 金融、财政体系在支持战略性新兴产业中存在的问题

“十三五”规划中，我国政府明确要大力发展战略性新兴产业。自“十二五”以来，我国金融机构在不断地改进，积极配合支持战略性新兴产业的发展。例如，一些商业银行逐步开放，加大对高新技术企业的信贷投放，各级政府也提出适当的政策来支持战略性新兴产业的发展[3]。但是，依然有一些问题出现。第一，政府的财政支持力度有限。战略性新兴产业的投资门槛较高，很多时候政府给予的扶持资金是远远不够的。此外，办理流程烦琐，效率低下，相关政府管理机构较多，之间的工作流程又相对复杂，增加了企业融资的成本和难度[3]。第二，金融系统与科技发展没有真正对接。由于科技发展前景不明，银行对投资新兴科技项目、科技公司缺乏积极性。而且，我国金融机构对战略性新兴科技项目的审批尚欠缺知识与经验，不能有效地分析、预测项目前景，导致大量科技成果因资金问题无法转化为产品。

第三，金融监管体制尚不成熟。目前金融监管部门没有明确给出支持战略性新兴产业的指导意见。银行仍局限于过时的框架中，使整个系统处于自发和无序状态。很多战略性新兴产业中的中小型企业都跨不过资本市场的高门槛，直接面临融资困境。金融市场的无序性，直接导致了企业融资成本激增[3]。另外，金融领域中法律法规的不完善、政策的不明朗，滋生了许多灰色地带与不良投资环境，如热钱、炒作概念、非法融资等，直接影响了新兴产业的进一步发展。

11.2.2 科研、教育系统与战略性新兴产业衔接中的问题

战略性新兴产业作为技术高度密集、创新异常活跃的产业领域，人才和技术是其核心竞争力。由于我国在电子信息技术领域的教育起步相对较晚，新一代信息技术产业专业人才相对匮乏。以网络空间安全产业方向为例，网络空间安全产业的竞争不仅仅是技术和产品的竞争[4]，更重要的是高素质安全人才的竞争，而我国在网络空间安全领域的人才结构不完善、规模不足，无法满足日益严峻的安全形势和网络空间安全产业发展的需求。以我国机器人产业发展为例，我国机器人产业发展领域中，领军人才、技术研发人才、操作及维修人员等人才缺口已经开始显现。我国现有教育系统与战略性新兴产业之间的衔接主要存在以下问题。第一，我国缺乏机器人技术领域复合型、高技术的研发人才。技术研发人才是机器人产业发展的领头羊和中坚力量，是企业为主体自主创新的核心和根本，我国机器人产业要追赶并超越发达国家，急需大量创新型、复合型机器人高端国际化人才和技术研发人才。第二，我国缺乏工业机器人、高精尖设备的操作和维护人员。工业机器人作为自动化、智能化设备，若操作及维护不当，将严重影响企业生产甚至造成恶性生产事故，以目前我国现有的劳动力结构，急需加快人才培养以满足大批企业进行“机器换人”所带来的技术人员缺口。节能环保产业行业内的科技人员比重远低于其他行业，根据最新的环保产业调查数据，我国环保产业从业人员约319.5万人，其中，高级技师、技师、高级工、中级工人员数量分别为2.4万人、6.3万人、12.1万人和21.3万人。在从业人员获得职称方面，高级技术、中级技术、初级技术数量分别为6.8万人、16.2万人、24.2万人。我国环保产业获得认可的技术及相关职称评定人员数量较低，总体人才结构层次偏低。节能环保产业从业人员的数量、结构无法满足产业快速发展的需求。

11.2.3 知识产权方面存在的问题

现阶段，我国在战略性新兴产业知识产权管理方面仍然面临着严峻的挑战，知识产权数量与质量不协调、区域发展不平衡、保护不够严格等问题依然突出，核心专利、知名品牌、精品版权较少、布局尚不够合理，一些企业缺乏国际布局和参与全球竞争的意识；知识产权服务机构效率低下、确权时间长、数据缺失、检索系统分散等问题，严重影响了技术的扩散与利用效率。加之大数据、互联网等先进技术的兴起，使新兴技术的侵权现象愈加严峻，挫伤了企业等主体的创新积极性。

11.2.4　科技发展方面存在的问题

在科技方面，中国的创新在有些领域是领先的，但是发展极不平衡。现在中国的劳动生产率也只在全球排在九十多名，中国整体经济的质量尚存在较大的提升空间。在一些关键高技术领域，我们的依赖也是相当严重。过去几年，中国进口集成电路的费用比进口石油的费用还要多。此外，创新治理体系有待进一步完善。我们历来强调创新的正面作用，但是对创新可能带来的风险，对创新可能带来的不利影响，怎样进行有效的规制，我们考虑不多[5]。

11.3　国际新形势对中国战略性新兴产业发展的影响分析

11.3.1　产业创新政策制定面临压力

中兴事件、中美贸易摩擦等国际影响的背后是“逆全球化”思潮的不断抬头。“逆全球化”特指在经济全球化发展到一定阶段后所出现的不同程度和不同形式的市场再分割现象。它包含了由全面开放退回到有条件开放，甚至封闭的过程[6]。具体表现在国际对商品、资本和劳动力等要素流动设置的各种显性及隐性障碍。“逆全球化”不仅表现为一国政策对多边开放立场的反转，也表现为对区域一体化的逆转[7]。2017年3月8日，李克强总理在政府报告中强调“当前世界经济低迷，逆全球化思潮抬头”。2018年由美国发起的贸易摩擦，对中国特定行业的“技术封锁”与提高关税，都是这种“逆全球化”趋势的体现，旨在阻挡中国经济与科技的高速发展势头。现在看来，“逆全球化”思潮已经深刻影响了全球经济格局，而对中国实体经济转型升级也造成了一定的影响。

国内学者对于“逆全球化”概念，已经有了大量研究，这些研究从政治、经济、社会多方面进行了深入的剖析。随着技术进步和产业升级，制造业就业人数的下降已持续了半个世纪，任何贸易制裁和封锁政策都无法扭转这一趋势，它是受到需求变化和科技变革推动的[8]。同时，在这些研究中，很多经济学家往往遵循“全球价值链”理论来解释贸易摩擦的危害，即因为每个参与到全球化中的国家都已经嵌入全球价值链中，国家之间的相互制裁、阻碍贸易的行为，最终都将存在“第三方效应”，即阻碍贸易所导致的负面结果将传递影响价值链中的每个国家。所以，学界普遍认为，“逆全球化”趋势不会一直持续下去，很多研究者都会把发展中面临的危机视为一种临时性问题，并认为，所有的问题最终都将顺应整体趋势发展而得到化解，倾向于忽略“逆全球化”所带来的种种现实与短期冲击。此外，还有一些学者提出了一个折中的视角，即美国这些举动并不能称为“逆全球化”，而是一种“再全球化”的方式。

面对“逆全球化”的新局面，我国政府利用优惠政策来扶持国内产业发展的做法也面临新的调整，这类政策在一定阶段可以达到促进产业在本国发展的目的，但是在现有国际规则的制约下，许多潜在的冲突对我们的政策制定过程产生重要影响，也促使我国在政策工具的组合和运用上探寻一些既不违反国际规则又能同时能促进自身产业发展的新手段，如调整政策优惠对象的认定条件等。但是，到目前为止这些政策调整的努力并没有阻止发达国家对我国的制约，相反的是，我国的产业创新政策正面临国际上更大的压力，尤其是在自主创新产品、自主知识产权、自主创新政策网络等方面。

11.3.2　自主创新产品发展受到限制

2006年，《国家自主创新产品认定管理办法（试行）》出台，规定经认定的国家自主创新产品将在政府采购、国家重大工程采购等财政性资金采购中优先购买。原计划出台的《政府采购自主创新产品目录》中，强调国家自主创新产品应符合以下条件：一是产品具有自主知识产权；二是产品具有自主品牌，即产品销售的商标注册地应为中国境内。上述规定，尤其是自主品牌的规定鼓励进口替代产品，引发西方发达国家的普遍不满，认为此行动会阻碍他国产品进入中国政府采购领域。美中贸易全国委员会（US China Business Council，USCBC）在提交的修改建议书中认为，该目录会导致歧视性政策。实际上，尽管自主品牌和自主知识产权的认定对外资企业有一定的不公平，但是中国尚未加入WTO《政府采购协议》，因此在政府采购框架下采购认定的自主创新产品，并不存在违反国际规则之处。而且，中国在《关于开展2010年国家自主创新产品认定工作的通知（征求意见稿）》中，已经将相关认定进行了修改，去除了“知识产权不受境外他人限制”的条款，也就基本取消了对在华外资企业的歧视。

但是，以美国为首的西方国家仍然不断地对中方施加政治压力，包括前几年美国总统奥巴马在内的高级官员多次向中国政府表达关注，要求中方不要采取“歧视性”的政府采购政策，尽管此政策并不违规。2010年，美国国际贸易委员会（United States International Trade Commission，USITC）正式启动对中国的332调查，并提交了《中国的知识产权侵权和自主创新政策对美国经济影响》报告。该报告认为中国已构建了一个由政府采购、人才引进、知识产权、技术标准、政府资助等政策组成的自主创新政策网络，而这些政策歧视国外竞争者，对FDI（foreign direct investment，即外商直接投资）和中国的出口形成障碍，并强迫外资企业对中国进行技术转移。2011年，中方在中美联合声明中表示，“中国的创新政策与提供政府采购优惠不挂钩”，随后财政部废止了要求自主创新产品政府采购的相关办法。

11.3.3　新兴产业发展速度被迫降低

近年来，中国新兴产业蓬勃发展，同时新兴产业的全球化发展特征非常显著，产业链、创新链都是全球化布局。贸易战争的发生，将会在一定程度上影响新兴产业的发展速度。一方面，关税的提高直接提升了新兴产业的产品价格，从而遏制了市场对新兴产业的产品需求；另一方面，贸易摩擦将影响我国通过兼并收购或直接购买国外先进技术，尤其是对高端芯片产业等高度依赖于国外的产业来说，其影响相对较大。此外，在全球资源互补互动的形势下，贸易摩擦将影响中国获取国际资源进行技术创新，从而抑制中国战略性新兴产业的发展速度。

11.4　政策建议

第四次工业革命的到来，让中国与其他国家一并站在“头班车”上。面对贸易保护主义日趋严重的新局面，我们应以增强国家竞争力为核心目标，持续推进自主创新。同时，坚持开放创新，在可能的情况下扩大国际合作，促进优势互补，共同发展。

第一，补齐技术短板，搭建创新桥梁。首先，中国的科学研究需要进一步补短板。在以科学研究为基础的产业中，不管是制药、半导体设计，还是特殊医药、化工材料等领域，我们的差距都是巨大的。所以，中国需要在一些基础研究领域进一步补短板。其次，国家有关部门应组织相关力量密切跟踪国际科技前沿，一方面要跟踪产业创新和国际竞争动态；另一方面，要跟踪各国政府的具体政策措施，进行系统分析和学习。此外，还要跟踪我国各个政策部门在产业创新政策制定方面的发展动态，及时给予提醒与帮助，使得我国能够更好地适应当前全球产业竞争模式。再次，要建立全面的贸易壁垒预警机制，积极应对贸易保护措施，及时全面地评估国外各类贸易保护措施。最后，中国新兴产业的发展需要搭建技术创新的桥梁。应搭建学术界与企业界之间的桥梁，使政、产、学、研多方创新主体有效协同工作。

第二，持续自主创新，加强国际合作。随着中国改革开放的日趋深入，国家的外贸体量，创新能力无不受到国际技术、经济秩序的制约，因此要按照国际规则经营，尽快增强产业的核心自主创新能力，提升整体产业竞争水平，还需要深入参与国际技术与经济规则的制定。通过增加自己在国际组织，尤其是在国际范围技术组织、标准组织中的发言权，为国家经济、社会发展营造良好的外部条件；同时，要以“一带一路”倡议为引导，构建更加开放的区域主义，实现资源、要素在区域中的自由流动，保持供应链的正常运转，通过技术发展为提升中国在全球价值链上的位置努力。重点加强基础研究领域的国际合作，提高基础研究水平，增强原始创新能力[9]。针对我国已有一定能力的产业，要充分尊重和利用国际规则，避免政策上对外资的歧视，减少外方攻击我国的口实。对我国技术上明显有差距的战略核心产业，要下决心提升自主创新能力，形成产学研协同创新模式，按照国际规则在政策上进行调整和创新，提升我国自主创新能力，减少对国外新兴技术专利、产品的进口依赖；同时，要加强自主知识产权，保护本国新兴技术的专利产权。

第三，改革评价体系，扫除创新障碍。我国应建立与国际规则接轨的创新政策体系，扫除创新要素流动的制度性障碍，为企业融入新兴产业全球创新发展体系提供“引进来”和“走出去”的便利条件，促进创新要素的双向流动，有效利用全球科技资源，提高创新质量和效率。增强国内创新政策与国际规则的协调性。创新政策的资助、贷款和税收减免等政策工具应与国际形势和贸易规则相适应，以减少贸易争端，维护公平竞争的市场环境。从定向补贴转向普惠性税收鼓励，给予内外资企业公平竞争的政策环境，是创新政策的转型方向。同时应该完善内部科技评价体系，尤其要调整高尖端科技研发的评价导向。具体包括两个方面：在基础科研与转化方面，要避免“唯论文”的评价体系，让科研人员可以在较长的研究周期下，完成整个技术开发与产业应用，适当减少科研人员在论文方面的精力和时间方面的投入；在强化国有企业的科技投入方面，要减轻企业 GDP 增长的考核压力，进一步完善国有大型企业与研发机构的成长评价体系，将企业自主研发、实现成套设备自主可控、掌握核心关键零部件制造工艺作为企业发展的重要评价指标。

第四，做好顶层设计，完善制度建设。第四次工业革命的很多技术，其背后的选择涉及伦理问题。在这些技术的选择过程中，社会各界不能袖手旁观[10]。一是需要通过社会预见等方式，对新兴技术的社会影响进行充分的探讨和预测，邀请公众、科学家、社会科学家共同参与到这些技术的选择过程中，构建一种多方参与的决策机制。二是同步设计。在新兴技术的发展过程中，我们应该在系统设计的初始过程中就考虑到社会风险、技术风险等问题，做到创新与风险同步考虑、同步解决。三是适应性治理。适应性治理的核心就是在鼓励创新的同时，对其产生的各种风险进行有效的规制。适应性治理需要改变治理机制、节奏及政府和企业的角色定位，共同推进治理体系的不断改善。政府要改变传统高高在上，对企业就像猫抓老鼠一样进行惩罚的做法。在很多新的技术领域方面，企业和政府应该形成一个新的伙伴关系，一起来探讨什么样的方式对创新更加有利，同时也能最大可能地减少对社会的危害。四是全球参与。人工智能、基因编辑等很多新的领域，给全世界的科学界、对全世界政府提出了挑战。在这方面我们要积极参与新的国际规则制定，和全世界各国一起来打造人类命运共同体。

参考文献

[1] 商务部就 2017 年全国农村电商发展情况等答问 [EB/OL]. http://www.gov.cn/xinwen/2018-01/25/content_5260868.htm，2018-01-25.

[2] 曹永胜 . 面对一场不应抱有幻想的战争中国除了坚决应战别无选择 [J]. 中国军转民，2018，(4)：79-83.

[3] 郑毅 . 我国战略性新兴产业发展的金融支持研究综述 [J]. 时代金融，2015，(24)：25-26.

[4] 梁智昊，许守任 .“十三五”新一代信息技术产业发展策略研究 [J]. 中国工程科学，2016，18（4)：32-37.

[5] 薛澜 . 第四次工业革命带来的治理挑战 [J]. 中国总会计师，2017，(1)：37-38.

[6] 卫兴华，何召鹏 . 2017 年国际经济热点问题研究动态 [J]. 经济纵横，2018，(3)：123-128.

[7] 佟家栋，谢丹阳，包群，等．“逆全球化”与实体经济转型升级笔谈：“逆全球化”浪潮的源起及其走向：基于历史比较的视角 [J]. 中国工业经济，2017，(6)：5-13.
[8] 王宇，王铮．贸易保护对全球投资与经济增长的影响 [J]. 经济与管理研究，2018，(2)：31-41.
[9] 吕薇，马名杰．构建开放创新体系：思路与重点 [J]. 新经济导刊，2018，(7)：17-20.
[10] 薛澜．中国创新应该做什么？薛澜从全球视角解读第四次工业革命 [J]. 财经界，2018，(7)：39-40.

第 12 章

浙江省制造业技术改造智能升级的经验与启示

季桓永　周　源

【内容提要】实现制造业技术改造智能升级是深化供给侧结构性改革的重要举措。2013 年以来，浙江省在推进制造业技术改造智能升级方面积累了丰富的工作经验并取得了显著成果。在优化经济结构、转换增长动力的攻关期，浙江经验的推广，对于全面贯彻落实十九大会议精神，推动我国制造业转型发展，加快建设制造强国，有着重要的价值和意义。

当前，我国经济已由高速增长阶段转向高质量发展阶段，正处在转变发展方式、优化经济结构、转换增长动力的攻关期。推进制造业技术改造智能升级对于我国实现绿色可持续发展、加快供给侧改革有着重要的价值。智能升级是指制造范式由机械化、自动化向数字化、数字化网络化和数字化网络化智能化的技术跃迁[1, 2]。目前，我国仍远未完成工业化发展阶段，不同区域和领域的制造业发展水平参差不齐[3]。我国大多数企业，特别是广大中小企业，还没有完全实现从机械化到自动化，以及从自动化到数字化的过渡，这为现阶段在量大面广的成熟工业部门中进行技术改造智能升级带来了极大的困难。因此，要在已有的制造业基础上顺利实现转型升级和跨越发展，不仅需要政府在制度设计和政策执行等方面提供保障，更需要依靠市场，充分动员、协调广泛的社会资源并积极发挥企业在技术改造智能升级过程中的主观能动性。

2013 年以来，浙江省在推动广大中小企业技术改造智能升级过程中取得了显著成果并积累了丰富的经验，在提高企业劳动生产率、提升产品质量水平、缓解招工难问题、培育新兴产业发展、优化工业投资结构等方面取得了丰硕的成果。提炼并学习浙江经验，对于实现我国制造业转型跨越发展，有着重要的意义。

12.1　浙江省推进制造业技术改造智能升级的主要成效

1. 增效提质，企业中高端产品供给能力增强

2013 ～ 2016 年，浙江全省规模以上工业人均劳动生产率累计提高 33.2%，2016 年达到 20.7 万元 / 人；2015 年在全国工业利润负增长的情况下，浙江省规模以上工业企业率先实现利润增长 5%，2016 年浙江省规模以上工业利润增长 16.2%，比全国平均水平高 7.7 个百分点。劳动生产率和工业利润水平的提升得益于实施智能化技术改造后，企业中高端产品供给能力增强。例如，临安三方磁业有限公司在智能工厂初步建成后，订单量从 3 500 万个 / 年提高到 5 000 万个 / 年，中高端产品订单占比上升到 78%。诸暨大唐镇袜业作为浙江传统轻纺产业典型代表，通过淘汰落后产能，成立创新综合服务体，有效整合产业链各要素，其产量在 2015 年、2016 年分别同比下降 5.7% 和 3.9%，地区生产总值却同比上升 3.8% 和 6.9%，财政收入同比上升 9.74% 和 9.7%。

2. 有效缓解企业招工难问题

浙江省制造业长期面临着普通劳动用工供给不足和大中专毕业生就业困难的结构性问题，严重制约着浙江省工业经济的持续发展。开展智能化技术改造工作后，2013 ～ 2016 年，浙江全省万元工业增加值用工人数分别下降 9.0%、8.6%、7.5%、7.4%，相当于 4 年累计弥补普通劳动用工需求缺口 250 万人，有效缓解了企业招工难问题。同时，智能化技术改造创造了一大批技术要求更高的新就业岗位，有效解决了大中专毕业生的就业困难问题。

3. 培育新兴产业发展，助推传统产业升级

2016 年浙江省规模以上装备制造业和战略性新兴产业分别增长 10.9% 和 8.6%，高于规模以上工业增速 4.7 个百分点和 2.4 个百分点。规模以上装备制造业增加值 5 430 亿元，成为浙江省工业的龙头产业。工业设计产业蓬勃发展，2013 ～ 2016 年实现设计服务收入 251 亿元，设计成果转化产值突破 1.5 万亿元。与此同时，2016 年，纺织、服装、造纸等 10 个传统制造业企业数、增加值和利润总额分别占全部规模以上的 50.3%、46.9% 和 50.5%。这既得益于量大面广的中小企业主动实施智能化技术改造，构建了企业规模和素质的新均衡；也得益于新兴产业的快速壮大加速了

创新技术在传统产业的广泛扩散。

4. 改善投资结构，企业技术改造投入成为工业投资主导力量

2013 ～ 2016 年，浙江全省技术改造投资年均增长 17.7%，其中，2016 年技术改造投资额 7 126 亿元，占工业投资比重达 78.3%，成为工业投资的主导力量。实施技术改造引导和促使企业更多的内涵式改造实现提质增效。在 2013 ～ 2016 年的技术改造投资中，以内涵式改造为重点的改建类投资年均增长 73.7%，以产能扩张为主的扩建类投资年均仅增长 3.1%。2015 年工业投资增长率 11%。

12.2 浙江省推进制造业技术改造智能升级的主要做法

在推进以智能升级为主攻方向的制造业技术改造过程中，浙江省各级政府高度重视，坚持以市场为导向，并经过不断地探索和总结，逐步确立并深化了“最大限度地发挥政府引导作用、最大限度地发挥企业家积极性、最大限度地发挥市场机制的决定性作用”的总体工作思路，并形成了分类指导、典型示范、政策扶持、机制保障的推进思路。

1. 优化机制保障，最大限度地发挥政府引导作用

浙江省各级政府高度重视推动制造业智能化技术改造是重要前提。为保障智能化技术改造工作有序进行，在战略层面，浙江省先后出台《中国制造 2025 浙江行动纲要》和《浙江省全面改造提升传统制造业行动计划（2017—2020 年）》，以“是否在今后一段时期具有重大需求”及“是否已经具备一定产业基础”为主要原则，确定了 11 大产业发展重点领域，并针对现阶段发展中的薄弱环节，开展实施了 11 大基础工程。

在战术层面，浙江省一方面深化巩固长效保障机制，自 2013 年开展工业投资和智能化技术改造考核评价以来，形成省与地方联动推进的工作格局，推动了 11 个市和工业强县制订智能化技术改造实施方案，发掘一批可复制、可推广的典型工作经验，并在全国率先实施企业“零土地”技术改造项目审批方式改革，实行负面清单管理和承诺验收制，大大简化了项目审批手续；另一方面基于市场化手段激发智能化技术改造各相关主体的主观能动性，每年安排 2 亿元财政专项资金支持企业智能化技术改造，每年落实 3 000 亩用地指标和 3 000 万元财政专项资金用于鼓励工业投资和智能化技术改造做得好的地区，对企业购置工业机器人给予设备购置款 10% ～ 20% 的补贴。

2. 以效益为原则，最大限度地发挥企业家积极性

智能化技术改造过程中，企业的主观能动性是改造是否成功的主要因素。浙江省结合全省块状经济产业特色，分行业、分批次支持企业实施智能化技术改造项目

试点示范，并选取成功案例在行业内推广，在具体工作中，坚持以效益为原则，以智改成功案例为样板，每年在全省召开近百场“机器换人”、工业互联网升级案例推广现场会，让企业家切实认知智能化技术改造为企业发展带来的效益，降低智改顾虑，并促进了潜在智改企业与工程服务企业的交流合作，有效激发了企业家参与智能化技术改造的主观能动性。

3. 多方协同，最大限度地发挥市场机制的决定性作用

1）培育工程服务队伍，加强企业智改技术供给和推广

推进企业智能化技术改造工作的首要难点是解决生产线改造的技术支撑问题。在实践中，不同行业中的不同企业所面临的技术瓶颈千差万别，为此，浙江省先后推动成立了22个智能化技术改造专家服务指导组和54家工程服务公司，鼓励采取市场化手段，以成本效益为首要原则，分行业开展智能化技术改造诊断调研、方案设计、项目实施等全方位专业技术指导和服务，在实践中强化细分领域工程服务能力。同时，结合浙江省块状经济产业特色，分行业支持企业进行智能升级的试点示范，取得成功后，在行业内推广。目前，浙江省分三批组织实施了汽摩配、电气、泵阀、木业等30个行业的分行业试点示范，成效显著。

2）加快金融创新，加强企业智改资金供给

资金问题亦是约束企业，尤其是中小企业进行智能化技术改造的主要问题。为此，浙江省协调整合地方政府、智能化技术改造企业、浙商银行股份有限公司、工程服务企业、工程设备企业等多个主体，探索出融资、融物、融工程三类融资租赁新模式（表12.1），有效缓解了智改资金难问题。

表12.1 融资租赁新模式

类型	合作主体	合作条件	案例
融资模式	银行与智能化技术改造企业，或银行与工程服务企业，或银行与工程设备企业联合开展资金信贷业务	银行对智能化技术改造项目的全部生产经营活动进行独立账户封闭式监管，按协议规定的利润比例收回信贷资金	杭州蕙勒智能科技有限公司（工程服务企业）受浙商银行股份有限公司1 000万元信用额度，用于装配线和研发中心建设，实现年销售10 085万元，投资回报率达58%
融物模式	银行与工程服务企业，或银行与工程设备企业联合开展设备租赁业务	银行对智能化技术改造项目的全部生产经营活动进行独立账户封闭式监管，按协议规定的利润比例收回设备租金	智能化技术改造企业杭州新天元织造有限公司借助新昌日发纺织机械（工程设备企业）信用，提前使用智能设备，节约人力成本50%，产能提高30%，销售增长200多万元
融工程模式	银行与工程服务企业，或银行与工程设备企业联合开展智能制造工程租赁或PPT模式	根据协议规定，从全部生产经营的独立账户的利润中分期扣还租金，或回收投资	浙商银行股份有限公司为浙江陀曼智造科技有限公司（工程设备企业）与新昌三雄轴承有限公司（智改企业）提供“工程分期付款＋电子商票入池”方案，加速智改工程进度

3）依靠信息经济先发优势，助力制造业加速升级

为充分发挥信息经济的先发优势，加速制造业转型升级，浙江省提出“十万企业上云行动”计划，积极采用“以高打低”的技术战略，充分利用新一代信息技术，尤其是近年取得重大突破的人工智能技术，加快推进新一代智能制造技术的创新研发与集成应用。在做法上，为使各项工作任务和举措落到实处，浙江省于2017年4月下发了《浙江省经济和信息化委员会关于全面推进“十万企业上云”行动的通知》，召开全省“企业上云”专题会议，对各地制订推进计划、组织宣传培训、抓好试点示范和标杆打造等任务都做出了具体部署。抓目标任务分解，量化各行业主管部门和全省11个市“企业上云”的目标任务，各市层层抓落实，均出台了本地“企业上云”具体实施方案。截至2017年7月底，全省新增上云企业已达到56 858家，十万企业上云目标完成在即。

12.3 对完善我国制造业技术改造智能升级的启示

总体来说，浙江省在推进制造业技术改造智能升级过程中所面临的困难是中国制造业总体在实现技术改造过程中所处现实情境的缩影，其在推进制造业智能化技术改造方面所取得的经验，对于我国全面推进制造业智能化技术改造有着重要借鉴价值。

第一，推进智能化技术改造，需要政府高度重视。浙江省高度重视推动传统制造业技术改造智能升级工作，各级单位协调配合，形成工作合力，且多年来坚持以“三个最大限度”方针不变，大力保障智能化技术改造工作的连贯性，不断优化项目审批流程，并且坚持以市场机制为导向，减少政府直接干预。通过树立典型示范、扶持工程服务企业及鼓励金融创新等做法，以点带面，致力于提高企业整体装备水平。长期坚定实施普惠性政策，针对技术改造智能升级的应用、推广和普及阶段的企业，进行“零土地”技术改造、后补助形式的综合奖补等，由企业家根据企业的市场需要，选择智能升级内容，真正做到“企业主体，政府引导”。巩固增强了传统块状产业特色的国际竞争力，为未来进一步开展智能化技术改造工作奠定了市场基础。

第二，推进智能化技术改造工作，方针制定还需有的放矢，因企施策。改革开放以来，浙江省民营经济一直是全省经济发展的主要力量，经过多年积累，逐渐形成了若干分工明确的区域块状经济带。但随着用工成本的上升以及国际政治经济环境的变化，具备传统优势的产业，如轻纺业，逐渐面临着单位生产率和利润率降低、体制机制比较优势弱化的发展瓶颈。面对着不同区域产业差异性及不同企业间机械化水平差异性均较大的复杂局面，浙江省在推进智能化技术改造工作前，全面系统地总结了省内各区域的优势和劣势，通过培育一批具有多个领域技术背景的专家服务组及工程服务企业，分批次、分行业、分区域地对传统制造企业进行智能化技术

改造工作推广，从而从整体上保障全省智能化技术改造工作的稳健运行。同时，结合自身信息经济先发优势特点，大力开展企业上云行动，进一步促进了制造业企业智能化技术改造进程。

第三，推进智能化技术改造工作，需要从政府视角切换到企业视角。只有切实解决企业问题，企业家才有动力参与智能化技术改造。本着以解决企业实践问题为工作导向的思路，浙江省没有强行摊派企业智能化技术改造指标，而是采取智能化技术改造成功案例现场会等方式，开展智能化技术改造工作推广，一方面让企业家切实感受到企业参与智能化技术改造的实惠，从而激发企业家热情；另一方面降低了制造业企业与工程服务企业间的信息不对称，提高了双方的合作机会，从而显著加速了制造业智能化技术改造进程。

第四，推进智能化技术改造工作，需要加强金融财税支持[4]。资金约束是影响我国企业，尤其是中小企业实现智能化技术改造的主要因素。对此，浙江省一方面设定财政专项资金支持企业智能化技术改造，另一方面采取市场化手段，积极探索金融支持方式，引导银行业金融机构对技术先进、优势明显、带动和支撑作用强的智能制造项目优先给予信贷支持，支持金融和投资、信用和融资担保、融资租赁、小额贷款等企业和机构创新融资方式，并开创性地探索出融资、融物、融工程三类融资租赁新模式，为技术改造注入资金杠杆，为智能制造装备企业和制造业智能化改造拓宽融资渠道，从而有效缓解了企业智能化技术改造中融资难问题。

参考文献

[1] 周济．从“数控一代”到“智能一代”：中国制造业正步入20年绝佳发展机遇期 [J]. 中国机电工业，2012,（11）：100-103.

[2] 谭建荣，刘达新，刘振宇，等．从数字制造到智能制造的关键技术途径研究 [J]. 中国工程科学，2017，19（3）：39-44.

[3] 周源．制造范式升级期共性使能技术扩散的影响因素分析与实证研究 [J]. 中国软科学，2018,（1）：19-31.

[4] 魏峰，周源，薛澜．中国制造数控一代产品升级与有组织创新——以泉州数控一代创新工程为案例 [J]. 中国工程科学，2016，18（6）：110-116.

第 13 章

智能制造发展的三种基本范式和“并行推进、融合发展”的技术路线

臧冀原　周　源

【内容提要】智能制造是建设制造强国的主攻方向。智能制造是一个不断演进发展的大概念，本章总结智能制造的内涵，归纳出三个基本范式：数字化制造、数字化网络化制造、数字化网络化智能化制造——新一代智能制造，明确了我国推进制造业智能转型应采取“并行推进、融合发展”的技术路线，提出了我国智能制造未来发展的战略目标、战略方针和发展路径，进而对我国体制机制保障和政策提出初步的建议。

13.1　智能制造的内涵和基本范式

当前全球制造业发生深层次的变化，制造业再次成为全球竞争的焦点。改革开放 40 年来，我国制造业快速发展，取得了举世瞩目的成就，建立起世界规模第一、门类齐全、独立完整的制造体系，但大而不强、产业水平多处于中低端等问题突出。为应对发达国家高端制造业回流影响和新兴市场国家要素成本优势的竞争，我国制造业的发展方式不能是粗放式增长模式的简单复制，而是需要在智能制造条件下推进高质量发展。

新一代信息技术，特别是新一代人工智能技术飞速发展，并加速与制造业融合，这一融合趋势为全球制造业的转型升级带来了新机遇。我国政产学研用金各个主体抢抓机遇，因势利导，初步形成了推进智能制造的热潮。智能制造是我国制造业创新发展的主要抓手，是制造业转型升级的主要路径，是建设制造强国的主攻方向。

企业是智能制造的主体，质量和效益提升是企业实施智能制造的目标。近年来，在智能制造的推进过程中，部分企业存在盲目实施智能制造项目的情况，为智能制造而智能制造，偏离了智能制造的目标。广大企业在智能制造的理性认识、发展方向、路径选择等方面还存在许多困惑和误区。因此，特别应该讨论清楚什么是智能制造，明晰智能制造的内涵，梳理出智能制造的基本范式，有力推动我国制造企业转型升级。

13.1.1　智能制造的内涵

广义而论，智能制造是新一代信息技术与先进制造技术的深度融合，贯穿于产品、制造、服务全生命周期的各个环节及相应系统的优化集成，实现制造的数字化、网络化、智能化，并不断提升企业的产品质量、效益、服务水平，推动制造业创新、绿色、协调、开放、共享发展。

智能制造作为制造技术和信息技术深度融合的产物，其相关范式的诞生和演变发展与数字化、网络化、智能化的特征紧密联系，这些范式从诞生之初都具有数字化特征，计算机集成制造、网络化制造、云智造和智能化制造等具有网络化特征，而未来融入新一代人工智能的智能化制造则具有智能化特征（表 13.1）。

表 13.1　智能制造相关范式基本技术特征

数字化	网络化	智能化
智能化制造	智能化制造	智能化制造
云制造	云制造	
网络化制造	网络化制造	
计算机集成制造	计算机集成制造	
数字化制造		
敏捷制造		
并行工程		
柔性制造		
精益生产		

根据智能制造数字化、网络化、智能化的基本技术特征，智能制造可总结归纳为三种基本范式，即数字化制造——第一代智能制造，数字化网络化制造——“互联网＋”制造或第二代智能制造，数字化网络化智能化制造——新一代智能制造（图 13.1）。

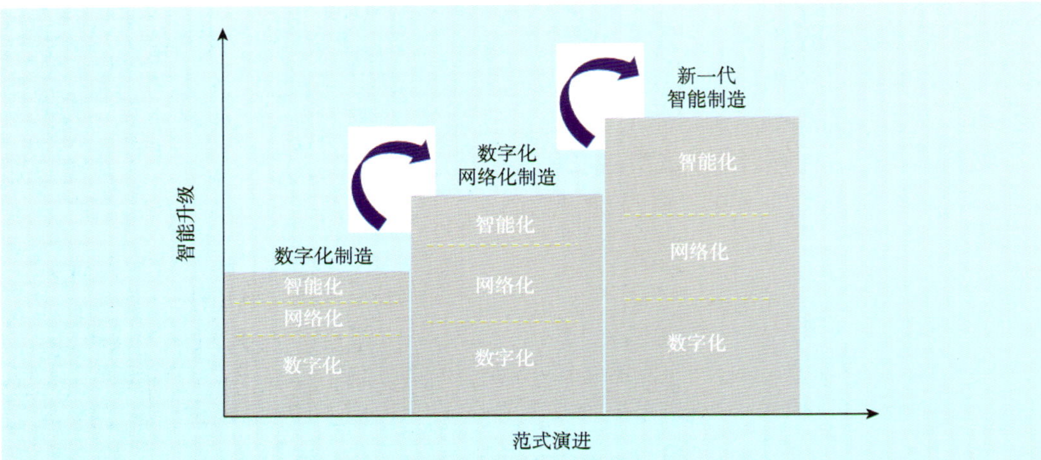

图 13.1　智能制造基本范式的演进

需要强调的是，我国制造业有世界上最为门类齐全、独立完整的产业体系，包括以机电产品制造为主体的离散型制造业和石化、冶金、建材、电力等流程型制造业。这里讨论的智能制造包括了离散型制造业和流程型制造业的数字化网络化智能化。

13.1.2　数字化制造

第一代智能制造是数字化制造，它是智能制造的第一种范式。20 世纪 80 年代后期首次提出智能制造的概念，当时智能制造的主体就是数字化制造，是后两个智能制造基本范式的基础。

20 世纪下半叶以来，随着制造业对于技术进步的强烈需求，数字化制造引领和推动了第三次工业革命，以计算机数字控制为代表的数字化技术广泛应用于制造业，推动制造业发生革命性变化。数字化制造是在制造技术和数字化技术融合的背景下，通过对产品信息、工艺信息和资源信息进行数字化描述、集成、分析和决策，进而快速生产出满足用户要求的产品。数字化制造主要聚焦于提升企业内部的竞争力、提高产品设计和制造质量、提高劳动生产率、缩短新产品研发周期、降低成本和提高能效。

数字化制造的主要特征表现为：第一，在产品方面，数字化技术得到普遍应用，形成数控机床等“数字一代”创新产品。第二，大量采用计算机辅助设计 / 计算机辅助工程 / 计算机辅助工艺规划 / 计算机辅助制造（computer aided design，CAD/computer aided engineering，CAE/computer aided process planning，CAPP/computer aided manufacturing，CAM）等数字化设计、建模和仿真方法；大量采用数控机床等数字化装备；建立了信息化管理系统，采用制造资源计划 / 企业资源计划 / 产品数据管理（manufacturing resource planning，MRPII/enterprise resource planning，ERP/product data management，PDM）等，对制造过程各种信息与生产现场实时信息进行管理，提升各生产环节的效率和质量。第三，实现生产全过程各环节的集成和优化运行，产生了以计算机集成制造系统（computer integrated manufacturing system，CIMS）为标志的解决方案。在这个阶段，以现场总线为代表的早期网络技术和以专家系统为代表的早期人工智能技术在制造业得到应用。

20 世纪 80 年代，我国企业开始了解和认识到数字化制造的重大意义，经过几十年的发展，一大批企业实施了设计、制造、管理等制造全过程的数字化，推广数字化制造装备和数控系统，企业信息化成果显著，特别是近年来，广东、江苏、浙江等地大力推进“机器换人”“数字化改造”，建立起大量的数字化生产线、数字化车间和数字化工厂，众多的企业完成了数字化升级，我国数字化制造进入从探索示范渐入推广普及发展阶段。同时，要充分意识到，我国真正完成数字化制造转型的企业数量，相对我国巨大的企业基数，特别是中小企业，还是少数。因此，我国的智能制造发展必须坚持实事求是的原则，踏踏实实从数字化“补课”做起，进一步夯实智能制造发展的基础。但是，还必须深刻地认识到，西方发达国家是在数字化制造普及的基础上推进网络化制造，而我国在数字化制造“补课”过程中不必沿着西方顺序发展的路径，我们可以并且必须并行推进数字化制造和数字化网络化制造，在帮助企业扎实完成数字化制造“补课”的同时，实现数字化网络化制造升级。

需要说明的是，数字化制造是智能制造的基础，其内涵不断发展，贯穿于智能制造的三个基本范式和全部发展历程。这里定义的数字化制造是作为第一种基本范式的数字化制造，是一种相对狭义的定位。国际上也有多种关于数字化制造的比较广义的定位和理论。

13.1.3　“互联网 +”制造

第二代智能制造是数字化网络化制造，它是智能制造的第二个范式，从本质上讲，就是“互联网 +”制造，在国外也被称为“smart manufacturing”，是在数字化制造的基础上实现网络化，应用工业互联网、工业云的技术实现联通和集成，同时还具备一定的智能。

20 世纪末，互联网技术快速发展并得到广泛普及和应用，“互联网 +”不断推进制造业和互联网融合发展，制造技术与数字技术、网络技术的密切结合重塑制造业的价值链，推动制造业从数字化制造向数字化网络化制造的范式转变。

“互联网 +”制造是在数字化制造的基础上，深入应用先进的通信技术和网络技术，用网络将人、流程、数据和事物连接起来，联通企业内部和企业间的“信息孤岛”，通过企业内、企业间的协同和各种社会资源的共享与集成，实现产业链的优化，快速、高质量、低成本地为市场提供所需的产品和服务。先进制造技术和数字化网络化技术的融合，使得企业对市场变化具有更快的适应性，能够更好地收集用户对使用产品和对产品质量的评价信息，在制造柔性化、管理信息化方面达到了更高的水平。

“互联网 +”制造在产品、制造、服务各环节，相对之前的制造模式都有了显著不同，实现了制造系统的连通和信息反馈，主要特征表现为：第一，在产品方面，数字技术、网络技术得到普遍应用。部分产品能够通过网络进行连接和交互，成为网络的终端。第二，在制造方面，实现企业内、企业间的供应链、价值链的连接和优化，打通整个制造系统的数据流、信息流。企业能够通过设计和制造平台实现制造资源的全社会优化配置，开展与其他企业之间的业务流程协同、数据协同、模型协同，实现协同设计和协同制造。生产过程更加柔性，能够实现小批量多品种的混流生产。第三，在服务方面，企业与用户通过网络平台实现联结和交互，掌握用户的个性化需求，用户能够参与产品全生命周期活动，将产业链延伸到为用户提供产品健康保障等服务。大规模个性化定制生产、远程运维服务、全生命周期质量追溯服务、以供应链优化为核心的网络协同制造等新模式新业态正在悄然兴起。规模定制生产逐渐成为消费品制造业发展的一种普遍模式，远程运维服务模式在工程机械行业得到广泛应用。企业生产开始从以产品为中心向以用户为中心转型，企业形态也逐步从生产型企业向生产服务型企业转型。

21 世纪以来，世界主要国家加速推进智能制造。德国工业 4.0 以 CPS（cyber-physical systems，即物理信息系统）为核心，将产品、制造、服务数据化和集成化，实现企业内、企业间的集成和互联互通。美国工业互联网提出将全球工业系统与高级计算、分析、传感技术及互联网高度融合，重构全球工业，激发生产力。德国工业 4.0 和美国工业互联网完整地阐述和提出了数字化网络化制造范式及实现的技术路线。

我国工业界紧紧抓住互联网发展的战略机遇，大力推进“互联网 +”制造，一批企业在进行数字化改造的同时，逐渐形成从内部互联到企业间互联互通，形成了一些典型试点示范项目。例如，海尔集团建立起以智能制造执行系统为核心的互联工厂，可实时、同步响应全球用户需求，并快速交付智能化、个性化的方案。维尚家具制造有限公司构建“新居网”互动开放式设计平台，充分挖掘消费者的个性化需求，实现消费驱动生产，并建立“大规模家具设计定制生产系统”，有效解决个性化定制与标准化、批量化生产的矛盾。西安飞机工业（集团）有限责任公司构建了飞机协同开发与制造云平台（DCEaaS），实现 10 家参研单位和 60 多家供应商的协同开发、制造服务和资源动态分析与弹性配置。

今后一个阶段，我国推进智能制造的重点是推广和大规模应用“互联网 +”制造——第二代智能制造。

13.1.4　新一代智能制造

新一代智能制造——数字化网络化智能化制造是智能制造的第三种基本范式，可对应于国际上推行的“intelligent manufacturing”。

21 世纪以来，移动互联、超级计算、大数据、云计算、物联网等新一代信息技术飞速发展，集中汇聚在人工智能技术的突破上。人工智能技术与先进制造技术的深度融合，形成了新一代智能制造——数字化网络化智能化制造，成为新一轮工业革命的核心驱动力。新一代智能制造的主要特征表现在制造系统具备了“认知学习”能力。通过深度学习、增强学习、迁移学习等技术的应用，新一代智能制造中制造领域的知识产生、获取、应用和传承效率将发生革命性变化，显著提高创新与服务能力。随着制造知识生产方式的变革，新一代智能制造形成了一种新的制造范式。

新一代智能制造将给制造业带来革命性变化，是真正意义上的智能制造，将从根本上引领和推进第四次工业革命，为我国实现制造业换道超车、跨越发展带来了历史性机遇。如果说数字化网络化制造是新一轮工业革命的开始，那么新一代智能制造的突破和广泛应用将推动形成新一轮工业革命的高潮。

13.2　我国推进智能制造发展“并行推进、融合发展”技术路线

13.2.1　智能制造的延续性和融合性

本章分析了智能制造三个基本范式的内涵和特征，从中可以总结出智能制造发展的两个特性：延续性和融合性。

延续性：智能制造的三个基本范式同时具有时间上和目标上的延续性，数字化制造、“互联网 +”制造和新一代智能制造次第展开，目标聚焦制造业的效率和质量提升，体现着新一代信息技术与先进制造技术融合发展的阶段性特征。

融合性：数字化制造、“互联网 +”制造和新一代智能制造范式并不是绝然分离的，而是相互交织、迭代升级的。例如，在数字化制造范式中，已经应用了信息通信技术和第一代人工智能技术；在数字技术、网络技术充分发展的今天，智能制造各基本范式推进过程中都可按照需要融入各种先进技术，体现着智能制造发展的融合性特征。

综合中国国情，基于对智能制造延续性和融合性的认识，我国推进智能制造应采取三个基本范式“并行推进、融合发展”的技术路线，从而实现制造业的智能升级、跨越发展。

13.2.2　我国采用“并行推进、融合发展”的技术路线

智能制造在西方发达国家是一个“串联式”的发展过程，数字化、网络化、智能化是西方顺序发展智能制造的三个阶段。我国不能走西方顺序发展的老路：用几十年时间充分发展数字化制造之后，再发展数字化网络化制造，进而发展新一代智能制造，这样就无法完成我国制造业转型升级的历史任务。我国必须充分发挥后发优势，采取“并联式”的发展方式，也就是要数字化、网络化、智能化“并行推进、同步发展”。一方面，我国必须坚持“创新引领”，直接利用互联网、大数据、人工智能等最先进的技术，瞄准高端方向，加快研究、开发、推广、应用新一代智能制造技术，推进先进信息技术和制造技术的深度融合，走出一条推进智能制造的新路。另一方面，我们必须实事求是，因企制宜、循序渐进地推进企业的技术改造、智能升级。充分利用我国

大力推进“互联网＋制造”的成功实践给我们提供的重要启示和宝贵经验，企业根据自身发展的实际需要，“以高打低、融合发展”，采取先进的技术路线解决传统制造问题，不断加入新一代人工智能等各种新技术，丰富完善提高“互联网＋制造”水平，扎扎实实地完成数字化“补课”，同时，向更高的智能制造水平迈进。

我国在推动三个基本范式“融合发展”时，必须制定统一的标准，这对我国智能制造发展至关重要。未来20年，我国企业在“并行推进”三个基本范式过程中，将普遍面临多次技术升级和范式转化，我国必须高度重视制定和实行智能制造的相关标准，这些标准实现向上“兼容升级”，这样就使得企业在范式转化过程中不需要推倒重来，避免低水平重复建设，有利于广大企业的技术改造、智能升级。

13.3 政策建议

13.3.1 加强和落实智能制造推进机制

进一步强化并充分发挥“国家制造强国建设领导小组”的领导和统筹协调作用，进一步突出智能制造作为主攻方向的地位，协同各部门智能制造相关工作，使中央政府、地方政府、行业、企业围绕国家战略，形成系统推进、层层落实的智能制造组织实施领导体系；将智能制造作为经济、科技和金融融合发展的主要结合点，有效促进三者的深度融合、良性循环，形成用产学研金政协同的智能制造发展生态环境。

建议国务院制定出台“关于推进智能制造，加快建设制造强国的指导意见”，明确智能制造的重要意义和基本形势，阐明我国智能制造的总体要求、发展战略、主要任务和支撑保障，落实智能制造优先行动，动员全社会力量共同推进智能制造，为建设制造强国而奋斗。

13.3.2 加大对发展智能制造的财税支持

继续加大政府财政资金投入。围绕发展智能制造的重点环节多措并举，推动各类国家科技重大专项、科技计划加大对智能制造的支持力度。加大对重大项目支持力度，对当年度获国家智能制造专项、工业强基专项等重大项目的企业，按照属地原则给予专项奖励。用好技术改造专项资金，推进智能制造实施，将智能制造作为技术改造的主要方向，通过股权投资、贴息、事后奖补等方式支持企业开展数字化网络化智能化改造，推动企业的技术改造投入成为工业投资的主体。采取税收激励支持政策。符合规定条件的企业可享受企业所得税优惠和进口税收优惠政策。落实固定资产加速折旧政策，给予税收减免。对企业开展智能化技术改造的项目投资列入研发加计扣除，建立留抵退税制度。对智能升级改造项目，在项目竣工投产后，从增收的税收中拿出一部分给予返还奖励。

13.3.3　加大对发展智能制造的金融支持

发挥国家财政投入的引导作用，吸引企业、社会资本，建立智能制造多元化投融资体系。加大信贷支持力度，引导银行业金融机构对技术先进、优势明显、带动和支撑作用强的智能制造项目优先给予信贷支持。支持金融、投资、信用和融资担保、融资租赁、小额贷款等机构与装备制造企业、系统解决方案提供商、用户相结合，创新融资模式和产品，采取按揭、融资租赁等方法，支持智能制造装备企业和新业态新模式新应用的发展。鼓励建立按市场化方式运作的各类智能制造发展基金，积极引导金融机构依法创新符合智能制造的产品和业务，鼓励社会风险投资、股权投资投向智能制造领域。提高制造业企业直接融资比重。积极引导和支持制造业重点领域符合条件的企业发行公司债、企业债、短期融资券、中期票据等。支持制造业企业通过IPO上市、新三板挂牌融资，拓宽企业股权融资渠道。

金融机构在风险可控的前提下，开展与智能制造相关的知识产权质押贷款或以知识产权质押作为主要担保方式的组合贷款、信用贷款及其他非质押类贷款模式创新、贷款产品创新，扩大对智能装备制造企业和应用企业贷款抵质押品范围。

13.3.4　深化国际交流合作

加快与各国政府建立高级别智能制造合作对话机制。在智能制造标准制定、知识产权等方面广泛开展国际交流与合作。支持国内外企业及行业组织间开展智能制造技术交流与合作，做到引资、引技、引智相结合。鼓励跨国公司、国外机构等在华设立智能制造研发机构、人才培训中心，建设智能制造示范工厂、产业园区。鼓励国内企业通过参与国际并购、参股国外先进的研发制造等方式，掌握智能制造关键技术，逐步实现自主发展。积极推动国际智能制造联盟建设，依托世界智能制造大会、智能制造国际会议等开展学术交流，坚持企业主体与市场导向，实现智能制造更高水平的开放。

投融资篇

第 14 章

战略性新兴产业上市公司融资发展趋势研究

张振翼　钟　晨　张立艺　杨　虹　焦多田

【内容提要】战略性新兴产业代表未来科技和产业发展的新方向，持续受到资本市场青睐，成为投融资热点领域。本章以战略性新兴产业上市公司融资数据研究为基础，分析不同领域、不同区域及不同类型的战略性新兴产业上市公司的融资特征，并归纳总结当前存在的突出问题，提出支持战略性新兴产业上市公司融资的政策建议。

近年来，随着新兴产业的快速发展，战略性新兴产业企业已经成为我国上市公司（本章特指 A 股市场）的重要组成部分，且总体融资需求持续提升。从融资模式来看，战略性新兴产业主要通过 IPO 融资、增发融资、配股融资、金融机构借款、债券融资等股权及债权融资模式获取资金，本章前三部分重点介绍战略性新兴产业上市公司这几类主要融资模式的总体特征，深入研究不同领域、不同区域、不同规模和属性的战略性新兴产业上市公司股权和债权融资特征。本章第四部分对融资租赁、知识产权抵押贷款、资产证券化等融资模式及创新型融资模式进行重点介绍。基于上述研究表明，不同类型企业融资特征存在差异明显、股权融资政策不稳定、资金使用效率有待提升、融资结构有待优化及部分企业融资难度较大等突出现象，建议进一步加大新兴产业上市公司融资支持力度，加快推进融资机制创新，不断优化融资结构。

14.1　战略性新兴产业上市公司融资基本现状

14.1.1　战略性新兴产业上市公司基本情况

截至 2018 年第二季度末，A 股上市公司中共有 1 492 家战略性新兴产业企业，占上市公司总数的 42.3%。其中，主板、中小板和创业板分别有 573 家、389 家和 530 家战略性新兴产业企业，在各自板块中占比分别为 30.3%、42.7% 和 72.7%。自“十三五”初至 2018 年第二季度末，共有 339 家战略性新兴产业企业实现 A 股 IPO 上市，募集资金达 1 973.3 亿元，占同期上市公司 IPO 总募资额的 41.8%，为战略性新兴产业发展提供了重要的融资平台。

14.1.2　战略性新兴产业上市公司融资主要目的

上市公司融资是以企业的资产、权益和预期收益为基础，筹集项目建设、营运及业务拓展所需资金的行为过程。也就是公司根据自身的生产经营状况、资金拥有状况，以及公司未来经营发展需要，通过科学的预测和决策，采用一定的方式，从一定的渠道向公司的投资者和债权人去筹集资金，保障公司正常生产活动和经营管理活动所需资金融通行为。上市企业的发展可以看成是一个融资、发展、再融资、再发展的过程，其筹集资金的主要目的包括：企业扩张，如投资再生产、并购企业等；偿还债务；补充日常经营现金流；改善财务结构；等等。

14.1.3　主要融资模式及规模变化

根据资金来源，上市企业融资可以分为内源融资和外源融资，内源融资主要是指从公司的留存利润中获取所需资金；外源融资主要指债权融资和股权融资，其中，债权融资主要有金融机构借款、债券融资等，股权融资主要有 IPO 融资、增发融资及配股融资等。当前，上市公司最主要的融资方式是 IPO、增发、长短期借款及债券，本章也将重点介绍战略性新兴产业上市公司这几类外源融资模式的情况及特征。

从近几年融资数据来看，战略性新兴产业上市公司融资总额呈现持续上升态势，但增速低于上市公司总体，呈现增速下滑趋势。2017 年融资规模达到 2.85 万亿元，同比增速 10.8%（图 14.1）[1]。

从融资结构来看，战略性新兴产业上市公司融资以债权融资为主，占比超过 8 成，2017 年长期借款、短期借款及应付债券融资额分别为 9 238.1 亿元、11 097.1 亿元和 3 487.1 亿元，三者占比分别为 32.4%、39.0%、12.2%，合计 83.6%。战略性新兴产业上市公司股权融资以增发和 IPO 融资为主，2017 年两者融资额分别为 3 585.0 亿元和

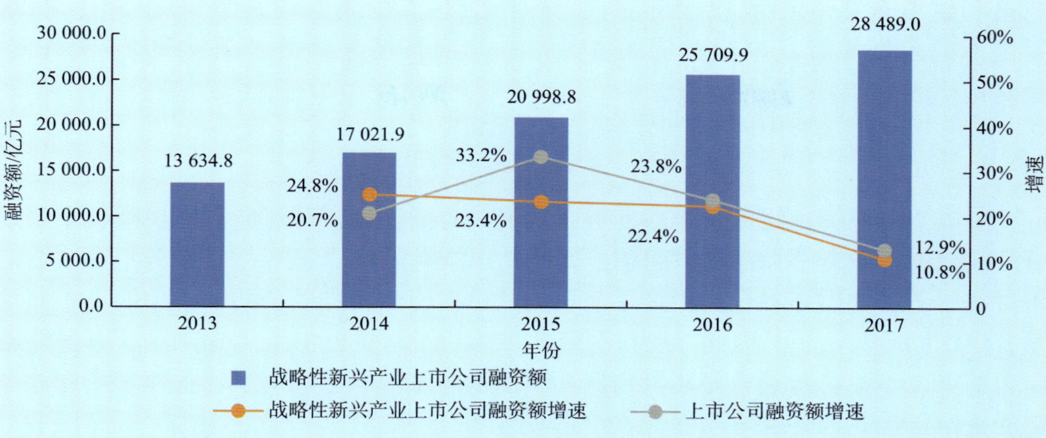

图 14.1　2013 ～ 2017 年战略性新兴产业上市公司融资规模变化

951.5 亿元，占比分别为 12.6% 和 3.3%；配股融资占比较低，仅为 0.5%（图 14.2）。

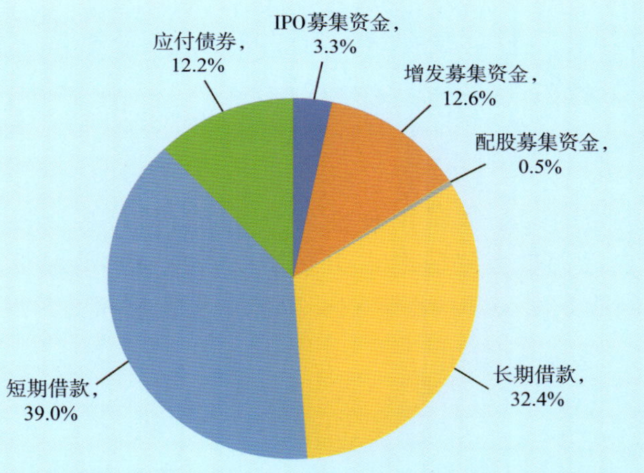

图 14.2　2017 年战略性新兴产业上市公司主要融资模式构成

14.1.4　融资模式选择主要影响因素

上市公司在选择融资方式时，主要考虑以下因素。

1. 融资成本

融资成本是指企业为筹集和使用资金而产生的代价。上市公司选择哪种融资方式，首先考虑的因素是融资成本的高低，一般来说融资成本越低，融资收益就越高。在不考虑税收的条件下，企业通过内源融资的成本是最低的，因为内部融资成本不涉及实际的成本费用发生。外源融资中，债务融资成本主要包括利息和融资费用；而股权融资的成本包括股息支付成本和股票发行成本。从融资成本的角度来看，内源融资成本最小，其次是债务融资，股权融资成本相对最高。

2. 融资风险

上市公司融资时同样需要高度重视融资风险的控制，尽可能选择风险较小的融资方式。内源融资不存在支付问题，因此几乎没有风险；股权融资在公司存续期使用过程中不需要偿还本金，增加了公司的资本实力，增强了公司的举债能力，而且没有固定的股利负担，因此，股权融资的风险相对来说也不高；债权融资有法律强制力约束，不论公司经营好坏，到期必须偿还固定的本金和利息，从而形成企业固定的负担，偿还期限越短，融资风险相对越大。

3. 盈利能力

单从盈利角度考虑，上市公司总资产报酬率大于债务利息时，负债越多，企业的净资产收益率就越高，对企业发展及所有者就越有利。因此，当企业处于盈利上升通道时，应增加债务融资，获得杠杆收益；而当企业盈利处于下行通道时，企业应减少债务融资，减少杠杆损失。

4. 企业控制权

上市公司在融资时，如果采用股权融资可能会稀释控制权，导致原有股东的利益遭受损失。而采用债务融资时，由于债权人在正常情况下无权参与公司的经营管理，不会影响股东对公司的控制权。因此，从控制权的角度考虑企业应侧重债务融资。

5. 经济环境

经济环境是指企业进行财务活动时的宏观经济状况，在经济增速较快时，企业可以加大债务性融资，获得杠杆收益；而在经济发展缓慢甚至经济危机时，企业应减少债务融资，更多采用股权融资方式。

6. 融资期限

上市公司通过发行股票融资所筹集的资金是企业的资本金，具有永久性，无到期日。由于银行一般不愿冒太大的风险，一般不愿出借巨额的长期借款，所以银行借款期限相对较短。而与银行借款相比，债券融资是面向社会公众募集的，还款期限相对较长。

14.2　战略性新兴产业上市公司股权融资发展特征

14.2.1　股权融资环境及规模变化

1. 股权融资环境

“十三五”以来，国务院多次强调完善投融资体制、发展股权融资，这在提高企业直接融资比重、降低企业杠杆率等方面起到重要引导作用。例如，2016年10月，国务院发布《国务院关于积极稳妥降低企业杠杆率的意见》，针对积极降低企业杠杆率工作做出了相关的部署，其中有19次提及股权，可见其发展的重要性。在《国务院关于积极稳妥降低企业杠杆率的意见》中多次提及要发展股权投资，完善中小型企业的股权转让体系，完善小额、快速化、灵活化及多元化的投融资体系。制定完善中小型企业的股份转让挂牌转板的制度，规范中小型企业区域股权市场，支持股权市场的运营模式及创新，强化其融资功能。

与此同时，国家在诸多政策文件中体现了大力支持新兴产业企业股权融资发展的内容。例如，《“十三五”国家战略性新兴产业发展规划》《“十三五”生物产业发展规划》等规划文件均明确提出了支持新兴产业企业开展股权融资的措施。2016年12月国务院印发的《“十三五”国家战略性新兴产业发展规划》中明确指出，要提高战略性新兴产业企业直接融资比重。具体措施包括：“积极支持符合条件的战略性新兴产业企业上市或挂牌融资，研究推出全国股份转让系统挂牌公司向创业板转板试点，建立全国股份转让系统与区域性股权市场合作对接机制。探索推进场外证券交易市场及机构间私募产品报价与服务系统建设，支持战略性新兴产业创业企业发展。大力发展创业投资和天使投资，完善鼓励创业投资企业和天使投资人投资种子期、初创期科技型企业的税收支持政策，丰富并购融资和创业投资方式。”“鼓励保险公司、社会保险基金和其他机构投资者合法合规参与战略性新兴产业创业投资和股权投资基金。推进投贷联动试点工作。”

2018年政府工作报告明确提出“支持优质创新型企业上市融资”。积极支持新动能巨头企业国内上市融资，成就一批具有世界影响力和竞争力的新蓝筹企业也成为上海证券交易所和深圳证券交易所2018年的重点工作。2018年3月30日，国务院办公厅发布《国务院办公厅转发证监会关于开展创新企业境内发行股票或存托凭证试点若干意见的通知》，引导互联网、大数据、云计算、人工智能、软件和集成电路、高端装备制造、生物医药等领域优质企业获得优先上市通道，正式发文支持新经济及新兴产业领域优质企业国内上市公司融资。截至2018年6月末，药明康德、富士康、宁德时代等3家优质企业实现A股IPO上市，共募资348.3亿元，占上半年IPO总募资的37.7%。

2. 股权融资规模变化

近年来，新兴产业上市公司股权融资总额大体呈上升趋势，2013 ～ 2017 年股权融资额年均增速达 44.5%。“十三五”以来，新兴产业上市公司股权融资水平维持在历史高位水平，2016 年及 2017 年股权融资总额均超过 4 000 亿元，融资额分别为 5 705.6 亿元和 4 666.6 亿元。分融资模式来看，作为新兴产业上市公司最主要的股权融资渠道，增发融资额近 3 年保持在 3 000 亿元以上，占股权融资比重维持在 75% 以上；IPO 融资额自 2014 年恢复 IPO 以来呈现加速增长态势，2017 年 IPO 融资额达到 951.5 亿元，较 2014 年增长 2.2 倍左右；配股融资经历 2 年的低潮期，2017 年出现大幅回升，但是在股权融资总体占比依然很小（图 14.3）。

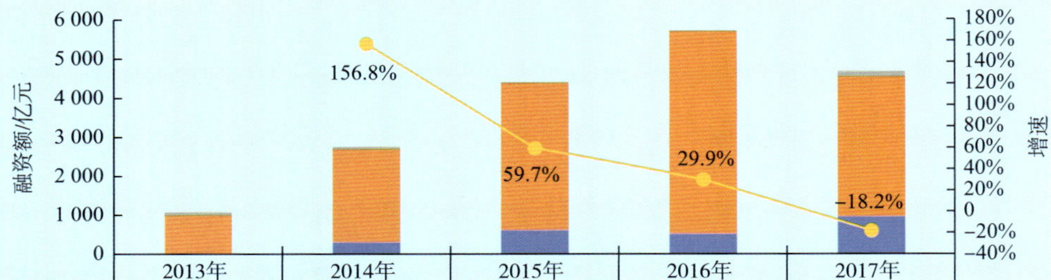

	2013年	2014年	2015年	2016年	2017年
配股融资额/亿元	74.0	61.3	15.9	17.7	130.1
增发融资额/亿元	997.5	2 391.7	3 772.5	5 179.2	3 585.0
IPO融资额/亿元		298.7	604.8	508.6	951.5
股权融资增速		156.8%	59.7%	29.9%	-18.2%

图 14.3　2013 ～ 2017 年战略性新兴产业上市公司股权融资规模变化

14.2.2　分领域股权融资特征

1. 分领域股权融资总体特征

从分领域股权融资规模来看，新一代信息技术领域融资规模最大，2017 年占比达 44.1%；绿色低碳、高端制造及生物三大领域融资规模次之，2017 年三者份额均超过 10%，但不足 20%；数字创意领域融资规模最低，2017 年占比仅为 5.5%。从 2014 年以来变化趋势来看，新一代信息技术领域作为战略性新兴产业上市公司重要组成，不论是 IPO 融资和增发融资都得到管理层大力支持，股权融资规模始终位于五大领域首位；绿色低碳领域融资规模占比较为平稳，维持在 20% 上下；高端制造领域融资占比呈现持续回升态势；生物领域融资规模占比出现较大波动，份额受到新一代信息技术挤占；数字创意融资占比呈现快速回落态势（图 14.4）。

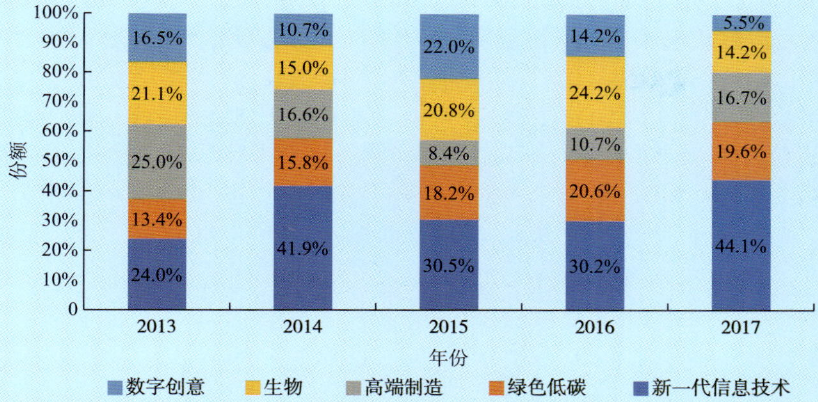

图 14.4　2013 ～ 2017 年战略性新兴产业上市公司股权融资分领域结构变化

2. 绿色低碳领域股权融资特征

1）总体股权融资规模相对稳定

“十三五”以来，绿色低碳领域股权融资规模均超过 900 亿元，2016 年融资规模高达 1 174.1 亿元，2017 年融资规模回落至 914.0 亿元。从绿色低碳子领域来看，新能源产业融资规模最大，2017 年融资额为 618.9 亿元，占比达 67.7%；其次是节能环保领域，2017 年融资额为 239.3 亿元，占比为 26.2%；新能源汽车融资规模最小，2017 年融资额为 55.8 亿元，占比仅为 6.1%（图 14.5）。

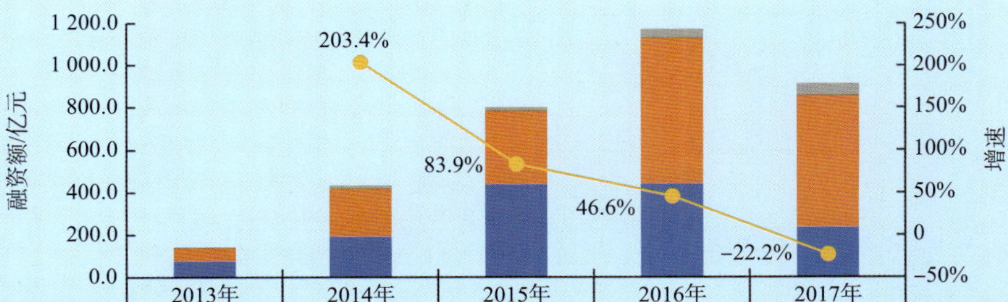

	2013年	2014年	2015年	2016年	2017年
新能源汽车融资额/亿元	1.9	14.5	16.0	40.9	55.8
新能源融资额/亿元	62.0	225.3	342.9	688.4	618.9
节能环保融资额/亿元	79.7	195.7	442.1	444.8	239.3
绿色低碳股权融资增速		203.4%	83.9%	46.6%	−22.2%

图 14.5　2013 ～ 2017 年绿色低碳上市公司股权融资规模变化

2）增发融资为主要模式

从股权融资的模式来看，绿色低碳领域股权融资以增发融资为主，其次是 IPO

和配股融资。2017 年，绿色低碳领域增发共募资 658.8 亿元，占比达 72.1%；IPO 募资 177.1 亿元，占比达 19.4%；配股募资 78.1 亿元，占比 8.5%（图 14.6）。

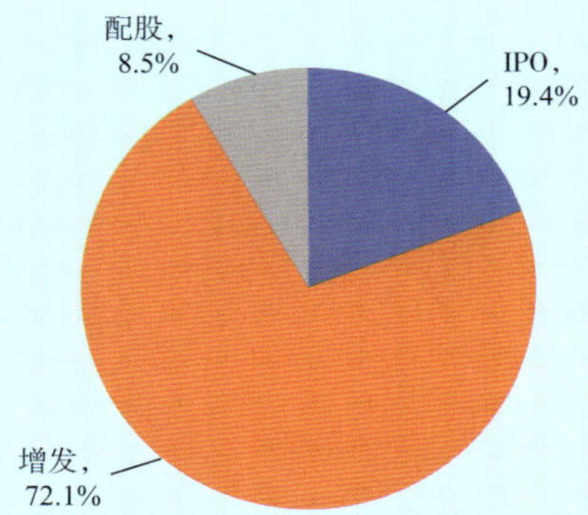

图 14.6　2017 年绿色低碳上市公司股权融资分模式结构

3）节能环保领域股权融资额出现快速回落

长远来看，我国节能环保行业还处于发展初期，行业发展很大程度依赖于政府投资，是明显的政策驱动型产业。“十三五”以来，随着国家整体投资增速的回落，节能环保行业新签订单增速和已有项目开工率呈现放慢趋势，行业整体业绩也不及预期，对行业整体融资也产生了一定负面影响。2017 年，高效节能及先进环保子领域融资规模均出现下滑，拖累节能环保股权融资总规模回落 46.2%（图 14.7）。

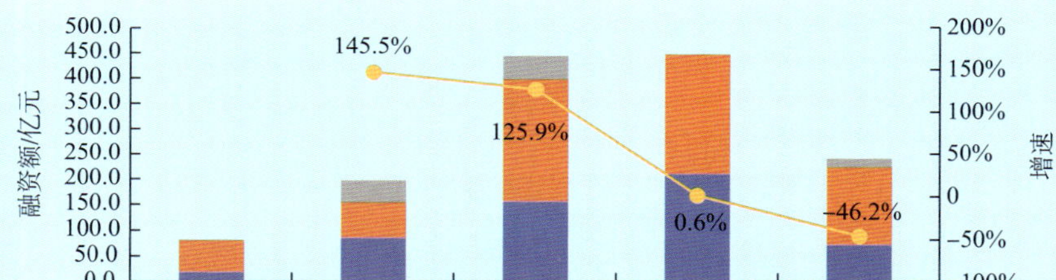

	2013年	2014年	2015年	2016年	2017年
资源循环利用融资额/亿元	0.0	42.3	46.0	0.0	16.7
先进环保融资额/亿元	60.8	67.9	240.5	235.5	149.5
高效节能融资额/亿元	18.9	85.5	155.6	209.3	73.1
节能环保股权融资增速		145.5%	125.9%	0.6%	-46.2%

图 14.7　2013 ～ 2017 年节能环保上市公司股权融资规模变化

4）新能源领域股权融资额总体维持高位

“十三五”以来，新能源领域股权融资额均保持较高水平，达到 600 亿元以上。其中，2016 年在太阳能、风能及智能电网融资额明显提升带动下，整体融资额达到 688.4 亿元，同比涨超 100%，2017 年虽然太阳能、风能及核电技术等重点子领域融资额出现明显回落，但是在智能电网融资额继续强劲增长带动下，整体融资额达 618.8 亿元，规模仍是 2015 年的 1.8 倍。随着中国电力尤其是新能源发电事业发展步伐不断加快，我国智能电网也得到迅速发展，相应融资需求实现跨越式增长，2016 年智能电网股权融资额为 162.5 亿元，较 2015 年增长 2 倍有余，2017 年融资额达 288.1 亿元，同比增长 77.3%（图 14.8）。

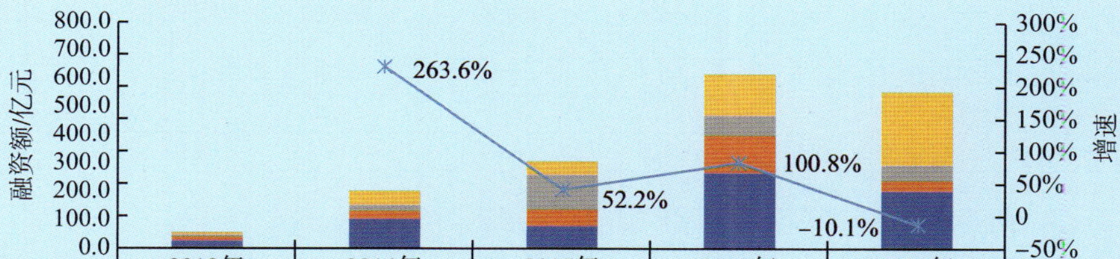

	2013年	2014年	2015年	2016年	2017年
智能电网融资额/亿元	7.7	53.5	50.7	162.5	288.1
核电技术融资额/亿元	8.9	23.9	138.3	77.7	60.8
风能融资额/亿元	14.6	31.7	64.4	148.6	41.6
太阳能融资额/亿元	30.8	116.2	89.6	299.6	228.3
新能源股权融资增速		263.6%	52.2%	100.8%	-10.1%

图 14.8　2013 ～ 2017 年新能源上市公司股权融资规模变化

3. 生物领域股权融资特征

1）总体股权融资规模出现回落

“十三五”以来，生物领域股权融资规模出现先升后降的态势，2016 年融资规模高达 1 383.4 亿元，2017 年融资规模回落至 661.6 亿元。从生物子领域来看，生物医药产业融资规模最大，2017 年融资额为 555.9 亿元，占比达 84.0%；其次是生物医学工程领域，2017 年融资额为 75.9 亿元，占比为 11.5%；生物农业、生物制造以及生物质能领域融资额相对较低，2017 年三者融资额占比仅为 4.5%（图 14.9）。

2）生物医学工程更多地通过IPO实现融资

从股权融资的模式来看，生物领域股权融资总体以增发和 IPO 融资为主。2017 年，生物领域增发共募资 470.2 亿元，占比达 71.1%；IPO 募资 191.5 亿元，占比达 28.9%。同时，从生物领域重点产业来看，由于近年来发展迅速，更多的生物医学企业通过 IPO 获取股权融资，融资占比达 77.4%，明显高于战略性新兴产业及生物产业整体股权融资结构中 IPO 融资占比（图 14.10）。

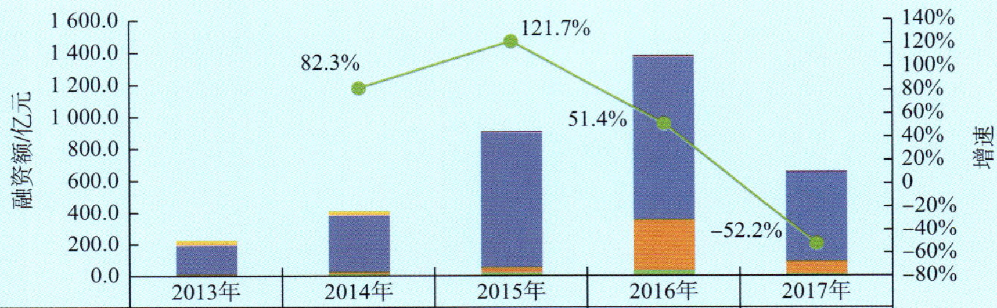

	2013年	2014年	2015年	2016年	2017年
生物质能融资额/亿元	0.0	0.0	10.0	9.6	14.8
生物制造融资额/亿元	28.7	24.9	3.3	5.2	0.0
生物医药融资额/亿元	184.8	359.7	846.4	1 011.8	555.9
生物医学工程融资额/亿元	4.0	10.8	30.6	318.6	75.9
生物农业融资额/亿元	8.4	16.5	23.2	38.2	15.0
生物股权融资增速		82.3%	121.7%	51.4%	-52.2%

图 14.9　2013 ～ 2017 年生物领域上市公司股权融资规模变化

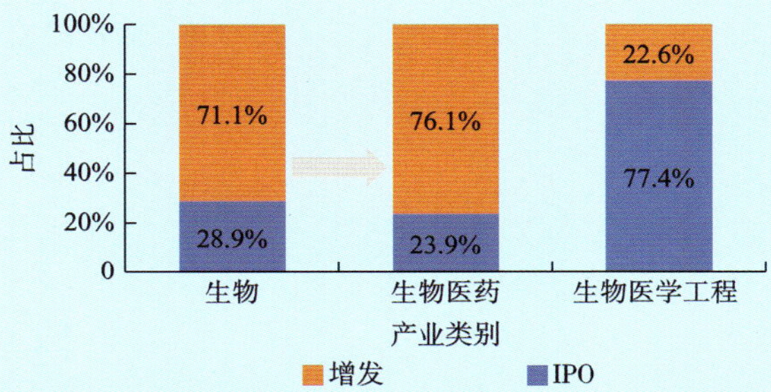

图 14.10　2017 年生物上市公司股权融资分模式结构

4. 新一代信息技术领域股权融资特征

1）总体股权融资规模持续上升

“十三五”以来，新一代信息技术领域股权融资规模持续上升，2016 年及 2017 年融资规模分别为 1 724.1 亿元和 2 056.9 亿元。从新一代信息技术子领域来看，下一代信息网络领域融资规模跃升第一，2017 年融资额为 1 130.4 亿元，占比达 55.0%；其次是电子核心基础领域，2017 年融资额为 685.7 亿元，占比为 33.3%；高端软件和新兴信息服务领域融资额相对最低，2017 年融资额为 240.8 亿元，占比为 11.7%（图 14.11）。

2）增发融资占比超8成

从股权融资的模式来看，新一代信息技术领域股权融资以增发融资为主，其次是 IPO 和配股融资。2017 年，新一代信息技术领域增发共募资 1 653.7 亿元，占比达 80.4%；IPO 募资 373.2 亿元，占比达 18.1%；配股募资 30.0 亿元，占比 1.5%（图 14.12）。

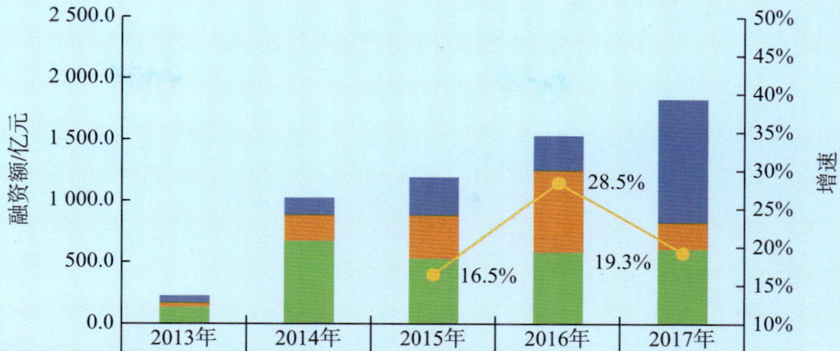

	2013年	2014年	2015年	2016年	2017年
下一代信息网络融资额/亿元	68.2	161.9	353.3	321.4	1 130.4
高端软件和新兴信息服务融资额/亿元	36.1	230.9	390.7	742.9	240.8
电子核心基础融资额/亿元	153.0	759.5	598.0	659.8	685.7
新一代信息技术股权融资增速			16.5%	28.5%	19.3%

图 14.11　2013～2017 年新一代信息技术领域上市公司股权融资规模变化

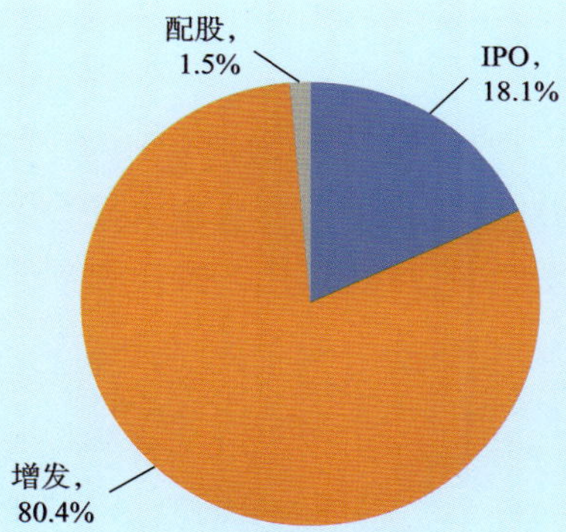

图 14.12　2017 年新一代信息技术上市公司股权融资分模式结构

3）信息网络及软件领域融资需求一升一降

2017 年，联通混改引入中国人寿、腾讯信达、百度鹏寰、京东三弘、阿里创投等战略投资者，增发募资超过 600 亿元，受此拉动，下一代信息网络股权融资总额出现大幅提升，当年股权融资额达 1 130.4 亿元，同比增长 251.7%。与此同时，受软件业整体收入增速回落影响，高端软件和新兴信息服务领域股权融资需求从高峰期大幅回落，2017 年融资额为 240.8 亿元，同比回落 67.6%（图 14.11）。

5. 高端制造领域股权融资特征

1）总体股权融资规模持续上涨

“十三五”以来，高端制造领域股权融资规模出现大幅提升，2016 年融资规模为 612.0 亿元，同比增长 65.5%，2017 年融资规模回落至 779.7 亿元，同比增长 27.4%。

从高端制造子领域来看，高端装备制造产业融资占主体，2017 年融资额为 583.2 亿元，占比达 74.8%；其次是新材料领域，2017 年融资额为 196.5 亿元，占比为 25.2%（图 14.13）。

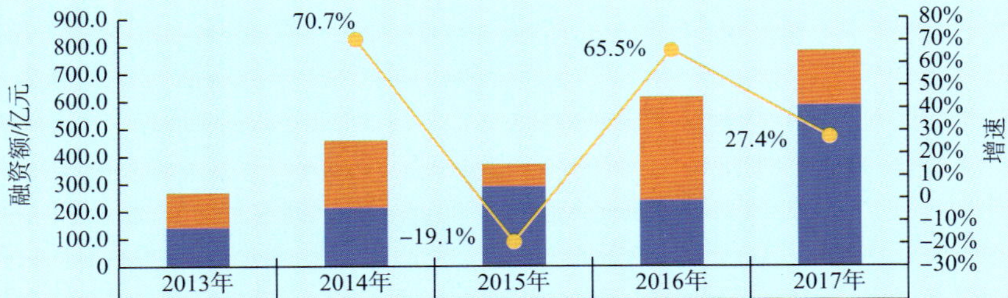

	2013年	2014年	2015年	2016年	2017年
新材料融资额/亿元	126.0	243.4	79.3	374.2	196.5
高端装备制造融资额/亿元	141.8	213.8	290.4	237.8	583.2
高端制造股权融资增速		70.7%	-19.1%	65.5%	27.4%

图 14.13　2013 ~ 2017 年高端制造上市公司股权融资规模变化

2）增发融资占绝对主体

从股权融资的模式来看，高端制造领域股权融资以增发融资为主，其次是 IPO 和配股融资。2017 年，高端制造领域增发共募资 662.2 亿元，占比 84.9%；IPO 募资 95.5 亿元，占比 12.3%；配股募资 22.0 亿元，占比 2.8%（图 14.14）。

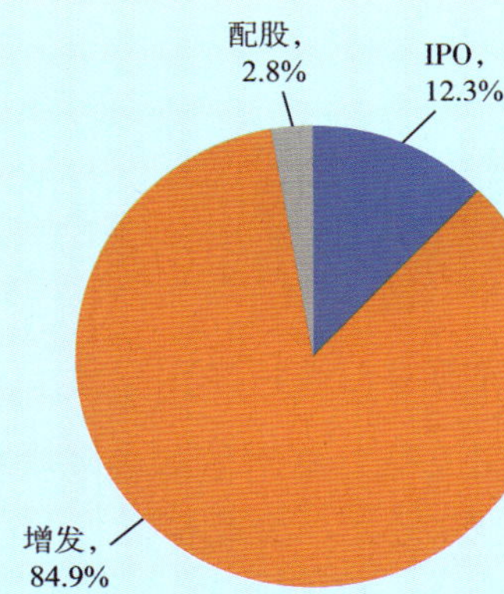

图 14.14　2017 年高端制造上市公司股权融资分模式结构

3）大部分高端装备制造领域股权融资额出现明显增长

“十三五”以来，大部分高端装备制造领域股权融资额出现明显增长。2017 年，智能制造、航空装备、海洋工程装备，以及轨道交通装备股权融资额出现不同程度增长，融资额同比分别增长 197.8%、88.4%、225.8%，以及 274.2%，卫星及其应用领域融资额出现明显回落，2017 年股权融资为 6.2 亿元，同比下滑 80.0%（图 14.15）。

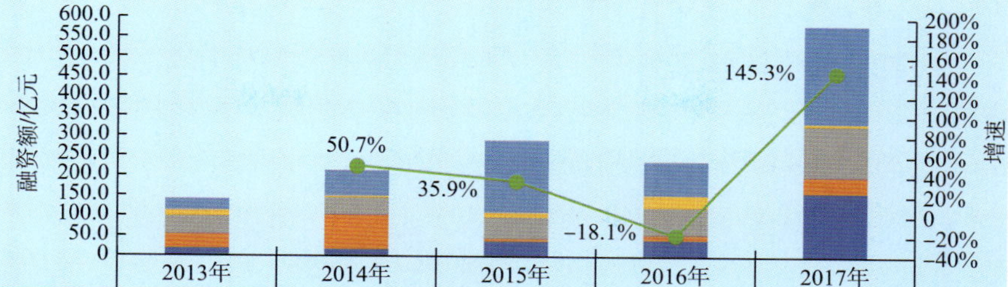

	2013年	2014年	2015年	2016年	2017年
智能制造融资额/亿元	27.1	62.4	179.0	82.8	246.5
卫星及其应用融资额/亿元	14.5	4.9	12.3	31.0	6.2
航空装备融资额/亿元	45.1	42.8	53.0	68.6	129.3
海洋工程装备融资额/亿元	35.0	84.8	6.5	12.2	39.8
轨道交通装备融资额/亿元	20.0	18.9	39.7	43.2	161.5
高端装备制造股权融资增速		50.7%	35.9%	−18.1%	145.3%

图 14.15 2013 ～ 2017 年高端装备制造上市公司股权融资规模变化

6. 数字创意领域股权融资特征

1）总体股权融资规模持续回落

“十三五”以来，高端制造领域股权融资规模出现快速回落，2016 年融资规模高达 812.1 亿元，同比下滑 16.1%，2017 年融资规模回落至 254.4 亿元，同比下滑 68.7%。从数字创意子领域来看，数字内容融资规模最大，2017 年融资额为 181.5 亿元，占比达 71.3%；其次是设计服务领域，2017 年融资额为 67.1 亿元，占比为 26.4%；数字创意装备制造和外围融合融资规模相对最小，2017 年两者融资额分别为 3.6 亿元和 2.2 亿元，合计占比仅为 2.3%（图 14.16）。

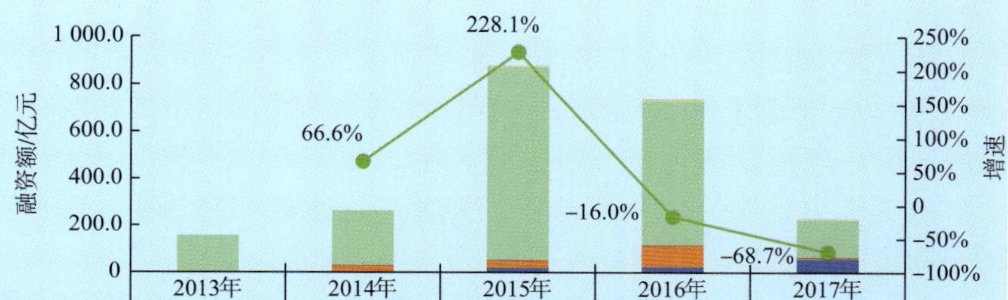

	2013年	2014年	2015年	2016年	2017年
外围融合融资额/亿元	0.0	0.0	2.6	4.9	2.2
数字内容融资额/亿元	176.9	262.0	907.9	679.1	181.5
数字创意装备制造融资额/亿元	0.0	32.7	31.0	97.9	3.6
设计服务融资额/亿元	0.0	0.0	25.7	30.2	67.1
数字创意股权融资增速		66.6%	228.1%	−16.0%	−68.7%

图 14.16 2013 ～ 2017 年数字创意上市公司股权融资规模变化

2）增发融资同IPO融资基本相当

从股权融资的模式来看，数字创意领域股权融资以增发融资为主，其次是IPO融资。2017年，数字创意领域增发募资140.2亿元，占比达55.1%；IPO募资114.2亿元，占比达44.9%（图14.17）。

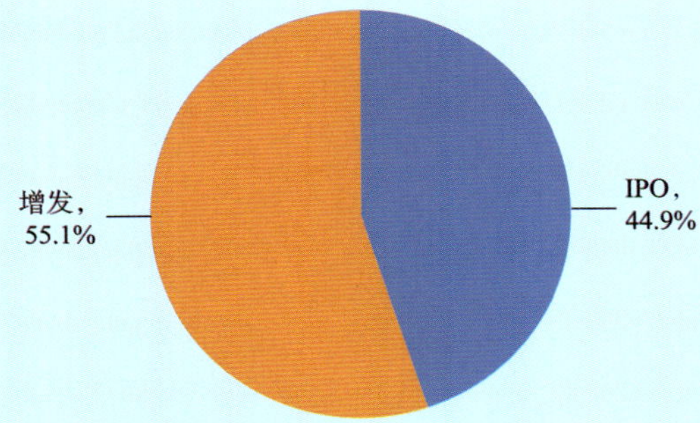

图14.17　2017年数字创意上市公司股权融资分模式结构

3）设计服务领域股权融资额出现持续增长

虽然数字创意产业总体股权融资出现快速下滑，但是在数字技术广泛应用及我国企业对设计需求更加迫切等因素带动下，设计服务业进入快速成长期，领域内融资需求也出现了持续上涨。2017年，设计领域融资规模达67.1亿元，同比增长122.3%（图14.16）。

14.2.3　分区域股权融资特征

1. 分区域股权融资总体特征

从分区域股权融资规模来看，东部地区战略性新兴产业上市公司融资规模最大，2017年融资额达3 388.1亿元，占比达72.6%；西部、中部地区融资规模次之，2017年两者股权融资分别为635.5亿元和485.6亿元，占比为13.6%和10.4%，其中西部地区融资规模呈现持续上升态势；东北地区融资相对最小，2017年融资额为157.4亿元，占比达3.4%（图14.18）。

从分省份股权融资规模来看，东部地区中，北京、江苏及广东战略性新兴产业上市公司融资规模领先，2017年融资额分别为1 027.9亿元、660.3亿元及584.4亿元；中部地区中，湖北、湖南及河南战略性新兴产业上市公司融资规模领先，2017年融资额分别为251.2亿元、95.2亿元及87.8亿元；东北地区中，吉林、辽宁及黑龙江战略性新兴产业上市公司融资规模分别为80.9亿元、41.9亿元及34.6亿元；西部地区中，陕西和四川战略性新兴产业上市公司融资规模领先，2017年融资额分别为298.9亿元和126.4亿元（表14.1）。

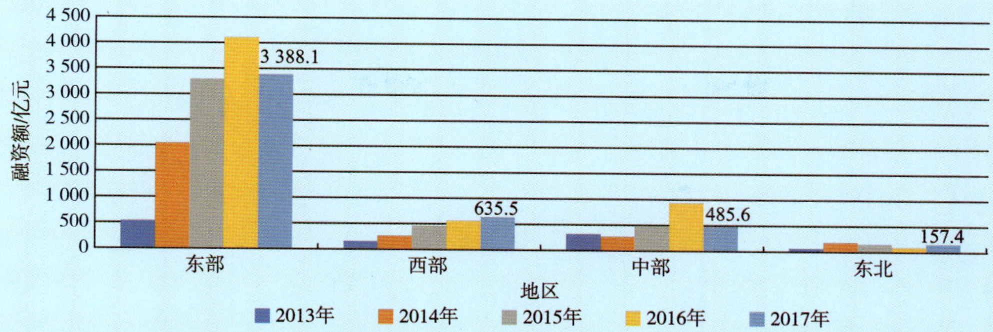

图 14.18　分区域上市公司股权融资规模变化

表 14.1　2017 年分省份战略性新兴产业上市公司股权融资规模

东部	股权融资额 / 亿元	东北	股权融资额 / 亿元
北京	1 027.9	吉林	80.9
江苏	660.3	辽宁	41.9
广东	584.4	黑龙江	34.6
浙江	495.0	西部	股权融资额 / 亿元
山东	186.2	陕西	298.9
上海	185.2	四川	126.4
福建	142.4	内蒙古	45.0
河北	63.9	新疆	43.2
天津	30.4	云南	42.2
海南	12.4	重庆	32.8
中部	股权融资额 / 亿元	西藏	15.9
湖北	251.2	宁夏	14.2
湖南	95.2	贵州	13.8
河南	87.8	甘肃	3.1
安徽	40.6		
山西	6.7		
江西	4.1		

2. 分区域股权融资特征

从股权融资的模式来看，四大区域股权融资都以增发融资为主，其次是 IPO 融资。2017 年，通过 IPO 融资占比相对最高的是东部地区，占比为 22.4%；通过增发融资占比相对最高的是东北地区，占比为 89.5%；通过配股融资占比相对最高的是西部地区，占比为 8.0%（图 14.19）。

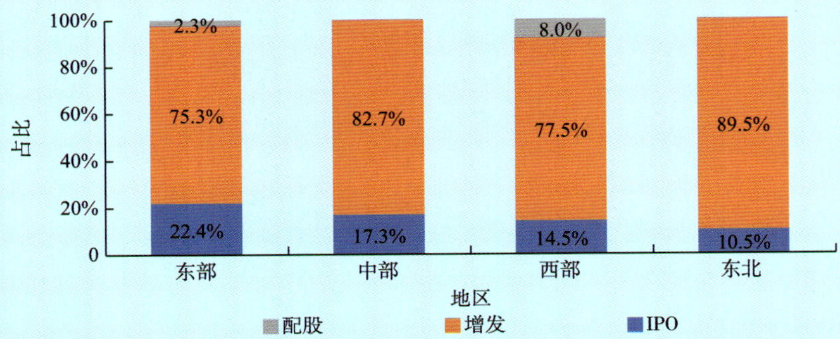

图 14.19　2017 年分区域分融资模式股权融资份额变化

14.2.4　分企业规模股权融资特征

1. 分企业规模股权融资总体特征

从不同规模企业股权融资来看[①]，大型战略性新兴产业上市公司融资规模最大，2017 年融资额达 2 242.4 亿元，占比达 48.1%；中型企业融资规模次之，2017 年股权融资额为 1 414.5 亿元，占比为 30.3%；小型企业融资相对最小，2017 年融资额为 1 009.7 亿元，占比达 21.6%。其中，小型企业融资需求保持持续上涨态势，而大中型企业融资需求均在 2017 年出现一定程度回落（图 14.20）。

2. 分规模分融资模式股权融资特征

从股权融资的模式来看，除小型企业外，新兴产业上市公司股权融资以增发为主，其次是 IPO 和配股融资。2017 年，通过 IPO 融资占比相对最高的是中小型企业，占比分别为 55.0% 和 23.3%；大型企业主要通过增发融资，占比超过 9 成（图 14.21）。

① 根据战略性新兴产业上市公司实际营收规模分布情况，将其划分为大型、中型及小型三大类企业。其中，营收在 10 亿元及以下的为小型企业，10 亿元以上及 50 亿元以下（含 50 亿元）为中型企业，营收在 50 亿元以上的为大型企业。

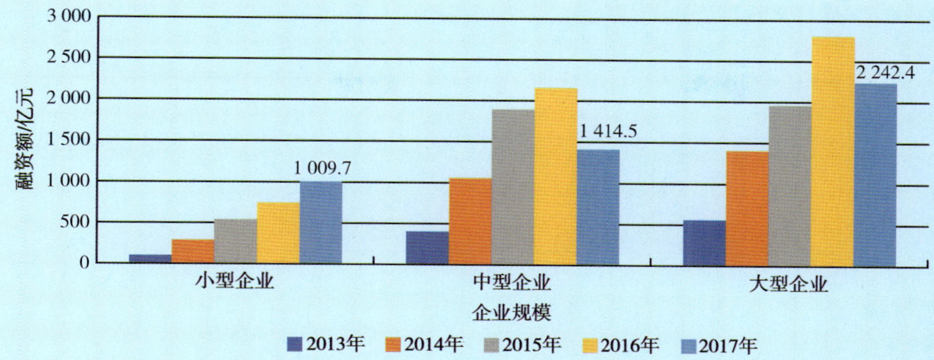

图 14.20 战略性新兴产业上市公司分规模股权融资额变化

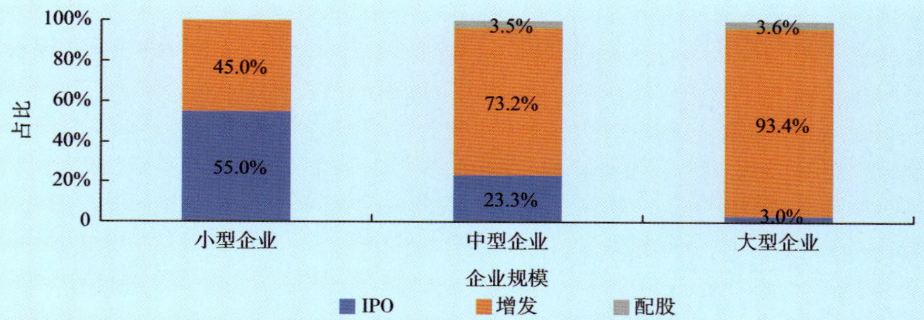

图 14.21 2017 年分规模分融资模式股权融资份额变化

14.2.5 分企业属性股权融资特征

1. 分企业属性股权融资总体特征

从不同属性企业股权融资来看，民营战略性新兴产业上市公司融资规模最大，2017 年融资额达 2 491.1 亿元，占比达 53.4%；国有企业融资规模次之，2017 年股权融资额为 1 911.8 亿元，占比为 41.0%；其他类型企业融资相对最小，2017 年融资额为 263.7 亿元，占比达 5.7%。其中，国有企业融资需求保持上涨态势，而民营企业融资需求在 2017 年出现一定程度回落，其他类型企业股权融资额出现持续回落态势（图 14.22）。

2. 分企业属性分融资模式股权融资特征

从股权融资的模式来看，不同属性企业股权融资都以增发融资为主，其次是 IPO 融资和配股融资。2017 年，国有企业通过增发融资占比相对最高，占比为 93.6%；民营企业通过 IPO 融资占比相对最高，占比超过 30%（图 14.23）。

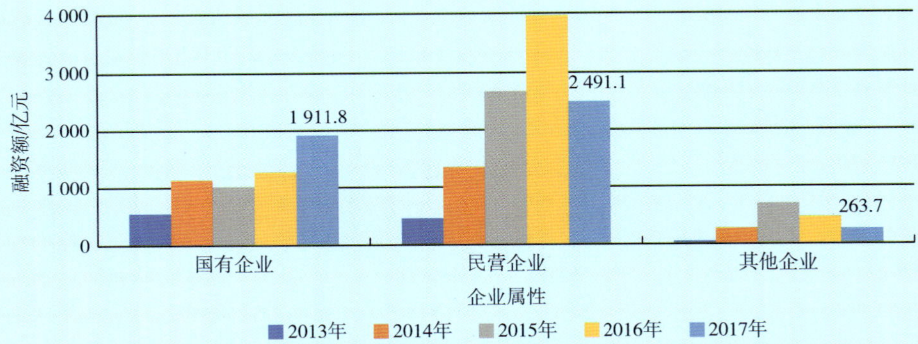

图 14.22　分企业属性股权融资规模变化

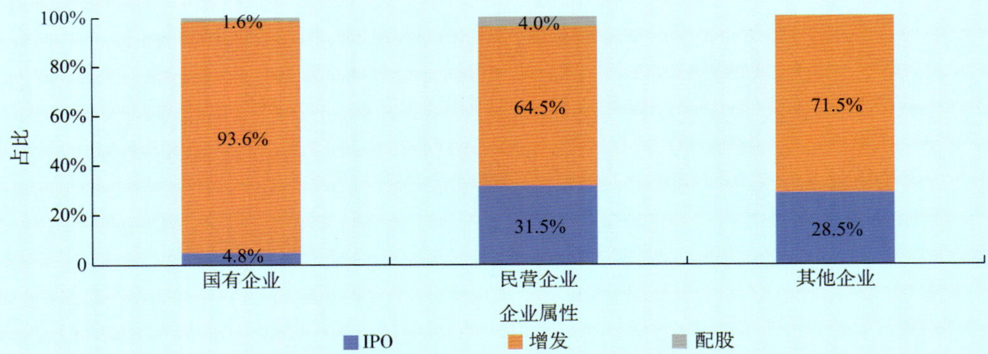

图 14.23　2017 年分企业属性分融资模式股权融资份额变化

14.3　战略性新兴产业上市公司债权融资发展特征

14.3.1　债权融资环境及规模变化

1. 债权融资环境

1）货币市场资金整体偏紧

“十三五”以来，金融监管部门采取了比较严厉的金融监管措施，主动挤压金融泡沫，防范和化解系统性金融风险，货币市场资金持续偏紧。从货币供应数据来看，2016 年以来，中国货币供给 M2 同比增速呈现持续回落走势，2017 年 12 月 M2 增速回落到 8.1%，较 2016 年初下滑近 6 个百分点，2018 年上半年各月 M2 增速均不足

9%。与此同时，虽然国家为稳定经济增长强调金融支持实体经济的作用，各金融监管部门采取了有力措施，鼓励和促进金融机构将资金投向实体经济，但新兴产业企业，尤其是民营中小型企业市场资金面临偏紧的局面仍未得到根本改变。

2）经济去杠杆推动企业负债水平回落

受经济去杠杆影响，2016 年以来我国宏观杠杆率上升势头明显放缓。2017 年杠杆率增幅比 2012 ～ 2016 年杠杆率年均增幅低 10.9 个百分点，2018 年第一季度杠杆率增幅比上年同期收窄 1.1 个百分点，去杠杆成效显著。从企业部门杠杆率来看，企业整体资产负债率出现明显回落，2017 年企业部门杠杆率比 2016 年小幅下降 1.4 个百分点，2011 年以来首次出现净下降，而 2012 ～ 2016 年年均增长 8.8 个百分点。2017 年上市公司平均资产负债率为 42%，较 2014 年高点下降了 4.3 个百分点（图 14.24）。

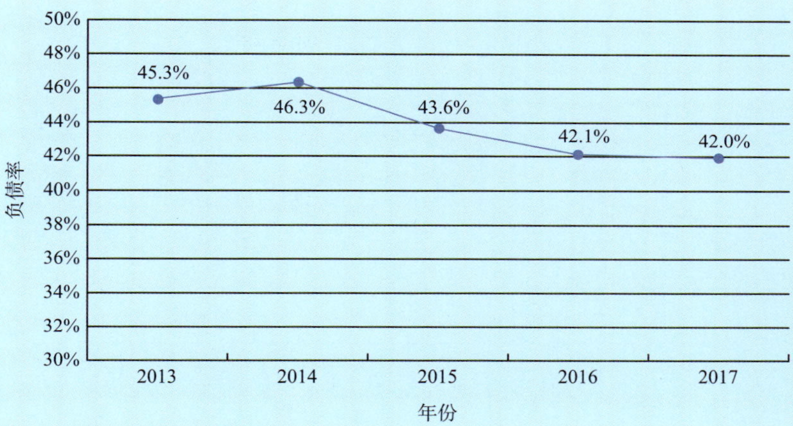

图 14.24　2013 ～ 2017 年上市公司平均资产负债率变化

3）政策鼓励新兴产业企业稳步推进债务融资

根据《“十三五”国家战略性新兴产业发展规划》，“十三五”期间将继续鼓励战略性新兴产业企业提高直接融资比重，其中包括积极支持符合条件的战略性新兴产业企业发行债券融资，扩大小微企业增信集合债券和中小企业集合票据发行规模，鼓励探索开发高收益债券和可转换债券等金融产品，稳步推进非金融企业债务融资工具发展。在鼓励稳步推进债务融资的同时，强调加强金融产品和服务创新，包括：引导金融机构积极完善适应战略性新兴产业特点的信贷管理和贷款评审制度；探索建立战略性新兴产业投融资信息服务平台，促进银企对接；鼓励建设数字创意、软件等领域无形资产确权、评估、质押、流转体系，积极推进知识产权质押融资、股权质押融资、供应链融资、科技保险等金融产品创新；引导政策性、开发性金融机构加大对战略性新兴产业支持力度；推动发展一批为飞机、海洋工程装备、机器人等产业服务的融资租赁和金融租赁公司；加快设立国家融资担保基金，支持战略性新兴产业项目融资担保工作。

2. 债权融资规模变化

新兴产业上市公司债权融资总额平稳较快提升，2013～2017年债权融资额年均增速达17.3%。“十三五”以来，新兴产业上市公司债权融资水平继续提升，2016年及2017年债权融资总额均超过2万亿元，融资额分别为23 822.3亿元和20 004.3亿元。分融资模式来看，长、短期借款是新兴产业上市公司最主要的债权融资渠道，2017年两者融资规模分别为9 238.1亿元和11 097.1亿元，占比分别为38.8%和46.6%；债券融资规模相对最小，2017年融资规模为3 487.1亿元，占比为14.6%（图14.25）。

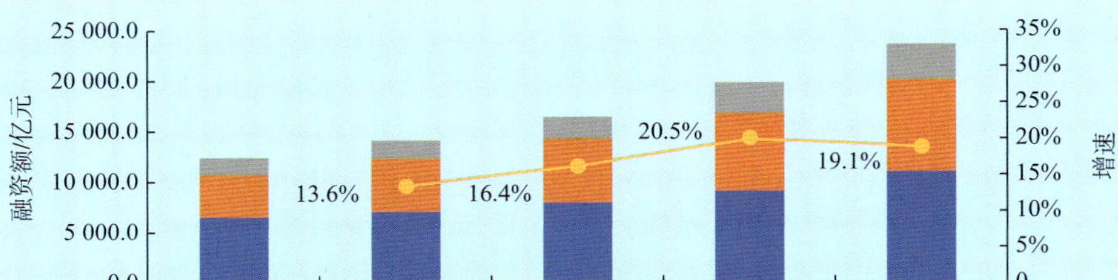

	2013年	2014年	2015年	2016年	2017年
应付债券融资额/亿元	1 684.4	1 783.6	2 147.1	3 042.8	3 487.1
长期借款融资额/亿元	4 289.2	5 368.5	6 437.7	7 783.3	9 238.1
短期借款融资额/亿元	6 589.7	7 118.1	8 020.9	9 178.2	11 097.1
债权融资增速		13.6%	16.4%	20.5%	19.1%

图14.25　2013～2017年战略性新兴产业上市公司债权融资规模变化

14.3.2　分领域债权融资特征

1. 分领域债权融资总体特征

从分领域债权融资规模来看，绿色低碳领域融资规模最大，2017年占比达31.6%；新一代信息技术、生物及高端制造三大领域融资规模次之，2017年三者份额分别为28.1%、21.0%、15.5%；数字创意领域融资规模最低，2017年占比仅为3.7%。从2014年以来变化趋势来看，绿色低碳、新一代信息技术及高端制造领域债权融资规模占比呈小幅下滑趋势；而生物和数字创意领域债权融资规模占比呈现小幅上升趋势（图14.26）。

2. 绿色低碳领域债权融资特征

1）总体债权融资规模持续上升

“十三五”以来，绿色低碳领域债权融资规模持续提升，2016年融资规模高达

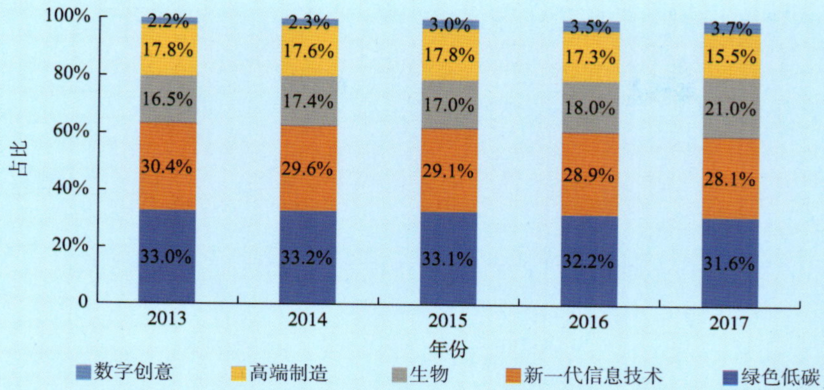

图 14.26　2013 ～ 2017 年战略性新兴产业上市公司债权融资分领域结构变化

6 446.6 亿元，同比增长 17.3%，2017 年融资规模增至 7 537.7 亿元，同比增长 16.9%。从绿色低碳子领域来看，新能源产业融资规模最大，2017 年融资额为 5 198.4 亿元，占比达 69.0%；其次是节能环保领域，2017 年融资额为 2 214.6 亿元，占比为 29.4%；新能源汽车融资规模最小，2017 年融资额为 124.7 亿元，占比仅为 1.7%（图 14.27）。

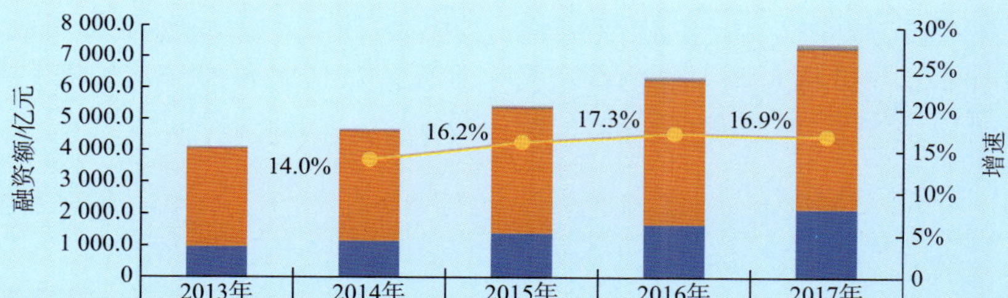

	2013年	2014年	2015年	2016年	2017年
新能源汽车融资额/亿元	33.6	30.9	49.7	76.3	124.7
新能源融资额/亿元	3 107.8	3 501.1	4 004.5	4 647.0	5 198.4
节能环保融资额/亿元	1 007.5	1 198.8	1 442.3	1 723.3	2 214.6
绿色低碳债权融资增速		14.0%	16.2%	17.3%	16.9%

图 14.27　绿色低碳上市公司债权融资规模变化

2）长期借款融资占比超六成

从债权融资的模式来看，绿色低碳领域债权融资以长期借款为主，其次是短期借款和债券融资。2017 年，绿色低碳领域长期借款融资额 4 566.2 亿元，占比达 60.6%；短期借款融资额 2 304.3 亿元，占比达 30.6%；债券融资 667.2 亿元，占比 8.9%。从子领域来看，节能环保领域以短期借款融资为主，新能源领域以长期借款为主（图 14.28）。

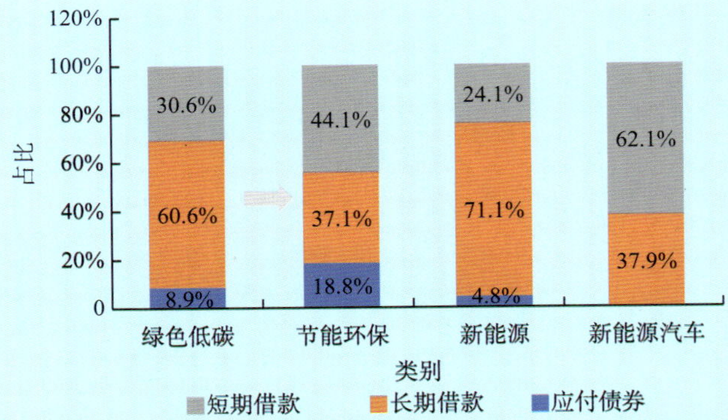

图 14.28　2017 年绿色低碳上市公司债权融资分模式结构

3. 生物领域债权融资特征

1）总体债权融资规模加速上涨

“十三五”以来，生物领域债权融资规模出现加速上涨态势，2016 年融资规模高达 3 603.0 亿元，同比增长 27.7%，2017 年融资规模为 5 004.3 亿元，同比增长 38.9%。从生物子领域来看，生物医药产业融资规模最大，2017 年融资额为 4 333.1 亿元，占比达 86.6%；其次是生物医学工程领域，2017 年融资额为 405.1 亿元，占比为 8.1%；生物农业、生物制造及生物质能领域融资额相对较低，2017 年三者融资总额占比仅为 5.3%（图 14.29）。

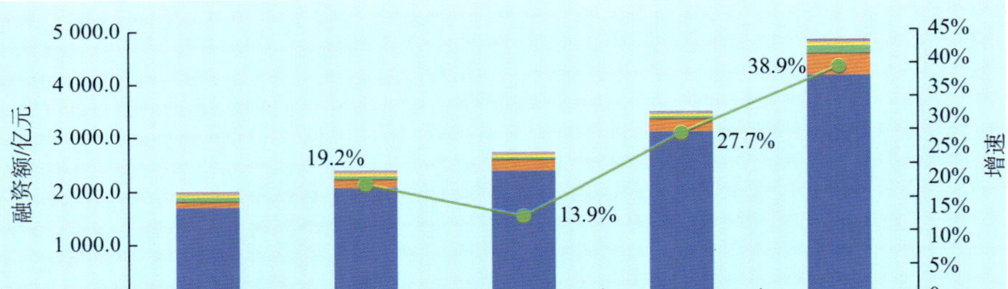

	2013年	2014年	2015年	2016年	2017年
生物质能融资额/亿元	14.5	15.0	12.9	15.3	23.4
生物制造融资额/亿元	67.3	65.8	57.2	57.0	73.6
生物农业融资额/亿元	99.5	78.0	58.1	65.6	169.1
生物医学工程融资额/亿元	100.2	146.6	200.6	231.0	405.1
生物医药融资额/亿元	1 797.1	2 173.4	2 493.6	3 234.1	4 333.1
生物债权融资增速		19.2%	13.9%	27.7%	38.9%

图 14.29　生物领域上市公司债权融资规模变化

2）短期借款融资占比近半

从债权融资的模式来看，生物领域债权融资总体以短期借款为主，其次是长期借款，以及债券融资。2017 年，生物领域短期借款融资额 2 433.3 亿元，占比达 48.6%；长期借款融资 1 496.7 亿元，占比达 29.9%；债券融资额 1 074.4 亿元，占比 21.5%（图 14.30）。

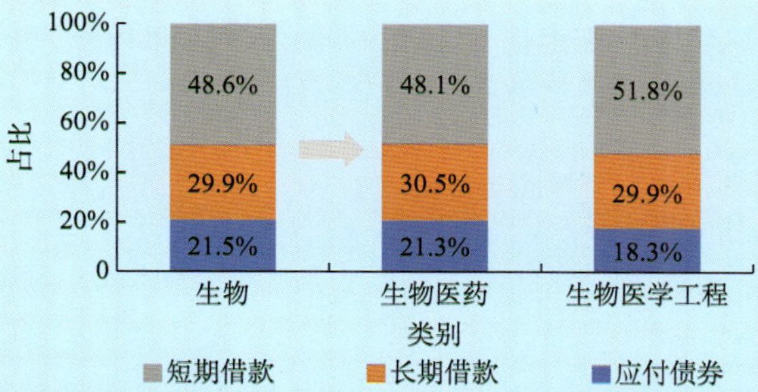

图 14.30　2017 年生物上市公司债权融资分模式结构

4. 新一代信息技术领域债权融资特征

1）总体债权融资规模持续较快上升

“十三五”以来，新一代信息技术领域债权融资规模持续较快上升，2016 年及 2017 年融资规模分别为 5 776.4 亿元和 6 699.5 亿元，同比分别增长 19.7% 和 16.0%。从新一代信息技术子领域来看，电子核心基础领域融资规模跃升第一，2017 年融资额为 3 140.5 亿元，占比达 46.9%；其次是下一代信息网络领域，2017 年融资额为 2 590.4 亿元，占比为 38.7%；高端软件和新兴信息服务领域融资额相对最低，2017 年融资额为 968.6 亿元，占比为 14.5%（图 14.31）。

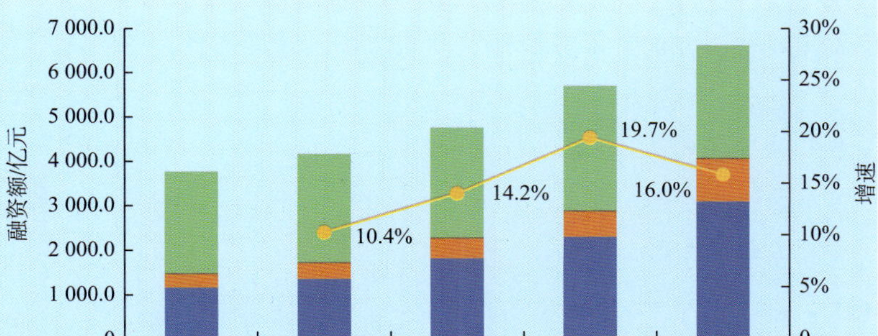

	2013年	2014年	2015年	2016年	2017年
下一代信息网络融资额/亿元	2 324.3	2 481.4	2 524.5	2 864.2	2 590.4
高端软件和新兴信息服务融资额/亿元	299.6	349.8	447.9	573.8	968.6
电子核心基础融资额/亿元	1 201.2	1 393.5	1 854.1	2 338.4	3 140.5
新一代信息技术股权融资增速		10.4%	14.2%	19.7%	16.0%

图 14.31　新一代信息技术领域上市公司债权融资规模变化

2）短期借款融资占比超五成

从债权融资的模式来看，新一代信息技术领域债权融资以短期借款融资为主，其次是长期借款和债券融资。2017 年，新一代信息技术领域短期借款融资额达 3 659.0 亿元，占比达 54.6%；长期借款融资额为 1 989.3 亿元，占比达 29.7%；债券融资 1 051.1 亿元，占比 15.7%。从子领域来看，通过长期借款融资占比相对最高的是电子核心基础；通过债券融资占比相对最高的是高端软件和新兴信息服务；通过短期借款融资占比相对最高的是下一代信息网络（图 14.32）。

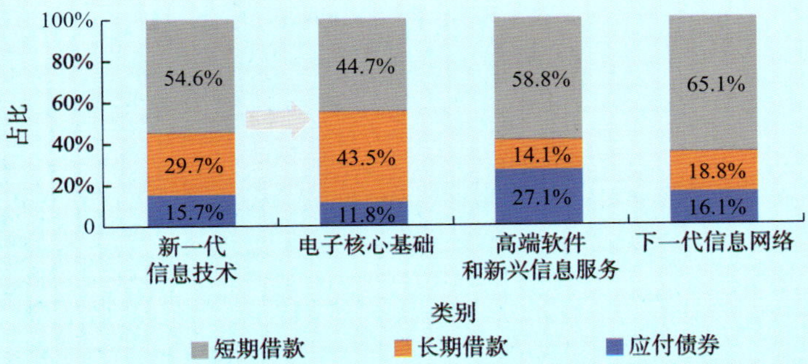

图 14.32　2017 年新一代信息技术上市公司债权融资分模式结构

5. 高端制造领域债权融资特征

1）总体债权融资规模超3 000亿元

“十三五”以来，高端制造领域债权融资规模均超过 3 000 亿元，2016 年融资规模高达 3 470.5 元，2017 年融资规模为 3 689.1 亿元。从绿色低碳子领域来看，高端装备制造领域融资规模最大，2017 年融资额为 2 266.5 亿元，占比达 61.4%；其次是新材料领域，2017 年融资额为 1 422.6 亿元，占比为 38.6%（图 14.33）。

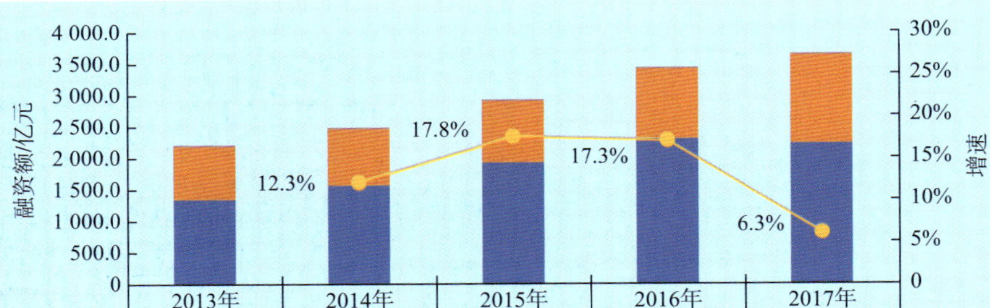

	2013年	2014年	2015年	2016年	2017年
新材料融资额/亿元	854.9	906.4	992.3	1 126.9	1 422.6
高端装备制造融资额/亿元	1 381.1	1 604.9	1 965.2	2 343.6	2 266.5
高端制造债权融资增速		12.3%	17.8%	17.3%	6.3%

图 14.33　2017 年高端制造上市公司债权融资规模变化

2）短期借款融资占比超六成

从债权融资的模式来看，高端制造领域债权融资以短期借款为主，其次是长期借款和债券融资。2017 年，高端制造领域短期借款融资 2 221.3 亿元，占比达 60.2%；长期借款融资 966.7 亿元，占比达 26.2%；债券融资 501.2 亿元，占比 13.6%（图 14.34）。

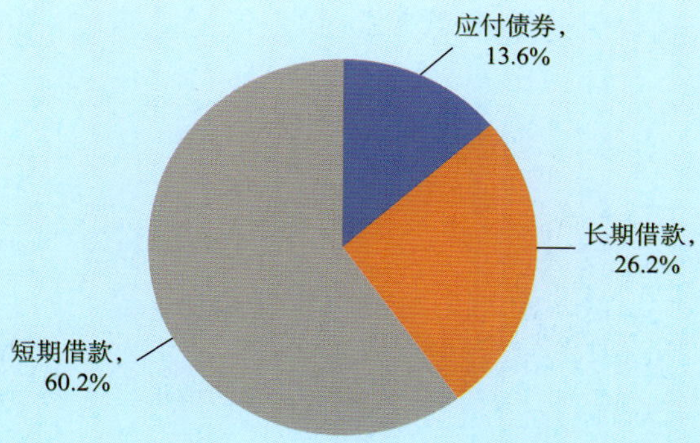

图 14.34　2017 年高端制造上市公司债权融资分模式结构

3）高端装备制造领域债权融资额增速出现快速回落

“十三五”以来，大部分高端装备制造领域债权融资额增速出现明显回落。2017 年，海洋工程装备、轨道交通装备、智能制造，以及航空装备债权融资额增速分别为 –17.0%、26.6%、–1.5%、–15.9%，增速较 2016 年分别回落 21.2 个百分点、27.8 个百分点、42.9 个百分点、20.1 个百分点；卫星及其应用领域融资额增速出现提升，2017 年债权融资为 47.5 亿元，同比增长 110.3%，增速较 2016 年提升 45.5 个百分点（图 14.35）。

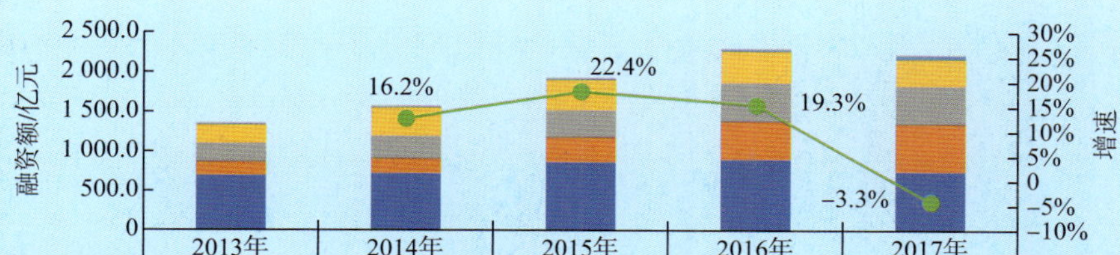

	2013年	2014年	2015年	2016年	2017年
卫星及其应用融资额/亿元	10.1	10.4	13.7	22.6	47.5
航空装备融资额/亿元	237.2	366.2	391.0	407.5	342.7
智能制造融资额/亿元	245.2	292.0	351.7	497.2	489.8
轨道交通装备融资额/亿元	166.8	186.8	313.5	484.2	613.2
海洋工程装备融资额/亿元	721.7	749.5	895.2	932.1	773.4
高端装备制造债权融资增速		16.2%	22.4%	19.3%	–3.3%

图 14.35　2013 ～ 2017 年高端装备制造上市公司债权融资规模变化

6. 数字创意领域债权融资特征

1）总体债权融资规模实现持续快速增长

“十三五”以来，高端制造领域债权融资规模保持较快增长，2016 年融资规模高达 707.7 亿元，同比增长 40.8%，2017 年融资规模为 891.6 亿元，同比增长 26.0%。从数字创意子领域来看，数字内容领域融资规模最大，2017 年融资额为 684.0 亿元，占比达 76.7%；其次是设计服务和数字创意装备制造领域，2017 年融资额分别为 99.1 亿元和 98.6 亿元，合计占比为 22.2%；外围融合领域融资规模最小，2017 年融资额为 9.9 亿元，占比仅为 1.1%（图 14.36）。

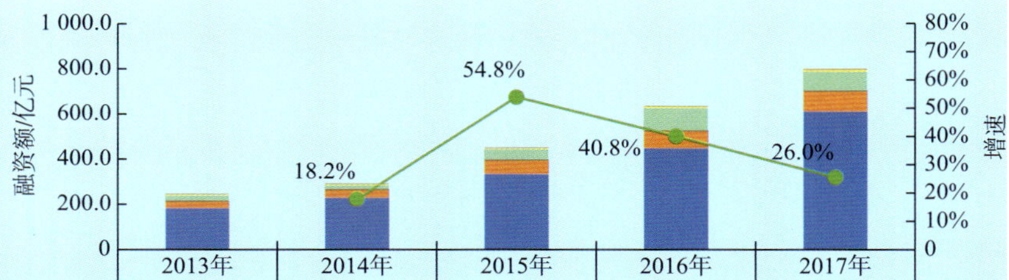

	2013年	2014年	2015年	2016年	2017年
外围融合融资额/亿元	4.1	4.5	4.7	6.0	9.9
数字创意装备制造融资额/亿元	30.9	23.2	55.6	114.7	98.6
设计服务融资额/亿元	32.9	39.0	67.0	85.0	99.1
数字内容融资额/亿元	206.8	257.9	375.2	502.0	684.0
数字创意债权融资增速		18.2%	54.8%	40.8%	26.0%

图 14.36　2013 ～ 2017 年数字创意上市公司债权融资规模变化

2）短期借款占比相对最高

从债权融资的模式来看，数字创意领域债权融资以短期借款为主，其次是长期借款和债券融资。2017 年，数字创意领域短期借款融资 479.2 亿元，占比达 53.7%；长期借款融资 219.3 亿元，占比达 24.6%；债券融资 193.2 亿元，占比 21.7%（图 14.37）。

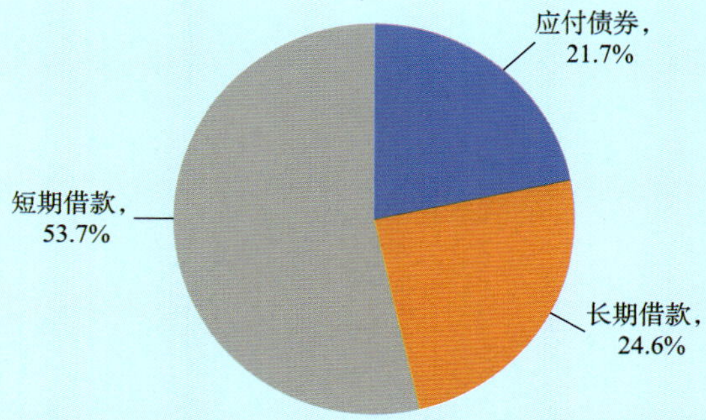

图 14.37　2017 年数字创意上市公司债权融资分模式结构

14.3.3　分区域债权融资特征

1. 分区域债权融资总体特征

从分区域债权融资规模来看，2013 年以来大部分分区域融资需求持续上升，其中，东部地区战略性新兴产业上市公司融资规模最大，2017 年融资额达 17 205.5 亿元，占比达 72.2%；西部、中部地区融资规模次之，2017 年两者股权融资分别为 3 752.2 亿元和 1 906.3 亿元，占比为 15.8% 和 8.0%；东北地区融资相对最小，2017 年融资额为 958.3 亿元，占比达 4.0%（图 14.38）。

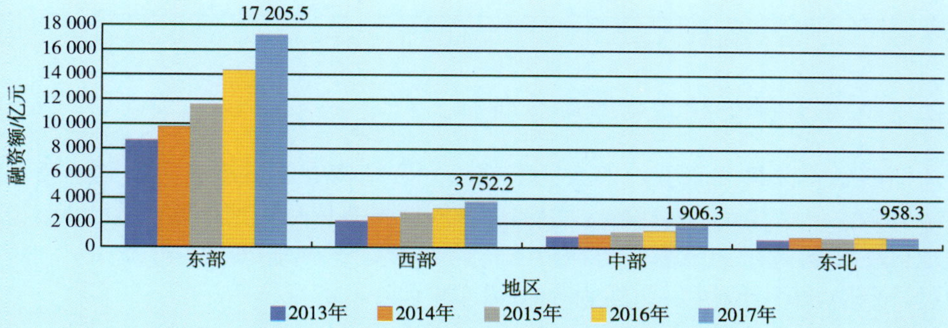

图 14.38　分区域上市公司债权融资规模变化

从分省份债权融资规模来看，东部地区中，北京、广东、江苏战略性新兴产业上市公司融资规模领先，2017 年融资额分别为 5 660.7 亿元、4 606.0 亿元、1 842.2 亿元；中部地区中，湖北、湖南、河南战略性新兴产业上市公司融资规模领先，2017 年融资额分别为 676.9 亿元、420.2 亿元、281.0 亿元；东北地区中，吉林、辽宁、黑龙江战略性新兴产业上市公司融资规模分别为 489.5 亿元、282.6 亿元、186.2 亿元；西部地区中，云南、四川、黑龙江战略性新兴产业上市公司融资规模领先，2017 年融资额分别为 1 016.5 亿元、730.4 亿元、423.4 亿元（表 14.2）。

表 14.2　2017 年分省份战略性新兴产业上市公司债权融资规模

东部	债权融资额 / 亿元	东部	债权融资额 / 亿元
北京	5 660.7	河北	296.6
广东	4 606.0	天津	256.1
江苏	1 842.2	海南	119.9
浙江	1 412.7	中部	债权融资额 / 亿元
福建	1 376.0	湖北	676.9
上海	1 206.4	湖南	420.2
山东	429.1	河南	281.0

续表

中部	债权融资额 / 亿元	西部	债权融资额 / 亿元
江西	194.3	新疆	423.4
安徽	172.5	重庆	362.3
山西	161.4	陕西	281.0
东北	债权融资额 / 亿元	青海	200.9
吉林	489.5	内蒙古	178.0
辽宁	282.6	贵州	166.8
黑龙江	186.2	甘肃	129.4
西部	债权融资额 / 亿元	宁夏	109.3
云南	1 016.5	广西	85.5
四川	730.4	西藏	68.8

2. 分区域分融资模式债权融资特征

从债权融资的模式来看，四大区域债权融资结构有明显差异。东北地区以短期借款融资为主，占比高达 71.0%；中部地区同样主要依赖短期借款，占比为 56.7%；东部地区主要通过短期借款和长期借款，两者占比分别为 46.7% 和 38.1%；西部地区通过长期借款融资为主，占比为 51.0%（图 14.39）。

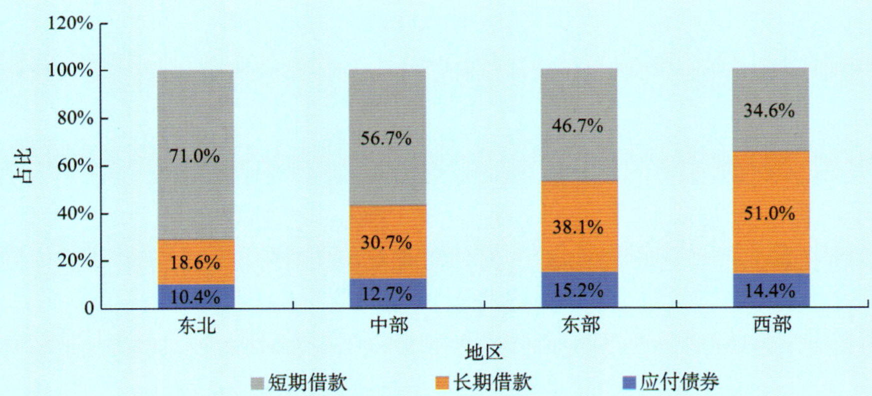

图 14.39　2017 年分区域分融资模式债权融资份额变化

14.3.4　分企业规模债权融资特征

1. 分企业规模债权融资总体特征

2013 年以来，不同规模企业债权融资均保持持续上涨态势。其中，大型战略性新兴产业上市公司融资规模最大，2017 年融资额达 17 332.4 亿元，占比达 72.8%；中型企业融资规模次之，2017 年股权融资额为 5 351.8 亿元，占比为 22.5%；小型企业融资相对最小，2017 年融资额为 1 138.1 亿元，占比达 4.8%（图 14.40）。

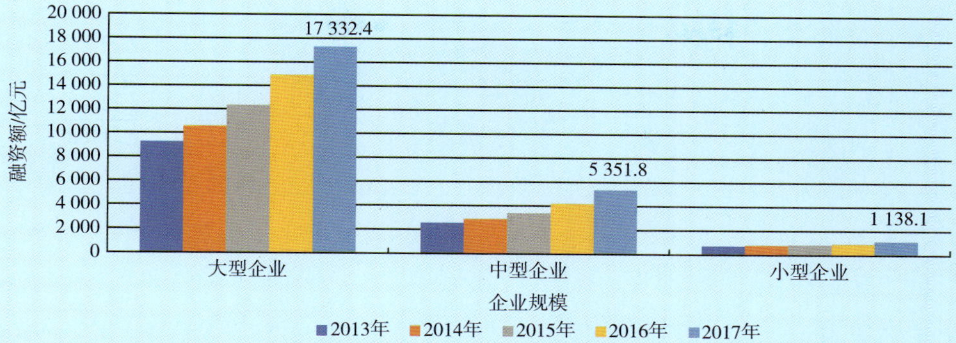

图 14.40　战略性新兴产业上市公司分规模债权融资额变化

2. 分规模分融资模式债权融资特征

从债权融资的模式来看，不同规模类型战略性新兴产业上市企业债权融资模式有所区别。大型企业中长期借款融资占比最高，占比为 43.5%；中型及小型企业均以短期借款融资为主，占比分别为 60.4% 和 55.7%（图 14.41）。

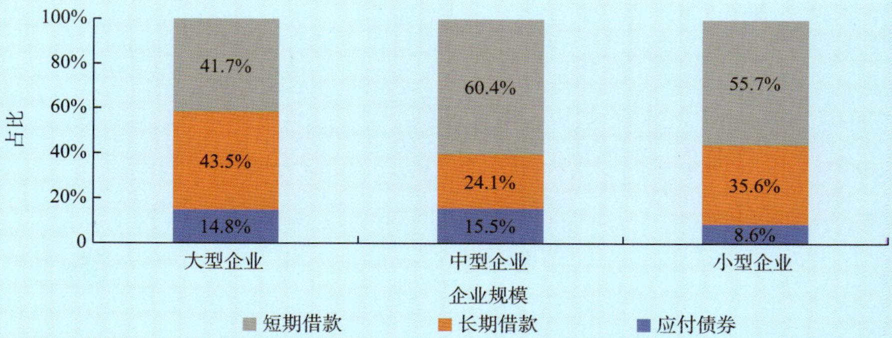

图 14.41　2017 年分规模分融资模式债权融资份额变化

14.3.5　分企业属性债权融资特征

1. 分企业属性债权融资总体特征

不同属性企业债权融资规模均呈现持续上升态势。其中，民营战略性新兴产业上市公司融资规模最大，2017 年融资额达 10 898.1 亿元，占比达 45.7%；国有企业融资规模次之，2017 年股权融资额为 10 396.1 亿元，占比为 43.6%；其他类型企业融资相对最小，2017 年融资额为 2 528.1 亿元，占比达 10.6%（图 14.42）。

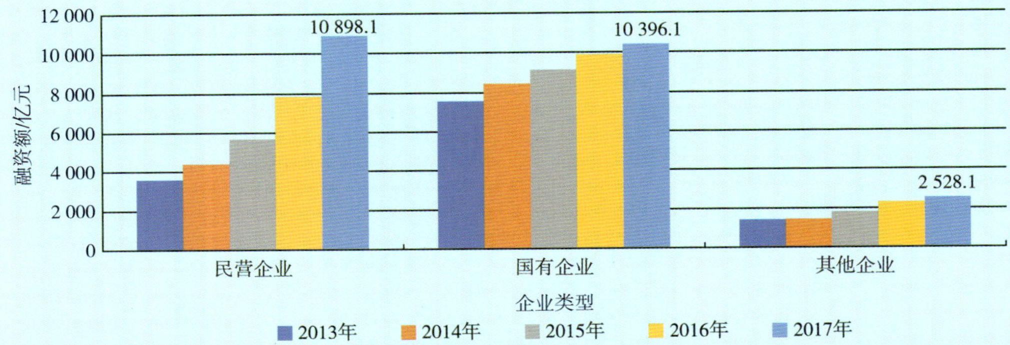

图 14.42　2017 年分企业属性战略性新兴产业上市公司债权融资规模变化

2. 分企业属性分融资模式债权融资特征

从债权融资的模式来看，不同属性战略性新兴产业企业债权融资模式有所差异。国有企业主要通过长期借款融资，占比为 50.9%；民营企业主要通过短期借款融资，占比 53.8%（图 14.43）。

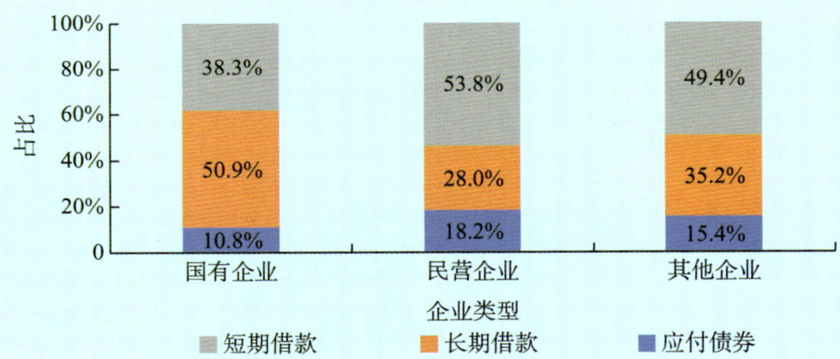

图 14.43　2017 年分企业属性分融资模式债权融资份额变化

14.4　战略性新兴产业上市公司其他融资模式及创新

14.4.1　融资租赁

战略性新兴产业具有前期投入较大、投资回收期较长等特点，特别是新能源中的风电、水电、核电、半导体、新材料等重资产行业，前期大规模的投资使得大量企业难以承受。而融资租赁模式能够使投资初期的资本支出大量减少，这将有效地缓解战略性新兴产业企业所面临的资金困境。中芯国际同武汉市合作的 12 英寸工厂为战略性新兴产业利用融资租赁模式开了先河，该项目由当地政府出资兴建生产线，然后由中芯国际全权管理，并有权在 3 ～ 5 年内按原价回购。这样既可以满足中芯国际扩大产能的战略目标，又可以将资本开支降至最低，对中芯国际的现金流很有帮助。随着融资租赁模式的逐渐成熟，其在战略性新兴产业中的融资地位将逐渐上升，并能有效地助推战略性新兴产业快速发展。

一批上市公司也通过特殊标的物开展融资租赁相关业务，如以商标权、专利权、软件著作权为标的物的知识产权租赁业务，以及以苗木、奶牛为标的物的生物资产租赁业务（表 14.3）。

表 14.3　2017 年部分上市公司开展的特殊标的物融资租赁业务

时间	融资租赁事件
2017 年 9 月	北京金一文化（002721）以部分商标权从文科租赁融资不超过 3 亿元
2017 年 9 月	中源协和（600645）及其子公司以部分专利权从文科租赁融资 5 000 万元
2017 年 9 月	远东租赁与云投生态（002200）开展以苗木为标的物售后回租交易融资 1 亿元
2017 年 11 月	北京佳讯飞鸿（300213）电气以部分软件著作权从文科租赁融资 1.5 亿元

14.4.2　知识产权抵押贷款

知识产权抵押贷款是一种相对新型的融资方式，区别于传统的以不动产等作为抵押物向金融机构申请贷款的方式，其主要指企业或个人以合法拥有的专利权、商标专用权、著作权中的财产权经评估后作为质押物，向银行申请融资。知识产权质押融资在欧美发达国家已十分普遍，而在我国则处于起步试点阶段。当前，我国知识产权质押试点工作主要面向中小企业，运用知识产权质押贴息、扶持中介服务等手段，降低企业运用知识产权融资的成本，在专业评估机构和银行之间搭建知识产权融资服务平台。《中华人民共和国公司法》规定，股东可以以货币、实物、知识产权、土地使用权等多种方式出资，其中知识产权等无形资产出资比例最高可达到注册资本总额的 70%。《中华人民共和国担保法》也明确规定，商标专用权、专利权等权利可以质押。

14.4.3　资产证券化

资产证券化是指以基础资产未来所产生的现金流为偿付支持，通过结构化设计进行信用增级，在此基础上发行资产支持证券（asset-backed securities，ABS）的过程。通俗而言是指将缺乏流动性但具有可预期收入的资产，通过在资本市场上发行证券的方式予以出售，以获取融资，最大化提高资产的流动性。资产证券化作为一项金融创新，其本质是在对高套利资产提供了新的流动性的基础上，将新的风险收益关系体现在资产证券上。它的出现改变了传统的融资模式，融资者不再需要通过自身的信用能力或以自身的资产为抵押，或利用外部担保从银行借入资金，也不再需要通过在资本市场发行股票或债券等筹集资金，只要融资者拥有可证券化的资产，就可以通过证券化的方式发行证券，筹集资金。与传统的融资方式相比，通过资本市场发行债券筹集资金是资产证券化融资方式的显著特征，它同时也代表着项目融资的新方向，其优势主要表现为融资成本较低、投资风险较低。

生物医疗行业公司向来具有资产中应收账款比重较高的特点，这使医疗行业应收账款证券化项目得到了快速发展。从医疗上市公司来看，该领域上市公司的应收账款占营业收入的比值，持续处于A股整体水平的两倍左右，这对于公司盈利和融资均有不利影响。从盈利角度来看，大量的应收账款会影响公司资金周转，降低企业利润率；从融资角度来看，应收账款比重过高是医疗行业IPO融资的一大阻碍。应收账款的证券化实现了应收账款真实出表，提高了企业资产的流动性，优化了集团经营指标，同时，也以更低的融资成本解决了医药企业的资金需求，这些因素使得医疗行业应收账款证券化项目快速发展。

14.4.4 可转换债券

可转换债券是衍生工具融资的一种。这种债券可根据一定的条件转换成公司股票，灵活性较大，所以公司能以较低的利率售出，而且，可转换债券一旦转换成股票，即变成企业的资本金，企业无须偿还。可转换债券是一种混合型证券，是公司普通债券与证券期权的组合体。可转换债券的持有人在一定期限内，可以按照事先规定的价格或者转换比例自由地选择是否转换为公司普通股。可转换债券持有人具有在未来按一定的价格购买股票的权利，因此可转换债券实质上是一种未来的买入期权。可转换债券在正常持有期属于债权性质；转换成股票后属于股权性质。可转换债券一般都有赎回条款，发债公司在可转换债券转换前可以按一定条件赎回债券。

2008年以来，沪深市场共发行了超过140只可转换债券，2017年以来，由于资本市场环境及定向增发的临管政策等因素发生诸多变化，越来越多的上市公司选择可转债的融资方式。2017年，沪深市场共发行了44只可转债，发行规模为947.11亿元。截至2018年7月10日，2018年沪深市场已发行30只可转换债券，发行规模为350.05亿元。定增新规实施以来，相比于定增融资，可转换债券单独排队，享受绿色通道发行。可转换债券体现出了政策支持、节税收益、提高每股收益等财务指标，以及募集资金的数量更多等优势。总的来看，可转换债券发行规模正处于上升期，可转换债券市场规模也将不断扩大。

14.4.5 产权交易

产权交易是企业财产拥有者以产权为商品进行有偿转让，使企业获得资金的一种经济活动。产权交易是企业与企业之间资产、股权的转让和流动，它包括收购兼并、股权转让、增资扩股、债转股等多种形式的活动，并不仅仅局限于固定资产、无形资产等传统意义上的法人财产交易变现。企业产权交易的方式主要有协议转让、竞价拍卖和招标转让等。战略性新兴产业上市公司中同样存在大量中小企业，融资难制约着行业的健康发展，随着我国产权交易市场的不断成熟，其有望成为中小型上市企业融资的一种重要渠道。近年来，我国的产权交易市场呈现出新的发展趋势，无论是资源配置、服务对象、服务内容，还是市场覆盖面，传统属于国资管理体系的产权交易市场已经在更广阔的范围发展，并成为广大战略性新兴企业可选的一条融资渠道。产权交易市场是非公开权益性资本市场，经过多年的探索和发展，产权交易已经逐渐成为企业资产重组和资本进退的枢纽，以及增强资本与存量资产嫁接的平台。

14.4.6　开发性、政策性融资

开发性金融是指开发性金融机构依托政府信用，整合政府具有的组织资源及开发性金融机构具有的融资优势，建立起市场效益和国家信用相结合的运行机制，在政府相关政策的支持下，通过相应的开发性金融产品，向政府优先发展的产业提供相应的资金支持，并向市场不稳定的行业提供保障，从而维护社会的稳定、规避金融风险，推动社会经济健康发展的金融模式。开发性金融融合了商业性金融和政策性金融的特点，同时又具有其独特的运作模式。政府政策导向在开发性金融运作中以政府政策为主导，能够自主选择目标企业，并监督贷款使用情况。因此，开发性金融具有资金来源广泛、追求市场效益和风险防范能力强等特点，可以提供长期、大量和可持续的资金流，可以称为我国战略性新兴产业重点上市公司发展的重要融资方式。当前，国家开发银行作为我国开发性金融机构，紧紧围绕服务国家经济重大中长期发展战略，开展中长期信贷与投资等各类金融业务，大力支持了包括战略性新兴产业在内的重大项目建设，提供了投融资支持。

由于战略性新兴产业具有独特的战略地位和高科技属性，政策性融资作为高科技企业不可忽视的重要融资渠道之一，战略性新兴产业上市公司尤其是中小公司可以争取相关融资支持。政策性融资是指企业充分利用各级政府为优化产业结构、促进高新技术成果转化提供的政策性支持，或者获得政府为支持高科技企业的快速发展而提供的政策性资金支持的融资行为。政策性融资的种类有：政策性贷款、政策性担保、无偿补助、财政贴息、专项扶持基金、政策性投资等。政策性融资是经常被中小上市企业忽视的一种融资工具，许多中小企业不太了解政府的扶持政策，更难谈到加以运用。能获得这种融资的企业，在融资成本、融资风险等方面都比其他融资方式有很大的优越性。

14.5　战略性新兴产业上市公司融资特征

14.5.1　新兴产业得到资本市场青睐

近年来，由于新兴产业具备更强的创新活力、更快的成长潜力，在享受政策大力支持的同时，更多的优质新兴产业企业享受到了资本市场的便利，成为上市公司

股权融资重点支持领域。2017年，战略性新兴产业上市公司的营收总额及资产总额分别占上市公司总体的15.4%和5.5%，但是IPO融资额却占到了44.8%。可以看到，越来越多的代表未来产业发展方向和经济核心竞争力的新兴产业实现了上市融资，这是资本市场更好的服务供给侧结构性改革的重要举措（图14.44）。

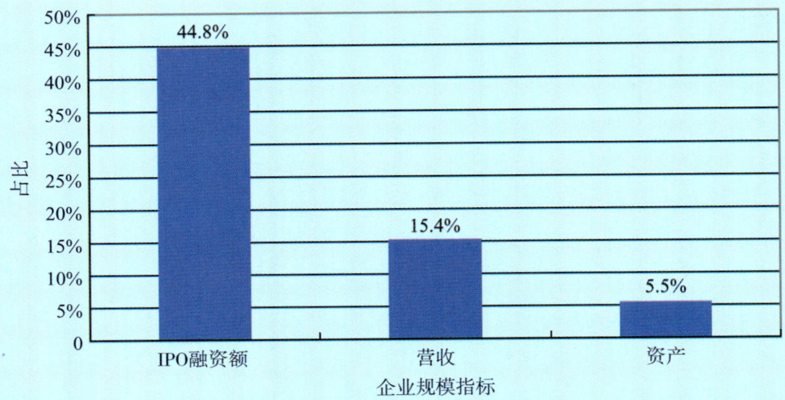

图14.44　2017年战略性新兴产业上市公司IPO融资额、营收、资产占上市公司总体融资比重

14.5.2　国企和大型企业能更充分运用债务杠杆

数据显示，总体上规模越大新兴产业企业越能获得更多的债权融资支持。一方面，新兴产业大型上市公司获得了更多债权融资支持。2017年新兴产业大型上市公司债权融资占其融资总额比重达88.5%，而小型上市公司占比仅为53%。同时，大型企业具备相对更强的抗风险能力，因此容易获得更多长期债权融资支持，2017年新兴产业大型企业长期借款和债券融资额占其融资总额的比重分别为38.5%和13.1%，明显高于中型及小型企业。

另一方面，国有企业获得了更多债权融资支持。2017年新兴产业国有企业债权融资占其融资总额比重达84.5%，高于民营企业3.1个百分点。同时，国有企业获得更多长期债权融资支持，2017年新兴产业国有企业长期借款融资占其债权融资总额比重的50.9%，约为民营企业长期借款融资占比的2倍；而民营企业主要依赖短期借款融资，2017年，新兴产业民营企业短期借款融资占其债权融资总额比重的53.8%，高于国有企业15.5个百分点。

14.5.3　不同领域企业融资特征存在较大差异

分领域来看，绿色低碳和生物领域由于成熟企业较多，债权融资占比相对较高，2017年两者债权融资占各自融资总额比重均接近九成，其中，绿色低碳领域由于一般收益相对稳定、风险较小，长期借款融资占其总融资额的比重超五成，明显高于其他四大领域；高端装备制造领域由于近年来的市场调整，风险相对较大，短期借款融资占比最高，2017 年短期借款融资约占其融资总额的 50%；生物领域债券融资需求最高，2017 年债券融资占其融资总额的 19.0%。此外，新一代信息技术和数字创意领域由于轻资产的企业相对较多，因此，更加依赖股权融资，其中新一代信息技术成熟企业相对较多，利用增发融资占比最高，2017 年增发融资占其融资总额的 18.9%；数字创意由于新创企业较多，IPO 融资占比较高，2017 年 IPO 融资占其融资总额的 10.0%，明显高于其他领域。

14.5.4　资金使用效率有待提升

增发融资作为战略性新兴产业股权融资的主要模式，其融资渠道越来越通畅，同时也有了更大的操作空间，但是上市公司在增发融资用途方面表现较为随意，存在资金使用效率偏低现象[2]。例如，上市公司存在频繁变更投资项目、长时间闲置募集资金、大量募集资金再次回流到证券市场等行为，以至于增发资金并未用于项目投资、扩大生产、技术研发、扩展市场等方面，这种行为造成资金使用效率低，加大了上市公司的经营风险。

可以说，上市公司融资投向的盲目性和不确定性是导致资金使用效率降低的重要原因。例如，不少上市公司缺乏对投资项目的充分研究，不能按计划投入募集到的资金，以致资金闲置，甚至变更募集资金投向。此外，部分上市公司在选择项目时倾向于盲目扩张，对投资项目的可行性研究不足，这导致当时看来非常好的项目往往建成开工生产后又面临同类产品过剩的窘境，前期投资付诸东流，造成了投资项目收益十分低下。

14.5.5　融资结构有待优化

当前，我国战略性新兴产业上市公司融资结构存在不合理或者可以适度优化调整的空间。具体表现在债权融资方式不够多元化，如债券融资占比较低及短期借款占比过高。2017 年，战略性新兴产业上市公司债券融资占比为 12.2%，明显低于上市公司总体 49.1% 的水平；同时短期借款占比高达 39.0%，明显高于上市公司总体 20.7% 的水平（图 14.45）。

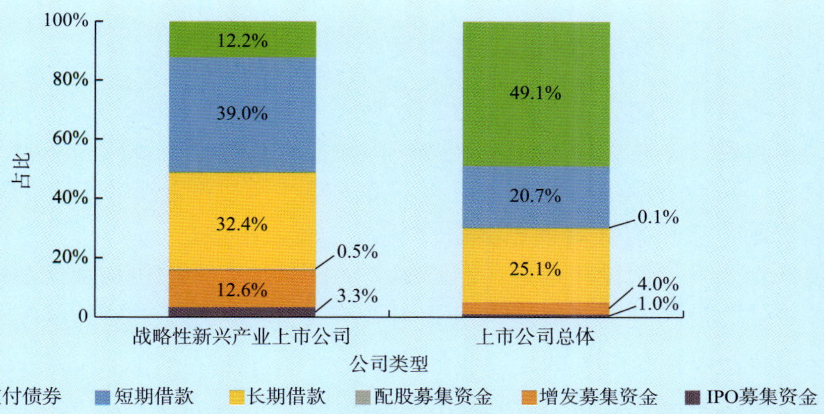

图 14.45　2017 年战略性新兴产业上市公司同上市公司总体融资模式构成对比

14.5.6 部分新兴产业企业仍存在融资难问题

虽然战略性新兴产业具备良好的发展前景，同时受到利好政策的支持，但是部分新兴产业上市企业仍面临较大的融资难度[3]。一是部分新兴产业领域无形资产占比较高、抵质押物普遍不足，难以达到银行现有的信贷准入标准和担保要求，面临贷款难的局面。同时，客观上看，大量新兴产业科技含量高、专业性强，金融机构对其缺乏深入了解，难以准确把握前景及风险。二是部分业绩表现不佳的新兴产业领域企业面临融资难的局面。例如，2013 年以来新能源领域大部分行业业绩表现不佳，融资受到一定负面影响，2013 ～ 2017 年，风能、核电技术及太阳能行业上市公司融资额年均增速分别为 15.8%、12.4% 及 16.3%，均低于同期战略性新兴产业上市公司总体融资年均 20.2% 的增速水平。三是直接融资门槛较高，这也导致了新兴产业企业融资难。新兴产业企业普遍存在研发投入大、市场拓展缓慢、盈利周期长等共性特征，难以满足直接融资的边界条件。

14.6 支持战略性新兴产业上市公司融资的政策建议

14.6.1 有序推进 IPO 常态化，扩大战略性新兴产业企业直接融资

积极推进制度改革，建立更为稳定的股权融资政策。一是推动新股 IPO 常态化，稳定企业对股权融资政策环境预期。同时，IPO 发行节奏应根据市场行情变化，并科学测算市场承受能力，避免 IPO 新股超发或停发。二是加强对新兴产业企业股权融资支持，吸引更多创新型企业在国内上市融资。继续推进已有支持政策，重点加强对新技术、新产业、新业态、新模式企业的融资支持，优化 IPO 及增发程序，支持该类企业加快股权融资进程。

14.6.2 加大新兴产业金融支持力度

在继续增强股权融资支持的同时，需要进一步加强金融机构支持战略性新兴产业上市公司力度。一是引导和支持金融机构加强与行业主管部门及重点上市企业的沟通与联系，帮助金融机构准确把握和支持战略性新兴产业上市公司的有效金融需求。二是鼓励金融机构针对重点战略性新兴上市企业建立一对一的服务对接机制，持续开展同企业发展阶段相适应的跟踪服务。三是加大金融机构面向战略性新兴产业的人才培养力度，定期开展新兴产业相关培训交流，为高效履行战略性新兴产业的金融供给服务提供人才保障。

14.6.3 强化资金使用效率和用途监管

一是加强企业股权融资需求监管，限制企业过度资金需求。充分考虑发行人的

成长性，把握好上市公司股权融资实际需求，避免出现大量募集资金闲置或用于购买理财产品等资源使用效率低下的现象。二是强化募集资金投向监管。根据上市公司募集资金目的及用途，加强资金使用监管，改进对改投项目管理机制，限制企业随便变更募集资金用途。

14.6.4 不断优化融资结构

一是鼓励和引导新兴产业上市公司通过发行债券募集资金，丰富债务融资渠道，改善债务融资结构。同时，大力培育新兴产业上市公司债券机构投资者，积极引导投资对发展前景好的优质新兴产业上市公司进行中长期投资。二是积极推动新兴产业上市公司开展创新型融资。鼓励企业及行业根据实际情况，开展融资租赁、知识产权抵押融资、资产证券化、可转换债券、产权交易、政策性融资，以及开发性融资等相对创新型融资模式应用。

14.6.5 加快推进融资机制创新

不断推进融资制度创新和机制变革，为有发展潜力的新兴产业企业上市公司融资提供便利。一是发挥政府资金的引导和杠杆作用，吸引更多社会资金参与战略性新兴产业上市公司股权融资，支持企业发展。二是给予战略性新兴产业上市企业创新投入财政补贴和贴息、税收优惠等政策扶持。三是建立战略性新兴产业信贷风险补偿基金，规范战略性新兴产业企业信贷补贴资金制度执行。加强和完善知识产权的评估、转让、处置变现等环节的法制建设，解决知识产权面临的价值评估难、资产转让难、处置变现难等问题。四是推动 IPO 制度改革，降低部分新兴产业领域企业融资门槛，支持其上市融资。

审稿：黄路明

参考文献

[1] 国家信息中心战略性新兴产业研究组 . 战略性新兴产业上市公司融资难依然突出 [J]. 中国战略新兴产业，2015，（1）：68-70.

[2] 黄建康，边晨露 . 战略性新兴产业上市公司融资效率研究——以浙江省为例 [J]. 中国商论，2018，（2）：37-38.

[3] 王海兵 . 新兴产业企业上市融资难上加难 [J]. 中国战略新兴产业，2017，（17）：17-19.

第 15 章

战略性新兴产业投融资服务平台体系研究

韩 祺 赵子健 季 政 张振翼 钟 晨 张立艺 刘百花

【内容提要】构建投融资服务平台是有效解决信息不对称、大幅降低交易成本的有效方案。当前，我国战略性新兴产业投融资服务平台主要分为撮合服务平台、信息服务平台、担保服务平台和综合性服务平台四类。各类投融资服务平台蓬勃发展的同时也存在一些不足，如平台服务的广度和深度有待进一步提高，尚未形成网络化平台体系，平台数据权威性、开放性和可靠性不足，等等。急需加强投融资服务平台发展的体制机制创新，加强产业投融资信用体系建设，建立产业投融资风险分担机制，加强投融资服务平台间分工协作。

长期以来，国内外社会各界在新兴产业投融资方面进行了不断尝试和探索，如何减少和消除产业投资和融资的供需两方信息不对称性，进一步降低交易成本，是提升战略性新兴产业融资效率和效果的关键节点之一。实践证明，构建投融资服务平台是有效解决信息不对称性、大幅降低交易成本的重要解决方案。本章围绕国内外新兴产业投融资服务平台的发展现状、主要模式进行了研究和梳理，针对当前存在的突出问题，提出了完善新兴产业投融资服务平台体系的若干建议。

15.1　中国战略性新兴产业投融资服务平台的主要模式

近年来，随着战略性新兴产业在优化产业结构方面展现出的重要作用，国家产业扶持政策的不断出台，网络信息技术的高速发展和广泛应用，收集、挖掘、共享与战略性新兴产业相关的国内外最新技术成果、市场行情等相关信息的可行性变得越来越高，服务产业投融资平台的手段和方式也日趋丰富。目前，中国战略性新兴产业投融资服务平台主要可分为撮合服务平台、信息服务平台、担保服务平台和综合性服务平台。

15.1.1　撮合服务平台：项目投融资渠道对接服务的平台

融资渠道对接平台主要是指为融资供需双方提供信息交流的平台。在该平台通过整合现有优质投资资源，实现与战略性新兴产业企业融资需求的对接，进而提高融资供需双方的对接效率。撮合服务平台主要为融资方提供专业服务，帮助战略性新兴企业综合考虑企业提交的资金需求信息，全面权衡各种因素为战略性新兴企业量体裁衣，制订最适合的融资方案[1]。具体而言，该类平台可实现以下四方面功能。

一是投资伙伴搜索。融资方可以按行业划分寻找投资者，还可以借助平台的搜索引擎，通过模糊的关键字匹配搜索，能够一目了然地得到关于投资方的有价值的信息。例如，公司的简介、主营业务、所在行业、主营业务的具体内容等公司基本信息。二是数据挖掘。利用融资平台，战略性新兴企业花费低廉的成本就可获得拟融资项目的行业投资月报、年报、投资趋势报告等关于行业的统计信息。三是项目发布与投递。在本融资平台发布项目信息，必须按照标准化格式填写表格，然后系统会自动加以分类，并且把本地区环境、配套和交通等合作方关心的信息与项目关联，提高信息的针对性和有用性。同时，发布者还可通过平台搜索到目标合作方，然后通过平台直接投递项目。四是网络路演。平台为资金的供求双方提供了网络路演的功能，包括一对一的私密洽谈，还有可以多方参与的多方对接洽谈。洽谈室能够自动记录历次洽谈的会议过程。洽谈室给双方提供了预约洽谈功能，双方可以通过文本、语音、视频多种媒介进行洽谈。双方在网上磋商达成初步合作意向后，再通过平台联系实地磋商。

15.1.2　信息服务平台：投融资信息整合服务的平台

战略性新兴产业的信息整合平台是各类信息资源的集成整合，是一个开放式的、免费的、公众性质的服务平台，主要由政府部门或非营利机构主办，主要提供以下四方面功能。

首先是信息发布与咨询功能。信息发布包括政府的政策法规发布、行业新闻发布、融资信息发布、用户使用指南和范围等信息的发布，具有上传和下载等功能；咨询功能则包括政策法规、融资申请流程、融资主体情况、融资方案规划、审批进度等内容，提供在线咨询和邮件咨询等多种咨询模式，为战略性新兴企业提供咨询、专项申请、资产评估、会计和法律事务等专业的多种服务。其次是数据分析功能。该功能通过对战略性新兴产业的统计分析，总结用户的需求规律和趋势，并及时反映出产业的发展状况，为融资提供数据支持，提供文字、表格、图形等各种形式的输出。再次是信息查询功能。这也是该平台最基本的功能，此项功能为用户提供最便捷的查询途径和最全面的查询结果，最大限度地弥补融资双方信息不对称的缺陷。最后是实时监督功能。即对各融资方的融资供需状况、融资过程和融资结果进行实时跟踪监控，并监督各企业的信用状况，使信用状况好的企业更容易得到资金支持。

以北京中关村企业信用促进会为例，2000 年初，中关村示范区被国家发展改革委纳入全国首批 5 个信用体系建设试点城市（地区）之一。为了促进中关村高新技术企业融资发展，打造中关村信用品牌，营造良好的信用环境和投融资环境，在中关村管委会倡导下，2003 年 7 月，由中关村高新技术企业、为企业服务的金融机构、担保机构、信用中介机构、信用保险机构及其他机构等联合发起设立非营利性的企业信用自律社团组织（社团法人）——北京中关村企业信用促进会。北京中关村企业信用促进会建立了昌平、丰台、西城、海淀、石景山、密云、电子城、软件园、亦庄 9 个园区的企业信用工作平台，成立了信用服务、认证服务、会计审计、金融服务、生物医药、节能减排、电子信息、新三板、法律服务 9 个行业专业委员会，为中关村企业开展了全方位的服务，推动中关村信用体系建设不断创新发展。

15.1.3 担保服务平台：投融资风险补偿的平台

中小型战略性新兴产业企业普遍存在轻资产的特点。企业在融资过程中缺乏足够的贷款抵质押资源的问题是约束企业融资的主要瓶颈之一。信用担保平台主要为状况良好、具有发展潜力的战略性新兴企业提供融资担保，能够有效改善企业的融资能力。此类平台具有以下三个特点。一是具有政府主导背景，这使担保机构实现了权、责、利的有机统一，较好地解决了出资人和代理人问题，担保规模和服务范围普遍较大。二是设立风险分散机制，由于政策性担保机构具有一定的政府产业扶持性质，一般采取与各投融资参与方按比例担保的方式以分散投融资风险，通常还会建立担保基金和再担保基金制度等风险缓释机制。三是具有信用审核机制，与金融机构加强合作，对融资对象开展信用评级，按照企业信用能力来确定信贷和担保方式。

以中国投融资担保股份有限公司（以下简称中投保）为例，2016 年 3 月，国家发展改革委、国家开发投资公司，以及中投保三方签署了《战略性新兴产业融资担保风险补偿金合作协议》，三方将共同在战略性新兴产业领域开展项目融资风险补偿试点工作。按照该合作协议，国家开发投资公司所属的中投保受国家发展改革委的委托，负责战略性新兴产业融资担保风险补偿金的运作管理。中投保将在国家发展改革委的监督指导下，联合股权投资基金、地方担保机构、再担保机构、银行等合作机构建立工作体系，将60%以上的风险补偿金用于补贴合作担保机构，最大限度地发挥风险补偿金的杠杆放大作用。风险补偿金将与国家新兴产业创业投资引导基金协同联动，共担风险，为创业投资基金已投资企业提供债权融资担保服务，全方位支持企业发展。风险补偿金首批选择八个全面创新改革试验区（京津冀、上海、广东珠三角、安徽合芜蚌、四川成德绵、武汉、西安、沈阳）进行试点，未来视资金运作效果，逐步扩大试点范围。此次设立风险补偿金，是按照国务院关于改进政府投资使用方式，即通过担保补贴方式支持社会资本参与重点领域建设的有关要求，针对市场失灵环节进行的探索。通过风险补偿金可探索引导金融机构为战略性新兴产业项目建设和企业发展提供更多融资支持。

15.1.4　综合性服务平台：一体化、专业化服务的平台

综合性投融资服务平台是为我国科技型企业提供更加专业化、一体化的中介服务机构，此类平台主要有以下两方面特点。

一是专业性。专业性服务的保障依托于专家团队的打造和各领域精英人才的汇集，在融资专业服务平台的建设中借鉴发达国家的经验，把对于人才的选择、录用，专家团队的打造和人力资源管理作为重中之重，提高服务的质量和水平，体现较强的专业化水平。二是全面性。综合性的投融资专业服务平台能够为我国战略性新兴企业提供包括创业辅导、政策咨询、融资指导、企业信息化、财务管理、人力资源管理和法律咨询在内的多元化、全方位的服务，并且能够对企业的发展进行追踪，为提供后续服务打下基础。

以启迪之星为例，作为为科技型企业提供综合性投融资服务的平台，该公司确立了“孵化器＋种子投资”的发展模式和专业孵化器的发展方向。启迪之星以一对一导师、顾问式服务的方式整合产业资源，并嫁接丰富的天使投资资源，平台内有多个入驻基金，包括清华梦想实验室种子基金、水木清华校友种子基金、启迪种子基金、清华梦想课堂天使基金I期II期、启迪之星天使投资基金、启迪之星（天津）风险投资引导金、启迪之星（包头）风险投资引导基金、启迪之星（潍坊）风险投资引导基金等。其通过多种资源的整合，培育和孵化了众多的科技型优秀企业。

上述四类平台中，撮合服务平台提供项目融资渠道对接服务，为融资供需双方提供信息交流；信息服务平台提供开放式的、免费的、公众性质的信息整合服务，是各类信息资源的集成整合平台；担保服务平台主要为状况良好、具有发展潜力的战略性新兴企业提供融资担保，解决中小型企业信用资源不足问题；综合性服务平台不仅为企业提供融资服务，而且为企业成长提供创业指导、政策咨询、财务管理等全方位服务，提高企业融资效率，对于处于不同发展阶段、不同融资需求的战略性新兴产业企业，应根据其所处行业、发展阶段等选择不同中介平台。

15.2 中国战略性新兴产业投融资服务平台的发展现状与制约

15.2.1 发展现状

1. 各地政府积极推动投融资服务平台设立

《“十三五”国家战略性新兴产业发展规划》明确提出：“战略性新兴产业代表新一轮科技革命和产业变革的方向，是培育发展新动能、获取未来竞争新优势的关键领域。”《“十三五”国家战略性新兴产业发展规划》更是指出“到2030年，战略性新兴产业发展成为推动我国经济持续健康发展的主导力量，我国成为世界战略性新兴产业重要的制造中心和创新中心，形成一批具有全球影响力和主导地位的创新型领军企业”的发展目标。各级政府为支持和培育地方战略性新兴产业快速增长，积极推进发挥政府产业发展引导和支持作用，设立新兴产业投融资服务平台。例如，四川省战略性新兴产业服务平台是由四川省经济和信息化委员会主管，四川天府经济发展推进中心牵头负责搭建、运营的，为四川省广大企业提供了战略性新兴产业综合性服务的平台。该平台旨在组织、优化、整合全省战略性新兴产业的优势资源，设立信息公开、产业服务区、产业资讯等板块，在信息、技术、投融资、人才对接、项目申报、项目咨询等方面为全省从事战略性新兴产业的广大企业提供专业、便捷、集中的技术支撑与服务。该平台以服务四川省战略性新兴产业为目标，积极与政府、行业协会、科研机构、龙头企业等合作，有效促进中小型科技企业做强做精。广东、安徽、江苏等地也积极发展服务地方产业特点的投融资服务平台，支持地方新兴产业发展。

2. 投融资服务平台更加专业化

随着战略性新兴产业分工越来越细，行业主管部门、行业协会或行业投资主体设立了针对特定行业领域的投融资服务平台。例如，基于节能环保企业对投融资服务的迫切需求，首都金融服务商会设立了专业的节能环保投融资服务平台环投汇。环投汇是目前国内节能环保领域领先的互联网投融资服务平台，以金融服务为切入口，依托和整合首都金融服务商会百余家银行、证券、保险、信托、基金、担保、资产管理公司、小额贷款公司、评级公司等金融服务优势资源，专注节能环保市场垂直领域的投融资服务平台，其用户群体涵盖环保投资公司、节能环保项目业主、环保技术供应商或投资基金，以及环保金融投资者机构、企业及个人客户。此外，国家重点产业专利信息服务平台、生命科学与生物产业信息服务平台，以及杭州医药产业信息导航平台等都从各领域提供产业研究、市场研究、数据分析和政策动态等专业服务；北京软件和信息服务业协会成立了投融资专业委员会，建立了境内外软件和信息服务行业信息交流平台和投融资服务平台，通过委员会吸引风险投资和产业投资等各类投融资机构在北京聚集，探索解决软件和信息服务业中小企业融资难问题。

3. 金融机构积极支持新兴产业发展

开发性、政策性、商业性金融机构主动作为，发挥各自优势，积极支持新兴产业发展。2017 年 6 月，国家开发银行与国家发展改革委签订《关于支持战略性新兴产业发展的战略合作协议》，双方约定“十三五”期间，国家开发银行将提供 1.5 万亿元融资总量，支持战略性新兴产业发展。2018 年 3 月，中国进出口银行与国家发展改革委签署《关于支持战略性新兴产业发展的合作协议》。该协议约定，“十三五”期间，中国进出口行将提供不低于 8 000 亿元融资，重点支持国家规划中明确的新兴产业集群发展、重大工程及相关创新平台等。2018 年 6 月，中国建设银行与国家发展改革委签署《关于共同发起设立战略性新兴产业发展基金的战略合作备忘录》。基金具体投向新一代信息技术、高端装备制造、新材料、生物、新能源汽车、新能源、节能环保和数字创意等领域，基金目标总规模约 3 000 亿元。

除加大与政府主管部门合作，支持产业发展之外，商业银行还基于自身业务模式，不断向业务链条上下游延伸，力图构建以自身业务为核心的投融资生态。2011 年 11 月，上海浦东发展银行与美国硅谷银行有限公司合资建立浦发硅谷银行，致力于服务科技创新型企业，通过创新型资产价值评估的模式，为科技创新企业提供资金支持；量身定制金融服务方案，满足企业在各个发展阶段的需求；提供全球化合作平台，为国内企业向海外市场的发展搭建桥梁；致力于服务中国的科技创新企业，并在中国打造“科技创新生态系统”，目标是向这一领域不同发展阶段的客户提供创新型的银行服务支持。

4. 第三方融资服务平台逐渐兴起

依托于大数据分析优势、区位优势等的第三方融资平台逐渐兴起，通过为融资需求方与融资供应方提供有价值的信息等增值服务，促进交易完成、提高交易效率。例如，元素征信有限责任公司在中国电子商务协会的支持下成立，是中国人民银行备案的第一批企业征信机构。公司依托征信行业数据资源和大数据技术，为商业银行等金融机构提供征信服务，同时也为包括 P2P（peer-to-peer ending platform，即互联金融点对点借贷平台）、小贷、互联网金融在内的众多小型金融机构提供征信服务。而中关村核心区中小微企业融资平台是由中关村科技园区海淀园管理委员会携手众多金融机构和投资机构打造的中小微企业融资平台。平台整合多种信用、准信用类创新产品，包含海帆企业信用贷、知识产权贷、投联贷、科技补贴贷、新三板贷、创业贷、文科租赁贷等，为企业实现股权融资、债券融资等多样化融资服务。该平台还为中小微企业提供从初创期的办公设备租赁、财务服务、融资咨询服务、法律咨询服务等，到发展成熟期提供上市辅导、股权质押、PE（price to earning ratio，即市盈率）、投联贷、税收筹划财务顾问等融资融智服务。同时，平台通过对接金融机构、发布商贷产品、设立“海帆专区”“投联贷基金申报窗口”等，联合金融机构为小微企业提供更为优惠的银行贷款产品和优质的服务。

15.2.2 存在短板与制约

在传统的投融资服务过程中，直接融资通常由市场提供信息服务（信息披露制度、财务制度、会计制度、审计制度）来缓解投融资双方的信息不对称问题；间接融资则多由银行等金融机构独自承担尽职调查的任务。在互联网时代，大数据、人工智能等新一代信息技术的高速发展，以及在线社会网络服务的出现和大规模普及，为战略性新兴产业投融资提供精细化服务和创新带来了重要的契机和基础，各类投融资服务平台蓬勃发展，但也要充分认识到，发展过程中还存在一些制约或不足。这主要表现为以下几个方面。

1. 平台服务的广度和深度有待进一步提高

战略性新兴产业包括众多领域和行业，专业技术性强。“互联网+”、信息化浪潮促使跨领域的融合发展成为新的发展趋势。平台在为产业发展提供投融资服务时，除具备专业技术知识外，还涉及法律、金融、财务等多门学科知识，需要具备综合服务能力的团队或复合型人才来提供专业化服务。目前，我国为战略性新兴产业投融资提供服务的信息整合、项目评估、投资顾问、事务所等中介服务机构，尚不具备完善的多维度服务能力，无法把握全球新兴产业和尖端技术的发展趋势，在服务专业性方面仍有较大的提升空间。

2. 尚未形成网络化平台体系

总体来看，我国战略性新兴产业投融资服务平台大多还处于发展初期，服务内容、对象和主体等相对独立，多数投融资服务平台主要解决局部问题，全国性、整体性的战略性新兴产业投融资服务平台体系尚未形成。多数平台出于“数据垄断”等原因被打造成“封闭系统”，从而成为“信息孤岛”，造成了平台重复建设、信息资源垄断等问题，战略性新兴产业投融资服务平台的权威性、开放性优势难以发挥。如何调动各类已建平台的积极性，整合形成网络化的投融资服务平台，需要进一步完善体制机制的顶层设计，发挥政策引导作用和市场调节作用，加强服务平台之间的分工合作，更好地为我国战略性新兴产业创新发展服务。

3. 平台数据权威性、开放性和可靠性不足

数据是平台的核心资源。总体来看，平台数据资源还存在一些关键掣肘。一是商业数据产权界定不完善。早在1996年，欧盟就专门发布《欧盟数据库指令》，明确了“数据库制作者权”保护规则。1999年，新加坡将著作权扩展到网络著作权，保护“任何形式的编纂物”的著作权。在这方面，我国尚无统一界定。其中，对构

成著作权的商业数据，通过《中华人民共和国著作权法》进行保护；对不构成著作权但构成商业秘密的商业数据，通过《中华人民共和国反不正当竞争法》进行保护。但对除此之外的其他商业数据，在产权界定上尚无专门制度，主要靠援引相关法律原则来解决争议。随着大数据技术的普及，数据的获取、交易、使用、挖掘会更加深入，这个问题也将更加凸显。二是数据标准不统一。战略性新兴产业门类繁多、从业主体庞杂，各类平台主体收集的数据五花八门，在数据结构、文件格式、界面标准等方面存在诸多不一致，数据难以流转、兼容和共享。三是公共数据开放不够。据统计，全社会约 80% 的公共数据掌握在政府部门和公共企事业单位手中。长期以来，不同部门、不同地域的信息系统主要采用自建自管自用的方式，市场较难获得该类来源权威、可靠度较高的数据资源。

15.3　新兴产业投融资服务平台搭建国际比较

15.3.1　美国

美国不仅拥有微软、谷歌、苹果等跨国大企业，而且拥有基数庞大的中小企业，这是美国成为经济强国的重要源泉之一。初步统计，美国共有中小企业 2 000 多万家，它们占了企业总数的 99%，贡献了 GDP 的 40%，提供了 75% 的就业机会，美国的中小企业是技术创新、思想活跃的聚集地，美国有一半以上的创新发明是在小企业实现的，小企业的人均发明创造是大企业的两倍，很多新兴产业的公司都经历了从矮子到巨人的过程，如现在的微软、谷歌、Facebook 等。发挥政府管理部门政策引导和资金支持作用，是美国支持中小型新兴企业发展的重要方式之一[2]。

美国专门设立了美国联邦中小企业管理局（以下简称管理局），向中小企业提供包括资金支持、技术援助、政府采购、紧急救助等全方位、专业化的服务。管理局是美国政府制定中小企业政策的主要参考和执行部门，在各政府部门中有相当高的地位，局长由总统亲自任命。管理局的政策制定和执行手段充分体现了美国国家意志，推动了新兴产业投融资机制创新，具有以下特征[3]。

1. 提供多元化投融资服务

美国中小企业主要从三个渠道进行融资：一是从商业银行直接贷款；二是从投资公司融资；三是从政府部门获得财政补贴。管理局始终贯穿整个过程。在投资服务方面，金融投资公司是由管理局成立的金融投资公司负责为中小企业提供股权类资金支持。在信贷服务方面，在美国商业银行不愿为无抵质押资源的中小企业提供贷款的情况下，管理局会为资质优良的中小企业提供担保。如果管理局为某中小企业做了担保还无法融到钱，那么管理局可以根据实际情况，直接向该公司发放小额贷款。在财政补贴方面，管理局会为遭受飓风、地震等自然灾害的中小企业提供重建资金。同时，管理局会同州政府一起对有创新前景的中小企业拨款，以财政补贴的形式直接支持。

目前，管理局拥有总额逾450亿美元的贷款、贷款担保及风险资金，此外还备有50亿美元的赈灾贷款。管理局担保的平均贷款额是24万美元，偿还期为11年。贷款利率一般会比大企业高2个～5个百分点。数据显示，仅在1980～1998年管理局就为美国中小企业提供了28万笔担保贷款，总额达410亿美元。

2. 建立中小企业信用担保机制

管理局向中小企业提供的另一项重要融资服务是建立美国中小企业信用担保机制。其中最常见的方式是7（a）贷款计划：当符合条件的中小企业向金融机构申请贷款时，由管理局提供一定比例的贷款担保，金融机构自主决定是否提供贷款，贷款风险由管理局和金融机构共同承担。同时，管理局引入第三方信用评价机构，为企业进行信用评估。美国第三方信用评价机构主要有三家，它们会为需要融资的中小企业进行信用打分，总分为900分，及格线为650分。

3. 加强政府引导和政策激励

在信贷政策方面，美国政府对国内中小型企业的政策性贷款数量很少，主要通过政策性担保基金引导商业性金融机构对中小企业进行贷款。具体运作方式是通过管理局制定宏观调控政策，引导民间资本向中小企业投资来实现。管理局也会向那些有较强技术创新能力的、发展前景好的中小企业提供一定数量的直接贷款，并且对中小企业的创新研究进行资助。

在纳税政策方面，美国政府专门颁布了有助于中小企业发展的税务计划，帮助中小企业推销产品，并简化为小企业员工设立退休金计划的手续。2014年，美国政府又宣布，国家税务局将为小企业提供6个月的纳税宽限期。在研究与开发方面，根据《小企业创新发展法》，美国国会1982年建立的“小企业创新研究计划”规定，凡拨给本部门以外研究与开发费用1亿美元以上的部门，都必须按一定的比例向该计划拨出经费（比例逐年加大）。合格的小企业均可向该计划申请经费，将其创新思想变为现实。当然，管理局也鼓励中小企业到资本市场上寻求风险投资或私募股权投资（private equity，PE）。

15.3.2 日本

目前，日本中小企业有650多万家，约占企业总数的99%，吸纳就业人员约占就业人员总数的80%，创造了一半以上的社会产值。日本中小企业同样也是创新的主要源头，很多中小企业通过发明创造某些核心工艺或者核心材料，成为战略性新兴产业领域的主要“隐形冠军”。这些创新型中小企业的发展与日本政府的政策支持和扶植密不可分。虽然日本并没有成立一个大型的服务平台来专门扶持中小企业，但是日本是发达国家中中小企业政策最主动、最稳定、最完善的国家之一，特别是其在政策性融资扶持措施方面，有很多值得学习借鉴的地方[4]。

1. 立法先行，为中小企业发展提供法律政策支持

日本在1945年后制定了30多项与中小企业有关的立法，如《中小企业金融公库法》、《中小企业基本法》和《中小企业现代化资金扶持法》等。通过这些法规政策，从中小企业到专业金融机构形成了完整、系统的法律规范，为促进中小企业融资机构的规范发展发挥了积极作用。20世纪90年代泡沫经济崩溃后，在国内经济长期萧条的形势下，日本进入了第二次世界大战后最大的经济结构的转换期。随着制造业对国外投资的增加，中小企业也向国外特别是在亚洲地区融资。日本从制定中小企业现行领域的发展政策转向制定促进中小企业向新领域发展的政策。在继承《特定中小企业者事业转换对策等临时置措法》的基础上，日本制定了《中小企业创造活动促进法》和《新事业创出促进法》以解决当时转换经济结构重要性日益突出的问题。1999年，日本还修订了处于上述中小企业政策“母法”地位的《中小企业基本法》，为中小企业融资保驾护航。可以说，日本“立法先行”是政策性融资扶持的先决条件，是其财政税收优惠、专业金融机构资本支持等多轨道、全方位促进中小企业发展的基石。

2. 成立多个专业金融机构，给予中小企业资本支持

日本政策性金融机构主要是“两行八库”，即日本开发银行、日本进出口银行、国民金融公库、中小企业金融公库、农林渔业金融公库、北海道东北开发金融公库、公营企业金融公库、住宅金融公库、环境卫生金融公库、冲绳振兴开发金融公库。民间金融机构资金有限，承担风险的能力远不如有官方背景的金融机构，所以它们在很多领域不愿意给中小企业提供贷款。而“两行八库”主要给民间资本不愿涉及的领域的企业提供贷款服务，并且利率较低、期限较长，其中作为长期信贷金融机构的日本开发银行对新兴产业的支持作用最为明显。从而形成官方金融机构和民间金融机构互补的融资体系。

其中需要特别指出的是，中小企业金融公库和国民金融公库对中小企业的贷款分为一般贷款和特别贷款两种。一般贷款在条件上比民间银行优惠，特别贷款则是为扶持尖端技术和中小企业现代化而发放的更为优惠的贷款。中小企业金融公库的资金来源主要是政府产业投资、特别会计账户和发行金融债券。金融公库主要用于中小企业的设备投资和长期周转资金，进而扩大出口、提高自给程度、促进新技术的工业化等。

3. 重视高新技术产业投融资活动政策引导，出台激励措施

日本是对新兴产业发展直接给予指导和支持较多的国家。早在1957年，日本政府就制定了《振兴电子工业临时措施法》，并于翌年开始实施包括电子机械生产、电子器械出口、电子器械试验研究在内的5年电子工业振兴计划。1992年日本政府推出新的

“科学技术政策大纲”，明确发展重点是高科技产业，并为此制订了第五代计算机发展计划、开发新工业材料计划、阳光计划、月光计划等几十项科研发展计划。2008年以来，为应对国际金融危机、加快高新技术产业的发展，日本政府也先后推出了“日本ICT（information communications technology，即信息通信技术）新政”、“数字日本创新计划”和“i-Japan战略2015”等，对信息与通信技术和下一代数字化信息产业的创新和培育提出了明确发展方向及相关配套政策。日本政府对中小型高新技术企业投资融资活动的政策支持力度也很大，如为鼓励对中小型高新技术企业进行新技术研发，日本政府建立了技术开发补助金制度（政府赞助或补助额度可达企业技术开发费用的50%）；日本政府出资设立的中小企业金融公库等三家政策性金融机构可为中小科技企业提供贷款援助等。

对能创造就业机会、提高技术及服务的新开办的中小企业，日本政府还会实行无抵押、无担保的融资制度。从事战略性新兴产业的中小企业，还能通过特别的融资制度进行贷款。贷款条件是企业在未来七年内开展一项新事业，并且事业的增长能力获得中小企业金融公库增长性新事业培育审查会认定。

4. 建立信用担保机制，降低中小企业的贷款成本

满足中小企业的资本需求仅仅依赖政府优惠的政策性贷款是不够的，过多的政策性贷款使日本政府承担了过高的信贷风险。为中小企业提供信用担保支持成为日本政府拓展中小企业金融和分散信贷风险的一个辅助战略。

日本的中小企业可以用持有的赊销债权（包括应收的货款、运输费、诊疗费、工程费等）作为抵押向银行申请贷款，信用保证协会对其债务进行担保。此外，日本各地的信用保证协会还可以对净资产3亿日元以上的中小企业发行的企业债券进行信用担保，这一制度为中小企业实现直接融资开辟了道路。日本政府设立的中小企业互助基金很有“日本特色”，它一般采用会员制，带有互助基金的性质。例如，日本的小企业“自有钱柜”，入会企业可以随时从中得到无息贷款，贷款额为入会费的10倍，不需任何抵押和担保。

15.3.3 新加坡

中小企业是新加坡经济的骨干，占全国企业数量的99%。中小企业持续支持着新加坡经济增长，对GDP贡献巨大——中小企业的GDP贡献占新加坡GDP近一半，并创造了大量的就业机会。

2016年，在新加坡金融管理局（Monetary Authority of Singapore，MAS）批准下成立了首个针对亚洲范围内新兴企业注册的股权和贷款众筹平台——FundedHere。FundedHere为投资者和企业建立了一个生态系统，确保任何符合要求的投资者和新兴企业都可以在这个平台上匹配到合适的资源和服务。我们从FundedHere的设计中

同样可以学习到一些经验[①]。

1. 严格审核新兴企业和上市公司的资质

创业公司能够通过在 FundedHere 平台上展示商业创意，而获得债务形式或股权形式的种子轮投资或天使投资。该平台上进行股权或债务众筹项目规模的起点最低的有 5 000 新加坡元（约合 3 700 美元）。当创业公司进一步发展成熟后，它们可以寻找更多传统意义上的风险资本或者私募筹资。而上市公司同样可以在平台上通过发行债券来募集资金。但是，不论是新兴企业，还是上市企业，如果想进入平台都需要严格满足相应标准，具体条件见表 15.1。

表 15.1　不同企业入驻 FundedHere 平台的条件

企业类型	新兴企业	上市公司
符合标准	●新加坡注册实体 ●至少运营 3 个月 ●至少有 1 名新加坡创始人 / 实益拥有人 ●最低实收资本为 50 000 新加坡元	●新加坡人或新加坡永久居民，拥有多数股权 ●不在 SGX（Singapore Exchange Limited，即新加坡交易所）关注列表上 ●拥有净有形资产 ●关于股东权益的留置权 ●公司担保

2. 严格审查投资条件，保障投资安全

由于创业公司具有风险，因此 FundedHere 的融资对象仅限于合格投资者（accredited investor），即个人净资产超过 200 万新加坡元（不包括居住的房产）或过去 12 个月收入不少于 30 万新加坡元（20 万美元）的个人，或净资产至少 1 000 万新加坡元（740 万美元）的企业合格投资者。每人投资额最少 5 000 新加坡元。FundedHere 严格审查所投公司的条件，包括公司的缴纳资本、是否获得其他商界人士或创业家推荐，以及创办人的背景等。

3. 注重与科研机构和初创公司合作，帮助新兴企业快速发展

目前 FundedHere 已经与新加坡的本土大学建立了合作关系，利用各大学的学术和创业资源，该平台可以为新兴企业提供辅导培训的功能，帮助它们快速成长和发展。目前 FundedHere 主要面向新加坡市场、南洋理工大学的新孵化器、新加坡国立大学的计算机系等科研机构，以及初创公司、孵化器、创业投资基金等合作，计划在未来开拓中国、马来西亚、印度尼西亚、越南、菲律宾的市场。

① https://www.fundedhere.com/.

15.4 促进中国战略性新兴产业投融资服务平台发展的建议

15.4.1 加强投融资服务平台发展的体制机制创新

1. 完善产业发展法律法规体系

2010年10月国务院常务会议审议并原则通过《国务院关于加快培育和发展战略性新兴产业的决定》，战略性新兴产业在中国经济发展中的重要地位正式确立。2016年11月29日，国务院正式印发《“十三五”国家战略性新兴产业发展规划》，正式将发展战略性新兴产业提升到国家战略层面。完善的法律法规是落实国家战略，推动产业健康发展的重要保障。中国应考虑尽快健全战略性新兴产业法律法规体系，制定诸如“战略性新兴产业担保法”“战略性新兴产业融资法”等，为战略性新兴产业营造更加优良的制度环境，为产业发展保驾护航[5]。

2. 发挥机构和部门政策的协同作用

统筹协调工商、税务、科技管理、产业政策协调、金融、信息化等主管部门，建立经常性沟通机制，加强政策协调性，发挥合力支持投融资服务平台发展。在项目支持方面，各级政府掌握节能环保设施、移动通信、互联网等项目建设信息，可以探索与战略性新兴产业投融资服务平台合作，将更多资源投入平台，通过深化“放管服”，进一步释放产业活力。在平台搭建方面，针对战略性新兴产业重点领域，采用政府投入、国有企业参与等方式，做强投融资服务平台，引导社会资本进入国家重点领域和项目。在投融资政策方面，积极探讨建立确保国家对战略性新兴产业资金投入稳定持续增长的长效机制，鼓励设立政府战略性新兴产业投资引导基金，探讨建立支持战略性新兴产业投资发展的专项建设基金制度。进一步加大战略性新兴产业信贷支持力度，鼓励金融机构提高战略性新兴产业贷款占贷款总额的比重，积极探索支持战略性新兴产业各行业企业开展科技创新和研发的金融产品，提供信贷优惠政策，提升企业信贷融资便利。

3. 构建知识产权投融资服务平台

知识产权是科技型企业的重要资产。构建政府主导、市场运行、社会广泛参与的多方联动的知识产权投融资服务平台，组建由政府部门、各类金融机构、创业投资、中介机构等共同参与的知识产权投融资服务联盟，运用组合金融方式推动和促进核心知识产权运用和专利成果转化。支持创业投资参与知识产权的孵化、经营。搭建创新成果转化的产融合作平台，引导各类研发创新组织与金融机构开展成果信息共享、转化风险评估等合作。对金融机构开展科技金融业务的科技成果信息提供支持，加强技术评估、专利、技术标准、知识产权等各类科技成果信息数据库建设，完善推广应用机制。发挥平台中介功能，引导和服务创业投资、担保、银行、保险机构与知识产权评估、代理、交易机构开展战略合作，为知识产权的转让、许可、质押等多种经营方式提供创新服务。

4. 鼓励开展先行先试

支持在全面创新改革试验区和战略性新兴产业集群等区域率先探索开展优化战略性新兴产业投融资服务体制改革试验；鼓励若干地区结合既有战略性新兴产业投融资服务平台的基础，围绕地方战略性新兴产业发展方向，充分发挥地方金融机构、投资机构、孵化机构，以及众创空间等主体作用；探索新的体制机制，按照国家产业创新中心指引要求，联合组建区域战略性新兴产业投融资服务创新中心，探索形成战略性新兴产业投融资服务体制的好经验好做法。

15.4.2 加强产业投融资信用体系建设

1. 建立完善的企业信用信息系统

结合“信用中国”建设，建立健全战略性新兴产业信用制度建设，从信用标准、信用评价、信用信息交换、信用信息市场管理等方面综合推进完善企业信用信息系统，实现战略性新兴产业信用信息查询、交流和共享的社会化发展。依托大数据和人工智能等信息化技术，强化投融资服务平台的信用服务功能。建立健全大数据辅助科学决策和社会治理的有效支撑，按照“政府推动、市场运作”的原则，完善企业信息披露体系、企业信用监管管理体系和企业信用风险防范体系，在法律规范下运用市场机制，强化企业信用管理的内部约束机制和激励机制，提高企业诚信自律意识，规范企业经营行为。

2. 建立信用数据共享平台及信用公示体系

通过企业信用信息公共服务平台建设，实现企业的信用信息在线征集、披露、使用、监管和公示，完善企业信用信息的交换与共享机制，建设企业信用信息服务与管理系统，形成实时动态的企业信用信息数据库。搭建起企业信用信息与投融资服务信息之间的信息互动服务、企业信用信息跟踪、信用风险预警防范，以及企业与政府、金融机构之间的信息查询，强化企业信用信息的监督管理，同时建立企业、政府、机构、工商、税务、司法、环保等部门之间的信息互动和协同服务平台。

3. 建立业主及高层管理者的个人信用信息数据库

小微企业及中小企业的融资难问题一直是我国企业发展过程中的一大难题，由于这种企业的开办相对容易，一个企业的信用状况往往取决于创办企业的人或者是企业的主要管理者。因此，为这类企业的业主及主要管理者建立信用数据库就显得尤为重要。金融机构信贷信用记录已不能充分满足需求，通过发展信息服务平台，综合个人信贷、交通等社会信用记录，一方面可以为提供贷款的机构提供所需的信用资料，另一方面可以对这类业主及主要管理者的信用构成监督及警慑作用，降低其道德风险。

15.4.3 多渠道建立产业投融资风险分担机制

1. 发挥财政性资金引导和支持作用

由政府出资或支持建立战略性新兴产业信用担保体系是国际通行的保障企业融资的做法，战略性新兴产业担保机构的资本来自组建平台的政府部门和金融机构，包括政府补贴和金融机构分担的资金。平台组建战略性新兴产业信用担保体系的可启动资金由政府注入，采用并实行会员制，吸引属于战略性新兴产业的企业加入并缴纳会费。担保对象可主要针对战略性新兴产业中的中小企业，尤其是具有高科技含量、高附加值、高成长性的朝阳行业中的中小企业。

2. 鼓励社会资本参与担保平台建设

完善信用担保支持体系，促进建立社会化投资服务体系，充分发挥市场中介服务平台的积极作用。鼓励企业和其他市场主体依法设立信用担保机构、再担保机构，为科技企业提供以融资担保为主的信用担保。积极落实国家对融资性担保机构的各项财政政策和税收优惠政策。鼓励担保机构加入再担保体系。鼓励担保机构对战略性新兴产业领域的科技企业扩大担保规模，建立担保机构风险准备金制度和财政有限担保代偿损失制度，稳步扩大中关村科技担保机构的资本规模和担保业务规模。

3. 建立风险补偿机制

因地制宜，采用受益企业共同出资、担保机构分担等多种形式，设立科技企业贷款风险补偿资金。对银行、小额贷款公司等信贷机构的科技信贷业务给予一定的贷款风险补偿，改善信贷服务外部环境。完善市场化的风险分担机制，提升战略性新兴产业企业的融资能力，促进创业投资业务和信贷业务的结合。

15.4.4 推动形成开发合作的投融资服务平台体系

1. 加强投融资服务平台间分工协作

改善现有战略性新兴产业投融资服务平台“信息孤岛”的局面，发挥政府引导和市场调节作用，加强不同领域、不同地域、不同服务产品平台间的分工合作，促成各类已建平台整合形成网络化的投融资服务平台，从数据分析、信息提供、产业研判、信用支持等方面，发挥不同类型平台各自所长，更好地为我国战略性新兴产业创新发展服务。

2. 积极推动平台数据开放共享

建立和完善科技企业信用信息归集和共享机制，进一步促进科技企业信用信息的采集、使用和共享。银行、工商、税务、海关、公安、司法、财政、审计、证券监管、质检、环保等政府部门掌握着大量的信用信息，一些部门也建立了相关的信息数据库。探索推动电子政务信息系统整合，支持各级政府部门内部的业务政务系统设立数据开放接口，可考虑部分数据库通过一定的形式向征信、评级等投融资服务平台开放，如银行的信贷登记咨询系统、工商部门的企业信用信息系统等，便于战略性新兴产业投融资服务平台对接并抽取各类信息数据。进一步健全战略性新兴产业企业信用评级体系，积极引进权威的第三方信用评估机构，以消除投融资双方在信用信息方面的不对称性，降低金融机构、各类创业投资机构投资战略性新兴产业的风险和顾虑。

3. 探索数据交易新机制

借鉴发达国家发展专业化数据交易市场和平台的建设经验，在现有数据中心和数据服务平台的基础上，鼓励组建数据交易产业联盟，探索建立数据确权、保护、估值、定价等制度，运用市场机制促进数据流动、共享和开发利用实现数据价值最大化，持续提高资源配置效率。同时，建立数据分类管理制度，从法律上划清公共数据、商业数据和个人信息的边界，公共数据免费开放，商业数据有偿使用，个人信息未经本人许可不得交易，更不得泄露。

4. 开展线上线下共同服务

借鉴发达国家建设投融资服务平台的建设经验，鼓励平台推出多样化的线上金融服务，积极连接银行、小贷、担保、创投、保险、融资租赁等各类金融机构上线，并发布相关行业金融服务产品和金融政策信息。同时，进一步拓展各类金融线下服务活动，平台可以开展产业政策解读会、全程投融资对接、金融机构进园区服务、论坛路演专场活动等方式，为战略性新兴企业进行现场服务，推动中小企业与金融机构的对接，引导社会资源和各类融资通道为企业服务[6]。

审稿：黄路明

参考文献

[1] 胡吉亚 . 中国战略性新兴产业融资机制研究 [M]. 北京：中国社会科学出版社，2016.

[2] 丁振辉 . 美国中小微企业金融发展经验与借鉴 [J]. 城市金融研究所，2015，（74）：1-15.

[3] 刘春，王晖，王晓璐 . 国内外中小企业融资体系比较及其启示 [J]. 会计之友，2013，(36)：36-39.
[4] 周广西，苗龙 . 国外中小企业融资制度对我国的启示 [J]. 科技信息，2007，(5)：107-108.
[5] 汪文祥 . 完善我国战略性新兴产业投融资机制的对策建议 [J]. 中国经贸导刊，2012，(4)：41-43.
[6] 李威 . 美国支持中小企业融资的成功实践及对我国的启示 [J]. 决策咨询通讯，2012，(2)：10-12.

后　记

当前，新一轮的科技革命和产业变革与我国加快转变经济发展的方式形成历史性交汇，我国经济发展进入新常态。在党和国家的高度重视与推动下，在全社会的共同努力下，创新驱动发展战略深入实施，战略性新兴产业发展日新月异，并发挥出越来越大的引领带动作用，中国战略性新兴产业的发展取得了显著成效，实现了跨越式发展。十九大报告指出，我国经济已由高速增长阶段转向高质量发展阶段，正处在转变发展方式、优化经济结构、转换增长动力的攻关期，建设现代化经济体系是跨越关口的迫切要求和我国发展的战略目标。

2019 年是全面贯彻落实十九大精神的深化之年，是实施“十三五”规划的攻坚之年。为了更好地促进战略性新兴产业发展，提升科学决策的水平，2010 年起，受国家发展改革委委托，中国工程院与清华大学和国家开发银行一起开展了“战略性新兴产业发展战略研究”系列咨询项目，为战略性新兴产业相关政策的制定提供了决策支撑。同时，为了更好地反映我国战略性新兴产业发展的总体情况及各领域发展态势，介绍国内外相关技术和产业的前沿热点与最新动向，宣传国家政策和引导社会投资，中国工程科技发展战略研究院以科技和产业发展为核心，围绕年度热点，已经连续六年（2013 ～ 2018 年）出版了《中国战略性新兴产业发展报告》，引起了社会各界的积极反响。

本书的编写工作得到了中国工程院、国家开发银行、清华大学、国家信息中心等单位和部门的大力支持，得到了徐匡迪、路甬祥、李晓红、周济、邱勇等同志的亲切关怀与悉心指导，在此表示衷心的感谢。

感谢本书的撰稿人和审稿人，众多的院士和专家为本书各章节的编写付出了辛勤劳动。感谢中国工程科技发展战略研究院的周源、刘晓龙、张路蓬、季桓永、江媛、葛琴、赵丽萌、曹雪华、孙艺洋等同志，他们搜集了大量的资料，承担了组织联络工作，确保了本书编著工作的顺利进行。感谢科学出版社的大力支持，尤其感谢编辑马跃先生，是他辛勤、细心、负责的工作确保了本书能如期与读者见面。

除了上述名字，诸多机构和个人在本书编写过程中参加了各类实地调研、座谈会、研讨会和工作会，分享了宝贵的经验和独到的见解，对于所有对本书做出贡献和给予支持的机构和个人，一并致以诚挚的谢意！

编委会

2018 年 10 月